SOFTWARE SYSTEMS ARCHITECTURE SECOND EDITION

소프트웨어 시스템 아키텍처

SOFTWARE SYSTEMS ARCHITECTURE SECOND EDITION

소프트웨어 시스템
아키텍처

닉 로잔스키 · 오언 우즈 지음
송재하 · 금창섭 · 박미율 옮김

i!i
에이콘

이사벨, 소피, 알렉스, 루시에게 바칩니다.
— 닉 로잔스키

부모님, 앤과 데즈먼드, 그리고 우리 린다와 캐서린에게 바칩니다.
— 오언 우즈

지은이 소개

닉 로잔스키|Nick Rozanski

영국 대형 은행의 정보기술 부서에 재직하면서 대고객 업무용 기능을 담당하는 아키텍트로 일하고 있다. 부서 차원에서 시스템의 전체적인 모습을 조망하고 핵심 시스템 및 과제에 아키텍처적인 지침을 내리고 지원하는 업무를 한다. 부서에서 만든 아키텍처 명세서 중에서 일부는 본인이 직접 작성했는데, 그 과정에서 이 책에 설명한 온갖 종류의 뷰를 만들고 거의 모든 관점의 관심사항을 처리하는 경험을 했다.

1980년부터 정보기술 분야에 몸담으면서 로지카Logica, 캡제미니Capgemini, 사이베이스Sybase 같은 크고 작은 시스템 통합 회사와 막스앤스펜서Marks and Spencer, 바클레이 글로벌 투자Barclays Global Investors 같은 최종 사용자 조직을 거쳤다. 또한 금융, 소비, 제조, 공공 등 광범위한 영역의 프로그램에서 고참 기술자 역할을 맡아왔다. 기술적으로는 전사적 애플리케이션 통합EAI, 패키지 구현, 관계형 데이터베이스, 데이터 복제, 객체지향 소프트웨어 개발을 배경으로 한다. 또한 숙련된 기술 강사이자 공인받은 내부 과제 감사이기도 하다.

영국의 캠브리지 대학교와 맨체스터 대학교를 나왔다. 영국 공인기술사이자 영국 컴퓨터 협회British Computer Society 공인 회원이기도 하다.

오언 우즈|Eoin Woods

유럽 대형 투자 회사의 자본 기술 그룹에서 선임 시스템 아키텍트로 있으면서 회사 내 여러 핵심 시스템의 아키텍처와 설계 책임을 맡고 있다. 1990년부터 소프트웨어 공학 분야에 종사하면서 여러 기술 기업, 컨설팅 회사, 금융 서비스 회사를 거쳤다.

시스템 제공 수명주기 전체에 걸쳐 업무를 경험했고 응용 연구, 서버 제품 개발, 대규모 정보 시스템 구현 과제를 이끌었다. 주로 관심을 두는 전문 영역은 소프트웨어 아키텍처, 분산 시스템, 컴퓨터 보안, 데이터 관리 분야다.

브루넬 대학교와 맨체스터 대학교에서 소프트웨어 공학으로 학사 학위와 석사 학위를 받았다. 영국 공학기술학회Institution of Engineering and Technology의 정식 회원이고 영국 공인기술사이자 영국 컴퓨터 학회 공인 회원이다.

2판 저자 서문

이 책의 초판을 집필하던 10년 전과 비교하면 IT 업계의 지형이 엄청나게 달라졌습니다. 세상은 한결 더 연결된 공간이 됐고, 컴퓨터와 인터넷이 집에서나 일터에서나 많은 이들의 일상적인 삶에서 큰 부분을 차지하게 됐습니다. 이로 인해 사용자들과 이해관계자들 사이에서 시스템 기능이 풍부하고 완결되며, 사용하기 편하고 탄탄하며 확장하기 쉽고 안전하기를 기대하는 정도가 훨씬 더 커졌습니다. 우리는 아키텍트가 이런 목표를 이루는 데 중요한 역할을 담당하고 있다고 느낄 뿐아니라 이런 시각이 소프트웨어 개발 전문가들과 고위 사업 책임자 및 기술 책임자들 사이에서 상당히 널리 수용되고 있다는 사실에 힘이 났습니다.

1판에 보내준 실무자들과 아키텍트 지망생들과 학계의 긍정적인 반응에 많이 고무됐습니다. 독자들이 이 책을 유용하고 빈틈없으며 정보가 가득하다고 여긴다고 생각했습니다. 하지만 아키텍처는 끊임없이 변하는 분야인 터라, 2판에는 1판을 출간한 뒤에 우리가 실무에서 갈고 닦은 성과를 반영해 넣었습니다. 더불어 독자들이 보내준 매우 유용한 의견과 제안도 많이 넣었는데, 이 부분이 특히나 만족스럽습니다.

하지만 원래 전하고자 했던 근본적인 메시지는 변함이 없습니다. 가장 초점을 뒀던 부분은 이해관계자를 위한 서비스로서의 아키텍처와 정보 시스템이 이해관계자의 요구를 충족시켰는지 확인할 방법이었습니다. 이해관계자가 이해할 수 있는 방식으로 아키텍처의 복잡성을 나타내기 위한 방편으로서 뷰의 본원적 중요성을 강조하는 것 역시 변함이 없습니다. 또한 시스템이 정적인 구조와 동적인 구조를 정의하는 작업은 물론이고 확장용이성, 복원성, 보안성 같은 요구된 품질 속성을 어떤 식으로 제공할지 정의하는 작업은 아키텍처를 통해 해야 한다는 믿음과, 관점이 이런 작업을 하는 데 있어서 매우 효과적이라는 신념에도 전혀 변함이 없습니다.

이 책은 아키텍트 수련생이나 지망생을 주된 독자층으로 잡았지만, 그 밖에도 아키텍트와 함께 작업하는 다른 정보기술 전문가나 언젠가 아키텍트 자리에 있는 자신을 발견할지도 모를 학생들도 읽어보면 쓸모가 있으리라 봅니다.

개정2판에서 주로 바뀐 내용은 다음과 같습니다.

- 맥락 시점이라는 새로운 시점을 추가했습니다. 맥락 시점에서는 시스템과 주변 환경(시스템이 상호작용하는 사람, 시스템, 외부 개체 등) 사이의 관계, 의존성, 상호작용을 설명합니다. 1판의 8장에서 비교적 짧게 설명했던 범위와 맥락에 관한 설명을 확장하고 정규화 및 표준화해놓았습니다.
- 2부에서 아키텍처 역할의 다른 측면에 대한 논의를 확장해놓았습니다.
- 기존의 시점 및 관점 정의를 거의 대부분 재검토했고, 특히 기능 및 동시성 뷰와 성능 및 확장용이성 관점을 다시 정리했습니다.
- 대부분의 장에서 참고문헌과 '더 읽을거리' 절을 재검토하고 확장했습니다.
- (IEEE 1471 표준을 승계한) 새로운 국제 아키텍처 표준인 ISO 42010에 나오는 개념과 용어에 맞춰 내용을 갱신했습니다.
- UML 2.0에 들어간 변경 내용을 반영해 UML 모델링 조언과 예제를 갱신했습니다.

이 개정판이 1판을 좀 더 쓸모 있게 개선하고 확장한 결과임을 알아주기 바라며, 소프트웨어 아키텍처 관련 추가 자료를 살펴보거나 이 책에 대한 의견을 개진하기 위해 연락하고 싶은 분들은 우리 웹사이트 www.viewpoints-and-perspectives.info를 찾아주기 바랍니다.

1판 저자 서문

이 책을 쓴 우리 두 저자는 꽤나 오랫동안 정보 시스템 개발 과제에서 함께 그리고 또 따로 소프트웨어 아키텍트 역할을 하면서 수련하고 있습니다. 그러는 동안에 눈에 보이는 소프트웨어 아키텍트의 수와 함께, 동료들과 경영진과 고객들 사이에서 비춰지는 우리 역할의 중요성이 부쩍 늘어났음을 확인하고 있습니다. 최근에 진행되는 대규모 소프트웨어 개발 과제에서 개발 팀의 선두에 아키텍트를 (또는 소규모 아키텍트 집단을) 세우지 않고 진행되는 경우를 보기는 어렵습니다.

그러나 소프트웨어 아키텍트의 역할이 중요하다는 데 공감대가 일고는 있지만, 실제로 어떤 일을 하는지에 대한 합의는 그다지 없는 듯합니다. 아키텍트의 고객은 누굴까요? 누구에게 책임을 져야 할까요? 무얼 만들어내길 기대하는 걸까요? 아키텍처 설계가 일단 끝나고 나면 무얼 해야 할까요? 그리고 아마도 가장 근본적인 질문일 텐데, 요건과 아키텍처와 설계는 경계가 어디일까요?

아키텍트의 역할에 대한 명확한 정의가 없다는 점은, 작금의 소프트웨어 과제가 풀어야 할(좀 더 구체적으로, 아키텍트가 풀어야 할) 문제의 심각성으로 인해 좀 더 큰 문제가 되고 있습니다.

- 기능, 용량, 시장적시성, 유연성 측면에서 사용자와 기타 이해관계자들의 기대가 점점 거세지고 있습니다.
- 시스템 개발 기간이 길면 지속적인 범위 변경과 연쇄적인 시스템 아키텍처 및 설계 변경이 일어납니다.
- 최근에 나온 시스템은 기능적으로나 구조적으로 전보다 더 복잡한 데다 대개는 기성품 컴포넌트와 자체 구축한 컴포넌트를 섞어 써서 구축합니다.
- 시스템은 홀로 존재하는 경우가 거의 없고, 대부분 다른 여러 시스템과 상호작용하고 정보를 교환하도록 돼 있습니다.
- 시스템의 기능 구조, 즉 설계를 제대로 확보하는 일은 문제의 일부에 지나지

않습니다. 시스템이 어떤 식으로 행동할지가(즉, 그 품질 속성이 어떠할지가) 시스템이 무엇을 할지 만큼이나 시스템의 유효성에 중요하게 작용합니다.

- 기술은 아키텍트가 자신의 기술적인 전문성을 계속 유지하기에 너무나 버거 우리만치 빠른 속도로 계속 바뀌고 있습니다.

우리가 처음 소프트웨어 아키텍트 역할을 맡았을 때, 아키텍처 설계를 개발하는 과정을 따라가 볼 소프트웨어 아키텍처 지침서 같은 것이 있는지 찾아봤습니다. 무엇보다도, 다른 분야의 아키텍처 훈련 방식에서는 수 세기에 걸친 이론과 정립된 모범 사례가 뒷받침되고 있었습니다.

예를 들어, 기원후 1세기에 로마의 마르쿠스 비트루비우스 폴리오^{Marcus Vitruvius Pollio}가 최초의 아키텍처 안내서인 『De architectura libri decem』(아키텍처에 관한 10권의 책)을 써서, 건축 아키텍트의 역할과 요구되는 기술을 설명하고 표준 아키텍처 구조에 대한 풍부한 자료를 제공했습니다. 1670년에는 일기작가 사무엘 페피스^{Samuel Pepys}의 친구이자 할위치라는 영국 도시의 전직 시장이며 나중에 의회 의원이 되기도 하는 앤서니 딘^{Anthony Deane}이 이 분야의 판도를 뒤흔드는 교재인 『A Doctrine of Naval Architecture^{조선학의 원리}』를 출간해서 당시의 선도적인 대형 선박 설계 방법을 설명했습니다. 딘의 구상과 원칙은 오랜 세월 군함 구조를 설계하는 방식을 체계화하는 데 기여했습니다. 그리고 1901년에는 영국 화학 산업사의 자문 기술자인 조지 데이비스^{George E. Davis}가 『A Handbook of Chemical Engineering^{화학 공학 안내서}』이라는 책을 출간하면서 아예 새로운 공학 분야를 창시했습니다. 이 책은 산업적인 화학 처리의 근간을 이루는 실무 원칙을 정의한 첫 번째 책으로, 이후 오랜 세월 동안 그 분야를 이끌어갔습니다.

이런 모범 사례가 존재한다는 사실은 접근법의 통일성이라는 측면에서 매우 중요한 결론을 낳습니다. 몇몇 아키텍트와 공학자에게 돈을 주고 건물이나 유람선, 화학 플랜트를 설계하라고 하면, 그렇게 나온 설계는 아마도 모두 다를 것입니다. 하지만 그들이 사용하는 과정과 서류상에(또는 컴퓨터 화면상에) 설계를 표현하는 방식, 설계의 온당성을 확인하는 데 쓰는 기법은 매우 유사할 것입니다.

슬프게도, 우리 분야는 아직 주류 산업에서 의미 있는 모범 사례 자산을 축적하지 못했습니다. 살펴본 바에 의하면, 정보 시스템 아키텍트 업무의 세부사항을 수련하는 데 지침이 될 만한 입문서도 부족했습니다.

솔직히 말하면, J2EE니 코바CORBA니 닷넷.NET이니 하는 특정한 기술을 다룬 책은 넘쳐나고, 웹 서비스나 객체지향 같이 좀 더 넓은 주제에 대한 책도 꽤 있습니다(물론, 소프트웨어 기술이 변하는 속도 때문에, 이런 책들 중에서 다수는 몇 년 안에 시대에 뒤처지게 되리라 봅니다). 더불어서, 일반적인 소프트웨어 아키텍처를 다룬 좋은 책도 다수 존재하는데, 그중 일부는 이 책에서도 참조하고 있습니다. 하지만 이런 책들 중에서 많은 수는 모든 유형의 시스템에서 공히 적용되는 원칙을 세우고자 쓴 터라 상당히 일반적인 용어로 서술돼 있고, 반대로 대부분의 좀 더 특화된 책들은 실시간 분야와 임베디드 시스템 분야에 종사하는 분들을 대상으로 쓰여져 있습니다.

우리가 보기에, 정보 시스템에 처음 진입한 신참 아키텍트에게 일을 어떻게 하고, 알아야 할 중요한 사항을 어떻게 배우며, 아키텍처 설계를 어떻게 하면 성공적으로 만들어낼 수 있는지 말해주는 책은 흔치 않은 것 같습니다. 우리 책이 소프트웨어 아키텍처를 다룬 기존의 책을 대체하거나, 우리 스스로를 비트루비우스나 딘, 데이비스와 같은 반열에 위치시키겠다는 것은 아니지만, 이 책을 쓰기로 결심한 이면에는 이런 수요를 감당하겠다는 마음이 동기가 됐습니다.

이 책은 특히 다음과 같은 내용을 담고 있습니다.

- 소프트웨어 아키텍처란 것이 무엇이고 과제를 성공적으로 완수하는 데 있어 아키텍트의 역할이 왜 중요한가?
- 아키텍처에 이해가 걸린 사람(이해관계자)을 어떻게 판별해내고, 그들에게 중요한 것(관심사항)이 무엇인지 파악하며, 이해관계자마다 다른 요구를 반영하고 조율한 아키텍처를 어떻게 설계할 것인가?
- 이해관계자에게 자신들의 관심사항이 아키텍처 내에 충족됐음을 이해하기 쉬운 방식으로 설명(아키텍처 명세서)하는 작업을 어떻게 수행할 것인가?
- 아키텍처적으로 중요한 사항에만 초점을 맞추되, 성능, 복원성, 지역성 같은 사안은 챙기면서도 그 밖의 다른 설계적인 측면들은 설계자에게 안심하고 넘기려면 어떻게 해야 하는가?
- 아키텍트는 이해관계자를 찾아내서 참여시키고, 시나리오를 활용하며, 모델

을 만들어내고, 아키텍처를 문서화하고 검증하는 등의 활동을 비롯해 어떤 중요한 활동을 담당해야 하는가?

이 책은 철저히 (대규모 조직의 사업 운영을 자동화하는 데 활용되는 컴퓨터 시스템이라는 의미의) 대규모 정보 시스템을 개발하는 데 초점을 맞춰 썼습니다. 하지만 여기서 제시한 자료들은 설계하고자 하는 정보 시스템의 유형, 개발자들이 활용하고자 하는 기술, 과제 진행에 채택하고자 하는 소프트웨어 개발 수명주기 같은 것에 얽매이지 않습니다. 이 책에 나오는 대부분의 다이어그램에 UML을 사용하는 식으로 몇 가지 표준화를 해뒀지만, 그것은 그저 UML이 가장 널리 알려진 모델링 언어이기 때문일 뿐입니다. 이 책을 이해하기 위해 UML 전문가가 될 필요는 없습니다.

정보 시스템의 아키텍처를 개발할 때 궁극적인 지침을 제공하겠다는 생각은 없습니다. 그런 책은 아마도 영원히 완성할 수가 없을 뿐만 아니라 광범위한 영역의 기술 전문가들이 수없이 모여서 협업을 해야 할 것입니다. 더불어, 이 책에서는 규범적인 방법론을 제시하지도 않습니다. 물론, 최종 결과물을 만들어내는 방법을 설명하는 활동 다이어그램을 몇 가지 제시하기는 합니다만, 이런 활동들은 오늘날 사용되는 다양한 소프트웨어 개발 접근법에 두루 어울리도록 설계돼 있습니다.

우리는 정보 시스템에 맞는 아키텍처를 성공적으로 설계해내고 성공적으로 구현되고 있는지 살펴볼 방법을 설명한 실용적이고 실무자 지향적인 지침을 만들고자 했습니다. 이 책은 우리가 처음 아키텍트 일을 시작했을 때 찾았던 책이자 지금도 여전히 참고하기를 원하는 그런 유형의 책입니다.

소프트웨어 아키텍처와 관련해서 유용한 자료를 더 많이 구하고 싶거나 책의 내용에 대해 의견을 보내고 싶은 분들은 웹사이트 www.viewpoints-and-perspectives.info를 찾아주시기 바랍니다. 많은 의견 기다리겠습니다.

감사의 글

2판

1판에서 감사를 드렸던 분들에 더해, 2판 검토에 참여해주신 폴 클레멘츠, 팀 컬, 리치 힐리어드, 필립 크루첸, 토미 미코넨과 우리의 성실하고 빈틈없는 편집자 바버라 우드에게도 감사를 드립니다. 특히나 폴 클레멘츠는 책이 더 나아질 수 있도록 철저하고 영감 가득하며 도발적인 의견과 제안을 해주셨는데, 정말로 유용했다는 점을 밝히며 감사의 말씀을 드립니다.

1판

이 책은 많은 분들의 조언과 도움, 지원이 없었다면 나올 수 없었을 것입니다.

책을 내는 과정에서 내용을 읽고 의견을 달아준 캐리 버치, 크리스 브리튼, 켈리 버틀러, 셜롬 코헨, 댄 헤이우드, 샐리 헨리, 애니 롱셔, 로버드 노드, 댄 파울리시, 마틴 토마스, 한스 판 블리에를 비롯한 수많은 검토자들에게 깊이 감사드립니다.

더불어 킴 보이디가이머, 존 풀러, 피터 고든, 크리스타 메도브르크, 사이먼 플럼트리, 엘리자베스 라이언을 비롯한 애디슨 웨슬리 팀 구성원들에게도 이 책이 실제로 탄생할 수 있도록 애써준 모든 노력에 대해 감사드립니다.

그 밖에도 펠릭스 바흐만, 데이브 보스윅, 데이비드 에머리, 볼프강 에머리히, 리치 힐리어드, 필립 크루첸, 로널드 라이분트굿, 마이크 맥케이, 데이브 마허, 마크 마이어, 루시아 라파노티, 가이노어 레드벨르 무통을 위시해 수없이 많은 조언과 격려와 영감을 보내준 분들에게도 감사드립니다.

끝으로, 이 작업을 하는 내내 끊임없이 사랑과 격려와 지지를 보내준 우리 가족들에게 고마움을 전합니다.

옮긴이 소개

송재하 (jaehas@gmail.com)

성균관대학교 국어국문과를 다니면서 프로그래머가 되겠다고 마음먹은 후, 패키지 SW, SI 시스템, 분산 미들웨어 엔진, 모바일 서비스 등을 두루 거치며 개발 경험을 쌓았다. 이후에는 소프트웨어 아키텍트의 길을 가기로 결심하고, 한국과학기술원 공학석사와 카네기멜론대학 소프트웨어공학 석사과정^{MSE}을 졸업한 뒤, 엔씨소프트의 오픈마루 스튜디오에서 대용량 데이터처리팀을 맡아 웹 데이터 처리 인프라를 구축하고, 그를 바탕으로 MMORPG의 게임 로그를 처리해 확장된 게임 서비스 경험을 제공하는 시스템을 아키텍팅하고 구축했다. 현재 SK플래닛에서 다양한 생활 밀착형 서비스에서 풍부한 사용자 로그를 모아 확장된 생활 경험을 제공하기 위한 데이터 인프라스트럭처를 구축하면서 아키텍팅 역량을 다듬고 있다. 에이콘출판사에서 출간한 『소프트웨어 아키텍처: 이론과 실제』(2007)와 『소프트웨어 아키텍처 문서화』(2009)를 공역했다.

금창섭 (cskeum@gmail.com)

카네기멜론대학에서 소프트웨어 공학 석사과정^{MSE}을 졸업하고 한국과학기술원에서 소프트웨어 아키텍처 및 테스팅 분야를 연구해 박사학위를 받았다. 1994년 한국전자통신연구원에 입사해 SDL 설계 자동화 도구, 객체지향 CHILL 컴파일러 등의 시스템 소프트웨어를 개발했고, 소프트스위치, 개방형 서비스 게이트웨어, 융합서비스플랫폼을 아키텍팅했다. 현재는 연구실장으로 재직하면서 5G 모바일 엣지 컴퓨팅 기술의 연구개발을 수행하고 있다. '인생은 속도가 아니라 방향'이라는 생각으로 소프트웨어 아키텍트의 의지를 이어가고 있다.

박미율(miyul.p@gmail.com)

덕성여자대학교에서 전산학을 전공하고 한국과학기술원 공학석사와 카네기멜론 대학 소프트웨어공학 석사과정^{MSIT-SE}을 졸업했다. 주 관심분야는 소프트웨어 아키텍처, 빅데이터 인프라 구축 및 분석, 소프트웨어 개발 방법론이다. 빅데이터 로그 분석, 호 데이터 처리, 디지털 사이니지, 임베디드 등의 분야에서 소프트웨어를 개발했으며, SQA, PMO, 아키텍트 등의 업무를 두루 거쳤다. 지식을 나누는 일에 보람을 느끼며, 소프트웨어 개발에 있어 아키텍처가 얼마나 훌륭한 의사소통 도구인지 공유하고자 번역에 참여했다. 현재 KT에서 빅데이터 인프라 설계 업무를 하고 있다. 에이콘출판사에서 출간한 『소프트웨어 아키텍처: 이론과 실제』(2007)와 『소프트웨어 아키텍처 문서화』(2009)를 공역했다.

옮긴이의 말

소프트웨어 아키텍처라는 것에 매력을 느끼는 개발자라면, 유능한 소프트웨어 아키텍트가 돼서 훌륭한 소프트웨어 아키텍처를 갖춘 위대한 시스템을 만들고 싶다는 포부를 한 번씩은 품어봤으리라 생각합니다. 저희들도 그렇습니다. 그래서 일에서는 물론이고 일상에서도 대상의 본질적 가치를 꿰뚫어보고, 한 가지 측면만 바라보기보다는 여러 측면에서 살피며, 무언가 얻는 것이 있다면 잃는 것도 반드시 생기게 마련이니 균형점을 찾아서 올바른 절충을 해내기 위해 노력하는 자세를 견지하게 됩니다.

정보기술 시스템을 중심으로 한 소프트웨어 아키텍처를 수립하는 방법을 다룬 이 책을 번역해서 세상에 내놓는 일도 마찬가지였습니다. 소프트웨어 시스템의 아키텍처 설계에 관심이 있는 독자들에게 이 책이 제공할 수 있는 본질적인 가치가 무엇인지 파악하고, 그들이 좀 더 쉽고 편하고 깊이 있게 그 본질적 가치를 향유할 수 있도록 번역하는 일 또한 어찌 보면 아키텍트의 자질을 발휘하고 능력을 쌓는 일과 근본적인 차이는 없어 보입니다.

하지만 이 책을 내는 작업에 있어서 아키텍팅^{architecting}은 그다지 성공적이지 못했습니다. "아키텍처 명세서를 만드는 목적은 그 문서를 사용하는 이들의 요구를 충족하는 데 있지, 시스템 이해관계자에게 전혀 실질적 혜택을 주지 못하면서도 엄청나게 많은 자원을 쏟아야 완성할 수 있는 완벽한 문서를 만들고자 노력하는 데 있지 않다." 이 책 7장, '아키텍처 정의 프로세스' 부분에 나오는 이야기입니다. 아키텍처 명세서를 만드는 일을 이 책을 펴내는 일과 비유해본다면, 저희 역자들이 지난 '몇 년'간 다들 엄청나게 많은 시간과 노력을 쏟으며 번역 작업에 매달렸음에도, 그만큼 출간이 지연되면서 이 책에 관심 있는 이해관계자들에게는 실질적 혜택을 전혀 주지 못했으니 말입니다.

기왕 시작했으니, 비유를 좀 더 끌고가 보겠습니다. 이 책의 출간 작업과 관련한 이해관계자를 살펴보면, 최종 사용자인 잠재적인 독자들과, 이 책을 낼 수 있도록 후원해주는 출판사, 이 책의 원 저자들이 있습니다. 저마다 다른 관심사항을 가지고 저희 역자들에게 요구와 기대와 압박을 전합니다. 더불어, 저희 역자들 스스로가 (매우 비중 있는) 이해관계자들입니다. 그리고 마치 같은 시스템을 개발하는 개발자들이 저마다의 처지와 입장에 따라 관심사와 욕구가 다르듯, 당연히 저희 역자들 역시 저마다 다양한 입장과 의견을 지닙니다. 또한 해당 전문 분야의 실무자들이 투박한 번역 솜씨로 옮겨 펴내는 전문서적들에 대해 신랄하게 비판하는 서평자들도 비중 있는 (또는 치명적인) 이해관계자로 존재합니다. 그리고 이 책이 출간된 후에 나올 여타 소프트웨어 아키텍처 번역서의 역자들과 독자들 또한 무시할 수 없는 간접적인 이해관계자입니다.

이런 이해관계자들을 꼽아보고, 저마다 다른 관심사와 요구를 조율해 원래 목표했던 가치를 끌어내는 작업은, 그 자체로 아키텍팅이라 할 수 있습니다. 하지만 그 일은 녹록지 않았으며, 그중에서도 가장 큰 어려움은 저희 아키텍트들의(그리고 곧 개발자들의) 부족한 역량과 일천한 경험이었습니다. 문장을 하나씩 옮기면서 기능적인, 아니 내용적인 부분을 만족시키는 것은 기본적인 가치로서, 노력과 성실성이 주로 필요한 부분입니다. 하지만 총 30개 장에 걸쳐 무려 원서 700페이지에 육박하는 분량으로 서술된, 소프트웨어 아키텍처 기본 개념, 이해관계자 파악, 아키텍처 정의, 아키텍처 평가 등의 프로세스 전체와, 각각의 뷰, 시점, 관점들을 하나하나 상세히 소개하는 방대한 한 권의 책을 용어와 내용, 문장과 문체가 일관되고 잘 읽히게 만드는 일은 여간 어려운 작업이 아니었습니다. 더욱이 셋이 함께 작업하는 일이라, 버전 관리와 산출물 통합 또한 신경 써야 했습니다.

특히나, 역자들이 평소에 고민했던, 영어 음독 표기로 점철된 소프트웨어 아키텍처와 소프트웨어 공학 분야의 각종 개념어와 전문용어를 되도록 친근한 우리말로 바꿔서 쓰는, 국어 순화라는 까다로운 품질 속성도 일을 더 어렵게 만드는 요인이었습니다. 가령, 업계에서는 '트레이드오프tradeoff'라는 개념을 매우 즐겨 사용합니다. 이 개념은 한 가지 이득을 얻고자 무언가를 선택하면 다른 뭔가에서 손해를 보는 상황 또는 그 상황에서의 선택 행위를 말하는 것으로, 서로 상충하는 품질 속성들 중에서 더 어렵고 더 중요한 것을 얻기 위해 덜 어렵고 덜 중요한 것을 포기, 타협, 교환하는 행위를 가리킬 때 주로 쓰입니다. 예전에 『소프트웨어 아키텍처: 이론과 실제』(2판)을 번역해서 낼 때는 별다른 대안을 생각해내지 못해 그

낭 음차를 해서 '트레이드오프'라고 옮겨 적으며 아쉬움이 컸습니다. 이 책도 소프트웨어 아키텍처를 전방위적으로, 그리고 동시에 매우 깊이 있게 다루기 때문에 '트레이드오프'에 대한 언급이 매우 많이 등장하는 터라, 지난 번의 아쉬움을 극복하기 위해 '교환', '등가교환', '타협', '절충' 등을 두고 매우 오래 고심하다가 결국 '절충'이라는 용어를 선택했지만 그 이후에도 고민은 끊이지 않았습니다.

이렇게 부족한 능력과 경험에도 불구하고, 매우 다양한 이해관계자가 개입해 있는 데다가 방대한 분량의 시스템에 매우 까다로운 품질 요구와 목표까지 있으니, 이 책의 번역 작업은 예사롭지 않은 험난한 과정의 연속이었습니다. 이미 벌인 일인지라 오기도 생기고 포기할 수도 없으니, 결국 납기가 마구 '희생'되는 것으로(절충이 아니라) 귀결됩니다. 이는 소프트웨어 시스템도 마찬가지여서, 제대로 절충을 하지 않으면, 원치 않는 무언가가 희생되고 맙니다. 그나마 다행인 것은 이 책이 단기적인 유행을 타는, 그래서 한두 해 지나면 의미가 퇴색되는 그런 책이 아니라 (적어도 다음 판이 나오기 전까지는) 쭉 가치를 빛낼 내용을 담고 있다는 점입니다. 역자들로서는, '실질적 혜택을 주지 못하면서 끝없는 노력과 시간을 쏟아야 완성할 수 있는 완벽한 문서를 추구하는' 우매함을 깨우쳐 이 책을 드디어 펴낼 수 있게 된 것만으로도, 긴 시간 한결같은 가치를 발휘할 이 책의 편린을 맛본 셈이라 하겠습니다. 독자 여러분도 이 책을 통해 큰 가치를 찾아내기를 기원합니다.

이처럼 긴 시간이 걸려 번역돼 나온 이 책의 특장점이라면, 역시나 균형과 절충의 미덕이 담겨 있다는 점입니다. 소프트웨어 아키텍처 이론 위주의 서적을 읽을 때면 구체적인 사례가 부족해 소프트웨어 개발과 유지 보수에 적용하기에는 왠지 어려울 것 같은 공허함을 느끼기 쉽습니다. 반면에 특정 도메인 아키텍처 위주의 서적을 읽을 때는 뭔가 지식 체계로 기억할 만한 중요한 이론적 체계의 부재로 인한 아쉬움을 느끼곤 합니다. 이 책은 지금까지 발표된 아키텍처 이론 중 자연스럽게 실무에 잘 활용할 수 있는 내용만 모아 실제 사례와 함께 소개하고 있어, 학계와 업계 관계자 모두에게 도움이 줄 수 있으리라 기대합니다. 소프트웨어의 상세한 세부사항보다는 '큰 그림'을 그리며 각 구성요소들의 전체적인 조화, 단순함, 자연스러움이 깃든 생명력이 긴 명품 소프트웨어를 만들고자 하는 분들께 이 책을 추천해드리고 싶습니다.

이 책을 내는 데 도움을 주신 많은 분께 감사의 말씀을 전합니다. 특히, 이 책의 한국어판이 나오기를 기다리며 관심과 채근을 아끼지 않으셨던 원저자이신 닉 로잔스키와 오언 우즈 두 분께 감사의 말씀을 드립니다. 그리고 이 책이 나오기까지 긴 세월 압박하지 않고, 하지만 포기도 하지 않으며 끝없는 믿음과 지지를 보내주신 에이콘출판사의 여러분, 특히 김희정 부사장님과 편집팀 전진태 님께 감사의 말씀을 전합니다. 또한 완벽성 추구에 대한 미련을 접고 여러 품질 속성을 적절히 절충함으로 인해 생긴 모자란 부분을 보완하고 다듬어주신 김경희 편집자 님께도 감사의 말씀을 드립니다. 마지막으로, 이 책을 읽으면서 부족한 부분은 감싸주시고 흡족한 부분은 즐거워해주실 독자들께 미리 진심으로 감사의 말씀을 전합니다.

역자 일동

목차

1

들어가며

오늘날의 대규모 소프트웨어 시스템은 인간이 만들어낸 가장 복잡한 구조에 속하는 것들로, 수백만 줄의 코드와 수천 개의 데이터베이스 테이블, 수백 개의 컴포넌트가 수십 대의 컴퓨터 위에서 돌아간다. 이런 상황은 소프트웨어 개발 팀이 감당하기 버거운 도전이어서, 초기에 제대로 풀지 못하면 시스템 납기가 늦어지고 예산이 초과되며 품질 수준이 참기 어려울 만큼 형편없이 떨어진다.

요즘 대부분의 과제에서 개인 또는 집단으로 소프트웨어 아키텍트를 두고 기술 지침을 제시하거나 개발 팀을 지도하는 일이 얼마나 중요한지 인식하고 있다. 그러나 산업적 측면에서 소프트웨어 아키텍트가 하는 업무의 내용이나 방식, 결과물에 대해 공인된 정의는 아직 아무것도 없다.

▌이해관계자, 시점, 관점

이 책은 소프트웨어 아키텍트 업무를 이미 수행해본 이들과 새로 발을 들인 이들이 모두 참고할 만한 실무 지침으로 나왔다. 여기서는 이해관계자, 시점, 관점이라는 세 가지 기본 개념에 초점을 맞췄다. 이 세 가지 개념이 왜 중요한지 이해할 수 있도록 예제를 통해 소프트웨어 아키텍처 실무가 진행되는 방식을 살펴보자.

예제

샐리는 대기업에서 소프트웨어 아키텍트로 일한다. 샐리는 최고참 정보기술 인력에 속하기 때문에 수행하는 활동이 다양하지만, 그중에서도 조직의 정보 시스템을 정의하고 설계하는 작업을 이끄는 일이 핵심이다. 현재는 그중 한 시스템에 대부분의 시간과 관심을 쏟고 있다.

시작은 사뭇 단순했다. (꽤나 오래된 일괄 처리 기반의) 기존 재고 관리 시스템을 변화하는 사업 수요에 더 잘 부응할 수 있도록 현대적인 시스템으로 대체할 방안을 강구해달라는 의뢰가 들어왔다. 특히 사업에서 요구한 내용은 시스템이 좀 더 상호작용성 있게 동작하도록 변경해서 재고 이동을 처리할 때 지금처럼 직원이 데이터를 입력하고 나서 다음 날에 결과를 확인하는 게 아니라 실시간으로 처리할 수 있기를 원했다. 현 시스템에서 발생하는 시간차는 실질적인 경쟁력 손실로 작용할 뿐 아니라 즉각적인 대처가 불가능해 종종 실수가 생겼다.

얼핏 보니 문제가 그리 복잡해 보이지 않았다. 새 시스템의 요건에 대해 조직 내 몇 사람과 얘기를 나누고 나서, 곧바로 어디서부터 시작하면 될지 구상이 떠올랐다. 업무 분석가와 본사의 주 사용자 몇 명과 면담을 하면서 핵심 요건을 몇 가지 찾고 보니, 내용이 상당히 명확했다. 샐리는 가능한 해결책의 밑그림을 그리기 시작했다.

하지만 회사를 돌아다니며 구상을 얘기하는 와중에, 시스템의 핵심 요건을 상당히 다르게 생각하는 이들을 접하게 됐다. 유통망에 있는 이들은 본사 직원들과는 완전히 다른 정보가 필요하다고 했다. 본사로 돌아와 영업 관리자와 얘기하다 보니 일일 집계 보고서를 실시간으로 보는 것이 핵심이라고 했다. 하지만 이 기능을 넣으면 주요 업무 처리가 심하게 더뎌져, 실제로 시스템 비용을 대는 배송 부서에서 받아들일 리 없었다.

샐리는 직접적인 사업 부문에 속하지 않은 사람들과도 면담을 했는데, 각자 견해가 있었다. 정보기술 운영 부서에서는 신기술을 도입하는 데 대한 우려감이 있었고 샐리가 사용하고자 하는 애플리케이션 서버를 관리할 수 있을 거라는 자신감도 없었다. 정보 감사 담당자들은 혹시나 생길 부정행위에 대비해 최근 2년간의 모든 재고 반출 허가 내역을 보관해둬야 한다고 했다. 재고 이동 자료는 수집에 따르는 어려움은 차치하고, 시스템 안에 담아두기에도 벅찬 규모다.

샐리는 여러 사람과 면담을 하면서 수집한 상충하는 요건을 짜맞추기 위해 고심했다. 또한 누군가 중요한 사람을 면담 대상에서 빠트리지는 않았는지, 핵심 요건을 수용하지 못한 것은 아닌지도 걱정됐다.

이 예제에서 아키텍트는 새로운 시스템에 대해 저마다 이해와 관심을 달리하는 많은 이들과 협업을 한다. 전통적으로 소프트웨어 개발자들은 최종 사용자의 요구에 귀를 기울이고 간혹 개발자의 요구에도 신경을 쓰기는 했지만, 여기서 든 예제에서 보듯이 영향을 받는 모든 이를 만족시키는 시스템을 만들어내겠다는 발상은 근시안적일 뿐이다.

시스템에 영향을 받는 이들을 이해관계자라 한다. 이해관계자의 요구로 시스템이 탄생하므로, 어찌 됐든 아키텍트에게는 이들의 요구를 충족시키는 일이 최우선 목표일 수밖에 없다. 이 목표를 달성하려면 시스템의 이해관계자를 명확하게 찾아내고, 그들의 관심사를 이해하며, 필연적으로 상충할 수밖에 없는 우선순위 사이에서 균형을 잡으면서, 되도록 효과적으로 그들의 요건을 수용한 아키텍처를 설계해내야 한다.

이해관계자는 이 책을 읽는 내내 언급된다. 1부에서는 개념이 나오고, 2부에서는 이들과 효과적으로 협업하는 방법이 나오며, 3부와 4부에서는 이들의 요구에 맞춰 아키텍처를 만들어내는 방법이 나온다. 다시 예제로 돌아가 보자.

샐리는 몇 가지 작업을 수행해 이해관계자를 파악하고 참여시켰고, 이해관계자들의 관심사항을 모두 충족시키지는 못했을지언정 최소한 그 관심사항이 무엇인지는 제대로 파악했다는 느낌도 들었다.

샐리는 주요 이해관계자들의 요구를 파악한 토대 위에서 본격적으로 아키텍처 설계를 시작했다. 먼저 핵심 컴포넌트들을 찾아내 그 컴포넌트들이 서로 맞물리며 요구되는 기능을 제공할 방법을 계획하면서, 시스템 기능 구조의 밑그림을 그렸다. 이런 생각을 하는 와중에 컴포넌트를 프로세스로 묶고 그 프로세스를 데이터 센터 내의 어느 곳에서 돌릴지 정하는 작업을 시작했다. 샐리는 운영 부서의 관심사항에 부응할 수 있도록 설계에 몇 가지 시스템 관리 컴포넌트를 추가해 관리가 좀 더 용이하게 했다. 시스템의 데이터에 대해서도 고려할 필요가 있음을 깨닫고, 주 데이터 저장소를 추가하고 핵심 컴포넌트 사이의 데이터 흐름도 곁들였다. 이 작업은 상당히 심도 있게 들어가서 시간이 좀 걸렸지만, 어쨌든 두어 주 만에 상세한 아키텍처 모델을 만들어 사람들에게 보여줄 수 있었다.

샐리는 자신이 보낸 문서를 받은 사람들이 보인 반응 때문에 상당히 우울해졌다. 대부분은 아무런 답신이 없었고, 더러 들어온 답신도 시스템의 사소한 세부사항이나 문서 양식 같은 데나 관심을 둘 뿐이었다. 샐리는 반응이 왜 고작 이것뿐인지 물어보려고 아키텍처를 검토한 최종 사용자, 개발자, 정보기술 운영 담당자를 만나러 나섰다.

이해관계자들과 만나고 나자 풀이 죽을 수밖에 없었다. 아키텍처 모델에서 가장 중요한 사항을 알아보는 이가 아무도 없었다. 개발자들은 서버와 디스크 어레이 같은 운영 관련 컴포넌트에 정신이 팔렸고, 자기들 소관도 아닌 애플리케이션을 데이터 센터에 배치하는 방식에 대해 걱정하고 있었다. 정보기술 운영 담당자들은 시스템 운영 소프트웨어가 모델에 나온다는 점에 흡족해했지만, 데이터 저장소와 데이터 흐름에 대한 질문을 끊임없이 쏟아냈는데, 사실 샐리가 보기에 이 사안은 자기들 관심사도 아니었다. 최종 사용자들은 아무것도 제대로 이해하지 못한 채 "이게 무슨 일을 하죠?" 같은 질문만 계속 해댔다. 샐리는 시스템이 하는 작업은 빠짐없이 어딘가에 명확히 문서화해두고자 많은 노력을 기울였음에도 이런 상황이 벌어지는 데 대해 억울한 심정이었다.

아키텍처 상세 설계를 만들어냈음에도 불구하고 시스템 이해도가 높아진 사람이 아무도 없어 보였다. 내용을 좀 더 명확하게 전달하려면 어떻게 구성을 바꿔야 좋을지 뾰족한 방법이 떠오르지 않았다.

샐리는 많은 아키텍트가 늘 부딪히던 문제, 즉 어떻게 하면 복잡한 시스템의 아키텍처를 다양한 관계자가 이해할 수 있도록 다양한 측면으로 설명할 수 있을까 하는 문제에 부딪혔다. 사실 이 문제는 컴퓨터 탄생 초창기부터 소프트웨어 공학자들이 천착해온 문제이기도 하다.

소프트웨어 아키텍처 관련 최신 서적을 읽어보면 맨 앞에 아키텍처 뷰라는 유용한 개념이 나온다. 아키텍처 뷰란 시스템 아키텍처의 한 측면을 설명해놓은 것으로, 만고의 문제해결 원칙인 '분할 정복'을 활용한다. 시스템의 아키텍처를 여러 개의 고유한 뷰를 통해 인식함으로써, 복잡한 아키텍처를 선택적인 방식으로 이해하고 정의하고 전달할 수 있는 데다 문서를 보는 사람이 전체 내용의 복잡성에 휩쓸리지 않게 할 수 있다. 아키텍처 뷰에는 시스템의 기능 구조, 정보 구조, 배치 환경 같은 것이 있다.

뷰를 통해 아키텍처를 기술하면 아키텍처 명세서가 분할돼 이해하기 쉽지만, 어느 뷰를 사용하고 어떻게 만들지 정하는 문제가 생긴다. 이 문제 역시 많은 이들이 예전에 이미 겪었다. 입증된 해결책은 바로 아키텍처 시점이라 불리는 템플릿 뷰를 활용해 아키텍처를 기술하는 뷰를 개발하는 과정을 끌어가는 것이다.

이 책의 핵심 주제가 바로 시점과 뷰를 활용해 아키텍처 정의 프로세스를 끌어가는 것이다. 1부에서는 시점과 뷰를 소개하고 설명하며 맥락을 짚었고, 3부에서는 아키텍처 설계 과제에서 그대로 활용 가능한 시점들을 모두 정의해놓았다. 이번에는 샐리가 시점을 어떻게 활용하는지 살펴보자.

샐리는 시점을 활용해 뷰에 기반한 아키텍처 명세서를 작성하기로 했다. 기한이 촉박했기에 시스템의 기능, 주요 정보 흐름, 배치 환경에 관심의 초점을 맞췄다. 덕분에 이해관계자와 얘기하면서 도출됐던 주요 요구를 충족시키는 효과적인 아키텍처 표현이 나왔다. 샐리의 구상이 재가를 얻은 다음, 첫 번째 버전의 시스템 개발이 시작됐다. 개발이 순탄하게 진행되다가, 몇 가지 새로운 문제가 등장했다.

통합 시험 로그를 살펴본 다음 시스템 시험 담당자 몇 명과 얘기해보고 나서 시스템 성능에 대한 걱정이 생겼다. 전에는 아무도 성능에 대해 관심을 두지 않는 듯해서 샐리도 성능 생각은 하지 않았는데, 지금 나오는 성능을 보니 시험 데이터 규모에서도 매우 느린 듯했다.

동시에 보안 및 감사 부서 쪽에서 시스템 보안에 대한 우려가 제기됐다. 이 사안 역시 요건을 수집하던 당시에는 나오지 않았지만, 시스템이 모습을 잡아가기 시작하자 다양한 사용자들로부터 시스템의 일부를 보호하는 데 대한 논의가 일고, 지원 인력이 허가 없이 시스템 데이터베이스를 갱신하지 못하도록 단속할 방안에 대한 문의도 나왔다. 샐리로서는 성능 문제는 어느 정도 해결할 자신이 있었지만 보안 문제는 자신이 없던 탓에 한층 골치가 아팠다.

끝으로, 최근 사업 연속성(business continuity) 담당 부서로부터 회사 내 모든 시스템은 물리적으로 멀리 떨어진 곳에 재해 복구처를 둠으로써 심각한 장애 발생 시 8시간 이내에 복구가 가능토록 해야 한다는 요구가 존재한다는 사실을 상기시키는 강경한 이메일을 받았다. 샐리는 이 부서가 정보기술과 관련이 있는지 전혀 모르고 있었다. 샐리가 주로 다루던 메인프레임 애플리케이션들은 메인프레임 환경에 설치된 재해 복구 장치를 거저 활용했으므로, 이에 대해 걱정할 필요가 없었다.

사람들이 요청한 기능을 시스템이 감당할 수 있을 것으로 보이기는 하지만, 샐리로서는 시스템 속도가 아직 충분히 빠르지 않은 데다 보안 우려도 처리하지 못했고, 심각한 시스템 장애가 생기면 바로 사용할 수도 없는 터라 사람들이 여전히 만족하지 못할 것 같아 걱정스러웠다.

샐리는 이런 문제점을 알고부터는 어떻게 풀어갈지 확신이 서지 않았다. 성능과 가용성에 대해서는 알고 있었지만, 시스템의 보안 수준을 끌어올릴 방법에 대해서는 확실히 알지 못했다. 관련 기술 지식이 부족한 것은 차치하고, 이런 상이한 관심사 사이에서 균형감 있게 시스템을 재설계할 방법을 알지 못했다. 요건을 수집할 때는 아무도 언급하지 않던 관심사였다.

이 예제에 등장하는 아키텍트는 시스템이 '무슨' 기능을 하는지는 전체 구도의 일부에 지나지 않고, 시스템이 서비스를 제공하는 '방법'에 따라 이해관계자가 발휘하는 인지 능력에 심대한 영향을 끼치는 경우가 빈번하다는 사실을 깨달았다. 어떤 아키텍처를 선택하느냐에 따라 시스템 성능, 보안, 가용성, 변경용이성을 비롯한 다른 많은 비기능적 특성들이 좌우되는데, 이런 특성들을 모두 모아 **품질 속성**quality property이라는 용어로 부른다. 수용 가능한 품질 속성을 갖춘 시스템을 설계하는 일은 아키텍트 업무의 핵심이다.

목표한 품질 속성을 달성하는 일은 아키텍처 정의 프로세스 중에서 여러 구조에 걸치는 측면에 해당하고(사실 품질 속성은 교차 관심사cross-cutting concern라고도 한다), 따라서 아키텍처를 구성하는 모든 구조에 영향을 미칠 가능성이 높다. 즉, 품질 속성을 달성하는 일은 아키텍처 문서에 존재하는 모든 뷰에 영향을 미친다.

아키텍처 구조를 정의하는 일에서 전통적인 뷰와 시점 접근법이 잘 통하기는 하지만 품질 속성을 고려할 때는 크게 도움이 되지 않음을 확인했다. 아키텍처가 요구된 품질 속성을 갖추도록 담보하고 품질 속성에 대한 아키텍처 지식을 구조화할 더 나은 방안이 필요하다. 이를 위해 새로운 개념 정의가 필요하다. 아키텍처 관점architectural perspective은 시점과 유사해 보이지만, 시점이 아키텍처 구조를 다루는 반면에 관점은 성능, 보안성, 가용성 같은 특정한 품질 속성을 다룬다.

뷰에 관점을 적용해 요구된 품질 속성을 갖추는 일은 이 책을 관통하는 또 하나의 중요한 주제이다. 1부에서는 관점에 대한 개요가 나오고, 4부에서 모든 관점의 온전한 정의가 나오므로 이를 활용하면 위 예제에 등장하는 아키텍트가 곤란을 겪었던 유형의 문제를 피할 수 있다.

정리하면, 이 책에서는 이해관계자, 시점, 관점을 핵심 주제로 잡았다.

- 이해관계자stakeholder는 우리가 시스템을 구축해줄 사람들을 말한다. 아키텍트가 해야 할 핵심 역할에는 이해관계자와 협력해 그들의 복잡다단하고 서로 겹치기도 하며 빈번하게 충돌하는 요구에 맞춰 아키텍처를 만들어낼 방안을 찾는 일이 있다.

- 시점viewpoint은(그리고 뷰view도) 아키텍처 정의 프로세스와 아키텍처 문서를 구조화하기 위한 접근법으로, 관심사항 분리 원칙에 바탕을 둔다. 시점은 검증된

아키텍처 지식을 담고 있어 아키텍처를 만드는 과정에서 지침 역할을 하며, 특정한 뷰 집합에 기술돼 들어간다(개별 뷰는 어느 특정 시점에 담긴 지침을 적용한 결과물이다).

- **관점**perspective은 이 책에서 시점을 보완해주는 개념으로 소개한다. 관점은 검증된 아키텍처 지식을 담고 있고 관심을 분리함으로써 아키텍처 정의 프로세스를 구조화하는 데 득이 되지만 개별 구조보다는 여러 구조에 걸친 품질 속성에 초점이 맞춰져 있다.

이 책에서는 이 세 가지 개념을 소개하고 설명하며 심도 있게 살펴보면서 효과적으로 정보 시스템 아키텍처를 만들어내는 방법을 정의했다. 물론 여기서 제안하는 방법은 단순화된 것으로, 아키텍처 정의라는 것이 이런 식으로 손쉽게 만들어낼 수 있는 단선적인 절차가 아니라 정보 수집, 모델 개발, 검토, 정제로 이뤄진 반복적인 작업을 동반하는 점증적인 과정이다. 이 책에서는 아키텍처 정의 프로세스에 대응하면서 소프트웨어 아키텍처 구축을 그토록 매력적인 작업으로 만들어주는 여러 도전에 맞서는 데 쓸 수 있는 실용적이고 검증된 틀을 제공하고자 한다.

▌ 이 책의 구성

이 책은 모두 5부로 구성된다.

- 1부에서는 책 전체에서 사용되는 기본적인 개념인 이해관계자, 아키텍처 문서, 시점, 뷰, 관점을 소개 및 검토하고 소프트웨어 아키텍트의 역할을 설명한다.
- 2부에서는 아키텍트로서 해야 하는 가장 중요한 활동인 과제 범위 합의, 이해관계자 식별 및 참여, 시나리오 및 패턴 활용, 모델 생성, 아키텍처 문서화 및 검증 같은 작업을 설명한다.
- 3부에서는 아키텍처 문서를 만들 때 쓰이는 가장 중요한 맥락, 기능, 정보, 동시성, 개발, 배치, 운영의 7가지 시점을 차례로 설명한다.

- 4부에서는 정보 시스템 관점 중에서 가장 중요한 보안, 성능 및 확장용이성, 가용성 및 복원성, 진화, 위치, 개발 자원, 국제화 관점을 차례로 설명한다.
- 5부에서는 이 모든 개념을 모아서 실무에 적용할 때 쓸 방안을 설명한다.

이 책의 대상 독자

이 책은 분명히 기성 소프트웨어 아키텍트와 소프트웨어 아키텍트 지망생이 관심을 보일 만한 책이다. 이 책에는 이미 친숙한 개념도 많지만 아직 낯선 개념도 다수 담겨 있다. 이 책을 통해 아키텍트의 역할을 명확히 설명하고 역할의 경계를 분명히 하며 독자들의 업무 방식이 개선되기를 기대해본다. 경력이 많은 아키텍트라면 일상적인 업무에서 3부와 4부에 담긴 정보를 참고용으로 활용하기에 유용하리라 본다.

또한 이 책에는 아키텍처 이해관계자들이 관심을 보일 만한 부분도 있다. 시스템 개발 과제에서 요구하는 쪽 입장으로 아키텍트와 협업하는 후원자와 고위 관리자라면 1부 전체, (각각 시점과 관점을 다루는) 3부와 4부의 도입장, 5부를 읽어보면 좋다.

소프트웨어 개발자(특히 설계자)와 지원 및 유지보수 인력도 이 책에서 유용한 자료를 많이 얻을 수 있을 텐데, 주로 3부와 4부를 집중해서 살펴보면 흥미를 끌 만한 아키텍처 정의 프로세스상의 여러 측면을 더 잘 이해할 수 있을 것이다.

이 책에 쓰인 요소 설명

읽기 쉽고 참고하기 좋게 하자는 취지로 몇 가지 요소를 활용해 일관되게 설명했다.

- 이 책에 등장하는 중요한 용어에 대해서는 이미 널리 쓰이면서 두루 받아들여지는 정의가 있든, 이 책에서 고유하게 정의한 것이든(또는 여기서만 그렇게 쓰든) 상관없이 빈틈없이 명확하게 정의를 해뒀다.
- 책에 나오는 이론적인 부분의 토대를 형성하는 원칙도 몇 가지 정의해뒀다. 원칙이란 발상을 전개해나가는 데 있어 그 바탕을 이루는 믿음, 접근법, 의도에

대한 기본적인 설명을 말한다.

- 아키텍트가 일상적으로 업무를 하면서 원칙을 원활히 적용하는 데 도움이 될 전략과 점검 목록을 제공한다.

- 본문의 내용을 도식화해놓은 예제를 많이 넣었다. 이런 예제는 대부분 과거에 저자들이 참여했던 실제 과제에 바탕을 두고 있다(개인정보 보호를 위해 이름을 바꿨다).

- 1부와 2부를 이루는 장에는 대부분 맨 뒤에 요점을 정리해뒀다.

- 3부와 4부를 이루는 장에는 맨 뒤에 점검 목록을 넣어 책에서 제시한 지침을 효과적으로 적용하고 중요한 내용을 놓치지 않게 했다.

- 장의 끝에는 거의 대부분 더 읽을거리 목록을 넣어뒀다.

1부

아키텍처 기초

2

소프트웨어 아키텍처 기본 개념

소프트웨어 시스템에 대한 아키텍처를 논할 때 맞닥뜨리는 수많은 문제 중에서 하나를 꼽자면, 건축이나 조선 등 다른 분야에서 대충 빌려온 용어를 일관성 없이 마구 사용한다는 점이다. 가령 아키텍처architecture라는 용어는 마이크로프로세서의 내부 구조, 기계장치의 내부 구조, 네트워크 구조, 소프트웨어 프로그램 구조 등을 비롯해 다양한 대상을 가리키는 데 쓰인다.

2장에서는 이 책 전체에 걸쳐 논의를 진행해나가는 데 기초가 되는 핵심 개념인 소프트웨어 아키텍처, 아키텍처 요소, 이해관계자, 아키텍처 명세서를 정의하고 재검토해본다.

▌소프트웨어 아키텍처

현대 사회에서 컴퓨터는 데이터 센터나 사무실뿐 아니라 자동차나 세탁기, 휴대전화, 신용카드까지 어디에나 존재한다. 크든 작든, 단순하든 복잡하든 상관없이 컴퓨터 시스템을 이루는 세 가지 기본적인 부분은 모두 동일하다. (프로그램이나 라이브러리 같은) **소프트웨어**와 (메모리에 일시적으로 상주할 수도 있고 디스크나 ROM에 담겨 영속할 수도 있는) **데이터**와 (프로세서, 메모리, 디스크, 네트워크 카드 같은) **하드웨어**로 이뤄진다.

정의

이 책에서 컴퓨터 **시스템**(system)이란 특정한 요건을 만족시키기 위해 명세와 설계가 필요한 소프트웨어 요소와 그 요소를 작동시키는 데 필요한 하드웨어를 가리킨다.

어떤 시스템을 이해하겠다는 말은 그 시스템을 구성하는 부분들이 개별적으로 어떤 역할을 하는지, 합쳐져서는 어떻게 동작하는지, 외부 세계와는 어떻게 상호작용하는지에 관심이 있다는 뜻으로, 한마디로 말해 아키텍처에 관심이 있다는 뜻이다. 소프트웨어 아키텍처에 대해 일반적으로 통하는 정의는 최근에 나온 국제 표준인 ISO/IEC 42010 '시스템 및 소프트웨어 공학 — 아키텍처 문서'[ISO11]에서 찾아볼 수 있다.

정의

시스템의 **아키텍처**란 그 시스템이 처한 환경 내에서 발하는 시스템의 속성 또는 기본 개념을 모아 놓은 집합으로, 요소, 관계, 설계와 진화의 원칙에 녹아들어 있다.

이 정의에서 언급한 세 가지 핵심 내용인 시스템의 요소와 관계, 기본 속성, 설계와 진화의 원칙에 대해 좀 더 자세히 살펴보자.

시스템 요소와 관계

모든 시스템은 모듈, 컴포넌트, 파티션, 하위 시스템 등으로 불리는 여러 부분으로 구성된다. 이 책에서는 이런 용어가 모종의 구현 기술이나 배치 기술을 전제하고 있어 가급적 사용하지 않았다. 대신 시스템을 구성하는 부분을 칭할 때 ISO 표준을 위시한 여러 선례에 따라 요소element라는, 다소 낯설지만 의미 중립적인 용어를 선호한다. 아키텍처 요소architectural element라는 용어를 좀 더 공식적으로 정의하는 일은 2장 뒷부분에 가서 하고, 지금은 그냥 시스템 내에서 아키텍처적으로 중요한 부분 정도로 얘기하고 넘어가자.

시스템의 구조는 시스템을 구성하는 요소와 그 요소 사이의 관계에 따라 정해진다. 소프트웨어 아키텍트가 관심을 두는 구조는 두 가지가 있는데, 바로 (설계 시점 요소들로 구성한) **정적인 구조**와 (실행시점 요소들로 구성한) **동적인 구조**다.

1. 시스템의 정적인 구조^{static structure}는 시스템이 설계 시점에 어떤 형태를 취하는지 나타내는 것으로, 그 시점에 어떤 요소가 있고 서로 어떤 식으로 묶여서 시스템이 요구받은 기능을 제공하는지 알려준다.

시스템의 **정적인 구조**란 시스템의 내부적인 설계 시점 요소와 그 배치를 규정한다.

정의

내부적인 설계 시점 소프트웨어 요소는 프로그램일 수도 있고 객체지향 클래스나 패키지일 수도 있으며 데이터베이스상의 저장 프로시저일 수도 있고 서비스일 수도 있으며 그 밖의 모든 독립적인 코드 단위일 수도 있다. 내부적인 데이터 요소로는 클래스, 관계형 데이터베이스 개체나 테이블, 데이터 파일을 들 수 있다. 내부적인 하드웨어 요소로는 컴퓨터나 컴퓨터를 구성하는 디스크나 CPU 같은 부품, 케이블, 라우터, 허브 같은 네트워크 요소를 들 수 있다.

이런 요소에 대한 정적인 배치를 통해 요소 사이에 존재하는 연관, 관계, 연결 등을 (맥락에 따라) 정의한다. 가령 소프트웨어 모듈 간에는 (모듈 A가 모듈 B와 모듈 C로 이뤄진다는 식의) 요소들 간의 계층구조나 (모듈 A는 모듈 B가 제공하는 서비스에 의존한다는 식의) 요소들 간의 의존성 같은 정적인 관계가 존재할 수 있다. 클래스, 관계형 개체, 기타 데이터 요소 사이에서는 관계를 통해 시스템 상의 다양한 하드웨어 요소 간에 요구되는 물리적인 상호 연결이 규정된다.

2. 시스템의 동적인 구조^{dynamic structure}는 시스템이 실제로 어떻게 동작하는지 나타내는 것으로, 실행시간에 어떤 일이 벌어지고 그래서 시스템이 외부의(또는 내부의) 자극에 반응해서 어떤 일을 하는지 보여준다.

시스템의 **동적인 구조**는 시스템의 실행시간 요소와 그들 사이의 상호작용을 정의한다.

정의

이런 내부적인 상호작용은 어쩌면 요소 사이의 정보 흐름일 수도 있고(요소 A가 요소 B에 메시지를 보냄), 내부적인 작업의 병렬적 또는 순차적 실행일 수도 있으며(요소 X가 요소 Y의 루틴을 호출함), 데이터에 미치는 효과의 측면에서 표현될 수도 있다(데이터 항목이 생성되고 여러 번 갱신되다가 마침내 소멸됨).

물론 시스템의 정적인 구조와 동적인 구조는 서로 밀접한 관련이 있다. 가령 프로그램이나 데이터베이스 같은 정적인 구조 요소가 없다면 그 사이에 흘러다니는 정보를 나타내는 동적인 구조 요소도 존재할 수 없다. 하지만 그렇다고 이 두 가지 구조가 똑같지는 않다. 하나의 클라이언트 대응 요소로 사용자와 하는 모든 상호작용을 처리하는 단순한 클라이언트/서버 시스템을 생각해보자. 이 요소는 한 번쯤은 정적인 구조 요소에 등장할 때도 있겠지만, 많은 경우(실 사용자 한 명당 한 번씩) 동적인 구조 모델에 등장한다. 동적인 구조 모델에서는 이 클라이언트 요소의 인스턴스가 활성화 또는 비활성화되도록 하는 원인이 무엇인지(가령 어떤 사용자가 로그인했다가 다시 로그아웃하는 경우 등을) 설명할 필요가 있다.

기본적인 시스템 속성

기본적인 시스템 속성은 두 가지 방향에서 대두되는데, 한 방향은 외부에 드러나는 행위(시스템이 어떤 일을 하는가)이고, 다른 한 방향은 품질 속성(시스템이 그 일을 어떻게 하는가)이다.

1. **외부에 드러나는 행위**externally visible behavior란 외부 관찰자 입장에서 봤을 때 시스템이 어떤 일을 하는지를 나타낸다.

정의

외부에 드러나는 시스템의 행위를 통해 시스템과 그 주변 환경 사이의 기능적 상호작용이 정의된다.

이런 외부적 상호작용을 통해 동적인 구조에서 살펴봤던 것과 유사한 내용물이 만들어진다. 여기에는 시스템에 드나드는 정보의 흐름, 시스템이 외부 자극에 반응하는 방식, 외부 세계와 맺은 공표된 '계약'인 그 아키텍처가 갖춘 API가 포함된다.

시스템을 불투명 상자로 취급함으로써 외부 행위를 모델화할 수도 있겠지만 그렇게 하면 시스템 내부에 대해서는 아무것도 모르게 된다(아키텍처대로 구축된 시스템에 요청 P를 보내면 응답 Q를 받는다). 이와 달리, 외부 자극에 대한 응답으로 내부 시스템의 상태 변화를 고려할 수도 있다(요청 R을 보냄에 따라 내부 데이터 항목 D가 생성된다).

2. **품질 속성**^{quality property}은 시스템이 외부 관찰자 시각에서 어떻게 행동하는지 알려준다(시스템의 비기능적 특성으로 불릴 때가 많다).

정의

품질 속성이란 외부에 드러나는 성능, 보안성, 확장용이성 같은 비기능적인 시스템 속성을 말한다.

흥미로운 품질 속성이 수두룩하다. 부하가 걸린 상태에서 시스템은 어떻게 작동하는가? 특정 하드웨어로 뽑아낼 수 있는 최대 처리량은 얼마나 되는가? 시스템에 담긴 정보가 불순한 사용자 손에 들어가지 않도록 지켜낼 방법은 무엇인가? 시스템이 얼마나 자주 멈춰야 할 것 같은가? 관리, 보수, 개선은 얼마나 용이한가? 몸이 불편한 사람들이 쓰기에 얼마나 편한가? 이런 특성들은 각자 처한 상황이나 이해관계자의 관심사항과 우선순위에 밀접하게 관련돼 있다.

설계와 진화의 원칙

구조화가 잘 되고 유지보수가 용이한 시스템은 시스템 차원의 구조화 관례들을 잘 따라서 구현됐다는 사실이 한눈에 명확하게 들어온다. 이런 시스템은 이해하기 쉬울 뿐 아니라 확장할 때도 일관성 있고 논리적이어서, 불필요한 복잡성을 유발하지 않고도 시스템의 전체적인 형식에 잘 부합하게 하고 싶은 마음이 들게 만든다.

이런 내부적인 구현 일관성을 얻으려면 시스템의 설계와 진화를 이끌어갈 명확한 원칙^{principle}이 필요하다.

옥스퍼드 영어사전에 따르면 원칙이란 "어떤 믿음이나 행위의 기초로 작용하는 근본적인 진리 또는 명제"를 뜻한다. 아키텍처 설계라는 분야에서는 이 정의를 약간 확장해 '아키텍처 정의 작업을 이끌어나갈 믿음, 접근법, 의도를 나타낸 기본 설명'으로 아키텍처 원칙을 정의할 수 있다.

아키텍처 원칙을 정의하고 따르는 것은 일관성 있고 구조가 잘 짜인 아키텍처를 구축할 수 있도록 의사결정의 틀을 짜는 매우 훌륭한 방법이다. 원칙은 그 기저에 놓인 가정을 끄집어내 명명백백하게 밝히는, 즉 묵시적인 내용을 명시적인 내용으로 바꿔주는 역할을 한다. 따라서 아키텍처 과제 시작 단계에서 다루기에 매우 좋은 주제로, 특히 과제를 시작한 동기나 범위가 불분명할 때 유용하다. 또한 제시된 아키텍처 요건에 심각하지만 제대로 인식이 안 된 충돌이나 모순이 있어 보일 때도 매우 유용하다. 설계 원칙에 대해서는 8장에서 좀 더 자세히 다루기로 한다.

시스템 속성과 내부 구조

지금부터는 시스템 속성이라는 개념과 그 개념이 시스템 내부 구조로 이어지는 방식에 대해 간단한 예제를 통해 살펴보자.

예제

항공권 예약 시스템은 항공편 좌석을 예약하고, 예약을 갱신하거나 취소하고, 좌석을 바꾸고, 등급을 올리는 등 다양한 처리 작업을 도와준다. 그림 2-1에 이 시스템을 둘러싼 맥락이 제시돼 있다(여기서는 간략화된 유스케이스 표기법을 사용했다. 사각형이 시스템을 나타내고 '막대 인형'이 시스템과 상호작용하는 고객을 나타내며, 그 밖의 추가적인 정보는 표기법 상자에 표시돼 있다).

외부에 드러나는 시스템의 행위(시스템이 어떤 일을 하는가)는 고객들이 유발하는 작업에 대한 시스템의 반응으로서, 좌석 예약이나 예약 갱신, 예약 취소 등이 이에 해당한다. 시스템의 품질 속성(시스템이 어떻게 일을 하는가)에는 명시된 부하가 걸렸을 때 작업을 처리하는 데 드는 평균 반응시간, 시스템이 뽑아낼 수 있는 최대 처리량, 시스템 가용성, 결함을 고치는 데 드는 시간, 기술, 비용이 있다.

아키텍트가 이런 요건을 만나면, 그에 걸맞은 시스템을 설계할 방법이 매우 많다. 다음 몇 쪽에 걸쳐 이런 시스템에 대응할 두 가지 가능한 아키텍처 접근법을 살펴보겠다.

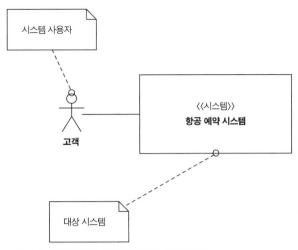

그림 2-1 항공권 예약 시스템의 맥락 다이어그램

항공 예약 시스템에 대한 해결책으로 아키텍트는 2단 클라이언트/서버를 바탕으로 한 접근법을 쓸 수 있다(사실 이 예제는 2부에서 살펴볼 아키텍처 스타일의 활용 사례에 해당된다). 이 접근법에서는 그림 2-2처럼 (고객에게 정보를 제공하거나 입력을 받아들이는) 여러 클라이언트가 (관계형 데이터베이스에 데이터를 저장하는) 중앙의 서버와 광역 네트워크(WAN)를 통해 통신한다. 2단 클라이언트/서버 아키텍처 같이 이미 존재하는 아키텍처 스타일은 그 장단점이 널리 알려져 있는데, 이런 익숙한 접근법을 바탕으로 작업을 시작하면 쓸데없이 설계 위험이 생기는 일이 없어 좋다.

다이어그램에 나오듯이, 이 클라이언트/서버 아키텍처에 대한 정적 구조(설계 시점 구조)는 클라이언트 프로그램(이 예제에서는 화면표시, 업무 로직, 데이터베이스, 네트워크 계층으로 세분됨)과 서버, 그리고 이 둘 사이의 연결로 이뤄진다. 이와 관련된 아키텍처 다이어그램에는 동적 구조(실행시간 구조)가 요청/응답 모델에 바탕을 둔다고 나올 것이다. 즉, 클라이언트에서 서버로 WAN을 통해 요청이 전달되면, 서버에서 클라이언트로 응답이 되돌아간다. 이 아키텍처의 정적인 요소들은 동적인 상호작용이 일어날 수 있는 체계를 제공한다(가령, 클라이언트 프로그램에서 사용자의 행위에 따라 요청이 전송된 후 결과를 받아 표시해준다).

이와 달리, 아키텍트는 3단 클라이언트/서버 접근법을 취할 수도 있는데, 이 경우에는 그림 2-3처럼 화면표시 처리만 클라이언트에서 수행하고, 업무 로직과 데이터베이스 접근은 애플리케이션 서버에서 수행한다.

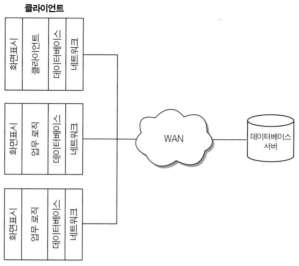

그림 2-2 항공 예약 시스템용 2단 클라이언트/서버 아키텍처

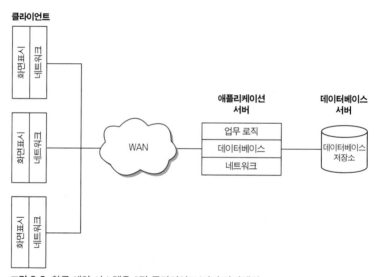

그림 2-3 항공 예약 시스템용 3단 클라이언트/서버 아키텍처

이 아키텍처에서 정적 구조는 (예제에서 화면표시와 네트워크 계층으로 나눠지는) 클라이언트 프로그램, (업무 로직, 데이터베이스, 네트워크 계층에 해당하는) 애플리케이션 서버, 데이터베이스 서버, 그리고 이들 사이의 연결로 이뤄진다. 동적 구조는 3단 요청/응답 모델에 바탕을 둔 것으로, WAN을 통해 클라이언트에서 애플리케이션 서버로 요청이 전달되고, 필요할 경우 애플리케이션 서버가 데이터베이스 서버로 요청을 보내며, 애플리케이션 서버에서 클라이언트로 응답이 반환된다.

아키텍트가 2단 접근법이 적합하다고 결론을 내린다면, 그 근거로 운영이 상대적으로 단순하다는 점이나 해당 조직의 소프트웨어 개발자들이 좀 더 신속하게 개발할 수 있다는 점, 상대적으로 비용을 덜 들이고도 납품을 할 수 있다는 점, 기타 여러 이유를 들 수 있다.

이와 달리, 아키텍트가 3단 접근법이 적합하다고 봤다면, 그 근거로 부하가 증가할 경우 확장용이성이 더 높다는 점, 클라이언트 장비 사양을 덜 탄다는 점, 보안성이 더 낫다는 점, 기타 여러 이유를 들 수 있다.

어느 접근법이 더 적합하다고 보든, 아키텍트는 해당 접근법이 제시하는 시스템 속성이 해당 시스템의 요건에 가장 잘 맞기에 그 접근법을 선택하는 것이다.

이 예제에 나온 문제에는 두 가지 해결 방법이 있는데, 각각 2단 접근법과 3단 접근법에 바탕을 뒀다. 이 두 해결법을 후보 아키텍처^{candidate architecture}라 부르자.

정의

시스템의 **후보 아키텍처**란 시스템에 요구되는, 외부에 드러나는 행위와 품질 속성을 발현할 가능성이 있는 정적 구조와 동적 구조의 특정한 배치를 말한다.

두 후보 아키텍처 모두 독특한 정적 구조와 동적 구조를 갖췄을 테지만, 적시에 효율적인 방식으로 항공 좌석 예약을 처리하는 데 필요한 시스템의 전반적인 요건을 충족시킬 수 있어야 한다. 그러나 후보 아키텍처가 (예약 처리에 대한 반응 같은) 외부에 드러나는 주요 행위와 (수용 가능한 반응시간, 처리량, 가용성, 복구 대응 시간 같은) 일반적인 품질 속성에 있어서 같은 내용을 공유하는 것으로 보이더라도, 저마다 나타내는 특정 품질 속성에서는 (어떤 것은 보수가 쉽지만 구축에 비용이 더 드는 등) 다를 수밖에 없다.

이 경우, 후보안이 실제로 어느 정도까지 이런 행위와 속성을 드러낼지는 추가적인 정적 구조와 동적 구조 분석을 통해 정해야 한다. 가령 2단 아키텍처가 클라이언트를 기능적으로 더 풍부하게 지원하기 때문에 기능적 요건에 더 잘 부합할 수 있는 반면, 3단 아키텍처는 좀 더 느슨하게 결합되기 때문에 처리량과 응답 시간에서 더 나을 수 있다.

개별 후보 아키텍처마다 정적 구조와 동적 구조를 유도해내고, 요구되는 행위와 품질 속성을 어느 정도까지 갖출지 가늠하며, 그중에서 최선의 후보를 선택하는 일은 아키텍트의 몫이다. 당연히 여기서 얘기한 '최선'이라는 말이 언제나 명확하지만은 않은데, 이에 대해서는 2부에서 다시 다루기로 하자.

외부에 드러나는 시스템의 속성 및 그 내부 구조와 조직 구성 사이의 관계에 대해서는 다음과 같이 파악할 수 있다.

- 외부에 드러나는 시스템의 행위(시스템이 어떤 일을 하는가)는 시스템의 내부 요소들이 결합해서 나오는 기능적 행위에 의해 결정된다.
- 시스템의 품질 속성(시스템이 어떻게 일을 하는가), 즉 성능, 확장용이성, 복원성 등은 내부 요소들의 품질 속성에 의해 발현된다(시스템의 전체적인 품질 속성은 대체로 가장 품질이 낮은 내부 요소의 속성에 준한다).

물론 실제로 이렇게 단순하지는 않다. 예를 들어 어떤 서버가 주어진 부하를 처리할 만큼 확장할 수 없다면 기능적으로도 제약이 생길 수밖에 없다(예를 들어, 사용자가 서버에 로그인할 수 없거나 자원을 많이 사용하는 기능을 실행할 수 없을 것이다). 하지만 상대적으로 단순한 구분이라 해도 생각할 거리가 많다는 점에서 쓸모가 없지만은 않다.

소프트웨어 아키텍처의 중요성

컴퓨터 시스템은 크든 작든 서로 연결된 작은 부분들로 구성된다. 이 부분의 수는 편차가 커서 단 하나일 때도 있고, 수십 수백 개일 때도 있다. 또한 그 사이의 연결도 매우 단순한 경우부터 매우 복잡한 경우까지 다양하다.

더욱이 시스템을 이루는 부분들은 서로 간에는 물론 외부 세계와도 결정론적인(다시 말해 예측 가능한) 방식으로 상호작용한다. 여기서 다시 한 번 이들의 행위는 단순하고 이해하기 쉬울 때도 있고, 너무 복잡해서 한 사람이 시스템의 모든 면모를 다 이해하기 어려울 때도 있다. 하지만 그런 경우에도 행위는 여전히 존재할 뿐 아니라 (최소한 이론적으로는) 서술도 가능하다.

다른 말로 하자면, 건축물이나 교량, 전함에 구조가 있고 인체에 생리 체계가 있듯이, 모든 시스템에는 아키텍처가 있다.

이는 너무나 중요한 개념이라 이 자리에서 공식적인 원칙으로 천명하고자 한다.

원칙

모든 시스템에는 문서화나 이해 여부를 떠나 아키텍처가 존재한다.

시스템의 아키텍처는 내재적이고 근본적인 속성으로서, 문서화 여부나 이해 여부와 별개로 존재한다. 모든 시스템에는 정확히 하나의 아키텍처만 존재하지만, 앞으로 살펴볼 것처럼 여러 가지 방식으로 표현될 수 있다.

▌ 아키텍처 요소

앞에서 설명했듯이, 아키텍처 요소는 시스템을 구성하는 부분을 가리키는 용어로 통일했다.

정의

아키텍처 요소(또는 그냥 요소)는 시스템을 구성하는 것으로 간주할 만한 근간이 되는 부분을 말한다.

아키텍처 요소의 특성은 시스템의 종류와 그 시스템의 요소들이 속할 환경에 크게 좌우된다. 구축할 시스템에 따라 프로그램 라이브러리나 하위 시스템, 배치 가능한 소프트웨어 단위(EJB나 닷넷 조합.NET assembly 등), 재사용 가능한 소프트웨어 제품(데이터베이스 관리 시스템 등), 전체 애플리케이션 등이 정보 시스템의 아키텍처 요소로 형성될 수 있다.

아키텍처 요소는 다음과 같은 핵심 속성을 갖춰야 한다.

- 명확히 정의된 **책임**^{responsibility} 집합

- 명확히 정의된 **경계**^{boundary}

- 명확히 정의된 **인터페이스**^{interface} 집합. 이는 해당 요소가 다른 아키텍처 요소에 제공하는 **서비스**^{service}를 정의함

아키텍처 요소는 흔히 **컴포넌트**^{component}나 **모듈**^{module}이라는 이름으로 부르기도 하는데, 이런 이름은 기존에 이미 다른 의미로 사용되는 경우가 많다. 특히 컴포넌트라는 용어는 프로그램 수준의 컴포넌트 모델(J2EE나 닷넷) 사용을 전제하는 경향이 있고, 모듈은 프로그램 언어 구조를 전제하는 경향이 있다. 이런 용어가 특정한 맥락에서는 유효한 아키텍처 요소가 될 수 있지만, 그 맥락을 벗어나면 시스템의 근간을 이루는 요소의 타입을 가리키지 않는다.

따라서 지금부터는 애써 이런 용어 사용을 피하기로 한다. 대신 혼동을 막기 위해 책 전체에 걸쳐 요소라는 용어를 사용한다(ISO 42010과 배스^{Bass}, 클레멘츠^{Clements}, 카즈먼^{Kazman}[BASS03]을 포함한 다른 이들의 전례를 따랐는데, 자세한 내용은 2장 말미의 '더 읽을거리' 절에 나온다).

이해관계자

전통적인 소프트웨어 개발은 사용자의 요건을 만족시키는 소프트웨어를 납품할 필요성에 따라 이뤄졌다. **사용자**^{user}라는 용어의 정의가 분분하긴 하지만, 소프트웨어 개발 방법론은 어떤 식으로든 이 원칙에 바탕을 둔다.

하지만 소프트웨어 시스템에 영향받는 사람이 사용자만은 아니다. 소프트웨어 시스템은 사용만 되는 것이 아니라, 구축과 시험이 돼야 하고 운영도 돼야 하며 보수가 필요할 때도 있고 대체로는 개선도 일어나며 당연히 비용에 대해 지불도 돼야 한다. 이런 활동은 사용자 외에 복수의, 어쩌면 상당히 많은 수의 사람이 개입된다. 이런 사람들은 그룹별로 소프트웨어 시스템에 대해 자신들의 요건, 이해관계, 필요성을 갖는다.

이런 이들을 총칭해 **이해관계자**^{stakeholder}라 부른다. 이해관계자의 역할을 이해하는 일은 소프트웨어 제품이나 시스템 개발에 있어 아키텍트의 역할을 이해하는

기본이 된다. 여기서는 이해관계자를 다음과 같이 정의한다.

정의

시스템의 아키텍처에서 **이해관계자**란 시스템 구축에 관심을 두는 개인, 팀, 조직, 계층을 말한다.

이 정의는 ISO 42010 표준에 바탕을 둔 것으로, 2부에서 좀 더 깊이 다룬다. 지금은 이 정의에 나오는 핵심 개념 두어 가지만 살펴보자.

개인, 팀, 조직

먼저 '개인, 팀, 조직'이라는 구절을 살펴보자. 이 책에서 나오듯이, 시스템의 아키텍처에 관심을 두는 사람은 단지 개발자에만, 또는 개발자와 사용자에만 국한되지 않는다. 아키텍처를 시스템으로 구현하다 보면 이보다 훨씬 넓은 범위의 사람들, 가령 시스템을 지원하거나 배치하거나 시스템에 비용을 대는 이들에게 영향이 간다.

이해관계자는 주로 아키텍처를 명세하는 과정에서 아키텍처의 모습과 방향에 영향을 미칠 기회를 얻는다. 하지만 이해관계자에 따라 아키텍처와는 그다지 상관이 없는 여러 가지 이유로 자신의 역할에 흥미를 나타내는 이들도 있다. 따라서 아키텍트는 사람들을 작업에 끌어들여 적극적으로 참여하게 만들고, 참여의 중요성을 역설하며, 참여한 작업에 몰두하도록 하는 역할을 해야 한다.

정의에 나와 있듯이 이해관계자는 특정한 인물이 아니라 사용자나 개발자 같은 계층을 대변하는 경우가 많다. 따라서 짧은 시간 내에 (모든 사용자나 모든 개발자 같이) 계층 내 모든 구성원의 요구를 파악해서 수용하기가 불가능하기 때문에 문제가 발생하기도 한다. 더욱이 새로운 제품을 개발하는 경우와 같이 이해관계자와 직접 접촉할 수 없을 때도 있다. 어떤 경우든, 그 집단을 대변할 수 있는 사람으로 이해관계자를 고를 필요가 있다. 이에 대해서는 2부에서 다시 다룬다.

관심과 관심사항

이제 '시스템 구현에 관심을 두는'이라는 구절을 살펴보자. 이 조건은 매우 포괄적인 것으로, 해석은 전적으로 해당 과제에 달렸다. 아키텍처 개발에 착수하고 보면 알게 되겠지만, 이 작업은 파악만큼이나 발견이 중요한 시기, 다시 말해 시스템 개발 수명주기의 초기에 수행되기 때문에 이해관계자들은 자신이 제시하는 요건이 무엇인지 아직 정확히 알지 못할 수도 있다.

이 개념을 가끔씩 쓰는 말로 달리 표현하면, 아키텍트는 시스템에 관심사항 concern을 지닌 이해관계자에게 관심을 둔다. 여기서 언급된 관심사항이라는 용어가 특히 적합한 이유는 시스템과 관련된 이해관계자의 계층이 대단히 광범위하기 때문이다.

정의

아키텍처에 대한 **관심사항**이란 이해관계자가 아키텍처에 대해 내세우는 요건이나 목적, 제약사항, 의도, 포부를 말한다.

관심사항이란 이해관계자 사이에서 공통적인 것도 많지만, 특정 부류에 국한되거나 서로 충돌하는 것도 많다. 이렇게 생기는 충돌을 이해관계자들이 만족할 수 있는 방식으로 해소하기란 여간 어렵지 않다.

예제

소프트웨어 개발 과제에서 중요한 속성으로 비용, 품질, 시장 적시성을 꼽고 이를 세 꼭짓점으로 하는 삼각형으로 표현하는 경우가 많다. 이상적으로는 과제 결과물을 고품질에 공짜로 즉시 납품할 수 있으면 좋겠지만, 그러기가 불가능하다는 사실을 모르는 사람은 없다. 그림 2-4의 품질 삼각형(quality triangle)에서 보여주는 것은 이 세 속성 사이에서 타협이 불가피하다는 사실과, 잘 해야 세 속성 중에서 둘밖에 얻을 수 없다는 사실이다. 이 다이어그램에서 삼각형의 세 꼭짓점은 세 가지 원하는 속성을 나타내는데, 이 속성들이 서로 어떻게 영향을 주는지 보여주기 위해 몇 가지 의미 있는 조합을 나타냈다.

가령, 품질이 높은 시스템을 구축하려면 시간이 오래 걸리고 비용도 많이 드는 경향이 있다. 반대로, 개발 기간을 단축하면 같은 비용을 들인다고 했을 때 납품되는 시스템의 품질이 떨어질 수밖에 없다.

이런 속성들은 이해관계자마다 중요하게 여기는 정도가 달라서, 아키텍트는 어느 속성이 누구에게 중요한지 이해하고 필요할 경우 수용 가능한 타협안을 끌어내야 한다. 이 일을 어떻게 하는지는 2부에서 더 다루기로 한다.

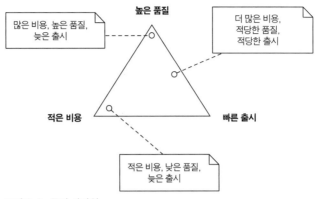

그림 2-4 품질 삼각형

이해관계자의 중요성

아키텍처란 오직 이해관계자들의 이익을 대변하고 그들의 요구에 부응하는 시스템을 구축하기 위해 만들어지기 때문에, 이해관계자가 (명시적으로든 묵시적으로든) 전체적인 아키텍처의 모습과 방향을 결정한다. 이해관계자들은 아키텍트의 안내에 따라 최종적으로 만들어질 제품이나 시스템의 범위, 기능, 작동상의 특징, 구조 등에 대한 근본적인 결정을 내리거나 유발한다. 이해관계자가 없으면 아키텍처가 있다 한들 그 아키텍처를 통해 만들어낼 시스템이 없거니와, 그 시스템을 구축할 사람도 배치할 사람도 실행할 사람도 대가를 지불할 사람도 없는 것이므로, 아무런 의미가 없다.

원칙

아키텍처는 오직 이해관계자의 요구를 들어주기 위해 만들어진다.

이는 곧 이해관계자의 요구를 제대로 충족시키지 못하는 시스템은 제아무리 훌륭한 아키텍처 기법을 적용했다 한들 성공적인 시스템이라 보기 어렵다는 뜻이다. 다른 말로 하면, 아키텍처는 추상적인 아키텍처 원칙을 비롯한 소프트웨어 공학 원칙은 물론, 반드시 이해관계자의 요구에도 비춰 평가받아야 한다는 말이다.

앞에서 봤듯이, 이해관계자들 사이에 요구가 충돌하는 경우가 드물지 않다.

이런 난감한 상황을 해결하기란 쉽지가 않은데, 이럴 때 적절히 균형을 잡아주는 일이 아키텍트 몫으로 돌아오는 경우가 많다(가령, 성능이 중요한 시스템에서는 요청 처리 지연시간을 줄임에 따라 시스템 요소의 최적화 및 통합 수준이 올라가면서 발생하는 높은 유지보수 비용을 감수함으로써 균형을 잡는 식이다).

원칙 좋은 아키텍처란 이해관계자들이 지닌 관심사항에 원만하게 대처하고, 혹시 서로 충돌할 경우 이해관계자들이 수용 가능한 방식으로 균형을 맞춰줄 수 있어야 한다.

2부에서 이해관계자 개념에 대해 좀 더 상세히 살펴보고, 아키텍처 개발 과정에서 이해관계자를 분류, 식별, 선택, 참여시키는 방법을 설명한다.

▌아키텍처 명세서

소프트웨어 시스템의 아키텍처는 믿을 수 없을 만큼 복잡해지기도 한다. 아키텍트는 이런 복잡한 내용을 이해할 필요가 있는 사람들에게 설명하는 역할도 해야 한다. 아키텍트는 아키텍처 명세서^{AD, architectural description}를 통해 이 일을 수행한다.

정의 **아키텍처 명세서(AD)**란 이해관계자가 이해할 수 있는 방식으로 아키텍처를 문서화해놓은 산출물로, 아키텍처가 이해관계자의 관심사항을 반영했음을 드러낸다.

이 문장에서 '산출물'에는 여러 가지가 포함되는데, 특히 아키텍처 모델뿐만 아니라 범위 정의, 제약사항, 원칙도 포함된다. 이에 대해서는 2부와 3부에서 자세히 다룬다.

아키텍처 명세서에는 아키텍처의 핵심 내용과 세부사항이 동시에 담겨야 하는데, 이를 달리 말하면 전체 시스템을 요약한 대강의 그림을 담는 동시에 충분히 상세한 수준으로 분할도 해 넣어서 이를 바탕으로 검증은 물론이고 실제 시스템 구축도 가능해야 한다는 뜻이다.

모든 시스템이 아키텍처를 갖추고 있다는 말은 맞지만, 모든 시스템이 AD를 갖추고 있다는 말은 맞지 않는다. 아키텍처를 문서화한 곳에서도 일부분만 문서화해놓거나 문서가 갱신이 되지 않거나 쓰이지 않는 경우도 있다.

단도직입적으로 말하면, 위에 나온 정의는 '좋은' AD를 설명하고 있다. 하지만 이해관계자가 이해하기 어려운 AD나 이해관계자의 관심사항을 반영하지 못한 AD는 솔직히 유지할 가치가 없는 것으로, 들고 있어 봤자 자산이 아니라 걸림돌일 뿐이다. AD에는 아키텍처를 이해할 필요가 있는 이해관계자들에게 효과적으로 내용을 전달하는 데 필요한 모든 정보를(이상적으로는 딱 필요한 정보만을) 담아둘 필요가 있다.

원칙

모든 시스템이 아키텍처를 갖추고 있기는 하지만, 모든 시스템이 아키텍처 명세서를 통해 효과적으로 전달 가능한 아키텍처를 갖춘 것은 아니다.

물론, AD가 부적합하면 아키텍처 구상을 생각한 대로 구현할 기회가 훨씬 더 적다.

예제

앞서 항공권 예약 시스템에 대한 AD에서는 주로 정적인 구조(핵심 하드웨어 및 소프트웨어 요소와 그 구성)에만 초점을 맞추고 외부에 드러나는 행위(그 요소들이 사용자가 보낸 요청에 응답하기 위해 상호작용하는 방식)에는 신경을 덜 썼다. 대부분의 사용자가 판매대나 전화기를 통해 고객을 대하기 때문에, 빠른 반응시간과 시스템 신뢰성이 매우 중요하다.

이 시스템의 AD가 세부 내용에서 시스템의 품질 속성을 고려치 못했다면, 특히 응답시간 요건이나 성능 모델에 대해 명확한 정의를 내놓지 못했다면, 시스템이 실제로 깔렸을 때, 특히 최대 부하 상태에서 나오는 성능은 형편없을 것이다.

이 문제를 해결하기 위해서 아키텍트는 성능 요건을 어떻게 잡을지 합의해줄 수 있는 사용자 집단을 찾아낸 다음, 분석과 실험을 통해 나온 현실적으로 가능한 수준에서 요건의 균형을 맞추면 된다. 이를 통해 수명주기상 나중에 가서 성능 문제가 대두될 경우 일어날 수밖에 없는 상당한 규모의 개선과 미세조정을 피할 수 있게 된다.

아키텍트는 AD를 작성하는 사람이자 동시에 AD를 가장 적극적으로 사용하는 사람이기도 하다. AD를 기억을 보조하는 용도로 쓸 수도 있고, 분석의 기반으로 삼을 수도 있으며, 의사결정을 기록해두는 용도로 쓸 수도 있다. 하지만 아키텍트도 역시 한 명의 AD 사용자일 뿐이다. 차이는 다소 있겠지만, 다른 모든 이해관계자도 저마다 얽힌 인연만큼 아키텍처를 (최소한 일부라도) 이해할 필요가 있다. 여기에 도움이 되지 않는 AD는 실패라고 단언한다.

원칙

좋은 아키텍처 명세서는 올바른 이해관계자에게 아키텍처의 핵심적인 내용을 효과적이면서도 일관성 있게 전달할 수 있어야 한다.

요즘에는 기술, 모델, 아키텍처 설명 언어, 기타 아키텍처 문서화 방식이 넘쳐난다. 특정 시스템을 개발하는 데 알맞은 방식을 선정하는 일은 그 자체로 쉽지 않아서, 시스템 특성과 함께 이해관계자의 기량과 역량까지 고려해야 한다.

2부에서는 AD 개념에 대해 더 자세히 살펴보고, 3부와 4부에서는 AD를 구성하는 다양한 요소들을 설명하며 AD를 작성하는 방법도 소개한다.

▌핵심 개념 사이의 관계

그림 2-5에 나오는 UML 클래스 다이어그램에는 이 책에서 제시한 핵심 개념들 간의 주요 관계가 설명돼 있다. 이 다이어그램에는 지금까지 얘기한 개념들 사이의 관계가 나온다.

- 시스템은 이해관계자의 요구, 이해관계, 목표, 목적을 달성하기 위해 구축된다.
- 시스템의 아키텍처는 여러 개의 아키텍처 요소와 그 요소들 사이의 관계로 이뤄진다.
- 시스템의 아키텍처는 AD를 통해 완전하게 문서화되거나, 부분적으로 문서화되거나, 전혀 문서화되지 않을 수도 있다. 사실 특정 아키텍처에 대해 여러 개의 AD가 존재할 수 있고, 그중에는 잘 작성된 것도 잘못 작성된 것도 있을 것이다.
- AD는 이해관계자가 아키텍처를 이해할 수 있도록 만든 문서로, 이해관계자에게 요구가 만족됐음을 알려준다.

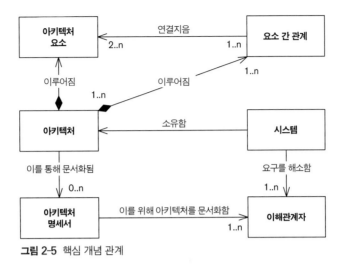

그림 2-5 핵심 개념 관계

이 책에서는 그림 2-5는 물론, 책 전체에 걸쳐 UML 표준 관례를 따랐다. 이 관례에서는 사각형이 아키텍처 개념을 표현하고, 화살표로 이어진 선이 하나의 개념이 다른 개념에 대해 갖는 관계를 나타낸다. 선에서 'from' 쪽에 색칠된 마름모가 있는 것은 'is composed of' 관계를 나타낸다. 개별 관계에 표시된 숫자(이쪽의 몇 개가 저쪽의 몇 개와 연관돼 있는가)는 각 선의 끝에 나타나 있다. 관계마다 그 관계의 의미를 나타내는 짤막한 설명이 붙어 있다.

▌ 정리

2장에서는 책 전체에 걸쳐 사용할 몇 가지 개념과 용어에 대해 정의하고 살펴보면서 앞으로 설명할 내용의 기초를 잡았다.

- 시스템에서 아키텍처는 정적인 구조, 동적인 구조, 외부에 드러나는 행위, 품질 속성, 설계와 진화를 이끄는 원칙을 정의해놓은 것이다. 이런 내용을 언제나 전부 다 고려하지는 않지만, 중요성은 매우 높다. 모든 컴퓨터 시스템에는 알아주는 사람이 없더라도 아키텍처가 존재한다.

- 시스템의 후보 아키텍처란 시스템에 요구되는, 외부에 드러나는 행위와 품질 속성을 발현할 가능성이 있는 아키텍처를 말한다. 대부분의 문제에는 몇 가지

후보 아키텍처가 존재하기 마련이어서, 아키텍트는 이 후보들 중에서 최선을 고르는 작업을 하면 된다.

- 아키텍처 요소란 명확하게 식별 가능하고 아키텍처적으로 의미 있는 시스템의 부분을 말한다.

- 이해관계자란 아키텍처를 실현하는 일에 큰 관심이 있는 사람, 집단, 개체를 말한다. 이해관계자에는 사용자뿐 아니라 개발자, 운영자, 구매자 같은 이들도 있다. 아키텍처는 오직 이해관계자의 요구를 들어주기 위해 만들어진다.

- 아키텍처 명세서란 이해관계자들이 이해할 수 있고 그들의 관심사항이 반영됐음을 드러낼 수 있는 방식으로 아키텍처를 문서화해놓은 산출물의 집합을 말한다. 모든 시스템에는 아키텍처가 있지만, 모든 시스템에 유효한 AD가 있지는 않다.

▌더 읽을거리

2장에서는 소프트웨어 아키텍처 분야에 친숙한 최신 범용 표준, 즉 ISO/IEC 42010 표준[ISO11](IEEE 1471-2000 아키텍처 명세서 표준의 개선판)에 용어와 개념을 맞췄다. 표준에 적힌 소개에 따르면 이 표준에서는 아키텍처 명세서 활용 과정 전체에 걸쳐 시스템의 아키텍처를 생성하고 분석하며 유지하는 내용을 다룬다. 이 책에서 사용하는 개념적 모델은 이 표준에 제시된 내용에 바탕을 뒀다.

이 책에 나오는 소프트웨어 아키텍처 개념 중에서 상당 부분은 SEI^{Software} Engineering Institute의 소프트웨어 아키텍처 그룹에서 나온 성과를 바탕으로 한다. 배스, 클레멘츠, 카즈먼[BASS03]은 소프트웨어 아키텍처 분야의 주요 사상을 빠짐없이 소개했을 뿐만 아니라, 기본 개념에 대해서도 이 책보다 한결 깊이 있고 맥락도 잘 짚었다.

소프트웨어 아키텍처 분야의 원전 중에서는 쇼^{Shaw}와 갈란^{Garlan}[SHAW96] 책이 빠질 수 없다. 이 책은 AD에 대한 개요, 아키텍처 스타일, 향후 등장 가능한 도구 지원을 포함한 소프트웨어 아키텍처 분야의 근본 개념에 대해 함축적이면서도 우아하게 설명해냈다. 소프트웨어 아키텍처 분야에서 이 책보다 먼저 나온 원전으로 페리Perry와 울프Wolf[PERR92] 논문이 있는데, 이 분야의 주요 사항에만 깔끔하게 초점을 맞췄다는 점에서 읽어볼 가치가 충분하다.

소프트웨어 아키텍처에 대해 좀 더 폭넓은 시야로 보고 싶다면 학제를 넘나드는 내용을 다룬 『Art of Systems Architecting시스템 아키텍팅의 묘미』[MAIE09]을 살펴보면 도움이 된다. 이 책은 모든 분야의 복잡한 시스템에 걸쳐 유효한 원칙과 기법의 총합이라는 측면에서 아키텍처라는(그리고 '아키텍처 수립'이라는) 개념을 소개하고 설명한 점이 참신하다. 특히 논의의 초점을 아키텍처 경험론heuristics에 두고, 흥미로운 경험론을 모아놓았다. 주요 사례는 건축, 제조, 사회 체계, 정보기술, 협동 체계에서 가져왔다.

이 책 초판 발행 후 재판이 나오는 몇 년 사이에 소프트웨어 아키텍처를 주제로 하는 입문서들이 많이 등장했다. 책을 쓰는 내내 강조하고자 했던 내용은 아키텍처 작업을 할 때 당면한 문제에 대해 가장 중요한 사항에 집중해야지, 아무 때나 모든 시점과 모든 관점을 다 적용하려 들어서는 안 된다는 것이었다. 조지 페어뱅크스George Fairbanks가 쓴 『Just Enough Software Architecture딱 필요한 만큼의 소프트웨어 아키텍처』[FAIR10]가 이 내용에 정확히 부합하는 실무 지침서로, 당면한 위기에 대응해 아키텍처 작업을 맞춤화하기 위한 방편으로 '위험 중심으로 아키텍처를 수립하는' 실천적인 방법을 보여줬다. 이언 고튼Ian Gorton이 쓴 『Essential Software Architecture필수 소프트웨어 아키텍처』[GORT06]는 여러 가지 중요한 소프트웨어 아키텍처 주제를 간략하면서도 실용적으로 소개한 입문서이고, 리처드 테일러Richard Taylor, 니노 메드비도비치Neno Medvidovic, 에릭 대쇼피Eric Dashofy[TAYL09]는 소프트웨어 아키텍처를 매우 포괄적으로 소개했다.

소프트웨어 아키텍처 작업을 형식 절차에 맞춰 정의하는 데 관심이 있는 사람은 피터 엘리스Peter Eeles와 피터 크립스Peter Cripps가 쓴 『The process of Software Architecting소프트웨어 아키텍처 수립 프로세스』[EELE09]을 지침으로 삼으면 매우 유용할 것이다.

3

시점과 뷰

시스템의 아키텍처를 설계하는 막중한 작업을 시작할 때면, 답을 내기 어려운 아키텍처적인 의문이 몇 가지 생기기 마련이다.

- 아키텍처에서 주된 기능적 요소는 무엇인가?

- 요소들은 서로 간에 그리고 외부 세계와 어떻게 상호작용하는가?

- 어떤 정보를 관리하고 저장하고 표시할 것인가?

- 기능 요소와 정보 요소를 수용하려면 어떤 물리적인 하드웨어와 소프트웨어 요소가 필요하겠는가?

- 운영적인 측면에서는 어떤 특성과 능력을 제공할 것인가?

- 개발, 시험, 지원, 훈련을 위해서는 어떤 환경을 제공할 것인가?

이 모든 의문을 하나의 모델에 매우 촘촘히 담아서 답을 내버리고 싶은 충동을 누구나 쉽게 느끼지만, 이런 충동에 절대로 휩쓸리면 안 된다. 이런 류의 모델은 (익히 봐온 대로) 정형, 비정형 표기법을 이리저리 섞어 써가며 기능 구조, 소프트웨어 계층, 동시성, 컴포넌트 간 통신, 물리적 배치 환경 등 시스템의 온갖 측면들을 커다란 종이 한 장에 한꺼번에 몰아서 설명하려 든다. 예제를 통해 통짜 모델로 AD를 작성하면 어떻게 되는지 살펴보자.

예제에서 보듯이, 이런 류의 AD는 정말 최악이다. 소프트웨어 아키텍처에 관한 많은 저서에서 소프트웨어 아키텍처를 단일 모델로 설명하는 일은 불가능하다고 단언했다. 그런 모델은 이해하기 어려울 뿐 아니라 아키텍처에서 중요한 사항들을 한눈에 살피기도 어렵다. 이해관계자 입장에서도 각자 관심 있는 측면을 이해하는 데 수고가 많이 들어 환영하기 어렵다. 무엇보다 큰 문제는 통짜 AD는 그 복잡성 때문에 완결성을 갖추기 어려운 데다 정확성을 유지하기도 쉽지 않고 바뀐 내용을 따라가지도 못한다는 점이다.

예제

2장에서 소개한 항공권 예약 시스템이 개념적으로는 상당히 간단하지만, 실무로 들어가면 시스템의 몇몇 측면에서 매우 복잡해진다.

- 시스템의 데이터가 여러 군데의 물리적인 장소에 흩어져 있다.
- 다양한 종류의 데이터 입력 장치를 지원해야 한다.
- 몇 가지 정보는 다른 언어로도 표현할 수 있어야 한다.
- 탑승권을 비롯한 여러 문서를 다양한 종류의 출력 장치에서 뽑을 수 있어야 한다.
- 수많은 국제 규약까지 생각하면 문제가 훨씬 복잡해진다.

몇 번의 논의를 거쳐, 아키텍트는 시스템에 대한 초기 아키텍처를 수립하면서 하나의 다이어그램에 시스템의 중요 사항을 모두 다 표현해 넣어봤다. 이 모델에는 (다양한 더미 터미널과 데스크톱 PC, 무선 장치까지 포함한) 전체 데이터 입력 장치, 데이터를 저장하거나 복제 데이터를 유지할 복수의 물리적 시스템, 필수 지원 대상 출력 장치 몇 가지가 들어 있다(별도의 수단을 통해 수행되는 원격 출력 관련 내용은 빠져 있다). 모델에는 주석문을 매우 빽빽하게 달아서 다중 언어 지원이 필요한 부분이나 규제 요건으로 인해 데이터에 대해 감시, 보관, 분석이 필요한 부분 등을 표시해놓았다.

하지만 여러 가지 컴포넌트 사이의 네트워크 인터페이스는 너무 복잡한 터라 상세한 내용 없이 네트워크 아이콘만 하나 빼서 추상화해놓았다(사실 네트워크 설계는 이 아키텍처에서 가장 민감한 부분으로, 매우 다양하지만 대체로 서로 호환되지 않는 네트워크 통신규약에, 공공망과 사설망을 넘나드는 라우팅, 동기 및 비동기 상호작용, 다양한 수준의 서비스 신뢰성과 가용성을 지원해야 한다). 더욱이 모델에서는 동일한 데이터를 복수의 시스템에 분산시켰을 때 고려해야 할 문제를 전혀 다루지 않았다.

모델이 너무 복잡한 데다 광범위한 관심사항들을 하나의 다이어그램에서 한꺼번에 다루려다 보니, 이해관계자를 끌어내는 데 실패했다. 사용자들은 너무 복잡하고 어려워 이해를 할 수 없다고 생각했다(너무 많은 수의 물리적인 하드웨어 컴포넌트가 표시된 것이 특히나 문제였다). 이와 달리 기술 분야 이해관계자들은 이 모델을 무시했는데, 네트워크 구성 형태 같은 세부사항이 빠져 있었으니 그럴 수밖에 없었다. 법무 팀 구성원들은 이 모델을 사용해 규제 관련 사항들을 제대로 다룰 수 있을지 확신이 서지 않았고, 과제 후원자도 모델이 완전히 이해불가라는 사실을 알아채 버렸다.

더욱이 아키텍트는 신규 데이터 입력 장치나 출력 장치가 거론될 때마다 내용을 반영하느라, 가령 다이어그램을 갱신하거나 거대한 크기의 종이에다 새로 출력하느라 상당한 시간을 뺏긴다.

이런 문제점 때문에 다이어그램은 얼마 가지 않아 정보가 뒤처지다가 종국에는 잊히고 만다. 하지만 안타깝게도 이 모델에서 다루고자 했던 사안들은 사라지지 않은 채 구현 기간 내내는 물론 실제 운영 단계 초기까지 그대로 남아서 많은 문제를 유발하고 작업 지연을 일으킨다.

원칙 복잡한 시스템의 기능 특성과 품질 속성을 하나의 모델로 표현해서는 이해관계자들이 이해하기도, 가치를 느끼기도 불가능하다.

복잡한 시스템을 표현할 때는 관리 가능하고 다양한 사업적, 기술적 이해관계자들이 이해할 수 있는 방법이 필요하다. 널리 채택하고 있는, 그리고 아직까지 유일하게 찾아낸 성공적인 방법은 여러 방향에서 동시에 문제를 공략하는 것이다. 이 방법을 쓰면 AD를 여러 개의 별도의 상호 관련된 뷰로 나누고, 개별 뷰는 개별 아키텍처 사항을 설명하게 된다. 뷰가 모두 모이면 전체 시스템이 보인다.

뷰의 의미를 이해하는 데 도움이 되도록, 사무 구역의 측면도 하나를 나타낸 건설 도면을 예로 들어보자. 이 도면은 특정 측면에서 본 건물의 모습을 보여주는데, 북동쪽 정도를 가리키는 나침반이 대개 함께 들어 있다. 도면에는 가장 보기 좋은 곳에서 바라본 건축물의 모습만 나온다. (입주자가 보는) 건물 내부의 세부적인 모습이나 (배관이나 공조 체계 같이) 입주자가 기거할 환경에 영향을 주는 내부 시스템은 전혀 나오지 않는다. 따라서 이 청사진은 건물의 일부만 표현하고 있을 뿐이어서, 건물이 갖출 설비와 사용하면서 얻을 경험을 파악하고 싶다면 나머지 청사진도 마저 살펴볼(그리고 이해할) 필요가 있다.

건축 설계사가 새로운 건물을 표현하는 방법으로 건물과 주위 환경에 대한 축척 모델을 만들기도 한다. 그러나 이 모델로 건물을 사방에서 관찰할 수는 있지만,

역시 건축, 실내 장식 형태, 예상 실내 환경에 쓰일 기법에 대해서는 전혀 알 수가 없다.

전략

복잡한 시스템을 설명할 때는 하나의 모델에 너무 많은 내용을 몰아넣기보다는 서로 관련된 뷰로 나눈 다음 이 뷰를 모두 모아서 기능적인 특성과 품질 속성을 보여주고 시스템이 애초의 목표를 달성했음을 보여주는 편이 훨씬 더 효과적이다.

이 방식이 소프트웨어 아키텍처에 어떤 의미를 주는지 살펴보자.

▌아키텍처 뷰

아키텍처 뷰는 그 뷰를 통해 다루고자 하는 관심사항과 함께 그 관심사항을 중시하는 이해관계자까지 포함한 아키텍처의 특정 측면과 요소를 나타내는 방법이다.

이는 전혀 새로운 방식이 아니어서, 멀리는 1970년대 데이비드 파나스[David Parnas]의 연구가 있고, 가까이는 1990년대 듀웨인 페리[Dewayne Perry]와 알렉산더 울프[Alexander Wolf]의 연구가 있다. 하지만 1995년에 래셔널 사[Rational Corporation]의 필립 크루첸[Philippe Kruchten]이 『Architectural Blueprints — The "4+1" View Model of Software Architecture[아키텍처 청사진—소프트웨어 아키텍처의 4+1 뷰 모델]』를 통해 뷰에 대한 설명을 발표한 후에 많은 이들이 받아들이면서 새로운 전기가 마련됐다. 이 설명에서 크루첸은 시스템의 네 가지 뷰와 시스템의 행위를 명확히 설명하기 위한 시나리오(유스케이스)를 사용하자고 제안했다. 크루첸이 제안한 접근법은 이후 계속 진화해 래셔널 통합 프로세스[RUP, Rational Unified Process]의 주요 부분을 형성했다.

2000년에 나온 IEEE 1471 표준(ISO 42010 표준의 전신)을 통해 이 개념이 공식화되면서 고대하던 용어 표준화도 몇 가지 이뤄졌다. 사실 이 책에 나오는 뷰 정의도 IEEE 표준을 바탕으로 확장한 것이다.

정의

뷰(view)란 아키텍처에 대한 하나 이상의 구조적인 측면을 표현함으로써 그 아키텍처가 복수의 이해관계자가 가진 하나 이상의 관심사항을 다루는 방식을 표현한 것이다.

뷰에 무엇을 넣을지 결정할 때는 다음과 같이 자문해봐야 한다.

- **뷰의 범위**: 아키텍처의 어떤 구조적 측면을 표현하고자 하는가? 다시 말해 실행시간의 기능적 요소들과 그 사이의 상호 소통을 정의하고자 하는가, 아니면 실행시간 환경과 시스템이 그 환경에 배치되는 방법을 정의하고자 하는가? 이 구조의 정적 또는 동적 요소를 표현할 필요가 있는가? (가령 기능적 요소 구조의 경우 요소와 요소 간 커넥터를 나타내고자 하는가, 들어온 요청을 처리하기 위해 요소가 상호작용하는 순서를 나타내고자 하는가, 아니면 둘 다를 나타내고자 하는가?)

- **요소 종류**: 아키텍처 요소를 어떤 식으로 분류하고자 하는가? 가령 시스템이 배치되는 방식에 대해서라면, 개별 서버 장비를 표현하고자 하는가, 아니면 (Force.com의 SiteForce나 구글 AppEngine 같이) 시스템 요소들이 배치될 서비스 환경만 표현하면 되는가?

- **독자**: 어떤 부류의 이해관계자를 대상으로 한 뷰인가? 뷰는 한 부류의 이해관계자나 특정 개인에 국한해서 초점을 맞출 수도 있고, 관심사항과 전문성의 수준을 달리하는 다양한 구성원으로 구성된 큰 규모의 집단을 대상으로 할 수도 있다.

- **독자의 전문 분야**: 이해관계자가 갖춘 기술적 소양이 어느 정도인가? 가령 구매자와 사용자는 자신들이 속한 분야에서는 전문가일 수 있으나 하드웨어나 소프트웨어에 대해서는 잘 알지 못할 테고, 개발자나 지원 인력은 그 반대일 터이다.

- **관심사항의 범위**: 뷰에서 어떤 이해관계자의 관심사항을 다루고자 하는가? 해당 이해관계자는 그 관심사항에 대한 아키텍처적 맥락과 배경지식에 대해 얼마나 알고 있는가?

- **상세화 수준**: 그 이해관계자들이 아키텍처의 해당 측면에 대해 얼마나 많이 알아야 하는가? 사용자들을 비롯한 비기술적 이해관계자는 기술적인 세부사항을 얼마나 잘 이해할 수 있는가?

AD와 마찬가지로 뷰도 주된 문제는 올바른 내용을 담는 데 있다. 쓸데없이 자세한 내용을 너무 많이 넣으면 보는 사람이 질려버릴 테고, 정보가 너무 적으면 모호하게 보이거나 옳지 않은 가정을 하게 만든다. 뷰에 어떤 내용을 넣을지 결정할 때는 두 가지 핵심 질문에 답해야 한다. 첫째는 뷰에서 대상으로 하는 이해관계자가 이 뷰를 보고 자신의 관심사항이 충족됐는지 여부를 판단할 수 있는가이다. 둘째는 그 이해관계자가 이 뷰를 보고 시스템 구축 과정에서 자신의 역할을 기꺼이 수용할 것인가이다.

두 번째 질문은 9장에서 더 자세히 살펴볼 텐데, 일단 여기서는 이 두 질문을 다음과 같이 요약할 수 있다.

전략

뷰에는 AD에서 표방한 목적에 걸맞은 정보, 즉 이해관계자에게 아키텍처를 설명하는 데 도움이 되는 정보나 (이해관계자의 관심사항 같은) 시스템의 목표를 충족시켰음을 드러내는 정보만 집어넣는다.

▍시점

아키텍처 뷰를 만들 때마다 무슨 내용을 넣을지 정하기 위해 가장 기본적인 원칙을 살펴봐야 한다면 일이 너무 어려워진다. 다행히도 그럴 필요는 없다.

필립 크루첸은 소개 논문을 쓰면서 네 가지 표준 뷰를 정의하고 논리 뷰, 프로세스 뷰, 물리 뷰, 개발 뷰라 이름 붙였다. IEEE 표준에서는 이 구상을 일반화해 (특정한 뷰 집합을 정해놓지는 않았지만) 시점^{viewpoint}이라는 개념을 제안했다.

시점 개념을 만든 목적은 대단히 야심 차서, 단순히 AD에 집어넣을 아키텍처 뷰를 만드는 지침으로 쓰라고 미리 만들어놓은 틀이나 유형을 묶은 라이브러리 정도를 염두에 둔 것이 아니다. 여기서는 (다시 말하지만 IEEE 1471 표준에 따라) 다음과 같이 시점을 정의한다.

정의

시점이란 한 가지 종류의 뷰를 만드는 데 쓰이는 유형, 틀, 관례 모음을 말한다. 여기에는 해당 시점에 관심사항을 반영할 만한 이해관계자와, 해당 뷰를 구축하는 데 쓰이는 지침, 원칙, 틀 모델이 정의돼 있다.

아키텍처 시점을 통해 특정 종류의 AD를(또는 그 일부를) 작성하는 데 지침으로 쓸 수 있는 재사용 가능한 아키텍처 지식이 담긴 프레임워크를 확보할 수 있다. 시점과 뷰 사이의 관계를 객체지향 개발에서 클래스와 객체의 관계에 비춰서 생각해보면 도움이 될 것이다.

- 클래스 정의는 객체를 만드는 틀 역할을 한다. 객체지향 시스템에는 실행시점에 수많은 객체object가 존재하고, 그 하나하나가 특정 클래스class의 객체가 된다.
- 시점은 뷰를 만드는 틀 역할을 한다. 시점과 뷰에 기반한 아키텍처 정의에는 하나하나가 특정한 시점에 부합하는 수많은 뷰가 존재한다.

시점은 예전에는 상당히 체계 없이 수행되던 활동에 절실히 필요한 구조와 일관성을 부여하는 중요한 방법이다. 시스템의 다양한 측면을 설명하는 표준 접근법, 표준 언어, 심지어 표준 메타모델까지 정의함으로써, 이해관계자는 이런 표준에 익숙해진 후에는 어떤 AD라도 여기에 부합하기만 하면 별 어려움 없이 이해할 수 있다.

물론 현실에서는 이 목표를 완벽하게 달성하지 못했다. 소프트웨어 아키텍처를 모델화하는 통일된 방법이 존재하지 않을 뿐만 아니라, 많은 AD가 독자적인 관례를 사용하거나 심지어 관례 자체가 없다. 어쨌든 개체 관계 모델 같은 기법이나 UML 같은 모델화 언어의 폭넓은 보급 덕분에 이 목표에 몇 걸음 가까워지긴 했다.

여하간에 관심사항의 유형과 제시된 아키텍처 요소에 따라 뷰를 분류할 수 있다는 사실은 엄청나게 유용하다.

전략

뷰를 만들 때는 공식적으로 정의된 시점을 사용했는지 여부와 별개로, 그 뷰가 어떤 류의 관심사항을 염두에 두는지, 어떤 종류의 아키텍처 요소를 나타내는지, 사용한 시점이 목표로 하는 이해관계자가 누구인지 명확히 해둬야 한다. 이해관계자들도 이런 내용을 이해하도록 해야 한다.

▌핵심 개념 간의 관계

뷰와 시점을 맥락 안에 넣으면, 2장에서 소개한 개념적 모델을 확장해 뷰와 시점이 전체 구도에 어떤 식으로 기여할지 설명이 가능하다(그림 3-1 참조).

여기서는 그림 2-5에 나왔던 다이어그램에 다음과 같은 관계를 추가했다.

- 시점에는 목적, 대상 독자, 대상 뷰 유형의 내용물이 정의돼 있고, 그 뷰 유형에서 다룰 관심사항도 정의돼 있다.
- 뷰에서는 시점을 준수하고 따라서 복수의 관심사항을 처리할 해법이 전달된다(또한 하나의 관심사항을 처리하는 방안이 여러 뷰를 통해 전달된다).
- 하나의 AD는 여러 개의 뷰로 이뤄진다.

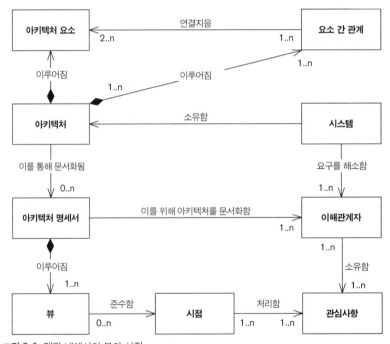

그림 3-1 맥락 내에서의 뷰와 시점

▎시점과 뷰를 사용하는 이점

뷰와 시점을 사용해 시스템의 아키텍처를 설명하면 아키텍처를 정의하는 과정에서 여러 모로 이득을 본다.

- 관심사항 분리: 시스템의 많은 측면을 하나의 표현으로 설명하다가는 의사전달이 애매해지는 데다, 시스템에서 독립적인 측면들이 모델 내에서 서로 엮여 있는 모습으로 귀결될 수 있다. 시스템에 대한 여러 모델들을 (서로 연관돼 있기는 해도) 별개의 설명으로 분리해두면 설계, 분석, 설명 과정에서 개별 측면별로 집중할 수 있어 많은 도움이 된다.

- 이해관계자 집단과의 소통: 개별 이해관계자 집단이 가진 관심사항은 (최종 사용자, 보안 감사, 안내원 사이의 주요 관심사항이 다르듯) 차이가 클 때가 많아서, 다양한 이해관계자 집단과 효과적으로 소통하기란 상당히 어렵다. 시점 지향적인 접근법을 취하면 이 문제를 해결하는 데 상당한 도움이 된다. 상이한 이해관계자 집단에게 각자에게 알맞은 AD의 부분을 살펴보도록 신속하게 안내할 수 있을 뿐 아니라 개별 뷰를 설명할 때도 의도한 대상의 지식 수준, 전문 분야, 관심사항에 맞는 언어와 표기법을 쓸 수 있다.

- 복잡성 관리: 거대한 시스템의 모든 측면을 한꺼번에 다루려 들면 너무 복잡해져서 한 사람의 힘으로는 도저히 할 수가 없다. 아키텍트는 시스템의 중요한 측면을 하나씩 별도로 다룸으로써 여러 측면이 엮이면서 생기는 복잡성을 처리하기가 쉽다.

- 개발자 집중력 향상: AD는 시스템 설계의 기초이기에 개발자에게 특히 중요한 것이 당연하다. 시스템의 여러 측면 중에서 개발 팀에 특히 중요한 것들만 골라 몇 개의 뷰로 분리함으로써, 제대로 된 시스템을 만들 가능성을 한층 높일 수 있다.

▌시점의 함정

뷰와 시점을 사용한다고 해서 소프트웨어 아키텍처 문제가 저절로 해결되지 않는 것은 당연하다. 문제를 다룸직하게 만들 유일한 방법이 사실 뷰밖에는 없지만, 뷰와 시점 기반으로 접근할 때 빠지기 쉬운 함정도 몇 가지 알아둘 필요가 있다.

- 비일관성: 여러 뷰를 사용해 시스템을 설명하다 보면 필연적으로 일관성 문제가 생길 수밖에 없다. 이론적으로는 (시각적 모델화 도구 중에서 구조적 방법론이나 객체지향 방법론 모델을 검사하려고 하는 많은 시각적 모델화 도구들처럼) 아키텍처 설명 언어를 사용해 뷰에 모델을 만들어넣고 나서 자동으로 교차검사하는 일이 가능하지만, 그런 식으로 기계적인 검사가 가능한 아키텍처 설명 언어는 아직 보급된 바 없다. 따라서 AD에 포함된 여러 뷰 사이에 일관성을 갖추는 방법은 본질적으로 수작업에 의존할 수밖에 없다. 이를 보완하기 위해 23장에서는 점검 목록을 제공해 3부에서 제시한 표준 시점들 사이에서 일관성을 보장할 수 있게 했다.

- 잘못된 뷰 선택: 특정한 시스템을 설명하는 데 어떤 뷰들이 적합할지 명확하지 않을 때가 있다. 가령 아키텍처의 특성이나 복잡성, 이해관계자의(또는 아키텍트의) 기술 수준이나 경험 정도, AD를 만들어내는 데 주어진 시간 같은 여러 요인이 영향을 미친다. 이 문제를 푸는 손쉬운 답은 결단코 없고, 그저 자신의 경험과 기술과 아키텍처에 영향을 미치는 가장 중요한 관심사항을 분석하는 데 의지할 수밖에 없다.

- 파편화: 아키텍처에 여러 개의 뷰가 생기면 AD를 이해하기 어려워질 수 있다. 뷰를 하나 만들고 유지할 때마다 상당한 노력이 든다. 파편화를 피하고 불필요한 설명을 유지해나가는 부담을 최소화하려면 구축 대상 시스템에 관한 주요 관심사항을 처리하지 못하는 뷰를 솎아내야 한다. 경우에 따라 여러 시점들 중에서 몇 가지 뷰의 모델을 골라내서 합친 혼성 뷰를 만드는 방안을 생각해볼 필요도 있다(예를 들면 배치 뷰와 동시성 뷰가 결합된 뷰를 만드는 식이다). 하지만 잊지 말아야 할 것은 결합 뷰는 혼재된 관심사항을 다루기 때문에 이해하기도 어렵고 유지하기도 역시 어렵다는 사실이다.

시점 목록

3부에서 정보 시스템 아키텍처에 필요한 맥락^Context, 기능^Functional, 정보^Information, 동시성^Concurrency, 개발^Development, 배치^Deployment, 운영^Operational이라는 7가지 핵심 시점 목록을 제시한다. 시점이 서로 겹치는 경우는 거의 없지만, 그림 3-2처럼 한 군데 묶어두면 보기에는 편하다.

- 맥락 시점은 시스템과 환경(사람, 시스템, 상호작용하는 외부 개체) 사이의 관계, 의존성, 상호작용을 설명한다.
- 기능, 정보, 동시성이라는 세 시점은 시스템의 기본 구조를 특징짓는다.
- 개발 시점은 시스템 개발을 원활히 지원하기 위해 존재한다.
- 배치 시점과 운영 시점은 실제 운영에 들어갔을 때의 시스템을 특징짓는다.

그림 3-2에 나오는 아이콘의 모양과 위치를 보면 여기서 말하는 시점들이 서로 어떻게 관련돼 있는지 이해하기 쉽다. 맥락 시점이 다이어그램 맨 위에 있는 것은 나머지 시점에 들어가는 범위와 내용을 알려주는 '포괄적인' 시점 역할을 한다는 점을 시사한다. 왼쪽에는 기능, 정보, 동시성 시점을 묶어둠으로써 이런 시점들을 통해 시스템의 기능성이 어떤 식으로 제공되는지 정의한 내용을 부각시킨다.

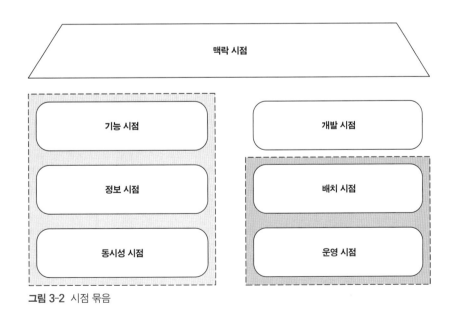

그림 3-2 시점 묶음

오른편에 나오는 시점들은 일정 부분 왼편의 시점들에서 파급된 것이다. 가령 개발 시점은 아키텍처의 기능, 정보, 동시성 요소의 구축에 필요한 표준과 모델을 정의한다. 한 걸음 더 나아가 배치와 운영 시점을 묶음으로써, 이 두 시점 사이에 해당 뷰들이 시스템의 상용 환경을 정의한다는 점을 반영했다.

시점 개괄

표 3-1에서 시점을 간략하게 소개한다.

모든 시점이 아키텍처에 한꺼번에 적용되는 것이 아님은 당연할뿐더러, 중요도도 같지 않다. 특정 AD에 모든 종류의 뷰가 다 필요하지 않고, 더러는 상황에 맞는 고유한 시점을 찾아내서 추가해야 할 때도 있다. 그렇기 때문에 아키텍트는 자신이 작업하는 아키텍처의 특성, 이해관계자의 기술 수준과 경험, 가용한 시간과 기타 제약 조건을 알아내는 일을 먼저 해놓은 다음, 적절한 뷰 선택으로 이어나가야 한다.

표 3-1 시점 목록

시점	정의
맥락	시스템과 환경(사람, 시스템, 상호작용하는 외부 개체) 사이의 관계, 의존성, 상호작용을 설명한다. 맥락 뷰는 여러 시스템 이해관계자에게 관심을 끌 뿐 아니라 이해관계자가 시스템이 어떤 역할을 하고 자기 조직과 어떻게 관련되는지 이해하는 데 도움을 주기도 한다.
기능	시스템의 실행시간 기능 요소, 그 요소의 책임, 인터페이스, 주요 상호작용을 설명한다. 기능 뷰는 대부분 AD의 초석인 데다 이해관계자가 설명서를 볼 때 맨 처음 살피는 부분이기도 하다. 이 시점은 정보 구조, 동시성 구조, 배치 구조 등 여타 시스템 구조의 형태를 결정짓는다. 또한 변경 수용 능력, 보안 제공 능력, 실행시간 수행 성능 같은 시스템 품질 속성에도 상당한 영향을 미친다.
정보	시스템이 정보를 저장하고 조작하고 관리하고 분산하는 방법을 설명한다. 모든 컴퓨터 시스템은 기본적으로 정보를 일정한 형식으로 조작하고자 하는 궁극적 목적을 지니는데, 이 시점에서는 정적 데이터 구조와 정보 흐름에 대한 완전하면서도 고차원적인 뷰를 만들어낸다. 이 분석은 내용, 구조, 소유권 지연시간, 참조, 데이터 이전과 관련된 큼직큼직한 문제들에 대한 답을 내는 데 목표가 있다.
동시성	시스템의 동시성 구조를 설명하고 기능적 요소를 동시성 단위로 대응시켜 시스템에서 동시에 실행 가능한 부분을 찾아내고 동시 실행을 조율하고 조절할 방법을 강구하는 일을 한다. 여기에는 시스템이 사용할 프로세스나 스레드 구조를 나타내는 모델과 그것들을 서로 조율하는 데 쓰일 프로세스 간 통신 방식을 만드는 작업이 필요하다.

(이어짐)

시점	정의
개발	소프트웨어 개발 프로세스에 부합하는 아키텍처를 설명한다. 개발 뷰는 시스템의 개발, 시험, 보수, 개선에 관련된 이해관계자들에게 아키텍처에서 관심을 둘 만한 측면을 알려주는 역할을 한다.
배치	시스템이 배치될 환경과 시스템의 요소 사이의 의존성을 설명한다. 이 뷰에는 시스템에 필요한 하드웨어 환경(주로 처리 노드, 네트워크 상호 연결, 필요한 디스크 저장장치임), 개별 요소에 대한 기술적인 환경 요건, 소프트웨어 요소와 그 요소가 수행될 실행시간 환경 사이의 대응이 들어간다.
운영	상용 환경 내에서 어떤 식으로 시스템을 운영하고 관리하며 사후지원할지 설명한다. 극도로 간단한 시스템을 제외하면 설치, 관리, 운영은 간단한 일이 아니라서 설계 시점에 살펴보고 계획을 세워놔야 한다. 운영 시점의 존재 목적은 시스템 이해관계자의 운영적인 관심사항을 처리하기 위한 시스템 차원의 전략과 그 전략을 실현할 해결책을 찾아내는 데 있다.

적절한 뷰를 선택하는 일은 일반화하기도 어렵거니와, 자신이 처한 특정한 맥락에 알맞은 뷰들을 선정하는 일이 중요하기는 하지만, 표 3-2에 나열한 몇 가지 전형적인 유형의 정보 시스템에서 자주 발견되는 개별 뷰의 상대적인 중요성을 살펴볼 필요가 있다. 이 표를 시작점으로 삼아 AD에 넣을 뷰들을 선정하기 바란다.

표 3-2 일반적인 종류의 시스템에서 중요한 뷰

	OLTP 정보 시스템	연산 서비스/ 미들웨어	DSS/MIS 시스템	대용량 웹사이트	엔터프라이즈 패키지
맥락	상	하	상	중	중
기능	상	상	하	상	상
정보	중	하	상	중	중
동시성	하	상	하	중	유동적
개발	상	상	하	상	상
배치	상	상	상	상	상
운영	유동적	저	중	중	상

▌ 정리

전체 아키텍처의 핵심 부분과 세부사항을 하나의 모델에 몰아넣기란 단순한 시스템이 아니고는 불가능하다. 이런 시도는 결국 프랑켄슈타인 괴물 같은 모델로 이어져 관리가 불가능할 뿐 아니라 아키텍트를 비롯한 다른 어떤 이해관계자에게도 제대로 된 시스템 표현이 되지 못한다.

지금까지 이런 복잡성을 관리하는 최선의 방법은 아키텍처의 일부 또는 전부에 대해 여러 가지 다양한 표현을 만들어내고, 각 표현에서 시스템의 특정한 측면에 집중하면서 일부 이해관계자의 관심사항을 처리할 방법을 제시하는 식이다. 이런 표현을 뷰라고 한다.

어떤 뷰를 만들어 어떤 내용을 넣을지 결정할 때는 뷰 개념, 내용물, 활동을 표준화한 정의인 시점을 활용하면 도움이 된다.

뷰와 시점을 사용하면 관심사항 분리, 이해관계자와의 원활한 소통, 복잡도 관리 등에 있어 이점이 많다. 하지만 일관성 부족이나 파편화 같은 부작용도 생기기 때문에 관리에 만전을 기해야 한다.

3장에서는 맥락, 기능, 정보, 동시성, 개발, 배치, 운영으로 구성되는 시점 목록을 소개했는데, 3부에서 더 자세히 설명한다.

▌ 더 읽을거리

클레멘츠 외[CLEM10]를 보면 뷰를 사용해 AD를 작성하는 유용한 지침과 다양한 종류의 뷰를 문서화하는 데 적용할 만한 상세한 지침이 많이 나온다. 그 밖에 시점과 뷰를 이해하는 데 도움이 될 만한 참고 문서로는 IEEE 1471 표준[IEEE00]과 ISO 42010 표준[ISO11], 크루첸의 4+1 뷰 접근법[KRUC95]이 있다. 명시적으로 아키텍처 뷰의 필요성을 처음 언급한 것은 페리와 울프[PERR92]였다.

크루첸의 4+1, RM-ODP, 호프마이스터[Hofmeister] 외[HOFM00]에서 언급한 시점들, 갈런드[Garland]와 앤서니[Anthony][GARL03]의 시점들을 포함해 지난 10년간의 성과를 망라한 시점 총람이 이 분야의 더 읽을 만한 추천 자료와 함께 부록 A에 나와 있다.

3부에서 이 책에서 다루는 시점 목록을 좀 더 자세히 설명하면서 특정 뷰와 관련된 읽을거리도 함께 제시해놓았다.

4

아키텍처 관점

3장에서 (맥락, 기능, 정보, 배치 같은) 시점을 써서 뷰의 집합으로 아키텍처를 파악하고 표현하는 과정을 끌어나가는 방법을 설명하면서, 특정 시점을 사용해 개별 뷰를 만든다고 했다. 뷰를 만들 때는 그 뷰에 해당되는 문제사안, 관심사항, 해결책에 초점을 맞춘다. 따라서 정보 뷰 같은 경우에는 정보 구조, 소유권, 트랜잭션 무결성, 데이터 품질, 적시성 같은 것에 초점을 맞춘다.

한 뷰에서 두드러지는 중요한 관심사항이 다른 뷰에서는 그다지 중요하지 않을 때가 많다. 예로 들어 데이터 소유권은 동시성 뷰를 구성할 때 핵심 사안이 되지 못하고, 기능 뷰를 고민할 때 개발 환경은 주요 관심사항이 아니다(물론 하나의 뷰에서 내려진 결정decision이 다른 뷰에도 상당한 영향을 미칠 수 있을 뿐 아니라, 그 결정이 함의하는 바를 제대로 전달하는 일이 아키텍트의 업무 중에서 큰 부분을 차지하기도 한다. 하지만 뷰마다 다루는 관심사항concern은 대개 많이 다르다).

모든 뷰를 다 모으면 전체 아키텍처 표현이 모습을 드러내겠지만, 뷰는 기본적으로 서로 독립적이라 보기 때문에, 전체 아키텍처 분석에서 공통 부분이 없는 것으로 간주한다. 사실 중요한 시스템을 분석할 때는 문제가 너무 커서 한 덩어리로는 이해하기도 어렵고 설명하기도 어렵기 때문에 이런 식으로 분할할 수밖에 없다.

▌ 품질 속성

아키텍처 결정사항은 거의 대부분 또는 모든 뷰에서 공통적인 관심사항을 다루는 경우가 매우 많다. 이런 관심사항은 일반적으로 특정한 기능을 제공하기보다는 특정한 품질 속성을 드러낼 필요가 있을 때 유도돼 나온다. 경험상, 시점을 활용해 아키텍처의 이런 측면들을 처리하려 들면 잘 통하지 않는다. 왜 그런지 예제를 통해 살펴보자.

예제

보안성은 거의 모든 시스템에서 필수적인 품질임이 확실하다. 적합한 사용자 계층만 데이터나 기능에 접근하도록 제한하는 일은 언제나 중요할 뿐만 아니라, 인터넷 시대가 되면서 안팎으로 보안을 잘 갖추는 일이 한결 더 중요해졌다. 시스템의 일부가 더 넓은 외부 세계에 노출되면 공격의 위협에 놓이고, 그러다가 뚫리기라도 하면 재무에 있어서나 대중들과의 관계에 있어서 재앙에 직면할 것이다(2000년대 초반까지 유럽과 북미에서 일어난 대규모 인터넷 보안 사고 중 많은 수가 여기에 해당된다).

경험상 보안은 과제 진행 과정 초기부터 제대로 고려하는 경우가 별로 없다. 그 이유는 보안이 어려운 측면, 즉 적절한 수준의 보안을 달성하려면 복잡한 방법이 필요한 데다 정교한 분석을 요하기 때문이라는 측면이 있다. 또한 이 문제는 조직 전체가 책임질 문제라기보다는 '다른 누군가의 문제', 즉 보안 전문가 집단만의 책임으로 치부되기도 한다. 그래서 시점 목록에 (기능, 정보, 배치 등) 다른 시점은 있는데 보안 시점이 없어 당황스러웠을 수도 있겠다.

전에는 보안 같은 관심사항도 다른 시점과 똑같이 접근했었다. 보안 시점을 채택하고 어느 부류의 이해관계자가 이 영역에 관심을 두고 어떤 내용으로 이 시점을 구성해야 하며 어떤 식으로 전형적인 보안 뷰의 모습을 잡을지 살펴봤었다.

하지만 겪어보니 보안은 3장에 나온 시점 대부분 또는 전부에서 아키텍처 측면들에 영향을 미치는 중요한 요인이었다. 더욱이 시스템의 보안 품질 중에서 어느 것이 중요한지는 어느 시점을 살펴보는지에 따라 달라진다. 여기 몇 가지 예제가 있다.

- 기능 시점에서 보면 시스템은 (내부와 외부, 사람과 기계를 불문하고) 사용자를 식별하고 인증해줄 수 있는 능력이 필요하다. 보안 절차는 효과적이되 업무에 지장을 초래해서는 안 되고, 외부 세계에 노출된 절차일 경우 공격에 대해 복원성이 높아야 한다.

- 정보 시점에서 보면 시스템은 (읽기, 끼워 넣기, 고치기, 지우기 같은) 다양한 부류의 정보 접근을 통제할 수 있어야 한다. 시스템은 이런 통제를 (데이터베이스 내의 개체 수준 보안 정의 등) 여러 단계에서 적용할 필요가 있을 것이다.

> - 운영 시점에서 보면 시스템은 (키와 비밀번호 같은) 비밀 정보를 갖고 있다가 나눠줄 수 있어야 할 뿐 아니라 최신 보안 갱신(update)과 개선(patch)을 반영하고 있어야 한다.
>
> 개발, 동시성, 배치 관점에서 시스템을 고려할 때도 역시 보안 요구에 영향을 받을 아키텍처적 측면을 찾아낼 여지가 있다.
> 따라서 '시스템은 반드시 보안을 갖춰야 한다'는 포괄적인 기준은 관점에 따라 실제로는 더 세부적인 여러 개의 기준으로 쪼개진다.

예제에서 드러나듯이, 개별 아키텍처 뷰에서 보안성 같은 품질 속성은 근본적인 고려가 필요하다. 품질 속성을 하나씩 분리해서 생각하는 방식은 말이 안 되고, 시점을 사용해 개별 품질 속성에 대해 또 다른 뷰를 만드는 지침으로 삼는 방식 또한 말이 되지 않는다.

▌아키텍처 관점

예제로 돌아가서, 보안이 중요한 것은 이론의 여지가 없지만, 소프트웨어 아키텍처 개념 모델 내에서 별도의 독자적인 시점으로 표현하는 것은 실효성이 없다. 제대로 된 보안 관점이라면 프로세스 보안, 정보 보안, 운영 보안, 배치 보안 등을 고려할 수밖에 없다. 즉, 지금까지 시점을 통해 고려해왔던 시스템 측면들에 그대로 영향을 미친다.

별도의 시점을 정의하고 별도의 뷰를 만들기보다는 기존의 뷰를 고치고 개선해서 아키텍처가 원하는 품질 속성을 나타낼 수 있도록 해야 한다. 아키텍처가 필요한 품질 속성을 나타내는지 판단하는 활동, 나타내지 못하는 것으로 드러났을 때 아키텍처 개선 과정에서 적용할 몇 가지 검증된 아키텍처 전술, 그 전술을 올바로 적용하기 위해 따라야 하는 몇 가지 지침이 정의돼 있어야 한다.

따라서 개념 모델에서 시점과는 별개로 고려해야 할 무언가가 필요한데, 여기서는 아키텍처 관점^{architectural perspective}(짧게 쓰면 그냥 관점)이라는 용어를 써서 부르기로 한다.

아키텍처 관점이란 시스템의 여러 아키텍처 뷰에 걸쳐 고려할 필요가 있는 특정한 집합의 유관 품질 속성들을 나타내도록 하는 데 쓰이는 아키텍처 활동, 전술, 지침의 묶음을 말한다.

관점은 이 책에서 다루는 다른 개념들에 비해 상대적으로 새롭지만, 그 이면에는 오랜 연원이 있는 발상이 있다. 관점에서 다루는 사항들은 교차 관심사나 비기능적 아키텍처 요건으로 불리는 경우가 많은데, 이 중에서 후자는 사용하지 않는 것이 좋다.[1]

관점을 통해, 올바른 아키텍트가 하는 일을 체계화해보자. 즉, 요구되는 품질 속성을 이해하고, 아키텍처 모델을 평가하고 검토해 해당 아키텍처가 필요한 품질 속성을 갖췄는지 확인하며, 아키텍처 전술^{architectural tactic}을 찾아내고 시험제작하며 시험하고 채택해 아키텍처가 미비한 경우에 대처할 수 있게 한다.

아키텍처 전술이란 특정 품질 속성을 달성하는 데 활용 가능한, 정립되고 검증된 접근법을 말한다.

전반적인 시스템 성능을 만족스럽게 달성하기 위한 아키텍처 전술의 한 가지 예로 시스템에서 부하가 걸리는 부분마다 별도의 프로세스 우선순위를 정하고 거기에 기반을 둔 프로세스 스케줄러를 사용해 관리하는 방식을 들 수 있다. 아키텍처 전술은 카네기 멜론 대학교의 소프트웨어 공학 연구소^{SEI}에서 일하는 소프트웨어 아키텍처 연구자들이 만들고 발전시킨 개념으로, 이 책에서는 약간 다른 말로 정의하기는 했지만, 여기서 전술을 대하는 접근법은 기본적으로 그들이 이 분야에서 이룬 성과가 바탕에 그대로 깔려 있다.

2부에서 다룰 설계 패턴과 전술을 혼동하면 안 된다. 전술과 패턴 둘 다 설계 지식을 쌓는 귀중한 자료이기는 하지만, 전술은 특정 소프트웨어 구조를 전제하지 않는 대신 시스템의 특정 측면을 설계할 방안에 대한 일반적인 지침을 제공하기 때문에 고전적인 설계 패턴보다 훨씬 일반적이고 제약도 한결 적다(4장 끝에 있

---

1 관점이 시스템이 실제로 하는 일과 구별되는 별도의 관심사항을 다루는 경향이 있지만, 관심사항을 '기능'과 '비기능'으로 구분하는 일은 상당히 작위적이어서 되도록 이 용어를 사용하지 않으려 한다. 관점은 시스템이 작동하는 방식에 영향을 주고 때에 따라 그 영향이 상당히 큰데도, 이런 용어를 사용하면 기능성에 비해 이 영역을 너무 가볍게 여기게 된다.

는 '더 읽을거리'를 보면 전술에 대한 참고문헌이 몇 가지 나온다).

관점은 이 과정을 이끌고 형식화하는 틀을 제공한다. 즉, 관점 한 가지만 가지고 작업하기보다는 아키텍처를 구성하는 개별 뷰와 함께 써서 품질을 분석하고 검증하며 후속 아키텍처 의사결정을 해나간다. 여기서는 이런 과정을 뷰에 관점을 적용하는 것으로 설명한다.

예제

사용자를 식별하고 인증하는 능력은 거의 모든 소프트웨어 시스템에서 핵심 품질 속성에 해당한다. 사용자를 자처하는 사람이 정말 그 사용자인지 확인하고 그 사용자가 시스템에 접근이 허용돼 있는지 검증할 수 있게 하는 일은 매우 중요하다.

이 요건을 맞추려면 아키텍처가 안전하게 사용자를 식별하고 인증할 방법을 갖춰야 한다. 이런 특성은 다음과 같이 다양한 아키텍처 뷰에 크든 작든 등장하기 마련이다.

- 시스템은 인증 서비스에 접근하거나 사용자 및 비밀번호 목록이나 기타 인증 자료에 접근할 필요가 있다. 인증 자료가 애플리케이션 안에 들어 있다면 반드시 (단방향으로 암호화된 비밀번호 등) 다른 이들이 손쉽게 알아내지 못하는 방식으로 돼 있어야 한다. 외부 인증 서비스 접근은 맥락 뷰와 기능 뷰에(어쩌면 배치 뷰에도) 표시될 테지만, 인증 정보를 시스템 내에 안전하게 보호해야 한다면 정보 뷰에 정의돼 있을 것이다.

- 시스템은 아무나 접근하지 못하도록 일정한 유형의 로그인 화면을 둠으로써 사용자가 시스템 접근을 허가받기 위해 올바른 인증 정보를 제시하도록 한다. 또한 운영 인력이 사용자 목록을 관리하고 사용자의 비밀번호를 초기화할 수 있는 능력도 갖춰야 한다. 기능적인 특성은 기능 뷰에 정의하고 운영적인 측면은 운영 뷰에 정의한다.

- 애플리케이션 영역에 따라 시스템이 보안 키와 인증서를 안전한 물리적 환경하에서 특별한 하드웨어를 사용해 검증 가능한 보안 저장소를 유지해야 하는 것도 있다. 이런 특성은 배치 뷰에 정의한다.

보안성, 성능, 가용성, 사용편의성 같은 다양한 품질 속성은 시스템 종류에 따라 적용 범위가 다르다. 사용편의성을 예로 들면, 사용자에게 노출되는 기능이 거의 또는 아예 없는 기반구조 과제에서는 중요성이 그다지 높지 않다. 하지만 다양한 유형의 시스템에서 전반적으로 유사한 품질 속성 요건과 그에 대한 공통적인 충족 방식이 적용되므로, 여기서는 관점을 여러 개의 집합으로 나눠 정의하고 각 집합마다 특정 유형의 시스템에 대응되도록 만들고자 한다. 이 책은 대규모 정보 시스템에 초점을 맞추고 있으므로 이 분야에 해당하는 시스템에 적합한 관점 집합을 정의해놓았다.

경험에 따르면 대규모 정보 시스템에서 중요한 관점은 대개 **보안성**(민감한 시스템 자원에 대한 접근 통제 보장), **성능 및 확장용이성**(시스템에서 필요로 하는 성능 요건 충족과 점증하는 부하에 대한 원활한 처리), **가용성 및 복원성**(시스템에 필요한 가용성 보장과 이에 영향을 미칠 수 있는 장애 처리), **진화성**(시스템에서 발생 가능한 변경 수용 보장)이 꼽힌다. 이 관점들은 **규제**(시스템이 국내법 및 국제법, 유사 법규, 회사 정책, 기타 규칙 및 표준을 준수하는 능력) 등 제한적으로 적용되는 몇 가지 관점과 함께 4부에서 자세히 정의한다.

이런 관점 정의는 이제 막 아키텍트 일을 시작한 사람이든 이미 아키텍트로 상당한 경력을 쌓은 사람이든 상관없이 그 중요성을 깨달을 것이다. 이 정의는 여러 모로 활용 가능하다.

- 관점은 쓸모 있는 지식의 저장고로, 특정 품질 속성에 대한 아키텍처 모델을 더이상의 상세한 자료 없이도 신속하게 검토하는 데 도움이 된다.
- 관점은 생소한 분야에서 작업할 경우에 해당 분야에서 자주 등장하는 관심사항, 문제, 해결책에 익숙하지 않을 때 효과적인 지침으로 활용이 가능하다.
- 관점은 익숙한 분야에서 작업할 경우에도 중요한 내용을 놓치지 않도록 하는 기억 보조장치로 쓸모가 있다.

일반적으로 보면, 아키텍처를 설계한다면 설사 비공식적일지라도 되도록 이른 시점에 관점을 적용하는 편이 좋다. 이렇게 하면 아키텍처적으로 막다른 골목으로 치달아 기능적으로는 맞지만 성능이나 가용성 같은 것은 형편없는 모델을 만들어내는 사태를 막을 수 있다.

관점도 시점과 마찬가지로 표준적인 방식으로 정의하고, 사용하기 쉽게 하며, 모두 똑같이 일반적인 방식으로 주제 영역에 접근하도록 하는 것이 중요하다. 4부에 나오는 관점 정의는 모두 다음과 같은 방식으로 구조를 잡았다.

- **적용성**: 이 절에서는 해당 관점을 적용할 경우 어느 뷰가 가장 크게 영향받을

지 설명한다. 가령 진화성 관점을 적용하면 운영 뷰보다는 기능 뷰에 더 큰 영향이 간다.

- **관심사항**: 여기에는 해당 관점이 다루는 품질 속성을 정의해놓은 정보가 들어간다.

- **활동**: 이 절은 해당 관점을 뷰에 적용하기 위한 단계를 설명하는 곳으로, 중요한 품질 속성을 찾아내고, 그 속성에 해당하는 뷰들을 분석한 다음, 그 뷰들을 변경하고 개선하는 아키텍처 설계 결정을 내린다.

- **아키텍처 전술**: 관점별로 대상으로 삼은 품질 속성을 달성하는 데 있어 가장 중요한 전술을 정해서 설명한다.

- **문제점 및 함정**: 이 절에서는 가장 빈번히 빚어지는 실수를 설명하고 그 실수를 인식하고 피하기 위한 지침을 제공한다.

- **점검 목록**: 여기에는 제일 중요한 관심사항이 제대로 처리됐는지, 가장 적합한 전술들을 살펴봤는지, 가장 빈번하게 빠지는 함정은 피해갔는지 확인하는 데 도움이 되는 질문 목록이 담겨 있다.

- **더 읽을거리**: 이 책에서 제공하는 관점 설명은 주요 논점, 문제점, 검증된 기법들을 이해하는 데 도움이 되도록 만들 목적으로 간략하게 기술될 수밖에 없다. '더 읽을거리' 절을 보면 더 많은 정보를 얻기 위해 어디를 살펴보면 되는지 나와 있다.

▌ 뷰에 관점 적용

그림 4-1에 나오는 것처럼, 관점에서 대상으로 삼은 시스템 차원의 품질 속성 관심사항을 처리하기 위해 해당 관점별로 사용 중인 뷰 일부 또는 전부에 적용한다. 아키텍처 뷰에는 아키텍처에 대한 설명이 들어가고, 한편으로 관점은 아키텍처를 분석하고 수정하는 과정을 통해 아키텍처가 특정 품질 속성을 갖추도록 이끄는 역할을 한다.

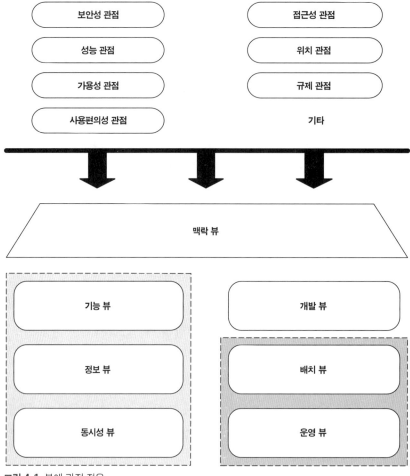

그림 4-1 뷰에 관점 적용

　　모든 관점을 모든 뷰에 다 적용할 수도 있지만(다시 말해 관점과 뷰는 다대다 관계이기는 하지만), 실제로는 시간적 제약과 다뤄야 할 위험들 때문에 일부 관점만 일부 뷰에 적용한다. 이 과정을 쉽게 이해하려면 그림 4-2처럼 한 축은 뷰이고 한 축은 관점인 2차원 구분면을 생각하면 된다.

　　구분면 내의 개별 사각형은 하나의 관점이 하나의 뷰에 적용된 것을 나타내고, 교차점상에 있는 사각형의 내용물에는 중요한 품질과 관심사항을 정의해뒀다. 몇 가지 예제를 살펴보자.

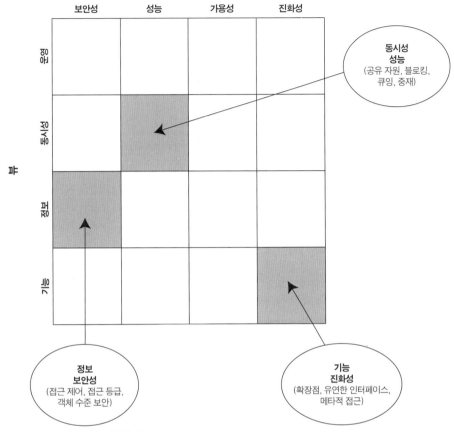

그림 4-2 뷰에 관점을 적용한 예

- 보안성 관점을 정보 뷰에 적용할 경우에는 올바른 데이터 접근 제어와 데이터 소유권을 포함한 아키텍처 설계안을 이끌어내는 역할을 한다.

- 성능 관점을 동시성 뷰에 적용할 경우에는 적합한 프로세스 구조를 사용하고 공유 자원이 충돌하지 않도록 하는 등의 아키텍처 설계안을 이끌어내는 역할을 한다.

- 진화성 관점을 기능 뷰에 적용할 경우에는 추후 요구받을 변화의 종류를 고려하고 알맞은 수준의 유연성을 갖추도록 아키텍처 설계안을 이끌어내는 역할을 한다.

그림 4-2 같이 구분면을 그려서 어느 관점을 어느 뷰에 적용하려 했는지 기록해둘 수 있다. 특정 뷰에 대해 작업할 때는 구분면을 횡축으로 살펴보면서 특정 뷰에 국한되지 않은 주요 품질이 무엇이고 그 품질이 그 뷰에 어떤 식으로 드러나는지 되새긴다. 표 4-1처럼 구분면에 세부 내용을 덧붙임으로써 시스템의 뷰마다 어떤 관점이 얼마나 중요한지 기록할 수도 있다.

예제

이전의 보안 예제로 돌아가서, 후보 아키텍처를 결정해서 일련의 뷰로 나타낸 다음에는, 보안성 관점을 적용해 보안 요건을 맞춰야 한다.

이 관점을 적용하려면 관점 정의에 나열된 대로, 시스템에서 민감한 자원을 찾아내고 시스템이 직면한 위협을 식별해내며 적합한 보안 절차와 기술을 활용해 개별 위협별로 완화할 방법을 결정하는 등의 몇 가지 활동을 수행해야 한다. 이렇게 하고 나면 후보 아키텍처에는 다음에 나열된 것과 같은 몇 가지 변화가 생긴다.

- 시스템의 각 부분에 대한 접근 제한을 손쉽게 할 수 있도록 시스템 분할을 바꾸는 결정을 내린다. 이로 인해 기능 뷰가 영향을 받는다.

- 보안 설계로 인해 시스템에 새로운 하드웨어 요소와 소프트웨어 요소가 도입돼 접근 제한을 하거나 (개인정보 보호를 위한 암호화 등) 추가적인 보장을 덧붙인다. 이런 새로운 요소는 배치 위치를 정하기 위해 배치 뷰에 추가해야 하고, 사용 방법을 정하기 위해 개발 뷰도 갱신해야 한다.

- (인증서 관리 같은) 새로운 운영 절차를 고안해 운영 보안을 뒷받침하거나 (민감한 데이터 백업 처리 같은) 기존 절차를 고쳐서 보안을 확보한다. 이런 절차 변경은 운영 뷰 수정으로 이어진다.

보안성 관점을 적용하더라도 새로운 보안 뷰가 생기기보다는 이해관계자의 보안 관심사항을 처리하는 역할을 맡았던 기존 뷰에 여러 가지 수정사항이 생길 뿐이다.

표 4-1 전형적인 뷰와 관점 적용

| 뷰 | 관점 | | | |
	보안성	성능 및 확장용이성	가용성 및 복원성	진화성
맥락	중	하	하	중
기능	중	중	하	상
정보	중	중	하	상

(이어짐)

뷰	관점			
	보안성	성능 및 확장용이성	가용성 및 복원성	진화성
동시성	하	상	중	중
개발	중	하	하	상
배치	상	상	상	하
운영	중	하	중	하

▌ 관점 적용 결과

뷰에 관점을 적용하면 통찰, 개선, 산출물이 나온다.

통찰

관점을 적용하면 거의 언제나 요구받은 품질 속성을 맞추는 데 필요한 시스템의 능력에 대한 통찰을 주는(그리고 대개 일종의 모델 형식을 취하는) 무언가가 나온다. 그런 모델은 해당 아키텍처가 요구받은 품질 속성을 갖췄거나 (아키텍처 정의 작업의 초기 단계에 주로) 뭔가 모자라거나 빠졌음을 보여준다.

예제

> 보안성 관점을 적용하면 현재 형태에서는 대처가 어려운 심각한 보안 위협이 여럿 존재한다는 사실이 드러난다. 그러면 그런 위협을 이해하고, 어떤 위험이 있는지 이해하며, 그런 위험이 아키텍처에 끼치는 영향을 이해할 필요가 생긴다.

이런 통찰은 일반적으로 이후 아키텍처 설계 활동의 지침이 되며, 대개는 그 자체로 중요한 설계 결정의 근거로 기록에 남는다.

개선

관점을 적용해서 원하는 품질 속성 중에서 맞추지 못하는 것이 나오면 아키텍처 개선이 필요하다. 이 경우 뷰에서 기존 모델을 바꾸거나, 추가적인 모델을 만들어서 뷰의 내용물을 더 만들어넣거나, 두 가지 다 해야 할지도 모른다.

성능 및 확장용이성 관점을 배치 뷰에 적용하면 애플리케이션 서버를 복제해 확장력을 기대 수준에 맞출 필요성이 있음이 드러난다. 이렇게 되면 배치 모델을 바꿔서 서버를 하나가 아니라 여러 개로 나타내고 기능 뷰나 정보 뷰에도 이런 부하 분산에 필요한 변경을 가하게 된다.

예제

이런 개선사항은 당연히 AD에 통합될 뿐 아니라 원래의 모델만큼이나 중요하게 인식돼야 한다.

산출물

관점을 적용해서 나온 모델을 비롯한 여러 산출물 중에서 일부는 그저 관심을 전달하는 용도일 뿐이어서 그를 통해 드러난 통찰이나 개선에 대해 이해하고 나면 없어져 버릴 수도 있다. 하지만 관점 적용에 따른 결과물 중에는 상당한 가치가 있어서 중요한 부수적 아키텍처 정보로 남는 것도 있다. 산출물artifact이라 부르는 이런 결과물은 관점 적용에 따른 가치 있는 성과물로서 보존해야 마땅하다.

위치 관점을 배치 뷰에 적용하면 물리적인 통신망을 모델화한 스프레드시트를 통해 전송에 필요한 예상 대역폭과 용량이 충분한지 나타낼 수 있다. 이 스프레드시트는 추후 시스템이나 통신망에 발생할 예상 변화를 조사하는 데 쓸 수도 있는 유용한 산출물이다. 따라서 AD에서 이 자료를 별도로 떼서 참조하도록 하는 게 좋다.

예제

산출물은 대개 문서, 모델, 구현의 형태로 작성하고, AD에서 부가 정보로 참조한다. 작은 문서라면 AD의 부록에 붙여넣어도 되지만, 문서가 너무 크면 비둔한 데다 읽기도 어렵고 수정하기도 쉽지 않으므로 주의해야 한다.

▌핵심 개념 사이의 관계

맥락에 관점을 넣으려면 그림 4-3처럼 기존의 개념 모델에 요소 하나를 더 넣으면 된다.

기존의 그림 3-1에 제시했던 다이어그램에 다음과 같은 관계를 추가해 바꿨다.

- 뷰는 여러 관점을 통해 내용물의 모습을 갖춰나가는데, 시스템이 각 관점별로 고려하는 품질 속성을 나타낼 능력을 갖추기 위해서다.
- 관점을 통해 시스템 이해관계자들의 여러 관심사항을 다룬다.

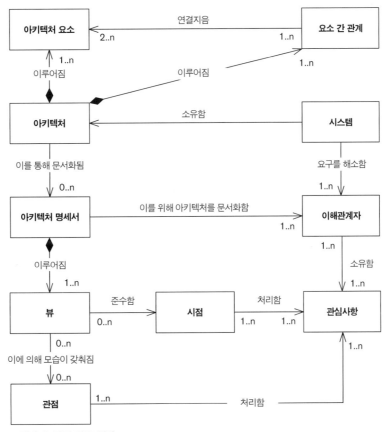

그림 4-3 관점 적용 맥락

▌ 관점 활용에 따른 이점

관점을 뷰에 적용해 AD를 작성하면 몇 가지 측면에서 이점이 있다.

- 관점은 아키텍처 의사결정을 이끌어나갈 관심사항을 정의함으로써, 도출되는 아키텍처가 해당 관점에서 살폈던 품질 속성을 갖추는 데 기여한다. 예를 들어 성능 관점에서는 응답시간, 처리량, 예측가능성 같은 표준적인 관심사항을 정의한다. 어떤 관점에서 담당하는 관심사항을 이해하고 우선순위를 정해놓으면 나중에 의사결정할 때 적용할 확고한 우선순위가 마련된다.

- 관점에는 공통 관례, 측정치, 심지어 시스템의 품질을 서술하는 데 사용 가능한 표기법과 언어까지 들어 있다. 예를 들어 성능 관점에는 표준화된 측정치, 가령 응답시간, 처리량, 지연시간이 정의돼 있을 뿐 아니라, 그에 대한 명세와 파악 방법까지 들어 있다.

- 관점에는 아키텍처가 여러 뷰에 걸쳐 요건을 충족하고 있는지 살펴볼 아키텍처 검증 방법이 설명돼 있다. 가령, 성능 관점에서는 수학적 모델이나 모의실험을 구성해 주어진 부하에서 예상 성능을 예측하는 방법과 시제품을 만들어보고 비교 평가를 수행하는 기법을 설명해준다.

- 관점을 통해 공통적인 문제에 대해 공인된 해결책이 보급되고, 그 덕분에 아키텍트 사이에 지식 공유가 촉진된다. 가령, 성능 관점을 통해 하드웨어 장치를 다중화해 처리량을 늘리는 방법을 기술한다.

- 관점은 해당 관심사항을 시스템 내에 체계적인 방식으로 처리하는 데 도움이 된다. 작업이 체계를 이루고 놓치는 부분이 없어진다.

▌ 관점의 함정

어떤 기술이든 마찬가지지만, 관점도 역시 실무에 적용할 때는 다음과 같은 함정에 빠지지 않게 주의를 기울여야 한다.

- 개별 관점은 서로 밀접하게 연결된 단일한 품질 속성 관심사항 집합을 해소한다. 여러 관점에서 제시된 해결책 사이에는 (진화가능성이 높은 시스템은 그보

다 유연성이 덜한 시스템에 비해 효율이 낮고 따라서 성능도 떨어지는 등) 충돌이 일어나는 경우도 잦다. 소프트웨어 아키텍트는 이런 상충하는 요구 사이에 균형을 잡는 중요한 역할도 맡아야 한다.

- 이해관계자의 관심사항과 우선순위는 시스템마다 달라서, 어느 관점을 어느 정도로 감안해야 하는지도 시스템마다 편차가 상당하다.

- 관점에는 시스템이 특정 품질 속성을 갖추도록 도와주는 이미 정립된 일반적인 조언이 들어 있다. 그러나 상황은 제각각이어서, 그 조언이 현재 처한 상황에 얼마나 잘 들어맞는지 생각해보고 정도껏 적용하는 것이 중요하다.

▌ 관점과 시점의 비교

이 책의 초판을 내던 때부터 줄곧 받아온 질문이 바로, 왜 시스템 품질을 수용하는 시점 집합을 정의하는 데 그치지 않고 별도로 아키텍처 관점이라는 개념을 도입했느냐는 것이었다. 그래서 기존의 개념을 재사용하지 않고 새로운 개념을 도입한 이유에 대해 좀 더 자세히 설명할 필요가 있을 것 같다.

아키텍처 정의에 대한 ISO 표준인 ISO 42010(종전에는 IEEE 1471)에 보면 이 책에서 다루는 개념 중 상당량이 공식화돼 있지만, 관점 개념은 찾아볼 수 없다. 대신 여러 개의 아키텍처 뷰에서 모델을 공유함으로써 관점의 교차성을 처리한다.

- 아키텍처 뷰 사이에서 아키텍처 모델을 공유하면 서로 구별되지만 관련이 있는 관심사항들을 여러 뷰에 중복 또는 반복해 넣지 않고도 아키텍처 명세서를 구성할 수 있을 뿐 아니라 일관성이 깨질 여지도 줄어든다.

- 아키텍처 모델을 공유하면 관점지향aspect-oriented 형태의 아키텍처 명세서, 즉 복수의 아키텍처 뷰에서 공유되는 아키텍처 모델을 사용해 아키텍처 관점을 표현하는 일도 가능하다.

이 접근법은 확실히 효과가 있을 뿐 아니라 우리 접근법과 잘 어우러지기까지 하지만, 관점을 별도의 독립된 개념으로 취급하면 큰 가치가 있음을 깨닫게 됐다.

시점과 관점은 둘 다 관심사항과 그에 관심을 두는 이해관계자를 정의하지만, 시점과 뷰에 담긴 나머지 정보와 그 정보가 쓰이는 방식에 대한 설명은 상당히 차이가 있다. 시점은 아키텍처를 설명하는 모델을 만들어내는 과정에서 지침 역할을 하는 데 초점을 맞춘 반면, 관점은 시스템이 요구된 품질 속성을 갖추도록 보장하기 위한 활동과 전술을 제공하는 데 초점을 맞춘다. 여기서 가장 중요한 점은 관점이 복수의 뷰에 적용될 수 있다는 것으로, 이 점이 관점과의 근본적인 차이에 해당된다.

이 책에서는 뷰, 시점, 관점이라는 이 책 전체에 걸쳐 가장 중요한 세 가지 개념에 대해 다음과 같이 비교 및 대조해 설명한다.

- 뷰는 아키텍처의 일부 또는 전부를 표현해놓은 것으로, 아키텍처적으로 중요한 특성들을 서로 연관이 있는 관심사항들끼리 묶어서 문서화하는 방식을 말한다. 뷰는 시스템 내에 존재하는 하나 이상의 아키텍처적인 구조에 대한 설명을 담는다. 아키텍트는 뷰를 사용해 이해관계자에게 시스템의 아키텍처적인 구조를 설명하고 아키텍처가 해당 이해관계자의 관심사항을 충족시킬 수 있음을 드러낸다. 원칙과 모델 같은 가시적인 아키텍처적 결과물이 모여 뷰를 이루고, 이런 뷰가 모두 모여 AD가 된다.

- 시점은 특정한 유형의 뷰를 만드는 과정을 이끌어간다. 시점에는 뷰에서 다룬 관심사항이 정의돼 있고 아키텍처 내의 해당 측면을 만들고 설명하기 위한 접근법도 함께 정의돼 있다.

- 관점은 시스템이 여러 가지 중요한 품질을 갖출 수 있도록 설계 과정을 이끌어간다. 관점을 시점의 일종으로 생각해볼 수도 있으나, 서로 관련이 있는 품질 속성 집합에 대한 것이지 아키텍처적인 구조의 종류에 대한 것이 아니다. 하지만 관점을 사용하면 대개 아키텍처 뷰, 즉 시스템의 구조에 대한 변경으로 귀결되지 새로운 구조의 도입으로 귀결되지는 않는다. 또한 관점은 공통적인 문제점과 함정을 파악하고 해결책을 찾아내는 방법으로 쓰이기도 한다.

따라서, 정리해보면 시점을 만들어 품질 속성 관심사항을 처리하는 것이 확실히 불가능하지는 않지만, 아키텍처적인 관점이라는 별개의 개념을 써서 품질 속성을 조금은 특색 있게 처리하면 이점이 크다는 사실을 알아냈다.

▌관점 목록

4부에서 대규모 정보 시스템에 대한 아키텍처에 적용하기 좋도록 만들어놓은 관점들 몇 가지(표 4-2 참조)를 정의한다.

앞에서도 얘기했듯이 관점의 종류는 매우 많기 때문에 모든 뷰의 맥락에서 모든 관점을 고려하는 것은 타당하지도 않고 바람직하지도 않다. 시스템이나 뷰마다 적합한 관점이 따로 있고, 규모가 매우 크고 엄청나게 복잡한 과제가 아니라면 모든 관점을 다 고려할 필요가 있는 경우는 극히 드물다.

표 **4-2** 관점 목록

관점	원하는 품질
접근성	장애가 있는 사람도 사용할 수 있게 해놓은 시스템의 능력
가용성 및 복원성	시스템이 필요할 때 필요한 만큼 일부 또는 전부 작동하고 시스템 가용성에 영향을 미칠 수 있는 장애를 효과적으로 처리하는 능력
개발 자원	사람, 예산, 시간, 자료와 관련해서 이미 알려진 제약사항 내에서 설계, 구축, 배치, 운영할 수 있는 능력
진화성	시스템 납품 후 맞이할 불가피한 변경에 직면했을 때 유연함을 발휘하되, 그 유연함을 적정한 비용 내에서 제공할 수 있는 능력
국제화	시스템이 특정한 언어, 국가, 문화권에 종속되지 않는 능력
위치	시스템의 요소가 소재한 물리적인 장소와 요소들 사이의 거리 때문에 빚어지는 문제를 극복하는 능력
성능 및 확장용이성	시스템이 제시된 수행 요건 내에서 예측 가능하게 수행하고 향후 필요할 경우 처리 규모를 증가시킬 수 있는 능력
규제	시스템이 국내법 및 국제법, 유사 법규, 회사 정책, 기타 규칙 및 표준을 준수하는 능력
보안성	누가 어느 자원에 대해 어떤 동작을 수행하는지 안전하게 통제, 관찰, 기록할 수 있는 시스템의 능력과 보안이 깨졌을 때 그 사실을 탐지해내고 복구할 수 있는 능력
사용편의성	시스템과 상호작용하는 사람들이 효과적으로 작업하기 편함

표 4-3 시스템 유형별로 가장 중요한 관점

	OLTP 정보 시스템	연산 서비스/ 미들웨어	DSS/MIS 시스템	대용량 웹사이트	엔터프라이즈 패키지
접근성	유동적	하	유동적	상	상
가용성 및 복원성	유동적	상	중	상	중
개발 자원	중	상	중	상	하
진화성	유동적	하	상	유동적	중
국제화	유동적	하	유동적	상	유동적
위치	유동적	하	하	상	유동적
성능 및 확장용이성	유동적	상	유동적	상	유동적
규제	유동적	하	유동적	유동적	유동적
보안성	유동적	하	중	상	상
사용편의성	중	하	하	상	중

뷰와 마찬가지로, 어느 관점에 집중해야 할지에 대해 언제나 맞는 조언은 제시하기 어렵지만, 실무 작업을 계획할 때 어디서부터 시작하면 좋은지에 대해 고민하는 경우라면 표 4-3을 보면 일반적인 정보 시스템에서 제안되는 속성들이 많이 담겨 있으니 활용하면 좋다.

전략

가장 상관성이 높은 관점을 뷰에 적용한다. 이해관계자의 요구를 바탕으로 여러 가지 품질 속성 중에서 이해관계자 입장에서 상대적인 중요성을 고려해, 아키텍트 자신의 경험과 판단에 따라 선택한다.

▌정리

시점과 뷰는 아키텍처를 상호 관련된 모델로 분할하는 데 있어 매우 뛰어난 방법이다. 하지만 이 방법하에서는 기능적 요건에 한해서 완전성과 정확성만 가지고 평가하고, 성능 및 확장용이성 같은 그 밖의 시스템 품질 속성은 간과하는 경우가 많다. 이러다 보면 기능적으로는 정확하지만 응답시간이 형편없거나 보안이 되지 않거나 신뢰성이 없는 시스템으로 귀결될 수 있다. 이런 일이 벌어지지 않게 할 방안이 필요하다. 시점을 사용해 해결하는 방안은 현실적으로 말이 되지 않는데, 이런 시스템 품질은 대개 상당수 또는 전체 전체 시점에 영향을 미치기 때문이다. 별개이지만 관련된 개념이 필요한데, 여기서는 이를 관점이라 부른다. 관점은 시스템이 특정한 품질, 속성, 행위를 갖추게 하는 데 필요한 활동, 전술, 지침의 집합으로 정의할 수 있다. 관점을 사용하면 해당 관점에서 다루는 품질에 대한 아키텍처 모델을 분석하고 개선하는 틀이 생긴다.

뷰에 관점을 적용하면, 해당 뷰에 표현된 범위 내에서 아키텍처가 해당 관점에서 고려하는 목적에 부합하도록 만들 수 있다. 이 작업은 반복적인 과정이다. 즉, 뷰 안에 모델을 만들고, 그렇게 만든 모델을 해당 관점에서 정의된 기준하에 평가하고, 이런 평가 분석에서 나온 결과에 따라 뷰 모델을 개정하는 과정을 반복한다.

뷰, 시점, 관점은 다음과 같이 비교 및 대조해 설명할 수 있다. 뷰는 아키텍처의 일부 또는 전부에 대한 표현으로서 아키텍처적으로 중요한 특성들을 서로 관련된 관심사항들에 비춰 문서화하는 방식이고, 시점은 특정한 종류의 뷰를 만들어내는 과정을 이끌어가고, 관점은 아키텍처가 하나 이상의 중요한 **품질**을 갖추도록 설계해나가는 과정을 이끌어간다.

관점은 수가 매우 많아서 뷰마다 모든 관점을 다 적용하는 것은 타당하지도 유용하지도 않다.

▌ 더 읽을거리

『Software Architecture in Practice소프트웨어 아키텍처—이론과 실제』[BASS03], 『Evaluating Software Architectures소프트웨어 아키텍처 평가』[CLEM02], 『Design and Use of Software Architectures소프트웨어 아키텍처 설계 및 활용』[BOSC00] 같은 기본서에서는 한결같이 품질 속성을 다루고 있으므로 이 분야의 배경지식을 얻고자 한다면 읽어볼 가치가 충분하다.

소프트웨어 아키텍처 연구 분야에서 특히 관련이 깊은 분야로는 SEI에서 소프트웨어 아키텍처 프로그램의 일환으로 수행하고 있는 전술에 대한 연구가 있다. 아키텍처 전술에 대한 애초의 정의는 2003년도 SEI 기술 보고서[BACH03]에 나오고, 다양한 품질 속성에 대한 일반 전술 모음은 배스 외[BASS03]의 5장에 윤곽이 드러나 있으며, 전술을 더 깊이 다룬 기술 보고서는 SEI 웹사이트(www.sei.cmu.edu)에 많이 있다.

5

소프트웨어 아키텍트의 역할

소프트웨어 아키텍트를 한 방에 모아놓고 자신의 역할을 설명해보라고 하면, 두 손으로 다 꼽기도 어려울 정도로 많은 정의가 나온다. 설상가상으로, 아키텍트와 함께 일하는 동료들에게 아키텍트가 업무시간에 무슨 일을 하는지 물어보면 훨씬 더 많은 정의가 쏟아진다.

실무 경험에 비춰봐도 그렇다. 과제에 따라 아키텍트라는 직함을 단 사람은 설계, 코딩, 시험의 시시콜콜한 내용에 직접 손대기도 한다. 반대로 아키텍처를 개발 및 구현 팀과는 상당한 간극이 있는, 멀리 학문의 세계에서 회자되는 어떤 것으로 보기도 한다. 아키텍트를 자바 아키텍트 같이 고참 기술자를 가리키는 용어로 쓰는 조직도 많다.

아키텍트는 다른 영역은 철저히 배제하고 오직 통신, 미들웨어, 데이터베이스 설계 등 단일한 영역에 특화된 경우도 있지만, 드물게 시스템 개발 이력과 무관한 업무 분석 같은 영역을 거쳐온 경우도 있다. 또한 애플리케이션 아키텍트, 데이터 아키텍트, 엔터프라이즈 아키텍트 같이 어떤 역할인지 명확히 정하지 않은 채 직함을 달기도 한다.

따라서 아키텍트가 어떤 식으로 직무를 수행하는지 살펴보기 전에 그 직무가 정확히 어떤 것인지, 즉 어떤 책임이 있고 한계는 어디까지이며 어떤 영역을 다른 이에게 위임해야 하고 팀 내의 다른 이들과는 어떻게 협업할지 이해해야 성공적으로 소프트웨어를 만들어낼 수 있다.

5장에서는 소프트웨어 아키텍트가 맡은 역할을 정의하면서, 그 역할을 충족시키기 위해 해야 할 일과 하지 말아야 할 일은 무엇인지, 아키텍트로 성공하려면 어떤 자질을 지녀야 하는지 밝혀놓았다. 또한 제품이나 시스템을 개발하는 과정에서 다른 이들과는 어떤 관계를 맺는지도 살펴봤다.

▌ 아키텍처 정의 프로세스

이 책의 소프트웨어 아키텍처 모델에 나오는 마지막 개념을 보면 아키텍처를 설계해서 AD를 작성하는 데 쓰이는 과정이 나온다. 이 과정을 아키텍처 정의^{architecture definition}라 부른다.

정의

아키텍처 정의란 이해관계자의 요구와 관심사항을 파악하고, 이런 수요를 충족시킬 아키텍처를 설계하며, 아키텍처 명세서를 통해 모호함 없이 명확하게 그 아키텍처를 설명하는 과정을 말한다.

이 과정을 흔히 아키텍처 설계^{architectural design}라 부르며, 저자들도 비공식적으로는 그렇게 부른다. 하지만 이 용어는 과정을 뜻하는지 산출물을 뜻하는지 헷갈릴 수 있기 때문에 이 책에서는 되도록 사용을 피했다.

아키텍처 정의 프로세스의 목표는 이해관계자의 요구를 충족시킬 만한 아키텍처를 설계하는 데 있다. 여기에는 다음과 같이 여러 가지 측면이 존재한다.

- 이해관계자의 요구를 파악하는 일은, 말하자면 이해관계자에게 중요한 것이 무엇인지 이해하고(더불어 기능과 비용 같은 충돌을 해소하도록 도와주는 것도 포함해서) 그런 요구를 기록하고 그 내용에 동의하는 일도 포함함
- 아키텍처 설계 결정을 계속 내려가면서 후보 아키텍처를 도출함
- 후보 아키텍처를 평가해 이해관계자의 요구를 얼마나 잘 충족시키는지 가늠함
- 아키텍처가 잘 맞을 때까지 계속 정제함
- 아키텍처 설계 결정사항과 그로 인해 도출되는 시스템의 아키텍처 구조를 작업 환경에 적합한 AD의 형태로 기록함

이런 활동들이 아키텍처 정의 프로세스의 핵심을 이루는데, 대개는 반복적으로 수행된다. 이에 대해서는 2부에서 좀 더 다룰 텐데, 특히 이해관계자의 요구와 관심사항이 어떤 식으로 기능적인 요건 및 아키텍처적인 요건과 관련되는지 살펴본다. 일단 여기서 새로운 원칙이 하나 나왔다.

원칙

좋은 아키텍처 정의 프로세스는 효과적인 아키텍처 명세서로 문서화된 좋은 아키텍처를 낳음으로써, 해당 조직에 시간 효율성과 비용 효과성이 좋은 방식으로 아키텍처 구현이 가능하다.

아키텍처 정의와 단순 설계의 차이

자주 나오는 질문 중에서 아키텍처 정의가 '단순히' 설계의 일부인지 그 외에 뭔가 더 있는지 하는 것이 있다. 아키텍처 정의에 설계 요소는 물론이고 요건 분석 요소까지 등장하기는 하지만, 나중에 살펴보듯이 이들은 별개의 활동일 뿐이다.

- 설계 활동은 해결 영역에 초점을 맞춘 것으로 개발자만을 대상으로 한다. 명확하게 정의된 제약사항 집합(시스템 요건)하에서 일어나는 것으로, 그 실체는 이런 요건을 해당 시스템에 걸맞은 명세로 변환하는 과정이라 할 수 있다. 과거부터 설계는 운영 및 지원 인력의 요구가 그다지 반영되지 않는 경향이 있었는데, 이는 그들의 요구가 이미 요건 명세에 담겨 있다고 가정하거나 아예 무시해버리는 경우가 많았기 때문이다.

- 요건 분석 활동은 문제 영역에 초점을 맞춘 것으로, 원칙상 무엇을 갈망하는지를 정의하는 활동이지 무엇이 가능한지 정의하는 활동이 아니기 때문에 개발자나 시스템 관리자 같은 사람들의 요구나 제약사항은 무시될 수밖에 없다. 명확히 정의된 제약사항 집합(시스템에 요구된 범위)하에서 일어나는 것이기는 하지만, 제약사항에 걸리더라도 설계 과정보다 훨씬 더 큰 융통성이 허용되는 경향이 있다.

그림 5-1에 보듯이, 아키텍처 정의를 통해 문제 영역과 해결 영역 사이의 간극을 메워줌으로써 이런 긴장을 해소한다. 이 작업의 초점은 아키텍처에 관심이

그림 5-1 아키텍처 정의, 요건 분석, 소프트웨어 설계

있는 모든 이들의 요구를 파악하고, 그 요구들 사이에서 균형을 맞추며, 필요할 경우 이들 사이에서 수용 가능한 절충안을 찾아내는 데 맞춰진다. 절충안을 통해 (기술적인 타당성, 시간 규모, 자원, 배치 환경, 비용 같은) 기존의 모든 제약사항을 검토한다.

소프트웨어 아키텍트의 역할에는 설계와 요건 수집에 기여하는 일이 들어가지만, 이 역할과 나머지 두 가지 추가적인 역할 사이에는 몇 가지 중요한 차이점이 존재하고, 그중 가장 중요한 차이점은 범위^{scope}와 관련이 있다.

- 단지 사용자 집단만이 아닌 그보다 훨씬 다양한 사람들의 의견을 수용해야 한다(이해관계자에 대해 설명하면서 이미 살펴봤다).
- 단지 기능성만이 아닌 그보다 훨씬 다양한 관심사항을 감안해야 한다(뷰와 관점에 대해 설명하면서 이미 살펴봤다).
- 큰 그림뿐만 아니라 세부사항도 살펴야 한다.

아키텍처 정의는 단순히 파악하는 과정이 아니라 발견하는 과정일 때가 더 많다. 과제 진행 초기부터 아키텍트가 (운 좋게도) 참여했다면, 이해관계자들이 시스템에 대해 막연하게 기대하는 구상만 존재하는 상태를 접할 수 있다. 또한 시스템을 구축할 방안에 대해 여러 가지 생각이 충돌할 수도 있고, 제안된 해결 요소에 관한 기술적 지식과 개발자의 경험 사이에 커다란 차이가 존재할 수도 있다.

이론적으로 보면 문제를 제대로 이해하기 전에는 해결책을 생각하지 않는 것이 맞고 여기서도 이론적으로는 이 접근법을 좋아하기는 하지만, 이해관계자들은 첫날부터 기술적인 해결책에 대해 생각한다. 이를 막을 방법은 없기에, 그저 적절히 관리하는 수밖에 없다.

요건 분석과 아키텍처 정의의 경계

아키텍트는 시스템 요건을 분석하고 이해하며 우선순위를 매기는 과정에 참여하는 일도 해야 한다. 여기에는 개별 요건을 구현하는 데 있어서의 난이도를 가늠하는 일도 포함된다.

엄밀히 말하면 아키텍트는 요건을 수집하는 역할을 하지 않고, 이상적으로는 시스템에 대한 완전하고 일관되며 우선순위가 매겨진 핵심 목표와 요건 목록을 제시받아야 한다. 하지만 그런 목록이 존재하는 경우는 별로 없는 데다가, 간혹 있다 하더라도 요건 분석가들이 요건들 사이에서 저울질을 하며 간신히 균형을 맞추느라 허덕이는 터다. 이때는 요건에 대한 상대적인 사업적 가치도 이해해야 하지만, 제반 비용과 위험도 감안해야만 한다.

처음에 명세된 요건 중에는 요건 분석가들이 구현 방안에 대한 이해가 낮거나 없어서 구현이 어려운 것이 생기기도 한다. 이상적으로 보면 아키텍트는 자리를 마련해 그런 이해와 통찰을 제공함으로써 개별 요건의 중요성을 제공 비용적 측면에서 고찰할 수 있게 해야 한다.

전략

요건 분석가들과 힘을 합쳐 시스템의 요건을 파악하고 그 요건들 사이의 상대적인 중요성도 알아낸다. 중요한 요건에 대해서는 개별적으로 구현 난이도를 생각해보고 그 결과를 요건 분석가들에게 알려줌으로써 어느 것이 관철 가능하고 어느 것이 관철 불가능한지 알게 해준다.

아키텍처 정의와 설계의 경계

아키텍트에게는 어떤 사항이 자신이 챙길 만큼 중요하고 어떤 사항이 상세 설계 단계로 넘겨도 걱정이 없고 오히려 더 잘 맞을지 판단하는, 다시 말해 아키텍처적으로 중요한architecturally significant 사항인지 판단하는 일이 해야 할 가장 중요한 의사결정이다. 필립 크루첸의 정의에 아키텍처적 중요성의 핵심이 깔끔하게 정리돼 있으므로, 풀어서 한 번 살펴보자.

관심사항, 문제, 시스템 요소가 시스템 구조나 성능, 확장용이성, 보안성, 신뢰성, 진화성 같은 중요한 품질 속성에 폭넓게 영향을 미친다면, 이는 **아키텍처적으로 중요하다**.

무언가가 아키텍처적으로 중요하다고 입증될지 말지 예측하는 일은 쉽지가 않아서 아키텍트의 판단력과 기량은 물론 아키텍트와 이해관계자가 함께 전문적 식견을 동원해 해당 과제가 처한 환경을 살펴볼 필요가 있다. 가령 신뢰성과 성능을 둘러싼 질문들은 새로운 기술이 채택될 경우에는 매우 중요하겠지만, 성숙하고 개발자들에게 익숙한 기술일 경우에는 그다지 중요하지 않다.

아키텍트는 시스템이 정해진 목표를 달성하는 데 있어 상당한 영향을 미칠 것으로 보이는 중요한 질문과 결정사항에 자신과 이해관계자들이 주의를 집중하게 만드는 일을 해야 하는데, 실습으로 익힐 수밖에 없다. 하지만 모든 아키텍처적인 관심사항을 추상적인 수준에서 찾아낸다고 가정했지만, 악마는 사소한 데 깃들 때가 많음을 잊지 말아야 한다. 전략부터 코드까지 모든 수준에서 아키텍처의 여러 측면을 살필 필요가 있다. 또한 자신의 판단이 올바른지 끊임없이 살피고, 아키텍처가 모습을 갖춰나감에 따라 이전에 잡았던 범위가 여전히 적합한지 계속해서 검토하는 일도 중요하다.

무엇이 시스템의 품질에 커다란 충격을 줄지 알 수 없을 때가 많기에, 무언가가 아키텍처적으로 중요한지 여부가 언제나 분명하지는 않다. 데이터베이스 설계를 봐도 그렇다. 시스템이 3차 정규화 데이터 모델로 가기로 정하고 역정규화가 발생하는 조건에 대한 지침을 제시하는 것을 제외하고 나면, 데이터베이스 스키마 설계가 아키텍처적으로 중요한 일인가? 아주 작은 규모의 과제가 아니라면 아키텍트가 전체 데이터베이스 스키마를 모두 설계할 재간은 없다.

다른 여러 아키텍처 결정사항과 마찬가지로, 이 또한 맥락에 달렸다. 일반적으로 데이터 접근 유형이 상대적으로 간단하고 단순한 시스템에서는 데이터베이스 스키마의 세부사항이 아키텍처적으로 중요하지 않다고 할 텐데, 이는 시스템이 정해진 품질 목표를 달성하는 데 있어 별다른 영향을 미치지 않아서 그렇다. 하지만 규모가 크고 복잡한 데이터베이스를 사용하면서 아주 무거운 질의가 빈발하는 시스템을 생각해보면, 성능이 매우 중요한 경우가 많다. 이런 경우에는 세부적인 결정사항들 중에서 잘못 내려졌을 때 시스템의 성능과 안정성에 심각한 부담을 초래할 것이 많기 때문에 데이터베이스 설계 세부사항 중에서 많은 부분을 아키텍처적으로 중요하게 봐야 한다.

결정사항에 대한 아키텍처적 중요성을 고려할 때는 앞날을 내다보면서 그 결정사항에 대한 여러 다른 선택안이 시스템의 핵심 품질에 영향을 미칠지 생각해보는 노력을 해야 한다. 선택안 중 일부가 나중에 문제를 유발할 것 같다면 그것이 바로 아키텍처적으로 중요한 결정사항이 된다. 나중에 실제로 해보면 왜 이 일이 하기 어렵다고 하는지 안다.

전략

아키텍처를 설계할 때는 아키텍처적으로 중요한지 여부를 판단해뒀던 영역들을 다시 살펴보고, 이해관계자의 관심사항과 아키텍처 그 자체에 대해 더 깊어진 이해에 비춰 필요하다면 고쳐 나간다.

▌아키텍트의 역할

이제 이번에 소개하는 원칙에 입각해 아키텍트의 역할을 정의해보자.

원칙

아키텍트는 모든 이해관계자의 요구를 충족시킬 수 있도록 시스템을 설계하고 문서화하고 구축을 이끌어나갈 책임을 진다.

여기에는 네 가지 측면이 있다.

1. 이해관계자를 찾아내 참여시키기
2. 이해관계자의 관심사항을 이해해서 포착해내기
3. 그런 관심사항을 반영한 아키텍처 정의를 만들고 그 소유권을 갖기
4. 아키텍처를 실질적인 제품이나 시스템으로 실현해내는 데 있어 주도권을 쥐기

아키텍트가 하는 일에 대해 설명해놓은 글을 보면 대부분 '아키텍트는 큰 그림을 들고 있다'는 문장이 꼭 나온다. 확실히 그 시각이 맞다. 아키텍트로서 감당해야 할 책임 중에는 제품이나 시스템에 존재하는 주요 요소들에 대한 고수준 뷰를 만들고 유지하는 일이 있는데, 그런 뷰는 추후에 상세 설계, 코딩, 시험, 배치를

이끌어나가는 지침으로 쓰인다.

하지만 거기가 끝이 아니다. 만들어낸 아키텍처가 올바르다는 사실을 확인할 필요가 있다. 앞에서 봤듯이 모든 문제에는 여러 가지 해결책이 존재하고, 모든 아키텍처는 여러 가지로 표현이 가능하다. 반드시 목적에 부합하는 아키텍처를 고른 후 올바른 방식으로 문서화해야 한다.

아키텍트는 전통적으로 시스템 개발에 있어 서두에서 주로 기여한다고, 즉 과제 착수 단계에서 주로 개입한다고 인식되고 있다. 하지만 아키텍트의 역할이 거기서 끝날 리가 없다. 사실 소프트웨어 개발 수명주기 내에서 아키텍트의 개입은 대개 그림 5-2에 나오는 양상과 일치한다.

이 그림에는 시스템 납품에 이르는 주요 개발 반복 동안 아키텍트가 개입하는 정도가 나타나 있다. 시작 단계에서는 밀도 있게 개입한다. 범위를 정하고 합의하는 일, 요건에 합의하고 검증하는 일, 아키텍처의 모습을 정하는 결정을 내리기 위해 기술적 주도권을 발휘하는 일에 전념한다.

설계, 구축, 시험 단계를 거치는 동안에는 대개 아키텍트의 개입이 줄면서 제품 또는 시스템에 대한 구축, 시험, 통합이 이뤄진다. 실제로 아키텍트는 이 기간에 설계 책임자나 설계자 같은 색다른 역할을 맡기도 한다. 이때는 멘토링, 검토, 문제 해결, 기술 주도 등의 업무를 많이 맡는다. 어찌 됐든 아키텍처에 변경이 필요할 때는 그 변경 과정을 주도해야 한다.

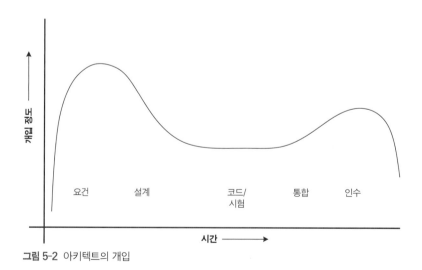

그림 5-2 아키텍트의 개입

아키텍트의 개입 정도는 인수 직전에 그리고 인수 중에 다시 치솟는데, 이때는 마지막 단계에서 피치 못하게 발생하는 문제를 해결하는 데 도움을 줘서 운영 환경으로 무리 없이 넘어갈 수 있도록 지원과 지도를 한다.

전략

AD를 만들어낸 이후에도 (개입 수준은 줄어들겠지만) 구축, 인수, 이전을 거쳐가면서 개발 과정 내내 계속 개입한다.

아키텍처 주도권

경험에 따르면 대부분의 조직에서는 '아키텍트'를 기술 주도 역할을 맡은 사람으로 보지만, 실무에서 그 역할이 어떤 업무에 해당하는지 언제나 확실하지는 않다.

시스템을 두고 보면, 아키텍처 주도권자란 성공적으로 시스템을 구현해내는 데 도움을 주는 활동을 주로 하는 사람을 말한다. 여기에는 다음과 같은 활동이 포함된다.

- 사업적 이해관계자와 기술적 이해관계자에게 아키텍트를 설명하고 홍보하며, 아키텍처의 밑바탕을 이루는 원칙과 결정사항을 정당화한다.
- 작업을 계획하고 추정하는 데 도움을 주고 기초 자료를 제시한다.
- 변경 통제 과정에 참여한다.
- 기술적인 이정표를 완성하는 일을 책임지고 보장한다.
- 개발 중에 떠오르는 쟁점을 해소하는 데 도움을 준다.
- 설계 책임자 같은 좀 더 구체적인 개발 관련 역할을 맡는다.
- 문서를 검토하고 필요하다면 코드까지 검토한다.

많은 아키텍트가 조직 내에서 자신이 작업한 아키텍처의 실질적인 내용을 개발하고 홍보하는 데 기여한다. 이 활동에는 아키텍처 훈련을 계획하고 실행하는 일, 다수의 신참들을 주로 설계 업무 관련해서 지도하는 일, 시점을 조직에 맞게 만들어내는 일, 아키텍처 검토 같은 아키텍처적인 통제 과정을 수립하고 감독하는 일 등이 있다.

이런 역할들 중에서 실제로 어느 정도까지 직접 하고, 어느 정도를 감독만 하며, 어디까지 남에게 완전히 넘길지는 개별 과제의 특성과 아키텍트의 기량과 자신감에 달렸다. 이에 대해서는 맨 마지막 30장에서 더 자세히 다룬다.

▌핵심 개념 사이의 상호관계

이제 관계도에서 남은 두 부분을 추가할 차례인데, 바로 그림 5-3에 나오는 소위 아키텍처 정의 프로세스와 아키텍트다.

4장에서 제시했던 모델의 (그림 4-3 같은) 초기 형태를 보완하기 위해 다음과 같은 관계를 추가했다.

- 아키텍트는 이해관계자의 고려사항을 파악하고 취합한다.
- 아키텍트는 그 고려사항에 부합하는 아키텍처를 설계한다.
- 아키텍트는 AD를 만들어내고 소유한다.
- 아키텍처 정의 프로세스는 아키텍처 정의 작업을 이끈다.
- 아키텍트는 아키텍처 정의 프로세스에 따라 이 모든 작업을 수행한다.

▌아키텍처 전문화

지금까지 아키텍트를 시스템의 모든 측면을 다루는 일반론자로 간주했다. 하지만 항상 그렇지는 않은데, 아키텍트들이 팀을 이뤄 함께 작업하는 대규모 과제에서 특히 그렇다. 이해관계자, 뷰, 원칙, 모델 등 이 책에서 다룬 내용은 전문가들에게 도 해당 범위 내에서 모두 똑같이 적용 가능하다.

다음과 같이 전문화된 아키텍트를 만날 수 있다.

- 제품 아키텍트^{product architect}: 제품 아키텍트는 출시되는 소프트웨어 제품을 외부 고객에게 (대개 복수의 출시 주기 내내 해당 제품과 인연을 유지하면서) 납품할 책임 이 있는 사람이다. 제품 아키텍트는 제품 개발 팀의 핵심 구성원으로서 제품 의 기술적 완결성을 감독한다. 제품 아키텍트가 맡아야 하는 특별한 업무로

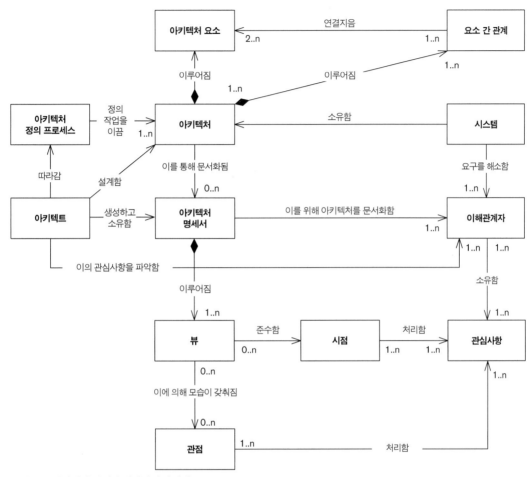

그림 5-3 아키텍처 정의와 맥락상의 아키텍트

사용자 이해관계자를 첫 번째 출시 전에 찾아내는 일이 있다.

- 도메인 아키텍트^{domain architect}: 도메인 아키텍트는 일반적인 아키텍처적 역할을 특화해서 업무 아키텍처, 데이터 아키텍처, 네트워크 아키텍처 등 특정 관심 영역에 초점을 맞춘 사람을 말한다. 도메인 아키텍트는 규모가 크고 복잡하며 전례가 없는 시스템을 대상으로 하거나 소프트웨어 아키텍트가 지닌 지식의 빈틈을 메워야 할 때 특히 가치가 높다.

- 기반구조 아키텍트^{infrastructure architect}: 기반구조 아키텍트는 시스템에 하드웨어 및 소프트웨어 기반구조를 제공하는 사람으로, 주로 전사적 차원에서 활동을 수

행한다. 하드웨어 측면에서는 데이터 센터, 서버, 저장소와 백업, 데스크톱 컴퓨터, 광대역 및 지역 네트워킹, 프린터 같은 사무 장비, 인증 서버 같은 특수 장비가 기반구조에 해당한다. 소프트웨어 기반구조로는 전사 보안, 데이터베이스 관리 시스템, 전사적인 메시징, 개인인증과 보안, 문서작성 소프트웨어 같은 데스크톱 도구가 있다. 정보 시스템에서는 이런 전사 차원 요소 중에서 일부 또는 전부 다 필요할 때가 많다.

- 솔루션 아키텍트^{solution architect}: 도메인 아키텍트와 달리, 솔루션 아키텍트는 전체 솔루션에 대해 넓은 범위의 고수준 뷰를 전담한다. 또한 이 역할은 기술만이 아니라 업무 절차 변경이나 구매 등 초점을 맞추는 영역이 좀 더 넓다.

- 전사 아키텍트^{enterprise architect}: 소프트웨어 아키텍트가 (복잡하고 중요하다손 쳐도) 단일한 시스템에 관심을 두는 사람이라면, 전사 아키텍트는 판매와 홍보, 고객접점 시스템, 제품과 서비스, 구매와 회계, 공급망, 인사 등 여러 시스템을 아우르는 전사적인 정보 시스템 아키텍처를 책임지는 사람이다. 전사 아키텍트는 회사 차원의 원칙, 표준, 정책을 정의하고 감독하는 일에 관심이 많고, 솔루션 아키텍트와 마찬가지로 업무 절차 변경 등을 포함해 좀 더 폭넓은 영역에도 관심이 있다.

▌조직 맥락

소프트웨어 개발 과제에서 소프트웨어 아키텍트가 맡는 역할과 다른 주요 인물들이 맡는 역할을 비교해보자.

업무 분석가

업무 분석가는 상세 업무 요건을 파악하고 문서화를 책임지는 사람으로, 대개 고객 집단을 대표하는 이해관계자에 초점을 맞춰 요건이 정확하고 완전하며 일관성을 갖추도록 보장한다. 아키텍트는 업무 분석가의 전문지식을 바탕으로 구도를 잡을 때가 많은데, 특히 구매자, 사용자, 평가자의 관심사를 반영하는 뷰를 다룰 때 그렇다.

과제 관리자

과제 관리자는 제품 또는 시스템 납품을 보장하고 자원, 비용, 시기에 맞춰 사업적 우선순위를 충족시킬 책임이 있다. 아키텍트는 과제 관리자가 계획을 세우거나 평가를 할 때 합리성을 확보하도록 도와줘야 한다. 또한 과제 관리자에게 과제 수명주기를 통틀어 기술적인 정보, 피드백, 조언, 위험 평가 등을 해줘야 한다.

경험에 비춰보면 과제 관리자와 아키텍트는 동반자partnership 모델을 따랐을 때 가장 생산적인 관계가 된다. 즉, 과제 관리자는 이해관계자, 계획, 예산, 인적 구성과 자원, 이정표, 기한, 산출물에 초점을 맞추고, 아키텍트는 이해관계자, 고려사항, 범위, 요건, 뷰, 모델에 초점을 맞추면 된다.

설계 책임자

설계 책임자는 (기술적인 설계 책임자나 기술 책임자로 불리기도 하는데) 시스템의 내부 요소에 대한 전반적인 설계 품질을 책임진다. 경험에 비춰보면 아키텍트는 과제가 설계 단계로 넘어갈 때 이 역할을 맡는다. 설계 책임자는 아키텍처 뷰를 바탕으로 제품이나 시스템을 설계, 구축, 시험, 통합할 소프트웨어 개발자들을 지도하고 이끌어나간다.

설계 책임자는 기술 아키텍트라는 직함을 단 사람들이 주로 수행한다는 사실을 발견했다. 이런 사람들은 시스템이 어떤 식으로 구성돼 있고 그 바탕이 되는 기술 플랫폼이 어떻게 작동하는지 알아보고자 할 때 주된 기술적 연결고리 역할을 한다. 이 역할은 과제 진행에 있어 매우 중요하기 때문에 역량이 매우 뛰어난 구성원이 맡아야 한다. 하지만 시스템 이해관계자가 내놓은 요건과 실현 가능성 사이에서 절충안을 만드는 일은 기술적인 설계 책임자의 고유 역할이 아니라, 아키텍트의 핵심 역할이다. 따라서 기술적인 설계 책임자는 아키텍처적인 역할이 아니라 설계적인 역할을 한다고 정리할 수 있다.

설계 책임자와 아키텍트 사이의 경계를 명확하게 정하는 일이 아마도 가장 어려울 듯싶다. 어떤 사안이 아키텍처적으로 중요한지 여부를 결정할 때 유용한 지침으로 이해관계자에게 미치는 영향을 감안하는 방법이 있다. 결정의 결과가 중요한 이해관계자에게 상당한 영향을 미칠 것으로 판단되거나 이해관계자의 요구간에 절충을 필요로 한다면, 그 결정은 아키텍트가 내려야 한다. 하지만 개발 팀 내에서만 인지되는 결정이라면 설계 책임자가 맡아야 할 사안이다.

물론 이런 구분은 미리 다 해놓을 수 없는 데다, 두 역할 간의 전방위적인 협력이 필수적이다. 몇 가지 예제를 보면서 실무에서 일이 어떻게 돌아가는지 살펴보자.

예제

새로운 시스템에 대한 아키텍처 정의에서 트랜잭션 데이터를 영속적으로 저장하기 위한 용도로 업계 1위의 관계형 데이터베이스 채택에 대한 요구가 나왔다. 곧 나올 이 최신 데이터베이스 서버에서는 몇 가지 중요한 신기술이 들어간 기능과 예상했던 성능 개선이 이뤄질 것으로 기대된다.

관계형 데이터베이스 관리 시스템으로 기존 버전을 써서 구축하든 새 버전을 써서 구축하든 시스템은 기능적으로 차이가 나지 않는다. 하지만 새 버전을 채택하면 기술 활용성, 신규 플랫폼에 대한 신뢰, 초기 출시에 따른 문제 소지 등과 관련된 몇 가지 경제적인 위험을 떠안을 수밖에 없다.

경제적인 영향이 생길 여지가 있기에, 이 결정에 아키텍트를 참여시키고자 한다.

예제

통합 시험에서 일부 최종 사용자 질의 성능이 요건에 한참 못 미치게 나와서, 최고로 부하가 많이 걸렸을 때 일 분 이상이 걸렸다. 관찰과 분석을 거쳐 내부적으로 몇 개의 데이터베이스 테이블 구조를 바꾸고, 색인을 변경하며, 물리적인 디스크상에서 객체를 좀 더 골고루 분배하자는 제안이 나왔다. 데이터 접근은 저장 프로시저를 통하는데, (더 빨라진다는 점 빼고는) 영향이 없으리라 본다.

이런 변화는 (시스템이 더 좋아진다는 점 빼고는) 이해관계자에게 미치는 눈에 띄는 영향이 없기에, 아키텍트가 개입해서 어느 것이 확실히 내부 시스템에 해당되는지 결정할 합리적 근거가 없으므로 설계 책임자가 맡는 편이 낫다.

기술 전문가

기술 전문가는 한 가지 특별한 영역에서 상세한 전문지식을 제공하는 사람이다. 아키텍트가 폭넓은 지식을 제공한다면, 기술 전문가는 깊이 있는 지식을 제공하므로, 이 둘이 결합하면 매우 강력한 힘이 나온다.

넓게 얘기하면 기술 전문가는 상세한 사실을 제시하고, 아키텍처를 기술적인 타당성 측면에서 평가하며, 조기에 허점을 짚어내는 역할을 한다. 아키텍트는 기술 전문가가 제공하는 정보를 받아들여서 해결할 문제에 대처하는 데 적용할 수 있어야 한다.

아키텍트는 언제나 조직 내에 있는 동료들의 기술과 지식을 최고로 잘 활용할 수 있어야 한다. 모든 사안에 대해 속속들이 다 알기는 당연히 불가능하므로, 아키텍트에게 그런 기대를 하는 경우는 없다.

원칙

아키텍트는 아키텍처적으로 넓은 범위를 아우르고 감독하면서 전문적인 식견을 지닌 사업과 기술 양쪽 전문가들과 긴밀히 협력한다.

개발자

아키텍트의 역할은 AD를 완성해서 검수를 거친 후 넘겨주는 데 그치지 않는다. 구축 및 시험 단계에서는 개입 정도가 떨어지기는 하겠지만, 여전히 기술 주도자 역할을 하며 AD에 담긴 정신과 의미에 부합해서 움직이는 팀이 되도록 이끌어나간다.

그러려면 세부 설계 과정에서 구성원들에게 가르침을 주고, 설계가 끝나면 검토해주면서 시스템의 아키텍처 원칙에 부합하도록 끌어주고, 기술적인 논쟁에서 심판 역할을 하며, 필요할 경우에는 구현도 일부 담당한다. 통합 및 시스템 시험에 참가해 올바른 기능적 특성과 운영적 특성을 선택해 시험하게 할 때가 많다.

또한 (늘 그렇듯) 개발 중에 어떤 식으로든 AD에 변경을 가할 필요가 생기면 그 변경 과정을 주도해야 한다.

아키텍트가 개발 팀과 협업할 때는 어느 정도는 개발 팀이 따르는 수명주기 모델에 의존하는 것은 본질적으로 불가피하다. 대규모의 '폭포수' 개발 프로그램에 속한 아키텍트가 개발자들과 협업하는 방식은 소규모의 반복적이고 애자일 개발 과제에 속한 아키텍트의 방식과는 사뭇 다를 수밖에 없다. 이 문제에 대해서는 7장에서 살펴보기로 한다.

아키텍트의 기량

아키텍트의 역할이 전통적으로 기술에 초점을 두는 데다, 아키텍트 스스로도 거의 언제나 탄탄한 기술적 배경을 갖추고 있지만, 단순히 기술적인 계획이나 설계를 하는 데 그치지 않고 훨씬 더 폭넓은 역할을 한다는 사실이 관찰됐다.

아키텍트는 상위 수준의 기술과 시스템이 해결하고자 하는 실제적인 현안 및 문제점에 대해 경계를 넘나드는 이해가 있어야 한다. 아키텍트는 실제로 시스템을 설계하고 구축해본 경험이 있어야 하지만, 사용할 계획이 있는 특정한 기술에 대해 직접적이고 실무적인 지식을 항상 갖추고 있기는 불가능하다(바로 이런 경우에 기술 전문가의 경험을 끌어내야 한다).

아키텍트는 대개 하나 이상의 영역에서 깊이 있는 기술적 전문성을 갖추고 있는데, 비록 그 전문성이 현재 담당하는 과제에 적용되지 않더라도 좋은 설계를 알아보는 눈을 갖추는 데는 도움이 된다.

기술적인 지식과 함께, 해당 사업 분야에 대해서도 올바르게 이해할 필요가 있다. 모든 절차에 대해 일일이 알고 있을 필요는 없지만, 주된 업무 절차와 해당 사업 분야에서 등장하는 주된 정보 유형을 비롯해 각각의 의존성, 중요성, 심각성 정도는 알고 있어야 한다. 이런 지식이 있으면 사업 지향적인 이해관계자와 좀 더 효과적으로 소통할 수 있을 뿐 아니라 우선순위를 정하거나 절충안을 결정할 때도 사업에 미칠 영향을 이해할 수 있기 때문에 좀 더 정보에 기반해서 정할 수 있다.

또한 훌륭한 '연성 역량'을 갖추는 일도 매우 중요한데, 다양한 IT 직무 중에서 과제 관리자 다음으로 이런 역량이 필요하다. 연성 역량에는 다음과 같은 것이 있다.

- 정보 파악: 익히 알다시피 아키텍트는 아키텍처에 대해 관심사가 다르고 사업적으로나 기술적으로 전문성 수준도 다른 다양한 부류의 이해관계자들로부터 다양한 종류의 정보를 파악해야 한다. 아키텍트는 면담 과정에서 이해관계자들이 궤도를 이탈하지 않고 중요한 아키텍처적 관심사항에 집중하게 하고, 필요하면 세부사항으로 '파고 들어가야' 한다. 또한 이해관계자의 답변을 경청하면서 동시에 기록도 할 수 있는 역량을 갖춰야 한다.

- 환경 조성: 워크숍과 회의는 정보를 파악해서 잠정적인 해결책을 맞춰보기에 매우 효과적인 방법이다. 하지만 이런 식의 수집을 관리하는 일은 상당한 난관이 있는데, 고참 이해관계자와 신참 이해관계자가 섞여 있거나 아직 표면화되지 않은(혹은 이미 표출된) 충돌이 있는 경우에 특히 그렇다.

- 협상: 서로 충돌하거나 어긋나는 관심사항을 내놓을 때가 많은 다양한 부류의 이해관계자들 사이에서 합의점을 끌어내는 일 또한 쉽지만은 않다. 협상 기술이 있으면 무엇이 사람들에게 진정 가치 있고 무엇을 포기할 수 있는지 알고 그에 따라 움직이는 데 도움이 된다.

- 의사소통: 아무리 최선의 아키텍처가 있다 해도, 다양한 이해관계자 모두에게 효과적으로 전달해서 받아들이게 하지 못한다면 실제로 구축하기란 요원한 일이다. 이해관계자들은 저마다 관심사가 다르고 소통하는 방식도 직접 만나는 방식과 문서를 통해 하는 방식, 간략히 하는 방식과 아주 상세하게 설명하는 방식 등 서로 달라야 한다.

- 유연성: 생소한 업무 분야와 기술에 대해 빠르게 익히는 능력을 갖추고, 필요할 경우 재빨리 방향을 전환하며, 문제나 해결책에 대해 미리 생각해뒀던 바를 언제든지 철회할 태세가 돼 있어야 한다. 또한 입장을 고수할 때가 언제인지도 알아야 한다.

무엇보다도 고위 경영진과 사용자를 비롯해 개발자, 외부 협력업체, 운영 인력까지 모든 이해관계자로부터 신뢰를 얻어내고 그 신뢰를 계속 유지할 수 있어야 한다.

▌ 아키텍트의 책임

아키텍트가 짊어져야 할 책임을 나열해보면 다음과 같다.

- 범위, 맥락, 제약사항을 문서화하고 납득시킨다.
- 이해관계자를 찾아내서 끌어들이고 발언권을 준다.
- 시스템 차원의 의사결정을 이끌어내되, 올바른 정보를 바탕으로 이해관계자

의 요구에 부합하도록 해야 한다.

- 이해관계자의 요구가 충돌하거나 서로 맞지 않을 때는 중재를 통해 합의에 이르게 해야 한다.

- 아키텍처적인 절충이 필요할 때는(가령, 성능과 유연성, 보안성과 사용편의성 간에 절충이 필요할 때는) 중재를 통해 합의에 이르게 해야 한다.

- 기술 전문가와 업무 영역 전문가의 의견을 끌어내서 해석해줘야 한다(그리고 필요할 때는 이해관계자들에게 이를 정확하게 표현해야 줘야 한다).

- 시스템의 아키텍처를 정의하고 문서화해야 한다.

- 전략, 표준, 지침을 정의하고 문서화함으로써 시스템을 구축하고 배치하는 일을 이끌어나간다.

- 아키텍처가 시스템 품질 속성을 만족하게 해야 한다.

- AD를 개발하고 (AD에 대한 모든 변경을 관리하는 등) 관할해야 한다.

- 합의된 아키텍처 원칙과 표준이 최종 완료될 시스템이나 제품에 적용되게 하는 데 일조해야 한다.

- 기술 주도권을 발휘해야 한다.

경험에 비춰보면 이런 식으로 역할을 정의해놓은 조직은 많지 않다. 역할 정의서가 없는 조직이라면, (방금 소개한 목록을 본떠) 새로 하나 만든 후 이해관계자들과 합의를 보고 공표하면 큰 도움이 될 것이다. 간단한 문서에다 아키텍처적인 범위(수행할 작업 목록), 산출물(앞으로 작성할 문서와 그 외 자료), 가능하면 앞으로 수행할 업무 방법(가령, 핵심 이해관계자들과 함께 아키텍처 검토를 수행함으로써 관심사항이 처리됐음을 확인해주는 일)까지 정의해두면 좋다.

전략

정식으로 과제에 참여할 때는 언제나 자신의 역할에 대한 업무 분장을 명확히 해둬야 한다. 그렇게 돼 있지 않다면, 간단한 업무 분장 문서를 작성한 다음 이해관계자들과 함께 검토해서 합의를 봐야 한다.

많은 경우에, 아키텍트는 특정한 과제에 직접 참여하지 않은 채, 조직 내에서 아키텍처의 입지를 세우고 활성화하는 일을 책임진다. 시점을 정의하는 일은 초점을 맞춰야 할 영역이 분명하고, 더불어 아키텍처적인 절차, 도구, 틀, 기타 자료를 만들어내는 데 참여하게 될(또는 책임을 지게 될) 수도 있다.

▮ 정리

이번 장은 1부 마지막 장으로, 두 가지 독립적인 개념을 다뤘다.

- 아키텍처 정의는 이해관계자의 요구와 관심사항을 파악하고 그런 요구를 충족시키는 아키텍처를 설계하며, 그 아키텍처를 모호한 부분 없이 AD에 온전히 기술하는 과정을 말한다.
- 아키텍트는 시스템에 관계된 모든 이해관계자의 요구를 충족시킬 수 있도록 아키텍처를 설계하고 문서화하며 구축을 이끌어갈 책임이 있는 개인 또는 집단을 말한다.

소프트웨어 아키텍트의 역할에 대해서는 공인된 단일한 정의가 아직 없다. 아키텍트의 역할에는 요건 파악과 상위 수준 설계 요소가 포함되지만, 거기서 그치지는 않는다. 5장에서는 아키텍트가 맡을 네 가지 주요 책임을 이해관계자를 찾아내서 끌어들이고, 그들의 관심사항을 살펴서 파악하며, AD를 작성하고 책임지고, 아키텍처를 실현하는 과정에서 주도적인 역할을 하는 것으로 정의했다.

제품 아키텍트, 도메인 아키텍트, 기반구조 아키텍트, 솔루션 아키텍트, 전사 아키텍트 같이 앞으로 만나거나 스스로가 그 길을 선택하게 될지도 모를 아키텍처적인 전문화 사례를 몇 가지 살펴봤다. 또한 아키텍트의 역할을 업무 분석가, 과제 관리자, 설계 감독관, 기술 전문가, 개발자 같은 다른 주요 역할과 비교 및 대조해봤다. 아키텍트가 언제 중요한 역할을 하는지도 살펴봤는데, 주로 시스템 개발 초기 단계와 인수 단계에서 중요한 역할을 하고, 구축 단계와 시험 단계에서는 역할이 줄어든다.

끝으로, 훌륭한 아키텍트가 갖춰야 할 기술에 대해 논의하고 아키텍트의 책임에 대해서도 제시했다.

▌ 더 읽을거리

1부 앞부분에서 언급했던 아키텍처 서적을 보면 대부분 아키텍트의 역할에 대한 설명이 약간씩 나오는데, [CLEM10] 같은 책도 그렇다. 더불어 맥거번[McGovern] 외 [MCGO04]를 보면 소프트웨어 아키텍처 및 전사 아키텍처에 관련된 역할이 잘 나와 있다.

정보 파악이나 의사소통 같은 요긴한 연성 기술을 익히는 데 도움이 되는 책이 많은데, 그중에서도 [FISH03], [PELL09], [BREN10] 같은 책이 좋다. 이런 책을 읽어보면 이런 영역에서 자신의 약점이 무엇인지 찾아내고 기량을 향상하는 데 도움이 되는 실질적인 방안을 얻을 수 있지만, 경험에 비춰보면 연성 기술은 훈련, 지도, 실제 경험을 통해 익히는 방법이 가장 좋다.

5장 앞부분에서 풀어쓴 아키텍처적 중요성에 대한 정의는 크루첸[KRUC03]을 보면 나온다.

2부

소프트웨어 아키텍처
프로세스

6

소프트웨어 아키텍처 정의 프로세스 소개

이 책은 새로운 소프트웨어 개발 방법론을 내놓거나 기존 소프트웨어 개발 수명주기 모델을 급진적으로 바꾸자고 나온 것이 아니다. 하지만 허다한 소프트웨어 개발 방법론이 개발 수명주기 내에서 소프트웨어 아키텍처의 역할을 깔끔하게 밝히는 데 모두 실패했다. 기껏 언급해봤자 대개 아키텍처 정의를 소프트웨어 설계의 시작점 정도로 보는 데 그쳤는데, 이 책을 통해 이런 시각이 너무나 단편적임을 깨우치기를 바라마지 않는다.

먼저 살펴봤듯이, 아키텍처 정의 작업은 포괄적이고 창의적이며 역동적인 활동이어서 단순히 정보를 파악하는 일이라기보다는 이해관계자의 관심사항을 발견해내고, 선택안을 평가하며, 절충안을 결정하는 일에 훨씬 더 가깝다. 처음에는 이해관계자들이 과제의 범위, 목적, 우선순위에 있어 근본적인 차이를 보이기도 한다. 또한 방향 수정이 필요할 때도 있는데, 특히나 작업 중에 알아낸 정보에 따라 중간에 방향을 크게 바꿔야 할 수도 있다.

상황이야 다르겠지만, 어느 과제에서 아키텍처 정의를 하든 필요한 핵심 활동이 대개 존재하기 마련이다. 앞으로 몇 장에 걸쳐 이런 활동들을 설명한다. 아키텍처 정의를 하는 동안 이 외에도 할 일이 있기야 하겠지만, 2부에서 설명하는 활동은 대부분 빠뜨리지 않고 수행해야 추후에 문제가 생기지 않는다.

2부에서는 먼저 아키텍처 정의에 필요한 일반적이면서도 명확한 과정을 제시해, 아키텍처 정의 작업을 계획하는 데 도움을 주고 다른 개발 영역에 대한 계획과 서로 맞추는 데 쓸 수 있게 했다. 그 다음 장부터는 다음과 같은 핵심 활동들을 하나씩 살펴본다.

- 범위, 맥락, 제약사항, 아키텍처 기본 원칙에 대한 동의
- 이해관계자 식별 및 유치
- 아키텍처 시나리오 식별 및 활용
- 아키텍처 스타일 및 패턴 활용
- 아키텍처 모델 생성
- 아키텍처 문서화
- 아키텍처 검증

위 활동마다 일일이 실무적인 조언과 지침을 제시하고, 빠뜨린 것은 없는지 확인하는 데 쓸 점검 목록을 넣고 더 읽을거리가 있는 곳도 밝혀뒀다.

7

아키텍처 정의 프로세스

아키텍처 정의는 과제 수명주기 내에서 이른 시기에 범위와 요건이 아직 불명확하고 해당 시점에 생각하는 시스템의 모습이 최종적으로 구축될 시스템의 모습과 상당히 큰 차이가 있는 상태에서 시작된다. 따라서 해당 문제를 더 잘 이해하고 난 후에 수행하는 설계, 구축, 시험 등과 같은 활동보다 유동성이 큰 경향이 있다. 처음부터 시스템의 크기나 범위, 복잡성이 발생하는 부분, 가장 심각한 위험의 실체, 이해관계자들 사이의 충돌이 발생하는 지점을 제대로 알 수는 없다.

7장에서는 대부분의 소프트웨어 개발 과제에서 특정 개발 접근법과 무관하게 적용 가능한 간단한 아키텍처 정의 프로세스를 대략적으로 그려본다. 여기서 설명하는 과정은 매우 구조적이고 형식적인 경우부터 반복적이고 애자일 원칙에 바탕을 둔 경우까지, 대부분의 소프트웨어 개발 수명주기 형태에서 모두 활용 가능하다.

7장에 소개된 자료는 자기만의 아키텍처 정의 작업을 계획할 때나 개발 과정의 다른 부분에 대한 계획에 맞춰 조율할 때 활용하면 많은 도움이 된다. 물론 그 일을 실제로 어떻게 할지는 개별 과제의 사정이나 도입된 방법론, 가용한 시간, 아키텍트나 조직원들이 지닌 기량에 따라 달라질 수밖에 없다. 자신만의 특화된 아키텍처 정의 프로세스를 만들어가기 위한 틀이나 시작점으로 7장을 활용하면 큰 효과를 볼 수 있을 것이다.

▌핵심 원칙

아키텍처 정의 프로세스가 효과를 보려면 다음과 같은 원칙을 준수해야만 한다.

- 1부에서 얘기한 것처럼, 반드시 이해관계자의 관심사항에 따라 진행돼야 한다. 앞으로 살펴볼 테지만, 이해관계자의 관심사항은 정의 프로세스에 있어서 유일하지는 않아도 핵심적인 입력 값일 수밖에 없다. 더욱이 정의 프로세스를 진행할 때는 서로 충돌하거나 상반되는 결과를 초래하는 관심사항들 사이에서 효과적으로 균형을 잡아줘야 한다.

- 아키텍처 결정사항, 원칙, 해결책 자체까지도 이해관계자에게 효과적으로 전달하는 데 보탬이 돼야 한다.

- 최종적으로 실무에 배치할 때까지 수명주기 전체에 걸쳐 지속적으로 아키텍처 결정사항과 원칙이 준수되도록 보장해야 한다.

- 아키텍처 정의의 유동적 속성을 생각했을 때, 최대한 **구조화돼야** 한다. 즉, 하나 이상의 작업이나 단계로 이뤄져야 하고, 각 단계별로 목적, 입력물, 결과물이 명확하게 정의돼 있어야 한다. 이 경우 대개 한 단계의 결과물이 다음 단계의 입력물이 된다.

- 실용적이어야 한다. 다시 말해 시간이나 자금 부족, 특정 기술 역량 미비, 요건의 모호함이나 변경, 기존의 여건, 조직적인 관심사항 같은 실질적인 문제를 감안해야만 한다.

- 개별 환경에 맞게 다듬어 쓸 수 있도록 유연성이 있어야만 한다(이런 것을 툴킷 또는 프레임워크 접근법이라고 하는데, 전체 툴킷 중에서 필요한 요소만 가져다 쓰고 나머지는 무시하는 방식이다).

- 특정 기술에 의존해서는 안 된다. 즉, 특정 기술, 아키텍처 패턴, 개발 방식 같은 것에 바탕을 둔 아키텍처를 요하거나 특정한 모델화, 다이어그램 표현, 문서화 양식만을 고집하는 프로세스는 곤란하다.

- 채택된 소프트웨어 개발 수명주기와 **통합**이 돼야 한다.

- 양질의 소프트웨어 공학 기법 및 품질 관리 표준(ISO 9001 등)과 잘 맞물려서 기존 접근법과 손쉽게 통합할 수 있어야 한다.

기본적인 원칙을 세웠으니 이제는 아키텍처 정의가 이뤄지는 맥락을 살펴볼 차례로, 최종 목표물, 즉 산출물부터 시작하면 좋겠다.

▌프로세스 산출물

확실히, 아키텍처 정의의 주된 목표는 안정적인 아키텍처를 개발하고 그 아키텍처의 AD에 게재된 모든 요소를 만들고 보수하는 작업을 관리하는 데 있다. 하지만 그 외에도 아키텍처 정의를 통해 얻으면 좋을 만한 부차적인 산출물이나 결론이 다음과 같이 몇 가지 더 있다.

- 요건이나 기타 프로세스 입력물 명세화: 이해관계자가 원하는 바가 무엇인지 명확하지 않을 수가 있는데, 이를 명확하게 짚어내려면 시간이 꽤 걸린다.
- 이해관계자의 기대 수준 관리: 이해관계자의 관심사항에 대해 타협을 보려면 확실히 아키텍처가 필요하다. 이런 타협은 나중에 상황에 닥쳐서 하기보다는 초기에 드러내서 명확히 이해시켜놓고 하는 편이 훨씬 낫다.
- 아키텍처적인 선택사항 도출 및 평가: 어떤 문제에 대해 해결책이 하나만 있는 경우는 거의 없다. 가능한 해결책이 몇 가지 있는 경우, 분석을 통해 각 해결책의 장단점을 끄집어내고 선택안의 타당성을 제시하면 된다.
- 아키텍처 수용 조건 설명(간접적): 아키텍처 정의를 통해 이해관계자 입장에서 아키텍처가 요건에 부합함을 확인하고 수용하기 전에 충족시켜야 할 조건을 명확히 이해할 수 있어야 한다(가령 특정한 기능을 제공하거나, 특정 반응시간을 만족하거나, 주어진 시간 범위 이내에 재시작해야 하는 등의 조건을 들 수 있다).
- 설계 입력물 생성(이상적): 소프트웨어 설계 프로세스상의 지침이나 제약사항 같은 정보가 있으면 아키텍처가 완결성을 갖추는 데 도움이 된다.

아키텍처 정의 프로세스를 통해 추구하는 목표를 정의했으니, 이제는 이 프로세스가 작동하는 맥락을 살펴볼 차례다.

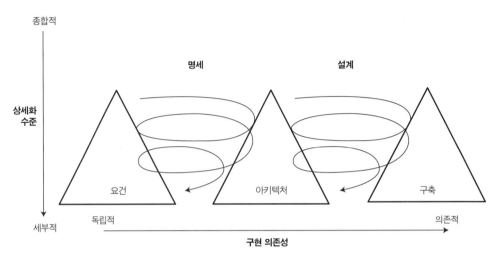

그림 7-1 아키텍처 정의의 맥락: 삼봉 모델(누세비[NUSE01] 원용)

프로세스 맥락

아키텍처는 요건과 설계 사이의 가교 역할을 하는데, 이 과정에서 양쪽의 요구를 충족시키는 데 필요한 절충 작업을 수행한다. 프로세스 측면에서 말하자면, 아키텍처 정의가 요건 분석과 소프트웨어 구축 사이에(설계, 코드 작성, 시험 중에) 위치한다는 뜻이다. 요건과 아키텍처와 구축 사이에서 일어나는 상호작용을 모델로 잘 만들어보면 삼봉 모델(그림 7-1 참조)이 되는데, 이는 바샤 누세비^{Bashar Nuseibeh}가 만든 쌍봉 모델을 확장한 형태다.

도식에 나온 세 삼각형(또는 봉우리)은 각각 요건 분석, 아키텍처 정의, 구축이라는 세 가지 주요 소프트웨어 개발 활동을 나타내는 것이고, 봉우리에서 밑으로 갈수록 폭이 점차 넓어지는 것은 시스템 개발이 진행될수록 노력이 많이 든다는 사실을 나타낸다. 휘감긴 화살표는 아키텍처와 구축뿐 아니라 요건과 아키텍처가 시스템 개발 과정에서 서로 얼마나 얽이는 정도가 심해지는지 보여준다. 시스템에서 명세, 아키텍처, 구축은 서로 명확히 구별되기는 하지만, 삼봉 모델에서 보듯이 서로 간에 미치는 영향이 너무 커서 따로 떼서 생각하기는 어렵다.

소프트웨어 수명주기 내에서 소프트웨어 아키텍처와 요건과 구축 활동 사이에는 다음과 같은 핵심적인 관계가 존재한다.

- 요건 분석을 통해 시스템의 범위와 갖춰야 할 기능 및 품질 속성을 정의함으로써 아키텍처 정의에 대한 맥락이 제시된다.

- 아키텍처 정의는 상충되거나 누락된 요건을 드러낼 때가 많을 뿐 아니라, 이해관계자가 자신이 내놓은 관심사항을 충족시키기 위해 발생하는 상대적인 비용이나 복잡성을 이해하는 데도 도움이 된다. 이런 내용은 요건 분석에 다시 반영돼서, 요건을 명확화하거나 추가하고, 이해관계자들의 여러 가지 기대 사이에서 절충을 하거나 주어진 시간과 예산 내에서 어느 요건을 취할지 절충해야 하는 시점에 우선순위를 정하는 데 쓰인다.

- 아키텍처 정의를 통해 수용 가능할 만큼 사용자 요건을 충족시키는 것으로 보이는 아키텍처가 도출되면, 시스템 구축 계획을 짜면 된다.

- 구축은 점진적으로 납품 가능한 여러 개의 품목으로 이뤄질 때가 많은데, 여기서 각 품목은 시스템이 유용한 기능 집합을 제공하는 동시에 안정적이고 (완전하지 않은 기능이 있더라도) 사용 가능한 상태를 유지하게 하는 데 그 목적이 있다. 개별 증분을 구축하면, 그때까지 명세된 아키텍처에 남아 있던 문제를 검증하거나 지목하는 식으로 그 결과가 아키텍처 정의에 다시 반영된다. 따라서 아키텍처 정의 활동은 수명주기 내내 수행된다.

요건 분석, 아키텍처 정의, 소프트웨어 구축은 서로 긴밀한 관계로 연결돼 있다. 요건 분석으로 인해 아키텍처 정의에 필요한 기초적인 맥락이 생기는 한편, 아키텍처 정의로 인해 요건을 더욱 온전하게 이해할 수 있다. 마찬가지로, 아키텍처 정의가 구현 과정을 이끌지만, 구축의 개별 단위가 수행되면서 채택된 아키텍처의 효용성과 활용성이 얼마나 되는지 가늠하게 된다.

▌보조 활동

여기서 제시하는 아키텍처 정의 프로세스에서는 다음과 같은 사항을 아키텍트가 활용할 수 있고 또 후원자나 그 밖의 이해관계자가 수용 가능하리라 가정하고 있다.

- 시스템의 기준 범위와 맥락에 대한 정의

- 핵심 이해관계자의 관심사항에 대한 정의

또한 본 프로세스에서는 알맞은 이해관계자를 찾아내서 참여시켰음을 전제한다.

현실에서는 이렇게 초기 단계부터 기준 범위와 관심사항을 알맞은 상세 수준으로 파악하는 경우가 매우 드문 데다, (개발자나 사용자를 제외한) 어떤 이해관계자도 끌어내서 프로세스에 참여시키기 어렵다. 해결책에 대해 생각해보기도 전에 이런 입력물을 찾아내서 통합한 후, 참여한 이해관계자 집단의 합의를 얻어내기란 여간 어려운 일이 아니다. 이 작업을 하는 데 필요한 여러 가지 기법들에 대해서는 8장과 9장에서 제시하기로 한다.

프로세스의 다른 한편에서는, 일단 AD가 확보됐으니 뼈대 시스템 구현을 첫 번째 개발 점증물로 납품하고 싶은 생각이 드는 것은 어쩔 수 없다. 이런 구현은 매우 귀중한 것이, 아키텍처를 실용적으로 검증하는 데뿐 아니라 시스템 이해관계자들에게 신뢰성을 입증하는 용도나 개발 팀이 작업하는 기틀 역할을 할 수 있다.

그림 7-2를 보면 UML 활동 다이어그램을 조금 확장해 다음에 제시된 지원 활동과 아키텍처 정의가 서로 어떤 관련이 있는지 나타냈다. 이름에 밑줄이 그어진 사각형이 프로세스가 들어가고 나오는 핵심 입력물과 출력물을 나타낸다. 활동에는 다음과 같은 것들이 있다.

- 기본 범위 및 맥락 정의

- 이해관계자 유치

- 초기 관심사항 파악

- 아키텍처 정의

- 뼈대 시스템 생성(필요시)

시스템에 대한 기본 범위 및 맥락을 구매주체 이해관계자와 함께 정의해둔 후에는 해당 아키텍처를 통해 관심사항을 해소할 필요가 있는 그 밖의 중요 이해관계자를 찾아내서 참여시키면 된다. 이들의 관심사항을 파악하고 나면 범위 및 맥락과 함께 아키텍처 정의에 투입될 주된 입력물이 생긴다(앞으로 보게 되겠지만, 이 시점에 정의된 범위와 관심사항은 아키텍처 정의 중에 이해관계자의 합의에 따라 둘 다 바뀌게

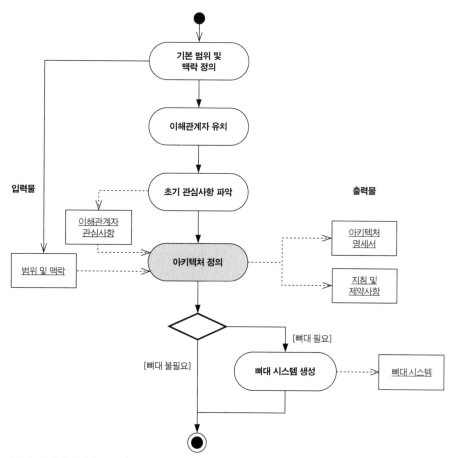

기본 범위 및
맥락 정의

이해관계자 유치

입력물

초기 관심사항 파악

출력물

이해관계자
관심사항

아키텍처
명세서

범위 및 맥락

아키텍처 정의

지침 및
제약사항

[뼈대 필요]

[뼈대 불필요]

뼈대 시스템 생성

뼈대 시스템

그림 7-2 아키텍처 정의 보조 활동

마련이다).

  아키텍처 정의를 마치면 AD와 함께 시스템 구축을 이끌어줄 지침과 제약사항이 도출되는 것이 일반적이다. 일단 AD를 확보하고 나면, (시간과 자원이 될 경우) 뼈대 시스템을 만들어낼 수 있는데, 이는 구축하고자 하는 시스템으로 진화해나 갈 시제품 역할을 하게 된다.

  표 7-1부터 표 7-5까지 이런 보조 활동을 하나씩 살펴보겠다.

표 7-1 기본 범위 및 맥락 정의

목적	시스템이 하게 될 행위 및 맡을 책임의 범위와 시스템이 처할 운영 및 구조상의 맥락을 명확히 정의
입력물	구매주체의 필요와 포부, 조직 전략, 전사 IT 아키텍처
출력물	시스템 목표와 시스템이 맡을 책임에 포함되는 사항과 포함되지 않는 사항이 기본 시스템 맥락 정의와 함께 서술. 맥락 뷰 초안에 이 내용을 게재해두면 된다.
논평	이 단계는 원래 전략 및 조직적 목적이 무엇이고 시스템이 그런 목적을 달성하는 데 어떻게 기여하는지를 이해하는 과정으로, 몇 가지 분석과 함께 진행해 다른 어떤 시스템들이 이 시스템과 상호작용해야 하는지를 이해할 수 있게 한다. 이 활동에 대해서는 16장에서 얘기한다. 여기서 정의된 범위는 (이해관계자의 합의하에) 아키텍처 정의 프로세스 진행 중에 바뀔 수 있음에 주의하자.

표 7-2 이해관계자 유치

목적	시스템의 중요한 이해관계자를 찾아내 업무적인 관계를 형성
입력물	맥락 뷰 초안에서 얻은 범위 및 맥락, 조직 구조
출력물	이해관계자들을 집단으로 나눠 정의하고, 각 집단마다 대표할 인물을 한 명 이상 거명해서 참여시킴
논평	이 단계는 업무를 진행할 조직적인 맥락을 이해하고 시스템에 영향을 받게 될 핵심 인물을 찾아내는 일이 진행된다. 그 후에는 대표자가 누구인지 알아내서 그들과 업무적인 관계를 구축하는 작업을 시작하면 된다. 이 활동에 대해서는 9장에서 얘기한다.

표 7-3 초기 관심사항 파악

목적	이해관계자 집단별로 시스템에 대해 표명하는 관심사항을 명확하게 이해하고 개별 관심사항에 대한 우선순위도 파악
입력물	이해관계자 목록, 범위 및 맥락
출력물	이해관계자 집단별로 우선순위를 매긴 관심사항 집합에 대한 기본 정의
논평	이 단계는 첫 번째 이해관계자 회의를 하면서 시작하는 경우가 많다. 일반적으로 각 이해관계자 집단을 대표하는 이들을 대상으로 여러 번의 발표와 회의를 하면서 아키텍트가 이루고자 하는 목표가 무엇인지 설명하고 이해관계자가 시스템에 대해 가진 관심사항을 설명하게 된다. 이 활동에 대해서는 9장에서 좀 더 얘기한다. 여기서 정의된 관심사항은 (이해관계자의 합의하에) 아키텍처 정의 프로세스 진행 중에 바뀔 수 있음에 주의하자.

표 7-4 아키텍처 정의

목적	시스템에 필요한 AD 작성
입력물	이해관계자 목록, 범위 및 맥락
출력물	AD, 지침 및 제약사항
논평	이 단계에 대해서는 7장의 '아키텍처 정의 활동' 절에서 자세하게 설명한다.

표 7-5 뼈대 시스템 생성

목적	부가적인 단계로, 아키텍처를 바탕으로 (비록 한계가 있지만) 작동하는 구현물을 만들어 수 명주기 내의 구축 단계를 거치는 동안 납품되는 시스템으로 진화시켜나갈 수 있게 함
입력물	AD, 관련 지침 및 제약사항
출력물	최소 하나 이상의 시나리오를 처리할 수 있음을 보여주는, 제한적이지만 작동하는 시스템
논평	만들 시간과 자원이 닿는다면, 뼈대 시스템을 만들어 아키텍처 정의와 소프트웨어 구축 사이를 효과적으로 이어줄 수 있다. 이 단계를 통해 아키텍트와 개발자들은 작동하는 시스템을 구축해 최소한 시스템이 원래 처리하고자 했던 간단한 기능적인 시나리오 하나는 실행할 수 있다. 뼈대 시스템은 아키텍처를 검증하는 용도는 물론, (다수의 이해관계자들에게 제시하는 중요한 증거물일 뿐 아니라) 소프트웨어 구축 단계에 쓸 기틀로도 활용 가능하다.

▌ 아키텍처 정의 활동

아키텍트로서 겪게 되는 가장 큰 어려움은 바로 이해관계자들이 모두 모인 자리에서 접하게 되는 불확실성과 변화의 양에서 온다. 작업은 일단 합의된 범위 내에서(그리고 아직 그런 범위가 없다면 서둘러 도출해내서) 시작하지만, 특정 특성을 넣거나 뺐을 때 발생할 결과가 드러나고 이해관계자들이 자신이 하는 요구가 얼마나 중요한지에 대한 이해가 깊어가면서 합의된 범위가 변경될 가능성이 높다. 기능 속성과 품질 속성에 대한 요건 역시도 진화하게 마련인데, 경우에 따라 그 진화의 정도가 상당히 클 수도 있다.

이런 이유로 인해, 아키텍처 정의 프로세스를 반복적으로 만들었다. 즉, 완성된 AD를 얻으려면 주요 단계를 몇 번에 걸쳐 반복해야 한다. 물론 규모가 작고 간단한 아키텍처라면 첫 번째 반복만으로도 완성된 AD를 얻을 수 있겠지만, 복잡하고 친숙하지 않으며 논란거리가 있는 경우에는 한 번의 반복만으로는 충분치 못하다. 또한 아키텍처는 시스템 개발이 진행되는 동안 계속해서 진화하므로, 과제를 진행하는 내내 계속해서 활동을 반복하게 된다.

그림 7-3에 나온 UML 활동 다이어그램을 보면 프로세스가 설명돼 있는데, 다음과 같은 단계로 이뤄져 있다.

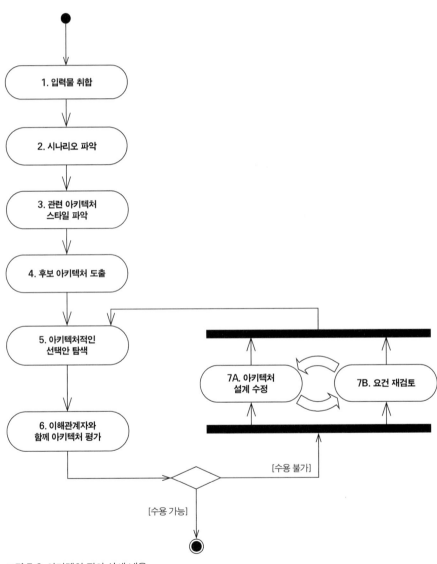

그림 7-3 아키텍처 정의 상세 내용

1. 입력물 취합

2. 시나리오 파악

3. 관련 아키텍처 스타일 파악

4. 후보 아키텍처 도출

5. 아키텍처적인 선택안 탐색

6. 이해관계자와 함께 아키텍처 평가

7A. 아키텍처 설계 수정

7B. 요건 재검토

이 내용은 확실히 아키텍처 정의 작업의 세부사항을 단순화해놓은 것이지만, 관리자, 동료, 이해관계자와 논의하다 보면 이 모델이 매우 유용함을 느끼게 될 것이다.

그림에서 7A단계와 7B단계 사이에 놓인 구부러진 화살표를 보면 이 두 단계가 서로 동떨어져서 진행되지 않음을 알 수 있을 것이다. 즉, 아키텍처를 재작업하다 보면 요건 변경으로 이어지고, 요건을 변경하고 나면 아키텍처 설계 수정이 필요한 식으로 두 단계 사이에 밀접한 상호작용이 일어나는 경우가 다반사다. 가령, 동시성 모델을 단순화하고 나면 시스템이 몇몇 작업을 수행하는 순서를 변경할 필요가 생길 수 있다. 당연히 이런 변화는 모두 이해관계자의 검토 및 동의를 거쳐야 한다.

이 프로세스의 개별 단계들은 표 7-6부터 표 7-13까지 걸쳐 설명해뒀다.

표 7-6 1단계: 입력물 취합

목적	기본 입력물을 이해, 검증, 정제하기
입력물	프로세스의 원천 입력물(맥락 뷰, 이해관계자 관심사항 등의 초안에서 얻은 범위와 맥락 정의)
출력물	취합된 상태의 입력물들로, 큼직한 비일관성은 제거되고, 열린 질문에 대한 답이 나오고, (최소한으로) 더 살펴볼 필요가 있는 영역에 대해 파악이 된 상태여야 한다.
활동	원천 입력물을 받아들여서, 그 사이에서 서로 일관성이 없는 부분들을 해소하고, 열린 질문에 답을 내고, 단단한 기준선을 만들어낼 필요가 있는 곳을 더 깊이 파고든다.

(이어짐)

논평	일관성 있고 정확하며 합의된 프로세스 입력물을 확보하는 경우는 흔치가 않다. 이 단계를 거치는 동안 활용 가능한 정보를 입수하고 간극을 메우며 비일관성을 해소하고 핵심 이해관계자로부터 공식적인 동의를 얻게 된다.

표 7-7 2단계: 시나리오 파악

목적	시스템에서 가장 중요한 요건을 묘사해주는 시나리오 집합을 파악하기
입력물	취합된 입력물(현재 정의된 상태대로)
출력물	아키텍처 시나리오
활동	아키텍처에 요구된 가장 중요한 속성을 잡아낼 뿐만 아니라 제안된 아키텍처가 기저의 기능 및 품질 속성 요건을 얼마나 잘 충족시키는지 평가하는 데도 활용할 수 있는 시나리오 집합을 만들어낸다.
논평	시나리오란 시스템이 맞닥뜨리게 될 상황을 설명해놓은 것으로, 그 상황에서 아키텍처가 얼마나 효용성이 있는지 평가하는 데 쓸 수 있다. 시나리오는 ('시스템이 X를 어떻게 하는가?' 같은) 요구된 기능적 행위와 ('시스템이 부하 Y를 어떻게 견뎌내는가?' 또는 '아키텍처가 변화 Z를 어떻게 뒷받침하는가?' 같은) 갖춰야 할 품질 속성을 감안해서 찾아낼 수 있다. 이 단계를 어떤 식으로 접근할지에 대해서는 10장에서 설명한다.

표 7-8 2단계: 관련 아키텍처 스타일 파악

목적	시스템의 전반적인 구조를 잡는 데 있어 기초로 삼을 만한 검증된 아키텍처 스타일을 하나 이상 파악
입력물	취합된 입력물(현재 정의된 상태대로), 아키텍처 시나리오
출력물	시스템의 주요 아키텍처 구조를 잡는 데 있어 기초로 고려할 만한 아키텍처 스타일
활동	기존 아키텍처 스타일 목록을 검토하고, 예전에 잘 활용했던 시스템 구조들을 떠올려본다. 그중에서 현재 파악한 아키텍처와 관련이 있어 보이는 것을 찾아낸다.
논평	아키텍처 스타일을 사용하면 과거에 겪었던 상황에서 효과적인 것으로 검증된 아키텍처적 지식을 재사용하는 셈이 된다. 이렇게 하면 바닥부터 설계하지 않아도 적합한 시스템 구조에 이르게 되므로 새로 내놓은 검증되지 않은 구상을 채택하는 데 따르는 위험을 줄일 수 있다. 아키텍처 스타일에 대해서는 11장에서 좀 더 얘기하기로 하자.

표 7-9 후보 아키텍처 도출

목적	시스템의 1차적인 아키텍처 관심사항을 반영하고 그 밖의 아키텍처 평가와 정제의 기초 역할을 할 초기 아키텍처를 수립함
입력물	취합된 입력물(현재 정의된 상태대로), 관련 아키텍처 스타일, 시점, 관점
출력물	아키텍처 뷰 초안
활동	기초적인 아키텍처 뷰 집합을 만들어냄으로써 기본적인 아키텍처 구상을 정의하되, 시점과 관점은 물론 관련 아키텍처 스타일에서 얻은 지침을 활용해서 한다.
논평	뷰 초안에는 비록 간극이나 비일관성, 오류 같은 것이 있더라도 이후 더욱 상세한 아키텍처 작업을 하기 위한 시작 지점을 형성해준다는 점에는 이견이 없다.

표 7-10 아키텍처 선택안 탐색

목적	시스템에 대한 다양한 아키텍처적 가능성을 살펴보고 그중에서 선택해 핵심적인 아키텍처 결정을 내린다.
입력물	취합된 입력물, 아키텍처 뷰 초안, 아키텍처 시나리오, 시점, 관점
출력물	아키텍처의 일부 부분에 대해 더욱 상세해지거나 정확해진 아키텍처 뷰
활동	초안 모델에 시나리오를 적용해 그 모델이 작동 가능한지, 요건을 만족시키는지, 숨은 문제는 없는지 살펴본다. 드러난 위험이나 관심사항, 불확실성은 어느 영역에서든 수용하고 요건과 문제점, 논의사항에 대해 더 깊이 살펴본다. 해결책이 한 가지 이상 있는 부분에서는 각 해결책의 장점과 단점을 평가(이에 대해서는 어떻게 하는지에 대한 지침이 14장에 나오니 참고하기 바란다)해보고 가장 좋은 것을 선택한다.
논평	이 단계의 목적은 간극을 메우고 모델에 존재하는 비일관성을 제거하며 필요하다면 추가적인 상세 내용을 제시하는 데 있다.

표 7-11 4단계: 이해관계자와 함께 아키텍처 평가

목적	핵심 이해관계자와 함께 아키텍처 평가 작업을 진행하고, 문제나 결함이 있으면 발견해내며, 이해관계자로 하여금 아키텍처를 수용토록 한다.
입력물	취합된 입력물, 아키텍처 뷰와 관점 출력물
출력물	아키텍처 검토 의견
활동	이해관계자 대표자 집단과 함께 아키텍처를 평가한다. 모델에 대해 조금이라도 향상된 바나 의견이 나온 바가 있으면 찾아내고 합의를 한다.

(이어짐)

| 논평 | 이해관계자 집단은 저마다 관심사항이 다를 수 있으나, 대체적인 목적은 이해관계자 관심사항이 충족되고 아키텍처가 훌륭한 품질을 갖추는 데 있음을 확인하는 데 둔다. 이해관계자들끼리 관심사항이 충돌할 경우 여간 노력을 기울여서는 의견 일치를 보기가 어렵다. 이 활동에 대해서는 14장에서 다룬다. |

표 7-12 아키텍처 설계 수정

목적	아키텍처 평가 작업 과정에서 제기된 관심사항을 처리함
입력물	아키텍처 뷰, 아키텍처 검토 의견, 관련 아키텍처 스타일, 시점, 관점
출력물	재작업된 아키텍처 뷰, 더 조사할 필요가 있는 영역(필요할 경우)
활동	아키텍처 평가 결과를 가지고 원래의 목적에 더 잘 부합하는 아키텍처를 도출할 수 있도록 처리한다. 이 단계는 대개 기능적인 분석과 시점 및 관점 활용, 시제품 제작 작업을 동반한다.
논평	이 단계는 7B단계(요건 재검토)와 동시에 진행될 뿐만 아니라 서로 연계해서 진행되는 경우가 다반사다. 이 두 단계는 5단계(아키텍처 선택안 탐색)로 피드백된다.

표 7-13 요건 재검토

목적	시스템에 부과된 애초의 요건에 대해 아키텍처 평가라는 입장에 서서 어떤 변화가 있는지 고려한다.
입력물	아키텍처 뷰, 아키텍처 검토 의견
출력물	개정된 요건(있을 경우)
활동	지금까지 이뤄진 작업을 통해 부적합하거나 비일관적인 요건이나, 달성이 불가능하거나 실현하기에는 부담이 너무 큰 요건이 드러날 수도 있다. 그런 경우 이해관계자들과 함께 그 요건을 재검토해 필요한 수정을 하자는 합의를 얻어낼 필요가 있을 것이다.
논평	이 단계는 7A단계(아키텍처 설계 수정)와 동시에 진행될 뿐만 아니라 서로 연계해서 진행되는 경우가 다반사다. 이 두 단계는 5단계(아키텍처 선택안 탐색)로 피드백된다.

▌프로세스 완료 조건

이상적인 세계라면, 아키텍처가 모두 갖춰지고 정확하며 AD에 온전히 문서화될 때까지 아키텍처 정의 작업이 계속될 것이다. 하지만 이 접근법은 엄청나게 노력이 많이 드는지라, 과제에 따라 그 노력을 다른 곳에 쏟는 편이 더 나을 수도 있다. 게다가 아키텍처 설계는 최소한 부분적으로라도 구현이 되기 전에는 제대로 검증하기도 매우 어려우므로, 코드 작성을 시작하기도 전에 모든 세세한 사항에 대해 못을 박아두려는 시도는 오히려 생산성을 상당히 떨어뜨릴 수 있다.

아키텍처 작업이 충분히 되는 시점이 언제인지를 확정하려면 해당 과제가 직면하고 있는 위험을 고려해봐야 한다. 과제의 성공을 위협할 해소되지 못한 위험이 있다면, 아키텍처 작업을 더 할 필요가 있다. 실질적인 위험을 충분한 수준으로 해소했다면, 아키텍처 작업을 충분히 수행한 것일 터이다.

위험이 해소됐는지 여부를 나타내는 좋은 지표로 아키텍처 평가에서 특기할 만한 의견, 의문, 관심사항이 나오지 않았음을 들 수 있다. 이는 (아키텍트 자신을 포함해) 이해관계자들이 제안된 시스템이 자신들의 관심사항을 충족시킬 수 있음을 믿는다는 뜻이자, 자신들이 알던 위험이 완화됐다고 믿는다는 뜻으로 이해할 수 있다.

과제마다 규모, 복잡도, 중요성, 기술적 특성 등에 따라 수행해야 하는 아키텍처 작업의 양이 다를 수밖에 없다. 가령 대규모 패키지 구현 과제는 반복, 피드백, 수정 기회가 거의 없기 때문에 부서 차원의 소프트웨어 개발 과제에 비해 훨씬 더 많은 아키텍처 작업을 미리 해둬야 한다. 중간 규모 소프트웨어 개발 과제에서는 위험성은 덜하고 융통성은 더할 때가 많아서, 구축이 진행되면서 발견되는 많은 문제를 완화하도록 진화해나갈 수 있다.

원칙

아키텍처 정의(또는 그중 한 번의 반복)는 시스템이 직면한 실질적인 위험이 일단 완화되고 나서야 완료된 것으로 간주할 수 있는데, 이에 대한 판단은 아키텍처에 대한 이해관계자의 평가를 거친 후에 심각한 의견이나 행동이 나오지 않았음을 통해 이뤄질 수 있다.

실무에서는 완벽한 의견 일치를 이끌어내기는 어려운데, 이해관계자 집단이 크거나 구성이 다양한 경우나 요건이 복잡한 경우에는 특히나 어렵다. 아키텍처 정의가 완료되는 시점은 대개 중요한 이해관계자가 내세운 관심사항이 대부분 처리되고 과제가 수용 가능한 위험 수준에서 진척될 수 있다는 확신이 느껴질 때일 것이다. 어떤 경우에는 그럼에도 불구하고 아키텍처 정의에 배정해둔 시간이 다

하는 시점까지도 몇몇 중요한 이해관계자의 관심사항이 여전히 남아 있을 때도 있다. 운이 없는 상황이기는 하지만, 시간이 제한된 환경에서는 피할 수 없는 일이기도 하다. 그런 경우에는 작업에 우선순위를 매겨두고 가장 위험성이 높은 부분이나 가장 첨예하게 충돌하는 영역에 집중함으로써 구축 단계로 들어가기 전까지는 최소한 해결하도록 한다. 이런 방법으로 하면 가장 중요한 도전에 걸맞은 아키텍처가 나왔다는 사실을 비교적 확신할 수 있다.

아키텍트 스스로가 AD 검토자의 일원이어야 함을 잊어서는 안 된다. 이해관계자가 아무리 도출된 아키텍처에 만족한다 한들, 아키텍트 자신이 만족할 수 없다면 이를 완성된 것으로 봐서는 안 된다. 아키텍트는 다른 이해관계자에게는 없는 시스템에 대한 지식과 이해가 있을뿐더러, 그 지식과 이해를 해당 아키텍처에 반영할 책임이 있다.

전략

아키텍처 명세서에 대한 검토자의 일원으로 아키텍트 자신을 집어넣고, 아키텍처에 대한 심각한 논의사항이 더 이상 없다는 사실이 납득될 때까지 초기 단계의 아키텍처 정의 작업을 지속해서 한다.

아키텍트는 AD를 더 많이 더 깊게 정제하고 확장하는 반복적인 수렁에 빠져들어간다는 사실을 스스로 인지하기가 어려운데, 이런 상황이 되면 시스템을 구축하는 단계로 진입할 수 없거나 아키텍트를 무시하고 시스템 개발이 진행되는 지경에 빠지고 만다. 이런 최악의 결과는 결코 초래해서는 안 된다. 경험에 따르면, 아주 큰 과제가 아닌 한 AD 작성은 1~3개월 내에 끝내는 것으로 목표를 잡아야 한다.

전략

아키텍처 명세서를 만드는 목적은 그 설명서를 사용하는 이들의 요구를 충족하는 데 있지, 시스템 이해관계자에게 전혀 실질적 혜택을 주지 못하면서도 엄청나게 많은 자원을 쏟아야 완성할 수 있는 완벽한 문서를 만들고자 하는 데 있지 않다.

물론 AD를 완성한다고 해서 아키텍트 역할이 끝난다는 뜻은 아니다. 하나부터 열까지 끼어들어서 조언해주고, 이끌어주며, 감독하고, 문제를 해소하며, 새로이 쌓인 지식을 바탕으로 아키텍처를 수정하는 등의 일을 하게 된다. 즉, 일단 AD가 기준선으로 잡히고 나서 구성 관리에 들어가고 나면, 살아 있는 문서로 계속 존재해야 하고, 구축 단계와 배치 단계 전체에 걸쳐 최신의 내용으로 유지돼야 한다.

▌ 소프트웨어 개발 수명주기상의 아키텍처 정의

아키텍처 정의가 일반적인 소프트웨어 개발 수명주기를 대체하지는 않지만 전체에 통합된 일부분으로는 생각해야 한다. 이번 절에서는 아키텍처 정의가 시스템을 설계하고 구축하기 위한 공통 접근법에 어떻게 부합하는지 논의한다.

폭포수 접근법

고전적인 폭포수 모델에서 소프트웨어 개발은 직선적으로 이어지는 작업의 연속으로 봤는데, 여기서는 그림 7-4에 나오듯이 개별 작업은 이전 작업의 출력물을 입력물로 사용하고, 역시 다음 작업에 출력물을 넘겨주는 식으로 진행된다. 따라서 예를 들어 기능적인 명세 단계가 설계 단계에 입력물을 제공하고, 설계 단계가 구축 및 단위 시험 단계에 입력물을 제공해주는 식으로 간다. 시스템에 변화가 필요할 경우, 이전 단계로 되돌려서 제공해줌으로써 폭포를 거슬러 올라가는 형국이 된다. 폭포수 접근법은 대규모 시스템에 대한 개발 접근법으로서는 뒤늦은 피드백과 융통성이 없다는 점으로 인해 상당히 신뢰를 잃었지만, 소프트웨어 개발 과제에 있어서 근본적으로 필요한 단계들에 대한 심리적인 모델로 여전히 널리 유용하게 쓰이고 있다.

아키텍처 정의는 이런 식의 직선적인 접근법과 쉽게 통합이 된다. 즉, 수명주기의 초기에(요건 정의 전이나 후, 또는 종종 그 중에) 별도의 작업으로 많이들 인식한다.

반복적 접근법

반복적인 접근법(특성 위주 개발Feature Driven Development과 래셔널 통합 프로세스RUP, Rational Unified Process 등)은 그림 7-5에 나온 것처럼 일부 기능만 이른 시기에 납품하는 방식을 통해 위험을 줄이고자 하는 취지에서 나왔다. 각 반복은 대개 심각한 위험을 나타내는 하나의 영역에 초점을 맞추는데, 요건이 불분명하기 때문에 그럴 수도

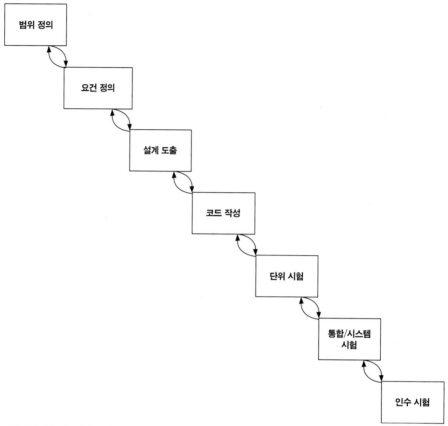

그림 7-4 폭포수 개발 모델

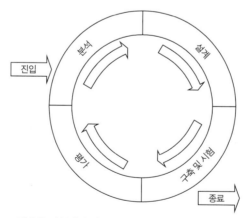

그림 7-5 반복적인 개발

있고, 시스템 내에서 매우 복잡하거나 가장 첨예한 요소라서 그럴 수도 있다. 대부분의 반복적인 접근법에서 개별 반복은 그 자체로 빠른 속도의 개발 과제로서 운영되는 한편, 사전에 정의된 입력물과 산출물을 통해 구조화된 작업으로 쪼개져서 이뤄진다.

아키텍처 정의는 대개 분석 단계의 일부를 형성하거나, 다른 작업들과 함께 지속적으로 하는 별개의 활동으로 수행될 수도 있다. 본 아키텍처 정의 프로세스는 그 자체로 반복적이므로, 이런 방법론과 매우 잘 어우러진다(특히 래셔널 통합 프로세스일 경우 본 접근법은 RUP의 연구^{Elaboration} 단계와 매우 잘 맞는다).

애자일 방법론

애자일 방법론은 최종 사용자에게 빠르고 지속적으로 소프트웨어를 납품하는 데 초점을 맞춘 가벼운 방법론으로서, 고객과 소프트웨어 개발자 간에 상시적으로 상호작용하도록 북돋고, 개발 프로세스의 관리 부담을 (특히나 생산되는 개발 문서의 양을 극적으로 줄이는 식으로) 최소화하는 시도를 한다. 애자일 방법론이 나온 목적은 팀이(또는 그보다 큰 조직이) 그를 둘러싼 환경의 변화에 충분히 빠르게 반응하고 적응할 수 있도록 함으로써 변화에 휩쓸리지 않고 요리해낼 수 있게 하는 데 있다. 소프트웨어 개발에 있어서 가장 많이 알려진 애자일 방법론을 3개 들어보면 익스트림 프로그래밍$^{XP, Extreme Programming}$, 스크럼^{Scrum}, 린 소프트웨어 개발$^{Lean Software Development}$이 있다.

경험에 따르면, 소프트웨어 아키텍트와 애자일 개발 팀은 서로 조화롭게 일하는 데 어려움을 겪을 수 있다. 애자일 개발자들은 아키텍처 명세서를 무시하고, '미리 만들어둔 덩치 큰 설계'라는 이름으로 외면하는 반면 아키텍트는 자신의 구상과 설계를 애자일 팀이 관심을 가지고 활용할 수 있는 방식으로 제공하려 기를 쓴다. 이는 매우 안타까운 상황으로, 양쪽 접근 모두 시스템 개발에 있어 상당한 혜택을 줄 수 있고, 또 두 주체가 생각하는 우선순위나 신념이 보기보다 상당히 가깝다.

애자일 팀은 애자일 헌장$^{Agile Manifesto}$에 담긴 철학에 바탕을 둔 융통성 있고, 적응성 있는 소프트웨어 개발 접근법을 사용한다. 주로 쓰이는 기법으로는 짧고 정규적인 개발 주기를 활용하고, 고객이 업무 우선순위를 정하며, 자동화된 시험과 회고를 수행하는데, 이렇게 하는 목적은 모두 사용 가능한 작동하는 소프트웨어를 자주 납품하는 데 있다. 사용자가 요건을 명세하고 우선순위를 정하는 데 긴밀히 참여하고, '가능한 가장 단순한 것'을 만들어내는 데 초점이 맞춰져 있는데, 이 중에서 소프트웨어 아키텍트가 동의하기 어려운 생각은 찾기 어렵다.

원만하게 운영되는 애자일 과제는 적시에 사용자에 초점을 맞춘 방식으로 유용한 소프트웨어를 납품하기 위해 엄청나게 많은 일을 하는데, 특히나 요건이 명확하지 않거나 계속 변하는 경우에 그렇다. 하지만 시스템이 더 커지거나 더 복잡해지면서 문제에 봉착할 수 있는데 그때는 성능, 가용성, 보안성, 시스템 감시 같이 최종 사용자로서는 직접적인 이해가 걸려 있지 않은 요인도 처리할 수밖에 없다. 좋은 소프트웨어 아키텍처가 있으면 이런 도전의 상당 부분을 만족시킬 수 있을 뿐 아니라 복잡하게 꼬인 비기능적 요건을 충족시키느라 해야 하는 엄청난 양의 리팩토링에 휩쓸리지 않도록 방지할 수 있다.

애자일 접근법을 사용하는 과제에서 소프트웨어 아키텍트로 일할 때는 다음과 같은 작업을 통해 과제의 성공을 담보할 수 있다.

- 아키텍처 작업물을 점진적으로 납품한다. 기본적인 아키텍처 구조를 초기 단계에 정의하고, 이후 들어오는 요구를 바탕으로 이를 정제하는 접근법을 쓴다.

- 팀과 연계해서 작업하면서 명확한 설계 원칙에 합의를 보고, 팀이 그 원칙들을 제대로 이해하고 또 시스템 구현 과정 내내 일관되게 그 원칙을 준수하도록 담보해야 한다.

- 컴포넌트를 모호함 없이 명확하게 정의하고, 컴포넌트의 책임과 인터페이스를 문서화해 시스템에 새로운 기능이 필요할 때 발생할 수 있는 혼동과 재작업을 피하게 한다.

- 정보를 공유할 때는 정교한 모델화 및 정보 관리 도구보다는 위키나 발표자료 같은 간단한 도구를 이용해 접근도를 높인다.

- 모든 결과물에는 고객이 있게 하고(그렇지 않다면 만들 이유가 없으니) 또 그 고객으로 하여금 그 결과물이 자신들에게 가져다줄 가치를 이해하고 인정하게 한다.

- 문서는 완벽한 경지에 이를 때까지 다듬느라 시간을 끌기보다는 가능한 한 지체 없이 '상당히 괜찮은' 정도로 작성해서 제공하는 정도로 목표를 잡는다.
- 가능하다면, 팀과 협업해서 실제 작동하는 예제나 시제품을 만들어냄으로써 구상을 증명하고 개발 작업에 있어서 취약하거나 위험성이 높은 부분을 지도해준다.
- 교차 관심사에 초점을 맞춘다. 아키텍트로서의 지위와 경험이 이런 관심사항을 찾아내고 적절한 시스템 차원의 전략과 해결책을 정의해내는 고유한 지위를 마련해준다. 관점을 활용하면 이 지위에 걸맞은 역할을 하는 데 도움이 된다.
- 여러 팀과 동시에 작업해야 할 때는 하나의 팀에 모든 시간을 다 쏟을 수가 없다. 따라서 각 팀과 밀접하게 작업하면서 생각이 양방향으로 흐를 수 있도록 북돋아주고 또 팀이 해당 아키텍처를 이해하게 하는 데 힘을 쏟아야 한다.
- 아키텍처적인 중요성이 있는 영역에만 초점을 맞추고, 그 이상의 상세한 설계는 개발자들의 몫으로 남겨둔다.

▌정리

7장에서는 대부분의 소프트웨어 개발 과제에 적용이 가능해서, 일정이나 계획을 수립하는 데 바로 활용할 수 있을 만큼 간단한 아키텍처 정의 프로세스를 살펴봤다.

처음에는 고수할 원칙을 정하는 데서 시작했다. 여기에는 (당연히) 이해관계자를 중심으로 하고, 구조화돼야 하며, 실용적이고, 유연하며, 특정 기술에 치우치지 않고 중립적이어야 한다는 원칙이 있었다. 또한 기존 소프트웨어 개발 수명주기는 물론, 이미 검증된 소프트웨어 공학 기법들과도 잘 어울려야 한다는 원칙도 반드시 필요하다.

이후 프로세스상의 맥락과 그 결과물을 정의했는데, 그 내용물은 아키텍처를 명세화하고 AD를 만들어내는 데 머물지 않고, 범위가 좀 더 확장돼서 해결하고자 하는 문제를 더 잘 이해하고 이해관계자의 기대치를 조절하는 등의 영역까지 확장될 때도 많다.

프로세스에 필요한 필수 입력물인 기준선 정의와 이해관계자 관심사항에 대해서도 정의했다. 기준선 정의에는 범위와 맥락이 들어가는 것으로, 프로세스를 시작할 때 반드시 결정을 해서 받아들여지게 해야 한다. 이해관계자 관심사항은 고수준의 기능 및 기술적 요건과 아키텍처적인 제약사항을 포함하는 것으로, 대부분은 분석을 진행해나가면서 발견하고, 살펴보고, 정리해나가게 된다.

여기서는 간단하고 반복적인 아키텍처 정의 프로세스를 제시했는데, 그 내용을 살펴보면, 먼저 아키텍처적인 모델을 여러 가지 잡아보고, 그중 몇 가지를 골라서 좀 더 상세한 특성들을 살펴본 후, 그 모델들을 다듬어서 보강하게 된다. 끝으로 이 프로세스를 기존의 개발 수명주기 모델인 폭포수 모델, 반복 모델, 애자일 모델과 어떻게 접목시킬지에 대한 설명으로 마무리했다.

▌더 읽을거리

아키텍처를 다룬 책에서는 거의 다 어떤 식으로든 아키텍처 정의 프로세스에 대한 설명이 들어가 있다. 참고서적 목록에 올라간 세 권의 책 [GARL03], [BASS03], [BOSC00]에는 저마다 다른 프로세스가 예제로 제시돼 있다. 그중 [GARL03]에서는 아키텍처와 애자일 프로세스가 공존할 수 있는 방법에 대한 논의도 나온다.

최신 소프트웨어 개발 프로세스를 논한 서적으로는 XP[BECK00], 린 소프트웨어 개발[POPP03], 스크럼[BEED02], 특성 위주 개발[PALM02], 래셔널 통합 프로세스 [KRUC03]를 포함해 그 수가 적지 않다. 독립 컨설턴트인 사이먼 브라운Simon Brown이 운영하는 아키텍처 코딩 웹사이트(www.codingthearchitecture.com)를 살펴보면, 애자일 조직에서 아키텍트로 일할 때 유용한 자료를 많이 얻을 수 있다. 애자일 헌장이 진정으로 말하고자 하는 바를 알고 싶다면, www.agilemanifesto.org를 방문해보기 바란다.

(이 책에 나온 삼봉 모델의 바탕이 된) 쌍봉 모델은 『IEEE Computer』에 게재된 글 [NUSE01]에 설명이 나온다.

8

관심사항, 원칙, 결정

아키텍처 정의란 아키텍트와 이해관계자 양쪽 모두에게 있어 발견을 이어가는 여정일 때가 많다. 소프트웨어 개발 과제를 하다 보면 초기 단계에는 과제에서 정한 전반적인 목표와 목적을 수용하고 전달하는 데 무리가 없겠지만, 세부사항은 아직 모호한 상태로 남아 있기 마련이다. 사실 아키텍트로서 세워야 하는 목표에도 이런 모호한 세부사항을 받아서 확고하게 공식화하는 일이 있다. 7장에서 설명했듯이, 아키텍처적인 해결책의 모습을 가다듬고 정의해내는 데 사용할 입력물은 매우 많고 다양한 데다, 여러 곳에서 유래할 뿐 아니라 중요성과 비중도 천차만별이다.

물론 아키텍처적인 해결책의 모습을 가다듬고 정의하는 데 있어서 가장 확실한 입력물은 시스템의 범위와 요건임에 틀림없다. 이 입력물은 너무나 중요해서 이 책에서는 맥락 시점이라는 별도의 시점으로 빼서 16장에서 따로 설명한다. 어쨌든 그 외의 입력물도 아키텍처적인 의사결정에 있어 역시나 중요하다.

- 사업 및 정보기술 전략은 조직의 장기 사업 및 기술 우선순위와 방향을 결정하는 것으로서 현 상태에서 '목표 상태'로 가는 도로지도 역할을 한다.
- 목표 및 동인은 이해관계자를 움직이게 하는 근본적인 논쟁 및 문젯거리로서, 특별히 구매자와 사용자로 하여금 과제를 개시토록 한다.
- 표준 및 정책은 조직이 내부적으로 사업을 영위하거나 운영할 때의 특정한 사항을 강제한다.
- 이 외에도 시간과 자금, 기량 확보 여부, 기술적인 함정이나 한계 등 감안할

필요가 있는 실무적인 제약사항들이 많다.

이런 입력물을 통칭해 관심사항이라 부른다. 1부에서 소개했던 관심사항에 대한 정의를 다시 상기해보자.

정의

아키텍처에 대한 **관심사항**이란 이해관계자가 아키텍처에 대해 내세우는 요건이나 목적, 제약사항, 의도, 포부를 말한다.

관심사항에 대한 정의는 일부러 막연하고 포괄적으로 내렸다. 관심사항이 구체적이고 분명하며 측정 가능할 수도 있을 테지만, 그런 경우에는 '요건'이라고 부르면서 전통적인 시스템 분석 기법을 사용해 파악하고 문서화하며 아키텍처의 모습을 잡는 데 사용할 수도 있다. 한편으로 관심사항은 모호하고 느슨하게 서술돼 있더라도 이해관계자에게 있어 중요하다는 사실에는 변함이 없다. 사실 이해관계자에게는 이런 관심사항이 구체적인 요건보다 더 중요할지도 모른다.

예제

어느 소매상이 서비스 품질과 고객 응대에 대해 크게 명성을 얻어서, 고객과의 모든 상호작용에 이를 반드시 반영하게 했다. 이로 인해 이 소매상이 구축하고자 하는 새로운 온라인 상점에 목표와 포부로 투사됐다.

- 이 소매상의 가치 체계와 기풍, 명성은 온라인 상점의 모습과 운영 방식, 응대 절차에 반영돼야 한다.
- 웹사이트는 (완전히 자동화된 부분마저도) 언제나 고객에게 '사람 같은' 얼굴을 보여주도록 해야 한다.
- 온라인 상점은 컴퓨터나 전자상거래 경험이 많지 않은 고객들이 쉽게 쓸 수 있어야 한다.
- 온라인 상점은 고객의 인터넷 회선이 고속이든 저속이든 상관없이 반응성이 좋아야(화면이 뜨는 속도와 고객 행동에 반응하는 속도가 빨라야) 한다.
- 온라인 상점은 최신 상품 목록 훑어보기, 안전한 온라인 구매 시스템, 배송 상태 확인, 반품 처리 등 쇼핑 경험의 모든 측면을 포괄해야 한다.

마지막 항목과 별개로, 이 중에서 어느 사항도 공식적이고 측정 가능한 요건으로 간주할 수 없고, 마지막 항목도 사실 범위를 기술한 것일 뿐이다. 하지만 시스템이 이런 목표와 포부에 부합하지 못한다면, 실패로 비춰질 수 있다.

여기서 보듯이, 시스템의 모습을 잡아주거나 영향을 미치는 관심사항은 범위가 넓다. 그러다 보니 관심사항을 두 가지 종류로 묶어두면 유용하다는 사실을 알게 됐다. 문제 중심 관심사항^{problem-focused concern}은 시스템이 해결하고자 하는 문제에 영향을 미치거나 문제를 제한하는 것들이고, 해결책 중심 관심사항^{solution-focused concern}은 그 문제에 대해 적용 가능한 해결책에 영향을 미치거나 해결책을 제한하는 것들이다.

해결책 중심 관심사항은 직접적이든 간접적이든 (항상 그런 것은 아니지만) 문제 중심 관심사항으로부터 유도된 경우가 많은데, 예를 들자면 조직의 정보기술 전략은 대개 그 조직의 사업 전략으로부터 상당히 명시적으로 유도된다. 몇몇 사례를 보면, 흐름의 방향이 반대인 경우도 있어서 사업 활동이나 우선순위에 있어서 기술이 변화를 이끌기도 한다(이런 경우를 '기술 기회'라고 부를 때가 있다). 예를 들어, 스마트폰과 기타 휴대장치의 보급으로 인해 소매상들이 고객과 상호작용하는 방식이 상당히 바뀌게 됐다.

이런 조정 내용은 캡제미니^{Capgemini} 사의 IAF(부록 참조) 류의 방법론에 '왜, 무엇이, 어떻게, 무슨'으로 잘 정리돼 있다. 앞으로 볼 테지만, 문제 중심 관심사항은 아키텍처에 대해 '왜'와 '무엇이' 질문에 답하고, 해결책 중심 관심사항은 '어떻게'와 '무슨' 질문에 답한다.

그림 8-1을 보면 이런 구분 방식이 아키텍트가 다루게 될 가장 중요한 종류의 관심사항과 함께 나와 있다. 그림에서 보듯이, 이 책에서는 관심사항을 더욱 세분해서 특정한 방향으로 영향을 미치거나 의사결정을 유도하는 것(사업적 목표나 기술적 목표 등)과 아키텍트가 내릴 의사결정에 있어 제약이 되고 또 그에 따라 의사결정을 제한하는 것(준수할 수밖에 없는 표준이나 정책 등)으로 나눴다.

이 분류법은 당연히 완벽할 수 없고, 또 모든 관심사항을 언제나 위 다이어그램의 사분면 안의 특정 위치에 깔끔하게 밀어 넣을 수도 없다. 그러나 어떤 관심사항이 문제 중심인지 또는 해결책 중심인지 알고, 또 그것이 영향인자인지 제약사항인지 알면 그 관심사항이 아키텍처 내에서 제대로 처리됐는지 확인하는 데 도움이 될 수밖에 없다.

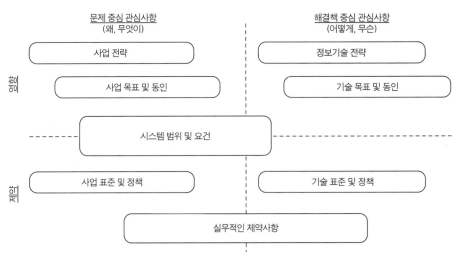

그림 8-1 문제 중심 관심사항과 해결책 중심 관심사항

▌문제 중심 관심사항

문제 중심 관심사항은 시스템에서 해결하고자 하는 문제에 영향을 주거나 문제를 제약하는 관심사항을 말한다. 문제 중심 관심사항은 시스템이 갖춰야 할 것으로 제안하거나 필요로 하는 역량이나, 그 역량의 본질이나 특별한 세부사항의 형태를 잡아주거나 명확히 하는 방식으로 아키텍처에 영향을 미칠 수 있다. 또한 시스템이 특정한 환경에서 특정한 방식으로만 행위하도록 허용하거나, 시스템이 무언가를 하지 못하도록 막는 방식으로 아키텍처를 제약할 수도 있다.

문제 중심 관심사항은 시스템에 대해 '왜'와 '무엇을'에 해당하는 질문을 담당한다. 즉, 왜 시스템이 무언가를 할 필요가 있는지, 또는 무엇을 시스템이 할 필요가 있는지를 담당한다. 여기에는 사업 전략, 사업 목표 및 동인, 시스템 범위 및 요건, 사업 표준 및 정책이 해당된다.

사업 전략

사업 전략business strategy은 사업 전체 또는 그 일부에 대한 방향을 정의한 것이다. 이를 통해 무슨 상품과 서비스를 제공할지, 누가 그 고객인지, 어떻게 조직이 스스로를 다른 경쟁자들과 차별화할지, 어떻게 조직이 스스로 구조를 잡고 구성할지 같은 질문을 살핀다. 또한 사업을 바람직한 미래 상태로 변환할 계획을 어떻게 세우고 있는지 설명해주는 지침 또한 담아둘 수 있다.

사업 전략을 직접적으로 언급하고 싶지 않더라도, 그 주요 교리를 이해하는 일은 어떤 것이 더 사업 중심적인 이해관계자의 관심사항인지를 이해하는 길이자 아키텍처 결정사항이 조직에서 설정한 우선순위에 부합되도록 담보하는 길이다. 특히 사업 전략은 요건 중에서 적어도 일부는 유도할 것이고, 따라서 그 전략을 이해하고 나면 왜 그런 요건이 중요한지 이해하는 데 도움이 될 것이다.

또한 사업 전략이 아키텍처 결정사항이나 우선순위 중 일부를 정당화하는 데도 쓸모가 있다는 사실을 발견할 수도 있다. 가령 사업 전략이 (상점 내에서든 인터넷상에서든) 고객이 손수 해결$^{self\text{-}service}$하는 모델로 옮겨가는 경우라면, 아키텍처의 대 고객 접점 측면이 매우 중요해진다.

사업 목표 및 동인

사업 목표 및 동인은 과제에 있어서 사업 맥락을 설정할 뿐 아니라 과제가 존재하는 근본적인 이유의 역할을 한다. 이런 목표와 동인은 대개 상당히 비공식적으로 정의가 되고, 그 표현도 시스템을 발주한 조직에서 맞닥뜨린 구체적인 문제나 잠재적인 기회와 관련된 언어로 돼 있다.

사업 목표(business goal)란 조직이 상정한 구체적인 목표를 말하고, **사업 동인**(business driver)이란 그 조직으로 하여금 사업을 보호하거나 성장시키기 위해 특정한 방식으로 행동하도록 요구하는 모종의 압력을 말한다.

정의

어떤 소매상이 자신의 웹사이트를 통해 온라인 판매 비중 15%를 달성하겠다는 구체적인 사업 목표를 세웠다고 해보자. 조직에 작용하는 사업 동인은 자신들보다 훨씬 더 좋고 사용하기 편한 쇼핑 웹사이트를 갖춘 경쟁자에게 시장 점유율을 뺏기고 있다는 사실에 있을지 모른다.

예제

불행히도 목표와 동인은 여러 가지 특징을 띠기 때문에 특정한 아키텍처 특성이나 역량으로 해석하기가 어렵다.

- 부정확한 언어를 사용해 표현하는 경우가 빈번한데, 특히 이해관계자들은 자신들이 의미하는 바에 대해 명확하지 않을 수가 있다.

- 어떤 방식으로도 계량하거나 측정하기 어려운데, 바꿔 말하면 만족됐는지 여부를 판단하기 위한 객관적인 기준이 없다는 말이다. 이해관계자의 느낌과 주관적인 판단에 의존할 수밖에 없다.

- 사업에 강하게 초점이 맞춰져 있어서 아키텍처 해결책으로 변환할 방법이 막연할 때가 많다.

목표와 동인은 아키텍처의 성격과 그 아키텍처가 달성하도록 기대되는 내용에 막대한 영향을 끼치기 때문에, 아키텍트는 이를 무시할 수가 없다. 물론, 이를 성공적으로 다루기 위한 전술도 많다.

- 목표와 동인을 요건으로 바꿔본다. 가령, 시장 점유율 확대에 대한 목표는 일종의 규모나 성능 요건으로 변환해본다.

- 이해관계자의 성공에 대한 기대 수준을 관리하는데, 특히 목표가 모호하거나 달성 불가능할 때 그렇게 한다. 가령 빡빡한 예산으로 개발 중인 시스템에서 24/7의 가용성이라는 야심 찬 목표는 성공하기 어렵다. 아키텍트는 이해관계자가 왜 그것이 성공하기 어려운지 이해시키고 함께 노력해서 좀 더 현실적인 목표를 세우도록 할 필요가 있다.

- 아키텍처 원칙을 개발해 아키텍처의 물리적인 특성과 품질로 이어지는 목표로 변환한다. 가령 손쉬운 사용과 관련된 목표는 공통적인 룩앤필look and feel, 예외 처리, 자동 처리와 수동 처리 간의 인터페이스 등과 관련된 원칙으로 변환될 것이다(원칙에 대해서는 나중에 잠깐 얘기한다).

어떤 경우에는 사업 목표 및 동인에 대해 공식적인 서술을 제공받을 수도 있는데, 대개 시스템 구매자의 필요에 의해 작성된 것을 받는다. 다른 경우에는 시스템에 대한 기저 수요를 조사하고 구매자와 긴밀히 협업함으로써 그들이 세운 목표를 이해할 필요가 있다. 어느 경우든 시스템에 대한 수요를 유발한 동기가 무엇인지 이해하고 자신이 구축하고자 하는 시스템이 기저 수요를 충족시키리라 만족할 수 있는지 여부는 아키텍트 자신에게 달려 있다.

이 일을 하려면 대개 핵심 이해관계자들에게 다수의 합당한 질문을 함으로써 이해관계자는 물론 아키텍트 자신이 목표와 동인, 그리고 그로 인해 초래될 영향을 이해할 수 있게 한다. 이런 유형의 활동은 이전에는 해본 적이 없거나, 잘할 수 있다는 확신이 들지 않을지도 모른다. 그럴 때는 누군가(가령, 요건 분석가 같은 사람) 업무 영역을 잘 이해하고 또 목표 및 동인을 아키텍처에 초래될 결과로 변환하는 데 도움을 줄 수 있는 사람을 구해봐야 한다.

시스템 범위 및 요건

시스템 범위^{system scope}에는 시스템이 맡을 주요 책임, 다시 말해 시스템이 제공하도록 요구되는 중요한 역량이 정의돼 있다. 오해를 피해서 말하자면, 여기에는 몇 가지 구체적인 누락사항도 밝혀질 텐데, 물론 정의에 따라 범위에 들어 있지 않은 것은 모두 누락된다. 앞에서 말했듯이, 시스템 범위는 너무나 중요해서 맥락 시점의 일부를 이루게 되는데, 이에 대해서는 16장에서 설명한다.

요건^{requirement}에는 시스템이 하도록 요구되는 내용이 좀 더 상세하게 정의돼 있다. 대개는 기능적 요건^{functional requirement}과 품질 속성^{quality property}('비기능적 요건'으로 칭할 때가 많지만, 2장에서 언급했듯이 이 책에서는 이 용어를 그다지 좋아하지 않는다)으로 쪼개진다.

경험에 비춰보면, 아키텍트가 기능적 요건을 상세히 명세하는 일에 개입하는 일은 드물다. 아키텍트는 대체로 시스템이 맡을 책임(시스템 범위에 정의된다)에 대해 몇 가지 작업을 해서 아키텍처가 초래할 결과만 이해하고 있으면 된다. 어쨌든 세부 기능 요건이 아키텍처 해결책에 심각한 영향을 끼치는 일은 흔치 않기 때문에, AD에 넣을 목적으로 더 이상의 세부사항을 파악해 집어넣을 필요도 그럴 시간도 없다. 물론 상세 기능 요건이 나온 후 검토 과정에 참여하거나 자신이 고안한 설계가 그 요건에 부합하도록 담보하는 일은 매우 가치가 있다.

아키텍트는 요구되는 품질 속성을 명세하는 일에도 그다지 참여할 필요가 없다. 하지만 경험에 비춰보면 시스템 개발 주기상 이렇게 이른 단계에서 시스템 품질에 대해 합의는커녕 고려해보는 경우조차 매우 드물어서, 품질 속성을 명확하게 밝히고 정의하는 일은 오롯이 아키텍트의 일로 돌아올 때가 많다. 사실, 국제화, 사용편의성, 접근성 등 많은 영역에서 합의가 거의 되지 않았을 테니, 그런 요건을 시스템 특성으로 변환할 방법은 물론이고 그 요건을 표현할 방법조차 합의가 돼 있을 리 없다.

아키텍트는 이해관계자로부터 이런 정보를 뽑아내기 위해 배전의 노력을 경주해야 하는데, 이 과정에서 아키텍처 관점을 활용하면 도움이 되니 이에 대해서는 4부에서 더 자세히 얘기하기로 하자.

사업 표준 및 정책

사업 표준 및 정책은 조직이 내부적으로 사업을 영위하거나 운영할 때의 특정한 사항을 강제한다. 이는 규제나 공인된 모범 관행, 조직의 기풍 및 업무 방식에서 파생돼 나온다.

몇 가지 사업 표준 및 정책은 아키텍트가 직접 언급할 필요도 있겠지만, 그렇지 않은 경우라도 아키텍트는 이런 표준과 정책이 아키텍처의 몇 가지 측면을 중대한 방식으로 제약할 수도 있음을 알아둘 필요가 있다. 가령 대부분의 사업에서는 어떤 환경에서 고객 데이터를 보관해야 하고, 얼마나 오래 보관해야 하며, 허용되지 않은 접근으로부터 어떻게 데이터를 보호해야 할지 정의해놓은 데이터 보관 정책을 두고 있다. 이런 정책은 궁극적으로 보존 역량과 보안 통제 같은 아키텍처 특성으로 변환될 터이다.

이상적으로는 사업 표준 및 정책이 시스템 요건에 반영된다는 사실을 알아채야 한다. 하지만 항상 그런 것이 아니어서, 가령 데이터 보관 정책 같은 것은 대개 잊히기 때문에 표준 및 정책은 유용한 정보의 원천이 될 수 있다. 사업 전략과 함께 표준 및 정책도 아키텍처 결정사항을 정당화하는 데 활용할 수 있다.

▌ 해결책 중심 관심사항

해결책 중심 관심사항은 문제 중심 관심사항에서 정의된 문제에 대한 해결책에 영향을 미치거나 이를 제약하는 관심사항을 말한다. 해결책 중심 관심사항은 시스템 구축에 대한 특정한 접근법을 시사 또는 강제하거나 시스템을 구축하는 방법에 대해 모습을 잡거나 명료화하는 방식으로 아키텍처에 영향을 미치게 된다. 이런 관심사항은 시스템이 특정한 방식으로 구축되는 것을 요건으로 삼음으로써 아키텍처를 제약한다.

해결책 중심 관심사항은 시스템에 있어 '어떻게'와 '무슨'에 해당하는 질문을 처리한다. 즉, 어떻게 구축하면 시스템이 올바른 방식으로 작동하며, 무슨 컴포넌트와 기술을 쓸 것인가? 여기에는 정보기술 전략, 기술 목표 및 동인, 기술 표준 및 정책이 해당된다.

정보기술 전략

조직의 사업 전략과 비교했을 때, 정보기술 전략은 정보기술에 대한 장기간의 방향을 정의해둔 것이다. 즉, '정보기술에 대한 사업 전략'으로도 볼 수 있어서, 이때의 정보기술은 그 자체로 업무 단위가 돼서 나머지 조직은 물론, 경우에 따라서는 고객과 외부 업체에게도 서비스를 제공할 수도 있다.

사업 전략과 마찬가지로 정보기술 전략도 아키텍트가 직접 언급할 필요가 없을 테지만, 그 주요 개념과 구상을 이해함으로써 아키텍처에 초래될 수 있는 결과를 알아두는 것이 중요하다. 정보기술 전략에서 (가령, 느슨하게 묶인 다단 방식의 소프트웨어를 구축하거나 중앙의 서비스나 데이터 저장소를 활용하는 등의) 몇 가지 기술 요건이나 제약사항이 도출돼 나올 수 있다.

기술 목표 및 동인

기술 목표 및 동인을 통해 과제에 대한 관련 기술적인 목적, 의도, 포부가 설정된다. 사업 목표 및 동인과 마찬가지로, 기술 목표는 정보기술 부서가 세운 특정한 목적을 말하고, 기술 동인은 과제나 정보기술 부서에 작용해서 사람들이 특정한 방식으로 행동하도록 요구하는 모종의 압력을 말한다.

예제

앞에서 얘기한 소매상에게는 고객 접점 시스템이 최대 사용량이 출렁일 경우 필요에 따라 별 무리 없이 늘이거나 줄일 수 있도록 한다는 구체적인 기술 목표(technology goal)가 있을 수 있다. 기술 동인(technology driver)으로는 이 인터넷 시스템의 예측 불가능하고 변화무쌍한 사용 양태를 들 수 있다.

기술 목표도 사업 목표 및 동인과 마찬가지로 부정확한 방식으로 표현하는 경우가 잦아서, 이에 따른 영향이나 제약사항을 좀 더 계량적으로 바꾸기가 어렵다는 점을 느끼게 될 것이다. 이 경우에도 앞에서 설명한 전술을 사용하면 쓸모가 있다.

기술 표준 및 정책

기술 표준은 컴퓨터를 서로 연결하는 물리적인 방식을 정의하는 등 매우 심하게 기술에 초점을 맞춘 것도 있고, 특정한 종류의 사업 메시지에 대한 형식과 의미를 정의하는 등 사업에 좀 더 초점을 맞춘 것도 있다. 표준을 수용하면 설계 및 개발 과정이 편해질 뿐 아니라 지금 당장은 물론 미래에도 다른 이들과 시스템을 통합하기가 더 수월해진다.

기술 정책은 이해관계자의 요구를 충족시키기 위해 반드시 따라야 할 절차를 정의해놓은 것이다. (대표적으로 보안 정책 같은) 기존에 존재하는 정책을 지켜야 할 수도 있고, 그렇지 않더라도 아키텍처 분석 과정에서 자체적인 정책을 몇 가지 세울 필요가 생길 수도 있다.

남들이 이미 내놓은 기술 표준도 많으므로 이를 활용해도 된다.

- 공개 표준(open standard)은 국제 표준 기구[ISO, International Organization for Standardization], 전기전자공학협회[IEEE, Institute of Electrical and Electronics Engineers], 월드와이드웹 컨소시엄[W3C, World Wide Web Consortium] 등과 같은 단체에서 정의하고 승인한다. 이런 표준은 일반적으로 해당 업계에서 받아들여 일정 영역의 하드웨어와 소프트웨어 환경에 적용하는 것이 일반적이다.

- 사설 표준(proprietary standard)은 영리회사나 기타 대규모 조직에서 만들고 관리

한다. 이런 표준은 특정한 제조사에서 나오는 제품에만 적용되지만 해당 제조사의 시장 지배력 덕택에 널리 보급되는 경우도 많다.

- 업계 표준(de facto standard)은 (아직까지는) 독립적인 표준 단체로부터 승인을 얻지 못했으나, 널리 보급된 표준을 말한다. 서로 경쟁하는 여러 표준 중에서 어느 것이 궁극적으로 성공할지 분명치 않을 때가 많은데, 이럴 때는 아키텍처 중에서 그에 해당하는 부분을 따로 떼서 별도의 계층이나 모듈로 빼둠으로써 좀 더 손쉽게 다른 표준으로 바꿀 수 있게 하고 싶을 것이다.

- 조직단위 표준(organizational standard)은 해당 조직에서 쓸 요량으로 개발된다. 이런 표준에서는 특정 제공자가 공급한 하드웨어 및 소프트웨어의 사용을 강제하거나 메시징 프레임워크나 데이터 웨어하우스 같은 기반구조 컴포넌트를 사용하는 표준적인 방식을 정의하기도 한다.

또한 법률이나 규칙, 규제적 표준을 준수해야 할 때도 있다. 이에 대해서는 이해관계자로부터 조언을 받을 수도 있고, 사안이 복잡하거나 위반 시 결과가 엄중하다면 전문가를 초빙해야 할 수도 있다. 이에 대해서는 29장에서 규제 관점을 다룰 때 더 자세히 얘기한다.

아키텍트는 풀고자 하는 특정한 문제를 겨냥해 지역적인 기술 표준을 이해관계자와 함께 정의할 수도 있다. 이렇게 하면 사전에 미리 별도의 작업을 해야 하지만, 길게 보면 대개 시간을 아끼는 결과로 이어진다.

아키텍트는 AD를 작성하는 동안에는 아키텍처 수준의 표준에 집중해야 한다. 코딩이나 단위 시험 표준 같은 것은(비록 중요성이 명확하고, 나중에 개발 뷰를 작성할 때 직접 나서서 만들어내야 할 수도 있지만) 이 단계에서 아키텍트의 관심사가 아니다.

아키텍트는 어떤 식으로든 표준 준수 여부를 시험할 수 있게 해놓아야 한다. 시스템이 해당 표준을 준수하는지를 보여주는 프로그램이나 시험조$^{test\ suite}$를 함께 제공하는 표준도 있지만, 그러지 않더라도 자신만의 시험을 만들어내면 된다. 역시나 이 일이 아키텍트의 주된 관심사는 아니지만, 개발자 및 시험자와 협력해 이런 시험이 실시될 수 있게 해야 하는데, 법률이나 규제를 준수하는 요건이 있는 경우에는 특별히 잘 챙겨야 한다.

▌기타 실무적인 제약사항

아키텍트는 지금까지 작성한 요건이나 표준, 그 밖의 문서에 더해, 두어 가지 종류의 실무적인 제약사항을 수없이 다뤄야 한다. 아무런 구애 없이 완전히 자유롭게 아키텍처에 대한 선택을 할 수 있는 경우는 매우 드물다. 사실 현업에서 아키텍트는 다양한 방식으로 제약될 때가 많은데, 그런 제약은 글로 돼 있지 않을 때가 많다. 아키텍트는 이런 제약을 미리 파악해두고, 핵심적인 것은 AD에 기록해두며, 그에 대해 이해관계자의 승인을 얻어둘 필요가 있다.

실무적인 제약사항은 아키텍처에 중대한 결과를 초래할 가능성이 있다. 가령, 핵심적인 기술 컴포넌트가 일정 수준 이상의 규모로 확장하는 데 제한이 있다면, 이는 아키텍처에 제약이 있다는 뜻이거나 심하게 걸리는 부하를 처리하기 위해 (수직 확장 대신 수평 확장을 하는 등) 다른 방법을 찾을 필요가 있다는 뜻이다.

제약사항으로 인해 아키텍처에서 타협을 할 수밖에 없을 때도 많다. 아키텍처적으로 타협을 할 때는 사려 깊게 해야 할 뿐만 아니라 이해관계자에게 그런 타협이 필요한 이유를 설명하고 그로 인해 고안한 해결책의 근간이 훼손되지 않는다는 확신을 심어줄 수 있도록 노련하게 협상할 줄 알아야 한다.

예제

온라인 소매상은 대개 고객의 신용카드를 확인하고 결재하는 일에 외부업체를 활용한다. 하지만 이 절차가 느릴 때가 있는데, 특히 부하가 최대로 걸릴 때 그렇다. 이런 제약사항은 고객들이 구매할 때 용납하기 어려울 정도로 긴 대기시간을 겪게 만들고, 그로 인해 반복해서 결제 시도를 하거나 아예 구매를 포기하게 만들 수도 있다. 아키텍트는 이 웹사이트가 의도든 사고든 오용의 위험 없이 긍정적인 고객 경험을 제공하게 해줄 필요가 있다.

많은 소매상이 본인 인증이 될 때까지 결제를 대기시키는 방식보다는 구매가 완료된 다음 수면 아래에서 인증을 수행한다. 고객에게는 구매가 진행되고 있고 몇 분 후에 결제 확인 이메일을 받게 된다는 메시지를 보여준다. 결제가 거부될 경우 구매가 중단되고 고객에게는 다른 방법으로 결제할 기회가 주어진다.

이 접근법을 일반화해서 설명하면 고객을 느려터진 뒷단 처리가 끝날 때까지 마냥 기다리게 만들어서는 안 된다는 말로 압축할 수 있다. 이런 설명은 시스템의 기능성, 데이터를 저장하고 관리하는 방식, 다양한 운영상의 절차에 영향을 미치므로 특정 뷰와 별개로 문서화해야 할 것이다.

아키텍트가 고려해야 하는 제약사항은 다음과 같은 종류가 있다.

- **기술적인 제약사항**: 모든 기술에는 기능성, 확장용이성, 보안성 같은 측면에서 한두 가지 한계점이 있기 마련이다. (4부에 나오는) 관점 목록을 보면 해결책을 구축하는 데 사용할 기술들의 핵심 제약사항을 찾아내고, 또 그것이 아키텍처에 초래할 영향을 이해하는 데 도움을 얻을 수 있다.

- **시간**: 소프트웨어 개발 과제는 거의 예외 없이 만료시점이 있는데, 대개 매우 촉박하다. 이런 만료시점으로 인해 복잡한 해결책을 구축하고 오랜 시험 주기나 배치 기회를 확보하는 데 제약이 생기고, 또 아키텍처를 설계하는 데 쏟을 시간 또한 제한된다.

- **비용**: 마찬가지로 비용도 비싼 도구를 사용하거나 비싼 하드웨어에 배치하거나 몸값이 비싼 직원을 고용하거나 복잡한 해결책을 구축하는 데 있어 제한이 생긴다.

- **기량**: 새로 나온 기술이나 틈새 기술, 범상치 않은 개발 접근법, 특화된 사업 영역이 낀 과제에서는 적합한 기량을 갖춘 구성원을 수배하는 데 제약이 생길 수 있다. 최소한 구성원을 훈련시키는 데 시간과 비용을 들여야 하는데, 이렇게 하는 데는 개발 활동에 써야 할 예산이 들어간다. 또한 아키텍트 자신의 기량도 고려해야 하는데, 특히나 대중이 사용하는 시스템일 경우에는 더 그렇다.

- **운영 제약사항**: 여기에 해당되는 예로는 특정 시점에 서비스를 제공할 필요성이나 특정한 조직적인 규정을 준수하면서 시스템을 운영할 필요성, 백업 주기나 정기 네트워크 점검 같은 기존 운영 일정에 맞출 필요성 같은 것을 들 수 있다.

- **물리적 제약사항**: 여기에 해당되는 예로는 아키텍처상에서 클라이언트와 서버 사이의 거리나 표준시간대와 달력으로 인해 발생하는 제약사항 같은 것을 들 수 있다.

- **조직 및 문화적 제약사항**: 예를 들면, 역외 위탁이나 외주 의뢰 같은 개발 방식을 선호할 수도 있고, '정치적인' 이유로 특정한 아키텍처적인 선택을 해야 할 수도 있다(이런 것들을 문서화할 때는 주의를 요하지만, 어쨌든 이해는 하고 있어야 한다).

▌ 좋은 관심사항의 조건

AD는 원칙적으로 아키텍처를 문서화하려고 만든다. 하지만 아키텍처적인 결정이 내려지게 만든 이해관계자 관심사항과 그 밖의 요소들을 기록하기 위한 도구로 활용해도 가치 있을 때가 많다. 이 접근법은 아키텍트가 내놓은 해결책이 이해관계자의 요구를 충족시킨다는 사실을 명시적으로 보여주고 관심사항 간의 충돌이나 기타 실무적인 제약사항으로 인해 타협이 필요한 곳을 드러내는 데 쓰면 도움이 된다.

관심사항은 알아보기 어려운 전문용어를 피해서 명확하게 기술해야 한다. 대개는 번호를 매기거나 고유한 식별자를 붙인다. 잘 표현된 관심사항은 또한 (달성하기가 어려울 때가 많고, 특히 스펙트럼 내에서 모호한 쪽으로 갈수록 더 그렇기는 해도) 다음과 같은 특징을 띤다.

- (가능한 한) 계량 가능하고 측정 가능해야 한다. '시스템은 신속히 반응해야만 한다'라든가 '인터페이스는 사용이 어렵지 않아야만 한다' 같은 서술은 피해야 한다.
- 달성 여부를 객관적으로 드러낼 수 있는 방식으로 시험 가능해야 한다.
- 앞으로든 뒤로든 추적 가능해야 한다. 즉, 뒤로는 전략이나 목표에 비추어 정당화할 수 있어야 하고, 앞으로는 아키텍처적인 특성이나 설계상의 특성으로 추적할 수 있어야 한다(이를 가능케 하는 방법에 대해서는 다음 절에서 설명한다).

아키텍처의 핵심 특성과 관심사항을 명시적으로 상호 참조해보면 환경(과 주어진 시간)에 따라 쓸모가 있을 때도 있다. 가령, 시스템에 고가용성이 필요한 경우 아키텍처 내에 하드웨어 중복성을 구현하는 선택을 할 수도 있다.

관심사항을 부록 등의 형태로 기본 AD의 일부로 문서화해넣을 수도 있고, 별도의 문서로 빼놓을 수도 있다. 하지만 잊지 말아야 할 것은 AD를 작성하는 주된 목적은 아키텍처를 문서화하는 데 있지, 요건 명세서를 만들고자 하는 데 있지 않다는 점이다. 따라서 AD에 관심사항에 대한 너무 세부적인 내용을 넣으려 해서는 안 된다. 그런 것은 나중에 기능 명세 및 설계의 한 부분으로 넣으면 된다.

범위 때와 마찬가지로, 상세한 내용이 너무 많으면 큰 그림을 가리고 너무 없으면 모호해지므로, 균형을 잘 잡을 필요가 있다.

▌아키텍처 원칙

2장에서 설명했듯이, 아키텍처는 오로지 이해관계자의 관심사항을 충족시키기 위해 존재한다. 이해관계자 집단이 크고 다양하면, 언제나 그렇듯이 그들의 다양한 관심사항을 모두 이해한 후 조화시키기가 어렵다. 관심사항은 대개 중요도, 가시성, 명료성이 저마다 달라서, 일부는 광범위한 지원과 폭넓은 이해를 확보할 수 있겠지만 나머지는 불분명하거나 복잡하거나 일부 이해관계자만 관심을 보일 것이고, 일부는 다른 관심사항과 충돌을 일으키거나 아예 완전히 어긋나기도 한다.

이뿐 아니라, 관심사항은 요건과 아키텍처는 물론 관심사항끼리도 여러 가지 방식으로 영향을 끼친다. 앞에서 이미 해결책 중심 관심사항이 채택 가능한 후보 아키텍처를 정의하거나 제한함으로써 직접적으로 아키텍처에 영향을 끼치거나 제약한다는 사실을 확인했다. 문제 중심 관심사항은 일반적으로 요건을 정의하거나 그 요건을 충족하기에 적합한 후보 아키텍처를 제시하는 행위를 강제함으로써 좀 더 간접적으로 아키텍처에 영향을 끼치거나 제약한다.

가끔은 영향과 제약이 반대 방향, 즉 해결책 영역에서 문제 영역으로 거꾸로 작동하기도 한다. 가령 정보기술 부서가 정보의 기밀성과 무결성을 확보하기 위해 특정한 보안 특성을 강제하면, 이로 인해 사용자와 고객이 해당 기업의 시스템을 둘러싸고 하는 업무상의 상호작용에 상당한 변화가 일어날 수 있다.

그림 8-2에 여러 관심사항 사이의 다각적인 상호관계를 설명해놨다. 다이어그램에서 상자는 처리할 필요가 있는 관심사항의 종류를 나타내고, 실선 화살표는 문제 영역에서 해결책 영역으로 향하는 관계를 나타내며, 점선 화살표는 해결책 영역에서 문제 영역으로 거슬러 올라가는 역방향 관계를 나타낸다.

이렇게 원인과 결과가 뒤죽박죽 얽힌 상황을 풀 때 쓸 만한 기법으로는 아키텍처를 구축하는 데 있어 몇 가지 원칙을 수립하고, 그 원칙을 적용해서 중요한 결정에 대한 답안을 끌어내는 방법이 있다. 원칙이란 아키텍처에 대한 의사결정 틀을 제공하는 데 쓰일 접근법이나 의도를 적어놓거나, 아키텍처를 설계할 때 따라야 하는 규칙을 정의해놓은 것으로, 이해관계자가 가진 특정한 요구나 우선순

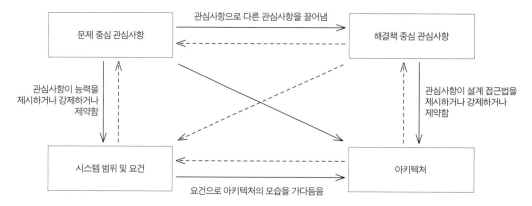

그림 8-2 관심사항, 요건, 아키텍처 간 관계

위에 따라 도출된다.

예제

세계 기후 환경을 감시하는 국제 기구에서 자신들이 모은 정보를 스마트폰과 기타 휴대장치용 애플리케이션 개발자들이 활용할 수 있게 하려고 한다. 대부분의 데이터는 기상 관측소에서 자동으로 입수되고, 일부는 기상학자들의 물리적 관찰을 통해 보완되기도 한다. 데이터는 인터넷을 통해 실시간으로 표준적인 XML과 HTTP 기반 통신규약에 의해 공개된다. 몇 가지 기초적인 조사를 거친 후 아키텍트는 입수된 데이터를 관리하고 배치하기 위한 별개의 접근법을 몇 가지 고안해냈다. 해결책은 모두 다 사용자가 설명한 기능적인 요건을 충족시키지만 아키텍처적으로 차이가 클 뿐 아니라 (일관성 대신 확장용이성을 선택하는 등) 아키텍처적인 절충 내용도 다르다.

선택안 A라 이름한 첫 번째 아키텍처는 데이터를 지역적으로 수집한 후 하나의 중앙집중적인 데이터베이스로 전송해 거기서 모든 기상 데이터를 관리하고 또 모든 요청에 대해 응답하게 한다. 이 해결책은 아키텍처적으로 간단하고 비용도 가장 저렴하며 구현 및 실행도 가장 신속하게 할 수 있다. 하지만 아키텍트는 여기에서 몇 가지 한계점을 찾아냈다. 예를 들면 단일 장애점이 존재했고, 확장용이성에도 한계가 있었다. 따라서 후보 아키텍처를 2개 더 고안하게 됐다.

선택안 B에서는 모든 데이터를 북미에 하나, 유럽에 하나, 극동에 하나 해서 전 세계에 걸쳐 세 군데의 지점에 사본을 만들어놓는 안이다. 모든 데이터가 전체 지역에 분산되고 요청이 들어오면 거기서 물리적으로 가장 가까운 지점으로 요청이 향하게 한다. 선택안 C에도 역시 3개의 지점이 있지만, 이번에는 각 지점에서 그 지역에 해당하는 데이터만 담도록 한다. 요청이 들어오면 그 요청에 해당하는 데이터를 담고 있는 지점으로 보낸다.

이 선택안들은 모두 기능적 요건을 만족하지만 유연성, 성능 및 확장용이성, 출시 적시성, 비용 관점에서 각각 장점과 단점이 있다. 또한 데이터의 적시성, 일관성, 완전성 같은 사용자 입장에서 미묘하지만 중대한 영향을 미치는 요소도 몇 가지 있다. 아키텍트는 어떻게 하면 올바르게 선택할 수 있을지 몰라 발이 묶였다.

좀 더 논의를 거친 후, 아키텍트는 핵심 이해관계자들과 한 가지 원칙에 합의했는데, 그 내용은 사용자 요청을 처리하는 데 필요한 데이터는 되도록 그 사용자 '가까이에' 보관한다는 것으로, 이는 데이터가 복제되거나 재배치돼야 한다는 뜻이다. 이런 원칙이 나온 판단 근거는 사용자가 관심을 가지는 기상 예측 정보는 전 세계를 아우르는 것이지 자기가 있는 지역에 국한되는 것이 아닌 데다, (지연시간을 최소화함으로써) 사용자 경험을 좋게 하고 가용성을 향상하려면 데이터에 접근하는 지점 근처에서 손쉽게 데이터를 활용할 수 있게 할 필요가 있다. 이 원칙에 따라 선택안 A와 C가 배제되고 또한 선택안 B를 채택하는 데 대한 판단 근거가 생긴다.

시스템에 적용할 원칙을 명료하게 정의하는 것은 이해관계자가 가진 다양한 관심사항을 분석하고 합리화하며 처리하는(또는 기각하는) 일련의 과정에서 투명성을 확보하는 길이기도 하다. 어떤 원칙은 조직 차원에서 강제할 것이고(이러면 제약사항이 된다), 해당 아키텍처에 특히 잘 맞는다고 결론 낼 수도 있다(어떻게 이런 결론에 이르게 되는지 잠깐 살펴볼 예정이다).

원칙을 제대로 활용하면 아키텍처 정의를 할 때 기준선을 수립하거나 틀을 잡는 데 있어 이루 말할 수 없는 가치가 있다. 원칙은 이해관계자가 깔아놓은 가정을 담고 있을 뿐 아니라 그 가정을 백일하에 드러내는, 다시 말해 묵시적이던 것을 명시적인 것으로 만드는 역할을 한다. 원칙은 아키텍처 과제를 시작하기에 매우 좋은 시작점으로, 특히나 동기나 범위가 불확실할 때 그렇다. 또한 이해관계자 사이에 심각하지만 인지되지 않은 충돌이 존재한다는 의심이 들 때도 쓸모가 있다.

1부와 2부에 걸쳐 원칙에 대한 예제를 여러 가지 제공했는데, 지금쯤이면 이것이 얼마나 유용한지 알아볼 때도 됐다고 본다. 이제는 원칙을 공식적으로 정의해보자.

아키텍처 원칙(architectural principle)이란 아키텍처 정의를 이끌어내는 신념이나 접근법, 의도에 대한 핵심적인 진술을 말한다. 현재 환경이나 바람직한 미래의 상태에 대한 언급이 들어가기도 한다.

원칙은 관심사항이 아키텍처 전체에 걸쳐 일관되게 처리되고 있는지 확인하는 훌륭한 방법이자 아키텍처가 왜 특정한 방식으로 구축돼야 하는지 설명하는 좋은 방법이다. 인터넷을 뒤져보면, '바로 가져다 쓸 수 있는' 훌륭한 아키텍처 설계 원칙이 매우 많다는 사실을 금세 발견할 수 있다. 하지만 그저 모범 관행 원칙 조합을 내려받아서 눈앞에 닥친 문제에 태평하게 적용하고 싶은 욕심은 버려야 한다. 원칙은 자신의 구체적인 상황은 물론 이해관계자의 요구와 우선순위를 살펴서 여기에 맞는지 보고 선택해야 한다.

어느 소매상이 새로운 고객 창구 시스템을 개발해 고객들로부터 들어오는 우편, 전화, 이메일 요청을 처리하고자 한다. 하지만 하드웨어 규모 변경 시험을 종료하고 나니, 클러스터링, 하드웨어 복제, 고속 온라인 백업을 사용해 초고도의 시스템 가용성을 확보하려다 보니 비용이 예산을 훨씬 초과한다는 사실이 드러났다.

과제 후원자 및 고객과 논의를 거친 결과, 사실은 시스템의 각 부분별로 사업상의 중요도를 다르게 본다는 사실이 드러났는데, 고가용성 설계 계획 시 감안할 만했다. 이를 정리해서 다음과 같은 원칙을 세웠다.

"사업을 운영하는 데 있어서 고객 창구 시스템의 가용성이 두드러지게 중요하기는 하지만, 시스템에서 고객을 대면하는 직원이 쓰는 부분은 (작업흐름 관리와 경영 보고 등) 다른 부분에 비해 우선순위가 더 높아야 한다. 시스템의 여러 부분들의 성능, 가용성, 복원성과 관련한 절충이 일어나야 하는 경우에는 언제나 고객 대면 작업흐름을 지원하는 부분을 맨 앞에 둬야 한다."

이 원칙에 대해서는 여러 부류의 이해관계자와 광범위하게 토론을 거쳤고, 그 결과 시스템에서 고객 상호작용을 지원하는 부분에 고가용성 기술을 집중하고 다른 부분에는 그런 기술 적용을 축소함으로써 하드웨어 아키텍처가 눈에 띄게 단순해졌다.

좋은 원칙의 조건

좋은 원칙에는 다음과 같은 특징이 있다.

- 생산적이다. 쟁점사안을 조명하고, 아키텍처 결정사항을 끌어내며, 올바른 아키텍처 틀을 수립하는 데 도움이 된다.

- 근거가 있다. 사업적 동인, 목표, 다른 원칙의 강력한 뒷받침이 있다(사실, '원칙을 활용한 관심사항과 결정사항 연결' 절에서 원칙을 활용해 사업적 동인을 바탕으로 아키텍처 결정사항을 정당화하는 방법에 대해 설명했다).

- 서술이 명료하다. 다른 어떤 산출물과 비교할 수 없을 정도로 모든 이해관계자가 원칙을 이해할 수 있게 하고 또 (우연히든 의도적이든) 오해의 여지가 없게 하는 것이 훨씬 중요하다.

- 시험이 가능하다. 원칙은 (대개) 아키텍처의 전체 수명 내내 유효하고, 따라서 준수 여부에 대해 객관적으로 판단할 수 있어야만 한다.

- 의미가 있다. 누가 봐도 당연한 원칙은 가치가 없다. 의미가 있는지 손쉽게 알아보는 방법은 반대 서술이 참일 여지가 있는지를 물어보는 것이다. 해당 원칙에 반대되는 서술도 (주어진 환경에서 명확히 틀렸다 할지라도) 여전히 의미가 있다면, 이는 의미가 있을 가능성이 높다.

예제를 보며, 약간의 분석을 통해 쓸모 없는 원칙을 좀 더 쓸모 있는 원칙으로 변모시키는 방법을 살펴보자.

예제

소매상이 원하는 온라인 상점을 만들기 위한 초기 단계 워크숍을 하고 나니 '온라인 상점은 컴퓨터와 전자상거래 경험이 많지 않은 고객이 사용하기에 어렵지 않아야 한다'는 목표는 상당히 많은 내용이 글자 그대로 아키텍처 원칙으로 이어졌다. 하지만 의미에 대한 시험을 적용하면서, 반대 서술인 '온라인 상점은 사용하기가 어려울 것이다'는 전혀 의미 있는 말이 아니다. 글자 그대로, 이 원칙에 대한 이 첫 번째 시도는 언제나 지당한 말이기에 그다지 가치가 없다.

사용편의성은 확실히 이해관계자에게 중요한 데다, 더 논의해보니 잠재적인 고객이 쓰다가 문제에 맞닥뜨리면 다른 사이트를 클릭해 떠나버리기가 너무 쉬워서 신규 사용자에게는 특히 중요하다는 사실이 드러났다. 원칙을 쪼개서 다음과 같은 몇 개의 좀 더 구체적인 원칙으로 만들었다. "고객에게서 수집하는 데이터의 양을 최소화해야 하는데, 특히나 사이트 가입 같은 초기 상호작용 중에는 그래야 한다. 판단 근거: 이렇게 함으로써 데이터 보호 관심사항을 최소화하고 고객이 사이트를 돌아다니고 상품을 선택하는 경험이 늦어지는 일을 피한다." 이 원칙은 이제 (고객을 불편하게 하는 일을 피하고 개인 데이터를 둘러싼 정보 보호 관심사항을 피한다는 판단 근거가 받쳐주고 있으므로) 좀 더 탄탄한 근거를 갖추게 됐고 초기 고객 상호작용에 있어서 사용편의성에 대한 구체적인 필요성을 조명하고 있으므로 좀 더 생산적이기도 하다. 또한 많은 정보 입력이 필요한 가입 절차를 요구하는 일이 어딘가 다른 상황에서 필요하도록 했으므로 좀 더 의미가 커졌다.

하지만 여전히 시험이 가능하지는 않다. 이해관계자는 사용편의성에 대한 자신의 목적이 성취됐는지 여부를 어떻게 알 수 있을까? 몇 가지 추가 작업을 통해 최종적인 원칙을 만들어냈다. "고객으로부터 수집하는 정보의 양을 최소화해야 하고, 특히 사이트 가입 같은 초기 상호작용할 때 경쟁 사이트보다 더 적은 데이터를 수집하는 것을 목표로 삼아야 한다. 판단 근거: 이렇게 함으로써 정보보호 관심사항을 최소화하고 고객의 사이트 탐색과 상품 선택을 하는 경험이 늦어지는 일을 피한다." 이 원칙은 이제 분석가와 개발자에게 좀 더 명확한 목표를 제시해준다.

원칙은 대체로 평이하고 전문용어에 오염되지 않은 말로 쓴 현재형의 문장(또는 간혹 바람직한 상태를 표현하는 경우에는 미래형의 문장) 한두 개로 표현한다.

자체적인 원칙 정의

'바로 가져다 쓸 수 있는' 고급 원칙이 상당수 있기는 해도, 쟁점사항을 더 깊이 파고들다 보면 자체적으로 한결 특화된 원칙을 만들 필요도 있으리라. 이렇게 되면 이내 지금 소개하는 기법이 아키텍처 설계의 모습을 잡고 정제하는 데 있어 엄청나게 가치 있다는 사실을 알게 될 것이다.

원칙을 처음 사용하는 이들에게는 아키텍트 본인이든 이해관계자든 당연한 말만 하는 가치가 많이 부풀려진 방법이라는 인상을 받겠지만, 원칙에 대해 의견 일치를 보는 데 있어 처음으로 문제가 생기는 순간 비로소 그 효용성을 깨닫게 된다. 원칙은 핵심적인 신념에 바로 연결되기 때문에 원칙의 표현이나 의미에 대해 의견 충돌이 생겼다면 이는 이해관계자 사이에 모종의 근본적인 차이가 존재한다는 확실한 표시다. 이런 차이를 공개된 곳으로 끄집어내 조기에 해소하는 것은 좋은 일이다.

원칙에 대해 의견 일치에 이르는 데는 많은 노력이 들 수도 있으므로, 한 번에 제대로 세워야 한다. 나중에 수정하려 들면 소중한 시간을 허비하게 되고 상당한 양의 아키텍처 설계 수정으로 이어질 수도 있다. 원칙을 너무 구체적으로 세워서는 안 된다. 이 시점에는 이해관계자의 취지와 동기를 파악하는 쪽으로 목표를 세워야지, (나중에 파악할 것이므로) 세부사항을 파악하는 쪽으로 세우면 안 된다.

아키텍트는 자주 묻는다. "원칙을 몇 개나 정해야 하는가?" 이 물음에는 당연히 정답이 없고, 그냥 이해관계자가 필요로 하는 만큼 정하면 된다. 하지만 과유불급이니, 원칙이 수백 개면 제대로 기억해주는 이가 아무도 없을 것이다.

▌ 아키텍처 결정사항

시스템의 아키텍처가 정의 과정에서 내린 중요한 의사결정의 축적물이라는 주장이 계속 있었는데, 사실 이 주장은 IBM의 래셔널 통합 프로세스에서 사용된 아키텍처 정의("소프트웨어 아키텍처는 소프트웨어 시스템의 구성에 관한 중요한 의사결정들로 둘러싸여 있다")의 기초이기도 하다. 이 책에서 아키텍처를 정의할 때는 이런 내용을 되도록 포함시키지 않았지만, 아키텍트는 시스템의 궁극적인 성공에 본질적인 영향을 미칠 시스템 구축 방법에 대한 수많은 의사결정을 내릴 수밖에 없다는 사실에는 의심의 여지가 없다.

큼직한 '아키텍처적' 의사결정을 올바로 내리는 일은 대개 나중에 변경하기가 어렵고 비용이 많이 들며 시간을 많이 잡아먹기 때문에 결정적으로 중요하다. 예를 들면 다음과 같은 것이 있다.

- 시스템의 아키텍처가 특정한 아키텍처 패턴을 따를 경우, 그리고 그 패턴이 나중에 부적합한 것으로 판명될 경우, 다른 패턴을 사용하는 쪽으로 리팩토링하려면 모든 요소를 재설계할 필요가 있다.

- 아키텍처에서 어떤 품질 속성을 다른 품질 속성보다 우선에 놓을 경우, 가령 성능을 유연성보다 우선에 놓는 경우, 상당한 양의 소프트웨어가 이미 작성된 후에 이 균형을 고쳐 잡는 일은 불가능하거나 매우 어렵다.

- 시스템이 특정한 프로그래밍 언어나 기술적인 플랫폼을 활용해 구축된 상태에서 나중에 일부 핵심 이해관계자 목표를 달성하지 못하는 것으로 판명 나는 경우, 맨 처음부터 다시 작성해야 할지도 모른다.

명시적인 의사결정, 즉 논의가 끝나고 합의가 됐으며 서류 작성이 완료된 의사결정만 걱정한다고 될 일이 아니다. 경험에 비춰보면 많은 아키텍처 결정사항이 묵시적이어서, 말하자면 어디서도 문서화는 물론 논의조차 되지 않는다. 이런 일이 벌어지는 이유는 그 의사결정이 너무나 '명백해서' 아무도 의문을 제기하지 않아서 그렇거나, 세부사항이 유실돼서 그렇거나, 그에 대해 생각해볼 시간이 없어서 그렇다. 묵시적인 결정사항은 그 결정이 내려졌다는 사실 자체가 변경하기에는 너무 늦은 시점에 인지될 때가 많기 때문에 훨씬 더 다루기 힘들다.

예제

마을마다 지청을 두고 있는 어느 정부 부서에서 기존의 유연성 없고 확장 가능하지도 않으며 매우 구식 기술로 구현돼 있던 인적 자원 관리 시스템을 대체하기로 결정했다. 이 부서는 지역 자율성과 책임성에 대단히 큰 사업 동인을 두고 있고, 이로 인해 각 지청에 자율적인 신규 시스템 인스턴스를 두는 아키텍처가 나왔다. 오랜 논의를 거쳐, 지청에 속한 직원 개인에 대한 데이터의 원본을 그 직원이 근무하는 지청에 보관해두기로 결정을 내렸다. 일주일에 한 번씩 핵심 데이터를 중앙의 경영 보고 데이터베이스에 올려놓으면, 이 데이터를 고급화된 통합적인 뷰를 제공하는 데 활용하게 된다.

신규 시스템 개발이 시작됐다. 몇 개월이 흐른 뒤, 이 부서에서 재해 복구 훈련을 수행했고 이 훈련의 일환으로 이 새로운 인적 자원 관리 시스템에 대한 공식적인 고려를 하게 됐다. 훈련에서는 지청 중 한 군데서 화재가 일어나고 몇몇 직원이 실종되는 경우 재해 시나리오를 하나 살펴봤다.

과제 수행 팀에서는 인적 자원 데이터에 실종 직원 본인 연락처와 가까운 친척 연락처가 같이 담겨 있어서 화재로 인해 한꺼번에 소실될 수 있다는 사실을 인식했다. 이는 용납할 수 없는 상황으로, 데이터가 원격지에 백업돼 있다가 재적재돼서 해당 친척에게 연락이 닿는 데 긴 시간이 걸릴 수가 있다.

이런 사실을 인식함으로 인해 시스템에 대한 대대적인 아키텍처 설계 수정이 필요했고, 이로 인해 개별 지청에서 (가까운 친척 정보가 포함된) 핵심 직원 데이터가 갱신될 때 중앙의 통합된 데이터베이스에도 복제되게 했다. 시스템이 실제 배치되기까지 상당한 지연과 비용 초과로 과제 진행에 애를 많이 먹었다.

아키텍처 결정을 명시적으로 내리는 일은 이해관계자를 참여시키기에 좋은 방법으로, 이렇게 하지 않으면 아키텍처 정의에 참가할 시간이나 의지를 보이지 않을 수도 있다. 인적 자원 관리 예제에서 정보 아키텍처에 대한 핵심 결정사항을 공개했더라면 그 아키텍처가 부서의 사업 연속성 관심사항을 충족하지 못한다는 사실을 인식했을 수도 있었다.

이런 열린 접근법은 이해관계자로 하여금 아키텍처의 모습을 잡아준 결정사항을 인식하고 또 그 결정사항이 말이 될 뿐 아니라 자신의 특정한 관심사항을 충족한다는 사실을 검증할 수 있게 한다. 또한 해당 아키텍처의 근본을 모든 이의 머릿속에 '심어주는 데' 도움이 되고, 이 덕분에 나중에 결과를 고려하지 않고 결정사항을 뒤집는 일도 피할 수 있다.

나중에 간략히 살펴보겠지만, 의사결정과 그 이면의 핵심 사업 동인을 이어주는 추적가능성도 얻을 수 있는데, 이는 이해관계자가 아키텍처의 핵심 특성과 능력을 받아들이게 하는 데 도움이 되고 또 결정사항이 초래할 영향이 조기에 드러나게 해준다.

아키텍처적으로 중대한 결정사항

확실히 아키텍처에 대해 내린 모든 의사결정을 문서화하고 검토할 수는 없을 뿐만 아니라, 사실 그리 해봤자 의미도 없다. 하지만 아키텍처적인 중대함의 개념을 적용할 수는 있는데, 2장에서 설명했듯이 이를 활용하면 어느 의사결정이 좀 더 폭넓은 이해관계자의 검토와 감독이 필요한지 정하는 데 도움이 된다.

아키텍처적으로 중대한 결정사항이란 언제나 아키텍처에 있어 중요한 '무엇이', '어떻게', '무슨' 질문에 대한 답을 제시해주는 것으로 시스템이 핵심 목표를 달성하리라는 확신을 심어주는 데 있어 핵심적인 결정사항을 말한다(당연히, 중요한 '왜' 질문은 관심사항, 제약사항, 원칙에서 답이 나온다).

아키텍처적으로 중대한 '무엇이' 결정사항은 아키텍처의 기능적 컴포넌트, 데이터 저장소, 동시성 처리 방식, 배치 플랫폼, 운영 도구와 함께, 이런 요소가 서로 맞물려 이해관계자의 관심사항을 처리하는 방식을 뽑아내는 데 도움이 된다. '무엇이' 결정사항은 이해관계자에게 중대한 영향을 끼칠 때가 많고 따라서 핵심 이해관계자의 자문하에 내릴 필요가 있을 뿐 아니라 대개는 그들의 동의가 필요하다.

아키텍처적으로 중대한 '어떻게' 결정사항은 아키텍처의 요소를 구축하는 방법을 끌어낸다. 여기서는 상태 없는 컴포넌트 풀^{pool}을 사용하는 다중 스레드 서버나 성상^{star} 스키마 데이터베이스를 활용한 보고용 데이터베이스를 설계한다는 결정사항 같은 표준적인 패턴이나 접근법을 사용한다. '어떻게' 질문은 언제나 문제 영역보다는 해결책 영역에 더 큰 영향을 준다.

아키텍처적으로 중대한 '무슨' 결정사항에서는 대개 어느 소프트웨어(그리고 가끔은 하드웨어) 기술을 사용해 시스템을 구축할지를 정한다. 여기서는 거의 언제나 해결책 영역을 겨냥한다.

예제

> 행사 예약 서비스에서는 인터넷을 통해 고객의 예약을 접수한다. 하지만 카드 인증이 참기 힘들 정도로 느리다는 관심사항이 표출돼왔는데, 최고로 붐비는 시간에 특히 심했다. 따라서 '무엇이' 아키텍처 결정사항으로 '주문 처리 시스템은 주문이 접수된 후에 지불 내용을 수집하는 서비스를 갖추고 고객에게는 몇 단계 지난 시점에 지불이 성공하고 나서(또는 그 밖의 상황에) 통지한다.'는 내용이 도출됐다. 이 결정사항의 결과로 어떤 경우에는 자기 주문이 들어갔다고 생각하고 있는 고객에게 다른 지불 수단이 필요하다는 통지를 해야 할 필요가 생겼다.

이 예제에서 '어떻게' 결정사항으로는 '신용카드 결제가 XYZ 카드 서비스 회사의 결제 인증 서비스를 이용해 인증된다.'가 나왔다. '무슨' 결정사항으로는 'XYZ 카드 서비스 회사에 사설 VPN을 거쳐 카드사 고유의 통신규약을 통해 카드사 서버에 연결된 표준 게이트웨이를 활용해 메시지가 전달된다.' 정도가 있겠다.

어떤 아키텍처 결정사항이 아키텍처적으로 중대한지 여부와, 그에 따른 이해관계자의 개입과 승인이 필요한지 여부를 결정할 때는 스스로 다음과 같은 질문을 던져봐야 한다.

- 시스템의 기능이나 품질 속성에 중대한 영향을 끼치는가?
- 과제가 직면한 중대한 위험을 처리하는가?
- 시스템을 구축하는 데 있어 시간이나 비용 측면에서 어떤 결과를 초래하는가?

- 결정사항이나 그에 대한 판단 근거 및 그에 따른 결과가 복잡하거나 예상을 벗어나는가?

- 결정사항이 나오기까지 들인 시간이나 노력이 상당한가?

- 결정사항이 해당 조직에서 선호되는(또는 기피되는) 접근법이나 기술, 공급자와의 관련 등으로 인해 충돌이 있거나 정치적으로 중요한가?

█ 원칙을 활용한 관심사항과 결정사항 연결

원칙을 가장 잘 활용하는 예로 아키텍처 결정사항에 대한 추적가능성을 제시하는 용도가 있다. 즉, 원칙을 사용해 아키텍처에 등장하는 특정 요소나 특성을 정당화하고 설명하는 데 쓸 수 있다.

이 접근법은 두 가지 추가 정보를 개별 원칙과 연결하는 데 바탕을 둔다. 즉, **판단 근거**(해당 원칙이 아키텍처에 있어 적합하고 가치 있는 이유)와 **초래될 결과**(해당 원칙을 현실화하기 위해 할 일)다.

추적가능성은 결과와 판단 근거를 매개로 원칙들을 연결함으로써 생겨난다. 다음과 같이 하면 된다.

- 아키텍처에 대한 **사업 동인 및 목표**에서 시작한다.

- 사업 목표를 바탕으로 **사업적 원칙**을 도출해내는데, 많은 원칙이 판단 근거로 하나 이상의 사업 동인을 담게 된다(즉, 사업 동인이 사업적 원칙에 대한 결과를 담고 있다). 사업적 원칙은 일반적으로 아키텍처를 구축하거나 배치하는 데 있어서 '어떻게'보다는 '왜'와 '무엇이' 질문에 초점을 맞춘다.

- 사업적 원칙을 바탕으로 같은 방식으로 **기술적 원칙**들을 도출해내는데, 많은 원칙이 판단 근거로 하나 이상의 사업적 원칙을 담게 된다. 기술적 원칙은 대개 '어떻게'와 '무슨' 질문에 초점을 맞춘다.

- 끝으로 기술적 원칙을 바탕으로 **아키텍처 결정사항**을 도출해내는데, 많은 결정사항이 판단 근거로 하나 이상의 기술적 원칙을 담게 된다.

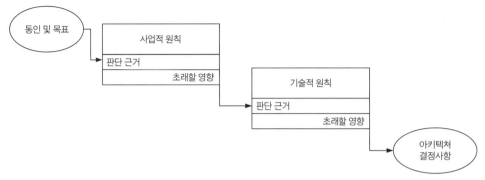

그림 8-3 원칙을 활용한 추적용이성 표현

　　사업 동인을 따라 아키텍처 결정사항에 이르는 과정에서, 판단 근거와 결과를 거치면 그림 8-3에 나오듯이 아키텍처 결정사항의 이면에서 내세운 근거를 설명하는 데 도움이 된다.

　　좀 더 단순화된 예제를 통해 살펴보자.

예제

앞에서 얘기한 소매상이 인수를 통해 성장하는 바람에, 상품 구색에 별도의 온라인 상품 목록이 여러 개 생겼다. 각 상품 목록은 별도의 쇼핑 시스템 전면에 게시돼 있고, 이 시스템들은 상품 주문 및 계정 관리 방식을 각자 자체적으로 갖추고 있다. 이렇게 되니 열성적인 쇼핑 고객들이 불편을 느낄 수밖에 없는 것이, 계산을 별도로 해야 하고 개인정보가 바뀔 때는 계정마다 따로 갱신을 해줘야 했다.

따라서 회사의 사업 전략에 다음과 같은 목표가 들어가게 됐다.

G1. 고객을 접촉 과정의 중심에 두는 '결합된' 방식으로 고객과 상호작용하기 위해, 회사의 전체 상품 구색을 살펴보고 구매하는 일을 쉽고 즐겁게 한다.

이에 따른 결과로, 여러 가지 사업적 원칙을 수용했는데 다음과 같다.

B1. 모든 고객은 단일 진입점(회사 포털)을 통해 모든 정보, 서비스, 상품 목록에 접근할 수 있다.

B2. 어떤 고객 데이터 항목(이름, 주소, 이메일 주소)은 핵심 정보로 인식되는데, 이 정보는 고객이 딱 한 번만 변경하면 어느 곳에서든 바로 반영되게 할 필요가 있다.

이들 원칙은 모두 G1 목표를 판단 근거로 한다.

몇 번의 논의를 거쳐, 다음과 같은 기술적 원칙들이 도출됐다.

T1. 핵심 고객 데이터 항목은 모두 한 번씩만 기록되고, 실시간으로 갱신되며, 사실에 대한 권위 있는 출처로 쓰인다.

T2. 핵심 데이터 항목에 대한 접근을 요하는 시스템은 이 데이터를 사용하는 시점에 중앙 데이터 저장소에서 꺼내게 된다.

T3. 비 핵심 데이터(즉, 특정 서비스나 상품 목록에 국한해서 적용되는 데이터)는 그와 관련된 시스템이 관리한다.

이런 원칙은 사업적 원칙 B1과 B2를 판단 근거로 한다. 이런 원칙으로부터 아키텍처가 도출되며 다음과 같은 요소가 포함돼 있다.

D1. 핵심 고객 데이터 전부를 관리하는 중앙 통합 데이터 저장소

D2. 핵심 데이터 전부를 동기적으로 꺼내거나 갱신하는 데 쓰이는 메시지 교환 프레임워크

이런 설계 결정사항은 기술적 원칙 T1, T2, T3를 판단 근거로 한다.

이 단순한 예제를 통해 사업 목표 G1에서 시작해, 사업적 원칙 B1과 B2를 거치고, 다시 기술적 원칙 T1과 T2, T3를 통하면서 중앙 데이터 저장소를 배치한다는 결정사항이 정당화될 수 있음을 알 수 있다.

▌점검 목록

- 중요한 관심사항을 강제하거나 제시할 법한 이해관계자 모두에게 자문을 구해냈는가?

- 중요한 영향을 미치는 관심사항, 즉 핵심 이해관계자가 해당 과제를 시작하는 원인을 제공한 목표나 동인을 파악하고 문서화해뒀는가?

- 중요한 제약을 가하는 관심사항, 즉 아키텍처적인 선택을 제한할 표준 및 정책을 파악하고 문서화해뒀는가?

- 준수할 필요는 있지만 그렇다고 반드시 글로 작성해둘 필요는 없는 '현실적인' 제약사항도 미리 알아냈는가?

- 모든 관심사항을 이해관계자가 이해할 수 있는 간단하고 명료한 말로 문서화

해뒀는가?

- 모든 원칙을 판단 근거와 그로 인해 미칠 영향으로 보강했는가? 그 모든 원칙이 궁극적으로 (판단 근거를 통해) 사업 목표로 거슬러 이어지고 (미칠 영향을 통해) 아키텍처 결정사항으로 순행해서 이어지는가?
- 이해관계자가 관심사항과 원칙을 검토하고 승인해줬는가?

▌정리

아키텍처를 이끌어내고 모양을 잡는 데는 다양한 요인이 영향을 미치는데, 여기에는 사업 및 정보기술 전략, 목표 및 동인, 범위 및 요건, 표준 및 정책, 시간이나 기량 같은 현실적인 제약사항이 들어간다. 이런 요인들을 관심사항이라 부르고 이를 다시 시스템으로 해결하고자 하는 문제를 끌어내는 문제 중심 관심사항과 그 문제에 대해 적용 가능한 해결책을 끌어내는 해결책 중심 관심사항으로 구분한다. 이런 관심사항을 이해하고 문서화해야 올바른 아키텍처적 결정을 내릴 수 있다.

(사업 목표나 기술 목표 등) 몇 가지 관심사항은 특정한 방향에서 의사결정에 영향을 미치거나 의사결정을 이끌어내고, (따라야 할 표준이나 정책 등) 그 밖의 관심사항은 결정을 내리는 데 있어 제한으로 작용하고 또 그에 따라 결정을 제약하게 된다.

이해관계자가 가진 관심사항은 구체적이고 측정 가능할 수도 있고(이럴 경우 요건이라 부른다), 모호하고 서술도 대강 돼 있지만 이해관계자에게는 중요한 것일 수도 있다. 이해관계자의 관심사항을 효과적으로 문서화하는 방법을 설명해놓았다.

이 책에서는 아키텍처 원칙이 아키텍처 정의를 이끌어내는 신념이나 접근법, 의도를 담은 핵심적인 진술이라고 했다. 그리고 아키텍처 정의를 위한 틀을 만드는 데 있어서 원칙이 얼마나 큰 쓸모가 있는지 설명하고 이를 활용해 아키텍처 결정사항과 그 결정사항의 모습을 잡아준 관심사항 사이의 관계를 파악하는 방법을 보여줬다.

▌ 더 읽을거리

이런 개념들에 이처럼 상당한 지면을 할애한 이유 중에는 목표, 동인, 원칙, 관심사항 같은 개념이 많이 회자되는 반면 소프트웨어 아키텍처의 맥락 안에서 다룬 책은 거의 없다는 점도 있다.

하지만 소프트웨어 아키텍처를 사업적 동인의 맥락 내에 확고히 가져다 놓은 단 하나의 서적으로 [BASS03]이 있는데, 이 책의 앞쪽 몇 장을 보면 '아키텍처 사업 주기$^{ABC,\ Architecture\ Business\ Cycle}$'에 대한 언급을 통해 이런 관계를 설명해놓았다. 전사적인 아키텍처 관점에서 이 주제에 접근하면서도 사업 전략, 목표, 원칙을 논하고 이런 것들이 기술 동인과 어떻게 관련되는지를 언급한 서적으로는 [PERK03]이 있다.

아키텍처 결정사항을 파악하는 일의 중요성을 논한 초창기 글 중에 [TYRE05]가 있고, 아키텍처 결정사항을 템플릿과 의사결정 절차를 포함해 철저히 논한 내용은 [CLEM10]에서 찾아볼 수 있다.

캡제미니의 IAF 방법론에 대해서는 [WOUT10]을 보면 더 자세한 사항이 나온다.

9

이해관계자 파악과 유치

1부에서 살펴봤듯이, 시스템에 영향을 받는 사람은 그 사용자만이 아니다. 시스템은 단순히 사용만 되는 것이 아니라, 설계도 돼야 하고 구축도 돼야 하며, 운영도 돼야 하고, 보수도 필요할 것이며, 대개는 개선도 되고, 당연히 대금도 지불돼야 한다.

이런 활동은 하나같이 사용자와 구별되는, 많은 (아마도 상당히 많은) 사람들이 개입해야 한다. 이런 사람들은 종류별로 시스템에 대해 저마다의 요건, 관심사항, 요구가 있다. 이런 이들을 모두 통칭해 이해관계자라 부른다. 이해관계자에 대해서는 1부에서 다음과 같이 정의했다.

정의

시스템의 아키텍처에서 **이해관계자**란 시스템 구축에 관심을 두는 개인, 팀, 조직, 계층을 말한다.

올바른 이해관계자 파악과 유치야말로 소프트웨어 개발에 있어 (두말할 필요 없이) 가장 중요한 일에 속한다. 아키텍처상의 이해관계자란 개념은 ISO 표준 [ISO11]에 깔끔하게 설명이 돼 있으므로, 이 책에서의 논의도 여기에 바탕을 두고 전개한다.

▌이해관계자 선정

많은 사람이 여러 가지 수준에서 아키텍처에 관심을 보이지만, 아키텍트가 그 사람들의 관심사항을 일일이 다 살피기에는 시간이 턱없이 부족하다. 따라서 맨 먼저 처리할 과제는 누구의 의견과 우선순위가 가장 중요한지 알아내서 거기에 집중하는 일이다. 우선순위가 높은 이해관계자는 다음 집단에 속한다.

- 아키텍처적인 결정사항에 가장 영향을 많이 받는 이해관계자, 예를 들어 시스템을 사용할 사람이나 운영 및 관리할 사람, 비용을 댈 사람
- 개발 과정 및 최종적인 개발 성공에 영향을 미치는 이해관계자, 예를 들어 비용을 댈 사람
- 해당 사업 또는 기술 영역에 대한 전문지식을 갖추고 아키텍트에게 유용한 조언을 해주거나 심지어 아키텍처를 검토해줄 수 있는 이해관계자
- 조직적 또는 정치적 이유로 인해 참여시켜야 할 필요가 있는, 감사나 중앙 아키텍처 공통화 팀, 조직 내에서 명망 있는 의견 형성자 등의 이해관계자

경험에 비춰보면, 이해관계자 단체를 형성하기 위해 누구를 고를지는 주관적인 선택이다. 하지만 장기적으로 보면 처음에 되도록 넓게 그물을 드리우는 것이 (비록 단기적으로는 서로 부딪치는 요건을 조화시킬 일이 많아서 헤쳐나가기가 쉽지 않겠지만) 중요하다. 개발 과제를 시작할 때 이해관계자의 관심사항을 감안하지 않으면 나중에 가서 결국 탈이 날 수밖에 없다. 변경하기가 훨씬 어려울 뿐 아니라 아키텍처적인 변경 자체가 아예 불가능할 수도 있기 때문이다.

전략

아키텍트와 함께할 이해관계자를 선정하는 일은 주관적인 활동이지만, 일반적으로 폭넓은 이해관계자 단체에서 고를수록 제품이나 시스템을 성공적으로 납품할 가능성이 커진다.

안타깝게도 이해관계자를 올바로 선정했는지 여부를 판단하는 완벽히 객관적인 기준은 존재하지 않는다. 누구를 선택할지는 시스템의 목표, 조직 및 정치적 고려, 자원의 가용성, 비용 및 시간 제약 같은 여러 요소를 봐서 결정한다.

(가령, 가끔은 이해관계자가 완전히 마음을 열고 협의에 응하면서, 자신의 시각을 수용해

야 할 절대적인 필요성을 드러내기보다는 다양한 범주의 관심사항을 반영하고자 하는 욕망을 드러낼 때도 있다. 아키텍처의 성공에 도움이 되기만 한다면 이런 모습도 잘못됐다고 생각할 필요 없다.)

따라서 이해관계자 목록을 채워나가는 작업은 과제 방향에 대한 목소리를 결정하는 협력적인 활동으로, 아키텍트는 이 일을 제대로 해내지 않으면 안 된다. 이해관계자 목록에 빈틈이 없는지 확인(이 사안에 대해서는 다음 절에서 살펴본다)할 뿐 아니라, 아키텍처 목록이 올바른지 확인하는 데 도움이 되는 기준 네 가지를 살펴보자.

원칙

아키텍처에 도움이 되는 이해관계자는 인식이 있고, 참여를 하며, 권한이 있고, 대표성을 띤다.

표 9-1에 이 기준을 하나씩 설명해놓았다.

표 9-1 올바른 이해관계자의 기준

기준	설명
인식 수준	이해관계자가 올바른 결정을 내리는 데 필요한 정보, 경험, 이해를 갖추고 있는가?
참여 여부	이해관계자가 과정에 참여할 의사와 여력이 있고, 또 어쩌면 쉽지 않을 결정을 할 준비가 돼 있는가?
권한 보유	지금 이 이해관계자가 내리는 결정이 나중에 가서 (많은 비용을 감수하며) 뒤집히지 않으리라 확신할 수 있는가?
대표성 확보	이해관계자가 개인이 아닌 집단일 경우, 그 집단에서 적합한 대표자를 선택했는가? 그 대표자가 개인 이해관계자에게 적용한 기준을 충족하는가?

이해관계자 유형

표 9-2를 보면, 역할과 관심사항에 따라 이해관계자의 부류를 나눠놓았다.

표 9-2 이해관계자 역할

이해관계자 부류	설명
구매자	시스템 및 제품의 구입을 감독함
평가자	시스템의 표준 및 법규 준수를 감독함
의사소통자	문서 및 교육 자료를 통해 다른 이해관계자에게 시스템을 설명함
개발자	명세를 바탕으로 시스템을 개발하고 배치함(또는 그렇게 하는 팀을 이끔)
유지보수자	운영에 들어간 시스템의 진화를 관리함
운영 환경 담당자	시스템을 구축, 시험, 가동할 하드웨어 및 소프트웨어 환경을 설계, 배치, 관리함
공급자	시스템이 가동될 하드웨어, 소프트웨어, 기반구조를 구축 및 공급함
지원 인력	제품 및 시스템이 가동되는 동안 사용자에게 지원을 제공함
시스템 관리자	배치가 끝난 시스템을 가동함
시험자	시스템이 용도에 적합하도록 시험함
사용자	시스템의 기능을 정의하고 궁극적으로는 그 시스템을 사용함

대부분의 시스템 개발 과제에는 여기 나온 이해관계자 집단 전부 또는 대부분의 대표자가 있지만, 그 상대적인 중요도는 다르다. 하지만 이들 계층을 감안하는 데 빠짐이 있다면, 나중에 가서 문제가 된다.

이해관계자 집단을 확대하는 데는 대가가 따른다. 즉, 집단이 클수록 합의점에 이르기가 어렵다. 아키텍트는 규모가 큰 이해관계자 집단이 작업을 진척시키는 데 걸림돌이 되지 않게 해야 한다. 이렇게 하려면 의사결정 과정을 능동적으로 관리하고 각 이해관계자 집단이 가진 요구의 상대적인 중요도를 명확히 이해할 필요가 있다. 이렇게 하면 자신들의 요구가 무시됐다고 느끼는 이해관계자가 아키텍처 결정사항에 불만을 표시할 때 이를 지켜내는 데 도움이 된다.

이해관계자 집단의 규모가 클 때는 집단의 규모로 인해 작업 진척이 늦어지지 않도록 적극적으로 관리해줄 필요가 있다. 특히나 다양한 이해관계자 집단의 요구에 균형을 맞추고 선후를 정함으로써 충돌이 일어났을 때 원만하고 타당하게 결정을 내릴 수 있게 해야 한다.

또한 드러내놓고 자신의 요구를 내세우지는 않더라도, 아키텍트로서 역할하는 시점에는 아키텍트 자신도 역시 아키텍처적인 이해관계자임을 감안할 필요가 있다(아키텍트는 자신의 시각이 올바르게 수용되도록 스스로를 잘 표현할 수 있음을 믿는다).

아키텍트는 (구매자나 사용자 같은) 비기술적 이해관계자와 (개발자, 시스템 관리자, 유지보수자 같은) 기술 중심 이해관계자를 포함해 반드시 적절한 대표성을 갖춘 인물들로 이해관계자 집단이 구성되도록 담보해야 한다.

이해관계자 집단을 좀 더 자세히 정의해보자.

구매자

구매자는 시스템 및 제품의 획득을 감독한다. 구매자로는 대개 고위 경영진이 들어와서 제품 및 시스템 개발에 드는 자금을 대거나 승인하거나, 구매 및 법무 부서에서 들어와서 외부 공급자와 협상할 때 사용자 입장에서 경제적인 관심사항을 반영한다.

구매자는 시스템 개발 과제에서는 사업적인 후원자를 칭할 때가 많고, 제품 개발에서는 판매 조직이나 마케팅 조직, 기술 조직에서 나온 고위 임원일 때가 많다. 과제에 자금을 대기 위해 특정한 외부 투자자가 있어야 할 경우 투자자 대표가 들어갈 수도 있다. 직급순으로 보면 가장 중요한 이해관계자다.

구매자의 관심사항은 대개 전략 목적과 조율, 투자 대비 성과, 비용, 기한, 계획, 시스템 구축 및 가동에 필요한 자원 같은 사안을 중심으로 걸쳐 있다. 이들은 언제나 현금 가치와 납품 및 운영 과정에서 효과적인 자원 소비에 목표를 둔다.

평가자

평가자는 시스템이 표준과 법규를 준수하는지 감독한다. 평가자는 조직 자체적으로 내부 품질 통제 및 준수 부서에서 나올 수도 있고, 외부 법률 주체에서 올 수도 있다.

평가자의 관심사항은 (요건 준수 확인용) 시험 관련해서 공식적이고 입증 가능한 준수 여부에 초점이 맞춰져 있다.

의사소통자

의사소통자는 다른 이해관계자에게 시스템을 설명하는 역할을 한다. 내부 또는 외부 훈련교관이 지원 인력이나 개발자, 유지보수자 등에게 훈련을 시켜주고, 기술문서 작성자가 제품이나 시스템의 사용자 및 관리자용 설명서를 만든다. 제품이라면 마케팅 부서에서 책임지고 핵심 특성과 강점, 예상 고객이 얻게 될 이점을 전달해야 한다.

의사소통자의 관심사항은 아키텍처를 뒷받침하는 판단 근거를 이해한 후 이를 기술 및 비기술 청중에게 설명하는 데 있다.

개발자

개발자는 명세를 보고 시스템을 구축해서 배치한다. 즉, 설계부터 시작해 코딩과 시험을 거쳐 인수까지 소프트웨어 개발 수명주기 전체에 걸쳐 시스템을 다룬다. 개발자는 아키텍처의 전체적인 모습을 이해할 필요가 있을뿐더러 빌드 표준이나 플랫폼 선정, 언어, 도구 같은 개발상의 사안에 초점을 맞춘 구체적인 관심사항은 물론 유지보수성, 유연성, 장기간에 걸친 지식 보존 같은 그 밖의 사안도 고려해야 한다.

이 집단에는 개발 활동을 계획하고 개발을 실행하는 팀을 이끄는 개발 관리자도 포함된다.

유지보수자

유지보수자는 시스템이 일단 운영을 시작한 다음에 일어나는 진화를 관리한다. 유지보수자는 개발 문서, 도구(운영체제 감시 수단), 디버그 환경, 제품 변경 통제, 장기간에 걸친 지식 보존 등의 사안을 주로 고려한다.

운영 환경 담당자

운영 환경 담당자는 시스템을 구축, 시험, 운영할 하드웨어 및 소프트웨어 환경을 설계, 배치, 관리한다. 이들은 서버 및 데스크톱 컴퓨터, 네트워크 기반구조, 검색 엔진이나 통신 게이트웨이 같은 특수 목적 장비, 프린터나 휴대전화기, 기타 휴대 장치 같은 주변기기를 책임질 뿐 아니라, 대개는 운영체제나 시스템 관리, 메시지 교환 미들웨어, 관계형 데이터베이스 같은 기반구조 소프트웨어까지도 책임진다.

규모가 큰 조직은 대부분 데이터 센터에 컴퓨팅 환경을 구축해서 운영하는데, 여기서는 여분의 전원 공급 장치, 여분의 광대역 데이터 통신, 공조 장치 및 화재 예방을 비롯한 환경 통제 장치 등의 정교한 장치를 구비한 안전하고 보안이 돼 있으며 고도로 가용성이 높은 환경을 제공한다. 데이터 센터는 주 상용 환경은 물론, 대개는 재해 복구, 인수 시험, 어떤 경우에는 개발에 필요한 환경까지도 구비해두고 있다. 이런 품목은 재무적으로 상당한 자산이기 때문에, 운영 환경 담당자는 이런 것들을 주의 깊고 정교하게 다룬다.

운영 환경 담당자는 모든 시스템의 배치 아키텍처에 중대한 입력물을 제공하는 데다, 데이터 센터에 컴포넌트를 설치하려면 언제나 이들의 승인을 얻어야 한다.

공급자

공급자는 하드웨어, 소프트웨어, 시스템이 작동할 기반구조를 구축 및 공급하거나, 간혹 시스템 개발이나 운영에 투입될 특별한 직원을 공급하기도 한다.

공급자는 약간은 특별한 부류의 이해관계자로서, 대개 시스템의 구축, 가동, 활용에는 관여하지 않지만 자신들이 공급하는 제품의 제한사항이나 요건에 따른 제약사항을 부여할 수 있다. 가령, 소프트웨어 애플리케이션이 특정 버전의 운영체제를 작동의 필수요건으로 전제할 수도 있고, 특정 하드웨어 구성에서만 작동할 수도 있으며, 동시 접속 수나 최대 데이터 크기에 있어 제한사항을 둘 수도 있다. 이런 제약사항은 반드시 아키텍처 설계로 빼둬야 한다.

지원 인력

(안내 창구, 기술 지원, 고객 서비스 부서 등) 지원 인력은 제품 및 시스템이 가동되는 시점에 사용자 지원을 해준다. 지원 인력의 관심사항은 사용자가 전화, 이메일, 인터넷은 물론 대면으로 연락해서 물어오는 문제를 해결하는 데 필요한 정보를 구하는 것이다.

시스템 관리자

시스템 관리자는 시스템이 일단 배치된 후에 시스템 가동을 담당한다. 대규모 상용 환경에서는 시스템 운영이 사업 연속성에 있어 핵심이므로 시스템 관리자가 핵심적인 역할을 담당한다. 역 내 PC 시장을 대상으로 한 제품 같은 몇몇 시나리오에서는 시스템 관리자가 사용자 역할까지 담당하기도 한다.

시스템 관리자에게는 시스템 감시 및 관리, 사업 연속성, 재해 복구, 가용성, 복원성, 확장용이성 같이 광범위한 분야의 관심사항이 있다.

시험자

시험자는 시스템 개발 팀의 양심 역할을 한다. 이들은 시스템이 배치 및 사용에 적합한지 여부를 알아내기 위해 체계적인 시험을 실시한다. 개발자도 시험을 실시하지만, 시험자는 이와 별개로 독립적이어야 하고 시스템 구현자가 느끼는 것과 같은 주인의식을 느껴서는 안 된다. 전문가로서의 지식이나 경험과 함께 이런 입장이 곁들여짐으로써, 다른 이해관계자보다 훨씬 더 철저하고 객관적으로 시스템을 평가할 수 있게 된다.

시험자는 개발자와 같은 팀의 구성원일 수도 있고 별도의 조직 단위나 아예 별개 조직에 속할 수도 있다(가령, 전문 시험 회사에 외주를 줘서 독립적인 시험을 할 수도 있다). 조직적으로 어디에 속해 있든 이 사람들은 요건을 수립하고 요건 충족을 입증할 시험을 설계하며 그 시험을 수행할 시스템을 구축하는 데 관심이 있다.

사용자

사용자는 시스템의 기능을 정의하고 결국에는 그 시스템을 사용할 사람이다. 내부 시스템일 경우에는 고객을 상대하거나 후방부서 기능을 수행하는 내부 직원이 사용자가 된다. 소프트웨어 제품일 경우에는 언젠가는 제품을 구매할 구매자가 사용자로, 이때는 제품 관리자가 가령 시장 조사 같은 몇 가지 방법을 동원해 자신의 관심사항을 표현하는 일이 반드시 필요하다. (전자상거래나 기타 고객 응대 시스템 등) 몇 가지 시나리오에서는 대중들이 사용자가 되는데, 역시나 이 경우에도 이들의 관심사항을 간접적으로나마 표현하는 일이 반드시 필요하다.

사용자는 분명 범위와 기능을 중심으로 고려하지만, 성능과 보안 같은 운영적인 부분도 비록 아키텍트가 사용자의 관심을 일부러 끌어내야 할지언정 역시 고려한다.

▌예제

몇 가지 예를 들어 이런 이해관계자 부류의 특성을 알아보자.

규격품 배치 과제

규격품 배치 과제에는 기존의 소프트웨어 패키지를 선택하고 다듬고 구현하는 일이 필요하고, 따라서 전통적인 시스템 개발 과제보다는 개발 비중이 적다. 하지만 이해관계자의 역할은 여전히 필수적인 데다, 전통적인 소프트웨어 개발 과제에 있던 이해관계자 중 다수도 여전히 규격품 배치 과제에 관련이 돼 있다.

예제

A 사는 컴퓨터 하드웨어 제조사로, 주문부터 배송까지 회사 공급망의 모든 측면에서 더 나은 관리를 하고자 전사 자원 관리(ERP, enterprise resource planning) 시스템을 필요로 한다. 경영진은 기성 규격품(COTS, custom off-the-shelf) 패키지와 일부 특별한 기능에 한해 내부 개발품 일부를 결합해 시스템을 구축하기를 기대한다. 신규 시스템은 반드시 1년 이내에 배치가 돼야 하는데, 지분 보유자가 추가적인 자본 투자를 고려하는 시점에 맞춰야 하기 때문이다.

시스템 구매자에는 사업 후원자(고위 경영자)가 들어 있어서 이 과제에 대한 자금을 승인할 것이고, 더불어 구매 부서와 정보기술 대표자도 함께해 여러 가지 가능성 있는 ERP 패키지를 평가할 것이다.

시스템 사용자에는 다양하고 광범위한 내부 직원이 해당되는데, 이들은 주문 입력, 구매, 회계, 제조, 유통을 망라한다.

개발자, 시스템 관리자, 운영 환경 담당자, 유지보수자는 내부 정보기술 부서 구성원들이고, 평가자는 내부 인수 시험 팀에서 차출돼왔다. 의사소통자는 내부 훈련 인력이고, 지원은 (아마도 COTS 공급자와의 협력하에) 사내 안내 창구에서 맡기로 했다.

소프트웨어 제품 개발 과제

소프트웨어 제품은 대개 전문 공급자가 개발하는데, 외부 투자자가 부분적으로 자금을 대서 개발할 때가 많다. 목표로 한 제품 사용자는 다른 조직에 속해 있을 텐데, 기대하기로는 제품이 완성된 다음에 그 조직에서 구매해줄 터이다. 이런 과제에서는 이해관계자가 많은 조직에 걸쳐 퍼져 있을 때가 많다.

예제

B 사는 교육용 소프트웨어 공급자로, 대학 강사가 강의 일정을 관리하는 데 쓸 제품을 개발하고자 한다. B 사에서는 지역 소재 대학과 협력관계를 맺고 몇몇 모험 투자 회사로부터 이 제품 개발에 필요한 자금을 조달했다. 시스템은 PC상에서 돌아가고 저렴하며 운영도 어렵지 않도록 만들 예정이다.

이 경우 구매자는 고위 경영진과 B 사의 제품 관리자, 교육 협력업체, 모험 투자사에서 나온 대표자가 된다.

시스템 사용자로는 대학 강사와 관리 직원이 있지만, 아직 아무도 이 제품을 구입하지 않았으므로 이런 사용자는 실제로는 아직 존재하지 않는다는 사실도 감안해야 한다. 사용자에 대한 대표성은 (일부 잠재적인 제품 고객에게 얘기를 해두는 등) 사뭇 다른 방식으로 확보해야 한다.

개발자와 유지보수자는 B 사 소속 제품 개발 직원이고, 평가자는 앞에 언급한 세 협업 조직에서 차출된다. 이 예제에서는 실제 시스템 관리자 이해관계자는 없다(대신 시스템이 스스로 관리하도록 하는 등의 방법으로 아키텍처에 안배해둘 필요가 있다). 지원 인력은 B 사에서 제공하거나 제품을 구입하는 대학에서 제공한다.

의사소통자로는 B 사 소속으로 사용자 지침 작성을 담당할 기술문서 작성자가 있다.

운영 환경 담당자는 B 사에서 쓸 개발 및 시험 환경을 제공한다. 이들은 제품 CD를 제작하고 인터넷을 통해 사용자들에게 소프트웨어 업데이트를 배포하는 데 필요한 기반구조를 제공하고 관리하기도 한다.

용역 개발

용역 개발 과제에서는 용역은 다른 조직이 제공하는 것을 활용하고 자원은 조직 자체의 내부 자원을 활용하는 방식으로 시스템이나 서비스를 제공하는 것이 일반적이다. 이런 과제에서는 구매하는 조직에서 나올 법한 이해관계자가 실제로는 외부 용역 조직에서 나온다. 때문에 이런 이해관계자를 찾아내고 상호작용하기가 훨씬 더 어려울 수도 있다.

예제

C 사는 건실한 회계 관련 회사로, 이런저런 회계 관련 서비스를 대중에게도 판매할 수 있는 능력을 통해 인터넷상에서 자신들의 입지를 확대하고 싶어한다. 이 서비스는 C 사가 소재한 지역 주민들뿐 아니라, 그 밖의 국제적인 고객들까지 대상으로 한다. C 사는 건실한 웹 개발자와 시스템 개발 및 운영 계약을 맺을 계획을 세우고 있다.

구매자로는 과제에 댈 자금을 승인할 고위 관리자가 있다. 사용자로는 대중 응대용 웹사이트에 접속할 (앞의 예제와 마찬가지로 아직 존재하지는 않지만) 일반 다수 대중과 함께, 후방부서 기능을 수행할 내부 관리 직원이 있다.

개발자와 시스템 관리자는 웹 개발 회사 소속 직원이 된다. 평가자로는 C 사의 내부 회계 및 법률 담당 직원은 물론, C 사가 거래하고자 하는 곳의 정부에 소속된 금융 규제기관도 해당된다.

의사소통자, 운영 환경 담당자, 지원 인력은 C 사에서 나오거나 웹 개발사에서 나온다.

대리 이해관계자

앞 절에 나온 예제를 살펴보면서 시스템 개발이 다 될 때까지 모든 이해관계자를 다 찾아내기가 불가능할 수도 있음을 알게 됐다. 일부 이해관계자는 거의 언제나 찾아낼 수 있고, 특히 구매자나 사용자까지는 찾아낼 수 있지만, 그 외에 하나의 물리적인 집단으로 존재하지 않는 이들도 있을 수 있다. 이런 상황이라면 반드시 대리 이해관계자^{proxy stakeholder}를 찾아야 한다. 대리인은 실제 이해관계자의 관심사항을 대변하는 개인이나 집단으로서 그들의 관심사항이 다른 관심사항과 같은 비중을 갖도록 담보하는 역할을 한다.

가령 신규 제품일 경우, 사용자 이해관계자는 잠재적인 고객을 말한다. 사용자 대리 이해관계자는 시장 조사 결과를 들고 있는 마케팅 조직 소속 제품 관리자일 수도 있고, 제품 기획 시점에 참여하고 싶은 의지가 있는 대상 사용자 층의 일원일 수도 있다.

전략

(사용자 집단이 아직 형성되지 못한 경우 등) 실제 이해관계자를 찾아낼 수 없을 때나, 개별적으로 자문을 구하기에는 숫자가 너무 많을 때 아키텍트는 그들의 관심사항을 대변할 대리 이해관계자를 찾아내야 한다. 대리 이해관계자는 되도록이면 자신이 대변하는 실제 이해관계자가 맞춘 기준과 동일한 기준을 맞춰야 한다.

이해관계자 집단

또 한 가지 발생 가능한 난점은 이해관계자가 실제로는 개인이 아니라 사용자나 개발자 같은 집단을 대표하는 경우다. 주어진 시간 내에 집단에 해당하는 모든 이들의 요구를 파악해서 조화시키기가 불가능할 수도 있고, (개발 중인 신규 제품을 쓸 잠재적인 사용자 같은 경우) 아예 이해관계자를 확보하지 못할 수도 있다.

또한 이해관계자는 직업적인 표준화 단체나 사내 품질 보장 부서, 외부 법률 규제기관 등 좀 더 거리감이 있는 집단일 수도 있다. 이 경우에도 똑같은 원칙이 적용되므로, 해당 집단 전체를 대신할 권한을 가진 대표 이해관계자를 선정할 필요가 있다.

전략

이해관계자가 집단, 팀, 조직을 이룰 경우, 그 집단을 대변할 이해관계자 대표를 한 명 이상 뽑아서 권한을 부여한다.

▌이해관계자의 책임

쓸모 있는 이해관계자는 다음과 같은 책임을 이행한다.

- 자신의 모든 관심사항이 아키텍트에게 명확히 전달되도록 보장한다.
- 대표 또는 대리 이해관계자는 자신이 대표하는 이의 관심사항을 모두 아키텍트에게 명확히 전달한다.
- 의사결정을 적시에 권위 있게 내리고 그 결정사항을 지킨다.
- 의사결정을 내릴 권한이 없는 이해관계자라면, 단계를 격상시켜 그럴 권한이 있는 이로부터 결정을 얻어낸다.
- AD를 검토해 시스템이 관심사항을 충족할 뿐 아니라 (확인할 수 있는 한도 내에서) 기능적으로 올바르다는 것을 담보한다.

▌점검 목록

- 부류별로 최소 한 명 이상의 이해관계자를 찾아냈는가? 빠진 부류가 있다면 빠진 데 대한 합당한 이유가 있는가?
- 이해관계자에게 (앞 절에서 정의한 대로) 각자의 책임을 알려주고, 거기에 대한 동의를 얻어냈는가?
- 특히, 각 이해관계자가 회의에 참가하고, 문서를 검토하며, 결정을 내리는 등 앞으로 할 기여의 수준을 이해하고 있는가?
- (구매자, 사용자 등) 개별 이해관계자가 자신이 수행할 고유한 역할을 알고 있는가?

- 이해관계자 집단별로 적합한 대표자를 찾아내서 유치했는가? 그 대리인이 해당 집단을 대신해서 발언할 지식과 권한을 지녔는가?
- (신규 소프트웨어 제품의 고객 등) 아직 존재하지 않는 이해관계자 집단에 대해서는 적합한 대리인을 찾아서 유치했는가?
- 공급자가 이해관계자에 속한다면, 그 책임과 (필요하다면) 계약상의 의무를 양측이 명확하게 이해하고 있는가?

▌정리

이해관계자의 역할을 이해하는 일이 소프트웨어 제품 및 시스템 개발에 있어서 아키텍처의 역할을 이해하는 토대가 된다. 9장에서는 올바른 이해관계자, 즉 인식이 있고, 참여하며, 권한이 있고, 대표성을 갖춘 이를 선정하는 방법을 제시하고 이를 분류해 다음과 같은 이해관계자 부류를 정의했다.

- 구매자는 시스템 및 제품의 획득을 감독한다.
- 평가자는 시스템의 표준 및 법규 준수 여부를 감독한다.
- 의사소통자는 시스템을 다른 이해관계자에게 설명한다.
- 개발자는 명세를 바탕으로 시스템을 구축하고 배치한다.
- 유지보수자는 일단 운영이 시작된 시스템의 진화를 관리한다.
- 운영 환경 담당자는 시스템을 구축, 시험, 운영할 하드웨어 및 소프트웨어 환경을 설계, 배치, 관리한다.
- 공급자는 특별한 부류의 이해관계자로, 제품의 특성을 감안해 아키텍처상에 제약사항을 강제한다.
- 지원 인력은 제품 및 시스템 가동 후 고객 지원을 담당한다.
- 시스템 관리자는 일단 배치된 시스템을 가동한다.
- 시험자는 시스템이 쓰기에 적합하도록 담보하기 위해 시험한다.
- 사용자는 시스템의 기능성을 정의하고 나중에 결국 시스템을 사용한다.

(개발 예정인 신제품 사용자 등) 당장은 수배가 불가능한 이해관계자의 관심사항을 표명하는 대리 이해관계자에 대해서도 논의했고, 이에 더해 일반적인 이해관계자의 책임에 대해서도 설명을 했다.

▌더 읽을거리

9장 도입부에서 언급했듯이, 이해관계자에 대한 정의는 IEEE 표준 『Recommended Practice for Architectural Description^{아키텍처 설명에 대한 권장 기법}』[IEEE00]에 나오는 아키텍처 정의 프로세스의 관점에서 나온 이해관계자 정의에 바탕을 뒀다.

많은 소프트웨어 아키텍처 서적[BASS03, CLEM02, GARL03, TAYL09]에 아키텍처 이해관계자 개념에 대해 유용한 논의가 담겨 있다.

10

시나리오 식별과 활용

소프트웨어 아키텍처에서 가장 중요한 목표는 이해관계자의 요구를 충족하는 데 있다. 풀어서 말하면, 아키텍처 설계를 바탕으로 구축한 시스템은 반드시 정해진 작업을 수행할 수 있어야 함과 동시에 성능이나 보안 같이 이해관계자에게 있어 중요한 특정 속성을 띠어야만 한다.

아키텍처 정의란 어쩔 수 없이 서로 부딪히는 요구 사이에서 복잡한 절충을 해내는 과정이다. 이 과정을 하는 중에 시스템의 핵심 우선사항이 흐려지고 그에 대한 절충이 이해관계자의 요구가 아니라 개인적인 기호나 상상에 휘둘리기 십상이다.

아키텍처를 만들 때 중심을 잃지 않으려면 현재 떠올리는 구상이 현업에서는 실제로 어떻게 발현될지 끊임없이 생각하는 것이 좋다. 현재까지 발견한 바로는 아키텍처에 시나리오scenario를 정의해서 적용하는 기법이 가장 효과적이다.

아키텍처 시나리오라는 개념은 간단함에도 불구하고 공식적으로 정의해봄 직하다.

정의

아키텍처 시나리오(architectural scenario)란 외부 개체와 시스템 간에 벌어지는 상호작용을 잘 정의해서 설명해놓은 것이다. 여기에는 해당 시나리오를 격발시키는 사건, 외부 개체로부터 시작되는 상호작용, 시스템에 요구되는 반응이 정의돼 있다.

아키텍처 시나리오는 다음과 같이 아키텍처적인 요건을 폭넓게 수집하는 데 사용하면 좋다.

- 시스템이 반드시 반응해야 하는 사용자와의 특정한 상호작용 집합
- 월말 등 특정 시점에 자동으로 반드시 수행돼야 하는 처리
- 발생 가능한 특정 최대 부하 상황
- 외부 규제기관에서 시스템에 부과할지도 모르는 요구
- 특정 유형의 장애에 대해 시스템이 반드시 취해야 하는 반응 방식
- 유지보수자가 시스템에 가할 필요가 있을지도 모르는 변화
- 시스템 설계 시 반드시 해소해야 하는 기타 모든 상황

시나리오의 종류

시스템에 있을 법한 시나리오를 나눠 크게 두 가지로 묶을 수 있는데, 바로 시스템이 무엇을 하는지를 고려한 것과 어떻게 하는지를 고려한 것이다. 다시 말하면, 시나리오는 요건과 마찬가지로 기능적인 시나리오와 시스템 품질 시나리오로 나눌 수 있다.

- 기능적인 시나리오^{functional scenario}는 거의 언제나 시스템이 특정 방식으로 반응하게 되는 (일반적으로는 시스템 유스케이스로부터 도출되는) 외부 이벤트의 연속이라는 관점에서 정의가 된다. 예를 들면 사용자가 트랜잭션을 시작하거나 외부 인터페이스를 통해 데이터가 도달한다든가 시간적인 이벤트(하루의 끝 등)가 발생한다든가 하는 것을 들 수 있다(이들 시나리오가 이 책에 나오는 여러 시점의 바탕이 되는 필립 크루첸의 '4+1' 시점 접근법에서 '+1'을 이룬다).
- 이와 대조적으로, 시스템 품질 시나리오^{system quality scenario}는 하나 이상의 품질 속성을 나타내기 위해 환경 변화에 어떤 식으로 반응해야 하는가 하는 측면에서 정의가 된다. 시스템 품질 시나리오는 품질 속성만큼이나 종류가 많지만, 그 중에서도 보안, 성능, 가용성, 진화성(이 속성은 아키텍처 관점에 있어서도 역시나 중요한 자리를 차지한다)이 포함된 시나리오가 중요도가 더 높은 경향이 있다. 시스템 품질 시나리오의 예로 새로운 기능을 제공하기 위해 변경을 가하거나 특정 유형의 최대 부하를 견뎌내거나 보안 기반구조가 일부 붕괴된 상황에서도

핵심 정보를 지켜내거나 하는 등의 능력을 들 수 있다.

기능적인 시나리오는 유스케이스^{use case}의 형식으로 문서화할 때가 많다. 이 기법은 원래 이바 야콥슨^{Ivar Jacobson}이 고안한 것으로, 나중에 유스케이스 다이어그램으로 UML에 편입됐다. 유스케이스에서는 시스템을 '불투명 상자'로 보고, 특정한 액터(이 책의 용어로는 외부 개체. 16장 참조)를 위해 작업을 수행하는 데 필요한 일을 기술한다. 유스케이스는 기능 명세를 입수하는 데는 널리 쓰여도, 시스템 품질 시나리오를 입수하는 데 쓰기는 쉽지 않다.

▌ 시나리오 활용

시나리오는 아키텍처 정의 프로세스 내에서 여러 가지로 활용된다.

- 아키텍처 정의에 입력물 제공: 영감과 발상은 여러 곳에서 나온다. 시나리오는 이 과정에서 입력물 역할을 하면서 아키텍트로 하여금 시나리오에 언급된 구체적인 문제에 대한 해결책을 설계하도록 압박함으로써 과정 진행 중에 현실감을 잃지 않게 하는 데 도움이 된다.

- 시스템 범위 정의 및 검증: 16장에서 얘기하겠지만, 시스템 개발 과제를 진행하는 초기에 범위와 요건이 잘못 정의되는 일이 비일비재한데, 이를 좀 더 정확하게 다듬는 일이 아키텍트에게 떨어지는 일은 다반사다. 시나리오를 동원해 이해관계자와 함께 범위의 여러 측면을 살펴보고 무엇을 넣고 무엇을 뺄지에 대해 그들의 동의를 구하는 방식은 매우 유용하다.

- 아키텍처 평가: 시나리오는 아키텍트가 속으로 간단하게 해보는 신빙성 검사부터 아키텍처 절충안 분석 방법^{ATAM, Architecture Tradeoff Analysis Method} 같은 공식적인 과정을 동원한 무거운 검토까지, 거의 모든 아키텍처 평가 프로세스에서 최우선 입력물로 쓰인다(ATAM은 나중에 14장에서 평가 방법으로 설명한다). 어쨌든, 형식성의 수준과는 별개로 시나리오는 아키텍트로 하여금 시스템이 특정한 상황에 얼마나 잘 반응할 수 있는지를 고려하도록 강제함으로써 전체 과정을 이끌어나간다.

- 이해관계자와의 소통: 시나리오 자체와 거기에 기술된 상황에 대해 시스템이 반응하는 방식에 대한 논의가 아무 유형의 이해관계자든 함께 소통하는 데 있어 매우 유용한 도구라는 사실을 알게 됐고, 특히 다소 덜 기술적인 이해관계자와 소통하는 데 있어서는 전통적인 설계 문서를 써서 소통하는 방식보다 훨씬 더 효과적일 때가 많다는 사실도 알게 됐다. 사실 비기술적인 이해관계자에게 있어 시나리오는 제안된 아키텍처가 함의하는 바를 자신들이 진정으로 이해할 수 있는 방식으로 전달받을 유일한 길인지도 모른다.

- 누락된 요건 파악: 시나리오를 작성하면 이미 존재하는 시나리오의 적합성을 가늠하는 것과 더불어 누락분의 존재가 드러난다는 또 다른 이득이 생긴다. 이해관계자가 하나의 시나리오 내에서 시스템이 어떻게 작동하는지 살펴보다가 전에는 고려해본 적이 없던 어떤 다른 상황을 요건 분석에서 누락했다는 사실을 깨닫게 될 때가 많다. 이런 누락된 요건을 조기에 찾아내는 일이야말로 시나리오 적용으로 얻게 되는 엄청난 부수효과라 할 수 있다.

- 시험 과정 주도: 시나리오는 이해관계자에게 중요한 부분을 집중적으로 조명하는 데 도움이 되고, 따라서 시험 활동을 집중할 곳이 어디인지 찾아 들어가는 데 있어 엄청나게 유용한 지침 역할을 할 수 있다. 시나리오를 파악하고 난 후, 필요한 종류의 시험을 계획하는 데 그 시나리오를 활용할 뿐 아니라, 시스템 시험자가 초기 시험 계획을 수립하는 기초로 삼도록 시나리오를 한 벌 복사해주도록 한다.

이해관계자는 시나리오를 적극적으로 검토하고 분석하는 과정이 설계 문서를 읽어보거나 발표 자리에 참석하는 일보다 훨씬 더 흥미롭고 참여도 더 할 만하다는 사실을 깨달을 때가 많다. 또한 시나리오는 제안된 시스템을 훨씬 더 깊이 있게 이해하는 데 도움이 될 뿐 아니라 제안된 내용을 분석하고 거기서 결함을 찾아내는 작업을 하는 데도 다른 형태의 설계 문서로 할 때보다 훨씬 더 효과적이다. 이런 대안적인 시각이 의미하는 바는 시나리오로 인해 제안된 내용을 현실에 비춰봄으로써 이해관계자들로 하여금 그에 대해 좀 더 철저히 생각해보도록 자극하면서 공식적인 요건 및 설계에서는 왜곡되기 쉬운 세부사항이 드러나는 경향이 있다는 사실이다.

요건 분석가가 시스템이 특정한 회계 거래를 정산하는 방식을 검토하거나 기술 전문가가 특정한 최대 부하 조건에서 시스템이 작동하는 방식을 검토하는 것이 단지 그런 전문가에게 (대개 이해가 쉽도록 단순화, 일반화, 추상화된) 요건이나 설계를 검토해달라고 요청하는 것보다 훨씬 더 생산적일 때가 많다.

▌ 시나리오 식별 및 순위결정

시나리오를 효과적으로 활용하려면, 어느 곳에 노력을 집중해야 가장 크게 효과를 볼 수 있을지 알 수 있도록 유용한 시나리오들을 엄선하고 그 사이에 우선순위를 정할 필요가 있다. 이 정보는 여러 곳에서 뽑아낼 수 있다.

- 요건: 기능 요건은 저마다 (세부사항을 좀 더 상세히 덧붙일 필요가 있겠지만) 기능 시나리오 하나씩을 전제하는 반면, 시스템 품질 요건은 (부하가 걸린 상태에서의 성능 같은) 시스템이 반드시 갖춰야 할 행태를 전제할 가능성이 높다.

- 이해관계자: 이해관계자는 시나리오를 풍부하게 내놓을 만한 이들이다. 이해관계자의 유형과 숫자에 맞춰 가능한 시나리오를 발굴하는 브레인스톰brainstorm 회의를 열거나, 그냥 각 이해관계자 집단의 대표자를 만나서 아이디어를 구해도 된다. (구매자, 시험자, 시스템 관리자, 유지보수자 등) 일부 이해관계자 집단은 시스템 품질 시나리오 발굴에 있어 특별히 귀중한 원천 역할을 하는데, 요건 문서에서 이런 시나리오를 바로 끌어내기란 여간 어렵지 않다. 이해관계자가 시나리오를 끄집어내다 보면 시스템이 어떤 일을 해야 하고 환경에 어떤 식으로 영향을 미칠지에 대해 좀 더 깊이 생각해보는 계기가 되고, 그러면서 미처 발견하지 못했던 요건이나 제약사항, 목표를 새로 발견해내는 데까지 이를 때도 많다.

- 경험: 세상에 경험을 대신할 만한 것은 없고, 아키텍트 자신의 경험 또한 시나리오가 나올 만한 가장 귀중한 원천에 속한다. 유사한 분야에서 비슷한 기술을 써봤거나 현재 만들고자 하는 시스템과 주요 특징을 공유하는 시스템을 만들어본 경험이 있다면, 무엇이 어렵고 어디서 문제가 생기는지 알고 있는 것이므로, 이를 바탕으로 쓸모 있는 시나리오를 찾아내면 된다.

일단 시나리오들을 찾아내고 나면, 이들 간의 선후를 밝혀둬야 하는데, 시나리오가 5개에서 10개가 넘어갈 때는 특히나 그래야 한다. 숫자가 많으면, 어느 시나리오가 가장 집중할 필요가 있는 중요한 시나리오인지 잊어버리기 쉽다. 이럴 경우, 시나리오에 담긴 요구가 서로 충돌하면서 상황을 복잡하게만 만들기 때문에 의사결정을 하는 데 걸림돌이 되기 십상이다.

이 일을 하는 방법은 무수히 많다. 경험을 되새겨보면, 시나리오 분류에 있어 2개의 핵심적인 기준을 꼽으라면 시스템의 이해관계자가 시나리오에 매긴 **중요도**와 아키텍트가 감안한 시나리오 구현상의 **위험**이 있다. 아키텍트는 이해관계자들이 별로 중요하지 않다고 생각하는 상대적으로 단순한 시나리오보다는 핵심 이해관계자가 중요하다고 보는 시나리오와 구현하는 데 위험이 따르는 시나리오에 특별히 많은 주의를 기울일 필요가 있다. 구현은 단순하지만 이해관계자에게 중요한 시나리오나, 구현에 위험이 많이 따르지만 이해관계자에게는 별 가치가 없는 시나리오는 앞의 두 경우 사이의 어느 지점에 위치한다.

이해관계자가 시나리오 우선순위 선정에 참여해야 하는 이유는 아키텍처가 그들을 위해 만들어지는 데다 그들이 시스템이 해결하고자 하는 문제에 대해 아키텍트보다 더 잘 이해하고 있을 수도 있기 때문이다. 하지만 요건 때와 마찬가지로, 이해관계자는 일반적으로 서로 관심사항과 의견이 겹치고 충돌하므로, 저마다 시나리오에 부여하는 우선순위가 엇갈리기 마련이다. 아키텍트는 이해관계자 대표를 모은 회의를 열어서 시나리오별로 중요성에 표를 줘서, 가장 표가 많이 나온 것을 가장 중요한 시나리오로 삼으면 된다. 하지만 이런 방식이 제대로 되지 않을 때가 많아서, 여러 요건 사이에서 상대적인 우선순위를 조정할 필요가 있을 때 쓰는 방법과 마찬가지로, 아키텍트가 나서서 여러 이해관계자가 보는 시각 사이에서 균형을 맞춰줄 필요가 있다.

또한 아키텍트는 일부 시나리오를 빼버릴 경우 얼마나 위험이 클지 가늠해봐야 한다(이 작업은 대개 이해관계자에게 물어보기보다는 아키텍트 혼자서 처리한다). 이를 예측할 때는, 빼고자 하는 시나리오로 인해 시스템의 전반적인 효용에 얼마만큼이나 심각한 영향이 미칠지를 생각해보면 된다. 어떤 시나리오든 빠졌을 때 이해관계자가 느낄 만족감에 눈에 띄는 차이가 생기는 것이 있다면, 그에 걸맞은 우선순위를 부여해줘야 한다.

끝으로, 우선순위와 위험이라는 두 가지 관점에서 시나리오에 순위를 매김으로써, 순위가 높고 위험도 큰 시나리오에 노력을 집중하고 나머지에 대해서는 걱정하는 시간을 줄이도록 한다.

▌시나리오 수집

시스템의 시나리오를 수집할 때는 기능적인 시나리오와 품질 기반 시나리오를 약간 다르게 기술한다.

기능적인 시나리오는 대개 다섯 가지 종류의 정보를 정의해야 한다.

1. **개괄**: 시나리오로 무엇을 묘사하고자 하는지에 대한 간략한 설명

2. **시스템 상태**: (의미가 있을 경우) 시나리오가 발동하기 전의 시스템 상태. 여기에는 대개 시나리오가 의미가 있으려면 그 전에 시스템에서 미리 저장하고 있어야 하는 정보를 설명해둔다.

3. **시스템 환경**: 시스템이 작동되는 환경에 대한 의미 있는 관찰 내용으로, 외부 시스템의 비가동률, 특정 기반구조 행태, 시간 기반 제약사항 등이 해당된다.

4. **외부 자극**: 시나리오의 발동을 유발하는 것에 대한 정의로, 인터페이스에 도달한 데이터, 사용자 입력, 시간 경과, 기타 시스템에 중요한 모든 이벤트가 해당된다.

5. **요구되는 시스템 반응**: 시스템이 어떤 식으로 해당 시나리오에 반응해야 하는지에 대해 외부 관찰자의 시각에서 해놓은 설명

더불어 시나리오에 간단한 고유 식별자와 간략하고 유일하며 설명적인 제목을 붙이는 일도 중요하다.

예제

유입되는 데이터의 요약 통계를 산출하는 시스템의 기능적인 시나리오를 적어보면 다음과 같다.

점진적인 통계 갱신
- 개괄: 시스템이 이미 있는 기초 데이터에 대해 일어난 변경을 어떻게 처리하는가.

- **시스템 상태**: 점진적인 통계치에서 참조하는 분기 판매치에 대한 요약 통계가 이미 존재한다. 이번 갱신에 필요한 처리를 감당하기에 충분한 공간이 시스템의 데이터베이스에 존재한다.
- **시스템 환경**: 배치 환경이 별다른 문제 없이 정상적으로 작동한다.
- **외부 자극**: 이전 분기에 발생한 판매 기록 일부에 대한 갱신분이 Bulk Data Load 외부 인터페이스를 통해 도착한다.
- **요구되는 시스템 반응**: 데이터가 들어옴으로써 밑(background)에서 자동으로 통계 처리가 개시돼 그에 영향받는 분기 요약 통계가 갱신되고 최신 판매 기록 데이터가 반영된다. 새로운 요약 통계가 준비되기 전까지는 기존 요약 통계가 없어지면 안 된다.

이런 자극-반응식 접근법은 시스템 품질 시나리오를 수집할 때는 다소 잘 안 통한다. 이런 시나리오는 변폭이 넓은 특성을 묘사하는데, 일반적으로는 시스템이 환경 내에서 일어나는 변화에 어떻게 반응하는지를 보여주려 한다. 이런 변화는 자극(가령 외부 공격)으로 비춰질 때도 있지만, (가령 외부 시스템 속도 저하 또는 데이터 크기 증가) 같은 경우에는 변화를 자극으로 바라보면 너무 작위적이다.

시스템 품질 시나리오는 대개 다섯 가지 정보를 정의해야 한다.

1. **개괄**: 시나리오로 무엇을 묘사하고자 하는지에 대한 간략한 설명

2. **시스템 상태**: 시나리오가 발동하기 전의 시스템 상태로, 시나리오에 명시된 행태가 여기에 따라 달라질 경우에 한한다. 품질 시나리오에서는 이 부분에 시스템에 저장되는 정보보다는 시스템 차원의 상태를 정의할 필요가 있다.

3. **시스템 환경**: 시스템이 작동되는 환경에 대한 의미 있는 관찰 내용으로, 외부 시스템의 비가동률, 특정 기반구조 행태, 시간 기반 제약사항 등이 해당된다.

4. **환경 변화**: 시스템 환경 내에서 어떤 것이 변경돼서 시나리오 발동을 유발했는지에 대한 설명. 여기에는 기반구조 변경이나 장애, 외부 시스템 행위의 변화, 보안 공격, 수정 요구, 기타 시스템이 특정한 품질 속성을 갖춰야만 처리가 가능한 모든 환경 변화가 들어갈 수 있다.

5. **요구되는 시스템 행태**: 시스템이 환경 변화에 대해 반드시 취해야 하는 대응 방식 정의(예: 정량적인 성능을 봤을 때, 분당 들어오는 요청량이 정해진 만큼 증가할 때 시스템이 어떤 식으로 반응해야 하는지 등)

기능적인 시나리오에서와 마찬가지로, 시스템 품질 시나리오에서도 고유한 식별자와 올바른 명칭이 필요하다.

예제

입수되는 데이터를 요약해주는 시스템에 대해 시스템 품질 시나리오 몇 가지를 찾아보니 다음과 같은 것이 나왔다.

일간 데이터 갱신 규모 3배 증가

- 개괄: 일마감 처리 시 데이터가 갑자기 정상적인 크기를 훨씬 초과할 때 시스템이 어떻게 처리하는가.

- 시스템 상태: 시스템에는 이미 처리된 데이터를 저장하는 데이터베이스 내에 요약 통계가 들어있고, 시스템의 처리 요소는 현재의 시스템 부하 비율로 보면 약간 부하가 걸린 상태다.

- 시스템 환경: 배치 환경은 제대로 작동하고 있고, 데이터는 시간당 1000~1500 항목의 안정적인 비율로 들어오고 있다.

- 환경 변화: 어느 날 데이터 갱신 속도가 시간당 4000 항목으로 갑자기 늘어난다.

- 요구되는 시스템 행태: 일마감 처리 시작 시점이 되면, 시스템은 처리시간이 시스템에서 설정할 수 있는 한계치를 넘어서기 전까지 그날의 데이터를 한동안 처리해야 한다. 한계치에 다다르면 시스템은 해당 데이터 처리를 중단하고, 진행 중인 작업을 취소하며, 예전 요약 통계치를 그대로 놔두고, (원인과 대처 내역을 포함한) 진단 메시지를 운영용 콘솔 감시 시스템에 기록해둔다.

요약 데이터베이스 인스턴스 장애

- 개괄: 시스템이 데이터베이스에 쓰다가 실패했을 때 어떻게 행동하는가.

- 시스템 환경: 배치 환경은 제대로 작동하고 있다.

- 환경 변화: 데이터베이스에 요약 통계를 쓰는 동안, 시스템이 (데이터베이스가 가득 찼다는 등) 쓰기 실패를 알리는 예외를 받는다.

- 요구되는 시스템 행태: 시스템은 진행하던 통계 처리를 즉시 멈추고 진행 중인 작업을 그대로 놔둔다. 시스템은 운영용 콘솔 감시 시스템에 치명적인 메시지를 남기고 종료한다.

요약 항목 추가 필요

- 개괄: 통계 처리 확장 수요가 생기면 시스템이 어떻게 수용할 것인가.

- 시스템 환경: 배치 환경이 처음 납품된 대로 정상적으로 동작하고 있다.

- 환경 변화: 지불 방식의 종류에 따른 판매량을 요약한 새로운 통계 항목을 요약 통계에 추가할 필요가 생긴다.

- 요구되는 시스템 행태: 개발 팀은 요구된 처리를 추가해 전반적인 시스템 구조의 변경 없이 총

4인주(person week) 이하의 노력으로 새로운 통계 항목을 제공할 수 있게 해야 한다.

이 예제들을 통해 눈여겨볼 점은 시나리오가 언제나 좋은 소식만 담지는 않으며, 시나리오를 작성할 때 답을 다 알고 있지 않다는 것이다. 예제에서 개략적으로 설명한, 요구된 장애 대처 방식은 그다지 탄탄하지 않은 데다 수용 가능하지 않을지도 모른다. 하지만 시나리오를 작성함으로써 이해관계자와 얘기해서 요건 문서에 나온 '반드시 장애 상황에 대처해야 한다' 같은 구절이 실제로 무슨 뜻이지 알아내는 데 도움을 얻을 수 있다. 마찬가지로, 아키텍처에서 새로운 요약 항목의 필요성을 어떤 식으로 수용할지 아직 명확하지 않지만, 다른 유형의 진화가 필요하다는 사실을 좀 더 구체적인 방향에서 논의하는 일이 이제 가능해졌다.

▌좋은 시나리오의 조건

시나리오가 매우 유용한 아키텍처 기법으로서, 이해관계자와의 소통, 아키텍처 평가 및 분석, 현장 시험용 명세 용도를 포함해 광범위한 상황에서 사용할 수 있음을 알아냈다. 그렇다면 시나리오를 만들 때 어떤 품질을 갖춰야 할까? 다음과 같은 핵심 품질이 존재한다는 사실을 알아냈다.

- 신뢰성: 시나리오는 신뢰성 있게 발생하는 현실적인 상황을 기술해야 하고, 여기에는 나중에 보는 사람이 그 시나리오가 시스템에서 일어날 수 있는 유효한 상황임을 납득할 수 있도록 현실적인 세부사항이 충분히 담겨 있어야 한다.

- 가치성: 시나리오가 자기 증명적인 것처럼 보이지만, 이해관계자에게 아키텍처를 설명하든, 평가자에게 아키텍처가 적합하다는 확신을 주든, 아키텍처가 개발 팀에게 어떻게 작용할지 묘사하든, 아키텍처 과정 내 어딘가에 직접적으로 활용되는 곳이 있어야 한다. 이 품질은 실질적으로 아무런 이해관계자의 관심사항도 처리하지 못하는 시나리오를 정의할 때 놓치기 십상이므로, 새로운 시나리오를 작성할 때는 이 품질을 염두에 둬야 한다.

- 구체성: 좋은 시나리오는 상당히 구체적인 동시에 특정 상황을 정확하게 설명

하려 들지, 시스템 내 모든 유형의 상황에 걸쳐 행태를 일반화하려 들지 않는다. 상당히 구체적인 상황을 뛰어넘어 시나리오를 일반화하려 들면 시나리오를 간략하게 설명하기가 어려워질 위험이 있고, 따라서 이런 시나리오는 저마다 독자적인 변형을 가진 구체적인 상황들을 한꺼번에 너무 많이 다루기 때문에 활용이 어렵다.

■ 정밀성: 시나리오 정의는 의도했던 시나리오 사용자가 봤을 때 어떤 상황을 설명하고 있고, 시스템의 어떤 요구되는 반응을 설명하고 있는지 명확하게 인식하기에 충분할 정도로 정밀해야 한다.

■ 요해성: 시나리오는 다른 아키텍처 산출물과 마찬가지로 그 시나리오를 사용할 필요가 있는 이해관계자들이 알아보기 쉬워야 한다. 다시 말해 명확하게 기술하고, 널리 알려진 용어를 쓰며, 이해관계자가 오해하거나 혼동에 빠지기 쉬운 약어나 전문용어를 피해야 한다는 뜻이다.

시나리오 적용

시스템에 시나리오를 정의해넣은 후에는 비용은 물론 예상 이득에 있어서도 천차만별인 여러 방식으로 시나리오를 적용할 수 있다. 이번 절에서는 시나리오를 적용하는 데 있어 가장 일반적인 방식을 몇 가지 간략하게 얘기한다.

종이 모델

가장 일반적이면서도 간단하게 시나리오를 적용하는 방법은 시스템이 시나리오에 반응하는 방식을 담은 종이 기반 모델을 만드는 데 쓰는 것이다. '종이 기반'이라는 말은 UML이나 데이터 흐름 같은 모델을 뜻하는 것이지, 종이든 화이트보드든 컴퓨터 작도 도구든 (모델화 도구 같은) 특정 목적의 소프트웨어 패키지든 실제 작성 매체는 상관이 없다. 이런 모델은 정적이어서 엄밀한 의미의 시험이 불가능하고, 단지 한 명 이상의 이해관계자가 검토하는 정도밖에는 안 된다는 점이 중요하다. 강점은 이해하기 쉽고 작성에 큰 수고가 들지 않는다는 점이고, 약점은 구축과 분석에 사용된 절차의 신뢰도만큼만 믿을 수 있다는 점이다. 이런 유형의 산출물에 사용하는 표기법은 UML 시퀀스 다이어그램이 가장 일반적이다.

예제

그림 10-1을 보면 UML 시퀀스 다이어그램을 활용해 앞에서 제시한 기능적인 시나리오를 설명하는 방법이 나와 있다.

이런 다이어그램을 소프트웨어 개발 수명주기 내 여러 곳에서 보고 또 사용한 적이 있으리라 본다. 상자는 상호작용하는 시스템 요소를 나타내고, 세로선은 (아래로 내려갈수록 시간이 흐르는 식으로) 요소의 수명을 나타내며, 수평으로 놓인 화살표는 요소 간의 상호작용과 (부가적으로) 그 상호작용을 통해 반환된 내용물을 가리킨다.

UML 시퀀스 다이어그램은 대개 객체지향 개발 접근법과 함께 쓰이면서 객체 간 상호작용을 나타낸다. 하지만 이 표기법은 객체지향 기법으로 구축된 시스템뿐만 아니라 어떤 종류의 시스템에서든 아키텍처 시나리오를 묘사하는 데 요긴하게 활용 가능하다. 잘 정의한 요소와 인터페이스만 있으면 충분하다.

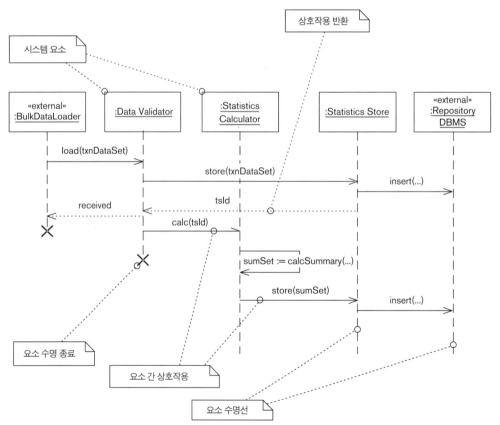

그림 10-1 점진적인 상태 갱신 시나리오를 나타내는 UML 시퀀스 다이어그램

검토회의

종이 기반 모델을 검증하는 데는 여러 이해관계자들과 함께 검토회의를 하면서 모델을 활용해 시스템에 생명을 불어넣어 보는 방법이 효과적이다. 검토회의는 시스템이 하나 이상의 시나리오에 어떻게 반응하는지 구체적으로 보여주기 위해 절차상의 각 단계에 대해 관심 있어 하는 이해관계자에게 질문도 받아가면서 설명하는 식으로 진행한다.

이 기법이 강력한 이유는 이해관계자와 함께 시스템의 운영을 하나씩 짚어가며 검토회의를 하는 절차 그 자체가 아키텍트로 하여금 설계상의 결함이나 요건 중에 누락된 내용을 짚어내도록 하는 데 도움이 될 때가 많기 때문이다. 이 기법을 쓰는 데 있어 문제라면 시스템과 소프트웨어를 약간은 자세하게 이해하는 참가자가 필요하고, 이 과정에서 이해관계자 일부가 일정 부분 기여를 해야 한다는 점이다. 한편으로 시스템 시나리오를 짚어가며 검토회의를 하는 일은 단순한 설계에 대한 토의보다 훨씬 더 깊숙한 참여로, 이해관계자 입장에서는 단순히 문서를 읽거나 발표회에 참석하기보다는 이런 일에 시간을 들이기를 훨씬 더 좋아한다.

모의실험

시나리오를 좀 더 정교하게 활용하자면 컴퓨터 기반 모의실험 개발에 쓰는 수가 있다. 복잡한 시스템이라면, 이 방법이 온전히 구색을 갖춘 시제품을 구축하는 것보다는 더 빠르고 저렴할 테지만 종이 기반 모델을 두고 하나씩 짚어가며 검토회의를 하는 것보다는 대개 비용이 더 든다. 모의실험을 만드는 데는 기술적인 선택안이 여럿 있는데, (일종의 성능 모델이나 산정 모델 등) 순수하게 수학적인 모델을 나타낸 스프레드시트로 할 수도 있고, 모종의 시각적인 모델화 도구를 써서 상세한 UML 모델이 동작하게 만들어볼 수도 있으며, 맞춤형 설계된 모의실험 패키지 같은 경우 기능적인 절차와 배치 환경에 잘 들어맞을 때가 많아서 이것을 동원할 수도 있다.

모의실험은 만들기가 상당히 복잡하고 비용이 많이 드는 반면, 개발 과정이 진행될수록 (템플릿에 그치더라도 시제품이었다면 가능했을) 직접적인 재사용이 불가능할 때가 많다는 문제가 생기는 경향이 있다. 또한 모의실험이 얼마나 사실적일지에 대한 의문이나 결과가 얼마나 신뢰할 만할지에 대한 의문도 존재한다. 한편, 대규모 시스템에서는 정교한 모의실험에 드는 비용이 아키텍처가 잘못돼서 드는 비용보다 훨씬 싸게 먹힐 수도 있다.

시제품 구현 시험

시나리오를 좀 더 적극적으로 도입해 시제품을 제작하는 데 활용함으로써 아키텍처가 특정 목표를 달성할 수 있음에 안도를 얻을 수도 있다. 시제품을 제작하면 한 가지 이상의 측면에서 아키텍처가 성공하리라는 확신을 한결 더 강하게 얻을 수 있다. 하지만 시제품 제작은 비용이 많이 들고 시간도 많이 잡아먹으므로, 만들어볼 수 있는 개수가 한정될 수밖에 없다. 찾아낸 시나리오를 살펴봄으로써 이해관계자에게 특히 중요한 고위험 영역에 시제품 제작 노력을 집중할 수 있다.

현장 전수 시험

끝으로, 시나리오는 실제 시스템 수준의 시험을 계획하는 기초가 된다. 시나리오는 이해관계자가 특별히 중요하다고 찾아낸 상황을 정의하고 있기 때문에, 대부분의 중요한 시나리오가 초기 시스템 시험에 쓰일 명세서로 활용하면 좋을 때가 많다. 이런 시스템 시험은 핵심 이해관계자가 시스템의 초기 버전에 대해 확신하는 정도를 엄청나게 끌어올리는 귀중한 증거로 쓰일 때가 많다.

시나리오 적용에 대해 마지막으로 지적할 중요한 점은, 모든 시나리오를 똑같은 깊이로 살펴보는 것은 거의 아무런 의미가 없다는 사실이다. 일부 시나리오는 종이 모델을 만들고, 조금 더 많은 시나리오는 모의실험해보며, 위험도가 높은 시나리오 두어 개는 시제품을 만들어 조사해보면 된다. 시나리오 중 일부는 개인 차원에서 현실성 점검을 하거나 이해관계자와 또는 이해관계자 간의 소통수단으로 쓰는 것 말고는 전혀 사용할 일이 없다. 대부분의 노력을 이해관계자가 특히 중요하다고 지목한 고위험 시나리오에 쏟아야 한다.

효과적인 시나리오 활용

시나리오 기법은 복잡하지 않아서, 큰 어려움 없이 적용이 가능하리라 확신한다. 하지만 시나리오를 적용할 때 다음과 같은 일반적인 기법을 따르면 효과를 보는 데 도움이 된다는 사실을 발견했다.

핵심 시나리오 찾기

비록 시나리오가 매우 효과가 좋다고는 해도, 수십 개씩 나오면 도움이 안 된다. 한 번에 너무 많이 살펴보다가는 집중력이 흐려져 의사결정을 하는 데 있어 명확한 지침으로 쓰기가 어려워진다. 필요한 시나리오 개수를 정확하게 사전에 규정하기는 어려운 것은 시스템의 규모와 복잡도에 따라 크게 갈리기 때문이다. 하지만 대부분의 시스템에서는 중요한 시나리오가 15개에서 20개가 넘어가면 효과적으로 활용하기에는 너무 많은 감이 있으므로, 이해관계자와 얘기해서 우선순위를 정한 후 위험이 크고 중요한 것들에만 집중해 의사결정의 지침으로 삼기 바란다.

명확한 시나리오 사용

시나리오를 만들다 보면 서로 차이가 있어 보이지만 실제로 시스템에 부여하는 요건을 보면 상당히 비슷한 시나리오가 여러 개 나오는 경우가 많다. 이렇게 되면 (만들고 살펴봐야 할 시나리오 숫자로 인해) 이 기법을 적용하는 데 드는 비용이 증가하는 반면 얻는 이득은 별로 크지 않아, 결국은 기법의 효용성이 줄어드는 상태가 된다. 이런 상태를 피하려면 찾아낸 시나리오를 다시 살펴보고 각 시나리오가 시스템에 부여하는 요구가 무엇인지 생각해봐야 한다. 이 기준하에서 발견된 중복은 아키텍처에 대한 이해를 증진하는 데 별 도움이 되지 못하기 때문에, 제거할 필요가 있다.

시나리오 조기 사용

시나리오는 시스템 개발 수명주기 내내 사용할 수 있지만, 시스템의 아키텍처가 모양을 잡아나가는 초기 단계에 적용했을 때 가장 효과가 좋다. 시나리오를 초기 단계에 고려하지 않고 시스템 시험에 필요해질 때까지 사용을 미룰 경우, 시나리오를 통해 얻을 수 있는 잠재적인 이득을 상당 부분을 놓칠 수밖에 없다. 물론 개발이 진척되면서 (시험이나 아키텍처 평가 등의 용도로) 시나리오를 추가로 찾아낼 수도 있지만, 아키텍처 설계 과정에서 더 이른 시기에 시나리오를 적용함으로써 얻을 수 있는 잠재적인 이득을 무시하지는 말기 바란다. 2부를 시작하면서 소개했던 아키텍처 과정에 틀을 잡아뒀듯이, 시스템에 대한 시나리오를 되도록 이른 시점에 찾아내고, 또 그 시나리오를 사용해 시스템에서 가장 중요한 사항에 초점을 맞춰 아키텍처 및 설계 활동을 해나가야 한다.

시스템 품질 시나리오 활용 추가

시나리오는 입력물, 처리, 출력물의 관점에서 생각할 때가 많고, 이때는 주로 기능적인 요건에 담긴 유스케이스로부터 도출된 기능적인 시나리오에 집중한다. 하지만 이는 시스템의 품질 속성을 조사, 검증, 이해하는 용도의 시나리오가 나올 잠재력을 무시한 생각이다. 시나리오를 찾아낼 때면, 시스템에서 중요한 품질 속성이 모두 그 시나리오 안에 반영되도록 해야 한다. 아키텍트는 이해관계자가 내놓은 시나리오에 더해 시스템에서 필요로 하는 품질 속성을 반영하는 적당한 시나리오를 추가할 필요가 있다.

장애 시나리오 활용 추가

시나리오를 찾아낼 때 자주 빠지는 함정으로는 정보 누락, 과부하 상황, 보안 장애 같은 문제를 고려하지 않고 하나같이 긍정적인 시나리오만 잔뜩 가지는 것이다. 이렇게 되면 모든 일이 순조롭게 되는 상황에만 주의를 기울이고 일이 틀어지는 경우는 무시하는 바람직하지 않은 현상이 생긴다. 이런 현상은 품질 속성을 고려할 때 특히 좋지 않은데, 장애 상황에서야말로 시스템 행태가 특히 중요하기 때문에 더욱 그렇다. 시나리오를 식별할 때는 주요 장애가 발생하는 경우를 고려하고 그 경우를 처리할 수 있도록 상응하는 시나리오를 찾아내야 한다.

이해관계자의 긴밀한 참여

시스템의 아키텍트는 시스템에 필요한 대표적인 시나리오를 찾아내기에 매우 좋은 위치에 있다. 이런 방법이 매우 유혹적인 일인 것이, 여러 가지 입력물을 제공해주기는 해도 진행 과정을 엄청나게 복잡하게 만드는 온갖 이해관계자들을 다 끌어들이는 것보다는 훨씬 간단한 일이기 때문이다. 하지만 시나리오 식별 작업에서 이해관계자를 배제하는 결정은 매우 위험하다. 물론 아키텍트 혼자서도 많은 시나리오를 찾아낼 수 있다는 점에는 의심의 여지가 없으나, 이해관계자가 제공하는 시나리오와 부여하는 우선순위가 아직까지 알지 못하던 시스템의 어떤 측면이나 미처 깨닫지 못했던 시나리오의 중요도를 드러내는 의외의 내용일 수도 있다. 이해관계자로 하여금 시스템에 대한 후보 시나리오를 찾아내달라고 요청해서 우선순위에 대해 (집단으로서) 마지막 의견을 피력하게 해야 한다.

▌ 점검 목록

- 시스템 품질 시나리오를 (보안, 성능, 가용성, 진화성 등) 충분히 폭넓은 범위에서 정의해뒀는가?

- 장애 및 예외 시나리오를 충분히 폭넓은 범위에서 정의 및 적용해뒀는가?

- 시나리오를 이해관계자가 보는 중요도와 위험이라는 관점에서 순위를 정해뒀는가?

- 시나리오의 수가 최대 15개에서 20개를 넘지 않는, 관리하기에 적당히 적은 수준으로 묶어뒀는가?

- 요구되는 반응과 행태를 알맞은 이해관계자나 해당 주제와 관련된 전문가와 함께 검토하고 동의를 구해뒀는가?

- 이해관계자가 주도해 도출한 시나리오와 함께 (예전 경험에 기반해) 아키텍트 스스로 생각하기에 가치 있다고 보이는 시나리오도 넣어뒀는가?

- 모든 시나리오를 분류하고 이름을 붙여뒀는가?

- 시나리오를 정의함으로써 요건상의 간극이나 실수를 찾아낸 경우, 그에 대해 조치를 해뒀는가?
- 시나리오를 적용함으로써 반응이나 행태에 있어 요구된 내용과 실제 내용 사이에 불일치를 찾아낸 경우, 아키텍처 설계를 올바르게 고쳐뒀는가?

▌정리

시나리오를 정의하고 적용하는 방식은 아키텍처가 필요한 기능과 행태를 띨 것을 확인하는 데 있어 효과적인 방법이다. 또한 요건이 누락되거나 오류가 있는지 살펴보는 데도 도움이 될 뿐 아니라 시스템을 시험할 때도 요긴하다.

시나리오를 두 가지 부류로 정의하면, 거의 언제나 시스템이 특정한 방식으로 반응하도록 돼 있는 외부 이벤트의 연속이라는 관점으로 정의해둔 기능적인 시나리오와, 시스템이 해당 환경 내에서 어떤 식으로 변화에 반응할지를 시스템이 띨 품질 속성에 따른 결과로서 정의해둔 시스템 품질 시나리오가 있다.

일반적인 시나리오는 시스템에 대한 요건을 살펴봄으로써 도출된다. 나머지 시나리오는(특히 품질 시나리오와 장애 상황 처리 시나리오 같은 것들은) 이해관계자와의 협력을 통해 찾아내야 하고, 일부 시나리오는 자신의 경험에 입각해 아키텍트가 직접 찾아낼 수도 있다.

시나리오 명세에는 시스템 초기 상태 및 환경, 외부 자극 및 환경 변화, 요구되는 시스템 반응 및 행태가 들어가야 한다.

시나리오 적용이란 실질적 또는 이와 유사한 요건에 대한 반응 및 행태를 비교하고 차이나 불일치는 모두 처리하는 일을 말한다. 이 작업은 종이 모델이나 모의실험, 시스템 시제품 작성을 통해 할 수도 있고, 수명주기 단계가 맞는다면 시스템 시험을 통해 할 수도 있다.

▌ 더 읽을거리

아키텍처적인 맥락으로 보자면, 대부분의 아키텍처 서적에서는 어디선가, 최소한 시스템이 어떤 식으로 작동하게 돼 있는지 묘사하는 방법으로는 시나리오에 대해 얘기를 한다.

시나리오에 얽힌 생각과 실무 경험은 대개 아키텍처 작업에 시나리오를 활용하는 구상을 깔끔하게 설명해놓은 두어 권의 서적에서 영향을 받았는데, 특히 클레멘츠 외[CLEM02]를 보면 여기 설명된 평가 접근법의 핵심부를 구성해놨고, 배스 외[BASS03]에서는 품질 속성 요건을 특성화하는 용도로 시나리오를 확장해서 활용했으며, 보슈^{Bosch}[BOSC00]에서는 아키텍처 설계 과정을 끌어가는 데 시나리오를 활용했다. 10장에서 윤곽을 잡아놓은 구상이나 기법에 대한 더욱 심도 있는 내용은 이 세 권의 책을 보면 전부 다 나온다. 필립 크루첸의 '4+1' 접근법에서 '+1'은 유스케이스 시나리오를 가리키는 것으로, 이 접근법은 원래 『IEEE Software^{IEEE 소프트웨어}』[KRUC95]에 게재된 글에서 정의된 것인데, 오늘날에도 여전히 읽어볼 가치가 충분하다.

유스케이스는 맨 처음에 이바 야콥슨이 [JACO92]에서 설명한 것으로, 코번^{Cockburn}[COCK00]을 보면 그 작성 및 활용에 대해 한결 유용하고 실용적인 조언이 많이 담겨 있다.

웹을 검색해보면 UML 모델을 작동해볼 수 있도록 만든 모의실험 도구나 UML 모델화 도구를 공급하는 업체가 많이 나오므로, 이를 활용하면 시제품 전체를 다 구축하지 않고도 시나리오를 검사해볼 수 있다.

11

스타일과 패턴 활용

역사를 돌이켜 보면, 소프트웨어 산업에서 경험을 통해 뭔가를 제대로 잘 배운 기록은 존재하지 않는다. 소프트웨어 설계자는 이미 존재하는, 검증된 설계 해결책을 무시한 채 복잡한 문제에 대한 해결책을 자기가 손수 만들 때가 많다. 소프트웨어 아키텍트도 크게 다르지 않아서, 매우 익숙한 도전에 대해 전혀 새로운 시스템 설계를 하고 마는 경우가 많다.

일이 이 지경에 이른 데는 손쉽게 접근할 수 있는, 소프트웨어 아키텍처 및 설계 문제에 대한 공통적인 표준 해결책이 부재한 데도 그 이유가 있다. 하지만 1990년대를 거치면서 이런 문제를 겨냥해 설계 패턴 운동이 일어났다. 소프트웨어 패턴 운동의 주역들은 크리스토퍼 알렉산더[Christopher Alexander]가 건축 아키텍처용 패턴에 대해 했던 작업에서 영감을 얻어,[1] 공통적인 설계 문제를 해결하기 위해 널리 활용되던 해결책을 찾아내고 분류하기 시작했다. 오늘날 이 작업의 성과가 축적돼 범용적으로 활용 가능한 패턴의 수가 끊임없이 늘어나고 있다.

▮ 설계 패턴

설계 패턴이 나온 목적은 특정 설계 문제에 대해 검증되고 널리 적용 가능한 해결책을 쉽게 재사용 가능한 표준적인 형태로 만들어 공유하는 데 있다. (설계 패턴은

---

1 『Pattern Language: Towns, Buildings, Construction(패턴 언어: 마을, 건물, 건축)』, 크리스토퍼 알렉산더, 사라 이시카와, 머레이 실버스타인 공저(옥스퍼드: 옥스퍼드 대학 출판부, 1977). 알렉산더는 건축 아키텍트로서 저서를 통해 건축물 아키텍처를 살피고 있지만, 그의 발상 자체는 설계 패턴 진영에 속한 거의 모든 이에게 영감을 줬다.

물론 조직 패턴과 프로세스 패턴까지) 많은 유형의 패턴이 발굴됐지만, 이 책의 내용과 관련해서는 세 가지 유형의 설계 패턴이 관심 대상으로, 바로 시스템 수준의 구조를 담아놓은 아키텍처 스타일과 좀 더 상세한 소프트웨어 설계 해결책을 담은 **소프트웨어 설계 패턴**, 프로그래밍 언어에 특화해 빈발하는 설계 문제에 대해 해결책을 제시하는 언어 이디엄이 그 세 가지다. 설계 패턴은 대개 몇 가지 표준 형식을 써서 기술하지만, 크게 보면 모두 다음과 같은 다섯 가지 중요한 정보를 담고 있다.

1. 이름: 패턴에는 기억하기 쉽고 의미 있는 이름이 있어야 분명하게 식별하고 논의할 수 있는 데다, 설계 문제에 대한 해결책으로 물망에 올려놓고 논의할 때 이름을 설계 언어의 일부로 삼게 되므로 더욱 중요하다.

2. 맥락: 패턴의 활동 무대를 정해놓은 것으로, 패턴이 나오게 된 동기와 근거를 설명하고, 패턴이 적용될 만한 상황을 서술한다.

3. 문제: 패턴은 모두 어떤 특정 문제에 대한 해결책이므로, 패턴 정의에는 그 패턴이 해결하는 문제와 그 패턴을 효과적으로 적용하기 위해 갖춰야 할 조건에 대한 명확한 서술이 반드시 들어 있어야 한다. 문제를 서술하는 방법으로는 패턴이 해소하고자 하는 설계상의 압력을 서술하되, 각 압력을 해결책을 끌어내는 데 정보를 제공하거나 영향을 미칠 만한 목표, 요건, 제약사항으로 취급하면 된다. 압력의 예로는 (특정 작동에 쓰이는 알고리즘을 변경할 수 있는 능력 같은) 특정 종류의 유연성을 제공할 필요성이나 (특정 데이터 구조에 쓰이는 메모리 사용량 최소화 같이) 시스템에 있어 중요한 특정 유형의 효율성을 확보할 필요성을 들 수 있다.

4. 해결책: 패턴의 핵심은 그 패턴에서 제안하는 문제 해결책을 기술한 내용이다. 이때는 대체로 모종의 설계 모델 형태를 취하는데, 설계 요소를 설명하고 그 요소가 문제를 해결하기 위해 서로 맞물려 작동하는 방식을 설명하며, 이와 함께 되도록이면 해당 패턴의 용례를 제시한다.

5. 결과: 소프트웨어 패턴 정의에는 패턴 적용에 따른 결과와 그로 인해 일어날 절충의 내용이 명확히 진술돼 있어야 실제로 사용하려 할 때 특정 문제에 적합한 해결책인지 판단할 수 있다. 이 부분에는 긍정적인 결과인 편익과 부정적인 결과인 비용이 모두 담겨 있어야 한다.

그럼 간단한 소프트웨어 설계 패턴 예제를 한 번 보자.

예제

널리 쓰이는 어댑터(Adapter) 패턴은 어떤 시스템 요소의 인터페이스를 그 요소의 클라이언트에서 필요로 하는 형식에 맞춰주기 때문에 그런 이름이 붙었다. 이 패턴 정의의 골자를 보면 다음과 같다.

어댑터 패턴이 쓰이는 맥락은 여러 가지 형태가 다른 요소들이 서로 연결될 필요가 있는 경우다. 이 패턴은 하나의 시스템 요소(클라이언트)가 다른 시스템 요소(대상)의 서비스를 사용하고자 하나 모종의 이유로 그 대상 요소에서 제공하는 인터페이스를 사용할 수 없을 때 발생하는 문제를 해결한다. 예를 들면 어떤 시스템에서 닷넷(.NET) 클라이언트가 자바 기반 대상이 제공하는 계산 서비스를 사용하고자 한다고 해보자. 계산 서비스는 클라이언트의 요건에 완벽히 맞지만, 클라이언트가 자바 기반 인터페이스를 호출할 수가 없고 따라서 그 서비스를 사용할 수가 없다.

다음과 같은 압력이 작용한다.

- 서비스 인터페이스는 기저의 물리적 데이터 구조 및 구현 알고리즘과 분리돼야 한다.
- 서비스는 그것을 구현한 기술에 독립적인 방식으로 노출돼야 한다.
- 어댑터는 변환만 제공할 뿐 그 외 어떤 기능적 처리도 수행해서는 안 된다(기능적 처리는 호출되는 서비스의 책임이다).
- 어댑터 사용으로 인해 (보안성, 복원성, 성능, 확장용이성 등) 해당 서비스의 품질 속성에 불리한 영향이 가서는 안 된다.

이 문제에 대한 해결책은 어댑터라는, 제3의 시스템 요소를 하나 들여서 클라이언트와 대상 사이에 둠으로써, 클라이언트에 의해 호출되면 다시 대상을 호출하게 하는 것이다. 어댑터가 맡은 역할은 그저 클라이언트에서 오는 요청을 해석해서, 대상이 원하는 형태로 변환한 후, 대상을 호출하고, 응답이 오면 클라이언트에서 기대하는 형태로 응답을 변환하는 일이다. 어댑터가 쓰인 실생활 예제로는 국제 전기 플러그 어댑터를 통해, 예를 들어 프랑스식 플러그가 달린 전기 장비를 영국에서 영국식 전기 소켓에 꽂아 사용할 수 있게 하는 모습을 들 수 있다.

이 패턴 사용으로 인한 결과는 다음과 같다.

- 클라이언트와 대상 구현을 분리함으로써 다양한 구현이 충돌 없이 존재할 수 있다. (+)
- (여러 종류의 어댑터를 사용해야겠지만) 여러 종류의 클라이언트에서 대상을 사용할 수 있다. (+)
- 클라이언트와 대상 사이에서 한 다리를 더 걸침으로 인해 효율성이 떨어질 수 있다. (−)

스타일, 패턴, 이디엄

앞에서 얘기했지만, 패턴은 해결하고자 하는 설계 문제의 수준에 따라 일반적으로 세 가지 유형으로 나뉘는데, 시스템 차원 구성 방안에 대한 해결책을 기록해둔 아키텍처 스타일, 상세 소프트웨어 설계 문제에 대한 해결책을 기록해둔 설계 패턴, 언어에 특화된 문제에 대해 유용한 해결책을 담아둔 언어 이디엄이 바로 그 세 유형이다. 이 세 유형이 쓰이는 곳은 수명주기 내에서 각자 다르지만 소프트웨어 아키텍트에게는 하나같이 모두 요긴하다. 하지만 스타일, 패턴, 이디엄을 어떻게 활용할지 생각하기 전에 좀 더 공식적으로 이 세 용어를 정의해둘 필요가 있다. 여기서 제시하는 정의는 모두 프랭크 부시만^{Frank Buschmann}과 그의 동료들이 함께 쓴 저서인 『Pattern-Oriented Software Architecture ^{패턴 지향 소프트웨어 아키텍처}』에 정의된 것을 바탕으로 한다.

아키텍처 스타일

아키텍처 스타일은 시스템 차원의 구조를 정의하므로 아키텍트가 시스템을 설계할 때 가장 관심이 가는 소프트웨어 패턴이라 할 수 있다.

정의

아키텍처 스타일(architectural style)은 소프트웨어 시스템에 대해 근간이 되는 구조적인 구성 틀을 표현한 것이다. 여기에는 여러 가지 사전 정의된 요소 타입이 제시돼 있고, 그에 딸린 책임도 명세돼 있으며, 그 요소들 사이의 관계 설정에 필요한 규칙과 지침도 들어 있다.

아키텍처 스타일에 있어 핵심은 시스템의 어느 한 부분에 대한 세부사항이 아닌 시스템 전체에 대한 구성 원칙들이 제시돼 있다는 점이다. 아키텍처 스타일은 대개 아키텍처 요소와 그에 딸린 인터페이스의 타입, 커넥터 타입, 그 요소와 커넥터가 결합하는 방식에 있어서의 제약사항을 정의하는 관점에서 해결책이 서술돼 있다.

가령, 어떤 아키텍처 스타일을 보니 시스템이 GUI 클라이언트, 처리 담당 서버, 일괄 처리 작업으로 이뤄지고, 그 안에서 클라이언트가 메시지 전송을 통해 서버에 접속하고 일괄 처리 작업끼리는 데이터베이스를 통해서만 통신한다고 기술돼 있다고 해보자. 이 스타일이 주는 이점이 설계하고자 하는 시스템에 매력적이라면, 이 스타일을 채택해 특정한 처리 담당 서버들과 특정한 GUI 클라이언트와 특정한 일괄 처리 작업들을 갖춘 시스템을 설계하는 지침으로 삼으면 된다. 스타일에서는 어떤 타입의 컴포넌트를 사용하고 그 컴포넌트를 서로 어떻게 연결할지를 정의했고, 스타일 사용자는 시스템에 맞춰 해당 타입의 특정 컴포넌트를 정의했다.

주목할 점은 아키텍처 스타일이라는 용어와 아키텍처 패턴이라는 용어를 섞어서 쓰고 있지만, 이 둘이 같은지 다른지에 대한 정의는 아직 널리 수용될 만큼 나온 것이 없다는 것이다. [CLEM10] 시작부의 P4절을 보면 이 두 용어의 정체와 둘이 같은지 다른지 여부를 매우 잘 다루고 있다. 어찌 보면 다르지만 사실 비슷한 이 두 용어를 구분해봤자 크게 실용성이 없다는 사실을 발견한 터라, 이 책의 목적을 고려했을 때, 다소 다른 점이 있더라도 이 두 용어를 동의어로 간주하기로 한다.

소프트웨어 설계 패턴

소프트웨어 설계 패턴이란 하나 이상의 구체적인 시스템의 부분과 관련된 훨씬 더 많은 수의 구체적인 문제에 대한 해결책을 말한다.

정의

설계 패턴(design pattern)은 자주 등장하는 검증된 구조의 상호 연결된 설계 요소들을 문서화해 놓은 것으로, 특정 맥락 내에서 일반적으로 발생하는 설계 문제를 해결하는 데 쓰인다.

설계 패턴은 시스템 상세 설계의 입력물로서 소프트웨어 설계자가 (클래스나 프로시저 같은) 소프트웨어 설계 단위를 적절히 구성하는 데 지침 역할을 한다. 설계 패턴에서 제시하는 해결책은 (프로시저, 클래스, 데이터 구조 같은) 설계 수준 요소 및 그 요소가 서로 결합됐을 때 형성하는 구조 관점에서 정의돼 있다.

언어 이디엄

언어 이디엄은 소프트웨어 패턴 중에서 가장 구체적인 형태로, 특정 프로그래밍 언어를 사용하는 상황에서 적용된다.

정의

언어 이디엄(language idiom)은 프로그래밍 언어에 특화된 패턴을 말한다. 이디엄에는 요소 및 그 요소 건의 관계상의 특정 측면을 해당 언어 특성을 활용해 구현할 방법이 설명돼 있다.

언어 이디엄은 어떤 특정한 언어로 구현할 때 프로그래머에게 지침을 제시해 주는 것으로 대개는 해당 언어를 쓰면서 빠지기 쉬운 함정을 피하는 방법이나 배워둘 필요가 있는 독특한 언어 사양이 설명돼 있다. 언어 이디엄에서 제시된 해결책은 프로그래밍 언어 구조의 관점에서 정의돼 있다.

스타일, 패턴, 이디엄 활용

이 세 가지 종류의 패턴은 다음과 같이 몇 가지 유용하게 쓸 데가 있다.

- 지식 저장소: 패턴은 특정 영역에서 특정 유형의 문제를 해결하는 지식을 담아 놓은 저장소라 할 수 있다. 이 지식을 문서화해두면 유사한 문제를 해결하는 사람들이 서로 공유가 가능하다. 사람들은 성공과 실패에 대한 지식을 공유함으로써 전문 영역 사이에서 좀 더 쉽게 옮겨 다닐 수 있는 데다 특정 영역 안에서 일을 좀 더 효과적으로 할 수 있게 된다.

- 검증된 기법의 사례: 패턴 모음에는 검증된 설계 기법을 적용한 사례가 담겨 있다. 사실 새로운 설계 패턴을 수용하는 데 있어 필요한 공개적인 시험 기준은 각각 다른 상황에서 최소 세 번 이상 성공적으로 사용됐는지 여부다. 이런 설

계 기준은 직접적으로 적용할 수도 있지만, 다소 특이한 설계 문제를 풀 때 지침으로 삼거나 영감을 얻는 용도로 활용할 수도 있다.

- 언어: 패턴 덕분에 설계자가 설계 문제를 논의할 때 쓸 공통의 언어를 만들어 내고 공유하는 일이 가능하다. 이런 공통 언어가 있으면 설계자가 서로의 생각을 손쉽게 연결하고 문제를 풀 대안적인 해결책을 분석하는 데 도움이 된다. 이를 통해 설계 절차에 참여하는 참여자들이 좀 더 효과적으로 소통할 수 있다.

- 표준화 지원: 설계자는 패턴을 사용하다 보면 빈발하는 문제에 대해 그때그때 새로운 해결책을 찾기보다 표준적인 해결책을 선택하는 쪽에 비중을 두게 된다. 이렇게 되면 설계, 구축, 지원 절차에 있어 효율성 측면에서 확실한 이득이 생기고, 이미 검증된 해결책을 적용하는 데서 오는 재사용 덕분에 신뢰성 역시 올라가는 경향이 있다.

- 지속적인 향상의 원천: 일반적으로 패턴은 공공 영역에 속하므로, 다른 사람들이 쓰면서 얻은 수많은 경험으로부터 빠르게 배울 수 있다. 덕분에 패턴 정의에 신속하게 피드백할 수 있으므로 시간이 흐름에 따라 사용자들의 경험을 반영해 지속적인 향상이 일어난다.

- 범용성 제고: 좋은 패턴은 대개 범용적이고 유연하며 다양한 상황에서 재사용이 가능하다. 문제를 푸는 유연하고 범용적인 해결책을 제공하는 일은 아키텍트의 목표이기도 하다. 패턴을 설계 절차의 입력물로 활용하고 설계 절차 내에서 설계 패턴을 찾아낸다는 관점에서 사고하다 보면 시스템 내에 존재하는 문제를 푸는 유연하고 범용적인 해결책을 만들어내는 데 도움이 된다.

아키텍트 관점에서 봤을 때, 소프트웨어 개발에 있어 설계 패턴의 진정한 용도는 위험 경감이라는 단 한 구절로 정리할 수 있다. 패턴을(그리고 이상적으로 재사용할 수 있는 패턴 구현을) 활용하면 위험과 반복을 줄이는 동시에 생산성, 표준화, 품질을 올릴 잠재력이 생긴다.

▍패턴과 아키텍처 전술

설계 패턴이라는 개념을 소개하고 관심을 끌 만한 세 가지 유형을 다뤘으니, 패턴과 아키텍처 전술의 관계에 대해 생각해보자. 4장에서 언급했듯이, 설계 패턴과 아키텍처 전술은 둘 다 아키텍처 설계 지침의 일종이지만, 둘 사이에는 상당한 차이가 있다. 전술은 설계 패턴보다 훨씬 더 범용적이고 범위가 넓다. 전술이 어떤 일반적인 사안을 처리하는 방안에 대해 조언을 제공한다면, 설계 패턴은 특정 문제에 대한 해당 맥락 내에서의 특정한 해결책을 말한다. 따라서 전술을 적용할 때 하나 이상의 설계 패턴을 동원할 수도 있지만, 반드시 그래야 할 필요는 없으며, 훨씬 더 일반적인 조언을 제공할 수도 있다.

가령, 커다란 작업을 쪼개서 동시에 수행 가능한 독립적인 조각들로 나누고자 할 때 '분할 및 병렬화'라는 아키텍처 전술을 자주 언급한다. 이 전술을 적용할 때 파이프와 필터 아키텍처 스타일을 쓸 수도 있겠지만, 이는 이 스타일을 적용하는 한 가지 가능한 방법일 뿐인 데다, 해결책의 일부분에 지나지 않는다. 이를 이해할 때는 아키텍처 전술에서는 일반적인 유형의 특정 문제를 해결하는 데 쓸 수 있는 전략들의 모음을 얻고, 패턴에서는 특정하게 제약된 설계 문제에 대한 구체적이고 검증된 해결책을 얻을 수 있다고 정리하면 맞다.

▍아키텍처 스타일 예제

구제척인 아키텍처 스타일 예제를 하나 살펴보자.

예제

여기 파이프와 필터 아키텍처 스타일을 정리해놨다(여기서는 그저 요약만 제공하므로, 좀 더 온전한 정의는 『Pattern-Oriented Software Architecture(패턴 지향 소프트웨어 아키텍처)』[BUSC96]에서 확인하기 바란다).

파이프와 필터 스타일이 처한 맥락은 데이터 스트림을 처리할 필요가 있는 시스템이다.

이 스타일은 순차적인 단계로 데이터를 처리해야만 하는 시스템을 구현하는 문제를 해결하는 것으로, 이때 단일 프로세스 사용은 불가능하고 시간이 흐름에 따라 처리 단계별 요건이 변한다.

문제에는 다음과 같은 기본적인 압력이 존재한다.

- 단계를 변경하거나, 순서를 바꾸거나, 재조합하는 방식으로 미래에 변경이 가능해야 한다.

- 작은 처리 단계가 큰 처리 단계보다 재사용이 쉽다.

- 절차상에서 인접하지 않은 단계끼리는 정보를 공유하지 않는다.

- 잠재적인 입력 데이터로 원천이 여럿 존재한다.

- 명시적인 중간 결과물 저장소가 필요 없어야 한다.

- 단계 사이에 다중처리가 배제돼서는 안 된다.

이 문제에 대한 해결책은 작업을 몇 개의 순차적인 단계로 나누고 시스템의 데이터 흐름에 따라 각 단계를 연결하는 것이다.

처리는 필터 컴포넌트에서 수행하는데, 순차적으로 데이터를 받아들여서 처리한다. 시스템에 들어오는 입력 데이터는 데이터 소스에서 공급되고 출력 데이터는 데이터 싱크로 흘러나간다. 데이터 소스, 데이터 싱크, 필터 컴포넌트는 모두 파이프를 통해 서로 연결된다. 파이프는 인접한 두 컴포넌트 사이의 데이터 흐름을 구현한다. 파이프는 컴포넌트 사이를 연결할 수 있는 유일한 방법으로, 이를 거쳐가는 데이터 형식을 간단하고 표준적으로 정의해놓음으로써, 필터들이 서로의 존재에 대해 미리 알 필요 없이 결합할 수 있게 했다.

파이프를 통해 필터가 연속해서 결합한 것을 일컬어 프로세싱 파이프라인(processing pipeline)이라 한다. 프로세싱 파이프라인의 예가 그림 11-1에 비공식적 다이어그램으로 나와 있는데, 여기를 보면 파이프와 필터 스타일의 각 구성품이 어떤 식으로 결합되는지 알 수 있다. UML 양식의 주석에서 보듯이, 사각형은 필터를 나타내고 화살표는 필터에 연결된 단방향 파이프를 나타낸다. 각 필터는 예를 들어 NPV 필터가 개별 투자의 순수 현재 가치를 계산하는 것처럼 단일한 작업을 수행한 후 출력구에 그 값을 쓴다.

이 스타일을 쓰면 다음과 같은 결과가 생긴다.

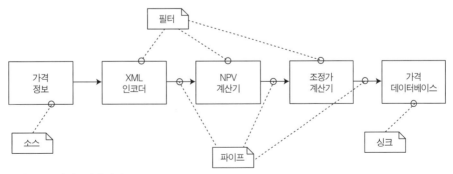

그림 11-1 파이프라인 처리

- 중간 파일이 없어도 되지만, 필요하면 만들 수도 있다. (+)

- 다른 시스템 요소에 영향을 주지 않고 손쉽게 필터 구현을 변경할 수 있다. (+)

- 이미 있는 필터들을 이용해 필터를 재조합하면 새로운 파이프라인을 손쉽게 만들어낼 수 있다. (+)

- 다른 상황에서도 필터를 쉽게 재사용할 수 있다. (+)

- 여러 필터를 동시에 작동시킴으로써 병렬 처리를 지원할 수 있다. (+)

- 상태 정보 공유가 어렵다. (−)

- 필터 간 공통 데이터 형식을 맞추기 위해 필요한 데이터 변환 작업이 부하를 유발한다. (−)

- 오류 처리가 어려운 데다 구현 시 일관성을 갖춰야 한다. (−)

이 아키텍처 스타일은 유닉스(UNIX) 운영체제에서 유래한 것으로 십중팔구 친숙하리라 본다. 하지만 전사적 애플리케이션 통합(EAI, Enterprise Application Integration) 시스템, 신호 및 영상 처리 애플리케이션, Yahoo! Pipes[2] 같은 인터넷 '매시업(mashup)' 시스템 등 다양한 소프트웨어 시스템에 걸쳐 적용된 것을 볼 때, 이 스타일이 여러 애플리케이션 영역에 두루 발생하는 문제를 해소하는 유용한 시스템 구성안이라는 사실이 증명됐다 하겠다.

이 아키텍처 스타일을 바탕으로 한 시스템을 만나면 무슨 결론을 끌어낼 수 있을까? 중요한 점 몇 가지를 나열해봤다.

- 시스템은 데이터 스트림을 처리하지, 트랜잭션을 처리하지 않는다.

- 처리 과정이 여러 개의 독립적인 단계로 쪼개질 수 있다.

- 아키텍처 요소는 (필터) 딱 한 종류밖에 없고 커넥터도 단방향(파이프) 딱 한 종류밖에 없고, 필터는 시스템을 지나는 연속적인 통로를 구성하되, 파이프를 통해 연결되며, 순환되는 부분이 없어야만 한다.

- 시스템은 중앙의 영속적인 데이터 저장소가 필요 없다.

- 시스템의 필터 요소를 교체하거나 재사용하기가 쉬울 수밖에 없다.

- 시스템은 요소에서 상태를 유지하거나 공유할 필요가 있는 상황을 처리하도록 수정하기가 어려운 경향이 있다.

- 이 스타일에서는 오류 처리가 상당히 도전적인 작업인지라 시스템을 맡은 아키텍트는 오류 처리 전략을 정의해서 강제해둘 필요가 있다.

아키텍처 스타일을 보면 그 시스템의 근간을 이루는 구조가 어떤 종류인지 알 수 있는데, 특히 시스템 요소의 종류와 그 요소가 어울려 만들어내는 구조의 형태

---

2 http://pipes.yahoo.com 참조

라는 측면에서 알 수 있다. 스타일은 또한 그 스타일이 도출되도록 이끈 설계 관심사항(또는 압력)과 함께 그 스타일을 사용할 때 고려해야 할 긍정적 그리고 부정적 영향을 설명하는 기능도 한다.

▌ 아키텍처 스타일 활용 시 이점

인식 가능한 스타일을 아키텍처의 기초로 삼으면 두 가지 즉각적인 이득이 생긴다. 첫째는 스타일을 사용함으로써 주어진 문제에 대해 이미 검증되고 익숙한 해결책을 선택해서 시스템을 구성하는 원칙을 정의할 수 있다는 점이다. 둘째는 사람들이 자기에게 친숙한 스타일을 바탕으로 아키텍처가 이뤄져 있다는 사실을 알면 그 아키텍처의 중요한 특성을 이해하기가 좋다는 점이다.

경험에 비춰보면, 아키텍트는 대부분 자신이 전에 봤던 훌륭한 구상을 재사용하고 과거에 잘 들었던 해결책을 현재 닥친 문제의 특성과 맞춰보려 한다. 간단히 얘기하면 각자 형식적인 정도만 서로 다를 뿐 모두가 다 이렇게 하는데, 실제로는 아키텍처 스타일을 사용하면서도 스스로는 그렇게 한다는 사실을 자각하지 못하는 것과 같다.

아키텍처 스타일을 문서화해둔 서적은 대부분 스타일이 설계 절차를 이끌어주는 범용적인 청사진으로 곧장 쓰이는 것으로 가정한다. 하지만 스타일은 아키텍처 정의 프로세스 내내 여러 가지 방식으로 쓰일 수 있다.

- 시스템 설계 해결책: 찾아낸 스타일 하나가 현재 해결하고자 하는 특정 문제에 특효가 있는 해결책일지 모른다. 이 경우 아키텍트는 그 스타일을 아키텍처를 구성하는 핵심 구조의 하나로 간단히 채택한 후 그에 따른 잠재적인 강점과 약점을 바로 파악하는 호사를 누리면 된다.

- 변용의 기반: 기존 스타일을 살펴보면, 그 어느 스타일로도 현재 닥친 문제를 온전히 해결하지 못하고, 그저 부분적으로만 또는 몇 가지 한계점을 남긴 채 해결하는 경우가 있다. 이럴 때 스타일은 설계 절차의 시작점이자 현 상황의 특수한 제약사항에 적용하기 위한 기반 역할을 한다. 이를 통해 원래 스타일의 변이형 후보를 찾아낸다.

- 관련된 해결책에 대한 영감 제공: 그 어느 스타일로도 풀고자 하는 문제를 제대로 풀 수가 없다는 사실을 알게 될 수도 있다. 하지만 이전에 찾아냈던 스타일과 그 스타일이 해소하는 문제를 단순히 읽어보기만 해도 현재 맞이한 문제를 좀 더 깊이 이해하는 데 도움이 돼서 모종의 방법으로 기존 스타일과 관련된 해결책을 찾아내게 될 때가 자주 있다. 이를 통해 관련 스타일 후보를 찾아낸다.

- 신규 스타일 발굴 동기 부여: 가끔은 지금까지 찾아낸 그 어느 스타일로도 처리할 수 없을 것 같은 문제에 직면할 때도 있다. 이럴 때는 어쩌면 전에 한 번도 공개적으로 해결된 적이 없는 문제를 풀고 있는지도 모르고, 혹시 풀린 적이 있더라도 아직까지 그 해결책이 스타일로 문서화되지 못했을지도 모른다. 이런 상황은 그 문제를 대중적인 방식으로 해결하고 결과적으로 도출되는 설계 지식을 수집해 새로운 아키텍처 스타일 후보로 정의하는 계기가 될 때가 많다.

지금까지 개별 스타일에 대해 논의했지만, 사실 스타일은 하나만 따로 떼서 쓰는 일이 드물다는 사실을 지적할 필요가 있다. 여타 설계 패턴 유형과 마찬가지로, 스타일은 대부분 특정 설계 문제 하나를 해결하는 데 초점이 맞춰져 있지만, 현실에서 시스템은 대부분 여러 개의 설계 문제를 동시에 해결할 수밖에 없다. 이 말은 곧 극히 단순한 시스템을 제외한 모든 시스템은 거의 언제나 그 시스템이 풀어야 하는 다양한 설계 문제에 맞춰 여러 가지 스타일을 결합할 필요가 있다는 뜻이다.

예제

사용자가 트랜잭션을 수행할 수 있도록 하는 동시에 시스템 전체에 걸쳐 (소식이나 가격 같은) 정보를 널리 퍼트릴 수도 있게 해주는 금융 거래 시스템을 생각해보자. 일단 최소한 2개의 아키텍처 스타일이 바로 떠오르는데, 바로 클라이언트/서버 스타일로서 중앙의 서버를 통해 트랜잭션을 처리하는 스타일과 발행자/구독자 스타일로 소식 및 가격 정보를 시스템 전체에 걸쳐 널리 퍼트리게 하는 스타일이 있다. 다른 스타일도 더 필요할 수 있는데, 가령 계층화된 구현(Layered Implementation) 같은 것은 이식성을 확보하고 기반 플랫폼을 공유해서 사용하는 용도로 쓸 수 있다. 이 예제에서는 각 스타일마다 고유한 사용 근거가 있다.

- 클라이언트/서버 스타일은 트랜잭션 처리가 안전하고 확장 가능하며 가용성이 높게 잘 수행되도록 하기 위해 쓰인다.

- 발행자/구독자 스타일은 정보의 배치를 효율적이고 유연하며 비동기적으로 할 수 있게 하기 위해 쓰인다.
- 계층화된 구현 스타일은 여러 배치 플랫폼 사이에서 이식성을 담보하고 기반 기술 활용 방식 공통화를 보장하며 기반 기술 관련된 저차원의 세부사항이 대부분의 시스템 개발자들에게 노출되지 않도록 가림으로써 개발 생산성을 높은 수준으로 달성하기 위해 쓰인다.

스타일을 결합할 필요가 있는 상황에서는 문제가 배가된다. 첫째, 여러 스타일을 함께 사용하면서도 아키텍처 내에서 전체적인 일관성을 어떻게 유지할 수 있는가? 둘째, 스타일이 서로 충돌하지 않고 잘 어울리는지 어떻게 알 수 있는가?

이 문제는 소프트웨어 아키텍처에 있어 다른 수많은 문제와 마찬가지로 아키텍트가 자신의 과제에 투입할 수 있는 경험, 지식, 올바른 판단력을 조화롭게 활용하는 길 외에는 다른 해결책이 없다. 오랜 기간 쌓은 시스템 아키텍처 경험에 비춰보면 스타일 결합은 쉬운 일이 아니어서 세심한 주의를 기울여서 할 필요가 있다. 성공의 열쇠는 바로 스타일 중 하나를 골라 시스템을 구성하는 지배적인 스타일로 삼고 이를 중심으로 아키텍처를 짜되, 나머지 스타일은 주 스타일로는 해결이 어려운 특정 문제를 해결할 필요가 있는 곳에 부가적으로 도입하는 방식이라는 사실을 알아냈다. 이런 방식을 쓰면 전반적인 일관성을 유지하는 데 도움이 될 뿐 아니라 부가적인 스타일을 통해 도입된 요소를 주 스타일에서 정의한 전체적인 시스템 구성안에 따라 나온 구조에 편입시킬 때 호환성을 고려하는 계기가 되기도 한다.

▌ 스타일과 아키텍처 설명

아키텍트는 자신이 맡은 시스템이 특정 품질을 띠기를 원하기 때문에 그런 품질을 제공한다고 돼 있는 여러 가지 아키텍처 스타일을 시스템에 끼워 넣으려는 경향이 있다. 일단 사용할 스타일을 선택하고 나면, 별 어려움 없이 진도를 나가 그 스타일에 기반을 둔 아키텍처 설계를 만들어내지만 그 스타일을 어떻게 사용했는지를 AD에 설명해둬야 한다는 사실은 쉬 잊어버리고 만다. 이런 상황이 되면 그 스타일을 사용했던 지식과 그것을 선택했던 이유가 잊혀버리므로, 시간이 흐르면서 아키텍처의 모습이 그 스타일에서 원래 제시했던 구조와 동떨어지는 경향이 있다.

더불어, 많은 아키텍처 스타일이 시스템의 전반적인 기능적 구조에 초점을 맞추면서 AD 중에서 기능적 뷰에 주로 영향을 미치게 된다. 하지만 원칙상 스타일은 아키텍처 뷰라면 어느 것에나 영향을 미칠 수 있고, 따라서 사용된 스타일을 설명하는 일은 AD를 읽는 이들에게 있어 아키텍처의 다양한 여러 측면에 걸쳐 해당 스타일이 가한 충격을 이해하는 데 매우 중요하다. 이런 이유 때문에 사용된 스타일들을 AD에 명시적으로 설명해두면 쓸모가 있다.

이 작업을 효과적으로 하는 방법이 두어 가지 있는데, 바로 말로 설명을 다는 방법과 모델을 첨부하는 방법이다. 말로 설명을 다는 방법은 그저 AD 문서에다 사용한 스타일에 대한 짤막한 언급과 함께 그 스타일을 사용한 이유를 넣어두되, 대체로 초입부에 배치함으로써 읽는 이들로 하여금 분위기 파악을 하게 해주는 것이다. 모델을 첨부하는 방법은 앞의 방법에서 한 걸음 더 나아가 사용된 범용 스타일과 아키텍처 내의 특정 요소 사이의 관계에 읽는 이들의 주의를 끄는 것이다. UML을 사용해 모델을 표기할 경우, 스테레오타입을 써서 사용된 스타일상의 특정 추상 요소에 해당되는 모델 요소를 표시는 식으로 처리하면 된다. 하지만 이런저런 추가 표기법을 동원해서 모델을 지저분하게 만들면 보는 이들이 이해하기가 어려워질 수 있으므로 자제할 필요가 있다. 모델이 지저분해지기 시작하면, 모델을 나타낸 다이어그램에서 첨부 내용을 제거한 후 모델 설명서에 말로 된 설명을 덧붙이는 것으로 대신하면 된다.

▍설계 패턴과 언어 이디엄 적용

아키텍처 스타일은 이미 검증된 아키텍처 설계 구상의 원천으로 기능하므로 이를 어떻게 활용할지는 상당히 명확하지만, 설계 패턴과 언어 이디엄을 아키텍처 설계 절차에 어떻게 끼워 맞출지는 그렇게 명확하지 않다. 아키텍트에게 있어 상세 설계와 코딩이 핵심이 아니라고 한다면, 설계 패턴과 언어 이디엄이 아키텍트의 주 업무 영역에 어떤 도움이 될까?

답은 설계 패턴과 언어 이디엄이 아키텍트와 소프트웨어 개발자 사이의 의사소통에 매우 중요한 도구라는 점에 있다. 팀을 이끌고 직접 대면해 대화하는 직접적인 소통방식이 매우 중요하지만, 설계 제약사항 및 지침을 문서에 적시함으로써 모든 이가 알아보고 깊이 음미할 수 있게 하는 일이 중요한 상황도 역시 많다. 설계 패턴과 언어 이디엄은 설계 조언 및 제약사항을 개발 팀에게 전달하기에 완벽한 도구라 할 수 있다.

예제

여기 설계 패턴과 언어 이디엄을 활용하는 전형적인 활용 사례 몇 가지를 소개한다.

설계 패턴 활용 예제

- 개발하는 시스템에서 국제화가 필요하다면, 이는 시스템 차원에서 중요한 설계 제약사항이다. 시스템의 여러 모듈에 걸쳐 공통적인 접근법을 적용하도록 담보하려면, 모듈을 어떤 식으로 국제화할지 설명하는 설계 패턴을 채택 또는 정의해야 한다.

- 데이터베이스 애플리케이션은 (데이터 무결성과 동시성 요구에 따라 낙관적 잠금을 쓸지 비관적 잠금을 쓸지 선택하는 등) 특정 잠금 접근법을 사용할 필요가 있는 경우가 많다. 특정 상황에서 사용할 잠금 접근법은 아키텍처 설계에 따라 도출된 중요한 설계 제약사항이라 할 수 있다. 이런 경우라면 설계 패턴을 활용해 데이터베이스 잠금을 어떤 식으로 구현할지 정의해두는 것이 좋다.

- 새로운 코드를 손쉽게 추가해 새로운 유형의 데이터를 다룰 수 있게 하려면 시스템이 진화적이어야 한다. 설계 절차를 거치면서 필요한 유연성을 확보하도록 이끌기 위해, 아키텍트는 책임 연계, 리플렉션, 방문자 같은 관련 설계 패턴 활용을 제안함으로써 개발자로 하여금 자신이 원하는 유연성이 어떤 것인지 이해하는 데 도움을 줄 수도 있다.

언어 이디엄 활용 예제

- 자바, C++, C# 같은 다수의 현대적인 프로그래밍 언어가 예외 처리 수단을 갖추고 있다. 이런 수단은 여러 가지 방식으로 활용될 수 있으므로, 따라서 그 프로그래밍 언어의 예외 처리 수단을 활용할 방식을 정의하고 그렇게 정의한 이디엄이 시스템 전체에 일관되게 활용되도록 강제하는 일도 중요한 아키텍처적 제약사항에 해당된다.

  시스템을 쉽게 보정할 수 있도록 하기 위해, 각 요소가 자신의 상태를 담은 문자열을 반환하게 해 이를 디버그용 기록으로 남기는 데 쓸 수 있게 한다면 매우 유용할 것이다. 이는 대부분의 프로그래밍 언어에서 가능하지만, 활용 가능한 방안과 그 방안을 활용하는 최선의 방식은 언어마다 다르다. 아키텍트는 시스템의 각 요소를 구현할 때 사용할 이디엄을 정의 또는 채택함으로써 이를 시스템 전반에 걸쳐 표준화할 수 있다.

- 많은 언어가 (자바에서 equals()와 hashCode() 메소드는 오버라이드하려면 둘 다 하고 하지 않으려면 둘 다 하지 말아야 한다는 조언이나, C++에서 객체 대입 시 문제 발생을 피하려면 복제 생성자를 정의할 필요가 있다는 조언 같은 것이 있듯이) 활용할 때 주의를 기울이지 않으면 나중에 사소한 문제가 계속 생길 수밖에 없는 사양을 갖추고 있다. 아키텍트는 고참 개발자와 협의해 필요한 곳에 적합한 지침이 제공될 수 있도록 언어 이디엄을 정의 또는 채택함으로써 이런 언어에 특화된 문제를 피하는 데 도움을 줄 수 있다.

시스템에 맞는 패턴과 이디엄을 찾아내고 정의하는 일은 일반적으로 개발 뷰 작성 활동의 일환이다. 하지만 패턴과 이디엄을 문서화하는 일은 상당히 방대하므로, 개발 표준 문서의 일부로 작성해서 AD에서 참조하게 하는 쪽이 개발 문서 내에 만들어넣는 쪽보다 일반적으로 더 합당하다.

▌점검 목록

- 아키텍처 설계 문제에 대한 해결책으로 기존 아키텍처 스타일을 고려해봤는가?
- 아키텍처 스타일을 활용한 곳을 AD에 명확하게 밝혀뒀는가?
- 시스템과 관련이 있음 직한 새로운 스타일, 패턴, 이디엄의 원천이 될 만한 후보를 검토해봤는가?
- 사용한 패턴에서 해소하는 설계 압력과 각 패턴의 강점 및 약점을 이해하고 있는가?
- 시스템에 대한 중요한 설계 제약사항을 모두 문서화할 수 있도록 패턴과 이디엄을 정의해뒀는가?
- 설계 패턴과 이디엄을 활용해 관련 부분에 설계 지침을 제공할지에 대해 고려해봤는가?

정리

아키텍처 스타일, 설계 패턴, 언어 이디엄은(통칭 패턴이라 하며) 모두 이미 검증된 소프트웨어 설계 지식을 재사용하는 방법으로, 이 세 가지 모두 아키텍처 설계 절차에 있어 요긴하다. 패턴은 재사용 가능한 지식의 저장고로서, 설계를 논하는 데 쓰일 언어를 개발하는 데 도움이 되고, 시스템 설계 시 표준화를 촉진하고 일반성을 제고한다.

여러 아키텍처 스타일과 친숙해지면 설계 용어를 구축하는 데 도움이 될 뿐 아니라 새로운 아키텍처 설계 문제에 맞닥뜨렸을 때 꺼내볼 만한 선택안 꾸러미를 갖출 수 있다. 또한 스타일은 그저 설계 청사진 역할을 할 뿐 아니라, 차후에 정제를 해나가는 기반이 되는 동시에 전혀 새로운 해결책을 만들어내는 데 영감을 불러일으키기도 한다. 정보 시스템에 대해서는 관련 아키텍처 스타일 구색이 이미 잘 갖춰져 있고, 아키텍트 훈련 과정에 이런 스타일을 알고 각 스타일의 강점 및 약점을 파악하는 일이 포함돼가고 있다.

더불어 패턴과 이디엄은 한층 상세한 문제에 대해 이미 검증된 설계 해결책 관련 지식을 확충하는 데 도움이 될 뿐만 아니라, 시스템 구현 시 아키텍처적인 완결성을 달성하는 데 있어 중요한 설계 제약사항과 지침을 기록하는 소중한 방안이기도 하다.

더 읽을거리

설계 패턴을 주제로 한 문헌은 엄청나게 많고(가령, 이 책을 쓰는 시점에 아마존닷컴 Amazon.com에서 제목에 'design patterns'라는 문구가 들어가는 책만 해도 400종 가까이 판매되고 있을 정도로) 그 모두를 빈틈없이 개괄하기에는 지면이 턱없이 부족하다. 하지만 그중에서도 곁에 두고 익힐 만한 중요한 설계 패턴 관련 서적이나 자료가 있다.

설계 패턴을 다룬 원전은 『Design Patterns디자인 패턴』[GAMM95]으로, 흔히 '4인방 Gang of Four' 또는 'GoF'라 불리는, 기본적인 설계 패턴에 있어서는 여전히 가장 권위 있는 자료다. 아키텍트 관점에서 패턴을 탐독하려면 (일반적으로 'POSA1'이라고 알려진) 부시만 등의 『Pattern-Oriented Software Architecture패턴 지향 소프트웨어 아키텍처』[BUSC96]부터 시작하면 좋다. 이 책에서 다룬 스타일, 패턴, 이디엄 정의는 본래 여기서 가져온 내용이다. 쇼와 갈란[SHAW96]은 아키텍처 스타일을 설명해놓은 원전 중 하나로 꼽힌다.

POSA1은 이름에서 알 수 있듯이 패턴 모음집 시리즈의 첫 번째 책으로, 이 책이 출간된 후부터 동시성 설계[SCHM00], 자원 관리[KIRC04], 분산 컴퓨팅[BUSC07a], 패턴 언어[BUSC07b]를 다룬 후속 서적이 계속해서 나왔다. 이런 서적들은 모두 높은 품질의 검증된 패턴 모음집으로, 패턴 진영의 저명 인사인 프랭크 부시만, 케블린 헤니Kevlin Henney, 더그 슈미트Doug Schmidt, 마이클 스탈Michael Stal 등이 저자로 나섰다.

프로그램 설계 패턴 언어 학술대회 시리즈[PLOP95~99, PLOP06]를 통해 학술대회가 개최된 해마다 온갖 종류의 설계 패턴이 수없이 쏟아졌다. 이 책에서 참조한 서적 중에는 이 학술대회에서 진행했던 패턴 작성 워크숍을 통해 나온 특기할 만한 결과물도 일부 있는데, 이들 서적에도 유용한 설계 패턴이 풍부하게 담겨 있다. 웹사이트 www.hillside.net에 보면 이 학술대회 시리즈의 이력과 함께 (독일 학술대회인 EuroPLOP 같은) 연계 학술대회가 빠짐없이 기록돼 있다. 이 학술대회는 대부분 제출된 패턴 논문을 모두 웹사이트에서 볼 수 있게 해놓은 덕택에 다소 과하다 싶을 정도로 패턴 자료가 풍부해졌다.

저명한 소프트웨어 문필가인 마틴 파울러Martin Fowler가 주도해서 쓴 책[FOWL03b]을 보면 정보 시스템 아키텍트라면 누구나 씀 직한 기업용 정보 시스템상의 패턴이 많이 담겨 있다. 이와 약간 관련이 있는 책으로 대규모 정보 시스템의 배치 측면에 초점을 둔 귀중한 패턴 모음을 담은 다이슨Dyson과 룽쇼Longshaw 책[DYSO04]이 있다.

기술에 특화된 패턴 서적은 너무 많아서 여기에 모두 나열하기가 어려운데, 이런 책은 어떤 경우든 본인의 시스템에서 활용하고자 하는 기술이 무엇이냐에 따라 유용성이 달라질 수밖에 없다. 엔터프라이즈 자바 환경에서 잘 알려진 패턴 모음으로는 [ALUR03]이 있다. 닷넷 환경에서는 마이크로소프트 사가 자신들의 MSDN 웹사이트상의 '패턴과 기법Patterns and Practices' 항목(http://msdn.microsoft.com/en-us/practice)을 통해 유사한 패턴 모음을 만들어냈고, [ESPO08]에도 보면 닷넷 애플리케이션 개발 관련 패턴이 담겨 있다.

언어 이디엄도 마찬가지로 너무 많아서 이 책에 다 나열하기가 어렵지만, 그 중에서도 원전은 코플리언의 C++ 이디엄 책[COPL91]을 꼽을 수 있고, 자바에서는 유명한 조시 블로크^{Josh Bloch}가 내놓은 유명한 이디엄 모음 책[BLOC08]이 있으며, C# 에도 빌 와그너^{Bill Wagner}가 이와 유사한 모음집[WAGN10]을 내놨다. 또한 루비, 펄, 파이썬, 자바스크립트, PHP를 비롯해 그 밖의 많은 유명한 기술용 패턴 서적이 나와 있다. 쓸 만한 인터넷 서점에 들어가 검색해보면 살펴볼 만한 책들을 많이 찾을 수 있을 것이다.

설계 패턴을 담고 있는 웹사이트도 상당수 등장했지만, 웹 기반 정보 출처의 진화 속도가 워낙 빨라 그 목록을 여기에 나열하는 일은 부질없어 보인다. 그중 에서 선구적인 웹사이트 두 곳을 꼽으라면 앞에서 언급한 힐사이드 그룹(www. hillside.net)과 워드 커닝험^{Ward Cunningham}의 C2 위키 사이트 내 패턴 영역(www. c2.com/cgi-bin/wiki?PatternIndex)이 있다.

12

아키텍처 모델 수립

아키텍트는 이해관계자의 여러 요구 사이에서 효과적으로 균형을 잡은 아키텍처 해결책을 만들어내는 일과 이해관계자에게 그 해결책의 중요한 세부사항을 전달하는 일이라는 도전에 이중으로 직면에 있다. 마치 건축 아키텍트가 건물 설계 중에 건물을 실제로 지어볼 수 없듯이 아키텍트는 아키텍처 정의 프로세스 중에 실제 컴퓨터 시스템을 구축할 수 없기에, 시스템의 중요한 특성을 표현하고 분석할 방법을 찾아 여러 계층의 이해관계자가 시스템을 이해할 수 있게 해야 한다.

정의

이런 맥락하에서, **모델**(model)은 아키텍처의 몇 가지 측면을 추상화하거나 단순화하거나 부분적으로 표현한 것으로, 시스템의 그런 측면들을 하나 이상의 이해관계자에게 전달하는 목적이 있다.

모델이 있으면 복잡한 개념이나 구상을 이해하는 데 있어 본질적인 어려움을 극복하는 데 도움이 된다. 효과적인 모델은 앞으로 보겠지만 아키텍처의 중요한 측면은 드러내고 덜 중요한 곁가지는 가려준다.

모델을 아키텍처 정의 프로세스가 진행되는 맥락에 집어넣기 위해, 프로세스의 주 요소들 사이의 관계를 되새겨보자.

- 아키텍처는 아키텍처 명세서[AD, architectural description]에 문서화된다.

- AD는 하나 이상의 아키텍처 뷰로 이뤄진다(여기에는 원칙, 표준, 용어사전 같은 아키텍처의 기초를 이루는 여러 다른 요소도 함께 들어 있다). AD에는 기능 뷰, 동시성 뷰, 배치 뷰 같은 것이 들어 있다.

- 개별 뷰의 내용물은 시점에 바탕을 둔다. 예를 들어 운영 뷰의 내용물로는 운영 시점에 존재하는 템플릿, 패턴, 지침이 있다.

- 개별 뷰는 하나 이상의 모델로 이뤄진다. 모델은 해당 뷰에 적합한 몇 가지 두드러지는 아키텍처 특성을 표현하는 방법이다. 가령, 정보 뷰에는 개체 관계 모델, 데이터 소유권 모델, 상태 변이 모델이 들어갈 수 있다.

- 관점을 적용하면 기존 모델에 변화가 생기거나 부차적인 아키텍처 모델이 하나 이상 만들어짐으로써 아키텍처가 특정 품질 속성을 갖췄는지 여부를 더 잘 이해할 수 있게 된다(즉, 모델은 시스템의 구조를 새로 정의하지는 않는다). 예를 들면, 보안성 관점을 적용하면 대개 시스템이 직면한 보안 위협을 이해할 수 있는 보안 모델이 도출된다.

이런 관계를 보면 모델은 설계 대상 시스템의 핵심적인 측면을 설명하는 것으로, 아키텍처 정의 프로세스의 중심에 있음을 알 수 있다. 이를 염두에 두고, 아키텍트가 아키텍처를 정의할 때 모델을 어떻게 활용하는지 살펴보자.

▌ 모델의 중요성

모델을 만드는 일이 아키텍트가 하는 일 중에서 가장 중요하지는 않겠지만, 아키텍트가 만들어낸 모델은 AD에서 가장 중요한 요소이기는 할 터이다. 소프트웨어 개발 과정에 모델을 수립하는 이유는 크게 네 가지가 있다.

1. 모델은 모델화할 상황을 이해하는 데 도움이 된다. 모델을 수립하다 보면 아키텍처 명세서가 정밀해지고 주어진 상황에서 가장 중요한 요소에 초점을 맞추게 된다.

2. 모델은 의사소통의 매체로 기능하면서, 아키텍트의 생각을 다른 이들에게 설명하는 데 도움을 준다. 모델은 문서를 보는 이가 이해해야 할 정보의 양을 줄여주고, 더불어 모델의 구조는 보는 이로 하여금 정보를 따라가는 지침 역할을 한다.

3. 모델은 핵심 요소들을 따로 떼내서 서로 간의 관계를 파악함으로써 현 상황을

분석하는 데 도움이 된다. 그러고 나면 모델화 대상 상황의 몇 가지 측면에 대해 근거를 살펴본 후 그 속성에 대해 결론을 내릴 수가 있다.

4. 모델은 대상 상황 내에서 그것이 드러내는 구조의 결과물인 프로세스, 팀, 산출물을 구성하는 데 도움이 된다.

모델을 수립할 때 이런 이득을 얻기 위해 사용하는 핵심 기술이 바로 추상화abstraction, 즉 꼭 필요하지 않은 세부사항을 걷어내는 과정이다. 그런 세부사항을 모델에서 없애버림으로써, 이해관계자는 물론 아키텍트 자신도 아키텍처에서 가장 중요한 측면에만 집중할 수 있다. 좋은 모델은 아키텍처를 이해하지 못하는 이해관계자가 아키텍처를 이해하는 데 도움을 주는 모델이다.

모델이 소프트웨어 아키텍트에게 중요하다는 데는 의심의 여지가 없지만, 모델화라는 개념 자체는 새로운 것이 아니고 사실은 예전부터 있었다. 고대 그리스의 천문학자인 프톨레마이오스Ptolemy는 지구를 중심으로 태양, 달, 행성, 별이 공전한다고 가르쳤다. 지금이야 프톨레마이오스의 모델이 틀렸음을 알지만, 당시에는 천체의 움직임을 합당한 정확도로 예측하기에 충분한 모델이었다. 르네상스 시절에는 폴란드의 천문학자 코페르니쿠스Copernicus가 더욱 정확한 태양 중심 모델을 만들었고, 거기서는 지구가 태양 주위를 돌았다. 그로부터 150년 후에는 아이작 뉴턴Isaac Newton 경이 저서 『Principia Mathematica수학 원리』를 통해 자신의 중력과 운동 법칙을 더욱 발전시켰다. 뉴턴 수학은 아인슈타인Einstein이 1916년에 자신의 일반 상대성 이론을 발표하면서 심대한 도전을 받았다.

프톨레마이오스, 코페르니쿠스, 뉴턴, 아인슈타인은 모두 동일한 현상, 즉 태양, 지구, 별의 명확한 운행을 설명하고자 했다. 어느 모델도 완벽하게 정확하지는 않았지만, 어느 모델도 나올 당시에 정했던 목적에는 부족함이 없었다.[1] 사실 뉴턴 수학은 오늘날에도 아주 특별한 경우 빼고는 여전히 잘 맞는다. 물리적인 세계를 모델화하는 데 있어서의 이런 유명한 시도에서 얻은 교훈은 그 어느 모델도 완벽한 것은 없지만, 완벽하지 않더라도 모델화 대상이 되는 현실에 대해 유용한 정보를 제공해줄 수 있다는 사실이다. 마틴 파울러는 이런 교훈을 자신의 책 『Analysis

---

1 여기서 우리는 목을 곧추 세우고 우리가 살아 있는 동안에는 불가능할지 모르겠지만 누군가 언젠가는 아인슈타인에 도전해 성공하리라 말하리라!

Patterns^{분석 패턴}』에서 함축적으로 "모델은 맞거나 틀린 게 아니라, 쓸모가 더하거나 덜할 뿐이다."라고 적어놓았다.[2] 여기서는 이 원칙을 다음과 같이 표현한다.

원칙

아키텍처 모델은 모두 현실에 대한 근사치로서, 불필요한 세부사항을 추상화해버림으로써 모델화의 대상이 되는 상황에서 가장 중요한 측면에 주의를 집중할 수 있게 한다.

성공적인 모델을 만드는 비결은 이해관계자에게 중요한 정보를 전달하고자 한 것이든, 시스템 품질을 분석하고자 한 것이든, 아키텍처적인 구조를 이해하고자 한 것이든 그 목적한 바를 달성하기에 충분한 선에 도달하기만 하면 된다는 점이다. 이 선에 도달하기 어려울 때가 많은데, (대체로 개발 과제에서 아키텍처 정의 프로세스에 많은 시간을 할당하지 않으므로) 시간이 충분하지 않고 또 모델화하고자 하는 상황이 복잡하거나 난해하거나 이해관계자에게 생소할 수도 있기 때문이다.

하지만 모델은 명세 및 설계 과정에서 정제된다는 점을 잊어서는 안 된다. 과제 초기에 졸속으로 만들었지만 이제는 자리가 잡히고 팀 전체가 익숙한 모델이 내용이 더 충실하지만 너무 늦게 나와서 사용할 기회를 놓쳐버린 모델보다 훨씬 쓸모 있다.

전략

아키텍처 모델의 복잡도와 상세 정도를 사용층의 관심 및 기술 수준, 모델 수립에 들일 수 있는 시간, (가장 중요한) 모델 사용 방식에 맞춘다.

규칙을 일반화하면, 간단한 모델은 비기술적인 이해관계자에게 보여주거나 아키텍처 분석 초기에 핵심 특성들을 명확히 밝히기에는 더 쓸모 있고, 그보다 정교한 모델은 아키텍트 자신이나 기타 소프트웨어 개발자 등 기술적인 이해관계자를 대상으로 한 분석, 의사소통, 이해 용도의 도구로 더 쓸모 있다.

---

2 〔FOWL97〕, p. 2

어느 보험 회사가 인수를 통해 성장을 이룬 결과, 많은 수의 시스템이 얼기설기 엮여 관리하기 어려운 점대점 인터페이스를 통해 서로 연결돼 있었다. 회사의 장기 목표는 이 시스템들을 대체하는 쪽이지만, 예산 제한으로 인해 몇 년 내에는 이 목표를 달성할 수 없다. 그러는 동안, 점대점 인터페이스를 중앙 집중형 메시지 전달 기반구조로 대체하자는 안이 나왔다.

아키텍트는 상당히 정교한 아키텍처 모델 몇 가지를 고안해냈는데, 그중에는 기술 및 애플리케이션 어댑터, 메시지 교환 허브, 이기종 상호 연결성, 데이터 위주 변환 규칙 등이 있었다. 이를 통해 그에 따른 복잡한 후보 아키텍처를 분석하고 이해할 수 있게 됐지만, 이 새롭게 제안된 아키텍처의 이점을 사업적 이해관계자에게 설명하는 데 애를 많이 먹었다.

문제는 기술적인 세부사항의 많은 부분이 개념에서 핵심적인 단순성을 가린다는 데 있다. 아키텍트는 종이 한 장에 들어가는 모델을 따로 하나 만들어서 현재 인터페이스의 복잡한 사항을 관리하는 데 비용이 적게 들고 적용하기가 더 쉬우며 신뢰성도 더 높은 동시에 데이터 품질 문제도 덜할 것으로 보이는 아키텍처로 어떻게 대체할지 시각적으로 설명했다. 사업적 이해관계자에게는 이 모델이 훨씬 더 잘 먹혔다.

봉투 뒷면에 간단하게 끄적인 모델이 도움이 되더라도, 이를 중요한 모델, 특히 나중에 시스템 설계의 기반으로 쓰일 모델의 타당성, 일관성, 정확성을 타협하기 위한 변명으로 삼아서는 곤란하다. 모델에서 세부사항을 생략하면 이해관계자는 문제가 해소된 것으로 믿지만 실제로는 그냥 눈에 띄지만 않을 뿐인 위험한 상황을 초래할 수 있다.

모델에 단순화와 근사치가 조금이라도 들어갔다면, 모델을 보는 이들에게 그 사실을 알리고 해결책에 대해서도 그에 따른 영향을 감안해 살펴보게 한다.

▌모델의 유형

아키텍처 모델을 생각할 때 사람들은 대부분 그 모델이 담고 있는 요소에 대한 정의가 곁들여진 모종의 다이어그램을 마음속에 떠올린다. 하지만 그렇지 않은 모델의 종류도 많아서, 모델을 정형적인 정성 또는 정량 모델과 이름을 스케치라고 붙인 비정형적인 정량 모델로 폭넓게 분류해봐도 쓸모가 있다.

정성 모델

정성 모델은 건축 아키텍트와 구조 공학자가 새로운 건물의 구조를 정의하고 주변 환경 내에서 어떤 모습일지 보여주기 위해 만들어내는 축척 모델과 청사진에 비견된다. 이런 모델은 대상의 정수, 즉 그 형태와 특성을 드러내고자 하는 목적으로 만들지 측정 가능한 품질을 예측하고자 만들지 않는다. 정성 모델은 아키텍트에게 있어 극히 중요해서, 시스템 수명주기 내내, 아키텍처 정의의 초기 단계에 구상을 구체화할 때부터 수명주기 후기에 시스템 설계의 상세 사양을 명확화할 필요가 있을 때까지 사용된다.

정의

정성 모델(qualitative model)은 모델화 대상 아키텍처에 있어 핵심적인 구조적 요소나 행위적 요소, 특성, 속성을 나타낸다.

정성 모델은 AD에 들어가는 뷰의 주된 내용물을 이룰 뿐 아니라 (앞에서 언급한 보안성 관점 같은) 몇몇 관점의 주요 결과물이기도 하다.

이런 맥락에서, 가장 흔한 정성 모델은 다양한 종류의 다이어그램 형식의 아키텍처 모델로, 기능 구조 모델이나 정보 모델 같은 것이 여기에 해당되고, 이 외에도 실물 모델^{mock-up}, 시제품, 모의실험 같은 유형도 이 부류에 해당된다. 이들 모델은 모두 시스템이 구축됐을 때 이해관계자 눈에 어떻게 비칠지 보여주고자 하는 노력이 어느 정도 담겨 있다.

역사적으로 보면, 정성 모델은 정량 모델보다 정형성이 떨어지는 경향, 다른 말로 하면 표현이나 배열 규칙을 다소 덜 엄격하게 준수하는 경향이 있는데, 이는 이런 모델을 제시하기 위해 수용된 규칙이(즉, 모델화 언어가) 대체로 약하거나 존재하지 않는 데서 비롯된다. 하지만 이런 경향도 널리 사용되는 모델화 언어, 특히 UML이 표준적으로 다양한 종류의 정적 및 동적 모델화 요소를 표현할 길을 터줌에 따라 더 이상 사실이 아니게 됐다(이에 대해서는 '모델화 언어' 절에서 더 논의한다).

모델을 통해 최선의 결과를 얻기 위해서는 엄밀성, 명료성, 일관성을 추구해야 한다. 사용하는 모델화 언어가 성에 차지 않을 경우, 자신만의 관례를 수립하는 것이 좋은데, 가령 표준화된 색상이나 형태를 사용함으로써 다양한 종류의 아키텍처 요소를 다이어그램에 표현하되, 정의를 명확하게 해두고, 모델 안에서 그 정의를 꾸준히 따르면 된다.

전략

모델화 언어를 정성 모델에 알맞은 것으로 선택하고, 필요하면 확장하며, 이후 엄격하게 따른다. 범례 및 그 밖의 설명을 제시함으로써 보는 이들이 사용된 표기법과 관례를 알아볼 수 있게 한다.

모델 중 몇몇은, 특히 초기 모델이나 개괄 모델은 사업 및 기술 이해관계자가 섞여 있는 층을 대상 사용자로 잡을 수도 있다. 모델은 가끔 조직 내에서 어느 업무 사례 하나를 지원하고자 하는 등의 특정한 정치적 필요에 의해 만들어질 수도 있는데, 그런 경우에는 (앞에서 든 예제에 나오는 보험 회사의 신규 아키텍처가 회계상의 이득을 강조하듯이) 매우 구체적인 목적을 충족시킬 필요가 있다.

사업 이해관계자와 기술 이해관계자 양쪽 모두를 대상으로 하는 모델을 만드는 일은 가장 다루기 까다로운 일일 수밖에 없다. 이런 혼합 모델은 대개 더욱 전문화된 이해관계자 집단을 대상으로 한 모델에 비해 정형성이나 엄밀성을 낮출 필요가 있다. 이때는 표기법을 다양하게 써야 할 수도 있고 전혀 쓰지 않아야 할 수도 있으며, 사용 층이 혼동을 일으킬 만한 세부사항은 빼버려야 할 수도 있고 또는 반대로 특정 특성을 부각시키기 위해 일정 정도까지 상세하게 내려가야 할 수도 있다. 이런 상황을 다룰 때는 흔히 조금 덜 정형적인 유형의 정성 모델인 스케치를 써도 되는데, 여기에 대해서는 뒤에 가서 간단히 논의하기로 한다.

정량 모델

정량 모델은 구조 공학자나 건물 서비스 공학자가 구조 요소에 필요한 두께나 가장 붐비는 시간에 쾌적하게 출입할 수 있는 사람의 수 같은 건물 구조의 물리적 특성을 정하기 위해 만드는 수학적 모델에 비견된다. 정량 모델은 시스템의 행위나 기타 특성을 예측하는 수치 묶음이 결과로 나온다. 정량 모델은 대개 수학 및 통계에 기반한다.

정의

정량 모델(quantitative model)은 아키텍처의 성능, 복원성, 용량 같은 측정 가능한 속성에 대해 진술한다.

정량 모델은 시스템의 구조 대신 품질을 다루기 때문에 대개는 시점에 제시된 지침에 따라서 만들기보다는 관점을 적용해서 만든다.

예제

시스템에 부하가 걸렸을 때 응답할 수 있는 용량에 대한 수학적 모델은 하드웨어 컴포넌트의 사용량을 다음과 같은 수식으로 표현하게 된다.

사용량 = 트랜잭션 처리량 × 트랜잭션당 사용시간

하드웨어 컴포넌트의 사용량을 분석해봄으로써 잠재적인 병목 지점(시스템 응답이 느려지게 만드는 심하게 사용되는 컴포넌트)을 찾아낼 수 있고 시스템 변경이 성능에 미치는 영향도 알 수 있다(사실, 큐잉(queuing) 이론 같이 더욱 정교한 수학적 모델을 사용해 시스템 응답시간을 적정한 정확도로 예측할 때도 많다).

용량 산정 같은 정량 분석을 하려면 대개 정교한 수학적 능력을 갖추거나 수학적 모델화 도구를 사용해야만 한다. 이 주제는 26장에서 성능 및 확장용이성 관점을 논의할 때 다시 살펴보기로 한다.

효과적인 정량 모델은 만들고 검증하는 데 시간을 많이 들여야 하고, 따라서 아키텍처 정의 단계를 길게 가져가는 호사를 누릴 수 없는 경우, 정량 모델을 어떻게든 만들어낸다면 아마도 상당히 무딘 근사치로밖에 할 수 없었을 것이다. 더 심한 경우에는 시간 부족으로 아키텍처가 소용이 있다는 확신을 얻고 대략적인 수준에서 아키텍처의 특성을 이해하는 정도 이상을 하기가 어려울 것이다. 하지만 이렇게 소용이 있다고 확신을 굳히는 작업은 가치 있는 일로서, 특히 불확실한 부분이 있거나 새로운 지평을 여는 경우라면 특히 그러해서, 그런 모델이 수명주기 초기에 만들어졌을 경우 나중에 필요하면 더욱 완전하고 정확한 모델을 만드는 기초로 삼으면 유용하다.

물론, 몇몇 경우에는 시스템의 핵심 품질 요건 때문에 정량 모델이 반드시 있어야 할 때가 있다. 가령, 많은 처리량과 좋은 확장용이성을 갖추는 것이 핵심인 어떤 서버 및 서비스 제공 시스템을 설계하는 경우, 성능 모델을 만드는 일이 아키텍처 작업의 핵심이 될 수밖에 없다. 이런 경우에 주요 정량 모델화 작업에 충분한 시간을 할애할 수 있을 정도로 우선순위를 높일 필요가 있다.

스케치

흔히 사용되는 아키텍처 모델 중 세 번째 종류는 스케치로, 비정형적인 다이어그램 형식의 정성 모델이다. 스케치는 예술가가 자신이 받은 인상을 그려내서 사람들로 하여금 새로운 건축물의 세세한 구조를 모두 알지 않고도 그 건축물로 인해받게 될 영향을 상상할 수 있게 해주는 것에 비견된다. 스케치는 본질적으로 비정형적인데, 이 말은 스케치에서는 다이어그램적인 요소들을 UML, 개체 관계 모델화 등 다양한 모델화 언어 및 방법론과 엮되, 그중 어느 규칙이나 관례도 엄밀하게 준수하지는 않을 때가 많다는 뜻이다. 스케치는 아이콘, 도형, 사진을 사용해 의미를 전달할 때가 많다. 스케치는 정형적인 정성 모델과 분리함으로써 잘못됐거나 일부분만 완성된 정형 모델과 일부러 비정형적으로 그려놓은 스케치를 혼동하는 일이 없게 했다.

정의

스케치(sketch)란 일부러 비정형적인 형태를 취하고 있는 시각적 모델로, 아키텍처에서 가장 중요한 측면을 비기술적 사용층에 전달하기 위해 만든다. 여기에는 여러 가지 모델화 표기법 요소와 함께 사진과 아이콘이 섞여 있다.

스케치는 깊이는 다소 없어 보여도, 이해관계자, 특히 비기술적 이해관계자가 아키텍처의 정수를 이해하는 데 도움이 되는 유용한 방법이다. 스케치는 시스템 개발 과제의 착수 단계 동안 핵심 특성을 여러 계층에 널리 설명하는 데 흔히 쓰인다(이 과정은 아키텍처 복음화나 아키텍처 친숙화 등 여러 가지 이름으로 불린다). 또한 개발 과정 후반에는 1차적인 아키텍처 모델을 이해하기 어려워하는 덜 기술적인 이해관계자에게 쉽게 접근할 수 있고 이해하기 어렵지 않은 개괄 모델을 제공하는 데 쓰일 수도 있다.

스케치를 사용하면 스케치의 비정성적인 본성 때문에 AD가 모호해지기 쉽고 따라서 혼동과 오해를 불러일으킬 수 있다는 본질적인 위험이 생긴다. 1차적인 아키텍처 모델을 스케치에서 시작하는 경우, 가능한 한 빨리 더욱 정형적으로 명세된 모델로 대체 또는 강화해줘야 한다.

모델화 언어

아키텍처 설명 언어

아키텍처 설명 언어^{ADL, architecture description language}란 컴퓨터 시스템의 아키텍처를 정의하는 데 쓰이는 모델 류를 표기하기 위한 특수 목적의 표기법을 말한다. ADL을 활용하면 아키텍처 단위의 상세 수준에서 모델을 수립하도록 특별히 고안됐다는 점에서 이점을 얻는다. 이와 달리, 범용 모델화 표기법은 대부분 훨씬 더 상세한 프로그래밍 언어 구조를 표현하도록 고안됐다. 아키텍처에 초점을 맞췄을 때 ADL이 의미하는 바는 결국 이를 이용해 설계 작업에나 어울리는 세부사항에 빠져 헤어나오지 못하는 우를 범하지 않고도 아키텍처적으로 중요한 측면만 설명할 수 있다는 것이다.

이 분야에서 작업하는 이들이 몇 가지 ADL을 제안해뒀는데, 일부 잘 알려진 것으로는 카네기 멜론 대학교에서 만든 Acme가 있고, AADL은 SAE에서 표준으로 정했으며, 스탠퍼드 대학교에서 만든 Rapide도 있으며, ArchiMate는 오픈 그룹^{Open Group}에서 표준으로 정했지만 소프트웨어 및 시스템 아키텍처가 아니라 전사적 아키텍처를 대상으로 한다는 점에서 약간 다르다. 하지만 실무에서 산업적인 전사적 시스템 개발 과제에 ADL이 사용되는 모습을 보기는 드물고, 대부분의 ADL이 주류로 사용되기보다는 연구 영역에서 여전히 실험 중이다. 따라서 ADL 사용에 도움이 되는 친숙하고 기능이 풍부한 도구가 변변찮고, 이해관계자가 표기법을 이해하고 언어 요소의 중요성을 이해하기가 쉽지 않다.

UML

ADL 사용의 대안으로 범용 모델화 언어를 사용하되, 알맞은 언어를 채택해 특화시키는 방법이 있다. AD에 사용할 수 있는 표기법은 많이 있지만, 그중에도 가장 대중적인 것은 필시 UML^{Unified Modeling Language}이다.

표준에 정의돼 있듯이, UML은 "시스템 아키텍트, 소프트웨어 엔지니어, 소프트웨어 개발자에게 소프트웨어에 기반한 시스템의 분석, 설계, 구현은 물론 업무 및 관련 절차 모델화 도구를 제공하는 것"을 목표로 한다.[3] 이 언어에서는 소프트웨어 설계에 있어 이미 검증된 기법을 표준적이지만 확장 가능한 표기법 안에 담아 넣고자 시도한다. UML에는 유스케이스, 클래스 다이어그램, 시퀀스 다이어그램, 활동 다이어그램 같이 여러 표준적인 다이어그램 형태의 표기법이 있다. 더불어, UML에는 스테레오타입과 프로파일 같이 모델 작성자가 자신의 업무 환경에 맞게 언어를 다듬거나 확장할 수 있게 해놓은 장치도 몇 가지 존재한다.

UML은 표기법이 섬세하고 유연성과 확장성을 갖추는 등, 구체적인 장점이 몇 가지 있다. UML은 널리 사용되는 데다 (사업 이해관계자라면 따라가기 어려운 복잡한 표기법이 일부 들어 있기는 하지만) 기술 이해관계자라면 대부분 이해하는 데 문제가 거의 없다. 많은 이들이 UML을 AD에 적용하고 ADL로도 쓸 수 있도록 UML의 기능을 향상하려 노력 중이다.

UML을 두고 농담 삼아 '써본 중에는 그나마 낫지만 ADL로는 상당히 빈약'하다고 얘기하지만(그리고 실제로 저자 중에는 ADL로서의 UML 기능을 비판하는 글을 쓴 이도 있지만[4]), 사실은 UML을 실제 모델화 작업에 널리 사용하면서 이 언어가 아키텍처 명세서를 작성하는 데 매우 쓸모 있는 도구임을 알게 됐다. 나중에, 특히 시점 정의를 보면 알겠지만 이 책 전체에 걸쳐 UML을 주 모델화 표기법으로 사용했는데, 이는 혹여 UML의 실용적인 유용성에 심각한 우려가 있었다면 불가능했을 일이다.

UML이 아키텍처 모델에 효과를 내는 이유는 편재성, 확장성, 기저에 깔린 강력하고 일관된 의미체계 같은 품질을 갖추고 있기 때문이라 믿는다. 언어가 편재성이 있다는 말은 많은 기술 이해관계자가 알아보고 이해하며 모델을 만들고 검사하며 보수하는 데 도움을 주는 성숙하고 강력한 도구 개발이 이뤄져 왔다는 뜻이다. UML이 확장성이 있다는 말은 당면한 문제를 해결하기 위해, (가령, 해당 아키

---

3 〔OMG10a〕

4 오언(Eoin)은 데이브 에머리(Dave Emery)와 함께 「IEEE 소프트웨어」 2010년 11/12월 호 '쟁점과 반론(Point-Counterpoint)' 란에 아키텍처 명세서에 있어 UML의 기능에 대해 의견을 밝힌 바 있다.

텍처 모델에 맞는 특별한 컴포넌트 타입 몇 가지를 정의하는 식으로) 스테레오타입 집합을 정의함으로써 원래 언어에 들어 있던 상대적으로 제한되고 범용적인 개념 집합을 특화시켜 '꼬마 ADL'을 만들기가 상당히 쉽다는 뜻이다. 끝으로, 잘 정의된 의미 집합을 갖췄다는 말은 UML 모델을 사용해 상당히 정밀하게 의사를 전달할 수 있고, 도구 지원이 만들고자 하는 모델의 종류에 상당 수준 전문화될 수 있다는 뜻이다.

따라서 종합하면 UML은 아키텍처 모델화에 있어 여전히 수많은 비판을 받고 있지만, 실제 모델화 작업을 하는 데 있어 쓸모 있는 도구이며 개중에 가장 잘 맞는 도구라는 사실을 확인했다.

실행 가능한 분야 전용 언어

대부분의 모델화 언어는 직접 실행할 수 없고 시스템 구현의 일부로 활용할 수 없다는 한계가 있다. 이로 인해 모델에 담긴 정보와 실제로 시스템이 동작하는 방식 간에는 간극이 생길 수밖에 없다.

이 문제는 분야 전용 언어[DSL, domain-specific language]를 동원해 아키텍처 설명 중 일부를 정의하는 방법으로 해결이 가능하다. DSL은 특정 문제를 해결하도록 고안된 컴퓨터 언어로서, 컴퓨팅 영역에서는 빌드 스크립트 언어, CSS, SQL, 정규 표현식 등 실질적인 사례가 많이 존재한다. 최근에는 두 가지 요인으로 인해 DSL에 대한 관심이 더욱 광범위하게 퍼지는 계기가 됐는데, 하나는 그루비[Groovy], 루비, 파이썬 등 동적인 언어를 광범위하게 사용하는 흐름이고 또 하나는 마이크로소프트 사가 비주얼 스튜디오 개발 도구에 DSL 도구 기능을 소프트웨어 팩토리 과제의 일환으로 집어넣은 일이다.

(자바 사용자라면, 그루비 같은) 동적인 언어를 사용하면 아키텍처 구조의 일부를 실행 가능한 형태로 명세할 수 있는 DSL을 만듦으로써, 실제로 실행해보고 시험해보며 더 나가서는 구현에도 쓸 수 있는 가능성이 열린다. 실행 가능한 DSL을 아키텍처 명세서에 쓸 때의 단점이라면 상대적으로 적은 수의 이해관계자만이(대개 개발 팀만이) 이해할 수 있고, DSL을 정의하는 노력을 (대개 아키텍트가 스스로) 쏟아야 하며, 아키텍처의 아주 협소한 한 측면만을 기술할 수 있다는 점을 꼽는다.

기타 모델화 언어

데이터를 모델화하기 위한 용도로 나온 개체 관계 모델 같이 영역에 특화된 모델화 언어가 많이 있다. 그중 몇 가지를 3부와 4부에서 더 자세히 논의한다.

▌ 효과적인 모델 도출 지침

모델은 생산하는 데 많은 비용이 드는 산출물로, 만들고 유지하는 데 엄청난 시간과 노력을 쏟기 십상이다. 아키텍트는 자신이 만드는 모델이 AD 내에서 명확한 목적에 부합할 뿐 아니라 의도한 용도에 쓰기에 효과적인지 확인할 필요가 있다. 이번 절에는 모델을 만들 때 따르면 도움이 될 지침 몇 가지를 살펴봤다.

목적에 부합하는 모델 작성

어떤 모델이든 목적이 잘 정의돼 있을 때만 만들고, 목적이 불분명할 경우에는 만들지 말아야 한다. 모델에 명확한 목적이 없으면 그 모델이 띠어야 할 상세함, 완전성, 형식성의 수준이 불명확해진다.

예제

> 시스템을 배치할 방안을 고민한다고 해보자. 배치 후보를 살펴보기 위해 작성한 배치 모델 초안은 불완전하고 상세화 수준도 다소 얕아 보인다. 모델은 그저 아키텍트와 몇몇 핵심 개발자들로 하여금 시스템이 장비를 가리지 않고 작동할 수 있도록 하기 위한 선택안과 절충 내역을 고민해보게 하는 데 목표가 있을 뿐이다.
> 반대로, 배치 계획 수립과 소프트웨어 의존성 분석을 위한 기초를 닦는 것이 목표라면, 배치 모델이 훨씬 더 상세하고 논리적으로 완결돼 있어야 한다. 그렇지 않을 경우, 배치 및 소프트웨어 플랫폼 의존성의 주요 측면이 간과될 여지가 있다. 이런 모델은 달성하고자 하는 목표에서 상당한 차이가 있기 때문에, 둘 다 시스템 배치를 모델화하고 있음에도 이쪽이 훨씬 더 철저한 모델화 훈련이 있어야 완성이 가능하다.

모델을 만들고 정제할 때는, 원래 의도했던 용도를 끊임없이 생각해야만 애초에 정했던 특정 목표를 효과적으로 달성할 모델을 만들어낼 수 있다.

사용층 선정

모델은 사용층별로 원하는 유형이 다르거나 같은 모델이더라도 표현이 달라야 하기 때문에, 모델의 사용층을 누구로 했는지를 명확히 밝혀야만 한다. 구체적인 사용층이 없으면 모델을 만드는 데 드는 노력이 과연 가치가 있는지 알기가 어려운 것이, 모델이 어떻게 쓰일지 알 수가 없는 까닭이다.

예제

시스템의 정보 구조는 보는 이를 배려해 두 단계로 상세 수준을 나눠서 표현해야 한다.

시스템의 구매자와 평가자는 시스템에서 저장 및 처리하는 정보에 관심이 있을 테지만, 그 관심은 정보의 유형을 살펴보는 요약 수준에 있지 개별적인 사업적 개체를 살펴보는 수준에 있지 않다.

시스템의 사용자와 개발자는 시스템에서 저장 및 처리하는 정보에 관심이 있을 테지만, 이들 역시 개별적인 사업적 개체 및 그 속성의 세부사항을 알고 싶어한다. 사용자는 자신들이 필요로 하는 정보가 나오는지 확인하고 싶어하고, 소프트웨어 개발자는 시스템을 개발하기 위해 이 수준의 정보를 확보하고 싶어한다.

모델을 사용할 대상층을 잘 규정해두지 않으면, 그 모델을 보면서도 자신들과 관련이 있다고 생각하지 못하기 때문에 검토나 분석도 하지 않게 되는 현실적인 위험이 생긴다. 바로 앞에 든 예제에서, 구매자와 평가자에게 상세 데이터 모델을 보여주면 '상관없는 기술적인 세부사항'으로 치부해 옆으로 치워버릴 것이고, 사용자와 개발자에게 요약 모델을 보여주면 '너무 상위 수준'으로 생각하고 무시해 버릴 것이다.

사용층을 찾아내고 나면, 그 사용층이 모델에 어떤 관심을 보일지, 거기서 보고 싶어할 만한 상세 수준은 어떨지, 쉽게 이해할 수 있는 표기법은 어떤 종류일지 생각해봐야 한다. 이렇게 하면 원래 의도했던 사용층이 접근하기 쉽고 유용하게 쓸 만한 모델을 만드는 데 도움이 된다.

가장 도전적인 상황은 다양한 종류의 사용층이 관심을 보이는 (가령, 소프트웨어 개발자와 시스템 구매자 둘 다에게 가치가 있을 때가 많은 기능적 모델 같은) 모델을 만들어야 할 때다. 이런 경우, 잠재적인 사용층을 구성하는 모든 이들이 사용하는 단일 모델을 만드는 일이 가능한지 먼저 생각해볼 필요가 있다. 그런 일은 불가능할 때가 많아서, (덜 기술적인 사용층을 위해 복잡한 모델에 대한 스케치를 만들어주는 등) 다양한 사용층을 아우르기 위해 따로 떨어져 있지만 서로 밀접한 관련이 있는 모델을 몇 개 만들 수밖에 없을 때가 많다. 그런 경우, 어느 모델이 주된 정보 소스이고 어느 모델이 파생돼서 나온 것인지 명확하게 정의해둠으로써 나중에 어떤 식으로든 불일치가 생기면 어떻게 해소할지 알 수 있도록 한다.

세심하고 정밀한 추상화

12장 도입부에서 설명했듯이, 추상화란 모델에 넣을 만큼 중요한 개념만 골라내고 비중이 없는 세부사항은 생략하는 기법으로서, 중요한 구상을 더 잘 전달하기 위해 쓰인다. 모델 작성자가 갖출 핵심 기술은 모델에 효과적이고 알맞은 수준으로 추상화를 해넣는 일이다.

프톨레마이우스와 고대 그리스 철학자들이 이해했던 바와 같이, 현실 세계는 극히 복잡해서, 직접적인 관련이 없는 무수히 많은 세부사항으로 인해 분석이 어긋나기 십상이다. 하지만 고대 그리스인들은 결론의 정확성에 크게 영향을 주지 않으면서도 이런 세부사항을 고려대상에서 제외할 수 있다는 사실도 깨달았다. 사실 21세기의 정교한 과학을 동원한다 한들 우리를 둘러싼 세계의 모델에 모든 것을 다 집어넣기란 가능한 일이 아니다.

추상화의 사전적 정의는 '추출 행위'로서, 이렇게 보면 추상화를 할 때 어떻게 해야 하는지가 명확히 보인다. 특히, 추상화가 의미하는 바가 '불분명'하거나 '모호한' 것과는 거리가 멀다는 사실을 분명히 알아야 한다. 추상적인 모델이라면 구체적인 모델에 비해 더욱 정밀하고 엄격할 수밖에 없는 것이, 세부사항을 제거하면 집중력이 올라가고 문제를 구성하는 핵심 요소를 좀 더 온전하게 정의할 수 있는 까닭이다.

모델에 맞는 올바른 추상화 수준을 달성하는 요체는 관련 없는 세부사항과 반대되는 핵심 요소를 짚어내는 능력에 있다. 관련 있다는 것이 무엇인지는 당연히 상황, 모델의 용도, 관심을 보이는 이해관계자의 요구와 능력에 따라 매우 다르고, 따라서 모델에 무엇을 집어넣을지 정하는 일은 상당히 주관적인 결정이다.

위험 기준 노력 투입

아키텍처 설계를 모델화하고 분석하다 보면, 어디다 노력을 집중해야 할지 알기 어려울 때가 있다. 이상적으로야 아키텍처의 모든 측면을 매우 철저히 모델로 만들고 모든 세부사항을 신중하게 생각해야 한다. 하지만 그럴 시간은 절대로 주어지지 않는 데다, 사실 정말 엄중한 시스템이 아니고는 아키텍처 설계 노력을 세부사항 수준까지 기울이는 일은 좀체 허락되지 않는다. 아키텍처상의 모든 세부사항을 모델로 만들 수 없다면, 어디에다 노력을 집중할지는 어떻게 결정할 수 있을까?

다른 여러 소프트웨어 아키텍처 서적과 마찬가지로, 여기서도 위험 위주 접근법을 통해 어디에 노력을 집중할지 결정하는, 즉 가장 중요한 위험을 가장 먼저 파악하고 완화하는 방법을 옹호한다. 작업 우선순위를 정하는 데 있어 위험을 활용하지 않을 경우, 아키텍처 작업을 할 때 알고 보면 가장 덜 중요한 부분임에도 가장 흥미롭거나 가장 쉬워서 가장 먼저 해버리게 될 위험성이 있다.

예제

> 아키텍트가 보안 전문가일 경우, 그 지식과 경험을 활용해 시스템의 보안을 초기에 철저히 분석하고 모델화하는 것은 합리적이다. 무엇보다도 이 일은 쓸모가 있어 보이는 데다, 어떻게 하는지도 알거니와, 중요한 무언가를 즉각 만들어낼 수 있으니 말이다.
>
> 겉에서 보면 일견 합리적인 접근법으로 보이지만, 객관적으로 생각해보면 이렇게 하는 것은 최선의 작업 방식일 수가 없다. 아키텍트가 위험을 명확하게 고려하기보다는 자신의 선호에 따라 일의 선후를 결정한다면, 인간 본성에 따라 자신이 관심 있는 영역이나 상대적으로 위험이 적어서 '빠른 성과'를 얻어 진척을 과시할 수 있는 영역을 선택할 가능성이 높다. 사실을 제대로 보면, 시스템에 있어 가장 큰 위험은 성능 같은 별개의 영역이거나 규제 준수 같이 상대적으로 불분명하고 불편한 사항일지도 모른다.

위험을 이해하고 선후를 정하다 보면 가장 중요한 영역에 아키텍처 작업의 초점을 맞출 수 있게 된다. 이 방법에 대해서는 13장에서 더 논의한다.

설명적인 이름 선택

모델에서 요소의 이름은 모델을 효과적으로 설명하는 데 있어 상당한 영향을 미친다. 이해관계자가 모델을 이해하는 수준은 모델의 요소 이름을 이루는 특정 단어에 깔린 전제로 인해 확연히 차이가 날 수밖에 없다. 올바른 이름을 선택하는 일 또한 중요한 것이, 이름은 '들러붙는' 경향이 매우 큰 까닭에, 일단 어떤 이름이 인식되고 논의된 다음에는 과제에서 쓰이는 공통 언어의 일부가 되므로, 그다지 좋은 이름이 아니더라도 바꾸기가 매우 어렵다.

처음 모델을 만들 때는 아직 각 요소의 역할과 책임을 이해해나가는 단계이기 때문에 요소에 오해를 유발하거나 모호한 이름을 부여하기 십상이다. 따라서 모델을 계속 개발해나가면서 계속해서 이름을 다시 돌아봄으로써 마침내 요소에 적확하고 의미 있는 이름이 붙어서 모델을 보는 이들이 그 근본 구조와 그 안에 들어 있는 개별 요소의 역할을 손쉽게 파악할 수 있도록 하는 일이 중요해진다.

용어 정의

시각적인 모델화 표기법에만 있는 문제로 모델의 구조를 나타내는 다이어그램을 그려놓고는 모델이 완성됐다고 생각하는 경향이 있다. 물론 모델은 완성됐을 리가 없는데, 다이어그램에 등장한 기호가 하나도 제대로 정의되지 않은 데다 모델도 잘못된 해석을 할 여지가 한껏 열려 있기 때문이다. 이 문제는 시각적인 표기법으로 만든 모델에만 국한되지 않고, 다양한 요소와 관계가 정의 없이 등장하기 때문에 해석이 극히 어려운 (스프레드시트 기반 성능 모델 같은) 정량 모델에서도 상당히 자주 맞닥뜨리는 문제다.

모델을 개발할 때는, 등장하는 모든 요소가 그 의미, 역할, 실제 세계에 대한 대응에 있어 엉뚱하게 해석될 여지 없이 깔끔하도록 충분한 시간을 들여 신중하게 정의하기 바란다.

단순성 추구

모델은 단순할수록 사용하기도 쉽고 사용층이 효과를 볼 가능성도 높다. 하지만 모델이 너무 단순하면 사용층의 관심을 끌 만한 핵심적인 특성을 나타낼 수조차 없기 때문에 역시 실패하고 만다. 따라서 너무 단순화해서 맞지도 않고 효과도 볼 수 없는 지점과 사용과 보수가 어려울 지경까지 과도하게 복잡하게 만드는 사이의 어느 지점에서 균형을 잡을 요량을 해야만 한다.

대부분의 모델은 단순하고 잘 구조화된 데에서 시작하지만, 더 상세한 사항이 붙고 더 특수한 경우를 고려하게 됨에 따라 복잡도가 급격히 증가하는 일이 많다. 모델의 복잡도가 증가하면 곧바로 의사소통과 분석 시 얻는 효과가 떨어진다.

모델이 모습을 갖춰가면서 더욱 상세하고 복잡해지면, 지속적으로 스스로도 검토해보고 또 다른 이들에게도 검토를 요청해서 효과를 평가해봐야 한다. 모델이 너무 복잡해서 사용하기가 어려워지면, 더 단순하면서도 동일한 정보를 담고 있되 더 다루기 쉬운 형태로 된 관련된 모델 몇 개로 대체하는 방안을 고려해보기 바란다.

정의된 표기법 활용

모델은 거의 대부분 몇 가지 형태의 표기법을 사용해 내용물을 표현하는데, 표기법으로는 시각적인 표기법, 기호 표기법이나 수학적 표기법, 심지어 프로그램 코드까지 다양한 선택이 가능하다. 표기법은 대부분 사용하는 용도가 다르지만, 개별 상황에 딱 맞는 표기법은 존재할 수 없으므로, 확장을 해서 써야 할 때가 많다. 확장 결과 이해관계자가 새로운 모델을 살펴볼 때 어떤 표기법을 썼고 그 표기법이 무슨 뜻인지 알아보기 어려울 수가 있다.

명확하게 정의된 표기법이 없으면 모델을 보는 사람은 자신의 직관에 의존하거나 아키텍트의 설명이나 해설에 의존해서 모델을 해석할 수밖에 없다. 해석하기 어려운 표기법은 당연히 모델 해석의 장애물이 된다.

모든 모델에는 만들 때 쓴 표기법을 신중하게 정의해둠으로써 이해관계자가 그 의미에 대해 추호의 의심이 없도록 하고 모델의 내용물에 집중할 수 있게 해야지, 그 표현 방식으로 고생시켜서는 안 된다. 스케치 같은 비정형 모델이라 해도, 표기법을 정의해둠으로써 그 스케치를 설명해줄 아키텍트가 없더라도 해석이 가능하게 해야 한다.

숨겨진 의미 파악

다이어그램에는 풍부한 의미체계가 있어서 보는 이들에게 수많은 숨겨진 의미를 전달하는 데 활용할 수 있다. 가령, 계층화 아키텍처는 대개 계층이 층층이 가로로 놓이고 그중에서 가장 중요한 계층이 맨 위층에 올라가 있는 형태의 다이어그램으로 표시된다. 모든 이가 이런 다이어그램에 친숙해서, 대개는 그 표기법이 의미하는 바를 설명할 필요가 없다.

이런 방식은 시간을 아껴주기 때문에 매우 값지지만, 그로 인해 계층이 모여 있는 것처럼 보이는 다이어그램은 그 아키텍처가 계층화됐든 아니든 무관하게 특정하게 해석될 수 있다는 뜻이 되기도 한다. 그런 의도가 아닌데도 그렇게 하면, 혼란을 유발하거나 그보다 더 심한 결과를 초래할 수도 있다. 이런 경우에는 어딘가에다 수평적인 위치는 계층화를 의미하지 않는다고 적어놓거나, 다이어그램 구성을 다시 해서 보는 이가 잘못된 인상을 받지 않게 해주는 훨씬 더 좋은 조치를 취해줘야 한다.

잘못하면 다이어그램을 다시 그려야 할지도 모르는 숨겨진 의미체계는 종류가 많다.

- 비슷한 크기의 도형을 한 페이지 안에 세로로 나열해놓으면 계층화 및 기타 계층구조를 의미한다고 오해할 수 있다.
- 왼쪽에서 오른쪽으로 나열해놓으면 제어 흐름이나 연속된 이벤트로 이해할 수도 있다.
- 요소를 다른 요소 안에다 넣으면 소유권이나 포함관계를 시사할 수 있다.
- 다이어그램의 요소 크기는 그 요소의 상대적 중요성을 떠올리게 만든다.
- 다이어그램 요소나 글자의 색은 중요도를 떠올리게 만들 수도(아닐 수도) 있다. 비슷한 색이 칠해진 요소들은 어떤 식으로든 관련돼 있다는 가정을 유발할 수도 있다.
- 요소에 막대 인형이나 컴퓨터 및 디스크 그림 같은 아이콘을 사용하면 읽는 이가 그 요소의 본성을 오해하게 만들 수도 있다.

이런 다이어그램 관련 관례가 매우 유용할 수도 있지만, 원래 의도했던 의미가 제대로 전달되도록 사용 시 주의를 기울여야 한다.

모델 검증

모델은 현실의 근사치다. 덕분에 중요한 세부사항을 이해하고 전달하고 분석하는 데 집중할 수 있어 모델이 가치 있는 것이지만, 이런 근사치로 인해 모델이 유효성을 잃지 않았다는 확신을 할 방법이 없다는 약점 또한 생길 수밖에 없다.

모델의 이런 측면으로 인해 구조적인 모델에 대해서는 유효성과 실용성을, 분석적인 모델에 대해서는 현실 세계 반영성을 지속적으로 검증하는 일이 중요하다. 이런 일은 전문가 검토, 기술적인 시제품 제작, 실세계에 대한 모델 점검을 통해 수행하면 된다. 중요한 점은 모델 검증을 하려면 모델이 원래 의도했던 구실을 제대로 할 수 있다는 확신이 들 정도로 충분하고도 철저히 해야 한다는 점이다.

모델 갱신

소프트웨어 개발 과제 진행 중에는 모든 것이 변한다. 요건이 생겼다 사라지고, 새로운 제약사항이 드러나며, 우선순위도 바뀐다. 이런 끊임없는 변화는 이해관계자의 실질적인 요구에 부응하는 효과적인 시스템을 납품하기 위해 아키텍트가 처리할 수밖에 없다.

변화를 흡수할 필요가 있다는 말은 과제 시작 시점에 개발된 모델이 시스템이 납품되는 시점까지 아무런 변화 없이 계속해서 현실을 반영한 채로 유지되기를 기대해서는 안 된다는 뜻이다. 아키텍트가 마주한 문제는 바로 자신의 모델이 더 이상 현실을 반영하지 못할 경우, 곧바로 사용이 중단되고 '죽어버린다'는 점이다.

애써 만든 모델이 조기에 폐기되지 않게 하려면 정기적으로 갱신해줘서 적절성을 계속 유지하도록 하는 일이 중요하다. 모델을 보수하느라 과제 진행이 느려질 만큼 부담이 커져야 안 되겠지만, 시간과 노력을 충분히 투자해 모델이 최신을 유지하도록 알맞게 균형을 잡을 필요가 있다. 이를 달성하려면 몇 번의 일상적인 모델 보수 활동을 주간 계획에 일정으로 잡아놓으면 된다.

모델을 가능한 한 단순하게 유지하면, 즉 분석과 의사소통에 도움이 되는 정말 모델화할 필요가 있는 핵심 개념에만 초점을 맞추면 모델을 최신으로 유지하기가 훨씬 쉽다. 시스템에서 주된 아키텍처적 구조는 그 위에서 구축되는 시스템의 세부사항과 비교해보면 변화 속도가 빠르지 않다는 사실을 흔히 발견하게 된다. 이런 핵심 구조는 시스템을 이해하려면 모델화할 필요가 있는 것들이기도 하다(나중에 가서 코드를 보고 이런 모델을 다시 만들어내기란 여간 어렵지 않다). 이런 모델을 최신으로 유지하기란 시스템의 모든 측면을 담은 복잡한 모델을 유지하는 데 비해서는 어려움이 훨씬 덜하다.

▌ 애자일 팀에서의 모델화

애자일 개발이 주류 개발 접근법으로 떠오르면서, 소프트웨어 아키텍트가 애자일 팀과 함께 일하는 상황이 일반화되고 있다. 일반적인 생각으로는 애자일 팀은 대규모 사전 설계와 불필요한 문서화 부분에 대한 걱정 때문에 아키텍트와는 물과 기름처럼 섞이기 어렵다. 하지만 실제 경험해보니 훌륭한 애자일 팀 안에 들어가서 함께 일하기는 어렵지 않고, 그 과정에서 얻는 것도 많지만, 그러려면 그 팀이 채택한 접근법을 존중하는 유연성을 갖춰야만 한다.

애자일 팀과 협업하려면 앞에서 이미 짚어본 사항 중에서 몇 가지를 다음과 같이 영리하게 적용할 필요가 있다.

- 일거에 완벽한 모델을 만들어내려 하기보다 반복적으로 작업하고, 점진적으로 개발 및 정제해서 납품한다.

- 정보 공유는 간단한 도구를 통해 해야지, 모든 이들이 아키텍트 자신에게 잘 들었던 복잡한 모델화 도구에 만족할 거라 전제해서는 안 된다(애자일 개발자는 대개 이런 도구를 좋아하지 않는다).

- 모델에 모두 고객이 있는지 그리고 그 고객이(설사 아키텍트 자신이라 하더라도) 모델을 어디다 쓸지 명확히 해야지, 그렇지 않으면 명확한 목적하에 모델화하는 것이 아니다.

- 완벽한 모델은 도달하기 어려울 뿐 아니라 (설사 충분히 쓸 만해진다 해도) 그러느라 시간이 흐르면 쓸모가 덜해질 수밖에 없기 때문에, 완벽한 모델을 추구하기보다는 충분히 쓸 만한 모델을 만들어야 한다.

- 아키텍처 작업과 핵심 개발 작업을 명확하게 구분할 수 있도록, 팀이 이미 안고 있거나 앞으로 안게 될 문제를 해결하는 아키텍처 관심사항에 초점을 맞춘다(물론, 팀이 고생하는 이유가 핵심 개발 작업 때문임이 분명하다면 아키텍트가 상세 설계에도 손을 댈 필요가 있다).

- 시제품이나 작동하는 모델 같은 실행 가능한 결과물을 만들면 구상을 검증하고, 개발 팀과 소통하며, 결과물에 흥미를 느끼도록 하는 데 도움이 된다.

애자일 팀 환경에서 모델화할 때는 애자일 모델화[AM, agile modeling] 개념 도입을 고려해봐야 한다. 애자일 모델화는 모델화 활동에서 효과를 보려는 목적으로 고안된 가치, 원칙, 기법으로 이뤄져 있으며, 애자일 접근법의 가치를 담은 특정 참고문헌도 언급하고 있다. AM은 13장에서 이미 지적한 여러 가지 사항을 수용 및 확장하는 한편, 모델이 현실의 근사치에 지나지 않고 따라서 모델을 개발할 때는 언제나 특정한 상황에서 쓸모가 있어야 한다는 명확한 목적하에 개발해야 한다는 인식을 깔고 있다.

▍점검 목록

모델을 만든 후에는 다음과 같은 질문을 던져봐야 한다.

- 모델을 만든 목적과 사용할 사람이 명확한가?

- (해당 사업적, 기술적 이해관계자 등) 모델 사용자가 모델을 이해할 수 있는가?

- 모델이 충분히 쓸모 있을 만큼 완전성을 갖췄는가?

- 모델이 최대한 단순하면서도 만든 목적과 사용자 관점에서 충분히 상세한가?

- 모델에 사용된 표기법을 명확하게 정의해뒀는가?

- 모델이 형식을 잘 갖췄는가, 즉 채택한 모델화 언어에 존재하는 규칙을 따르고 있는가?

- 모델에 등장한 요소들에 뜻깊은 이름과 올바른 정의를 부여했는가?

- 모델이 내적으로 일관성이 있고 외적으로 다른 모델들과도 일관성이 있는가?

- 모델이 풀고자 하는 문제 및 이해관계자의 전문성에 걸맞은 추상성 수준을 확보했는가?
- 모델의 상세 수준이 알맞은가? 아키텍처의 핵심 특성이 눈에 들어올 만큼 충분히 높은 수준인가? 전문가가 사용하기에 충분한 세부사항을 담고 있는가?
- 모델에서 사용한 용어와 관례를 정의해뒀는가?
- 모델이 포괄하는 범위는 알맞은가? 경계는 명확한가?
- 모델에 알맞은 수준의 보조 문서가 딸려 있는가?
- 정량 모델일 경우, (수학적 기반의) 엄밀성이 충분하고 복잡도가 알맞은가?

▌정리

어느 AD든 가장 중요한 부분은(그리고 가끔은 실제로 도출되는 유일한 결과물은) 모델이다. 모델은 시스템에서 가장 핵심적인 특성을 표현해서 이해관계자에게 전달하는 데 쓰인다. 훌륭한 모델은 이해관계자가 아키텍처를 이해하는 데 있어 차원이 다른 도움을 준다. AD는 뷰의 모음으로 구성되고 개별 뷰는 모델의 모음으로(그리고 이와 더불어 원칙, 표준, 용어사전 같은 그 밖의 요소들로) 구성된다.

모델은 크게 보면 세 가지 유형이 있는데, 둘은 정형적이고 하나는 비정형적이다. 정형적인 모델 유형 두 가지는 (시스템의 핵심적인 구조적 또는 행위적 요소를 나타내는) 정성 모델과 (시스템의 측정 가능한 면모를 설명하는) 정량 모델을 말한다. 정량 분석을 신뢰성 있게 할 만큼 상세 정보가 충분치 않을 때가 많아서 아키텍트는 대체로 정성 모델에 힘을 쏟기는 하지만, 정성과 정량 두 모델이 모두 쓸모 있다. 비정형적인 모델은 스케치라고 부르는데, 주로 덜 기술적인 이해관계자와 소통할 때 쓴다.

모델은 현실의 근사치일 수밖에 없고, 아키텍트는 반드시 모델의 단순성과 근사성을 항상 인지하고 있어야(또 이해관계자들도 이에 대해 인지하게끔 만들어야) 한다.

▌더 읽을거리

수많은 책에서 특정 모델화 언어, 특히 UML을 다루고, 또한 개체 관계 모델화, 객체지향 모델화, 보안 모델화, 성능 모델화 같이 좀 더 일반적인 주제도 다룬다. 관련 서적 몇 권을 3부와 4부에서 인용한다.

애자일 모델화에 대한 정보는 애자일 모델화 웹사이트(www.agilemodeling.com)와 애자일 연합 사이트(www.agilealliance.org)의 '자료Resources' 부분, 스콧 앰블러Scott Ambler의 책[AMBL02] 중 해당 주제 편을 보면 얻을 수 있다.

ADL에 관한 정보는 인터넷이 가장 최신이다. 이는 DSL도 대체로 마찬가지이기는 하나, 최근에 DSL 서적이 몇 권 출간됐는데, 가령 [FOWL10]과 [GHOS10] 같은 책은 둘 다 언어 독립적인 관점에서 해당 주제를 다뤘다. 특정 언어를 활용해 DSL을 만들어내는 방법을 설명한 책도 몇 권 있는데, 대형 온라인 서점에 검색해보면 나온다.

13

아키텍처 명세서 작성

이 책에서 설명한 아키텍처 정의 프로세스를 따라가다 보면, 아키텍처의 모습을 잡고 그에 대한 정보를 제공하며 그 자체를 설명해주는 제약사항, 원칙, 결정사항, 요건, 시나리오, 그리고 그중에서도 가장 중요한, 하나하나가 하나 이상의 아키텍처 모델로 이뤄지는 아키텍처 뷰의 묶음 같은 자료가 잔뜩 생긴다. 이들 자료 중 일부는 아키텍처를 올바로 이해하는 데 있어 절대적으로 중요할 테고, 일부는 쓸모 있는 세부사항을 제공하는 구실을 하며, 일부는 요건 정의나 설계 문서 같은 그 밖의 소프트웨어 개발 문서에 더 적합할 수도 있다.

아키텍트에게 주어진 과제는 관련된 자료를 모아서, 응집되고 일관성이 있으며 온전한 아키텍처 명세서는 물론이고 그 핵심 특성과 이점, 그 저변에 깔린 철학까지 이해관계자가 이해하고 받아들일 수 있는 방식으로 조직화해내는 일이다. 일단 1부에서 제시했던 정의를 다시 살펴보자.

정의

아키텍처 명세서(AD)란 이해관계자가 이해할 수 있는 방식으로 아키텍처를 문서화해놓은 결과물 집합으로, 아키텍처가 이해관계자의 관심사를 반영했음을 드러낸다.

AD를 만드는 목적은 개념화부터 폐기까지 시스템의 수명기간 내내 모든 이해관계자에게 아키텍처를 알리는 데 있다. AD는 요구받은 기능과 품질 속성에 대해 공동의 이해를 다지고 범위, 성능, 복원성, 보안성 같은 측면에 대해 올바른 선택이 이뤄지도록 담보한다.

그중에서도 중요한 사실은 AD가 잘 먹힐 때가 많다는 점이다. 접하는 이들에게 친숙하지 않은 구상을 제시하고 설명하며 정당화해야 하거나, 회의적인 시각을 가진 이들에게 아키텍처적인 선택을 올바로 했다는 확신을 주거나, 이해관계자들로 하여금 제시된 해결책을 도입함에 따른 위험이 그에 따른 이득보다 크지 않다고 설득해야 할 때가 생기기 마련이다.

설명할 내용을 모두 다 AD에 담아낸 후에는, 이해관계자를 세부사항의 바다에 빠트려서 마음껏 헤엄치게 놔두고픈 충동이 생기게 마련이다. 그러나 그런 실수를 해서는 안 되는 것이, AD는 시스템에서 핵심적인 아키텍처적 구조와 결정사항을 담아둬야만 하는 곳으로, 여기에는 대개 널리 전파될 필요가 있는 내용, 위험이 큰 관심사항을 처리하는 내용, 나중으로 가면 바꾸기가 어려워지는 내용이 담긴다. AD는 군더더기 없고 간략하며 요점 위주로 돼 있어야 한다. 그렇지 않으면 이해관계자가 핵심 아키텍처 결정사항의 이면에 작용한 판단 근거나 그 함의하는 바를 이해하는 데 별 도움도 되지 않으면서 분량만 많은 문서가 되기 십상이다.

가령, UML의 유스케이스는 컴퓨터 시스템과 그 주변 환경 사이의 상호작용을 포착해서 설명을 달아놓는 한 가지 방법이다. 다이어그램과 문장을 통해 (액터actor라고도 하는) 참여자와 기능 단위, 그리고 이 두 가지 사이의 상호작용을 표현한다. 유스케이스는 UML 표기법 중에서도 기술적인 이해관계자와 사업적인 이해관계자 양쪽에서 가장 쉽게 이해할 수 있는 표기법으로 꼽힌다.

하지만 유스케이스는 그 특성상 지역적이거나 원자적일 수밖에 없다. 다른 말로 하면, 대개는 단일 상호작용이나 서로 관련이 있는 적은 수의 상호작용만 설명한다는 뜻이다. 많은 아키텍처가 매우 복잡하기 때문에, 아키텍처 모델은 수백, 심지어는 수천 개의 유스케이스로 이뤄질 수도 있다. 개별 유스케이스가 이해하기 쉽더라도, 이렇게 많은 수의 개별 모델을 아우르는 개괄적인 모습을 그려내기란 불가능하다. 이런 세부사항 더미 속에서는 시스템에서 중요하거나 근간을 이루는 측면은 놓칠 수밖에 없다.

아키텍처적으로 보면, 유스케이스는 시스템 기능의 특정 측면을 작업하거나 핵심적인 상호작용을 적은 수만 골라서 제시하는 용도로 쓸 때가 전체 시스템을 표현하는 용도로 쓸 때보다 훨씬 효과적이다.

▌ 효과적인 아키텍처 명세서의 속성

효과적인 AD라면 반드시 정확성, 충분성, 적시성, 간결성, 명료성, 현재성, 정밀성이라는 7가지 바람직한 속성 사이에서 균형을 맞춰야 한다. 이제부터 이 7가지 속성을 하나씩 살펴보기로 한다.

정확성

AD에서 가장 중요한 품질은 뭐니뭐니해도 올바른 내용이다. 올바르다 함은 당연히 형용사로서의 그 뜻이지만, 여기서는 별도로 AD를 작성할 때 충족해야 할 두 가지 정확성 기준을 정의해볼 수 있다.

1. 이해관계자의 요구와 관심사항을 정확히 표현해야 한다. 이 작업은 이 중 일부 요구를 아키텍처 원칙의 형태로 반영해서 이해관계자에게 명시적으로 인식시켜 주는 방법으로 할 수도 있고, 선택한 해결책의 특성을 제시하는 묵시적인 방법으로 할 수도 있다(후자일 경우, 어떤 식으로든 해당 사양을 부각시켜 이해관계자가 인식할 수 있게 해야 한다).

2. 그런 요구를 충족시킬 아키텍처를 정확하게 정의해둬야만 그 아키텍처를 바탕으로 시스템을 구축할 수 있고, 그럼으로써 이해관계자를 만족시킬 수 있다.

이 목표를 달성하는 일은, 이론상으로는 그다지 복잡할 것이 없어서, 그저 이해관계자에게 AD를 제시한 후 "이게 원하던 것이 맞습니까?"라고 물어보면 된다. 현실에서는 그보다는 훨씬 더 심각할 정도로 어려울 때가 많은데, 이에 대해서는 14장에서 더욱 자세히 논의한다.

충분성

AD에 정보가 충분히 담겨 있어야 대체로 심각한 위험을 완화하거나 시스템이 일단 구축되고 난 다음에는 변경하기 어려운 핵심적인 아키텍처 결정사항을 이해관계자가 어렵지 않게 이해할 수 있다. 경험상, 대부분의 AD가 이 부분에서 약점을 보인다. 아키텍처의 구조 및 기능 측면은 대체로 잘 처리하지만, 다른 쟁점들에 대해서는 고려를 하지 않거나 하더라도 명시적으로는 하지 않는다. '모두가 다 아는 거라서' 아키텍처에 있어 뭔가 중요한 내용을 전달하지 않는 순간, AD는 온전함과는 거리가 생길 수밖에 없다.

AD에 담긴 정보가 충분치 않으면, 아키텍처 결정사항 도출을 시스템 개발 수명주기 중에서 나중으로 미루는 일을 효과적으로 수행해야 한다. 시기가 무르익기도 전에 성급하게 결정을 내리는 일을 피하는 것도 중요하지만, 아키텍처 결정사항이 임의적이고 제한된 방식으로 도출되는 일 또한 피해야 한다. 시스템 차원의 관점이 없으면, 무언가 조치를 취하기에도 너무 늦어버리는 시점이 올 때까지 사람들이 올바른 정보를 접하지 못하고 결정도(또는 그에 따른 영향도) 뚜렷해질 수가 없기 때문에 좋은 아키텍처 결정을 내리기가 어렵다.

충분성은 효과적인 AD가 갖춰야 하는 모든 속성 중에서도 판정하기가 가장 어렵다. 아키텍트에게는 AD가 아키텍처로 요건을 충족시킬 수 있고 시스템도 성공적일 것이라는 주장을 해도 이론의 여지가 없을 만큼 충분한 정보를 갖추되 시스템의 작동 방식에 대한 세부사항은 일일이 정의하지 않는 지점이 어디인지를 알아내야 하는 숙제가 있다. 이 균형점에 도달한다면 아키텍처적으로 중대한 결정사항을 도출하고 포착하는 데만 집중하고 나머지는 개발 팀의 기량과 판단력으로 처리하도록 남겨둘 수 있다.

전략

아키텍처 명세서 내에 핵심 아키텍처 결정사항을 명확하게 문서화하고, 서로 충돌이 나거나 괜찮은 대안이 있는 결정사항에 대해서는 모두 판단 근거를 제시해둔다. 중대한 결정사항에 대해서는 고려했던 대안과 결정사항을 도출할 때 상정했던 가정, 특정 안을 채택하고 나머지는 기각한 이유에 대한 간략한 요약설명을 채록해두는 일도 필요하다.

이해관계자를 찾아내서 참여시키고 그들이 내놓은 요건을 모두 수집하고 동의를 거쳤다면, 충분성을 갖추는 일은 거의 자동적으로 된다. 이해관계자의 요구가 명시적이지 않거나 아키텍처를 구성하는 요소 몇 가지에 묵시적으로만 반영돼 있거나 AD에 문서화돼 있지 않다면, 충분성이 모자란다는 뜻이다.

충분성을 갖추는 데는 3부와 4부에서 논의하듯이 적절한 시점을 선택하고 뷰를 만들어내며 적절한 관점을 적용하는 방법도 좋다.

적시성

사람들은 대부분 산출물을 '완벽하게' 완성한 다음에 다른 사람들이 그 산출물로 작업을 시작하도록 넘겨주고 싶어하는 경향이 있다. 많은 종류의 공학적 작업 결과물에 있어서 이렇게 하면 실수하는 것이고, 아키텍처 명세서 역시 꼼짝없이 그런 경우다.

아키텍처 정의가 존재하는 이유는 시스템의 설계와 구축을 이끌어주는 데 있고 따라서 과제의 중요 시점에 맞춰 제때에 쓸 수 있어야만 한다. '완벽한' AD를 한 달 늦게 납품해서 AD가 빠진 채 납품 과정이 진행될 수밖에 없게 만드는 것은 말이 안 된다. 과제에 주어진 제한된 시간에 맞추느라 일부분만 돼 있는 최소화한 AD가 실제 사용하기에는 너무 늦게 납품된 이상적인 AD보다 훨씬 쓸모가 많다. 또한 AD의 초안도 되도록 빨리 납품하는 게 중요한 것이, 그럴수록 아키텍처적인 구상에 대해 피드백을 받을 수 있을 뿐만 아니라 사람들이 많이 접하면서 이해도 올라가고 정제도 되며 검증도 할 수 있다.

적시성을 확보하는 데 있어 본질적인 문제는 어쩔 수 없이 한정된 시간밖에 쓸 수 없는 가운데서도 가치 있는 무언가를 만들어내야 한다는 사실이다. AD를 너무 늦게 내놔서 쓸 수가 없게 하는 것이 무의미한 반면, 너무 얄팍하거나 질 떨어지는 생각만 담고 있어서 시스템을 구축할 때 효과적으로 사용할 수 없는 AD를 내놓는 쪽도 그다지 큰 의미는 없다. 즉, 아키텍처 작업의 범위를 한정하되, 과제가 직면한 위험에 기반을 둠으로써 탄탄하고 쓸모 있는 무언가를 만들어낼 수 있게 하는 일이 중요하다는 말이다.

앞에서 다 말했지만, 과제가 직면한 위험을 충분히 처리할 만큼 아키텍처 작업을 할 수가 없을 경우, 아키텍트는 과제의 후원자와 핵심 이해관계자에게 그 사실을 지적해줄 의무가 있다. 그들이 위험을 처리하지 않은 채 내버려두고 계속 진행하는 쪽으로 결정한다면, 그 또한 그들의 선택이다. 하지만 자신들이 어떤 위험을 안고 있는지 알지 못한다면, 그 위험을 완화하기 위해 아키텍처 작업에 투자하기를 기대하기란 거의 불가능하다. 아키텍트라는 자리는 시스템의 이해관계자들과 협업해서 그들이 어떤 중대한 위험이 있고 그 위험을 완화하려면 무엇을 해야 하는지 이해하도록 도움을 주기에 이상적인 위치다.

제한된 시간 내에 쓸모 있는 AD를 내놓기 위해서는, 먼저 그 과제가 직면한 핵심 위험에 집중하고, 다음으로 그 결과물을 점진적으로 내놓게 한다.

시스템에서 가장 위험한 측면에 관한 아키텍처 작업에 집중함으로써 주어진 제한된 시간을 가장 중요한 관심사항에 쏟아서 투자 대비 소득을 극대화할 수 있다. 시간을 쏟을 만한 아키텍처적으로 중요한 관심사항은 많기 때문에, 업무에 우선순위를 매겨서 과제에서 직면한 가장 높은 위험을 제일 먼저 이해하고 완화할 수 있게 하는 일이 중요하다.

점진적인 방식으로 AD를 내놓으면 여러 가지 장점이 있는데, 그중에서도 개발 과정 전체를 통해 당면 문제와 그에 대한 해결책을 배워나갈 수 있다는 점을 꼽을 수 있다. 필요한 시점까지 아키텍처 결정을 미룬다면 좀 더 정보를 갖춘 상태에서(따라서 좀 더 좋은) 결정을 내릴 수 있다. 또한 아키텍처를 점진적으로 개발하면 과제의 중요 일정에 더 잘 맞출 수 있는 데다 수명주기 시작 시점부터 아키텍처 작업이 더 잘 맞아들어가게 할 수 있다. 시작 시점부터 최소화한 AD를 바로 만들어냄으로써 시제품 제작이나 개념 검증 작업을 하거나, 결정을 내리고 나서 그 위에 살을 붙여 중요한 아키텍처적 구조를 포착하거나, 그 이후에 과제를 진행하면서 아키텍처를 정제해나가는 데도 지침으로 삼을 수 있다.

결정을 미루는 데 있어서의 묘미는 (애자일 진영에서 말하는) 결정을 내려야 할 '최후의 시점'이 실제로 언제인지를 알아내는 데 있다. 당황한 나머지 조사, 연구, 회고할 시간도 없이 정보에 기반하지 않은 결정을 내리는 짓은 애자일한 방식이 아니라 그저 헐렁한 방식일 뿐이다. 과제를 진행할 때 중요한 것은 충분히 멀리 내다보고 의사결정이 필요한 시점이 언제인지 알아냄으로써 내려진 결정이 훌륭한 해결책으로 이어질 수 있게 충분한 시간을 확보하는 일이다.

끝으로, 단지 어려운 내용이라는 이유로 AD에서 빼버리지 않도록 해야 한다. 어려운 문제는 나중에 가면 풀기가 쉬워지리라는 기대를 품고 의사결정을 나중으로 미뤄두고 싶은 충동이 일 수밖에 없다. 이런 충동에 굴복하면 거의 언제나 나중에 화근이 될 뿐 아니라, 결국 기본적으로 어떤 식으로든 나 있는 결정을 지켜보게 된다. 결정은 아직 내릴 필요가 없는 경우에 한해서 미뤄야 한다.

간결성

이해관계자가 아키텍처의 핵심 특성을 쉽게 파악하도록 하려면, AD의 초점을 중요 요소, 즉 '아키텍처적으로 중대한' 것들에 맞추고 기타 세부사항에 대해 너무 많은 시간을 허비하지 말아야 한다.

아쉽게도 무엇이 아키텍처적으로 중대하고 무엇이 그렇지 않은지 판별하기란 쉽지가 않다. 대부분의 시스템은 맥락 다이어그램 한 장에 두어 장의 설명을 붙이는 정도로는 충분하지 않고, 마찬가지로 아키텍처 명세서에 200장짜리 물리적 데이터 모델이 들어갈 필요도 없다. 아키텍처 명세서를 만들 때는 되도록 간결하면서도 아키텍처적으로 중대한 측면을 포착해서 전달할 수 있을 만큼 상세한 내용을 넣어야 한다. 얼마나 많은 내용을 넣어야 하는지는 몇 가지 요인에 달려 있다.

- 새롭거나 익숙하지 않은 기술의 필요 정도: 아직 검증되지 않은 기술을 사용하는 데 따른 중대한 기술적 위험에 노출돼 있다면, 그 새로운 기술이 어떤 작용을 하는지, 어떻게 작동하는지, 시스템이 그 기술을 어떤 식으로 활용할지를 AD에 설명해넣는 데 더 많은 시간을 쏟을 필요가 있다.

- 해결하고자 하는 문제의 난이도 및 중요도: 시스템이 기능적으로 복잡하거나 구현하고자 하는 조직에게 있어 매우 중요하다면, 아키텍처가 그런 위험을 어떤 식으로 완화할지 설명할 필요가 있다.

- 품질 속성 요건의 규모: 성능, 확장용이성, 복원성 같은 품질에 대한 요건이 너무 부담스럽거나 높아서 시스템 품질 속성 목표를 달성하는 데 있어 중대한 위험에 직면해 있다면, 그 요건을 어떻게 달성할 수 있을지 종합적으로 설명해둘 필요가 있다.

- AD 작성 및 수용에 투입 가능한 시간 및 자원의 양: 시스템을 정의하고 구축하는 데 6개월의 시간이 주어진 상황에서 완벽한 AD를 작성하느라 5개월이나 쓰는 짓은 말도 안 된다.

아키텍처적으로 중대한 정보에만 초점을 맞추는 방식으로 AD를 간결하게 유지하지 못하면, 이해관계자가 결정사항이 함의하는 바를 이해하는 데 어려움을 겪을 수밖에 없고, 그로 인해 뭔가 중요한 내용을 놓칠 위험이 생기게 마련이다.

AD가 너무 구구절절해도 보수하기가 한결 어렵고 최신으로 유지하기도 쉽지 않다('현재성' 절 참조).

전략

아키텍처 명세서에는 아키텍처적으로 중대한 사항만 담도록 제한하고, 읽는 이의 기량과 경험 수준, 문제와 해결책의 복잡도, 아키텍처 명세서를 작성하는 데 쓸 수 있는 시간을 감안해 상세함의 수준을 맞춘다.

간결성과 깊이 사이의 적정한 균형은 대체로 아키텍트의 경험과 판단력을 바탕으로 결정된다. 하지만 한 가지 확실한 것은, 초점이 잘 맞은 문서는 이해관계자가 관심 있어 하지 않는 정보를 많이 담고 있는 (소프트웨어 개발 팀에서 사용하는 소프트웨어 개발 과정에 대한 장문의 설명서 같은) 길고 산만한 문서보다 읽는 이가 읽어주고 이해해줄 가능성이 훨씬 더 높다.

명료성

AD가 갖추기에 가장 도전적인 품질은 모든 유형의 이해관계자가 다 이해할 수 있게 하는 능력이다. 개별 이해관계자 집단은 최소한 자신과 관련된 부분은 이해할 수 있어야 한다.

AD의 이중적 목적, 즉 개별 이해관계자 집단이 이해할 수 있는 방식으로 아키텍처를 문서화하되 그 아키텍처가 그들이 지닌 관심사항을 충족시킬 수 있음을 드러내게 한다는 두 가지 목적을 잊지 말아야 한다. 개발 팀을 비롯한 기술적인 이해관계자에게는 별로 어려울 것도 없는 것이, 기술을 이해하는 데다 (UML 같이) 아키텍처를 표현하는 데 사용된 표기법에도 익숙할 수밖에 없다.

하지만 비기술적 이해관계자 기준에서 AD에 명료성을 갖추는 일은 훨씬 어렵다. 대부분이 어렴풋하기는 해도 컴퓨터에 대한 기본적인 이해를 갖추고 있다손 쳐도, 아키텍트의 도움 없이는 아키텍처적인 결정사항의 미묘한 효과를 제대로 알아채는 사람이 드물 것이다.

좋은 소식이라면 비기술적 이해관계자는 깊이와 상세함의 정도에서 AD에 기대하는 바가 적다는, 그저 주요한 기능적 컴포넌트 및 그에 대한 상위 수준의 상호작용만 파악하면 충분하다는 점이다. 비기술적 이해관계자의 관심사항은 앞에서 확인했듯이 사용자 경험과 반응성 및 가용성 같은 (간접적인) 시스템 품질에 더 초점이 맞춰져 있다.

전략

아키텍처 명세서를 작성할 때는 언제나 원래 의도했던 읽을 사람을 고려하되, 그 내용과 표현을 읽을 사람의 기량, 지식 수준, 읽는 데 투입할 수 있는 시간에 맞춘다.

실무에서 AD는 각 부분마다 그에 상응하는 유형의 이해관계자를 대상으로 하게 돼 있다(사실 이는 시점에서 처리하는 내용이기도 하다). 아키텍트가 풀어야 할 숙제는 이런 부분들이 서로 간에 그리고 전체적인 설계와 어긋나지 않고 어울릴 수 있게 하는 데 있다.

AD의 물리적인 표현은 이해관계자가 자신과 관련된 아키텍처의 해당 측면을 이해하고, 도출된 아키텍처 결정사항의 중대성을 파악하며, 그에 따른 이점을 수긍하게 하는 데 있어 크나큰 역할을 한다.

사용층마다 선호하는 표현 유형이 다르고, AD의 각 부분도 마찬가지로 다르게 제시했을 때 더 효과적으로 전달될 수 있을 것이다. 그중에서 많은 부분이 어떤 상황에 놓여 있느냐에 달려 있다. 문서, 모델화 도구 내의 모델, 코드, 위키 페이지, 슬라이드 발표는 모두 아키텍처를 명확하게 전달하는 데 있어 저마다 적합한 쓰임이 있음을 알게 됐다. 다양한 이해관계자 집단에게 아키텍처를 최고로 명확하게 전달하기 위해서는 여러 가지를 결합해서 제공해야 할 때가 많다. 하지만 한 가지 경고해둘 사항이 있다. AD를 몇 가지 별도의 표현을 써서 나타내기로 결정했다면, 그 표현이 서로 일관성을 유지하게 함과 더불어 기록해둘 필요가 있는 내용은 모두 어딘가, 이상적으로는 딱 한 군데에만 기록해두게 해야 한다.

끝으로, 발표로 내용물을 갈음해서는 절대로 안 된다는 사실과, 사람에 따라 문서가 지나치게 세련되거나 화려하면 의심을 품기도 한다는 사실을 잊지 않는 것 또한 중요하다. 하지만 구성을 산뜻하게 하고, 용어를 명확하게 사용하며, 철자와 문법을 정확하게 구사하면 아키텍처 전달 작업이 한결 쉬워지기는 한다.

현재성

시간이 흐름에 따라 아키텍처는 반드시 진화하게 마련이다. 개발 중에는 설계 관련해서 문제를 발견하거나 설계를 개선할 방법을 찾아낼 수도 있고, 새로운 기술을 채택할 필요가 생기거나 새로운 특성을 제공해야 할 수도 있다. 이런 일들은 모두 아키텍처의 변화로 귀결되고 결국 AD에 반영돼야만 한다.

아키텍처가 AD와 달라지면, AD는 존재 가치가 없어지기 시작한다. 아키텍처에 대한 최종적인 정보의 원천으로는 더 이상 신뢰할 수도 사용할 수도 없다. 하지만 소스 코드를 조사해서 아키텍처의 중요 속성과 품질을 알아낼 수는 없다. 상위 수준의, 시스템 차원 뷰는 세부사항에 묻혀 잊히고야 만다.

아키텍처는 시스템이 실가동에 들어간 후에도 속도는 더딜지언정 계속해서 진화한다. AD는 이런 변화와 함께 최신으로 유지돼야 하는 것이므로, 이후 제안된 변화를 가늠하고 평가하는 데 있어 중요한 역할을 할 수 있다.

AD가 작고 간결할수록 최신으로 유지하기가 쉬운데, 바로 이것이 AD에 필수적인 정보만 한정해서 담아야 하는 또 하나의 이유가 된다. AD에 시스템의 모든 세부사항을 정의해넣으려 할 경우 끊임없이 변경할 수밖에 없지만, 시스템에서 아키텍처적으로 중대한 측면만 정의할 경우에는 관련 있는 사항만 최신으로 유지하기가 한결 쉽다.

전략

시스템의 수명 전체에 걸쳐 아키텍처 명세서를 최신으로 유지할 방법에 대해 개발 초기에 생각해두고, 개발, 운영, 지원 계획을 짤 때 이런 수요를 감안한다.

더불어 모든 아키텍처 문서에 대해 동일한 수준에서 현재성을 유지할 필요가 있을지, 아니면 아키텍처의 일부 측면이 안정화된 후에는 일부 문서는 안심하고 갱신 빈도를 낮춰도 될지에 대해서도 고려해봐야 한다. 일부 문서가 정기적으로 참조하지 않아도 된다는 사실을 알아냈다면, 최신으로 유지하지 않아도 될 것이다. 하지만 AD의 어느 부분이라도 최신에서 멀어지는 부분이 있다면 그 사실을 명확히 밝혀놓음으로써 AD에 담긴 다양한 유형의 정보에 대한 상대적인 현재성의 차이를 사람들이 알아볼 수 있게 해야 한다.

정밀성

이미 언급했듯이, AD에는 반드시 시스템의 아키텍처를 이해하기에 충분한 정보가 담겨 있어야 하지만, 분석, 설계, 구현을 하는 기반을 탄탄하게 제공할 수 있을만큼 정밀함도 반드시 갖추고 있어야 한다. 지금까지 올바른 정보를 정의하고자 시도했지만, 작성된 정보가 모호하거나 질이 떨어져서 아키텍트가 의도한 바가 무엇인지 확인하기 어렵게 돼 있는 아키텍처 명세서를 수없이 봐왔다.

한편으로, 정밀함을 갖춘다는 얘기가 아키텍처적으로 중요하지 않은 구현상의 세세한 선택안 등 필수적이지 않은 정보를 많이 담고 있다는 뜻은 아니다. 사실 주의를 기울이지 않으면 정밀성이 간결성의 반대말이 돼버리고 만다. 즉, 여러 다양한 관심사항에 대해 정밀하기보다는 핵심 아키텍처 구조 몇 가지에 대한 정밀성과 품질에 집중하기 십상이다. 여기 참고할 만한 기법 몇 가지를 제시해봤다.

- 추상화와 계층화를 활용해 대상을 여러 번 설명하는 일을 피하고 한 번만 설명한다(이 개념에 대해서는 12장을 참고하기 바란다).
- 시스템에서 핵심적인 아키텍처 구조와 결정사항에 초점을 맞추고, 아키텍처가 이해관계자의 관심사항을 처리하리라는 사실을 드러내는 데 불필요한 것은 무엇이든 빼버린다.
- 상세 정보는 일반적인 문장보다는 표나 목록으로 제시한다.
- 요건, 원칙, 기타 AD를 구성하는 요소에 번호를 매긴 후 참조할 때 그 번호를 사용한다.
- 저수준의 세부사항을 명세할 필요가 있을 때는 AD 본문에 넣기보다는 부록이나 별도의 문서에 따로 빼서 기록한다.
- 어려운 개념을 설명할 때는 다이어그램을 충분히 활용한다.
- 매우 큰 문서는 주제나 사용층을 기준으로 몇 개의 더 작은 문서로 쪼갠다.

AD가 너무 커졌다면, 이는 문서를 뷰로 나누기에 좋은 구실이 된다. 즉, 문서 하나는 기능 뷰로 빼두고, 다른 문서는 정보 뷰로 빼두는 식으로 계속 쪼개거나, (더 좋기로는) 문서를 볼 이해관계자의 종류에 따라 쪼개는 식이다. 이 경우 AD에는 다음과 같은 부분이 있어야 한다.

- 후원자와 고위 관리자를 대상으로 해당 아키텍처의 이점을 칭찬해놓은 개요 문서
- 사용자를 대상으로 더욱 상세한 기능적 세부사항을 넣어놓은 문서
- 개발 팀과 기타 기술적인 이해관계자를 대상으로 기술적인 세부사항의 대부분을 넣어놓은 하나 이상의 문서

전략

아키텍처 설명서가 정밀성을 갖추도록 하되, 그러기 위해 기술할 세부사항이 많을 경우에는 문서를 물리적으로 쪼개서 더 적은 크기의 몇 개의 문서로 만들거나 세부사항을 부록에 넣어둠으로써 본문이 너무 커지지 않게 한다.

▌용어집

아키텍트의 기술과 경험은 (특히 사업 영역에 있어서) 예외는 있겠지만, 깊기보다는 넓기만 한 경향이 있다. 이에 따라 이해관계자에게 "계정이라는 게 무엇인가?", "재료 내역서는 어떤 식으로 되는가?", "하루를 마치면서 모든 트랜잭션을 지워야 할 필요가 왜 있는가?" 같이 '명백하게' 보일 수도 있는 질문을 하게 되는 일이 흔히 있다.

가끔은 아키텍트가 의외의 답변에 놀라기도 하고, 이해관계자가 수년간 당연한 것으로 여겼던 개념에 대해 새로운 생각을 하게 되기도 한다. 아키텍트는 알아낸 내용을 수집해 용어집(용어사전이라고 할 때도 있다)에 넣어두고 모든 이가 같은 정의를 사용하게 해두는 것이 가치 있는 일임을 알게 될 것이다.

전략

누군가에게든 불명확하거나 모호한 용어가 있으면 아키텍처 명세서에 용어집을 넣어놓아야 한다. 되도록이면 소속 조직이나 업계에서 쓰이는 표준 용어를 바탕으로 작성한다.

용어집을 두면 더 구체적인 이득도 있다. 분석을 진행하다 보면, 용어가 모델에 직접적으로 쓰인다. 명사는 클래스나 개체로 곧잘 변환되고, 동사는 처리 작업

으로 흔히 변환된다.

▌ ISO 표준

ISO/IEC 42010 표준인 『Systems and Software Engineering—Recommended Practice for Architectural Description of Software-Intensive Systems^{시스템 및 소}_{프트웨어 공학: 소프트웨어 집약적인 시스템의 아키텍처 명세서에 대한 실무 제안}』은 공식적인 표준에서는 드물게도 소프트웨어 시스템 아키텍처 관련 기법을 다루고 있다. 거기에 보면, "아키텍처 명세서를 활용해 시스템의 아키텍처를 작성, 분석, 유지하는 일을 처리한다"[1]고 돼 있다.

이 표준의 제5조를 보면 아키텍처를 문서화하는 일에 추천할 만한 여섯 가지 기법이 정의돼 있다. 다음과 같은 사항(이 책에서 제시한 것보다 더욱 상세한 내용이 들어 있다)을 준수하는 AD라면 42010 표준에 부합하는 것으로 간주해도 된다.

1. **아키텍처 명세서 식별 및 개요**: AD에는 반드시 발행 일자 및 버전, 변경 이력, 범위 같은 표준 통제 및 정황 정보가 들어가 있어야 한다.

2. **이해관계자 및 관심사항 식별**: AD에는 반드시 이해관계자와 그 관심사항(목적, 적합성, 타당성, 위험 같은)이 명시돼 있어야 한다.

3. **아키텍처 시점 선택**: AD에는 반드시 사용된 시점을 명시하고 그 시점을 채택한 판단 근거를 설명하며 어느 시점이 어느 관심사항을 처리하는지 정의돼 있어야 한다.

4. **아키텍처 뷰**: AD에는 반드시 하나 이상의 뷰가 있어야 하고, 각 뷰는 해당 시점에 부합해야 하는 동시에 하나 이상의 모델을 담고 있어야 한다.

5. **아키텍처 뷰 사이의 일관성과 대응성**: AD에는 반드시 뷰 사이의 일관성을 분석해 두고 발견된 비일관성을 기록해둠과 동시에 (시스템 내에 존재하는 실행 가능 요소는 모두 실행될 대상 실행시간 장비가 있어야 함을 보장하는 등) AD에 등재된 요소들 사이에 존재해야만 하는 요구된 관계('대응성')도 명확하게 찾아놔야 한다.

---

1 (ISO11), 초록

6. 아키텍처적인 판단 근거: AD에는 반드시 설명서에 사용된 뷰마다 판단 근거가 들어 있어야 하고 더불어 도출된 핵심 결정사항, 그 결정사항에 대한 판단 근거, 고려했던 대안도 찾아서 넣어둘 수도 있다.

표준이 지향하는 목적은 "시스템의 아키텍처를 표현하고 설명하며 검토할 수 있게 하고 이를 위해 아키텍처 명세서에 쓰이는 관례를 표준화함으로써 품질과 비용에 있어 개선의 토대를 쌓는다"[2]는 데 있다. 자신이 속한 조직에서 이런 접근법을 공식화함으로써 아키텍처의 기능으로 이득을 보고자 한다면, ISO 42010 표준에 나오는 개념들을 수용해야 할 텐데, 이 책에서 제안한 방법을 따르면 큰 어려움 없이 가능하다.

▌아키텍처 설명 내용

과제마다 이해관계자의 경험과 관심사항, 해결하고자 하는 문제의 유형과 복잡성, 아키텍처 정의에 쓸 수 있는 시간이 다르기 때문에, 모든 AD는 저마다 구성이 다를 수밖에 없다. 따라서 AD를 만드는 범용적인 템플릿을 제시하기란 매우 어렵다. 이번 절에 나열된 내용물은 이 책에서 논의한 문서 요소가 포함돼 있고 또 ISO 42010 표준을 준수하는 것으로, 실무에서 만들어냄 직한 내용물의 상위 집합으로 보면 된다. 실제 세계에서 AD는 몇 가지 이유로 이 템플릿과 차이가 있다.

- (범위나 요건 정의 같은) 별개의 자료를 AD 내에 요약해넣기보다는 참조로 처리할 수 있다.
- 모든 뷰를 입수하거나 모든 관점을 적용하는 일을 (하고 싶어도 시간이 없어서) 못할 수도 있다.
- 더욱 상세화한 보안 모델과 같이 몇 가지 관점 개선과 통찰을 본문서와 별도로 문서화할 수도 있다.
- AD는 (특히 시스템이 크거나 복잡한 특성이 들어갈 경우) 여러 사람이 공동으로 작성할 수도 있는데, 이럴 경우 여기서 제시한 구조를 조금 변형할 수밖에 없다.

---

2 [ISO11], p.1

이런 주의사항을 마음에 새긴 후, AD에 넣을 만한 항목들을 하나씩 살펴보자.

문서 통제

'문서 통제' 절에서는 AD의 버전에 식별번호를 붙인다. (극히 간단한 시스템을 제외하고는 언제나 그렇듯이) 버전이 여러 개일 경우, 문서 통제를 효율적으로 하려면 모든 사람이 가장 최신판을 가지고 업무를 할 수 있게 해야만 한다.

현재 버전의 AD에는 일반적으로 '문서 통제' 절에 문서의 버전 번호, 문서 발간 일자, 문서 상태, 이전 버전에서 변경된 내용 개괄, 문서 작성자, 해설을 넣어 둔다.

또한 (각 버전에서 변경된 내용, 작성자 등을 요약한) 버전 이력과 함께 향후 버전에 관한 세부사항이 있으면 역시 넣어두는 것이 일반적이다. 저작권, 소유권, 기밀 등급 표시 등을 포함시켜도 좋다.

목차

목차는 문서 작성기를 사용할 때 자동 기능을 활용해서 만들어내도 된다. 각 장마다 문서의 목적과 내용물을 간략히 소개하면 되는데, 특히 이해관계자가 이런 류의 문서에 친숙하지 않을 경우 이렇게 하면 좋다.

도입 및 관리 요약

(실무 요약, 초록 등으로도 불리는) 이번 절은 다음과 같은 작업을 일부 또는 전부 수행함으로써 AD에 대해 소개하는 자리다.

- AD에서 추구하는 목적 설명
- 설명하고자 하는 시스템의 목표 정리
- 범위 및 핵심 요건 정리
- 상위 수준에서 해결책에 대한 개괄 제시
- 해결책을 통해 얻을 수 있는 이점, 구현상의 위험, 위험 완화 전략 부각

- 아키텍처의 모습을 정한 핵심 결정사항 식별

- 추가적인 해결이 필요한 두드러진 쟁점 부각

이곳에 이해관계자 및 기타 여러 정보원에 대한 감사의 말을 적어놓는 것도 괜찮은 방법이다.

사용층에 따라 AD를 만들어내면서 거쳤던 절차를 개괄해놓아야 할 수도 있는데, 특히 반복을 여러 번 거쳤을 경우에 그럴 수 있고, (공식적인 AD 검토 등) 다음 단계를 설명해둬야 할 수도 있다.

이해관계자

이 절에는 시스템의 이해관계자 집단을 정의하고 각 집단별로 주된 관심사항도 정의해둔다. 이를 통해 올바른 이해관계자 집단을 확보했는지 검토해보고, 빠진 집단은 어떤 이들인지 짚어보며, 각 집단이 생각하는 관심사항이 어떤 식으로 아키텍처의 모습을 형성할지 생각해보고, 다양한 관심사항 간에 일어남 직한 상호작용과 그에 따라 작업에 어떤 영향이 미칠지도 생각해본다.

일반 아키텍처 원칙

이 절에는 특정 뷰에 들어가기에는 생리상 맞지 않지만 아키텍처를 이해하는 데는 도움이 되는 아키텍처 원칙, 예를 들어 '가능한 한 자체 구축하지 않고 기성품 소프트웨어를 사서 설정한다' 같은 원칙을 제시한다.

각 원칙에는 번호를 붙이고 판단 근거와 그 함의하는 바도 함께 들어가 있어야 한다. 되도록이면 원칙의 뒤로는 사업적 동인을 연결하고 앞으로는 아키텍처 결정사항을 연결해두기 바란다.

아키텍처 설계 결정사항

시스템을 구축하고 개선해나가는 데 관계된 이들에게는 핵심 아키텍처 결정사항에 대한 설명을 전달하는 일이 가장 가치 있는 일에 속한다. 이들은 어떤 결정사항이 있는지, 그 판단 근거는 무엇인지, 그때 살펴봤던 다른 대안은 무엇이었는지,

그 대안은 왜 기각됐는지 알 필요가 있다. 결정이 이뤄진 후 그 결정사항을 문서화해두면 그 내용을 정확하게 담아냄으로써 이해관계자가 아키텍처를 이해할 때 그 결정사항의 맥락과 배경을 파악하기가 좋다.

이 절에는 아키텍처의 모습을 빚어낸 주체이자 누군가 시스템의 설계 내용을 전체적으로 파악하고자 할 때 이해할 필요가 있는 대상인 핵심 결정사항을 설명해둔다. 어느 특정 뷰에 매우 국한된 아키텍처 결정사항의 경우에는, 해당 뷰의 맥락에서 보는 것이 더 합당한지 고려해보고, 합당하다면 그 뷰에 문서화해도 된다.

AD 내에서 이 절은 중요하다고 생각하는 결정사항의 개수와 각각을 명확하게 설명하는 데 필요한 상세 수준에 따라 분량이 상당히 늘어날 가능성이 있다. 따라서 이 절에는 상대적으로 중요한 결정사항에 대해서만 간략한 요약을 담아두는 것으로 한정하고 결정사항과 기각된 대안에 대한 온전한 설명은 부록으로 미뤄두는 편이 더 나을 수도 있다.

시점

AD를 사용하는 사람은 뷰를 선택해서 이해하고, 각 뷰의 범위를 이해하며, 아키텍처를 문서화하는 데 있어 뷰들이 서로 어떻게 맞물리는지 이해할 필요가 있기 때문에, 각 뷰의 기초가 되는 시점을 정의하는 일이 중요하다. 이 작업은 외부의 시점 정의 모음을 참조하는 방식으로 해도 되지만, 이 절에다 각 시점의 역할과 내용을 짤막하게 간추려 놓아도 유용하다.

뷰

AD에는 3부에 설명하는 7가지 시점과 관련된 각 뷰에 대해 절을 하나씩 넣어놓을 수 있다. 예를 들어, 기능 뷰에 대한 절이라면 다음과 같은 정보를 담아둘 수 있다.

- 뷰에 국한된 아키텍처 원칙: 뷰에 들어 있는 모델에 대해 알려주는 아키텍처 원칙을 제시한다. 각 원칙에는 번호가 붙고 판단 근거와 그 함의하는 바가 들어 있어야 하고, 되도록이면 뒤로는 사업적 동인이 연결돼 있고 앞으로는 아키텍처

결정사항이 연결돼 있어야 한다.

- 뷰 모델: 뷰를 이루는 모델을 제시한다. 여기에는 관점을 적용해서 개선했거나 새로 만들어낸 모델도 들어간다. 모델에는 이름이 붙어야 하고 사용된 표기법과 문서화 관례에 대해서도(특히 비표준이거나 확장한 경우에는) 간략한 설명이 붙어 있어야 한다.

- 관점 개선: 뷰에 관점을 적용함에 따라 얻게 되는 다음과 같은 성과를 부각시키기에 적합한 곳이기도 하다.

  • 뷰 모델 개선(관점 적용에 따라 새로 만들어지는 모델 포함)

  • 아키텍처로 목표했던 품질 속성을 달성할 수 있음을 드러내는 관점적인 통찰

    한편, 읽는 이들의 편의를 위해 다음과 같은 정보는 전부 또는 일부에 대해 부록을 참조해둘 수도 있다.

- 시나리오 적용: 뷰 모델에 대한 정보를 알려주는 핵심 시나리오를 여기에 문서화하거나 부록으로 따로 빼둔다.

- 뷰에 국한된 아키텍처 결정사항: 아키텍처 결정사항이 현 뷰에만 국한돼서 내려진 것이라면, 다른 곳에 이미 설명해두지 않았을 경우 이곳에다 두면 된다. 내려진 결정사항과 그 판단 근거, 함께 고려됐던 대안, 그 대안을 기각한 이유를 설명해둔다.

- 해설: 이곳에 해당 뷰에 알맞은 (개발 팀에게 남길 조언 및 지침 같은) 일반적인 해설을 남긴다.

AD에 맥락 뷰, 정보 뷰, 동시성 뷰, 개발 뷰, 배치 뷰, 운영 뷰가 들어간다면, 이들 뷰에 대해서도 여기 설명한 기능 뷰와 같은 형태의 내용물을 담을 절이 있어야 한다.

품질 속성 정리

1부에서 설명했듯이, 관점을 적용하면 통찰과 개선, 산출물을 얻게 된다. 개선, 즉 뷰 모델에 대한 변경은 해당 뷰 내에 절을 할당해서 문서화한다. 이 절에는 다음

과 같은 내용이 들어간다.

- 시스템이 요구받은 품질 속성을 충족시킬 능력에 대해 더 잘 이해할 수 있게 해주는 일반적인 통찰
- 뷰에 국한되지 않은 산출물, 즉 오랜 기간 지속되는 관심사항에 대한 모델 및 분석

이 자리에 개요와 함께 부록에 담긴 더 자세한 내용에 대한 참조를 넣어둬도 좋다.

주요 시나리오

주요 시나리오에 대해서는 각각 초기 시스템 상태 및 환경, 외부에서 오는 자극, 요구받은 시스템 행위 및 실제 시스템 행위를 기록해둬야 한다. 역시 마찬가지로 이 자리에 개요와 함께 부록에 담긴 더 자세한 내용에 대한 참조를 넣어둬도 좋다.

미해결 쟁점

AD의 초기 버전을 공표해서 지식과 가정, 결정사항을 공유하고 초기의 비공식적인 피드백을 얻는 방법도 유용하다는 사실을 깨달을 때가 많다. 이렇게 하는 경우 아직 해결되지 않은 쟁점이나 의문사항이 남아 있을 수 있는데, 가령 특정 컴포넌트의 용도나 기능에 합의를 보지 못했거나 구현 기술 선정을 마치지 못했을 경우 이를 나열해두면 이해 증진에 도움이 된다. 이렇게 함으로써 해당 영역에 있어 더 해야 할 작업이 남아 있다는 사실을 부각하고 한 걸음 더 나아가 아직까지 답변하기 어려운 질문이 쏟아지는 상황을 막을 수 있다.

경우에 따라 이 절을 최종 버전의 AD에 남겨둘 필요도 있다. 상세 설계와 구축에 들어가는 시점까지 해결이 안 된 아키텍처 쟁점이 남아 있는 상황은 당연히 바람직하지 않을 뿐 아니라 어쩌면 치명적일 수도 있지만, 피치 못할 때가 있다. 가령, 하위 시스템이나 컴포넌트 중에서 과제를 진행해나가면서 자세한 내용을 정의(및 구축)하는 것이 존재할 수도 있다.

미해결 쟁점이 남아 있을 경우, 이를 잘 부각해놓아서 관리자로 하여금 조치

를 취하고 해결을 보게 해야만 한다. 이에 대해서는 AD의 관리자 요약 정보 절에 넣어두고, 더불어 이를 개발 과제 차원의 위험 및 쟁점으로 등록해두면 된다.

부록

일반적으로 세부적인 내용은 부록으로 옮겨두는 방법을 쓰는 것이 바람직한데, 이 경우 부록은 주 AD의 한 부분으로 둘 수도 있고, 별도 문서로 빼둘 수도 있다. 이렇게 해놓으면 AD의 중요한 부분을 쉽게 이해할 수 있으면서도 세부사항을 잊어버리지 않아서 좋다.

부록에는 거의 모든 내용을 넣어둘 수 있는데, 다음과 같은 내용은 특히나 넣어둘 만하다.

- 외부 문서나 정보원에 대한 참조
- 용어 및 축약어 사전
- 이해관계자 관계도(핵심 이해관계자별 정의, 관심 영역, 핵심 관심사항 등)
- 범위, 기능 요건, 품질 속성에 대한 더욱 상세한 명세
- 요건과 아키텍처 특성 간의 대응표
- AD 문서 내 다른 곳에 도출해낸 아키텍처 설계 결정사항에 대한 설명이 들어가지 않았을 경우, 그 결정사항을 그에 대한 판단 근거, 고려했던 모든 대안들, 그 대안을 기각한 이유와 함께 이곳에 적시함
- 사용한 아키텍처 스타일, 설계 패턴 등에 대한 설명
- 더욱 상세한 뷰 모델
- 더욱 상세한 관점 모델 및 통찰
- 더욱 상세한 시나리오 적용 내용
- 정책, 표준, 지침
- 공식적인 AD 검토에 따른 출력물
- 뷰간 일관성 검사에 따른 출력물(23장 참조)
- 기타 보조 문서

부록을 작성할 때 읽는 이들의 요구를 고려해야 한다. AD의 다른 부분과 마찬가지로, 별 가치가 없는 세부사항을 시시콜콜 넣어서 읽는 이의 부담을 과중시켜서는 안 된다.

아키텍처 설명 제시

소프트웨어 아키텍트라면 공히 마주치는 문제로 어떻게 하면 AD를 이해관계자에게 최고로 잘 제시할까 하는 고민이 있다. AD에 담기는 정보의 너비와 이해관계자 집단마다 제시 유형을 달리 해야 할 필요가 있다는 점을 고려하면, 최선의 제시 방법이 무언인지 명확하지 않을 때가 많다. 앞에서 얘기했듯이, 몇 년에 걸쳐 문서, 스프레드시트, 그리기 도구, 코드, 위키, UML 모델화 도구, 발표자료, 기타 아키텍처 명세서를 담아내고 제시할 수 있는 방법을 활용해봤다.

요약하면, 이런 방법은 저마다 맞는 자리가 있으며, 그 대부분은 어떤 환경에서 제시하는지, 아키텍처 명세서의 분량은 얼마나 되는지, 관심을 보이는 이해관계자는 누구인지, 활용 가능한 기량과 자원은 무엇인지에 달려 있다는 말로 정리할 수 있다.

- 공식 문서는 아키텍처가 공급 계약 같은 공식 협정의 일부로 들어갈 때, 검토를 위해 AD를 배치해야 할 때, 이해관계자가 아키텍처의 전체적인 그림을 한 곳에서 살펴보고자 할 때 유용하다. 또한 AD가 매우 복잡하고 제시해야 할 정보가 많을 때는 (그 내용의 방대함으로 인해 사람들을 주눅들게 할 수 있기 때문에 제시할 때, 특히 관련 문서의 개수를 언급할 때 주의를 기울일 필요는 있겠지만) 공식 문서가 최선의 선택이라 하겠다. 공식 문서는 정보가 자주 바뀔 경우나 두어 명 이상이 협업해서 AD를 작성하고 보수하는 경우 모아서 한곳에 두기가 어렵다.

- 위키 문서는 AD에 담긴 정보에 매우 쉽게 접근하도록 하거나, 자주 바꾸고자 할 때, 다른 사람들도 협업해서 AD를 작성하고 보수할 수 있게 할 때 효과가 탁월하다. 위키는 문서에 복잡한 양식을 입혀야 하거나, 많은 수의 다이어그램이 들어가거나, 크기가 매우 큰 상황에서는 장점을 발휘하기가 쉽지 않아서, 수많은 페이지의 숲 속에서 명확하게 찾아 들어가지 못해 혼란이 생길 수 있다.

- 발표자료는 아키텍처 명세서에서 가장 널리 사용되는 방법으로 접근성과 편재성에 있어 이점이 있다. 한편으로는, 솔직히 말해서 슬라이드 형식으로만 만들어서 제대로 AD를 제시하는 경우를 본 적이 드문 데다, 발표자료는 그 양식 때문에 아키텍처를 다소 개략적이고 불완전하게 정의하도록 부추기는 경향마저 있다. 물론 발표자료도 의사소통 도구로서의 고유한 용도가 있지만, 최종적인 아키텍처 문서로 사용하는 경우를 만나면 섬뜩할 수밖에 없다.

- UML 모델은 시점 설명에서 얘기한 대로, 아키텍처 모델의 핵심 요소를 표현하려면 기본 표기법을 다듬고 확장할 필요가 있기는 해도, 여러 종류의 아키텍처적인 구조를 표현하기 좋은 방식이다. 12장에서 말했듯이, UML은 광범위하게 보급된 덕분에 소프트웨어 모델을 만드는 데 있어서 명목상으로는 물론 사실상으로도 표준이 됐다. (화이트보드든 정교한 모델화 도구든) 상황에 맞는 접근법과 도구를 쓸 경우, UML 모델은 아키텍처 정의 프로세스에 있어서 매우 유용한 부분을 차지한다는 사실을 알게 됐다. UML은 의사소통의 많은 부분을 그 표기법이 편치 않은 비기술적 이해관계자와 해야 하는 상황이나, (바람직해 보이지는 않지만) 모종의 이유로 정밀한 시각적 모델을 가치 있게 받아들이지 않는 상황에서는 가치가 떨어질 수밖에 없다.

- 작도 도구 역시 아키텍처 명세서 작성에 실무적으로 매우 널리 쓰이는데, 그 중 가장 일반적으로 쓰이는 도구는 아마 비지오^{Visio}일 것이다. 매우 기능이 좋은 도안 작성 도구가 많아서 깔끔하게 다이어그램을 그려서 손쉽게 유지보수할 수 있다. 눈에 띄는 문제는 대체로 도구 자체보다는 도구를 통해 그려내는 결과물에 있다. (UML 스텐실이나 직접 작성한 아키텍처 정의 표기법을 사용하는 등) 잘 정의된 표기법으로 다이어그램을 그릴 경우, (모델 요소가 어딘가 다른 곳에 정의돼 있다는 가정하에) 쓸모가 많고 효율적이며 간편한 모델화 도구임은 틀림이 없다. 하지만 제대로 정의된 표기법을 쓰지 않을 경우, 12장에서 얘기했듯이 그 결과는 대개 큰 혼동을 유발하는 다이어그램으로 귀결될 뿐이다.

- 코드는 AD의 특정 측면, 특히 소프트웨어 개발자를 대상으로 한 측면에 있어서 쓸모가 많다. 뼈대 시스템은 사실상 작동 가능한 아키텍처 명세서이고, 아키텍처의 몇 가지 측면은, 가령 요소 상호 간의 인터페이스 같은 것은 모두가

그게 실제로 무슨 뜻인지 추측밖에 할 수 없는 유사 코드 같은 두루뭉술한 중간 표기법보다는 코드를 통해 직접 정의하는 방법이 최선일 때가 많다. 핵심 아키텍처 패턴 및 관례를 실행 가능한 예제로서 문서화하는 방식이 소프트웨어 개발 팀에게 전달하기에는 매우 효과적이라는 사실도 알게 됐다.

- **스프레드시트**는 (시스템의 성능 및 확장용이성 특성을 예측하는 등에 사용되는) 정량 모델을 만들 때 특히 쓸모가 많을 뿐만 아니라, (가령 시스템에 유입 및 유출되는 데이터의 특성 목록 등) 여러 과제에서 관리할 필요가 있는 테이블 형태의 데이터를 보관하는 경량 데이터베이스로 써도 쓸모 있다.

정리하면, 무엇을 표현해야 하는지, 누가 그 작업을 해야 하는지, AD를 입수 및 제시할 방법을 결정할 때 누가 거기에 접근해야 하는지 고민해보라는 조언을 하고 싶다. 대개는 여기서 나열한 기술을 여러 가지 조합해서 사용하거나 그 외의 여러 가지 기술을 사용할 수밖에 없을 것이다.

▌ 점검 목록

- 핵심 아키텍처 결정사항이 모두 AD에 문서화돼 있는가?

- 더 내려야 할 것 같다고 생각하는 핵심 아키텍처 결정사항이 남아 있는가, 그리고 그렇다면 그것을 처리할 전략은 무엇인가?

- AD 내에서 간결성과 (정확성, 충분성, 적시성, 명료성, 현재성, 정화성 등) 기타 바람직한 속성 사이에, 특별히 이해관계자의 기량과 경험에 비춰봤을 때, 균형이 올바로 잡혀 있는가?

- AD에서 (구매자, 사용자 등) 비기술적인 사용층을 대상으로 한 절에 과도한 기술 전문용어 사용을 피하고, 사용하더라도 그 자리에 바로 그 용어 정의를 넣어뒀는가?

- AD가 수용되고 난 다음에 (개발 기간 및 실제 운영 기간 동안) 어떤 식으로 보수될지 알고 있는가?

- 12장에서 제안한 (목차, 도입 및 관리 요약 등) AD의 내용물을 검토해보고 그중에서 필요한 내용은 모두 집어넣었는가?

- 문서 발표자료가 전사 문서 표준에(혹시 있다면) 부합하는가?

- 보는 이에게 친숙하지 않은 업무 및 기술 용어에 대해 정확한 용어집을 제공했는가?

- 관리적인 주의나 처리를 필요로 하는 문젯거리가 있다면, 그 사항을 AD와 과제의 위험 및 문제 목록에 명확히 부각해놓았는가?

- 과제 진행 중에 또는 조직 내에서 ISO 42010 표준에서 추천한 내용을 따를지 생각해봤는가?

- 아키텍처 명세서를 제시하면서 사용층에 잘 맞고 또 그 사용층에 전달하고자 하는 정보에도 잘 맞는 양식과 도구를 사용했는가?

▌ 정리

모든 소프트웨어에는 아키텍처가 있지만, 모든 시스템이 그 아키텍처의 핵심을 모든 이해관계자에게 효과적으로 전달해주도록 AD를 갖추지는 못한다. 제대로 된 AD는 나머지 시스템 개발 작업에 필요한 기초를 탄탄히 놓는 역할을 하지만, 형편없는 AD는 핵심 관심사항을 처리하는 데 실패하거나 아예 무시돼버리기도 한다. 13장에서는 어떻게 하면 AD에서 정한 목표를 달성할 수 있을지 설명했다.

효과적인 AD에는 7가지 바람직한 속성이 있는데, 정확성, 충분성, 적시성, 간결성, 명료성, 현재성, 정밀성이 그것이다. 이 속성은 서로 충돌할 때도 있어서, (늘 그렇듯) 아키텍트가 효과적으로 균형을 맞춰야 한다.

모든 이해관계자가 이해할 수 있는 AD를 만들어내는 일은 아키텍트에게 있어 가장 어려운 일에 속한다. 이 책에서는 언제나 읽는 이들의 요구와 역량을 고려해 AD를 작성해야 한다는 점을 계속해서 강조했다. 용어집은 이해를 돕는 데뿐만 아니라 더욱 상세한 모델화 작업을 하기 위한 입력물로도 쓸모가 많다.

또한 실무에서 아키텍트가 만들어냄 직한 AD의 상위 집합에 해당하는 범용적인 템플릿도 제시했다. AD에 어느 절이 들어가든 간에, AD의 수명기간 내내 최신으로 유지하는 일이 관건이다.

끝으로, 12장에서는 ISO 42010 표준, 즉 『Systems and Software Engineering—Recommended Practice for Architectural Description of Software-Intensive Systems^{시스템 및 소프트웨어 공학: 소프트웨어 집약적인 시스템의 아키텍처 명세서에 대한 실무 제안}』의 핵심 특성을 설명하고 이를 사용하는 데 따른 이득을 살펴봤다.

▌더 읽을거리

『Documenting Software Architectures^{소프트웨어 아키텍처 문서화}』[CLEM10]는 SEI 소속 팀에서 쓴 책으로, 현재 2판이 나왔는데, 이번 판은 실무 지향적인 책으로 나와서 AD 작성에 유용한 엄청나게 많은 정보가 잘 정리돼 있다.

아키텍처 설계 결정사항을 어떻게 문서화할지, 또 그게 왜 중요한지 고민이라면, [TYRE05]부터 시작하면 좋은데, 이 글을 보면 두 명의 실무적인 소프트웨어 아키텍트가 이 주제를 매우 명쾌하게 설명해놓았다.

14

아키텍처 평가

아키텍처적인 구상이 시스템의 응집된 설계로 굳어지면 언제나 엄청난 성취감이 생기게 마련이다. 핵심 아키텍처 결정사항 대부분을 내렸다는 것은 시스템이 직면한 주요 도전과제 대부분에 대해 가능한 해결책을 구해놓은 데다 시스템에 필요한 핵심 아키텍처 구조도 다 설계해냈다는 것을 의미한다. 하지만 이 시점이 돼도 아키텍처가 실현 가능할지 실제로 알지는 못한다. 자신이 만든 소프트웨어가 깔끔하게 컴파일된다고 해서 정확한 동작 여부를 알지는 못하는 것과 마찬가지로, 수립해놓은 후보 아키텍처가 올바른지 여부 역시 시험해보기 전에는 알 수가 없다. 여기서는 시스템에 쓸 예비 아키텍처를 시험하는 과정을 아키텍처 평가 architectural evaluation라 이름한다.

아키텍처 평가 프로세스는 아키텍처 정의를 거치면서 올바른 아키텍처적 결정을 내렸는지 여부를 점검하는데, 특히 서로 충돌하는 요구 사이에서 적절한 절충을 이뤄냈는지 여부가 중요하다. 평가 프로세스는 아키텍처 결정사항을 도출하기 시작한 이후에 되도록 지체 없이 개시하고, 이해관계자가 수용할 만하다고 여기는 시스템이 도출될 때까지는(이때가 최종적이고 궁극적인 아키텍처 검증이 된 때이므로) 계속해야 한다.

물론, 일반적으로 AD는 (프로그램이 실행되는 방식으로) 실행되지 않고 따라서 소프트웨어 부품처럼 직접 시험해볼 수도 없다. 하지만 비용, 복잡도, 형식성이 제각각 다른 아키텍처를 '시험'하기에는 실행해보는 방법 말고도 괜찮은 방법이 많이 있고, 이 방법들은 상황과 수명주기 단계별로 쓰임새와 적합도가 다 다르다. 한

가지 기술만 가지고 시스템 수명주기 내내 효과적으로 아키텍처를 평가하기란 거의 불가능하다.

한 가지 명심할 것은, 아키텍트의 의견이 중요하기는 해도 아키텍트 자신이 아키텍처가 올바른지 여부를 판단하는 최종적인 판단자는 아니라는 점이다. 아키텍트는 이해관계자의 요구를 충족시키기 위해 아키텍처를 만들어냈으므로, 이해관계자의 승인을 얻어내야만 한다. 또한 14장을 읽는 내내 잊지 말아야 할 것은 아키텍처 평가가 수명주기상의 특정 시점에 일회성으로 끝내버리는 활동이 아니라, 지속적인 과정으로 생각하고 접근해야 한다는 점이다.

▍아키텍처 평가 필요성

이제 후보 아키텍처를 만들어내고 나면 왜 평가를 해야 하는지 좀 더 자세히 생각해보자. 우선, AD가 가진 필연적인 한계 때문에 아키텍처 평가가 가치 있다.

- **추상화 검증:** (이 책에서 논하는 종류의) AD는 현실을 추상화해놓은 것이다. 많은 세부사항이 AD에서 다뤄지지 않고 있는데, 만약 이를 다루게 된다면 어렵게 얻고자 했던 간결성과 미니멀리즘minimalism이라는 특징을 잃게 된다. 따라서 평가는 추상화해놓은 결과물이 합리적이고 적절한지 확인해주는 역할을 한다.

- **기술적 정확성 점검:** AD는 또한 정적이어서 컴퓨터상에서 직접 실행해볼 수가 없다. 다시 말해 소프트웨어 조각에 하는 식으로 시험해볼 수가 없다. 버트런드 메이어Bertrand Meyer가 "거품은 꺼지지 않는다"면서 냉담하게 갈파했듯이, 누군가 구현해서 시험해보기 전까지는 완벽하게 믿음직스러워 보이는 소프트웨어 모델을 만들어내기란 쉬운 일이다. 구현과 시험을 거치고 나서야 오류와 불일치가 분명히 드러나고, 소프트웨어가 실패하게 된다.

또한 평가는 의사소통의 관점에서 보더라도 유용한 과정이다.

- **아키텍처 입지 확보:** 아키텍처 평가 프로세스는 핵심 이해관계자가 자신들의 요구가 어떤 식으로 충족될지 확인하게 함으로써 아키텍처의 입지를 확보하는 데 도움이 된다. 이해관계자가 평가 프로세스에 참여하면 절충의 내용을 이해

하는 데 도움을 줄 뿐만 아니라 올바른 절충안이 채택됐음에 스스로 만족하도록 하는 데도 도움이 된다. (시스템 관리자, 시험자, 개발자 등) 좀 더 기술적인 이해관계자와 관련해서는, 평가 프로세스가 귀중한 소통수단 역할을 함으로써 아키텍처를 보다 철저히 이해하고 그 아키텍처 개발에 대한 모종의 소유권을 느끼게 해준다.

■ 아키텍처 설명: 상호작용적인 아키텍처 평가 프로세스는 다수의 덜 기술적인 시스템 이해관계자들, 즉 세분화된 AD의 내용을 읽느라 시간을 보내기는 싫지만 아키텍처의 핵심 특성에 대한 설명을 들어둘 필요가 있는 이들의 관심을 끄는 데 가장 효과적인 방법이기도 하다.

끝으로, 아키텍처 평가는 소프트웨어 개발 과정에 여러 가지로 이득이 된다.

■ 가설 검증: 아키텍처 설계 과정에는 (우선순위, 속도, 공간, 시스템의 외부 환경 등) 다양한 범위의 주제에 대해 많은 가설을 세우게 된다. 개별 관점이 특정 품질 속성을 갖춘 설계를 도출하는 데 지침 역할을 하면서 그 과정의 일부로 핵심 가설을 검증하게 되지만, 가설에 따라 몇몇은 놓칠 수도 있다. 아키텍처 평가를 바탕으로 이 과정을 이끌면 너무 늦어서 도출되는 결과를 변경하지 못하는 일이 벌어지기 전에 핵심 가설을 시험해보는 데 도움이 된다.

■ 관리적인 결정 시점 제시: 과제 관리 관점에서 보면, 아키텍처 평가는 시스템 개발 수명주기 내에서 핵심 진행/중단 결정 시점을 판단하는 자연스러운 틀의 역할을 할 수 있으므로, 너무 많은 비용을 지출하기 전에 시스템의 실현 가능성에 대한 중요한 의사결정을 내릴 수 있다. 이런 과제 관리 결정 시점은 관리적인 결정의 틀을 형성함으로써 아키텍처 설계를 이끄는 시점과 관점을 활용하면서 나오는 기술적인 설계 결정의 틀을 보완하는 역할을 한다.

■ 공식적인 협정의 기초 제공: 아키텍처 평가는 또한 구축될 시스템의 형태에 대해 공식적으로 맺을 협정의 기초로 쓰일 수도 있다. 아키텍처 정의 및 평가에 필요한 이해의 수준이 한층 깊다는 점을 고려하면, 평가가 끝난 AD를 소위 소프트웨어 개발 계약의 기초로 활용하는 편이 기초적인 요건 문서를 활용하는 편보다 한결 효과적일 수 있다.

- 기술적 통일성 확보: 아키텍처 평가 프로세스에는 구축된 시스템이 AD와 부합하는지를 확인하는 절차가 들어간다. 이는 시스템의 기술적 완결성을 검사하는 중요한 일로서, 올바른 시스템이 납품되도록 보장하는 데 도움이 된다.

정리하면, 아키텍처 평가는 수명주기와 직결해서 소프트웨어 개발 과정에 추가될 수 있는 귀중한 절차로, 특히 다양한 아키텍처적인 선택안의 강점과 약점에 대해 초기 단계에서 통찰을 얻을 수 있다. 계속해서 아키텍처 평가에 활용할 수 있는 다양한 유형의 기법을 살펴보자.

평가 기법

소프트웨어 아키텍처를 평가하는 기법은 여러 가지가 존재한다. 기법에 따라 수행되는 평가의 비용, 깊이, 복잡도가 다르기 때문에, 특정한 상황에 맞춰 올바른 기법을 선택하는 일이 중요하다.

발표

아키텍처 평가 중에서 가장 간단한 형태는 제안된 아키텍처를 이해관계자에게 비정형적인 설명으로 발표하는 방식이다. 하지만 단순히 후보 아키텍처를 이해관계자 집단에게 발표한다고 해서 실제로 평가가 이뤄지지는 않는다. 어느 정도라도 평가가 일어나려면 발표를 보는 사람이 실제로 참여해서 설명 대상이 되는 선택안과 결정사항에 대해 비판적으로 생각해야만 한다. 이렇게 하려면 발표의 구조를 잡을 때 주의를 기울여 진행하는 내내 청중의 참여를 이끌어내고 설명 내용이 함의하는 바에 대해 깊이 생각하게 만들어야 한다.

실무에서 발표만으로 효과적인 아키텍처 평가를 수행하는 경우는 실제로 본 적이 없다. 잘 해야 아키텍처에 대한 유용한 소통수단이나 설명을 보조하는 역할에 지나지 않지만, 한편으로는 이해관계자가 중요한 사안에 대해 생각하기 시작하는 계기가 되기는 한다. 아키텍처 정의 프로세스 진행 초기에는 몇 가지 근본적인 가설을 검증하는 데 요긴하게 쓰기도 한다. 하지만 일반적으로 발표로 할 수 있는 분석은 한계가 있기 때문에, 아키텍처가 모습을 잡아나가는 시점에 더욱 정교하고 엄격한 기법을 함께 사용해야 효과적인 평가가 가능하다.

장점

- 발표는 상당히 간단하게 할 수 있고 다양한 청중에 맞춰 다듬기도 쉽다.
- 발표는 저렴하고 쉽게 수행할 수 있는데, 특히 청중이 따로 준비할 필요가 거의 없거나 아예 없다.
- 청중이 보이는 반응과 제기하는 질문을 통해 즉각적으로 피드백을 얻어낼 수 있다.

한계

- 발표 회의를 통해서는 잘해야 얄팍한 수준의 분석 정도만 가능하다. 사실 경험상으로 보면, 발표를 통해서 실질적인 평가를 기대하기는 거의 또는 전혀 불가능하고, 잘해야 소통 수단으로 활용하는 정도에 그친다.
- 이 방법을 쓰면서 얻을 수 있는 효과는 대부분 참석자의 참여와 기여에서 나오는 것으로, 발표자료의 품질에 좌우된다. 발표에 청중을 적극적으로 참여시키지 않으면 쓸데없는 경계심을 유발할 뿐 아니라 들리는 내용에 대해 따지고 들게 만들기 십상이다.
- 청중이 준비가 덜 돼 있으면 아키텍처 및 그 강점과 약점을 비춰볼 시간이 모자라기 다반사이고, 이는 결국 귀중한 통찰을 놓쳐버리는 결과로 이어질 수도 있다.

공식적인 검토 및 검토회의

공식적인 검토는 이해관계자와 함께 AD를 평가하기에 효과적인 방법으로서, 아키텍트가 이해관계자의 관심사항을 제대로 이해했는지 확인하고 이해관계자가 제시하는 입력물을 바탕으로 설계나 문서를 개선하기에 좋다.

공식적인 검토는 인적 집단을 모아서 문서를 한 장 한 장 살펴보고, 검토 의견을 내놓으며, 집단적으로 관심사항을 토의하고, 필요할 경우 모종의 조치를 취하는 데 대해 합의하는 과정으로 이뤄진다. 공식적인 검토는 명세나 기타 작성된 문서에 대해서뿐 아니라 소스 코드와 기타 유사 자료에 대해서도 수행 가능하다.

검토회의를 하기 전에 참석자마다 역할을 부여해야 한다.

- 중재자moderator는 회의를 운영하고, 집단에서 수용된 행동을 기록하며, 논쟁이나 다툼을 중재한다.

- 발표자presenter는 대개 검토 대상이 되는 작업물을 작성한 사람으로, 그 작업물을 집단에게 보여주고 설명한다. 되도록이면 발표자가 중재자를 맡지 않게 해야 한다.

- 검토자reviewer는 검토 대상 작업물에 대해 검토 의견을 낸다. 검토자에게 특정 영역을 제시해주고 살펴보라고 할 때가 있는데, 특히 검토 대상 항목이 크고 복잡할 경우에 그렇다.

회의가 열리기 며칠 전에 검토자에게 검토 대상 항목을 보내주되, 검토에 필요한 참고자료와 지시사항이 있다면 이에 대한 참조도 함께 보내야 한다. 중재자는 짤막한 검토 의견들을 모아서 기록해뒀다가 검토가 끝난 후 작성자에게 전달해준다. 작성자는 적절한 변경을 가한 후 중재자에게 문서를 되돌려주고, 중재자는 이를 점검해서 추가적인 검토가 필요한지 결정한 다음 검토에서 나온 의견이 반영됐음을 승인해준다.

(철자나 인쇄 오류 등에 대한) 사소한 의견은 (문서의 수정본 같은 곳에) 별도로 기록해둬도 된다.

구조화된 검토회의는 집단적으로 명세, 설계, 코드 조각에 대해 요건에 대한 정확성과 준수 여부를 상세하게 평가하는 또 다른 방법이다. 공식적인 검토와 마찬가지로, 설계를 검증하고 잠재적인 약점이나 간극을 드러내는 데 있어 극히 유용한 방법이다. 검토회의는 대개 하나 이상의 시나리오를 차근차근 따라가면서 시스템의 행위를 살펴보고 그 행위가 기대와 같은지 확인하는 과정으로 이뤄진다. 문제가 발견될 경우에는 집단적으로 가능한 해결책을 살펴보거나 나중에 논의하도록 옆으로 빼두게 된다.

장점

- 공식적인 검토나 검토회의는 발표에 비해 참석자가 훨씬 더 깊숙이 관여하고 따라서 훨씬 더 가치 있는 통찰로 이어질 가능성이 높다.

한계

- 공식적인 검토나 검토회의를 하려면 회의 전에 상당한 분량의 준비가 필요하다. 준비를 얼마나 잘했느냐에 따라 수행 결과가 크게 달라지기 때문에 준비 없이 진행해서는 절대로 안 된다.
- 효과적인 회의를 위해서는 검토나 검토회의 주도자와 발표자 모두 반드시 준비가 돼 있어야 하지만, 사람들이 충분한 시간을 쏟아서 철저히 준비하게 만들기가 쉽지는 않다.

시나리오를 활용한 평가

시나리오 기반 아키텍처 평가는 아키텍처가 이해관계자의 요구를 얼마나 잘 충족시킬지를 그 아키텍처가 나타내는 속성(또는 품질) 측면에서 구조적으로 평가하는 방법이다. 가장 많이 알려진 시나리오 기반 평가 방법은 아마도 소프트웨어 공학 연구소^{SEI}에서 개발한 아키텍처 절충안 분석 방법^{ATAM, Architecture Tradeoff Analysis Method}일 것이다. ATAM에 대해서는 14장 뒤에 가서 좀 더 상세히 설명한다.

이런 기법의 기저에 깔린 핵심 개념은 시스템 이해관계자에게 중요한 시나리오의 모음으로(즉, 시스템 운영 중에 맞닥뜨리게 될 특정한 상황들로), 이를 통해 시스템의 속성을 추정할 수 있다. 시나리오 기반으로 평가하는 방법은 다섯 가지 기본적인 단계로 이뤄진다.

1. 요건 이해: 시스템의 요건이 이미 확보됐으면 이를 검토하고, 아직 확보되지 않았으면 핵심 요건들을 수집한 후 이를 올바로 이해하게 해야 한다. 평가는 이해관계자의 요건을 기준으로 수행해야 하는데, 대체로 평가가 과제 내부가 아닌 외부의 인사들에 의해 이뤄지는 만큼 이들이 핵심 요건을 철저히 이해하는 일이 중요하다.

2. 제안된 아키텍처 이해: 평가자는 요건을 이해하는 것과 마찬가지로, 제안된 아키텍처를 빈틈없이 평가하기에 부족함이 없을 만큼 상세하게 이해할 필요가 있다. 이들은 대개 AD를 읽어보고 해당 과제를 책임진 아키텍트가 하는 아키텍처 발표를 듣고서 필요한 지식을 얻는다.

3. 선후가 매겨진 시나리오 식별: 시나리오 기반 평가 방법은 아키텍처가 특정 시나리오의 요건을 얼마나 잘 충족할지 살펴보면서 이뤄진다. 일부 시나리오는 ('웹사이트를 방문하는 고객은 6개월 이상 지난 거래의 영수증도 다시 얻고 싶어한다' 같이) 기능적이고, 일부 시나리오는 ('주간 집계 처리를 하는 동안, 분당 400건의 온라인 거래가 들어온' 같이) 시스템 품질에 초점이 맞춰져 있다. 평가 프로세스의 유효성을 담보하려면 시나리오는 반드시 (평가자의 관심사항을 반영하기보다는) 이해관계자의 관심사항과 우선순위를 반영해야만 한다. 시나리오는 대개 평가 프로세스에서 더 중요한 시나리오에 주의를 집중할 수 있게 (가령 높음, 중간, 낮음 식으로) 우선순위가 매겨져 있다.

4. 아키텍처 분석: 시나리오 기반 기법의 핵심은 우선순위가 높은 시나리오를 차례로 살펴보면서, 해당 특정 상황의 필요에 아키텍처가 얼마나 잘 부합하는지를 분석하는 데 있다. 이렇게 하면 대개 아키텍처 내의 잠재적인 약점, 즉 중요 시나리오에서 필요로 하는 사항을 충족시키지 못하는 곳이 드러나게 될 뿐 아니라, 단독으로는 잘 충족시키지만 같은 시스템에서 다른 시나리오와 함께 수용하려고 하면 문제가 생기는 시나리오의 경우에는 그런 충돌이 일어나는 지점이 부각되는 경향도 있다.

5. 결론 도출: 시나리오 모음을 바탕으로 아키텍처를 분석하고 나면, 평가자는 수행 결과를 보고서에 기록하고 아키텍처의 적합성에 대해 몇 가지 구체적인 결론을 도출한다. 제안된 아키텍처가 특정 시나리오나 시나리오 묶음을 처리할 수 없다면, 그 문제를 해결할 행동 계획을 세워야만 한다.

시나리오 기반 기법은 적용하기가 특별히 까다롭지 않고, 시스템이 너무 크거나 복잡하지 않다면 비정형적인 방식으로도 기법의 대체적인 내용을 효과적으로 활용할 수 있다. 하지만 좀 더 복잡한 상황이 되면 한층 구조화된 방법을 채용해 과정을 통제하고 결과의 유효성을 담보해야 한다. 이런 경우에는 ATAM과

SAAM$^{Software Architecture Assessment Method}$ (소프트웨어 아키텍처 평가 방법) 같은 방법이 수많은 경험을 바탕으로 만들어진 데다, 과정을 관리하는 데 도움이 되는 수많은 조언을 담고 있기 때문에 매우 가치가 있다.

장점

- 시나리오 기반 기법을 쓰면 특정한 아키텍처 접근법의 강점과 약점을 깊이 있고 정교하게 분석할 수 있다.
- 이 방법들을 쓰면 아키텍처에서 정한 절충에 대해 한결 명시적으로 이해할 수 있고 이해관계자에게 그 판단 근거를 설명하기도 좋다.
- 시나리오 기반 기법은 아키텍처 팀이 자신들이 내린 결정이 무엇인지, 왜 그런 결정을 내렸는지, 그 결정이 함의하는 바가 무엇인지 이해하는 데 도움이 된다.

한계

- 이런 기법은 단순한 검토나 검토회의보다 적용하기가 훨씬 더 복잡하고 비용도 많이 든다.
- 이런 기법은 상당히 정교하기 때문에 작업을 이끌기 위해서는 훈련이나 상당한 준비가 필요하다.
- ATAM 같은 방법에서는 모든 이해관계자가 평가 수행에 쓰일 시나리오를 (최소한) 찾아내고, 이해하며, 검증하고, 우선순위를 매기기 위해 상당히 깊숙이 참여할 준비를 할 것이라고 가정한다. 이런 가정이 깨지는 경우라면, 과정을 진행해도 얻는 이득이 상대적으로 매우 적을 수밖에 없다.

시제품과 개념 검증품

시제품과 개념 검증품은 (새롭거나 친근하지 않은 기술 채택을 고려할 때) 기술적인 위험을 완화하거나 사용자 인터페이스 설계를 돕는 용도로 가장 빈번하게 사용된다. 목적에 따라 시스템의 기능 중 몇 가지를 뽑아 임시로 구현해놓은 시제품^{prototype}을 정의한 후, 사용자에게 제시해 피드백 및 검증을 받은 다음, 검증 시험이 완료되고 나면 폐기한다. 개념 검증품$^{proof-of-concept}$은 제안된 아키텍처 중에서 위험성이 높은 요소가 타당성이 있음을 입증하거나 문제와 함정을 부각시키는 용도로 설계된 코드 형태로 정의한다. 개념 검증품은 또한 임시적인 구현물로, 목적을 이루거나 조사하고자 했던 위험을 파악하고 나면 폐기한다(어떤 이는 '진화적인 시제품'을 말하지만, 이런 용어는 시제품을 위한 향후 계획에 혼동을 일으킬 위험이 매우 크다는 사실을 알아냈다. 이런 식으로 일부 구현을 진화시키는 것을 '뼈대 시스템'이라 하는데, 이에 대해서는 다음 절에서 살펴본다).

시제품 제작에 있어 한 가지 문제라면 완화해야 할 위험이 상당히 복잡할 수도 있다는 점이다. 가령, 아키텍처가 대규모 트랜잭션을 처리할 수 있음을 보여주기 위해 시제품 제작을 제안할 수가 있다. 이 경우에, 대규모의 가짜 데이터와 정교한 모의실험 환경을 준비해두고 많은 수의 트랜잭션이 시제품에 발생하게 한 다음 성능을 관찰해야 할 것이다. 더불어, 시제품은 적용 결과가 의미 있으려면 규모 확장 능력도 상당히 정교할 필요가 있다.

따라서 시제품 제작은 아키텍처를 평가하는 방법 중에서 가장 비용이 많이 들고 시간을 많이 소요하는 것이므로 수행하려면 그만한 정당성이 확보돼야 한다. 하지만 실제로 구축해봄으로써 무언가가 효과가 있음을 증명하는 일은 매우 강력한 위험 절감 방식이 아닐 수 없다.

시제품을 구축하는 데 따르는 위험으로는 이해관계자가 이를 완성된 시스템으로 간주할 수 있다는 점이다. 시제품은 대개 제한된 기능만 갖추고 있고, 특히나 오류나 예외 처리는 물론 복원성과 관련해서는 기능 제약이 심하므로, 일반적으로는 목적을 이루고 난 다음에 시제품을 폐기하는 것이 바람직하다. 이 영역에 있어서는 이해관계자의 기대를 명확하게 관리해야만 한다.

장점

- 시제품과 개념 검증품을 동원하면 수명주기상에서 아직까지 결정이 빈번하게 변경될 수 있는 시점에 기술적인 결정사항에 대해 구체적인 평가를 할 수 있다.

- 시제품이나 개념 검증품을 구축하다 보면 시스템을 구현할 기술에 대해 실제

로 구현에 활용하기 전에 안전한 환경에서 익히고 이해할 기회를 얻게 된다.

- 시제품과 개념 검증품으로 이해관계자에게 시연을 해보임으로써 동원한 사람, 기술, 과정에 대한 확신을 끌어올릴 수 있다.

한계

- 시제품과 개념 검증품은 제작하기에 비용과 시간이 상당히 많이 들어가고, 따라서 그 비용을 감수하고라도 제작해야 할 만큼 충분히 중요한 결정사항에 한해서만 써야 한다.

- 시제품과 개념 검증품은 둘 다 본래 목적에서 벗어나 상용 시스템으로 진화되는 경우가 빈번하다. 하지만 대개(그리고 확실히) 매우 '빠르고 간편한' 방식으로 구축되기 때문에 실제 시스템의 기초로 삼기에는 질이 너무 떨어진다. 따라서 시제품을 구축할 때는 일단 목적을 이루고 나면 폐기해야 한다. 상용 시스템으로 진화시킬 만한 무언가가 필요하다면, 뼈대 시스템 기법을 활용해야 한다.

뼈대 시스템

아키텍처 평가에 있어 궁극적인 형태는 시스템을 구축하는 데 있다. 이런 형태의 아키텍처는 시스템의 첫 번째 버전을 만들어내는 것으로, 뼈대^{skeleton}라고도 하는데, 시스템의 주된 아키텍처 구조를 구현하지만 시스템 기능의 최소 집합만을 담게 된다. 기능의 최소 집합은 시작부터 끝까지 처리가 일어나는 최소한의 분량으로 선택함으로써, 시스템의 전반적인 구조가 안정적인지 검증할 수 있어야 한다.

시제품이나 개념 검증 시스템과 달리, 뼈대 시스템은 버리지 않고 계속 보존해뒀다가 구축 단계가 되면 뼈대를 기초로 삼아 필요한 모든 기능을 구현해 살을 붙여나가게 된다.

장점

- 뼈대 시스템은 현존하는 가장 철저하고 확실한 아키텍처 평가 유형이라 할 수 있다.

- 뼈대 시스템을 성공적으로 내놓으면 시스템 개발 팀의 사기가 크게 올라간다.
- 뼈대 시스템을 구축하고 나면 평가 활동이 이뤄진 후에도 활용 가능한 손에 잡히는 결과물이 확보된다.

한계

- 뼈대 시스템은 대체로 가장 비용이 많이 드는 아키텍처 평가 형태라 할 수 있다.
- 뼈대 시스템은 상용 시스템을 만드는 데 동원되는 소프트웨어 공학 기법과 동일한 기법을 동원해서 만들어야 하는데, 무엇보다도 첫 번째 시스템 버전에 해당한다. 이 일은 금방 만들 수 있는 시제품보다 훨씬 더 많은 시간이 소요됨은 물론 훈련도 필요한 데다, 갖춰야 할 기량도 다르다.

▌ 시나리오 기반 평가 기법

SAAM과 ATAM은 시나리오 기반 아키텍처 평가 방법 중에서 잘 알려진 사례에 해당한다. 이 방법은 둘 다 SEI에서 만들었는데, 그중에서 SAAM이 원조이자 더 간단한 방법이라면 ATAM은 나중에 나온 한결 정교한 접근법이라 할 수 있다.

이 두 가지 방법에는 공히 시스템의 이해관계자에게 중요하고 시스템의 속성을 평가도 가능토록 해주는 시스템 사용 시나리오 모음이라는 핵심 개념이 깔려 있다. SAAM에서는 기능적인 시나리오를 사용해 시스템이 핵심 기능을 얼마나 잘 제공할 수 있을지와 향후 생길 수 있는 변화에 맞춰 얼마나 손쉽게 변경할 수 있을지를 평가한다. ATAM에서는 초점을 더 넓혀서 품질 속성 시나리오 모음을 활용해 시스템이 (성능, 보안성, 가용성 등) 중요한 품질 속성을 보여줄 능력을 시험한다.

여기서는 지면의 한계로 이 방법을 상세히 설명하지 않는다(14장 말미의 '더 읽을거리' 절에서 언급한 참조를 보면 더 많은 정보를 얻을 수 있다). 여기서는 ATAM을 간략하게 설명하면서 이 접근법의 개요를 소개한다.

그림 14-1에 나오는 UML 활동 다이어그램을 보면 ATAM의 아키텍처 평가

프로세스상의 주요 단계가 설명돼 있다. ATAM에서는 아키텍처 평가에 있어서 두 가지 중요하면서도 확연히 구분되는 측면을 인식하고 있다.

1. (아키텍처를 만들고 소관하는 이들은 물론 핵심 고객 대변인, 여기서 쓰는 용어로 하자면 구매자와 사용자까지) 핵심적인 과제 의사결정자가 수행하는 아키텍처 중심의 평가

2. (모두들 아키텍처에 영향을 받는) 여러 이해관계자 집단에서 나온 대표자들이 수행하는 이해관계자 중심의 평가

(그림 14-1의 좌측에 나오는) ATAM 과정 전반부에서는 아키텍처 자체와 그 아키텍처를 정의하느라 내린 결정사항을 이해하는 데 초점을 맞추고, (그림의 우측에 나오는) 후반부에서는 전반부에서 도출된 결과물에 대해 전체 이해관계자 집단을 대변하는 대변자들을 직접 참여시켜 시험해본다.

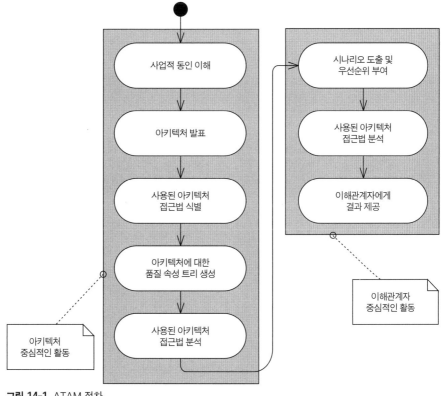

그림 14-1 ATAM 절차

아키텍처 중심적인 활동

과정에서 절반을 차지하는 아키텍처 중심적인 단계는 다음과 같다.

- 사업적 동인 제시: 아키텍처 검토 팀은 (대개 아키텍트, 설계 책임자, 핵심 고객 대표자, 경우에 따라 외부 컨설턴트까지 포함해서) 구성원이 시스템의 존재 기반이 되는 사업적 동인을 검토해보고 그 동인을 제대로 이해하는 과정을 거친다. 이 단계는 일반적으로 검토 팀에게 시스템의 맥락과 핵심적인 사업적 동인을 제시하는 (과제 후원자나 업무 분석가 같은) 업무 전문가로 구성된다. 이상적으로 보면 이 단계는 사업적 동인에 대한 지식을 확인하는 과정이지만, 발표자를 통해 새로운 통찰을 얻는 결실을 맺을 수도 있다.

- 아키텍처 발표: 이제 아키텍처 소관자는(대개 아키텍트 자신으로) 집단 내 나머지 사람들에게 아키텍처를 발표해야 한다. 발표의 형식은 평가마다 다르지만, 핵심은 아키텍처를 평가할 집단에게 그 아키텍처 전체를 설명하되, 그 사람들이 이해할 수 있는 방식으로, 분석하기에 부족함이 없을 만큼 상세하게 하는 데 있다. 역할이 전문화돼 있는 탓에, 이 시점이 아키텍처를 수립하는 데 참여한 이들이 처음으로 아키텍처를 실제로 보고 전체를 이해하려 시도하는 시간일 때가 많다. 이 단계는 정보 전달과 이해에 초점을 맞춰야지, 분석과 평가 같은 나중에 할 일에 초점을 맞춰서는 안 된다.

- 활용된 아키텍처 접근법 식별: 소프트웨어 아키텍처를 수립할 때는 아키텍처가 정해진 목표를 달성할 수 있도록 수많은 아키텍처적 결정을 내려야 한다. 가령 클라이언트 서버 구조를 채택해 하드웨어를 업그레이드하기 쉽게 할 수 있고, 파이프와 필터 구조를 채택해 각 처리 단계를 교체하거나 재사용하기 쉽게 할 수도 있으며, 배치 환경에서 장비를 클러스터로 묶어 복원성을 확보할 수도 있다. ATAM에서는 이런 결정을 아키텍처 접근법architectural approach이라 부르며, 이 단계에서는 아키텍처 정의에 사용된 접근법을 찾아내는 데 초점을 맞춘다. 따라서 이 단계에서는 올바른 사용법이 사용됐는지 여부를 분석하기보다는 그저 어떤 접근법이 사용됐고 그 사용 이유는 무엇인지 찾아내는 데 초점이 맞춰져 있다.

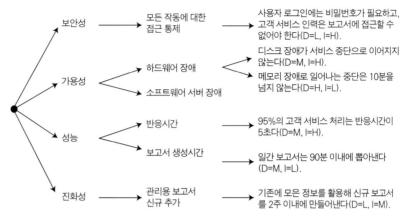

그림 14-2 품질 속성 트리

- 아키텍처의 품질 속성 트리 생성: 동인과 아키텍처를 이해하고 나면 시스템이 갖춰야 할 중요한 품질 속성을 수립하고 각 속성의 특성을 반영한 시나리오를 찾아낼 준비가 된 것이다. 이 과정을 거치고 나면 그림 14-2에 나오는 것과 유사한 속성 트리가 결과물로 나온다.

품질 속성 트리를 작성하려면, 시스템에 중요하다고 생각하는 품질 속성을 나열하는 일부터 시작한다. 품질 속성은 대개 첫 단계에서 찾아낸 사업적 동인에서 나오지만, 다른 요건도 함께 고려해야 할 필요도 있다. 이때 나열된 속성 중에서 상위 수준에 속하는 것이 있으면 특정한 중요 영역으로 잘게 쪼갠다. 그림 14-2에서 시스템에 중요한 보안적 측면으로는 작동에 대한 접근을 통제하는 일이 있다. 개별 상세 품질 속성에 대해 해당 속성을 담은 구체적인 시나리오는 최소한 한 개씩 정의해둬야 한다. 이전 단계에서 발표했던 아키텍처를 바탕으로 시스템에 대한 중요도와 구현 난이도에 따라 시나리오를 평가한다. 그림 14-2에 나온 예제에서는 개별 시나리오의 난이도(D)와 중요도(I)를 높음(H), 중간(M), 낮음(L)으로 나타냈다.

이 과정을 거치고 나면 품질 속성 트리와 거기에 딸린 시나리오 모음이 나와서 아키텍처를 평가할 수 있게 된다. 시나리오의 중요도 등급은 시스템에서 가장 중요한 면모에 주의를 집중하는 데 도움이 되고, 난이도 등급은 아키텍처에서 수정이나 개선이 필요한 영역으로 관심을 유도하는 데 도움이 된다. 확실히, 높은 중요도와 높은 난이도가 매겨진 시나리오는 향후 평가 프로세스 진행 시 가장 많은 관심을 쏟아야 할 테고, 낮은 중요도와 낮은 난이도가 매겨진 시나리오는 관심을 가장 덜 쏟아야 할 것이다.

- **활용된 아키텍처 접근법 분석**: 이 단계에서는 검토 팀이 좀 더 상세하게 아키텍처를 분석하되, 품질 목표를 감안하면서, 갖춰야 할 품질 속성을 얼마나 잘 뒷받침할지 밝힐 수 있게 한다. 분석은 여러 가지 형식을 취할 수 있는데, ATAM은 창안자들이 이 단계에 대해 상당히 상세한 과정 설명서를 만들어놨다. 어떤 접근법을 사용하든 간에, 품질 속성 시나리오를 통해 체계적으로 작동해야 하고 아키텍처가 시나리오를 얼마나 잘 뒷받침하고 어느 아키텍처 결정사항이 그렇게 뒷받침하는 데 있어 중요한지 이해하는 데 도움이 되는 것이어야 한다. 분석을 진행하는 동안에는 다음과 같은 유형의 핵심적인 아키텍처 결정사항을 찾아낼 수 있게 특별한 주의를 기울여야 한다.

  - 특정 품질 속성을 충족하는 데 핵심적인 결정사항(ATAM에서는 민감점sensitivity point이라고 명명함)으로, 가령 고가용성 목표치를 달성하기 위해 클러스터로 묶인 서버를 사용하는 결정 같은 것

  - 두 가지 상충하는 품질 속성의 요구 사이에서 절충이 필요한 결정사항(ATAM에서는 절충점tradeoff point이라 명명함)으로, 가령 수용 가능한 성능을 달성하기 위해 한층 복잡한 진화를 포기하고 데이터베이스를 역정규화하는 결정 같은 것

    이 과정이 끝나고 나면 아키텍처가 개별 품질 속성 시나리오를 어떻게 뒷받침할지(또는 뒷받침하지 않을지) 철저히 (근거와 함께) 이해하고 있어야 한다. 이렇게 해야 현재 아키텍처에 존재하는 민감점과 절충점의 목록을 만들어낼 수 있고 또 현재 아키텍처에서 특정 품질 속성 시나리오를 뒷받침할 수 없는 위험(과 뒷받침할 수 있는 비위험)에 대해서도 이해하고 기록해둘 수 있다.

이해관계자 중심 활동

평가 프로세스의 전반부에서는 사실 아키텍처 평가를 수행했고, 전반부가 끝난

시점에서 아키텍트는 자신이 수립한 아키텍처를 더 잘 이해하게 되고 의도했던 목적에 잘 맞는다는 확신도 가져야 한다. 하지만 이 평가의 결과를 시험해보려면 그 평가의 기준이 이해관계자가 생각하는 우선순위와 맞추는 일이 중요하다. ATAM 과정의 후반부에서는 이해관계자의 시나리오를 활용해 아키텍처를 시험하면서 이 작업을 진행한다.

- **시나리오 발굴 및 선후 결정**: 관심 있는 이해관계자 집단의 대표자를 소집해서 ATAM을 설명하고 이제까지 수행된 단계를 요약해주고 나면, 이제는 이해관계자와 협의해서 당장 그렇든 장기적인 관점에서 그렇든 이해관계자가 중요하다고 믿는 시나리오를 찾아내 목록을 작성할 수가 있다. 이해관계자로 하여금 시나리오에 우선순위를 매기게 해서 더 중요한 시나리오에 주의를 집중할 수 있게 해야 한다(순위 선정 시 가장 효과적인 방법은 표결이다). 일단 시나리오를 찾아내고 순위를 정하고 나면, 모두 모아서 품질 속성 트리에 몰아넣을 수 있다.

- **활용된 아키텍처 접근법 분석**: 이 단계는 아키텍처 중심적인 쪽에 있는 같은 이름의 단계와 비슷하지만, 아키텍처 접근법들이 이해관계자가 찾아낸 새로운 시나리오를 어떤 식으로 뒷받침하는지(또는 뒷받침하지 않는지) 살핀다는 차이가 있다. 이상적으로는, 새로운 시나리오는 아키텍처 팀이 찾아낸 것들과 비슷할 테고, 따라서 이 단계 역시 그저 이전에 수행한 분석을 확인하는 일에 지나지 않는다. 현실에서는 이 단계가 '비둘기떼 사이에 고양이를 풀어놓는' 것 같을 때가 상당히 많아서 아키텍처 팀은 해당 아키텍처가 이해관계자에게는 중요한 시나리오 몇 개와 맞지 않는다는 사실을 깨닫고야 만다. 아키텍처 중심적인 쪽의 해당 단계에서와 마찬가지로, 아키텍트는 민감점과 절충점을 찾아내야 한다.

- **이해관계자에게 결과 발표**: 끝으로, 평가 결과를 이해관계자에게 발표함으로써 아키텍처가 자신들의 시나리오를 어떤 식으로 뒷받침할지 이해할 수 있게 해야 한다. 또한 발표 시에는 민감점 및 절충점을 부각해 이해관계자로 하여금 가령 그 새로운 클러스터화된 서버 환경이 자신들의 시나리오를 충족시키는 데 얼마나 중요한 것인지 이해하고, 마찬가지로 가령 왜 보안성 요건을 맞추

느라 사용편의성 요건에서 후퇴할 수밖에 없는지 이해할 수 있게 해줘야 한다. 이 단계는 의사소통 및 홍보를 하는 중요한 활동 시점으로, 이해관계자가 아키텍처에 대한 소유감을 느끼도록 돕고 되도록 아키텍처 팀의 작업에 대한 확신과 지원을 보내게 해야 한다.

지금까지 살펴본 내용이 ATAM 과정의 단편적이고 대략적인 모습에 지나지 않지만, 모쪼록 ATAM이 무엇이고 어떤 식으로 돌아가는지를 인식하기에는 충분했으리라 기대한다.

▌소프트웨어 수명주기 중의 평가

평가를 개발 수명주기 내의 특정 시점에만 수행하는 단일한 활동으로 생각해서는 안 되고, 시스템의 아키텍처를 개발해나가면서 지속적으로 평가하는 진행형의 작업으로 취급해야 한다. 물론 그렇기는 해도, 모든 평가 활동이 수명주기 각 단계에서 똑같이 잘 듣는 것은 아니므로, 단계별로 활용할 방법을 신중하게 고를 필요가 있다. 그림 14-3을 보면 평가 방법마다 대체로 잘 듣는 소프트웨어 수명주기가

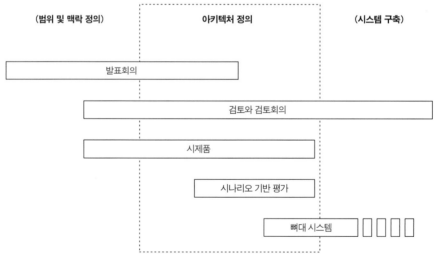

그림 14-3 수명주기 시점별 평가 접근법

설명돼 있다.

범위를 정의하고 아키텍처에 대한 선택안을 찾아내는 단계에서는 다음과 같은 평가 방법에 비중을 두면 아키텍처적인 결정을 제대로 내리는 데 도움이 된다.

- 발표회의: 제안된 아키텍처는 되도록 일찍 널리 발표해야 한다. 아키텍처를 다른 이해관계자에게 발표하는 일은 하기가 쉽고 비용도 그다지 들지 않는 반면 시스템의 역할과 성격에 대해 세워둔 근본적인 가설을 검증하는 데 도움이 된다. 하지만 앞에서 이미 언급했듯이 이번 단계에서 실질적인 평가가 진행되기를 기대하지는 말아야 하는 것이, 발표를 통해서는 구상을 분석하기보다는 공유하기가 더 좋은 탓이다.

- 검토 및 검토회의: 아키텍처가 형성되기 시작할 때는, 아키텍처의 부분 부분마다 특별히 그 내려지는 결정사항에 영향을 받는 이해관계자와 함께 좀 더 공식적인 검토를 진행해야 한다. 가령, 시스템을 배치할 플랫폼을 설계하고 나면 그 즉시 그 플랫폼을 얹을 정보기술 기반구조를 제공할 책임이 있는 조직 구성원들과 함께 공식적인 검토를 가져야 한다. 시스템 구조가 형성되기 시작하면, 곧바로 시험자와 함께 검토를 진행해 필요한 시험의 규모와 범위를 이해할 수 있게 하고 제안된 아키텍처가 실제로 시험 가능한지 확인해보게 해야 한다. 여기서 요점은 검토할 무언가가 생기는 즉시 검토를 개최해야지, '완벽한' AD가 완성될 때까지 기다리고 있어서는 안 된다는 것이다. 나쁜 소식은 되도록 일찍 듣는 것이 최선인 데다, 공식적인 검토를 거치고 나면 도출한 주요 결정사항의 유효성에 대해 모종의 확신을 얻을 수가 있다.

- 시제품: 시스템의 일부에 대해 시제품을 구축해봄으로써 기술적인 결정사항을 도출하고 아키텍처에 들어간 기술들을 더 잘 이해할 수 있다.

상세 아키텍처 정의 프로세스를 거치는 동안에는 평가의 초점이 제안된 아키텍처의 강점과 약점을 이해하고 그 아키텍처가 구축할 시스템에 적합한지 확인하는 일로 옮겨간다.

- 검토 및 검토회의: AD 중 일부가 나오기 시작하는 시점부터는 공식적인 검토와 검토회의를 수행해서 아키텍처가 실현 가능하고, 제안된 시스템에 적합하며,

큰 문제가 없다는 데 대해 (사람들이 언급하는 한도 내에서는) 다수의 공감대를 얻어낼 수 있다. 이런 검토는 시스템의 중요 이해관계자가 아키텍처를 수용할 수 있다는 데 대해 (되도록 승인의 형태를 갖춘) 공식적인 동의를 얻기에 적합한 시점에 종료된다.

- **시제품**: 시제품을 구축함으로써 아키텍처 정의 프로세스를 거치는 동안 떠오른 기술적인 관심사항을 해소하고 특정 아키텍처 결정사항을 평가한다.

- **시나리오 기반 평가**: 좀 더 깊이 있게 (성능, 보안성, 유지보수성, 기능성 등의) 시스템 속성을 이해하려면, 아키텍처가 형태를 잡은 후에 시나리오 기반 평가 기법을 적용하면 된다. 이런 평가를 통해 간단한 검토나 검토회의보다 한층 정교한 수준에서 분석하는 일을 여전히 짧은 기간에 합리적인 비용으로 수행 가능하다.

- **뼈대 시스템**: 핵심 아키텍처 결정사항이 도출되고 나면, 아키텍처 팀은 설계 책임자와 협력하면서 시스템의 뼈대를 구현해 내 시스템이 어떤 식으로 작동할지 보여주고 전체 시스템 개발이 이뤄질 개발 환경도 제시할 수 있다. 뼈대 시스템을 구현하면 많은 이해관계자에게 강력한 증거물로 작용하면서, 해당 아키텍처가 실제로 필요한 수단을 제공할 수 있음을 증명함은 물론이고 가급적 이른 시점에 몇 가지 직접적으로 쓸 만한 결과물을 보여줄 수 있게 된다.

평가에 따른 또 다른 장점은 개발 수명주기상 나중에, 시스템에서 중요한 부분이 대부분 개발 중이거나 개발이 완료된 시점이 됐을 때, AD와 실제 시스템에 구현된 아키텍처 간의 일관성으로 초점이 옮겨가는 시점에 드러난다.

- **검토 및 검토회의**: 개발 팀과 긴밀히 협업해 구현이 형태를 잡을 때 검토를 수행하되, 상담역이나 멘토 역할을 하면서 어떻게 하면 아키텍처를 가장 잘 해석할 수 있을지 자문을 해주게 한다. 이상적으로 보면 아키텍트는 개발 팀의 일원으로 일할 수도 있지만, 개발 팀 외부에서 일할 수도 있다. 어느 경우든, 지속적으로 검토를 수행함으로써 구현이 실질적으로 아키텍처를 반영하게 하는 일이 중요하다. 그 과정에서 문제가 발견되면, 구현이 AD에 서술된 아키텍처로부터 벗어나도록 방치하는 대신, 그 문제를 해소하기 위해 아키텍처를 수정할 수 있다.

- 뼈대 시스템: 개발이 진행됨에 따라, 뼈대 시스템에 시스템의 구현이 살로 덧붙여지고, 그렇게 해서 시간이 지나면 온전한 구현이 나온다. 개발 반복을 거칠 때마다 실제 작동하는, 쓸모 있는 기능이 시스템에 추가되게 해야 한다.

▌기존 시스템의 아키텍처 검증

자주 접하는 또 다른 상황으로 기존 시스템에 대해 그 설계의 '품질'에 대해(대개 품질의 정의는 정하지 않은 채로) 의견을 물어오는 경우가 있다. 원칙적으로 이런 상황에서도 앞에서 살펴본 시스템이 갖춰야 할 아키텍처 품질 평가 기법을 활용할 수 있는데, 이때는 실제 가동 중인 시스템의 현실을 제대로 반영한 평가인지 알아보기 위해 몇 가지 실용적인 검사를 동반해야 한다. 하지만 경험에 비춰보면 이런 상황에서 ATAM 같은 것을 적용하려 할 경우, 시간과 자원이 너무 많이 들어가는 데 반해 얻는 것이 미미해서 사람들의 이해를 구하기가 어려운 탓에 그다지 큰 진전을 이룰 수가 없다. 이런 상황에서는 대규모 팀이 아니라 혼자서, 몇 주가 아니라 며칠 안에 수행할 수 있는 간단하고 가벼운 접근법이 필요하다. 이 기법을 소규모 아키텍처 검토 기법, 또는 줄여서 TARA^{Tiny Architectural Review Approach}라고 한다.

TARA의 핵심은 가볍고 유연해서 기존 설계 문서의 존재에 대한 어떤 가정도 하지 않고, 사용하는 데 들어가는 자원도 상대적으로 미미하며, 대체로 아키텍트 혼자서 수행할 수 있는 데다, 산출물도 이해하기 쉽게 여러 가지로 나온다는 점이다. 이에 대한 반대급부로 TARA 검토가 검토의 철저함에 있어 ATAM 같은 기법의 근처에도 가지 못하는 데다, 검토를 수행하는 사람의 편향성이나 강점 및 장점에 훨씬 더 크게 휘둘리게 된다.

TARA를 같은 방법으로 두 번 이상 쓴 적은 없었던 것 같으므로, 이번 절에서는 TARA의 유용성을 알아봐 주기를 기대하는 마음으로 일반적인 접근법에 대해서만 설명한다. TARA 유형으로 시스템의 아키텍처를 검토할 때는 다음과 같은 일반적인 단계를 거친다

- **목표와 대상 청중**: 첫 단계는 언제나 어떤 맥락에서 검토 요청이 들어왔는지 이해하는 일이다. 누가 요청을 했는가? 왜 요청을 했는가? 결과물은 누구에게

제출되는가? 결과물을 가지고 어떤 일을 하게 되는가? 이런 물음에 답을 하는 일은 전체적인 수행의 범위를 정하고 거기에 집중하는 데 도움이 되는 데다 검토에 쏟는 노력이 제대로 쓰이도록 보장하고 요청자의 시각에서 봤을 때 성공적으로 보일 만한 결과물이 어떤 것일지 파악하는 데도 핵심적인 역할을 한다. 이 단계에서 여러 가지 이권이 걸려 있다는 사실을 깨닫게 될 텐데, 사실 사람들은 온전히 긍정적인 이유만으로 시스템 검토를 요청하지는 않으므로, 요청이 들어오면 그 요청을 하게 된 동기가 무엇인지 먼저 이해해두면 유용하다.

- **맥락 다이어그램과 요건 정리**: 검토를 요청받은 시스템이 관련 문서를 문서, 모델, 요건 시나리오, 점검 목록 등의 형태로 제대로 갖추고 있을 가능성도 없지 않다. 잘 갖추고 있을 경우, 대박이다. 하지만 경험상 그런 시스템에 대한 검토를 요청받은 경우는 거의 없고, 대개는 검토를 요청받고 나면 범위가 명확하게 정해지지 않고 요건을 제대로 이해하지도 못한 채 순조롭지 않은 출발을 하게 된다. 따라서 검토를 의미 있게 수행하려면, 시스템의 범위, 맥락, 핵심 요건을 이해할 수 있게 조사를 충분히 할 필요가 있다. 그러고 나서 이 내용을 검토 보고서에 요약해놓다 보면 세워놓은 가설이 잘 기록된 유용한 기록물이 생긴다. 여기에 깔린 생각은 수많은 세부사항에 바로 뛰어들기보다는 주요 외부 시스템, 그 밖에 시스템과 상호작용하는 액터, 일어나는 상호작용의 유형, 시스템이 제공하도록 돼 있는 핵심적인 기능적 및 비기능적 요건을 이해할 수 있게 해야 한다는 것이다. 이렇게 하면 이후 검토할 분위기가 조성되고 시스템에서 검토할 대상이 무엇인지도 드러난다.

- **기능 뷰 및 배치 뷰의 대강을 작성**: 역시나 제대로 된 아키텍처 설계 문서가 있는 경우라면 이를 평가의 기초로 활용하면 된다. 하지만 설계 복구 작업을 충분히 수행해야만 시스템의 주요 구조가 드러나서 그에 대한 검토와 이해가 가능할 수도 있다. 대개는 기능 뷰(주요 컴포넌트, 인터페이스, 커넥터, 상호작용)와 배치 뷰(시스템을 가동하는 데 필요한 전반적인 배치 구조를 보여줌)만 있고 더 진행할 시간이 없는 경우에는 그 정도로도 충분하다. (데이터 웨어하우스나 ETL 시스템 같은) 모종의 시스템에서는 기능 구조가 매우 간단할 경우 그 대신 정보 뷰와 배

치 뷰를 선택할 수도 있다. 역시나 이런 뷰를 아키텍트 자신이 쓰려고 작성하는 경우라면, 정확하지만 추상성을 갖춘 설명서를 만들어냄으로써 아키텍처에 대해 쓸모 있는 대강의 모습을 얻는 데 목적을 둬야지, 모든 세부사항을 다 담아내려 들어서는 안 된다. 검토, 분석, 평가할 만한 무언가를 확보하는 데 목표가 있지, 시스템을 구축하는 데 필요한 정도의 세부사항을 정의하는 데 목표가 있지 않다.

- **시스템 구현 품질**: 기존 시스템은 코드를 살펴볼 수 있다는 훌륭한 장점이 있고, 마찬가지로 배치 뷰도 검토할 수도 있으므로, 코드를 분석해서 구조가 잘 잡혔는지, 주요 아키텍처 구조를 깔끔하게 뒷받침하는지, 높은 수준의 장인정신을 발휘해서 개발됐는지, 기타 다른 품질은 괜찮은지 살펴볼 수 있다. 이 단계에서 소스 관리 시스템에 보관된 코드의 구조를 검토하고, 정적인 분석 도구를 활용해 구조, 의존관계, 주요 통계치 등을 뽑아낸 다음, 시스템을 구성하는 여러 부분에서 몇몇 코드 모듈을 선택해 상세한 검토로 들어간다. 시스템이 잘 구조화돼 있으면, 모듈 다이어그램과 계층 다이어그램을 상당히 자동화해서 생성해낸 후 이를 보고서에 넣을 수 있을 것이다. 또한 이 단계에서는 어떤 소프트웨어 공학적 접근법이 쓰였는지 살펴보되, 버전 관리, 자동화된 빌드, 지속적인 통합, 양질의 자동화된 시험, 정적 분석 도구 사용, 시기적절한 외부 조달 기술 사용 등을 중심으로 살펴보게 된다.

- **요건 충족**: 이제는 가장 중요한 평가 기준에 이르렀는데, 바로 해당 시스템이 원래의 설계 목적에 부합하는지 여부다. 여기에는 시스템이 제공하는 기능이 제대로 된 기능 범위를 포괄하고 있는지 여부를 알아내고 시스템의 핵심 품질이 원래 의도했던 용도에서 수용 가능한지 여부를 평가하는 일도 들어간다. 이런 가벼운 검토는 대개 시각적인 압박하에서 자원도 거의 없이 수행되기 때문에 시스템에 주어진 요건을 바탕으로 철저한 평가를 수행하기란 쉽지가 않다. 일반적으로는 다른 이들의 전문적인 판단을 동원하고, 가장 중요한 영역에 집중하며, 상대적으로 상위 수준에서 평가를 수행해야지, 세부사항을 일일이 조사해서는 안 된다. 지금까지 찾아낸 유용한 기법을 몇 가지 짚어보면 다음과 같다.

- 전문적인 시스템 사용자 옆에 붙어 앉아 일하는 모습을 지켜보면서, 시스템에 대한 의견과 함께 개선 또는 변경하고 싶은 사항을 물어보고, (종이에 적거나 스프레드시트를 쓰거나 외부 시스템에 정보를 복사하는 등) 시스템 '바깥에서' 해야 하는 작업이 혹시나 있는지 살펴본다.
- 정보기술 관리 및 운영진에게 얘기해서 상용 환경 안에서 시스템의 신뢰성, 성능, 평판이 어떤지 인상이나 더욱 진전된 자료를 얻어내게 한다.
- 시스템이 제공하는 기능을 동일 또는 유사 영역에서 접했던 다른 시스템이나 패키지 상품과 비교해본다.
- 시스템 개발자 및 지원 팀에게 시스템의 강점과 약점에 대해 진솔하게 얘기해준다.

- 제안사항: 시스템 및 시스템의 구현에 대해 일단 검토를 마치고 나면, 상당히 많은 정보를 모으고 분석해놓았을 것이다. 아키텍처 검토를 마치는 시점에 모아놓았던 정보가 모두 담긴 보고서를 내놓는 것이 매우 값진 일이라는 사실을 알았다. 이 보고서는 그 자체로 유용한 성과물로서, 시스템에 제대로 된 문서가 많지 않을 때 특히 그렇다. 분석을 통해 알아낸 내용이나 개선에 대한 제안사항이 있고 또 분석 수행 요청에 이에 대한 언급이 있었을 경우, 검토 보고서의 나머지는 모두 이런 내용으로 채우면 된다.

이런 일련의 단계와 결과물은 그저 TARA 검토를 어떤 접근법으로 진행했는지를 상징적으로 보여주는 예제에 지나지 않는다는 사실을 강조해야겠다. 상황에 따라 접근법을 바꾸기도 하는데, 특히 결과물 발표는 대상 청중이 느끼는 필요성, 민감성, 갈망의 정도에 따라 상당한 손질이 필요할 때가 많다는 사실을 깨달았다. 언제나 명심할 것은 누군가 다른 이의 시스템을 평가할 때는 '남의 아이에게 못생겼다고 말하는' 위험에 상시적으로 노출돼 있다는 사실이다. 효과적으로 일을 하려면 수행한 결과를 발표할 때 언제나 주의 깊고 세련되게 해야 하는데, 비록 그 내용이 본질적으로 치명적일 수밖에 없다 하더라도 그래야만 한다. 훌륭한 제안의 핵심 속성 세 가지는 바로 명료성과 간결성, 그리고 마지막으로 눈치라는 것을 알아냈다.

▌ 평가 결과 기록

평가 결과를 명확하고 공식적으로 기록해 발견된 문제 및 도출되는 결정사항이나 변경사항에 대해 오해가 생기지 않게 하는 일이 중요하다. 여기서 실패하면 유용한 아키텍처적인 개선이 무시되거나 유실되는 결과로 이어지고, 그 결과 해당 아키텍처 및 아키텍트에 대한 이해관계자의 확신을 크게 갉아먹는 결과로 이어질 때가 많다.

평가 결과를 기록하는 데는 저마다 장점과 한계를 지닌 여러 가지 방식이 존재한다. 그중에서도 다음과 같은 몇 가지 방식이 유용하다는 사실을 발견했다.

- 회의록: 회의 진행을 기록하는 일은 표준적인 업무 기법으로, 기록이 정확하게만 이뤄진다면, 논의 내용과 그를 통해 도출된 결과에 대한 권위 있는 기록이 확보된다. 회의록에 있어 문제라면 제대로 만들어내기가 어렵고, 중요한 내용이 별로 중요하지 않은 세부사항에 묻혀버리기 십상이라는 데 있다. 제대로 된 회의록을 기록하기가 어렵다 보니 인적 집단마다 살짝살짝 다르게 회의록을 기록한 후, 나중에 논쟁이 붙었을 때 이를 근거로 우기는 현상이 생길 수도 있다. 이런 문제로 인해, 많은 사람이 회의록을 볼 때 일정 정도 의심의 눈초리를 보내는 것도 그리 놀랍지만은 않다.

- 결정사항 이력: 평가 결과를 기록하는 더욱 집중적인 방법으로는 결정사항 이력을 남기는 방식이 있는데, 여기서는 결정을 내릴 때마다 기록을 해두되, 그 결정의 판단 근거와 결정을 내린 이와 거기에 동의한 이의 신원을 함께 남긴다. 결정사항 이력은 스프레드시트, 문서 편집기용 문서, 협업용 웹사이트, 심지어 해당 목적으로 구축한 소프트웨어 도구에 남겨도 된다. 이력을 남겨서 얻는 이득으로는 단순성이 크지만, 유지할 때 주의를 기울일 필요가 있고 맥락이 보존되지 않아 곤란을 겪을 수도 있는데, 특히 맥락은 나중에 특정 결정을 내린 이유를 기억해내야 할 때 요긴하다.

- 기록 검토: 잘 정의된 기법을 검토나 검토회의에 활용하면 문제와 가능한 해결책을 상당히 표준적인 형태로 문서화해서 내놔야 한다.

- 평가 보고서: 평가 보고서에는 아키텍처 평가 수행의 결과가 표준적이고 구조

화된 방식으로 문서화돼서 아키텍트와 이해관계자가 요긴하게 쓸 수 있다. 보고서 덕분에 평가 수행으로 얻은 이득과 배운 교훈이 보존된다.

- **문서 승인**: 특정 결정사항이나 아키텍처에 대한 합의를 기록하는 일반적인 방식은 문서에 대한 공식적인 승인을 얻으면서 문서에 담긴 내용에 합의했음을 기록해두는 것이다. 이런 승인 절차는 모종의 계약 형태의 합의가 요구되거나 과제 진행상 특정 점검 지점을 통과하는 데 몇몇 핵심 이해관계자의 합의가 필요한 경우 필수적으로 거쳐야 한다. 아키텍트 입장에서 봤을 때, 특정한 행위를 거치는 데 대한 승인을 서명으로 받으면 상당한 확신을 얻을 수도 있다. 하지만 문서 승인에 의존해서 이해관계자의 만족을 입증하는 방식의 한계, 즉 서명을 하는 것이 서명자가 문서의 내용을 실제로 이해했다는 증명이 될 수 없고 시스템을 구축해서 이해관계자를 행복하게 만들어줄 수 있다는 보장도 아니라는 사실을 마음속 깊이 새겨야 한다.

▌ 평가 접근법 선택

14장에서는 발표회 같은 매우 비공식적인 접근법부터 뼈대 시스템 구축 같은 매우 복잡한 기술까지 여러 가지 아키텍처 적합성 평가 방법을 살펴봤다. 이렇게 다양한 방법이 있는 상황에서, 어떤 방법을 고를지가 문제일 때가 많다. 표 14-1을 보면 상황별로 어떤 평가 방법을 고를지에 대한 조언이 정리돼 있다.

표 14-1 평가 접근법 선택

과제 환경	평가 방법 제안
소규모, 저위험 시스템	• 핵심 이해관계자가 참여하는 구조화된 검토회의 • 뼈대 시스템 구성 후 본 시스템으로 진화
대규모, 저위험 시스템	• 핵심 이해관계자 대상으로 발표를 해 지지 획득 • 시나리오 기반 평가를 통해 아키텍처의 안정성 담보 • 뼈대 시스템 구성 후 본 시스템으로 진화
소규모, 고위험 시스템	• 시나리오 기반 평가를 통해 핵심 시나리오 달성 담보 • 개념 검증 시스템을 통해 특정 기술 위험 처리(또는 시제품을 통해 기능적 위험 및 범위적 위험 처리) • 뼈대 시스템 구성 후 본 시스템으로 진화

(이어짐)

과제 환경	평가 방법 제안
대규모, 고위험 시스템	• 핵심 이해관계자 대상으로 발표를 해 범위, 위험, 편익을 설명하고 지지 획득 • 시나리오 기반 평가를 통해 아키텍처가 시스템의 규모와 감당해야 할 도전에 적합하도록 담보 • 개념 검증 시스템을 통해 특정 기술 위험을 처리하고 시제품을 통해 기능적 범위와 위험을 처리 • 뼈대 시스템 구성 후 본 시스템으로 진화
패키지 구현	• 핵심 이해관계자 대상으로 발표를 해 접근법을 설명하고 지지 획득 • 시나리오 기반 평가를 통해 제안된 제품과 배치의 적합성 담보 • 개념 검증품을 배치함으로써 제품 및 계획해뒀던 배치에 대한 가설을 시험
소규모 기존 시스템 평가	• TARA 양식의 경량 아키텍처 평가
대규모 기존 시스템 평가	• 시나리오 기반 평가를 통해 해당 시스템의 기존 아키텍처가 현재 및 미래에 반드시 맞닥뜨릴 핵심 시나리오에 얼마나 적합한지 평가

▌ 점검 목록

- 개발 과정 내내 소프트웨어 아키텍처를 어떻게 평가할지 계획을 세워뒀는가?

- 수명주기 내 각 단계에서 어떤 평가 기법을 사용하면 적절할지 정해뒀는가? 각 평가 기법을 언제 사용할지 알고 있는가?

- 평가 및 재작업에 쓸 시간과 자원을 할당해뒀는가?

- 시스템의 이해관계자가 평가 절차에 참여할 의지와 준비를 갖췄는가? 갖추지 못했다면 참여를 설득하는 일을 시작했는가?

- 아키텍트는 아키텍처 평가를 수행하는 데 있어 (발표 기량, 이해관계자와의 상호작용에 필요한 소통 능력soft skill, 검사inspection, ATAM, SAAM 같은 특정 기술 기량 등이) 제대로 훈련돼 있는가?

- 직접 과제를 진행하는 팀이 아닌 (조직 내 다른 부서의 아키텍트를 비롯해) 외부의 전문가를 활용해서 독립적인 평가를 하는 방안을 고려해봤는가?

- 검토를 거쳐 도출된 결정사항을 추적하고 관찰함으로써 아키텍처에 적합한 변화가 이뤄지도록 담보할 기제를 정의해뒀는가?

▍정리

소프트웨어 아키텍처는 소프트웨어 부품처럼 실행해볼 수 없고, 따라서 시험해볼 다른 방법을 찾아내야 한다. 아키텍처 평가란 아키텍처가 목적에 부합하는지와 결점이 존재하는지 여부를 시험하는 과정을 말한다. 이런 평가에서는 수명주기를 거치는 동안 각 단계별로 아키텍처의 여러 측면마다 다른 기술을 활용해서 시험하게 된다.

아키텍처 평가에 쓰이는 기술 중에는 중요한 것이 몇 가지 있는데, 여기에는 아키텍처를 이해관계자에게 발표하는 기술, 검토와 검토회의를 수행하는 기술, 더욱 공식적인 시나리오 기반의 아키텍처 평가 기법을 활용하는 기술, 한 번 만들어보고 버릴 시제품과 개념 검증용 시스템을 구축하는 기술, 실제 시스템의 초기 뼈대 버전을 만들어내는 기술이 들어간다. 이런 기술은 수명주기 내에서 제각각 다른 단계에 적용이 되는 것으로, 저마다 고유한 장점과 한계가 있다.

이런 활동은 평가와 개선의 연속적인 과정으로 보고 아키텍처 설계와 병행해서 수행해야지, 아키텍처가 한 번 통과하면 끝나는 일회성 검토로 취급해서는 안 된다.

▍더 읽을거리

실무자를 대상으로 한 아키텍처 평가 관련 서적이나 글은 많지 않다. 그중에서 주목할 만한 것으로는 클레멘츠 외[CLEM02]의 SEI의 시나리오 기반 기법, 특히 ATAM을 적용하는 데 있어 철저하고도 실용적인 지침인 클레멘츠 외[CLEM02]와, 공식적인 검토('검사')를 수행하기 위한 포괄적인 지침인 길브^{Gilb}와 그레이엄^{Graham}[GILB93]이 있다. 이번 장에서 설명한 실무자 지향적인 TARA 접근법은 WICSA 2011 학회에서 나온 논문[WOOD11]을 보면 더욱 상세한 설명이 나온다.

또 다른 쓸 만한 실무자 지향 자료로는 '소프트웨어 아키텍처 검토 및 평가 보고서'[SARA02]가 있는데, 이는 SARA 산업 작업 그룹에서 출간했다. 이 문서는 실무자와 경험 있는 연구자들이 아키텍처 검토 절차와 아키텍처 검토를 수행하는 방법에 대한 풍부한 정보를 매우 실용적이면서도 접근하기 쉽게 소개해놓은 짤막한 기술 보고서다. 또 한 가지 유용한 기술 보고서로는 SEI에서 내놓은 것[NORD09]으로, 아키텍처 문서에 대해 구조화된 검토를 수행하는 방법을 논의하고 있다.

아키텍처 평가에 관한 학문적인 자료 중에서 도브리카[Dobrica]와 니멜라[Neimela][DOBR02]와 바바[Babar]와 고튼[Gorton][BABA04]이 쓸 만한데, 이 두 자료 모두 (SAAM과 ATAM을 포함한) 몇 가지 아키텍처 평가 및 분석 접근법을 서로 간의 유사성과 차이점을 설명하면서 검토했다.

3부

시점 목록

15

시점 목록 소개

3부는 맥락, 기능, 정보, 동시성, 개발, 배치, 운영의 7가지 핵심 시점에 대한 목록으로 이뤄져 있다. 아키텍처 명세서의 구조를 잡을 때는 여러 가지 선택을 할 수 있지만, 여기 소개하는 시점들이 AD를 관리 가능한 숫자의 절로 쪼개기에 좋으면서도 광범위한 관심사항을 포괄할 수 있다고 믿는다.

그림 15-1을 보면 이 시점을 활용해 만들어진 뷰들 간의 관계가 나와 있다.

기존에 1부에서 제시한 시점 분류표를 편의상 표 15-1에 다시 그려놓았다.

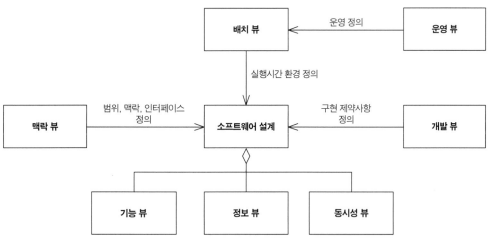

그림 15-1 뷰 관계

각 시점마다 다음과 같은 세부사항을 적어놓았다.

- 해당 시점에서 처리하는 가장 중요한 관심사항을 해당 뷰에 대해 가장 관심 있어 할 만한 이해관계자의 실체와 함께 적시
- 해당 뷰를 제공하기 위해 구축하게 되는 가장 중요한 모델을 사용된 표기법 및 구축 시 수행한 활동과 함께 적시
- 인지 가능한 문제점 및 함정과 이를 완화하는 데 필요한 위험 감축 기법
- 해당 시점을 개발하고 그 시점의 정확성, 완전성, 정밀성을 확보하기 위해 검토를 진행할 때 고려할 만한 점검 목록

지면의 한계로 인해, 몇 가지 복잡하면서도 상세한 주제에 대해서는 개요밖에 제시할 수 없었다. 3부를 이루는 장들은 대부분 저마다 한 권의 책으로 빼내도 될 만한 내용이다. 이 책을 쓴 목적은 독자들이 첫발을 내디디게 하는 데 있고, 그 목적에 따라 각 시점을 담은 장에는 더욱 깊이 있는 정보가 담긴 자료에 대한 참조들이 붙어 있다.

표 15-1 시점 목록

시점	정의
맥락	시스템과 환경(사람, 시스템, 상호작용하는 외부 개체) 사이의 관계, 의존성, 상호작용을 설명한다. 맥락 뷰는 시스템 이해관계자 여럿에게 관심을 끌 뿐 아니라 이해관계자가 시스템이 어떤 역할을 하고 자기 조직과 어떻게 관련되는지 이해하는 데 도움을 주기도 한다.
기능	시스템의 실행시간 기능 요소와 그 요소의 책임, 인터페이스, 주요 상호작용을 설명한다. 기능 뷰는 대부분의 AD의 초석인 데다 이해관계자가 설명서에서 맨 처음 살펴보는 부분이기도 하다. 이 시점은 정보 구조, 동시성 구조, 배치 구조 등 여타 시스템 구조의 형태를 결정짓는다. 또한 변경 수용 능력, 보안 제공 수준, 실행시간 수행 성능 같은 시스템 품질 속성에도 상당한 영향을 미친다.
정보	시스템이 정보를 저장하고, 조작하고, 관리하고, 분산하는 방법을 설명한다. 모든 컴퓨터 시스템은 기본적으로 정보를 일정한 형식으로 조작하고자 하는 궁극적 목적을 지니는데, 이 시점에서는 정적 데이터 구조와 정보 흐름에 대한 완전하되 고수준인 뷰를 만들어내게 된다. 이 분석은 내용, 구조, 소유권 지연시간, 참조, 데이터 이전 관련된 큼직큼직한 문제들에 대한 답을 내는 데 목적을 두고 있다.

(이어짐)

시점	정의
동시성	시스템의 동시성 구조를 설명하고 기능적 요소를 동시성 단위로 대응시켜 시스템에서 동시에 실행될 수 있는 부분을 식별하고 그런 동시 실행을 조율하고 조절할 방법을 찾아내는 일을 한다. 여기에는 시스템이 사용할 프로세스 및 스레드 구조를 나타내는 모델과 그것들 사이를 조율하는 데 쓰일 프로세스 간 통신 방식을 만드는 작업이 필요하다.
개발	소프트웨어 개발 프로세스에 부합하는 아키텍처를 설명한다. 개발 뷰는 시스템의 개발, 시험, 보수, 개선에 관련된 이해관계자들에게 아키텍처에서 관심을 둘 만한 측면을 알려주는 역할을 한다.
배치	시스템이 배치될 환경과 그 시스템이 거하게 될 요소에 대한 의존성을 설명한다. 이 뷰에는 시스템이 필요로 하는 하드웨어 환경(주로 처리 노드, 네트워크 상호 연결, 필요한 디스크 저장장치), 개별 요소에 대한 기술적인 환경 요건, 소프트웨어 요소와 그 요소가 수행될 실행시간 환경 사이의 대응이 담긴다.
운영	상용 환경 내에서 어떤 식으로 시스템을 운영하고 관리하며 사후 지원할지 설명한다. 극히 간단한 시스템을 제외하면 설치, 관리, 운영은 간단한 작업이 아니라서 설계 시점에 고려 및 계획이 돼 있어야 한다. 운영 시점의 존재 목적은 시스템 이해관계자의 운영적인 관심사항을 처리하기 위한 시스템 차원의 전략과 그런 전략을 실현할 해결책을 찾아내는 데 있다.

16

맥락 시점

정의	시스템과 환경(사람, 시스템, 상호작용하는 외부 개체) 사이의 관계, 의존성, 상호작용을 설명
관심사항	시스템 범위 및 책임, 외부 개체의 정체와 사용된 서비스 및 데이터, 외부 개체의 본질과 특성, 외부 인터페이스의 정체와 책임, 외부 인터페이스의 본질과 특성, 기타 외부 상호 의존성, 시스템이 주변 환경에 주는 충격, 전반적인 완전성, 일관성, 응집성
모델	맥락 모델, 상호작용 시나리오
문제점 및 함정	누락됐거나 부정확한 외부 개체, 누락된 묵시적 의존성, 느슨하거나 정확하지 않은 인터페이스 설명서, 부적절한 상세 수준, 기준 없는 범위 변경, 묵시적이거나 가정에 기반한 맥락 및 범위, 과도하게 복잡한 상호작용, 전문용어 남용
이해관계자	모든 이해관계자가 관련이 있지만, 구매자, 사용자, 개발자가 특히 더 관련이 큼
적용 대상	모든 시스템

지금까지 살펴본 아키텍처 명세서는 시스템의 내부 구조, 데이터 요소, 상호작용, 작동을 모델화한 뷰에 초점을 맞춘 것이 많았다. 아키텍트는 '외부로 향하는' 정보, 즉 시스템의 실행시간 맥락, 시스템의 범위 및 요건 등이 다른 어딘가에 명료하고 모호함 없이 정의돼 있다고 가정하는 경향이 있다. 사실, 이 책 초판에서는 바로 이런 이유 때문에 시스템의 맥락에 대한 시점을 따로 두지 않았었다. 하지만 그렇게 하는 것이 틀렸다는 결론을 내릴 수밖에 없었다! 실무에서 이런 관심사항을 다른 어딘가에 미뤄두는 방식은 현실적이지 못할 때가 많고, 시스템의 맥락에 대한 정의를 아키텍처 명세서의 일부로 집어넣을 필요가 빈번하다. 이렇게 되는 데는 여러 가지 이유가 있는데, 다음과 같다.

- 시스템 맥락은 과제가 성립할 때나 요건을 수집할 때 명시적으로 정의되기보다는 묵시적으로 남아 있을 때가 많다.
- 시스템 맥락은 요건 분석을 진행하는 동안 느슨하게 정의되기도 하지만, 세부 수준에서 보면 거기에 상당한 추가가 필요하다는 뜻이 되기도 한다.
- 시스템 맥락을 이루는 요소를 아키텍처 명세서 내 다른 어떤 곳에다 두고 참조를 붙일 필요가 있는데, 이렇게 되면 이 정보를 아키텍처 명세서의 일부로 두고 아키텍트의 통제하에 두는 편이 바람직하다.

실제로, 지금까지 만들었던 아키텍처 명세서는 대부분 '맥락 다이어그램'을 갖추고, 그 다이어그램을 반드시 하나의 뷰로 만들면서도 그 구조와 내용을 이끌어낼 관련 시점 정의는 해두지 않았다. 이런 이유로 인해, 다른 뷰에 대해 하듯이 맥락 정의를 공식화하는 결정을 내렸다.

시스템의 맥락 뷰에서는 시스템과 그 주변 환경, 즉 시스템이 상호작용하는 사람, 시스템, 외부 개체 사이의 관계, 의존성, 상호작용을 정의한다. 여기서는 시스템이 무엇을 하고 무엇을 하지 않는지, 시스템과 외부 세계 사이의 경계선은 어디인지, 시스템이 외부 시스템, 조직, 사람과 그 경계를 넘나들며 어떻게 상호작용하는지 정의한다.

맥락 뷰에서는 외부 세계에 초점을 맞추고 대개는 시스템 그 자체를 하나의 '속이 보이지 않는 상자'로 표현하면서, 그 기능 요소나 데이터, 구현 등의 세부사항에 대해서는 다른 뷰에 문서화가 돼 있는 고로 모두 가린다.

▌관심사항

시스템 범위 및 책임

이 관심사항에는 시스템의 주요 책임에 대해, 즉 넓은 의미에서 시스템이 해야 할 필요가 있는 책임에 대한 고려가 담겨 있다. 분명하게 말하자면, 여기에는 몇 가지 특정한 예외를 두긴 했지만, 정의에 따르자면 여기에 나열되지 않은 것은 뭐든 배제해야 한다.

주의할 것은 이 관심사항이 시스템 요건에 대한 완전한 정의로 이어지지는 않는다는 점으로, 이는 요건 분석에서 할 일이다. 범위 정의는 짧고 간결하며 모든 이해관계자가 여러 세부사항을 알 필요 없이 손쉽게 이해할 수 있어야 한다. 이는 대개 시스템의 핵심 기능이나 요건을 담은 고수준의 목록 형태로 정의되는 것으로, 의문이 생기는 일을 피하기 위해 명시적으로 몇 가지 기능적으로 배제된 사항들을 부각시키는 방법도 유용하다.

범위를 명확하게 정의하고 동의하는 일은 어느 시스템 개발 과제에서든 초기 단계에서 중요한 이정표가 된다. 이상적으로는 범위가 이미 정의돼 있어야 하는데, 이런 경우에 아키텍트는 그 범위를 맥락 뷰에 정리해두고 AD가 모습을 잡아갈 때 이해관계자와 함께 이를 승인하는 일에 머무르는 것이 좋다. 범위가 정의되지 않은 경우에는 아키텍트가 손수 범위를 정의할 필요가 있지만, 이 경우에는 역시나 이해관계자가 제시한 입력물을 바탕으로 해야 한다.

예제

간단한 온라인 소매 시스템에 대한 범위 정의에는 다음과 같은 기능이 들어갈 것이다.

- 소매상의 상품 목록을 사용자에게 제공하고, 이때 상품의 사진과 사양을 함께 제공함
- 유연한 검색 수단을 제공함(상품 이름, 종류, 키워드, 크기 등을 바탕으로 검색)
- 상품 주문 접수
- 신용카드로 지불 가능(비동기 승인과 고객에게의 통지 포함)
- 주문 처리를 위해 뒷단 시스템에 대한 자동화된 인터페이스 제공

이런 류의 시스템에서는 첫 버전에 다음과 같은 사항은 배제돼 있어야 한다.

- 주문을 변경하거나 취소하는 기능(이 기능은 전화로 처리되도록 해야겠지만, 다음 출시 때는 자동화할 계획임)
- 신용카드 외의 방법으로 지불하는 기능
- 재고 수준 표시 및 매진 상품 예약 기능

외부 개체의 정체 및 사용된 서비스와 데이터

외부 개체^{external entity}는 시스템이 모종의 방식으로 상호작용하는 다른 시스템, 조직, 사람을 말하는 것으로, 예를 들면 다음과 같다.

- 같은 조직에서 해당 시스템이 모델화된 대로 운영하는 다른 시스템(이를 '내부 시스템'이라 함)

- 다른 조직에서 운영하는 다른 시스템(이를 '외부 시스템'이라 함)

- 다른 시스템을 가리는 효과가 있는 게이트웨이나 기타 구현 컴포넌트(외부에 있을 수도 내부에 있을 수도 있음)

- 시스템 외부에 있는 데이터 저장소(공유 데이터베이스나 데이터 웨어하우스를 예로 들 수 있음)

- 시스템 외부에 있는 주변장치나 기타 물리적인 장치(공용 통신 장비나 전사 검색 엔진 등)

- 사용자, 사용자 계층, 기타 운영이나 지원을 담당하는 인력 및 역할

각 외부 개체는 몇 가지 서비스를 제공하고, 또 이 시스템이 사용하는 몇 가지 데이터를 관리 및 제공하게 된다. 마찬가지로, 각 외부 개체는 이 시스템에서 제공하는 몇 가지 서비스와 데이터를 사용하게 된다. 이런 일을 전혀 하지 않는 외부 개체는 일반적으로 관심의 대상이 아니다.

16장에서 주목할 것은 시스템이 각 외부 개체에 제공하는 기능을 지칭할 때 서비스라는 용어를 쓴다는 점이다. 이런 중요한 개념은 서비스가 공식적인 서비스 지향 아키텍처^{SOA, service-oriented architecture}로 구현됐는지, 아니면 그 밖에 메시지 교환이나 파일 전달 같은 좀 더 전통적인 방법으로 구현됐는지 여부와 관련이 있다.

외부 개체의 본질과 특성

외부 개체의 품질 속성 중에서 시스템 안정성 및 가용성, 성능 및 처리 용량, 물리적인 위치, 데이터 품질 같은 것은 시스템의 아키텍처에 상당한 영향을 미친다.

여행 예약 시스템은 세계 곳곳에 있는 다른 많은 시스템과 정보를 교환한다. 이들 시스템 중에서 좀 더 이국적인 곳에 위치한 일부 시스템은 시간대가 다르거나 장애에 더 취약하기 때문에 간헐적으로만 사용이 가능하다. 하지만 그런 외부 시스템과의 통신에 실패할 경우 고객의 예약이 유실되는 결과로 이어지는데, 이는 매우 바람직하지 않다.

따라서 여행 시스템이 외부 시스템과 접하는 인터페이스는 주의를 기울여서 설계할 필요가 있다. 상호작용하다가 실패하는 경우에는 모두 다 자동적으로 미리 설정해둔 횟수만큼 재시도를 하고, 그 재시도 내용을 데이터베이스에 기록해둬서 운영 인력이 그 추이를 관찰할 수 있게 해야 한다. 상호작용은 오류 없이 여러 번 송출돼도 되도록 설계할 필요가 있다(이를 '멱등성(idempotence)'이라 한다). 크기가 매우 큰 전송을 할 때는 중간에 전송이 실패했을 때 전체 파일을 다시 전송하기보다는 실패한 지점부터 전송을 재개할 수 있어야 한다.

고려해야 할 품질 속성은 4부 '관점 목록'에서 정의한 바로 그 품질 속성들이다. 하지만 고려할 필요가 있는 속성은 '외부에서 보이는' 속성으로 한정되고, 따라서 외부 시스템의 내부적인 속성은 일반적으로 고려할 필요가 없다. 예를 들어, 외부 시스템에 몇 가지 불안정한 내부 컴포넌트가 있더라도 이를 부하 분산 기술을 활용해서 외부 세계에 노출되지 않게 함으로써 외부에는 높은 수준의 가용성을 제공할 수 있다. 마찬가지로, 외부 시스템의 인터페이스도 사용할 필요가 있는 것에 한해서 고려할 필요가 있지, 모든 외부 개체의 전체 인터페이스를 이해하거나 문서화하는 일은 불필요하다.

시스템이 아닌 외부 개체의 '본질'에 대해서도 고려할 필요가 있다. 가령, 어떤 사용자가 시스템이 사용하는 기본 언어를 사용하지 않거나, 공용 팩스 게이트웨이 같은 주변기기의 성능 특성이 별도의 고려가 필요할 수도 있다.

외부 인터페이스의 정체와 책임

각 외부 개체와 현 시스템이 접하는 모든 인터페이스의 본질을 찾아내야 한다. 이런 인터페이스는 다음과 같은 용도로 사용될 가능성이 높다.

- 데이터 제공자 및 소비자: 외부 시스템은 데이터를 직접적으로 현 시스템에 공급하거나 데이터를 현 시스템에서 직접적으로 받아간다.

- 서비스 제공자 및 소비자: 외부 시스템은 현 시스템으로부터 어떤 동작을 수행하도록 요청을 받거나 현 시스템에게 어떤 동작을 하도록 요청을 하고(가령 시스템 호출 같은 것), 그 서비스는 요청에 대해 응답할 때 데이터나 상태 정보를 되돌려준다.

- 이벤트 제공자나 소비자: 외부 시스템이 현 시스템이 통지받기를 원하는 이벤트를 공표하거나, 외부 시스템에서 통지받기를 원하는 이벤트를 현 시스템이 공표한다.

데이터 제공자와 소비자 인터페이스에 관해서는 전송되는 데이터의 내용물, 범위, 의미를 찾아내는 일을 주로 고려한다.

서비스 상호작용에 관해서는 요청의 의미체계, 시스템이 요청을 충족하기 위해 취하는 동작, 되돌려주는 데이터, 되돌아가는 접수통지, 상태, 오류 정보, 양쪽에서 취하게 될 예외 처리 동작을 찾아내는 일을 주로 고려한다.

이벤트 제공자와 소비자 인터페이스에 관해서는 관심 대상 이벤트, 그 이벤트의 의미와 내용물, 이벤트의 크기와 발생하는 시기를 찾아내는 일을 주로 고려한다.

현 시스템과 외부 개체 사이에서 벌어지는 한층 복잡한 상호작용, 가령 지불 요청이 들어온 후에 반드시 따라와야 하는 지불 승인 등은 더욱 상세하게 처리해야 할 것이다.

외부 인터페이스의 본질 및 특성

외부 인터페이스의 품질 속성은 시스템의 품질 속성마다 많이 다르다. 가령, 낮은 대역폭의 상대적으로 안정성이 떨어지는 데이터 회선이 외국에 있는 복원성이 매우 좋은 시스템에 연결돼 있을 수가 있다. 이 경우에 인터페이스는 제약 요인으로 역시나 시스템의 아키텍처에 상당한 영향을 미치게 된다.

시스템 특성으로는 다음과 같은 것이 있다.

- 예상 규모. 즉, 요청 및 전송 횟수, 데이터의 크기, 계절적인 변화, 향후 예상되는 성장 등

- 상호작용이 (사전에 정해진 시간에 발생하는 식으로) 미리 계획돼 있는지, 어떤 이 벤트에 반응해서 일어나는지, 임의로 일어나는지 여부

- 상호작용이 완전히 자동화돼 있는지, (사용자가 파일을 저장하거나 이메일을 전송하는 경우처럼) 완전히 수동인지, 아니면 그 중간 어느 지점인지 여부

- 상호작용이 트랜잭션화돼 있는지. 즉, 전체가 완료되지 않으면 전부가 취소되는지 여부

- 긴요도와 시의성. 가령, 어떤 상호작용은 감사 시스템이나 회계 시스템에 반영되기 위해 업무 일자가 종료되기 전에 완료돼야 함

- 상호작용이 (대규모 데이터 묶음을 하나의 '단위'로 모아서 전달하는) 일괄 처리 기반인지, 메시지 기반인지, 아니면 본질적으로 스트림으로 처리하는지 여부

- 어느 정도 수준의 보안이 필요한지(사용자 인증, 권한 인가, 기밀성 등)

- 해당 인터페이스에 대해 기대할 수 있는 서비스 수준(반응시간, 지연시간, 확장용이성, 가용성 등의 관점에서)

- 해당 인터페이스의 기술적 본질 및 사용된 통신규약(개방형 표준인지 독자적인 것인지)

- 데이터 및 파일 형식

역시나, 4부(관점 목록)에 나온 자료를 활용해 분석의 틀을 잡으면 된다.

기타 외부와의 상호 의존성

현 시스템과 외부 개체 사이에는 데이터 흐름이나 기능 호출 외에 다른 상호 의존성이 존재하기도 한다. 이런 상호 의존성은 두 가지 방향으로, 즉 시스템이 외부 개체에 의존하는 경우나 그 반대인 경우 다 존재할 수 있다. 이런 의존성은 미묘해서 찾아내기 어려울 때도 있다.

여기서는 의존성의 본질을 찾아내는 일과 함께 그것이 아키텍처에 끼치는 영향을 정확하게 적시하는 일, 즉 해당 의존성을 관찰하기 위해 아키텍처 내에 어떤 기능이나 특성을 심어둬야 할지에 대해 고려한다.

예제

온라인 소매상은 인터넷상의 주 전자상거래 시스템을 통한 상품 주문을 받는다. 하지만 주문을 처리하기 위해서는 시스템이 별도의 지불 시스템과는 대금을 회수하기 위해, 상세 고객 계정 시스템과는 (배송 주소 정보 등) 고객의 계정 정보를 갱신하기 위해, 주문 처리 시스템과는 상품 배송을 위해 상호작용해야만 한다.

전자상거래 시스템의 관점에서 보면, 이는 세 가지 별도의 독립적인 시스템을 다루는 일이므로 그런 식으로 처리해도 된다. 하지만 그림 16-1에 나오듯이, 2개의 시스템 사이에 데이터 의존성이 존재해서 어떤 상황에서는 반드시 고려해야만 한다. 이 회사에서는 주문 처리 시스템에 고객별로 확인된 배송 주소 목록을 별도로 갖고 있어서, 이 주소로 보내도록 된 주문이 아니면 수용하지 않게 돼 있다. 하지만 이 목록은 고객 계정 시스템에서 데이터를 복제해오는 방식으로 유지한다. 고객 주문을 처리하는 업무 흐름에 배송 주소를 갱신하는 작업이 들어갈 경우, 전자상거래 시스템에서는 반드시 이런 의존성과 복제에 걸리는 지연시간을 고려해야만 한다. 그렇지 않을 경우, 주문에 담긴 배송 주소가 주문 처리 시스템의 데이터베이스에 들어 있지 않아 주문 처리 시스템이 주문을 거부할 수도 있다.

현 시스템에서 발생할 아키텍처적인 충격은 주문 처리 요청이 거부된 뒤 얼마간의 시간이 지나고 나서 주문 처리 시스템에 재제출하는 것을 허용하거나, 주소를 갱신할 필요가 있는 주문에 대해서는 데이터 복제가 일어날 수 있게 지연을 시키는 쪽일 것이다(흥미롭게도, 외부 인터페이스의 세부사항을 이해할 필요성에 대해 얘기할 때면, 이 예제가 그 필요성에 대한 증거가 된다. 즉, 실패한 주문을 재전송하는 전술은 주문 처리 시스템과의 인터페이스에 해당 시스템에서 되돌려준 배송 상태에서 실패의 이유를 신뢰성 있게 알아낼 수 있도록 적시해놓으면, 이 전술의 효율성을 훨씬 더 끌어올릴 수 있다).

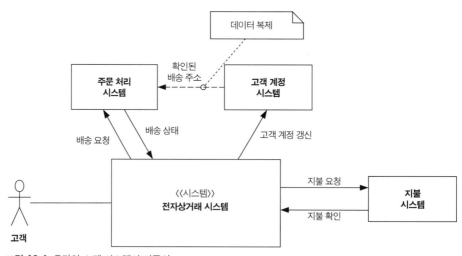

그림 16-1 온라인 소매 시스템의 의존성

시스템이 주변 환경에 미치는 영향

여기서는 시스템을 해당 환경에 배치했을 때, 배치될 조직 내부와 그 조직 외부 양쪽에 미칠 영향 모두를 처리하는 일에 대해 고려한다. 여기에는 다음과 같은 내용이 들어간다.

- 의존성이 존재하고 따라서 기능적인 변경, 인터페이스 변경, 성능이나 보안성 개선이 필요한 모든 시스템
- 현 시스템의 배치에 따라 퇴역(스위치 내리기)하게 될 모든 시스템
- 현 시스템으로 이전하게 될 모든 데이터

이런 변화가 누군가 다른 사람이 책임질 것이라 하더라도, 여전히 항목화해서 누군가가 처리하고 또 그 처리 진척 현황을 추적할 수 있도록 담보해야 한다(이 사안에 대해서는 21장에서 기능 이전과 데이터 이전을 논할 때 다시 살펴보겠다).

전반적인 완전성, 일관성, 응집성

대부분의 경우에 이 시스템은 좀 더 큰 무언가, 즉 전체 '애플리케이션 풍광'의 일부가 된다. 이 시스템은 더 확장돼서 여러 조직에 걸쳐 배치되고 사설 네트워크나 공개 네트워크를 통해 서로 연결되기도 한다. 이런 애플리케이션 풍광은 매우 복잡해서 제대로 이해할 수 없을 때가 많다.

이해관계자(특정 사용자)가 지닌 핵심 관심사항은 해당 해결책을 통해 자신들이 원하는 기능을 어느 시스템이 기능의 특정 부분을 제공하고 데이터의 특정 부분을 관리할지 상관없이, 합리적인 방식으로 제공받을 수 있을지 여부에 있다.

예제

인터넷 쇼핑이 등장하던 초기에 소매상은 인터넷상에 상품 목록을 만족스러우면서도 시각적으로 경쟁력 있는 방식으로 진열하느라 애를 먹었다. 우선적인 관심사항은 쇼핑객이 경쟁자의 사이트가 아니라 자기 사이트로 방문하게 하는 일이었다. 하지만 소매상들 중 많은 수는 이면에서 처리하는 작업인 지불을 받고 주문품을 조달하며 예외를 처리하는 일에는 그만큼의 노력을 경주하지 않았다. 그 결과, 고객의 호의를 유지하지 못하고 질 낮은 고객 서비스로 악명을 쌓으며, 심한 경우에는 업계에서 퇴출되기도 했다.

이 관심사항이 애플리케이션 아키텍트보다는 전사적 아키텍트의 책임에 더 가깝지만(5장 참조), 여기에 대해 약간의 고려를 함으로써 성공 가능성을 어쩌면 상당히 끌어올릴 수 있다. 전체적인 해결책이 일관성과 응집성을 갖출 경우 파편적이고 서로 잘 맞지 않을 때보다 사용자를 즐겁게 해줄 가능성이 훨씬 더 높다.

최소한 주 업무 처리 과정이 시스템으로든 미리 정의된 수작업 절차든 적합한 범위를 갖추고 있게 해야 한다. 마찬가지로, 이런 절차에 필요한 데이터는 모두 다 (해당 시스템 내부든 외부든) 어딘가에 저장돼 있고 그 데이터를 필요로 하는 시스템에서 접근할 수 있어야 한다.

이해관계자 관심사항

맥락 시점에 대한 이해관계자의 전형적인 관심사항으로는 표 16-1에 나오는 목록을 들 수 있다.

표 16-1 맥락 시점에 대한 이해관계자의 관심사항

이해관계자 유형	관심사항
구매자	시스템의 범위 및 책임, 외부 개체 및 사용된 서비스와 데이터의 정체, 시스템이 주변 환경에 미치는 충격
평가자	모든 관심사항
의사소통자	시스템 범위 및 책임, 외부 개체의 정체 및 책임, 외부 인터페이스의 정체 및 책임
개발자	모든 관심사항
운영 환경 담당자	외부 인터페이스의 본질 및 특성, 시스템이 주변 환경에 미치는 충격
시스템 관리자	모든 관심사항
시험자	모든 관심사항
사용자	시스템 범위 및 책임, 외부 개체 및 사용된 서비스와 데이터의 정체, 전반적인 완전성, 일관성, 응집성

모델

맥락 모델

맥락 모델이란 맥락 뷰 내에 존재하는 주된 아키텍처 모델로서, 이 모델 하나만 만들 때가 많다. 이 모델을 통해 환경 내에서 시스템의 위치가 잡히고 상호작용할 외부 개체와의 관계도 설정되는데, 이때 명시적인 관계는 시스템에서 나가거나 시스템으로 들어오는 인터페이스로 나타낸다.

맥락 모델의 용도는 시스템이 무엇을 하고 무엇은 하지 않는지 설명하고, 시스템이 외부 세계와 상호작용하는 전체적인 모습을 제시하며, 이 상호작용에 참여하는 참여자들의 역할과 책임을 요약하는 데 있다. 이런 이해는 시스템 개발에 (그리고 시스템 밖에서 필요한 모든 변화를 수행하는 데) 관련된 모든 이로 하여금 자신이 어떤 책임을 맡고 있고 그 책임의 경계는 정확히 어디인지를 알게 하는 데 있어 반드시 필요하다. 이를 통해 개발에 중복으로 노력을 들이거나, 더 심각하게는 해결책에 차이나 불일치가 생기는 사태를 피할 수 있다.

맥락 모델은 보는 사람이 다양해서, 시스템의 모든 이해관계자에게 상당한 관심을 끌 수밖에 없다. 이런 이유로 인해, 단순하고 친근한 용어를 사용하고, 업무상 또는 기술상의 전문용어 사용을 피하며, 너무 많은 정보를 쓸모없다 판단해서 축약해버리는 일은 피하면서도 단순함을 지향해야 한다. 모델 내에 등장하는 요소에 이름을 붙이고 설명을 할 때는 업무에 특화된 말을 사용할 때가 많고 대개 구현에 사용되는 기술에 집중하기보다는 전반적인 기능과 정보의 흐름에 집중을 한다.

맥락 모델은 대체로 상당히 고수준에 추상화도 많이 돼 있으며, 아키텍처에 있어 중요한 '왜'와 '무엇'에 대한 질문에 답을 담고 있다. 시스템이나 인터페이스를 어떤 식으로 구축할지에 대해서는 어떤 세부사항도 여기에는 명세하지 않고, 이런 질문에 대한 답은 다른 아키텍처 뷰에서 답을 제시한다.

맥락 모델은 주변 환경 내에서 시스템이 전체적으로 어떤 모습을 취하는지 제시하면서 대개는 다음과 같은 유형의 요소를 담는다.

- 시스템 그 자체는 불투명한 상자로 나타내면서 내부 구조는 가려진 채 보이지

않게 하는데, 이는 맥락 뷰에서는 시스템이 어떤 식으로 구축되는지는 고려하지 않기 때문이다.

- 외부 개체도 역시 같은 이유로 불투명한 상자로 나타낸다(사실 외부 개체의 내부적인 세부사항은 보이지도 않고 알 수도 없을 것이다). 개별 외부 개체마다 몇 가지 핵심적인 정보를 수집하는 일이 중요한데, 여기에는 그 개체의 이름, 본질(시스템인지, 데이터 저장소인지, 사람인지, 집단인지 등), 소유주, (서비스, 기능, 해당 시스템이 의존하는 데이터 등) 해당 시스템의 관점에서 봤을 때 그 개체가 맡은 책임이 있다.

- 시스템과 외부 개체 사이의 인터페이스는 요약하는 수준에서 제시하되, 핵심 데이터 항목이나 해당 인터페이스를 통해 호출되는 기능을 부각한다. 해당 시스템과 개별 외부 개체 사이의 인터페이스는 전부 다 하나의 단일한 인터페이스로 '말려 올라갈' 때가 많은데, 이는 다이어그램이 눈에 더 쉽게 들어오도록 하기 위해서다. 개별 외부 인터페이스마다 해당 인터페이스를 통해 일어날 예상 상호작용의 개요와 그 인터페이스의 의미체계(즉, 교환되는 데이터와 그 의미), 예상치 못한 일이 벌어졌을 때 쓰일 예외 처리 방법, 해당 시스템이 의존하게 될 그 인터페이스의 핵심 품질 속성을 담아내는 일이 중요하다. 많은 경우에, 이 정보 중에서 짤막한 요약 정보만 맥락 모델에 담아내고 나머지 온전한 설명은 외부의 자료 출처를 참조함으로써 해결한다.

맥락 모델은 사업에서 기술까지 폭넓은 이해관계자 사이에서 두루 사용되는 필수적인 의사소통 도구에 해당된다. 이 모델은 '그 과제가 무엇에 관한 것인지'를 정리하고, 외부 협력자는 누가 있는지 찾아내며, 그들과의 상호작용을 설명할 때 자주 사용된다. 다양한 수준의 업무 및 기술 전문성을 갖춘 폭넓은 사람들이 볼 것이기 때문에, 상대적으로 단순하게 유지해야 할 뿐 아니라 되도록이면 맥락 다이어그램도 한 페이지에 다 들어가게 해야 한다.

표기법
맥락 모델에 쓰이는 광경을 자주 목격하게 되는 두 가지 표기법으로는 UML과 '선과 상자' 방식이 있다.

안타깝게도 UML 표준에는 맥락 다이어그램에 대한 정의가 없다. 추정을 하자면 시스템의 맥락은 '유스케이스' 다이어그램을 활용해 담아내되, 시스템의 경계는 유스케이스를 담고 있는 (클래스, 컴포넌트, 패키지 같은) 분류사classifier로 나타내거나, 간단하게 유스케이스 주변에 사각형 같은 것을 그려서 다이어그램에 바로 설명을 붙여넣게 돼 있는 것 같다. 하지만 이런 방법을 쓰다 보면 몇 가지 현실적인 어려움에 봉착하는데, 만들어져서 나오는 다이어그램의 복잡성, 맥락 다이어그램을 만드는 시점에는 유스케이스의 목록이 나오기 전일 수도 있다는 사실, 외부 인터페이스는 특정 유스케이스에 맞춰서 만들어지는 관례 등이 이런 어려움에 해당한다. 맥락 다이어그램에서는 진정으로 이런 세부사항을 추상화하고 시스템을 하나의 불투명한 상자로 취급하기를 바란다.

이런 어려움은 그림 16-2에 나오는 형태로 UML 다이어그램을 만들면 해결된다.

이런 종류의 UML 다이어그램은 다수의 주류 UML 모델화 도구에서 제공하는 '유스케이스'나 '클래스 다이어그램' 편집기를 활용해 만들면 되지만, 이렇게 해서 나오는 다이어그램은 사실 이 두 가지 표준 다이어그램과는 유사점이 그다지 없기는 하다. 이 다이어그램의 요점은 다음과 같다.

- 시스템은 UML 컴포넌트로 표현하되, 하위 시스템으로 스테레오타입화하거나 UML 표준 프로파일에 들어 있는 스테레오타입을 쓰거나 자체적으로 정한 한층 구체화된 스테레오타입을 덧붙여도 된다.
- 외부 개체 중에서 해당 시스템과 사람 사이의 상호작용을 일으키는 것은 UML 액터로 표현한다.
- 외부 개체 중에서 그 자체로 시스템인 것은 더 작은 하위 시스템 컴포넌트나 액터로 표현하되, 되도록이면 그 개체를 더욱 잘 대표할 수 있게 (UML 표준에서 제안한 것처럼) 스테레오타입화를 해서 아이콘을 사용한다.
- 외부 개체와 설계할 시스템 사이의 인터페이스는 UML 정보 흐름이나 UML 의존성, UML 연관으로 나타내되, 부가적으로 UML의 '전달된 정보' 아이콘을

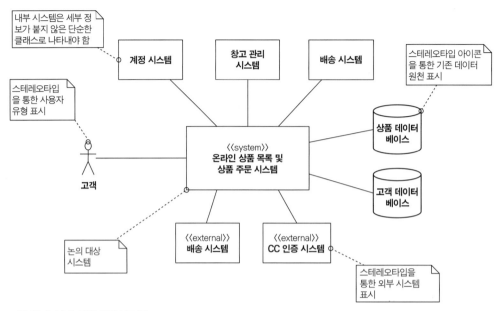

그림 16-2 UML 맥락 다이어그램

덧붙여서 해당 인터페이스를 통해 흘러가는 정보를 정의한다(이에 대해서는 예제에 나와 있지 않으나 연관표시 위에 검은 화살표 머리로 조그맣게 표시할 수도 있다).[1]

UML을 사용해서 맥락 다이어그램을 만들 수 있는 것은 맞지만, 이와 더불어 이 언어가 이런 종류의 모델을 만드는 데 특별히 강점이 있지는 않다는 점을 밝혀야 공평할 것 같다. 이런 이유로, 비공식적인 선과 상자 표기법을 대신 사용해 간단하고 임의적인 형태로 시스템의 맥락에 대한 '다채로운 그림'에 한층 가까운 무언가를 그릴 때가 많다(물론 이때는 당연히 사용한 표기법을 명확하게 정의해둬야 한다). 그림 16-3에 같은 시스템을 선과 상자 표기법으로 표현해놓았다.

이런 양식의 다이어그램을 채택할 때의 장점으로는 단순한 UML보다 표현력이 훨씬 더 높고, 따라서 대부분의 사람들에게 있어 UML을 엄격히 적용해서 그리는 경우보다 만들기도 이해하기도 더 쉽다. 표기법을 설계하고 설명해야 하는 것 외에 눈에 띄는 단점을 하나 더 꼽자면, 아키텍처 모델의 나머지 부분은 UML로 돼 있다고 가정했을 때, 이 모델(또는 그림)이 동떨어져 있다는 점이다. 하지만 현

---

1 정보 흐름 및 전달되는 정보에 대한 부가설명은 UML2부터 도입됐다. 이런 부가설명은 모델화 도구마다 지원하는 정교함의 수준이 다르지만, '상위구조(Superstructure)' 명세(OMG10b)에 정의돼 있는 메타모델로서 유효한 것들이다.

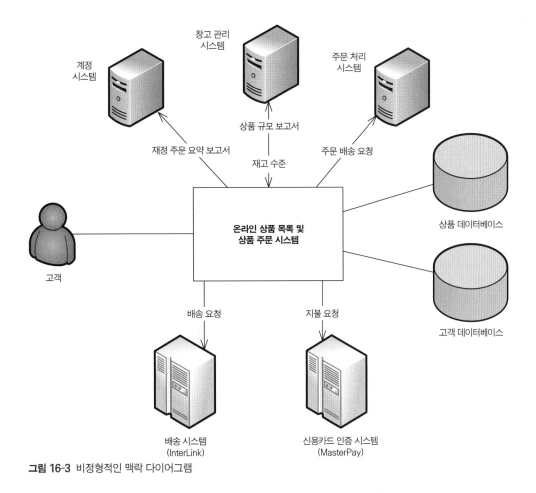

온라인 상품 목록 및
상품 주문 시스템

창고 관리
시스템

계정
시스템

주문 처리
시스템

상품 규모 보고서

재정 주문 요약 보고서

재고 수준

주문 배송 요청

상품 데이터베이스

고객

배송 요청

지불 요청

고객 데이터베이스

배송 시스템
(InterLink)

신용카드 인증 시스템
(MasterPay)

그림 16-3 비정형적인 맥락 다이어그램

재 많은 수의 UML 모델화 도구에서 이런 류의 비공식적인 그림을 그릴 수 있어
서, 넓게 봤을 때 이 걱정은 덜게 됐다.

활동

맥락을 정의하는 일은 과제의 수명주기상 매우 초기에 수행되며 결과물도 사뭇
임의적이고 구조화가 되지 않을 때가 많다. 또한 아키텍트의 통제권 내에 있는 경
우도 드물어서, 만드는 데 참여도 하고 입력물이나 피드백을 제공하기도 하겠지
만 주요 결정사항은 (대체로 구매자나 몇몇 고참 사용자 등) 고위 이해관계자가 내릴
가능성이 높다.

물론, 일정 수준의 형식성을 갖추는 일도 가능하다. 최소한, 하나의 문서는 유지하게 하고 접근을 원하는 이는 누구나 접근할 수 있는 곳에 그 문서를 가져다 놓아야 한다. (가령, 기존 시스템의 철거로 이어지거나 공급자와의 계약에 영향을 미칠 수 있는 등) 보안에 민감한 과제라면 핵심 인사에 한해 문서에 접근할 수 있게 하는 일도 필요하다. 되도록이면 과거 버전의 문서도 누가 무엇을 변경했는지에 대한 기록까지 함께 남겨둬야 한다.

맥락 모델을 준비할 때는 대개 다음과 같은 단계를 거친다.

- 시스템의 존재 목표 검토: 가령 '트랜잭션당 처리 비용을 15% 경감한다', '주문 및 처리 과정을 다듬어서 고객 서비스를 개선한다', '현행 아키텍처를 성능, 복원성, 변경용이성이 더 좋은 아키텍처로 대체한다' 같은 시스템의 사업적 그리고 기술적 목표를 간단히 검토해보고 파악한다. 목표는 과제가 생기게 된 동기를 명확히 해야 하고, 이를 위해 시스템 구현을 통해 현 상황이 어떻게 개선될지 묘사하게 되는데, 이때 구매자와 그 밖의 핵심 이해관계자가 이해할 수 있는 용어를 써야 한다.

- 핵심 기능 요건 검토: 시스템이 반드시 해야 하는 일을 특성화해놓은 핵심 요건을 간단히 검토하고 종합 정리하되, 주제 영역별로 묶어놓는다. 이때 범위 정의해놓은 것을 활용하면 된다.

- 외부 개체 식별: 모든 내부 및 외부 시스템, 게이트웨이, 서비스, 외부 데이터 저장소, 장치, 장비, 사용자 및 역할 등 시스템과 상호작용할 여지가 있는 모든 것을 항목화한다. 업무 영역에 대해 아키텍트 자신이 갖춘 지식과 다른 이들의 지식은 물론, 시스템 다이어그램이나 조직도 등 기존의 모든 문서를 다 활용해야 한다. 이 단계에서 어떤 개체를 넣을지 여부에 대해 확신이 서지 않을 때는 나중에 빼고 싶을 때 언제든 뺄 수 있기 때문에 일단 무조건 집어넣으면 된다.

- 외부 개체의 책임 정의: 해당 개체에 대한 아키텍트 자신 및 이해관계자의 지식을 활용해 해당 개체에게 예상되는 책임을 대응시킨다. 시스템이나 외부 개체에 부과하기 어렵다고 판단되는 책임을 찾아낼 경우, 시스템 맥락 중에서 무언가 빠트린 내용이 있다는 뜻으로 이해해야 한다.

- 시스템과 개별 외부 개체 사이의 인터페이스 식별: 시스템이 구현할 처리 내용에 대한 아키텍트 자신과 이해관계자의 지식을 활용해 처리에 필요한 데이터 흐름이나 서비스 호출을 (양쪽 방향에서) 찾아낸다. 역시나 범위 정의해놓은 것을 바탕으로 무언가 빠진 내용이 있는지 확인하면 된다.

- 인터페이스 정의 식별 및 검증: 개별 인터페이스가 모두 정의됐는지(대개는 AD에 하지만 다른 곳에 할 수도 있음), 활용하고자 하는 용도에 부합하는지 확인한다. 인터페이스를 AD가 아닌 곳에 문서화해둔 경우, AD에 그 위치에 대한 참조가 들어 있어야 한다.

- 핵심 요건을 대상으로 검토회의 진행: 시스템과 외부 개체 사이에 일어나는 제어 흐름 및 정보 흐름을 따라간다. 회의 진행 중에는, 이 흐름을 구현하는 데 필요한 외부 인터페이스를 모두 추가한다.

- 시나리오 및 유스케이스를 대상으로 검토회의 진행: 더욱 상세한 시나리오 정의 및 유스케이스를 확보하고 있다면, 이를 대상으로 검토회의를 진행해 모델을 검증한다. 외부 개체나 인터페이스는 필요할 경우 모두 추가하거나 갱신한다.

상호작용 시나리오

시스템과 외부 개체 사이에 일어나리라 예상되는 상호작용 중 일부는 맥락 다이어그램에서 제공되는 것보다 더 상세하게 모델화해야 쓸모가 있는 경우가 많다. 이런 류의 모델이 있으면 (순서, 규모, 시기에 관한 제약사항 등) 묵시적인 요건 및 제약사항을 밝혀내는 데 도움이 되고, 한 걸음 더 나아가 더욱 상세한 수준의 검증을 하기에도 좋다. 시스템이 관여하는 모든 시나리오를 모델화하기에는 시간이 모자라겠지만, 그중에서 더 복잡하거나 논란이 되거나 생소한 시나리오에 한해서, 특히 시스템의 용도가 불분명하거나 이해관계자 사이에 의견 충돌이 있는 경우에 모델화하면 유용할 수 있다.

하나의 상호작용 시나리오는 (대개 시스템과 하나 이상의 외부 개체로 이뤄진) 둘 이상의 참여주체와 그 주체 사이에서 벌어지는 상호작용의 연속을 표현하는데, 그 안에서 상호작용은 정보의 흐름이나 어떤 행동을 수행하게 하는 요청으로 나타난다. 시나리오에 나오는 상호작용은 모두 모여 하나의 구체적인 목적에 기여하거나 하나의 특정한 기능을 구현해야 한다. 더 자세한 설명은 10장(시나리오 식별과 활용)을 참조하기 바란다.

표기법

상호작용 시나리오는 대개 (유스케이스 정의에 사용된 것과 유사한 형식의) 간단한 문장으로 된 상호작용 목록을 활용하거나 그림 위주의 표기법을 통해 상호작용을 묘사하는 UML 시퀀스 다이어그램을 활용해 기록한다. 더 자세한 설명은 10장에 나와 있다.

활동

10장에 나오는 시나리오 관련 논의 내용을 참조한다.

▌문제점 및 함정

누락되거나 부정확한 외부 개체

시스템 개발 과제는 대부분 초기에는 상대적으로 혼란스러운 경향이 있다(과제를 맡은 팀은 터크만Tuckman의 집단 발전 모델상 '형성forming'이나 '충돌storming' 단계다). 역할은, 고위급 역할마저도 공식적으로 정의가 돼 있지 않고, 그에 따라 맥락도 명확하지 않을 뿐 아니라 잦은 변경의 대상이 될 때가 많다. 따라서 맥락 모델에서 갑자기 무언가를 빼버리거나 필요하지 않은 무언가를 집어넣거나 시스템 경계선을 엉뚱한 곳에 긋는 일이 생각보다 훨씬 더 흔하다.

맥락을 잘못 짚으면 나중에 엄청난 충격이 올 수 있다. 즉, 과제가 수명주기상 맨 마지막에 심각한 변화를 겪게 됨으로써, 비용, 기간, 복잡도가 상당히 많이 늘어나거나, 납품된 시스템이 불완전하거나 불필요한 기능을 갖출 수도 있다.

위험 경감 방안

- 다양한 범주의 이해관계자와 협업을 통해 맥락 모델과 상호작용 시나리오에 그들의 관심사항이 적절히 반영되도록 보장한다. 가령, 이해관계자가 원하는

기능은 모두 다 시스템 범위에 속하거나 외부 개체가 제공하는 기능이라는 것을 확인하고, 그렇지 않은 기능은 그것을 필요로 하던 사람의 동의를 얻어서 완전히 빼버린다.

- 해당 분야 전문가를 분석에 되도록 일찍 참여시켜서, 그 사람이 AD 내의 해당 부분을 검토하고 승인하는 데 확실히 참여하게 한다.
- 일단 맥락 모델이 안정화되게 하고, 변경 관리하에 있도록 하며 계속해서 가해지는 변경에 대해서도 검토와 합의가 되게 한다.

묵시적인 의존성 유실

외부 개체들 사이의 미묘한 의존성은 놓치기 십상이다. 예를 들어, 데이터 전송 방식으로 인해 상당한 정도의 지연시간이 발생할 경우, 특정한 사업적 개체나 데이터 항목이 2개의 외부 시스템에서 한꺼번에 발생할 수 있다는 가정이 가능하다. 또는 어떤 외부 시스템의 가용성이 시스템의 어느 한 부분에만 영향을 미친다고 가정했을 때, 현 시스템이 의존하는 다른 시스템들도 사실은 그 외부 시스템의 가용성에 의존할 경우, 그 외부 시스템의 비가용성은 한결 더 중요해진다. 이런 묵시적인 의존성은 파악하기가 어렵지만 아키텍처에 미치는 영향은 심대할 수도 있다. 따라서 일찍부터 파악해서 명확하게 문서화해놓아야 한다.

위험 경감 방안

- 어떤 가정도 하지 말고, 이해관계자와 협력해서 묵시적인 의존성을 찾아내서 파악하게 하며, 맥락 뷰에 그에 대한 문서화를 해놓는다.

헐렁하거나 부정확한 인터페이스 설명서

외부 인터페이스에 대해 기본적인 발상만 하고는 더 진척을 시키지 않고, 세부사항은 설계 과정에서 끌어내줬으면 하는 생각이 솔깃하게 들리기도 한다. 실제로도 모든 인터페이스에 대해 모든 세부사항을 다 이해할 수 없는 만큼 어느 정도는 이렇게 해야만 하는 부분이 항상 존재한다. 하지만 아키텍처적으로 함의하는 바를 이해하기에 충분한 만큼 세부사항을 수집하는 일이 중요하다.

위험 경감 방안

- 외부 인터페이스를 자신 있게 사용하기에 부족함이 없을 만큼 확실히 이해하고, 맥락 뷰에다 그에 대한 충분한 정보를 기록해둠으로써 아키텍처에 미치는 영향을 특정할 수 있게 한다.
- 나중에 문제가 해결되겠거니 하는 생각으로 복잡한 사안을 대충 얼버무리고 넘어가고 싶은 마음을 자제한다.

맞지 않는 상세 수준

올바른 상세 수준을 잡는 일은 AD의 어느 부분이나 쉽지 않지만 맥락 뷰에서는 특히나 중요하다. 세부사항을 너무 많이 적어놓으면 이해관계자, 특히 구매자 같은 고위 이해관계자는 기가 질려버려서는 큰 그림을 이해하지 못할 수도 있다. 반대로 맥락이나 범위의 특정 측면에 대해 나중에 살이 붙겠거니 기대하면서 너무 대충 넘어가면, 중요한 무언가를 빠뜨릴 수도 있고 이해관계자를 오도할 수도 있으며 틀린 가정을 유발할 수도 있다.

위험 경감 방안

- 범위나 요건 중에서 아무도 그 의미를 이해하지 못하기 때문에(또는 사람들이 각기 다른 의미로 이해하기 때문에) 모호성을 띠는 것들에 대해 주의하고, 제대로 이해하기 위해 더욱 자세히 살펴봐야 한다.
- 맥락 뷰가 너무 상세할 경우, 일부 정보를 문서의 부록 부분이나 (기능 뷰나 정보 뷰 같은) AD의 다른 뷰로 뺀다.
- 맥락 뷰가 너무 상세한지 여부를 판단할 때는 몇 가지 경험 법칙을 적용할지 생각해본다. 상황이 모두 다르지만, 다음과 같은 규칙은 실무에서 쓸모가 있었다.
  - 맥락 다이어그램은 종이 한 장으로 다 표현할 수 있어야 한다.
  - 범위 정의는 두세 쪽을 넘어서는 안 된다.
  - 요건이 많으면, 기능 영역, 조직이 맡은 책임, 기타 몇 가지 논리적인 범주에

따라 묶어야 한다.

- 외부 개체가 10~20개 이상일 경우, (예를 들어 동일 유형의 상품을 공급하는 복수의 공급자처럼) 유형별로 묶을 수 있는지, 정말로 시스템의 집합이 아니라 단일한 시스템만 있어도 되는지 생각해봐야 한다.

범위 추가

범위 추가는 시스템 범위에 대해 통제되지 않은 변경을 가하는 현상을 말하는 것으로, 이해관계자 눈에 크게 띄지 않은 채 점진적으로 일어날 때가 많다. 이런 변경은 언제나 시스템이 하는 일에 대한 기대치를 늘리는 효과를 유발하는데, 많은 경우 그것이 합리적인지 또는 달성 가능한지에 대한 고려조차 없이 일어난다. 예를 들면, 필요한 요건에 대해 사용자와 면담을 할 때, 개별 사용자마다 조금씩 요건을 추가해서 나중에 가면 진짜로 핵심적인 것이 아니라 '있으면 좋을 만한 것들'로 뒤섞인 결과물이 나온다. 이 과정이 끝나는 시점이 되면, 시스템은 덩치가 상당히 불어나고 기대치도 높아져서, 실패할 가능성도 그만큼 높아진다.

범위 추가는 범위를 제대로 된 변경 통제하에 두지 않을 경우 범위가 일단 정해져서 안정화되고 난 다음에도 펼쳐질 수 있다.

위험 경감 방안

- 범위에 대한 추가나 변경에 대해서는 정말로 필요한지 확인하고 그로 인한 영향을 제대로 이해하고 있는지 확인하는 식으로 요건을 강화한다.
- 이해관계자가 요건을 추가하는 데 따른 결과, 즉 시장 출시 시기, 개발 및 운영 비용, 시스템 복잡도 및 안정성 등의 악화에 대해 이해하도록 도와준다.
- 범위가 안정화되고 난 이후에는 범위 변경에 대해 변경 관리가 되게 한다.

묵시적이거나 가정에 기반한 맥락이나 범위

범위 정의는 오해의 여지가 있을 경우 AD의 그 어느 부분보다도 더 명확하게 적시해야 한다. '모두가 다 안다'는 이유로 명확히 밝히지 않고 대충 넘어가서는 안

되는 것이, 이해관계자 중 누군가 알지 못하는 사람이 있거나 해당 정보 덩어리 중 일부가 진행 중에 유실되면 일이 터질 수밖에 없다.

위험 경감 방안

- 맥락 뷰에 명확하게 적시하기를 두려워해서는 안 된다. 적시해놓으면 나중에 가서 뿌듯해할 때가 생기기 마련이다!

지나치게 복잡한 상호작용

외부 개체와의(특히 오래된 시스템과의) 상호작용 중에는 예상보다 상당히 심하게 복잡한 것도 있어서, 인터페이스를 구축할 때 예상치 못한 문제를 만나기 십상이다. 가령, 아주 예전에 설치된 시스템에 연결하는 인터페이스를 다룰 때 만났던 문제 중에서 일반적이지 않은 데이터 인코딩과 제대로 이해하지 못했던(그리고 복잡한) 통신규약, 복잡하고 특정 회사만의 인터페이스 기술이 필요해서 개발과 시험, 운영 활동에 어려움을 겪었던 경우가 있었다.

위험 경감 방안

- 아키텍처 설계 과정의 초기에 외부 시스템과의 인터페이스를 이해하는 시간을 갖되, 그 인터페이스가 예전에 접했던 인터페이스와 같을 수밖에 없으리라 가정해서는 안 된다.
- 사용할 인터페이스에 대한 전문지식을 찾아내서 그 인터페이스를 통한 상호작용을 하는 시제품을 만들어보고 여러 상황에서 그 인터페이스가 어떻게 동작하는지 이해할 때까지 철저히 시험해본다.

전문용어 남용

맥락 뷰에 대한 입력물은 다양한 곳에서 나온다. 따라서 이해관계자 대다수가 제대로 이해하기 어려울 수도 있는 업무 및 기술 용어를 별생각 없이 사용하기 십상이다. 사람들은 자기가 이해하지 못한 것에 대해 질문을 던지기를 꺼릴 때가 많아서 이렇게 하다 보면 혼동과 오해가 생길 위험이 있다.

위험 경감 방안

- 폭넓게 이해되지 못한 용어 사용은 피하도록 노력한다. 혼동의 위험이 있음에도 전문용어를 사용해야 하는 경우에는 용어집을 만들어둬야 한다.

▌점검 목록

- 맥락 뷰에 관심이 있는 이해관계자 모두에게(결국 모든 이해관계자에게) 자문을 구했는가?
- 시스템이 상호작용할 필요가 있는 외부 개체와 그 책임을 샅샅이 찾아냈는가?
- 개별 외부 개체와 연결된 인터페이스 하나하나의 본질에 대해 제대로 이해하고, 그에 대해 적합한 상세 수준에서 문서화했는가?
- 시스템이 상호작용할 외부 개체들 사이에 존재할 수 있는 의존성에 대해 고려해봤는가? 그런 묵시적인 의존성을 AD에 문서화해놓았는가?
- 시스템에서 주변 환경으로 연결하는 모든 인터페이스를 적절하게, 다이어그램을 뒷받침할 충분한 정의를 붙여서 맥락 다이어그램에 묘사해뒀는가?
- 핵심 이해관계자 모두가 맥락 모델의 내용에 공식적으로 동의했는가? 그 동의 사실을 어딘가에 문서화해뒀는가?
- 맥락 모델을 공식적인 변경 통제하에 뒀는가?
- 변경 통제 과정을 따르고 있는가? 변경에 대해 이해관계자와의 상의를 거쳐 동의를 얻었는가?
- 맥락 모델을 모두가 손쉽게 찾아볼 수 있는, 공용 폴더나 위키 페이지 같은 곳에 가져다뒀는가?
- 시스템의 핵심 기능이나 요건을 모두 찾아내서 적절한 상세 수준으로 문서화해뒀는가?
- 범위 정의가 내용상으로 일관성이 있는가?
- 범위에 필수 사용 플랫폼 같은 중요한 기술적 제약사항이 적시돼 있는가?

- 범위 명세가 적절한 상세 수준으로 돼 있어서 간결성과 명료성, 완전성 사이에서 균형을 잡고 있는가?
- 시스템과 외부 액터 사이의 외부적인 상호작용에 대한 실질적인 시나리오들에 대해 탐구해봤는가?
- 상호작용할 다른 팀들이 맥락 및 범위와 그에 따라 그들에게 미칠 영향에 대해 명확하게 알고 있는가?
- 맥락 모델에 명시적으로 적시해둬야 하지만 빠트린 '명백한' 진술은 없는지 점검해봤는가?
- 시스템이든 미리 정의된 수작업 절차든 주 업무 절차의 범위를 적절하게 잡았다고 보는가?
- 주 업무 절차를 뒷받침하는 데 필요한 데이터는 모두 현장이든 외부든 어딘가에 저장될 것으로 보는가?
- 전체 해결책이 일관성 있는 방식으로 아귀가 잘 맞는가?

▌더 읽을거리

많은 소프트웨어 아키텍처 서적에서 시스템의 맥락을 정하는 과정에 대해 논의하고 있는데, 예를 들면 갈런드와 앤서니[GARL03]에서는 맥락 시점을 설명하고, 보슈[BOSC00]에서는 아키텍처 설계 과정을 시작할 때 시스템 맥락을 정의하는 방법을 설명한다.

요구공학 서적 중에도 시스템 범위 설정에 대해 논의하는 것이 여럿 있다. 그 중에서 특히 좋은 서적으로는 섬머빌^{Sommerville}과 소여^{Sawyer}[SOMM97]가 있는데, 여기서는 요건 수집, 제시, 승인과 관련한 지침들을 명확하게 제시하고 있다. 개별 지침마다 비용 편익 분석과 구현 방법에 대한 실용적인 제안이 딸려 있다.

터크만의 집단 발전 모델에 대한 정보는 [TUCK65] 등에서 찾을 수 있다.

17

기능 시점

정의	시스템의 실행시간 기능 요소와 그 요소의 책임, 인터페이스, 주요 상호작용을 설명
관심사항	기능적인 역량, 외부 인터페이스, 내부 구조, 기능 설계 철학
모델	기능 구조 모델
문제점 및 함정	질낮은 인터페이스 정의, 책임에 대한 이해 부족, 기반구조를 기능 요소로 모델화, 과밀 뷰, 요소 정의가 빠진 다이어그램, 여러 이해관계자의 요구 중재 난항, 잘못된 상세화 수준, '만능 요소', 과도한 의존성
이해관계자	모든 이해관계자
적용 대상	모든 시스템

시스템의 기능 뷰에서는 설명하고자 하는 시스템의 기능을 담을 아키텍처적인 요소를 정의한다. 이 뷰에서는 시스템의 기능 구조를 문서화하는데, 여기에는 핵심 기능 요소, 그 요소의 책임, 그 요소에서 노출하는 인터페이스, 그 요소 사이의 상호작용까지 들어간다. 이런 내용을 바탕으로 기능 뷰에서는 시스템이 제공할 기능이 어떤 식으로 수행되는지 설명하게 된다.

기능 뷰는 대부분의 AD에서 초석이 되는 데다 이해관계자가 가장 먼저 읽어보는 설명서인 때가 많다(너무나 자주, 유일하게 만들어내는 아키텍처 뷰이기도 하다). 이해관계자가 이해하기에 가장 쉬운 뷰임도 부정하기 어렵다. 기능 뷰는 대개 다른 많은 아키텍처 뷰를 정의하는(특히 정보, 동시성, 개발, 배치 뷰를 정의하는) 근간이 된다. 아키텍트는 거의 언제나 기능 뷰를 하나 작성하고 또 거기서 정의한 기능 구조를 정제하는 데 많은 시간을 쏟게 된다.

기능 뷰를 정의하는 데 있어 가장 큰 도전과제는 세부사항을 알맞은 수준으로 집어넣는 일이다. 아키텍처적으로 중요한 것, 다시 말해 이해관계자가 알아볼 만한 영향을 미치는 것에 초점을 맞추게 하고 나머지는 설계자에게 넘겨야 한다. 기능 뷰에 서버나 기반구조 같은 물리적인 구현 세부사항을 문서화하면 모델을 너무 복잡하게 만드는 데다 이해관계자를 혼란스럽게 하므로, 하지 말아야 한다(이런 요소는 배치 뷰에다 문서화하면 된다).

▌ 관심사항

기능적 역량

기능적인 사항에는 시스템이 할 필요가 있는 일과 더불어 명시적이든 묵시적이든 간에, (그 일이 고려하고 있는 범위에서 벗어나서건 다른 곳에서 제공되고 있어서건 간에) 시스템이 할 필요가 없는 일도 정의가 된다.

과제에 따라서는 아키텍처 정의를 시작하는 시점에 합의가 된 요건 집합이 확보돼서, 기능 뷰에서는 그저 해당 기능을 제공하기 위해 아키텍처 요소가 서로 어울려서 어떻게 작동하는지 보여주는 데 집중하면 되는 경우도 있다. 하지만 많은 과제가 이런 경우가 아니어서, 8장과 16장에서 언급했듯이 이런 경우에 시스템이 할 필요가 있는(그리고 할 필요가 없는) 일에 대한 명확한 정의를 확보하는 책임은 아키텍트가 져야 한다.

외부 인터페이스

외부 인터페이스란 시스템과 그 밖의 것들 사이에 존재하는 데이터, 이벤트, 제어 흐름을 말한다.

데이터는 내부로 흘러 들어오거나(대개 시스템 상태의 내적 변화로 이어짐) 외부로 흘러나간다(대개 시스템 상태의 내적 변화로 이어짐). 이벤트는 시스템에서 소비할 수도 있고(무언가가 일어났음을 시스템에 통지) 시스템에서 발생시킬 수도 있다(다른 시스템에게 보내는 통지 역할을 함). 제어 흐름은 내부로 들어올 수도 있고(외부 시스템에서 어떤 작업을 수행하라고 보내오는 요청) 외부로 나갈 수도 있다(현 시스템이 다른 시스템에게 어떤 작업을 수행하라고 내보내는 요청).

인터페이스 정의는 인터페이스 구문체계(데이터 및 요청의 구조)와 의미체계(의미나 영향) 양쪽을 모두 고려할 필요가 있다.

내부 구조

대부분의 경우, 시스템을 여러 가지 방법으로 설계해 요건을 맞출 수 있다. 단일한 덩어리 형태의 개체로 구축하거나 느슨하게 결합된 컴포넌트의 집합 형태로 구축할 수도 있고, 여러 개의 표준 패키지를 모으고 상용 미들웨어를 활용해 서로 연결하거나 처음부터 시작해서 직접 다 짤 수도 있으며, 기능적인 필요를 충족시키는 일도 외부 시스템이 현 시스템 또는 심지어 조직에 제공하는 네트워크를 통해 접근 가능한 서비스를 활용해서 할 수 있다. 아키텍트는 이런 여러 선택안 중에서 요건을 충족하고 요구된 품질 속성을 갖추며 용도에 적합한 아키텍처를 만들어낼 수 있는 것을 골라내는 도전을 처리해야 한다.

시스템의 내부 구조는 그 내부 요소, 요소가 하는 일(즉, 요소별 대응 요건), 요소 상호 간에 상호작용하는 방법을 통해 정의된다. 이런 내부 구조는 시스템의 품질 속성, 가령 가용성, 복원성, 확장용이성, 보안성 등에 커다란 영향을 끼친다(예를 들어, 조직 경계를 넘나드는 복잡한 시스템은 두어 대의 기계를 한곳에 모아서 작동시키는 간단한 시스템보다 보안을 유지하기가 대체로 더 어렵다).

기능 설계 철학

이해관계자 다수는 시스템이 어떤 일을 하고 사용자 및 다른 시스템에는 어떤 인터페이스를 제공하는지에 대해서만 관심을 보일 가능성이 높다. 하지만 일부 이해관계자는 아키텍처가 올바른 설계 원칙에 얼마나 잘 부합하는지에 관심을 보이기도 한다. 기술적인 이해관계자, 특히 개발 및 시험 팀에 속한 이들은 올바른 아키텍처가 나오기를 원하는데, 이는 잘 설계된 시스템은 구축, 시험, 운영, 개선이 쉽기 때문이다. 그 밖의 이해관계자, 특히 구매자는 묵시적으로만 잘 설계된 시스템을 바라는데, 그런 시스템은 제품화가 빠르고 저렴하며 손쉽기 때문이다.

설계 철학은 표 17-1에 열거된 것과 같은 여러 설계 특성이 뒷받침돼야 한다.

표 17-1 설계 특성

설계 특성	설명	중요도
부합성	아키텍처가 논리적인 구조를 갖춰서 요소들이 전체를 이루기 위해 서로 협조하는가?	아키텍처가 응집성 있어 보이지 않는다면, 곧 요소 분할이 틀렸다는 뜻으로, 이해관계자가 이해하기에 어려울 수가 있다.
응집성	요소가 제공하는 기능들이 서로 얼마나 강하게 관련돼 있는가?	응집성이 좋은 시스템에서 관련된 기능은 서로 묶이면서, 더욱 간단하고 오류가 덜한 설계로 이어진다.
일관성	작동방식과 설계 결정사항이 아키텍처 전반에 걸쳐 일관성 있게 적용됐는가?	일관성 있게 설계 및 구현된 시스템은 우연적인 비일관성이 빈번한 시스템보다 훨씬 더 쉽게 구축, 시험, 운영, 진화한다.
결합도	요소 간 상호관계가 얼마나 강한가? 한 모듈에 생긴 변경이 다른 요소에 어느 정도로 영향을 미치는가?	느슨하게 결합한 시스템은 구축, 지원, 개선이 쉬울 때가 많지만 통짜로 만드는 방법에 비해 효율성이 많이 떨어진다는 단점이 있다.
확장성	시스템이 나중에 새로운 기능을 수행하도록 아키텍처가 확장하기 쉽게 돼 있는가?	확장성은 부합성, 낮은 결합도, 단순성, 일관성 같은 속성의 결과로 나올 때가 많지만, 설계를 고려할 때 대놓고 마음에 새겨둘 가치가 있다.
기능적 유연성	시스템이 제공하고 있던 기능에 변경을 가하기가 얼마나 쉽게 돼 있는가?	변경하기 쉽게 설계한 시스템은 적응성이 높지 않은 시스템에 비해 구축하기도 더 어렵고 효율성도 대개는 더 떨어진다.
범용성	아키텍처에 채택된 작동방식과 결정사항이 실용적인 만큼 범용적이기도 한가?	아키텍처에 채택된 해결책이 범용적이라면, 아키텍처가 확장과 변경을 수용할 수 있는가? 한편, 비용 및 복잡도가 너무 증가하지 않도록 균형이 잡혀 있어야 한다.
상호 의존성	처리 단계들 중에서 단일 요소 내 처리가 아닌 요소 간 상호작용으로 처리해야 하는 부분은 얼마나 되는가?	특정 요소 유형 간 통신은 단일 기능 요소 내에서 수행되는 동작에 비해 (처리시간 및 소요시간 측면에서) 비용이 수십 배나 많이 들고, 신뢰성도 상당히 많이 떨어진다.
관심사항 분리	개별 내부 요소가 시스템 운영의 각 부분에 얼마만큼 책임을 지는가? 딱 한 곳에서 수행되는 공통 처리는 어디까지인가?	분리를 많이 하면 시스템을 구축, 지원, 개선하기 쉬워지지만 분리를 하지 않는 방식에 비해 성능 및 확장용이성에 부정적인 영향이 생길 여지가 있다.

(이어짐)

설계 특성	설명	중요도
단순성	시스템에 채택된 설계안이 맞는 것 중에서 가장 단순한 것인가?	복잡성이 시스템을 구축, 이해, 운영, 진화시키기 어렵고 비용도 많이 들게 하지만, 단순한 접근은 정교한 시스템의 요건을 제대로 충족시키지 못할 가능성이 있다.

일반적으로 이런 설계 특성은 여러 시스템 품질에 긍정적인 효과를 끼치는데, 특히나 진화성과 관련해 유연성과 유지보수성 같은 품질에 많은 영향을 준다. 또한 대개는 성능과 보안성 같은 그 밖의 품질에도 (가령 관심사항 분리와 단순성이 확보되면 보안성을 확보하기가 더 쉽고, 일관성이 확보되면 성능 및 확장용이성을 갖추기가 더 쉽듯이) 긍정적인 영향이 생긴다. 하지만 어떤 경우에는 (가령 매우 느슨하게 결합된 시스템은 그보다 훨씬 끈끈하게 결합된 시스템에 비해 성능이 덜 나올 가능성이 있는 등) '좋은' 설계와 그 밖의 시스템 품질 사이에 부정적인 관계가 생길 가능성도 고려할 필요가 있는데, 이는 경우에 따라 달성 가능한 설계 특성을 희생해야 할 때도 있다는 뜻이다(의도치 않은 설계 희생의 필요성에 대해서는 4부의 일부 관점에서 언급한다).

원칙과 패턴은 이런 설계 특성을 어떤 식으로 시스템 설계에 갖춰나갈지 결정하는 데 있어 훌륭한 기법으로, 시스템 설계자가 가장 큰 관심이 있는 특성을 뒷받침하는 설계 결정을 내리는 데 지침 역할을 한다. 이에 대해서는 8장에서 더 깊이 논의했다.

이해관계자 관심사항

기능 관점에서 전형적인 이해관계자 관심사항은 표 17-2에 나열돼 있다.

표 17-2 기능 관점에서의 이해관계자 관심사항

이해관계자 부류	관심사항
구매자	기본적으로는 기능적 사양과 외부 인터페이스
평가자	모든 관심사항
의사소통자	잠재적으로는 모든 관심사항을 포함하고, 어느 정도는 맥락에 따름
개발자	기본적으로는 설계 품질과 내부 구조이지만, 기능적 사양과 외부 인터페이스도 포함

(이어짐)

이해관계자 부류	관심사항
시스템 관리자	기본적으로는 시스템 설계 철학, 외부 인터페이스, 간혹 내부 구조도 포함
시험자	기본적으로는 설계 품질과 내부 구조이지만, 기능적 사양과 외부 인터페이스도 포함
사용자	기본적으로는 기능적 사양과 외부 인터페이스

▌모델

기능 구조 모델

기능 구조 모델은 대체로 다음과 같은 요소로 이뤄진다.

- 기능 요소: 기능 요소는 시스템에서 잘 정의된 (설계시간이 아닌) 실행시간 부품으로 특정한 책임이 있으며 다른 요소와 연결이 가능한 잘 정의된 인터페이스를 노출한다. 가장 단순한 수준에서는, 코드 모듈이 요소가 되지만, 그 외의 맥락에서는 애플리케이션 패키지나 데이터 저장소, 심지어 온전한 시스템이 요소가 될 수도 있다.

- 인터페이스: 인터페이스는 잘 정의된 작동방식으로, 이를 통해 다른 요소에서 해당 요소의 기능에 접근할 수 있다. 인터페이스는 입력, 출력, 제공되는 각 동작의 의미체계와 그 동작을 호출하는 데 필요한 상호작용의 본질에 따라 정의된다. 정보 시스템에서 공통적으로 등장하는 인터페이스의 종류로는 다양한 유형의 원격 프로시저 호출[RPC, remote procedure call], 메시지 전송, 이벤트가 있고, 어떤 경우에는 인터럽트도 등장한다.

- 커넥터: 커넥터는 아키텍처의 일부분으로서 요소를 서로 연결해서 상호작용할 수 있게 해준다. 커넥터는 요소들 사이의 상호작용을 정의하고 호출되는 동작의 의미체계와는 별개로 상호작용의 본질을 고려할 수 있게 해준다. 요소 사이 상호작용의 본질은 서로 연결된 방식과 밀접히 묶여 있다.

  커넥터에 대해 얼마나 많은 고려를 할지는 여건에 달렸다. 한쪽 극단, 가령 하나의 요소가 단순한 프로시저 호출을 통해 다른 요소를 호출할 경우에는 그저 한 요소를 다른 요소와 연결해놓으면 된다. 다른 쪽 극단, 가령 메시지 기반 인터페이스 같은 경우에는 커넥터를 그 자체로 하나의 요소 타입으로 만들어 그 커넥터를 거치면서 일어나는 상호작용에 기능을 부여할 수도 있다. 언제나 마찬가지지만, 작업하는 맥락 내에서 아키텍처적으로 중요한 사항에 초점을 맞출 필요가 있다.

- **외부 개체**: 16장에서 정의했듯이, 외부 개체는 다른 시스템, 소프트웨어 프로그램, 하드웨어 장비, 기타 시스템이 상호작용하는 개체를 말한다. 이런 외부 개체는 시스템의 맥락 뷰에 나오는데, 기능 모델에서는 인터페이스의 바깥쪽 끝단에서 시스템의 외부에 위치한 채 등장한다.

기능 구조 모델에서는 코드가 어떤 식으로 패키지로 묶이고 프로세스와 스레드 내에서 어떻게 수행되는지는 정의하지 않기 때문에, 요소의 패키지화나 배치에 대해서는 기능 뷰에서 제약하지 않는다. 이런 사안은 동시성 및 배치 뷰에서 다룬다.

마찬가지로, 밑바탕이 되는 기반구조를 기능 요소로 모델화하는 것도 일반적으로는 그다지 좋은 생각이 아니므로, 그 기반구조가 다른 기능 요소에 의존하지 않고 기능적으로 중요한 작업을 수행해서 그것 없이는 뷰의 존재 의의가 없는 경우 외에는 그렇게 하지 말아야 한다. 기능 요소의 작동을 단순히 지원하는 기반구조는 일반적으로 기능 뷰에는 나타내지 않는 편이 좋고, 대신 배치 뷰에서 고려해보는 것이 좋다.

가령 메시지 큐가 중요한 요소 간 커넥터인 데다 이게 빠지면 뷰가 의미가 없어서 뷰에 나타내고 싶은 마음이 굴뚝같아도, 큐를 제공하는 메시지 브로커는 이 맥락에서 아무런 의미가 없으므로 나타낼 필요가 없다. 메시지 브로커는 배치 뷰에 등장하면 된다.

표기법
여러 기법을 활용해서 모델에 기능 뷰를 표현할 수 있다.

- **UML 컴포넌트 다이어그램**: UML을 기능 뷰에다 활용하면 폭넓은 이해와 유연성을 포함해 여러 가지 장점이 있다. 기능 뷰에 주로 사용할 UML 다이어그램은

컴포넌트 다이어그램으로, 이를 통해 시스템의 요소, 인터페이스, 요소 간 연결을 나타낸다.

예제

그림 17-1에 UML 컴포넌트 다이어그램에 등장하는 전형적인 요소들이 나와 있다. 시스템은 두 가지 내부 요소인 Variable Capture와 Alarm Initiator가 외부 요소인 Temperature Monitor와 상호작용한다. Variable Capture는 VariableReporting이라는 인터페이스를 하나 노출해 Temperature Monitor에서 호출하게 하고, Alarm Initiator도 LimitCondition이라는 인터페이스를 호출해 Variable Capture에서 호출하게 한다. VariableReporting에는 이 인터페이스가 HTTP 통신규약을 통해 작동하는 XML 원격 프로시저 호출이고, 더불어 한 번에 최대 10건의 동시 호출이 존재할 수 있음을 나타내는 정보가 덧붙여져 있다.

시스템의 요소와 외부 개체를 각각 UML 컴포넌트 아이콘으로 표현하고, 거기에 덧붙여 해당 요소의 본질을 명확하게 밝히는 데 필요한 이름이나 스테레오타입을 함께 표현해둔다(스테레오타입을 쓰면 표준 UML의 의미체계를 논리적이고 일관성 있게 확장해 개별 환경에 적합하게 만들 수 있다). 스테레오타입 중에서 특히 유용한 것으로는 《external》이 있는데, 해당 아이콘이 시스템 요소가 아닌 외부 개체임을 가리킨다. 하나 더 고르면 《infrastructure》도 있는데, 별개의 기능적 역할을 하는 시스템상의 기반구조 요소임을 가리킨다.

UML 인터페이스 아이콘은 시스템 요소에 붙어서 그 요소가 노출하는 인

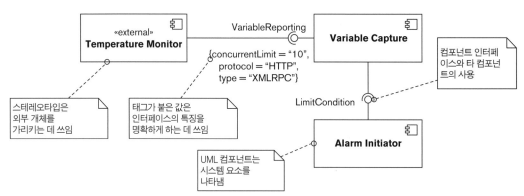

그림 17-1 UML로 나타낸 기능 구조 예제

터페이스를 나타낸다. 기능 뷰에서는 조그만 '막대사탕' 모양 인터페이스 아이콘이 커다랗게 스테레오타입이 붙은 클래스 아이콘보다 더 효과가 좋다는 사실을 알아냈다. 인터페이스의 타입을 서로 구분하려면 태그가 붙은 값의 모음이 연관된 스테레오타입을 정의함으로써 ('전송' 같은) 해당 인터페이스의 특징을 잡아내야 한다. 태그가 붙은 값을 활용해 인터페이스의 타입, 그 인터페이스에 접근하는 데 쓰이는 통신규약(있을 경우), 동시 사용자 및 접속 허용 수치를 기록해두면 인터페이스 분류를 하는 기초로 삼기에 좋다.

　　일단 요소와 인터페이스를 찾아내고 나면, UML 의존성 및 정보 흐름을 통해 인터페이스 사이에 존재하는 커넥터를 다음 예제에서 설명한 것처럼 나타낼 수 있다.

예제

그림 17-2에 제시된 UML 컴포넌트 다이어그램은 UML을 활용해 간단한 시스템의 기능적인 구조를 문서화한 예다. 고려대상 시스템에서는 웹 저장소 전면부(Web Shop으로 명명)를 고객에게 제공해 기존의 전사 소프트웨어 환경에 맞춰 온라인 상품 목록에서 상품을 구매할 때 활용할 수 있게 해뒀다(지면 관계상 시스템 컴포넌트와 그에 딸린 인터페이스에 대한 상세 설명은 생략했지만, 실제 모델에서는 이런 정보가 없으면 안 된다는 점은 명확하다).

　　모델을 보면 시스템은 (고객, 고객 관리 대표자, 상품 목록 관리자를 의미하는) 주요 사용자 세 종류와 (주문 처리 시스템을 의미하는) 하나의 외부 시스템을 합해 네 가지 외부 개체와 소통한다. 시스템은 (HTTP를 통한 HTML과 발행/구독 메시지 전송, LU 6.2 외부 인터페이스까지 포함해) 여러 종류의 커넥터를 통해 연결된 다섯 가지 주요 기능 컴포넌트로 구성돼 있다.

　　고객이 Web Shop에서 주문을 하면 Web Shop은 Product Catalog, Order Processor, Customer Information System과 상호작용한다. 상품 목록 관리자는 웹 기반 인터페이스를 통해 상품 목록을 관리하고, 고객 관리 대표자는 (Customer Care Interface라는) 별도의 인터페이스 클라이언트 프로그램을 통해 고객 정보를 관리한다. Product Catalog가 상품 목록에 있는 특정 상품의 재고 수준이 필요하면 (이미 존재하는) Stock Inventory상의 해당 정보에 접근한다.

　　컴포넌트 간 상호작용의 본질에 대해서도 몇 가지 깨달은 바가 있다. 최대 1,000명의 고객, 80명의 고객 관리 대표자, 15명의 관리자가 동시에 시스템에 접근하리란 사실을 알아냈다. 또한 Product Catalog와 Stock Inventory 컴포넌트 사이의 상호작용은 (아무래도 기

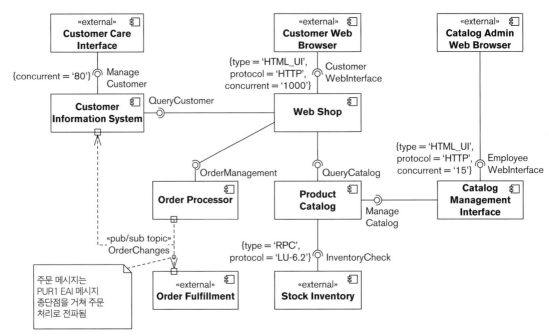

그림 17-2 UML 컴포넌트 다이어그램 예제

존에 채택된 기술로 인해) 특정 통신규약을 써서 이뤄짐을 밝혀놓았다. 이 예제에서 부가 정보가 붙지 않은 컴포넌트 간 통신은 모종의 표준 원격 프로시저 호출 형식을 통해 이뤄 진다고 가정할 수 있다(이에 대해서는 이미 어딘가 다른 곳에 명확하게 정의해놓은 것으로 가정한다).

이렇게 보면, 이 모델에서 짚어볼 만한 흥미로운 점으로 이 다이어그램에서 얻는 정보가 얼마나 명확하지 않은지가 있다. 컴포넌트의 책임이 명확하지 않고, 그에 딸린 인터페이스 의 세부사항도 명확하지 않으며, 컴포넌트가 상호작용하는 세부적인 방식도 명확하지 않 다. 이로 인해 글로 쓴 설명을 완성해서 다이어그램의 뒤를 받칠 필요가 있고, 시스템에 대 한 이해도 단 하나의 모델을 통해서가 아니라 여러 모델을 통해서 해야 할 필요가 있다는 인상을 얻었다(예를 들어, 컴포넌트 간 상호작용은 10장에서 설명했듯이 시스템 시나리오 모델화를 통해 드러나기도 한다).

■ 기타 공식 설계 표기법: 소프트웨어 개발에 쓰기 적합하도록 잘 정의된 설계 표 기법으로 UML만 있는 것은 아니다. (요돈^{Yourdon}, 잭슨 시스템 개발^{Jackson System}

Development, 제임스 럼버^{James Rumbaugh}의 객체 모델화 기술^{Object Modeling Technique} 등) 예전부터 있던 여러 구조적 표기법이 다년간 소프트웨어 개발 문제에 성공적으로 적용돼 왔다. 소프트웨어 설계 용도로 개발된 표기법을 사용하는 문제는 대체로 (대규모의 요소, 인터페이스 배치 선택안 등) 아키텍트에게 중요한 개념을 설명하는 데 취약점을 지닌 경향이 있다. 또한 예전 방법론은 오늘날에는 가르치거나 사용하지 않아서, 도구 지원도 기대하기 어렵고, 사람들 대부분에게는 UML 같은 일반적인 친숙함도 없다.

- 아키텍처 설명 언어^{ADL, architecture description language}: 소프트웨어 아키텍트가 고려하는 개념을 직접적으로 제공하는 언어는 일반적으로 ADL이라는 이름으로 알려져 있다. (Unicon, Wright, xADL, Darwin, C2, AADL을 비롯해) 많은 수의 ADL이 나와 있다. ADL이 지닌 가장 큰 매력은 (컴포넌트나 커넥트 같이) 아키텍처 설계에서 수집 및 근거를 제시해야 하는 사항 중 일부에 대해 원천적인 지원이 된다는 점이다. 하지만 거의 모든 ADL이 연구 환경에서 개발된 터라, 이해관계자의 친숙도 부족이나 상대적으로 협소한 범위('컴포넌트'와 '커넥터'만 표현 가능할 때가 많음), 필연적으로 발생하는 성숙된 도구 지원 부족을 포함해 여러 가지 실무적인 한계를 보이는 경향이 있다. 이런 이유로 인해, 수년간의 연구에도 불구하고 일상적으로 적용해서 만족스러웠던 ADL은 아직 한 번도 본 적이 없다.

- 선과 상자로 된 다이어그램: 많은 아키텍트가 임의로 만든 선과 상자로 된 표기법을 사용해 그린 기능 구조 다이어그램을 쓴다. 이런 다이어그램은 오직 기능적 요소와 그 인터페이스만 나타내고 요소와 그 요소가 사용하는 인터페이스 사이는 커넥터를 사용한다는 사실이 나타나도록 (대개는 화살표로 하고, 몇 가지 첨부 설명을 붙이기도 하는 등) 명확한 시각적 장치를 써서 연결한다. 다른 임의 표기법과 마찬가지로 혼란을 피할 수 있게 표기법의 의미가 명확히 정의돼 있어야 한다.

예제

그림 17-3 같이 선과 상자로 된 다이어그램은 대안적이고 덜 형식적이면서 한결 사용자에게 친숙할 수도 있는 방식으로 앞의 예제에 나온 시스템을 표현할 수 있다.

이 모델에서는 자체적인 표기법을 정의했다. 기능적인 요소는 사각형으로 표현하고 그 요소 사이의 연결은 선으로 표현하며, 화살표는 정보가 흐르는 방향을 가리킨다. 외부에서 사용자와 접하는 인터페이스는 컴퓨터의 모니터처럼 보이게 해둔 아이콘으로 표현했고 외부의 뒷단 시스템은 모서리가 둥근 사각형으로 표현했다. 데이터 저장소는 원통처럼 보이는 아이콘으로 표현했고 (인터넷이나 메시지 버스 같은) 기능적인 인터페이스는 구름 모양 아이콘으로 표현했다. 시스템의 범위는 점선 사각형으로 둘러싸인 요소들로 국한된다.

선과 상자로 된 다이어그램이 지닌 이점은 비기술적인 이해관계자, 특히 사업적인 사용자와 후원자가 이해하기 쉽다는 점이다. 이런 모델은 시스템의 특성과 이점을 기술적인 세부사항에 얽매이지 않고 이해관계자에게 과시할 수 있는 소중한 도구다. 선과 상자로 된 다이어그램은 더욱 자세하고 엄격한 UML 모델의 앞에다 내세워서 활용하면 좋다.

선과 상자로 된 다이어그램이 UML 모델보다야 형식성이 덜하다는 데는 이견의 여지가 없지만, 이를 허술함에 대한 핑계로 삼아서는 곤란하다. 특히나 아키텍처 정의 초기에는 사용할 다이어그램에 대한 표준적인 표기법을 정의해두고 그 표기법을 계속 고수해나가야 한다. 요소를 모델화하는 원래의 목적을 가리키는 아이콘을 만들어보기 바란다(가령, 그림 17-3에 나온 원통 아이콘이 데이터 저장소를 모델화하는 데 자주 쓰인다).

이런 모델에는 언제나 요소와 그 요소 사이의 인터페이스에 대한 정의를 표준적인 방식으로 표현해서 덧붙여야 한다.

- 스케치: 스케치를 사용하면 형식성이 다소 완화된 느낌을 주는데, 이는 시스템에서 중요한 뷰의 각 측면을 표현하려면 필요한 임의적인 표기법을 도입하면서 얻는 효과다. 스케치는 뷰에서 필수적인 측면을 비기술적인 이해관계자에게 효과적으로 전달하고자 할 때 필요하다. 이 접근법의 문제로는 뷰 정의의 질 저하와 이해관계자에게 혼동을 초래할 수 있다는 점이다. 선과 상자로 된 다이어그램이라면 스케치를 활용해 (UML 같이) 좀더 형식을 갖춘 뷰 표기법을 보강하고 이해관계자 집단마다 다른 표기법을 활용함으로써 이런 문제의 바닥을 다지면 된다.

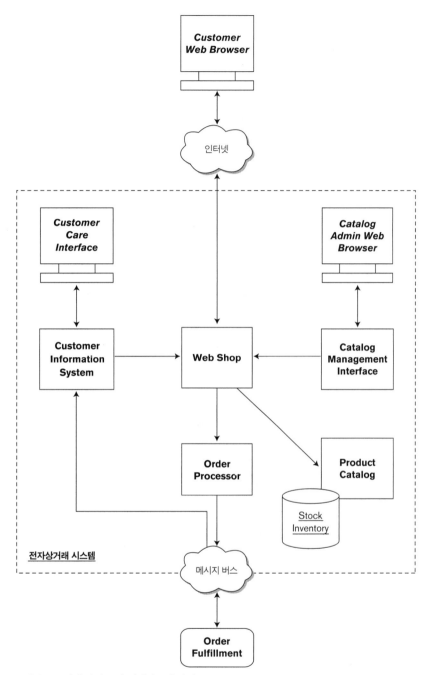

그림 17-3 선과 상자로 된 다이어그램 예제

절차 지향적인 요소 상호작용을 표현하는 일은 상대적으로 단순하지만, (발행/구독 메시지 전달 시스템을 통해 요소가 연결되는 상황에서 등장하는) 메시지 지향적인 상호작용을 모델화하는 일은 상당히 어렵다.

메시지 지향적인 인터페이스는 (대개 메시지 지향적인 미들웨어의 일부인) 메시지 분산 방식을 기능 요소로 나타내고 다양한 메시지 출발지와 도착지 요소를 이와 연결해서 모델화하곤 한다. 이렇게 하면 요점을 짚을 수는 있지만, 시스템 내의 전반적인 메시지 흐름을 파악하기는 어렵다. 더 나은 방법은 원래 갈런드와 앤서니[GARL03]에서 제시한 것으로, 포트와 정보 흐름을 사용해 시스템 요소 사이에서 일어나는 메시지 지향적인 상호작용을 모델화하는 방법이다.

포트 표기법은 원래 실시간 시스템 진영에서 나온 것으로, 거기서는 메시지의 출발지나 도착지를 추상적으로 표현하는 데 포트를 쓴다. 포트 표기법은 UML2 버전에서 한층 일반화됐고, 그 활용처로 시스템 내의 메시지 전달을 명확하게 나타내는 용도를 생각해볼 수 있다.

예제

포트와 정보 흐름을 메시지 전달에 사용하는 예제로 그림 17-4에 나온 UML 모델이 있다.

이 다이어그램은 한 시스템 요소(Price Calculator)에서 가격을 계산해서 비동기 메시지를 통해 다른 시스템 요소에게 분산시키는 어느 금융 기관의 가상적인 시스템의 일부를 보여주고 있다. 시스템 요소에 붙어 있는 작은 상자들은 포트를 나타낸다. Price Calculator에 붙어 있는 것은 (메시지를 만들어내는) 출력 포트이고, 나머지 요소에 붙어 있는 것들은 (메시지를 받아들이는) 입력 포트다. 요소 사이의 메시지 흐름을 가리키는 데 UML2 정보 흐름 커넥터가 사용되면서, 스테레오타입을 써서 사용된 메시지 전송의 유형을 나타내고 '전달된 정보' 첨부설명을 써서 그 메시지의 유형을 기록해뒀다(예제에서는 발행/구독 메시지 전달 및 'Prices'가 해당된다).

메시지 지향적인 상호작용을 별도 표기법을 써서 묘사할 때는 같은 다이어그램에 절차 지향적인 요소 상호작용도 한꺼번에 넣어도 혼란이 생길 염려가 없다. 또한 이런 기법을 한층 수준 높은 메시지 전달 시스템인 EAI 아키텍처를 구현하는 시스템 같은 곳에 써도 된다.

앞에서 얘기했듯이, 기능 뷰는 시스템의 기능적인 요소만을 설명한다는 사실

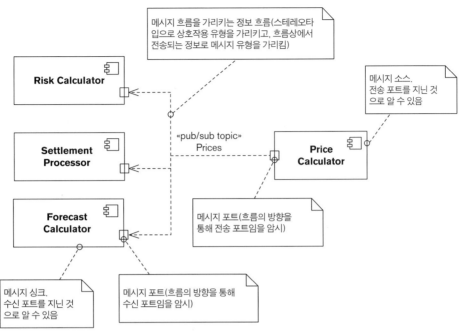

메시지 흐름을 가리키는 정보 흐름(스테레오타입으로 상호작용 유형을 가리키고, 흐름상에서 전송되는 정보로 메시지 유형을 가리킴)

메시지 소스.
전송 포트를 지닌 것으로 알 수 있음

«pub/sub topic»
Prices

메시지 포트(흐름의 방향을 통해 전송 포트임을 암시)

메시지 싱크.
수신 포트를 지닌 것으로 알 수 있음

메시지 포트(흐름의 방향을 통해 수신 포트임을 암시)

그림 17-4 메시지 전달 상호작용 모델의 예제

을 명심해야 한다. 기능 뷰에 배치, 동시성, 기타 시스템의 다른 측면을 표현할 표기적인 항목이 필요하다면, 그 뷰가 과밀해졌다는 뜻이 된다.

참고: 시스템 설계 표기법을 얘기할 때 SysML이라는, UML2의 기반이 된 시스템 공학용 설계 언어의 존재도 함께 언급할 가치가 있다(SysML은 실제로도 UML2 프로파일로 정의됐다). 수년간 SysML의 개발을 지켜봐 왔고, 시스템 공학 분야에 종사하는 이들에게 유용한 도구임을 의심하지 않지만, 정보 시스템 설계에 있어 SysML이 UML2보다 나았던 적은 한 번도 없었다. SysML은 시스템 공학자가 하드웨어, 소프트웨어, 인력, 설비, 기타 초대규모 시스템의 다양한 측면을 통합할 필요가 있는 환경에 주로 맞지, 단일 정보 시스템을 설계하는 문제에 초점을 맞춘 환경에는 맞지 않는다. SysML에 대해 더 많이 알아보고 그 진화 과정을 살펴보려면 웹사이트 sysml.org, omgsysml.org, sysmlforum.com이 좋다.

활동

요소 식별　　다음과 같은 단계를 거쳐 기능 요소를 식별할 수 있다.

1. 기능 요건을 살펴보고, 핵심적인 시스템 수준 책임을 도출한다.

2. 찾아낸 책임을 수행할 기능 요소를 찾아낸다.

3. 찾아낸 묶음을 원하는 설계 요건을 기준으로 평가한다.

4. 기능 구조가 안정화됐다는 판단이 설 때까지 반복해서 정제한다.

물론 일부 요소는 기존에 이미 정의가 돼 있을 텐데(가령 소프트웨어 라이브러리, 소프트웨어 패키지, 기존 시스템이나 하위 시스템 등), 이런 경우에 이런 요소에 대해서는 찾아내거나 설계하는 절차가 아니라 이해하는 절차가 된다.

기능 요소 묶음을 정제하다 보면 기능 구조에 대해 하나 이상의 정제본이 나온다.

- 일반화: 여러 요소에 걸친 공통적인 책임 몇 가지를 찾아내서 해당 작업을 수행하는 용도로 시스템 전체에 걸쳐 재사용 가능하도록 한결 일반적인 요소 몇 개로 만들어낸다. 일반화는 규모가 더 큰 전사적 아키텍처나 제품군 아키텍처에서 여러 유사한 제품이나 시스템에 걸쳐 소프트웨어 자산을 재사용할 때 특히나 중요하다.

- 분할: 크고 복잡한 요소를 여러 개의 작은 하위 요소로 쪼갠다. 대규모 시스템에서는 최상위 수준의 기능 요소는 관리가 좀 더 수월한 하위 시스템 수준의 요소로 쪼개서 설계 및 구축할 수 있게 해야 할 때가 많다.

- 결합: 여러 개의 작은 기능 요소를 해당 기능들을 모두 담은 커다란 요소 하나로 대체한다. 결합은 일반적으로 많은 수의 작지만 유사한 기능 요소를 찾아냈을 때 사용한다. 이런 경우, 아키텍처적 관점에서 작은 요소를 하나의 커다란 요소로 대체함으로써 작은 요소 사이에 존재하던 공통점을 묶어서 따로 뽑아내고 시스템에서 필요한 상호작용의 횟수를 줄일 수 있다.

- 복제: 시스템 요소나 처리 작업의 일부를 복제한다. 예를 하나 들면 데이터 검증이 있는데, 여기서는 들어오는 데이터를 검증할 요소를 찾아낸 후 시스템의 외부 인터페이스 여러 개에 걸쳐 이를 복제해둔다. 복제를 하면 성능에서 이점이 생기겠지만, 복제된 컴포넌트들 사이에 일관성이 유지되도록 주의를 기울여야만 한다.

아키텍처 스타일을 활용해 설계 절차를 이끄는 경우에는, 시스템 수준의 책임을 스타일상의 요소에 할당하는 식으로 스타일을 인스턴스화해야 하므로 절차가 살짝 다르다. 이 활동은 다음 단계인 책임을 요소에 할당하는 부분과 밀접하게 관련돼 있다.

이 책에서는 요소를 찾아내는 과정에 대해서는 상세히 언급하지 않을 텐데, 이 작업을 하는 데는 여러 가지 방식이 있고, 어떤 방법을 써야 올바른지는 시스템의 종류와 활용할 소프트웨어 개발 접근법에 달려 있기에 그럴 수밖에 없다(절차적 접근법, 객체지향 접근법, 컴포넌트 기반 접근법은 각자 다른 방식으로 컴포넌트 식별에 영향을 미친다). 이번 장의 '더 읽을거리' 절에 요소 식별을 다룬 자료를 얻을 수 있는 출처가 나와 있다.

책임을 요소에 할당　일단 요소 후보를 찾아내고 나면, 다음에 할 활동은 명확한 책임을 요소에 할당하는 일로, 이는 곧 요소가 관리할 정보와 시스템의 다른 부분에 제공할 서비스, 초기화 활동으로 이뤄진다. 이 작업은 이전 단계에서 마쳤을 수도 있지만, 마치지 않았다면 이번 단계에서 하면 된다.

예제

표 17-3을 보면 앞에 나온 예제에서 설명한 전자상거래 시스템의 책임이 2개의 요소에 할당돼 있다.

표 17-3 요소 책임 예제

요소 분류	책임
Web Shop	• 고객이 웹 브라우저로 접근할 수 있는 HTML 기반의 사용자 인터페이스를 제공한다. • 고객 인터페이스 세션과 관련된 모든 상태를 관리한다. • 시스템의 다른 부분과 상호작용해서 고객이 상품 목록과 재고 수준을 확인하고, 상품을 구매하며, 자신들의 고객 정보를 확인할 수 있게 해준다.

(이어짐)

요소 분류	책임
고객 정보 시스템	• 시스템의 고객에 대한 지속적인 정보를 모두 관리한다. • 고객은 자기 정보를 볼 수 있게 돼 있으므로 자신에게 속한 정보를 꺼내는 데 사용할 수 있도록 질의 전용 인터페이스를 제공한다. • 프로그램 용도의 정보 관리 인터페이스를 제공해 고객 정보 관리 애플리케이션을 만드는 데 사용한다. • 이벤트 위주 메시지 처리 인터페이스를 제공해 고객이 낸 주문의 세부 내용과 그 주문의 상태 변화를 받아들인다.

인터페이스 설계　　요소가 제공하는 서비스는 잘 정의된 인터페이스를 통해 접근토록 할 필요가 있다. 인터페이스 정의에는 반드시 인터페이스에서 제공하는 동작이 들어가야 하고, 입력 값, 출력 값, 사전조건, 각 동작의 효과도 들어가야 하며, (메시지 전송, 원격 프로시저 호출, 웹 서비스 등) 인터페이스의 성격도 들어가야 한다.

요소에 딸린 인터페이스를 만들어낼 때 고려하면 좋은 접근법으로 조건에 따른 설계^{Design by Contract}라는, 원래는 버트런드 메이어가 객체지향 시스템에서 인터페이스를 개발하는 용도로 만든 인터페이스 설계 방법이 있다. 이 접근법에서는 사전조건, 사후조건, 불변식을 활용해 동작이 하는 행위와 그 주변의 관계를 정교하게 정의해놓은 '조건'을 통해 인터페이스를 정의한다.

인터페이스 정의에 알맞은 표기법은 (구현 기술, 개발 팀의 배경, 설명 대상 인터페이스의 종류 같은 요인을 고려했을 때) 인터페이스의 유형 및 누가 그 정보를 이해할지에 따라 달라진다. 몇 가지 공통적인 인터페이스 정의 표기법은 다음과 같다.

- 프로그램 언어: 프로그램 언어를 사용해서 곧바로 인터페이스를 정의함으로써 동작의 호출규약을 문장이나 언어에서 제공하는 단정^{assertion}과 함께 정의해 동작의 의미체계를 정의할 수도 있다. 이 방법은 간단한 반면 특정 프로그램 언어에 국한된 스타일, 가정, 한계에 묶이는 문제가 있다. 이는 아주 바람직한 상황은 아닐 텐데, 여러 가지 기술을 사용할 때 특히나 그렇다. 이 접근법이 특히 잘 맞는 곳으로는 프로그램 라이브러리가 있고 그 외에도 시스템이 하나의 거대한 프로그램 산출물인 상황이나 하나의 프로그램 언어만 사용해서 전체 시스템을 구현하는 상황에도 잘 맞는다.

- 인터페이스 정의 언어^{IDL, Interface definition language}: 전문적인 IDL은 여러 언어가 섞인 분산 시스템 기술을 지원하기 위해 개발돼 왔다(그 결과 CORBA용 IDL, 닷넷용 IDL, 웹 서비스용 WSDL 같은 것이 존재한다). 이런 언어는 구현 기술에 독립적인 데다 프로그램 언어를 쓸 때보다 한결 간단하면서도 아키텍처적인 인터페이스를 정의하는 데는 더욱 잘 맞는 수단을 제공한다. 관심이 있는 이해관계자가 이들 언어를 읽을 수 있다면(또는 읽을 수 있게 가르칠 수 있다면), 동작의 호출 규약을 정의하는 데 있어 훌륭한 선택지가 된다.

- 데이터 지향적인 접근법: 인터페이스는 순전히 교환되는 메시지의 관점에서만 설명할 수도 있다. 이런 유형으로 인터페이스 정의를 한 사례로는 메시지 교환 시스템을 통해 접근하는 인터페이스나, 구조화된 문서 교환의 관점에서 정의해놓은 인터페이스(예: XML 스키마를 사용해 메시지를 정의한 문자 지향적인 웹 서비스 기반 인터페이스)가 있다. 이 접근법은 동작을 호출하는 관점보다는 업무 이벤트를 교환하는 관점에서 이벤트 기반 인터페이스를 정의할 때 특히나 잘 맞는다.

어떤 표기법을 사용해 인터페이스를 기술하든 간에, 인터페이스는 동작을 호출하는 방법을 단순히 정의한 것보다 훨씬 더 비중 있는 무엇이라는 사실을 기억해야 한다. 안타깝게도 여기서 설명한 그 어떤 방법도 인터페이스의 의미체계를 정의할 수단을 갖춘 것은 없고, 따라서 인터페이스를 깔끔하게 정의하는 일 또한 자연 언어나 객체 제약 언어^{OCL, Object Constraint Language} 같은 전문적인 언어를 쓰지 않으면 의미체계 정의가 어렵다. 인터페이스를 정의할 때는 반드시 각 동작의 사전 및 사후조건을 정확하게 밝히고 해당 동작을 어떤 식으로 결합해야 유용한 기능을 수행할 수 있는지도 (예제와 함께) 적시해둬야 한다. 이렇게 하지 못하면 인터페이스를 사용하는 시점이 됐을 때 심각한 문제가 생길 여지가 많다.

커넥터 설계　　시스템에 부여된 목표를 이루기 위해서는 시스템의 요소를 적시할 필요가 있고, 요소의 책임을 식별하고 나면, 필시 요소에 주어진 책임을 구현하기 위해 상호작용이 필요함을 언급하게 된다. 이런 상호작용은 사용 주체 요소를 사용 대상 요소에서 제공하는 인터페이스로 이어주는 모종의 커넥터를 거쳐 이뤄진다. 어떨 때는 필요한 커넥터의 타입이 (단순한 프로시저 호출처럼) 그 자체로 명확하기도 하지만, 어떨 때는 동기적 또는 비동기적 통신이 필요한지 여부, 커넥터에서 필요한 복원성, 상호작용할 때 수용 가능한 지연시간 등에 대해 심사숙고할 필요가 있다. 아키텍처에서 필요한 요소 간 통신 경로가 생길 때마다, (RPC, 메시지 교환, 파일 전송, 기타 방식으로) 이를 지원할 수 있게 모델에 커넥터를 하나씩 추가한다.

기능상의 추적용이성 점검   시스템의 요건 문서에는 시스템이 제공해야 하는 여러 기능이 정의돼 들어간다. 아키텍트는 추적용이성 점검을 통해 제안된 기능 구조로 기능 요건을 모두 충족할 수 있는지 확인해야 한다. 이런 분석을 하다 보면 기능 구조 모델에서 빠진 기능이나 불완전한 기능이 드러날 때가 많다. 이런 내용을 정식으로 수집할 필요가 있을 때는, 대개 해당 요건과 관련된 책임을 지는 기능 모델 요소들이 상호 참조하는 기능 요건 표를 작성해 추적용이성 분석 결과를 제시한다.

공통 시나리오 검토회의   이해관계자와 함께 하는 공통적인 시스템 사용 시나리오에 대한 검토회의를 하면서 기능 뷰를 사용해 각각의 경우에 시스템이 어떤 식으로 행동할지 묘사하면 매우 값지고 빛나는 일인데, 이 작업을 시험자, 개발 팀, 시스템 관리자와 함께 하면 특히나 유용하다. 이렇게 검토회의를 할 때는 해당 시나리오를 구현하기 위해 시스템의 요소가 어떤 식으로 상호작용할지 아키텍트가 설명해줘야 한다. 요소가 누락되는 등 아키텍처적인 취약점이나 몰이해는 이런 과정을 거치면서 드러나기 마련이다. 이런 검토회의는 14장에서 소개했던 더욱 큰 틀의 아키텍처 평가 업무의 일부를 이룬다.

상호작용 분석   과도한 요소 간 상호작용의 영향을 생각해보면, 공통적인 처리 시나리오를 거치면서 채택된 다수의 요소 간 상호작용이라는 관점에서 선택된 구조를 분석해보는 것도 쓸모가 있다. 기능 구조를 정제해서 기능적인 컴포넌트의 응집성을 해치지 않고도 요소 간 상호작용을 최소한도로 축소하다 보면 대개는 응집성이 있으면서도 느슨하게 결합된 요소를 갖춘, 잘 구조화된 시스템이 도출된다. 상호작용 분석을 수행할 때면, 통해 요소 간 상호작용을 줄이다가 원치 않는 중복이나 부적절한 요소 분할이 동반된 왜곡된 시스템 구조가 나오지 않게 하기 위해 절충을 할 필요가 생긴다.

유연성 분석   성공한 시스템은 언제나 변경 압력을 받는다. 이런 현실을 감안하면, 과제 진행 시 되도록 이른 시기에 변경에 대해 아키텍처를 얼마나 유연하게 만들어야 하는지 고려해둬야만 한다. 시스템의 기능 구조는 정보 시스템의 유연성에 가장 큰 영향을 주는 요인에 속한다. 나중에 시스템에 일어날 가능성이 있는 변경의 영향을 드러내주는 '가설what if' 시나리오 몇 가지를 검토해보면 유용하다. 이 지점에서 공통적으로 발생하는 문제는 이런 변경 분석에서 제기된 변경이 상호작용 분석을 통해 제안된 변경과 충돌한다는 사실이다. 따라서 이런 두 가지 요인을 아키텍처 평가 프로세스에서 절충을 함으로써 시스템에 적합한 균형점을 찾고, 사용될 일이 전혀 없을 복잡도를 갖추느라 설계에 부담을 주는 일을 피하는 게 중요하다. 다시 말하지만, 이런 내용을 평가하는 일은 아키텍처 평가 활동의 일환으로, 설계에 있어 이런 측면은 28장에서 더 다루게 된다.

▌문제점 및 함정

질 낮은 인터페이스 정의

많은 아키텍트가 요소, 책임, 요소 간 관계에 대해 잘 정의하지만, 커넥터나 인터페이스 정의가 전체적으로 잘 안 된다. 요소 사이의 인터페이스를 정의하는 일은 따분해지기 일쑤다. 그래도 시스템에 필요한 가장 중요한 작업에 속한다. 인터페이스를 잘 정의해두지 않으면, 하위 시스템 개발 팀들 사이에서 커다란 오해가 생기고, 빌드 오류부터 명백하게 잘못된 시스템 행위는 물론, 미묘하면서도 간헐적인 시스템 신뢰 저하에 이르기까지 온갖 문제가 생기기 마련이다.

위험 경감 방안

- 인터페이스와 요소 간 커넥터를 명확하게 그리고 되도록 조기에 정의한다.
- 인터페이스와 커넥터를 자주 검토해서 확실히 이해한다.
- 인터페이스를 설계하기 전까지는 요소 정의가 완료됐다고 생각하지 않는다.
- 인터페이스 정의에 동작과 의미체계는 물론, 되도록이면 예제까지 포함되게 한다.

책임에 대한 이해 부족

두어 개의 핵심 시나리오에 심하게 집중하면서 기능 요소가 이런 맥락 안에서만 존재한다고 간주하기 십상이다. 요소에 할당된 모든 책임을 정의하지 않았다면(그리고 추적가능성 분석을 수행하지 않았다면), 개별 기능 요소가 정확히 무슨 일을 하면 되는지에 대해 아직도 수많은 혼란이 남아 있을 가능성이 있다. 이로 인해 나중에 문제가 발생하는 일이 많다. 즉, 하위 시스템 사이에 틈이 생겨서 기능이 빠지거나 두 하위 시스템 개발 팀이 모두 자기네 책임의 일부라 생각해서 기능을 중복해서 만들게 된다.

위험 경감 방안

- 요소의 책임을 되도록 이른 시기에 공식적으로 정의해둔다.
- 요소의 책임에 대해 공식적으로 정의하고 합의를 보기 전에는 개발 과정상 요소 설계 단계로 넘어가지 못하게 한다.
- 모든 구현자가 자신이 맡은 영역이 어디까지인지(그리고 왜 거기까지인지) 이해하게 한다.
- 모든 요건이 그 요건을 구현할 요소와 대응되게 한다.

기반구조를 기능 요소로 모델화

일반적으로 기반구조를 기능 요소로 모델화하면 안 된다. 기반구조를 기능 뷰에 넣으면 유용한 정보가 추가되기는커녕 혼란만 가중될 뿐이다. 기반구조는 정상적으로는 기능 요소 내부에 숨겨둔 채, 배치 뷰에서 그 기능구조를 좀 더 상세하게 정의하면 된다. 기반구조 요소는 그 역할이 기능 뷰가 작동하는 방식을 이해하는 데 중요한 경우에만 포함시켜야 한다(예를 들어 메시지 전달 게이트웨이가 몇 가지 기능적인 처리를 수행하는 경우에는 포함시켜도 되겠지만, 애플리케이션 서버를 사용한다고 해서 이를 포함시켜 뭔가 가치 있는 정보가 추가되는 경우는 거의 없다).

위험 경감 방안

- 최초의 요소 모델 만들 때부터 기반구조 요소를 모델화하는 일은 피해야 한다. 시스템이 처리하고자 하는 문제를 해결하는 데 일익을 담당하는 기능 요소에 집중해야 한다.
- 처리할 문제 영역과 관련이 있는 이름이 붙지 않은 요소에 대해서는 의문을 제기한다.
- 구체적인 기반구조 관심사항은 다른 뷰(대개는 배치 뷰)에서 처리한다.

과밀 뷰

기능 뷰는 AD의 기틀이자 구조화에 있어 가장 기본적인 장치인 경우가 많다. 하지만 이러다 보면 하나의 중심 뷰가 아니라 전체 뷰가 된다는 점을 인식해야 한다. 상황을 더욱 명확하게 만들겠다는 의도로 기능 뷰에 배치 정보 또는 동시성 정보를 추가하거나 기타 아키텍처적인 측면을 추가하면서 뷰를 과밀하게 만들고 싶은 유혹이 일 때가 많다. 복합 뷰를 도입할 때는 결정을 명확하게 해야 한다. 기능 뷰가 그저 시스템의 여러 측면을 모아서 과밀한 문서가 되도록 방치해서는 안 된다. 이런 문서는 이해하기 쉬울 리가 없고 따라서 활용성도 제한된다.

예제

그림 17-5를 보면 과밀 뷰가 의미하는 바가 설명돼 있다.

이 모델에는 (설사 글로 된 설명으로 다이어그램을 잘 뒷받침해서 온전한 모델을 만들었다 하더라도) 여러 가지 문제가 있다. 이 다이어그램은 확실히 UML2와 관련이 있지만, Socket Library 상자에서 Web Server 상자로 이어진 점선과 '서버 노드' 상자 내부에 그어진 점선 등, 임의적인 표기법이 여러모로 들어가 있다. 이로 인해 다이어그램이 의미하는 바를 제대로 알기가 어려워 직접 그린 아키텍트에게 물어보는 수밖에 없다. 그러나 몇 가지 문제는 남지만, 자체적으로 계속 진행해볼 만큼 파악은 해볼 수 있다.

- 시스템은 판매자에게 (휴가일이나 비행편 같은) 무언가를 예약할 때 쓸 인터페이스를 제공한다.
- (사용된 명칭으로 보아 EJB인 듯한) 서버 측 컴포넌트 몇 가지를 통해 서버 컴퓨터상에서 무언가를 구현한다. 하지만 어떤 컴포넌트가 존재하는지는 알지 못하고, 그저 (가정컨대) 무언의 집단이 있다는 것만 안다.

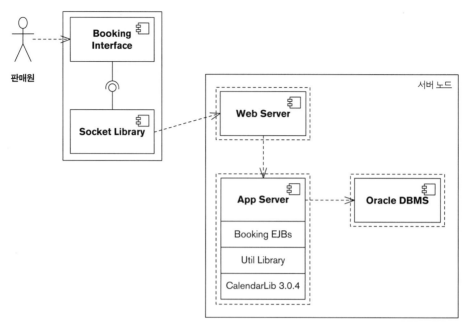

그림 17-5 과밀 뷰

- 서버 컴포넌트는 구현에 유틸리티 라이브러리를 사용했고, 그 유틸리티 라이브러리는 달력 라이브러리를 (가정컨대 일자에 대한 전문적인 달력 처리 용도로) 사용한 것으로 나타난다. 이는 해당 컴포넌트 설계에 계층화된 모델이 계획돼 있다는 뜻이다.
- 서버 컴포넌트상에서 몇 개의 프로세스가 돌아가는데, 하나씩 짚어보면 웹 서버용으로 하나, 애플리케이션 서버용으로 하나, 오라클 데이터베이스 관리 서버용으로 하나가 있다(점선을 운영체제상의 프로세스로 해석했다).

이런 류의 정보는 모델을 통해 알아낼 수 있지만(그리고 가정컨대 아키텍트와 얘기할 수 있었다면 표기법에 대해서도 알아낼 수 있었겠지만), 진짜 문제는 다이어그램 과밀화에서 생긴다. 다이어그램을 맨 처음 이해할 때조차도 기능적 구조, 여러 기계에 걸친 배치, 동시성, 소프트웨어 설계 제약사항 등에 대해 고려할 필요가 있다. 이런 사항은 모두 별개의 관심사항으로, 추상화 수준도 다르고, 관심이 있는 이해관계자도 다르다. 이로 인해 이 중에서 제대로 명확하게 처리되는 관심사항이 없는 데다, 모델마저도 십중팔구 개발자와 시험자 외에는 그 어느 이해관계자도 활용할 수 없을 것이다(또한 개발자와 시험자조차 자신들의 관심사항에 대해 더 자세한 세부사항이 필요할지도 모른다).

모델 과밀화가 일어나는 원인으로는 표기법이 혼란스러운 탓도 있으리라. 서로 관련이 없는 개념 몇 가지를 하나의 다이어그램에 표현할 필요가 있다고 해서 다이어그램에 과밀한 기능을 집어넣고 표기법적인 혼란을 피하기란 여간 어려운 일이 아니다.

위험 경감 방안

- 기능 요소와 그에 딸린 인터페이스 및 커넥터에 관련된 항목만 남겨두고 그 외에는 기능 뷰에서 모두 제거한다.
- 이 책에서 정의한 다른 시점에 기반한 그 밖의 뷰를 작성해서 아키텍처의 다른 측면을 설명한다.
- 다른 뷰들을 병렬로 만들고 뷰들 사이에 상호 참조를 함으로써 아키텍처의 다른 측면을 보여준다(이에 대해서는 23장에서 논의한다).

요소 정의가 빠진 다이어그램

특성상 원래부터 구조적인 (기능 구조 모델 같은) 모델을 만들 때는, 모델의 구조를 표현하는 다이어그램을 그린 다음에 모델에 등장한 개체를 제대로 정의하지 않은 채 주변적인 사항으로 옮겨가는 경향이 있다. 모델에 등장하는 요소 하나하나를 주의 깊게 정의하는 과정이 따분할 수 있지만, 이 일을 제대로 해놓지 않은 모델은 의미가 없다.

위험 경감 방안

- 모델에 요소를 추가하면 그 요소를 정의하고, 이해관계자와 함께 검토해서 그 정의가 정확하고 명확하게 됐는지 점검한다.
- 모든 요소가 올바로 정의되기 전까지는 모델이 완성됐다고 치부하지 않는다.

여러 이해관계자의 요구 중재 난항

기능 뷰가 중심적인 역할을 한다는 것은 대부분의 이해관계자가 여기에 관심이 있다는 뜻이다. 이로 인해 기능 뷰의 모습을 잡을 때 심각한 문제, 즉 어떻게 이들 다양한 유형의 이해관계자 모두에게 무언가 의미 있는 뷰 설명서를 만들어내는가 하는 문제에 봉착할 수 있다. 최종 사용자, 개발자, 시스템 관리자, 기타 모든 집단이 저마다 특정한 관심과 요구를 지닌 상태에서, 아키텍트는 이들과 제각각 다른 방식으로 소통할 필요가 있다. 이들 모두에게 알맞은 단일한 모델이나 표기법을 찾아내기가 어려울 때가 많다.

위험 경감 방안

- 이해관계자마다 다른 모델화 언어를 사용한다. 일반적으로는 이해관계자를 2개의 큰 집단, 즉 기술적인 이해관계자와 비기술적인(사업적인) 이해관계자로 나눈다.

- 기술적인 이해관계자와는 (기능 구조 모델 같은) 1차적인 아키텍처 모델을 사용해 효과적으로 소통이 가능하다. 표기법에 대해 약간의 설명을 덧붙여야 할 수도 있지만, 전체적으로 보면 기술적인 이해관계자는 이런 모델을 이해한다.

- 비기술적인 이해관계자는 1차적인 아키텍처 모델을 잘 이해하지 못하므로, 1차적인 모델을 바탕으로 단순화된 모델을 만들어줄 필요가 있다. 이럴 때는 (12장에서 설명한 스케치 같은) 덜 기술적인 표기법에다 짤막한 글로 된 설명을 덧붙이면 더욱 효과적인 소통 수단이 될 때가 많다.

잘못된 상세화 수준

기능 뷰를 작성할 때 언제나 나오는 질문은 언제 마치냐는 것이다. 기능 분석 과정이 너무 상세해지고 요소 계층을 너무 많이 정의했다면, 이는 아키텍처적으로 중요한 부분만 설계하는 것이 아니라 소프트웨어 전체를 설계하고 있는 것으로 봐야 한다. 이러면서 진짜 문제가 생길 수도 있는데, 비근하게는 개발 팀으로부터 얻는 입력물이 부족한 문제가 있다. 반대로 세부사항을 충분히 넣지 않으면 사람들이 아키텍트의 구상을 제대로 알아보지 못하고 또 시스템이 필요한 품질을 제대로 갖추지 못하게 될 수도 있다. 확실히 이 문제를 간단히 풀 수 있는 해결책은 없고, 상황에 따라 다르게 풀어야 한다.

위험 경감 방안

- 경험에 비춰보면, 요소를 두세 단계 이상으로 수준을 나눠서 정의해야 하는 경우라면, 최상위 수준에 위치한 기능 요소가 8~10개를 넘어가지 않는다고 전제했을 때 문제가 생길 수 있다. 따라서 되도록이면 상세화 수준이 이 선을 넘지 않게 해야 한다.

- 또 다른 위험 신호로 작업 내용이나 기능 요소의 내부 구조에 대해서도 기능 뷰 모델의 세부사항에 넣는 모습을 들 수 있다. 시스템이 매우 클 경우에, 요소 차원에서 모델화하기보다는 시스템 집단으로 모델화하면 문제 해결이 가능하다.

'만능 요소'

소프트웨어 설계자는 하나의 거대한 객체가 가운데 있고 그 주변에 수많은 작은 객체가 붙어 있는 객체지향 설계를 자주 본다. 이런 현상을 흔히 '만능 객체' 문제라 부른다. 이런 상황의 이면에 존재하는 문제는 대개 설계 요소 사이에 적절하게 책임을 나누지 못한 것으로, 큰 객체(주로 '매니저'로 불림)가 실제 전체 프로그램이고, 작은 객체들은 그저 그 큰 객체가 사용하는 데이터 구조에 지나지 않을 때가 많다. AD에서 이와 매우 유사한 문제가 있는데, 특히나 (상호작용 분석의 결과로) 너무 열정적으로 뭉치다 보면 이런 문제가 생긴다.

이 문제로 인해 만능 요소가 지나치게 복잡하고 이해하기도 어려워져 시스템 보수가 어려운 상황이 벌어진다. 또한 이런 단일 컴포넌트의 특성에 따라 시스템 품질 속성이 좌우된다. 이로 인해 성능, 신뢰성, 확장용이성 같은 관련 문제 역시 모두 다 이 하나의 시스템 요소에 대한 변경이 필요해 해결이 어려워진다.

예제

그림 17-6에 나온 UML 요소 다이어그램을 보면 시스템 내에 만능 요소가 존재할 가능성이 높은 유형의 구조가 설명돼 있다.

이 상황에서 고객 관리 시스템 요소는 만능 요소의 주된 특징을 드러내고 있는데, 여기를 보면 거의 모든 요소 간 상호작용에 이 만능 요소가 동원되고 있다. 이 구조를 보면, 고객 관리 요소에는 시스템의 기능이 너무 많이 담겨 있는 데다 너무 많은 시스템 요소에 의

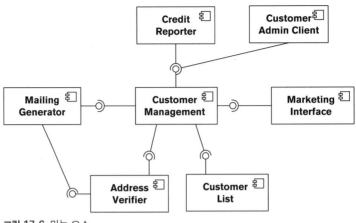

그림 17-6 만능 요소

존하고 있다. 시스템을 재분할해서 기능을 좀 더 균형 잡히게 분배하는 것이 맞다.

위험 경감 방안

- 시스템 수준의 책임을 주요 요소들 사이에서 균일하게 분배할 요량을 한다. 지침을 제시해보면, 50% 이상의 시스템 책임이 25% 이하의 기능 요소에 집중됐다면, 이는 몇 개의 커다란 요소를 향하고 있는 것으로 시스템 응집도가 떨어지고 개발이 어려우며 변경이 힘들어진다.

과도한 의존성

만능 객체와 상반되는 문제로는 몇 마리의 거미가 통제권을 두고 다투는 듯한 정적 객체 다이어그램이 있다. 요소 사이의 복잡한 상호작용이 시스템 설계와 구축을 한결 어렵게 만들고 변경이 힘들고 성능도 떨어지는 해결책으로 이어질 수도 있다.

위험 경감 방안

- 이 문제는 시스템상에 작은 요소가 너무 많아지는 증상을 흔히 일으키는데,

몇 가지 제대로 된 압축을 수행하면 이를 해소하는 데 도움이 된다.

- 일반적으로 시스템 요소는 기능을 수행하기 위해 다른 요소 두어 개의 존재만 알면 된다. 어떤 시스템에서 한 요소가 나머지 요소들 중 절반 이상의 서비스를 사용해야 한다면, 기능 구조 개선을 고려해봐야 한다.

▌ 점검 목록

- 최상위 수준 요소가 15~20개 이내인가?
- 모든 요소에 이름과 명확한 책임, 명확하게 정의된 인터페이스가 붙어 있는가?
- 모든 요소 상호작용이 잘 정의된 인터페이스와 그 인터페이스를 연결하는 커넥터를 통해 일어나는가?
- 요소의 응집도가 적합한 수준인가?
- 요소의 결합도가 적합한 수준인가?
- 중요한 사용 시나리오를 찾아내서 시스템의 기능 구조를 검증하는 데 활용했는가?
- 아키텍처의 기능 범위가 기능 요건을 충족시키는지 점검해봤는가?
- 적절한 아키텍처 설계 원칙을 정의하고 문서화했고, 아키텍처가 그 원칙에 부합하는가?
- 아키텍처가 앞으로 발생 가능한 변경 시나리오를 처리할 수 있을지 고려해봤는가?
- 뷰 표현에 관심 있는 모든 이해관계자 집단의 관심사항과 기능이 설명돼 있는가? 그 뷰가 해당 집단 전체에 대해 효과적인 소통수단이 될 수 있겠는가?

▌ 더 읽을거리

많은 소프트웨어 아키텍처 서적이 아키텍처의 기능적 측면에 집중하면서 주제는 (올바르게도) 폭넓은 시각을 중심으로 한다. 1부와 2부에서 언급했던 수많은 서적에 곁들여, 다음에 소개하는 서적도 17장에서 소개한 개념과 관련돼 있다.

클레멘츠 외[CLEM03]는 다양한 아키텍처 스타일을 문서화하는 데 있어 상세하고 철저하며 실용적인 지침서라 할 수 있다. 17장에서 얘기하는 맥락에서 보면, 뷰의 의미를 중첩하고 다양한 유형의 인터페이스 스타일을 문서화하는 논의가 특히나 잘 어울린다. 갈런드와 앤서니[GARL03]는 대규모 정보 시스템에 맞는 소프트웨어 아키텍처를 설계하는 일에 어떻게 착수할지 설명했는데, 이 책에서 제안한 메시지 지향적인 요소 상호작용 모델화 방법도 여기서 나왔다. 요소 식별용으로 소개했던 기법은 배스 외[BASS03]에서 설명한 아키텍처적인 '단위 작동'에 기반한 것으로, 여기에 보면 훨씬 더 온전하게 설명이 나온다.

입문서 형식으로 UML을 설명한 책도 좋은 것이 많고[FOWL03a, MILE06], 이를 활용해 탄탄한 아키텍처 명세서를 만들어내는 방법에 초점을 둔 것도 많다[CHEE01, DSOU99]. 탄탄한 모델을 만들어내는 방법을 설명해놓은 책 중에서 꾸준히 읽히는 것으로는 [COOK94]가 있는데, 현재는 절판됐지만 PDF 형식으로 해서 (www. syntropy.co.uk/syntropy에) 무료로 공개돼 있다. 체크랜드[Checkland][CHEC99]는 실제 사용자 요건을 이해하는 접근법을 하나 제시했는데, '풍부한 그림'이라 불리는 (이 책에서 설명한 스케치와 유사한) 비정형 다이어그램 형태의 접근법을 사용해서 최종 사용자에게 전달하기 좋다.

메이어[MEYE00]는 협정에 따른 설계에 대한 가장 권위 있는 참고문헌이고(더불어 객체지향과 많은 관련이 있고), 미첼[Mitchell]과 맥킴[McKim][MIT02]은 친절하고 간결하며 실무자 중심으로 이 접근법을 소개해놓았다. 워프스 브록[Wirfs-Brock] 외[WIRF90]는 책임 위주 설계에 관한 원전 중의 하나로, 같은 주 저자가 이 접근법을 정제해놓은 내용을 [WIRF02]에서 찾아볼 수 있다. 끝으로 쇼[SHAW94]는 모델에서 요소 사이에 존재하는 커넥터가 왜 요소 자체와 똑같이 중요한지 설명한 첫 번째 저작물에 해당한다.

18

정보 시점

정의	시스템이 정보를 저장, 조작, 관리, 분산하는 방법을 설명
관심사항	정보의 구조와 내용, 정보 용도와 활용처, 정보 소유권, 전사 차원 소유 정보, 식별자 및 대응, 정보 의미체계의 변화 빈도, 정보 저장소 모델, 정보 흐름, 정보 일관성, 정보 품질, 적시성과 지연시간과 존속기간, 정보 보관 및 보존
모델	정적 정보 구조 모델, 정보 흐름 모델, 정보 수명주기 모델, 정보 소유권 모델, 정보 품질 분석, 메타데이터 모델, 규모 산정 모델
문제점 및 함정	표현 불일치, 불가피한 다중 갱신, 키 대응 미비, 인터페이스 복잡성, 중앙 데이터베이스 과밀화, 일관성 없는 분산 데이터베이스, 낮은 정보 품질, 너무 긴 정보 지연시간, 부적절한 규모 산정
이해관계자	사용자, 구매자, 개발자, 시험자, 유지보수자가 두드러지지만, 대부분의 이해관계자가 일정 수준 관심을 보임
적용 대상	정보 관리 필요성이 어느 정도 있는 시스템

모든 정보 시스템의 궁극적인 용도는 모종의 형식으로 된 데이터를 조작하는 데 있다. 이 데이터는 데이터베이스 관리 시스템이나 일반적인 파일, 플래시 메모리 같은 그 밖의 저장 매체에 영속적으로 저장될 수도 있고, 프로그램이 실행되는 동안 메모리 내에서 임시적으로 조작될 수도 있다.

요즘에는 많은 조직에서 고객, 상품 및 서비스, 자체적인 내부 절차, 경쟁자에 대한 정보를 대규모로 보유하고 있다. 이런 정보 중에는 접근하기 어렵고 일관성이 없으며 부정확한 것도 있겠지만, 상당한 자산이 되는, 다시 말해 올바르게 활용할 경우 상당한 이득을 가져올 수 있는 정보도 있다. 이런 정보는 다양한 곳에서 들어오는 정보를 합쳐서 통합 고객 현황이나 통합된 공급망 현황, 정확한 회계 현황을 만들어내고자 시도하는 대규모 시스템 통합 과제에서 흔히 보게 된다.

정형적인 데이터 모델화와 설계는 시간이 오래 걸리고 과정이 복잡할 수 있다. 아키텍트는 아키텍처적으로 중요한 정도의 상세 수준으로만 데이터 모델화를 하면 된다. 데이터 모델은 잘못되면 시스템의 일부가 아닌 시스템 전체에 영향을 미칠 만한 측면에 초점을 맞출 필요가 있다. 아키텍트가 하는 작업은 소유권, 지연시간, 관계 및 식별자 등을 둘러싼 아키텍처적으로 중요한 의문들에 대한 답을 낼 목적으로 정적 정보 구조와 동적 정보 흐름을 종합적인 시각으로 제시하는 일이다.

아키텍트는 정보 뷰를 활용해 아키텍처 수준에서 시스템이 어떤 식으로 정보를 저장, 조작, 관리, 분산할지에 대한 의문에 답하면 된다.

▌관심사항

정보 구조 및 내용

시스템이 관리하는 정보의 구조와 내용은 중요하게 고려할 사항이 확실하다. 아키텍트가 직면한 도전은 정보 구조에서 가장 중요한, 시스템 차원에서 영향을 주는 측면에 초점을 맞추고 나머지 대부분의 모델화 및 의사결정 작업은 데이터 모델러와 데이터 설계자가 하도록 남겨두는 일이다.

아키텍트는 (개체, 클래스 등) 상대적으로 적은 수의 데이터 항목과 그 사이의 관계에 초점을 맞춰야 한다. 어느 데이터 항목이 중요한지는 해결하고자 하는 문제 및 이해관계자의 관심사항에 따라 달라진다. 그렇다고는 해도, 관심을 둘 데이터 항목을 선택할 때는 다음과 같은 사항을 마음에 새겨야 한다.

- 시스템의 일차적인 책무에 있어 핵심이 되거나 이해관계자가 특별히 중요하거나 의미 있게 보는 소수의 데이터 항목에 초점을 맞춘다. 이해관계자의 관심사항을 살필 때는, 주로 사용자를 살펴야 하지만, 유지보수자 같은 유형의 이해관계자가 내놓은 관심사항도 생각해야 한다.

- 속성이 얼마 없는 데이터 항목보다는 정보가 풍부한 데이터 항목에 초점을 맞춘다(가령, 아키텍처 수준의 정보 모델에서는 타입 개체가 별로 중요하지 않다). 다음과 같은 데이터 항목을 고르면 된다.
  - 처리할 고려사항의 본질의 근간을 이루는 것
  - 사용자나 그 밖의 이해관계자에게 중요한 것
  - 복잡하거나 잘 이해하기 어려운 내부 구조
  - 어떻게 표현하느냐에 따라 시스템의 품질 속성에 심대한 영향을 끼치는 것
  - 많이 사용하거나 쉽게 바뀌는 것(잦은 변경이 예상되는 내용)
- 모델을 개발하는 초기에는 물리적인 정보보다는 추상적인 정보에 초점을 맞추고, 모델이 복잡해지지 않게 하는 노력이 필요하다. 이 단계에는 관계 정규화 같은 형식적인 모델화 기법을 너무 고민할 필요가 없다.
- 초기 모델은 대체로 시스템의 기능성에 맞춰서 그리고 기능성을 중심으로 도출돼야 하고, 위치나 소유권 같은 물리적인 고려는 (이번 장에서 이 사안과 그 밖의 사안을 다루기는 하겠지만) 많이 할 필요가 없다.

정보 용도 및 활용

정보는 다양한 방식으로 활용이 가능해서, 주문을 받거나 지불을 하는 등 운영 과정을 지원하거나, 재고량이나 생산 수율 같은 현재 운영 상태를 제시하거나, 과거의 정보를 분석하고 경향과 유형을 찾아내는 데 쓸 수도 있다. 매 경우 같은 정보라 하더라도, 사용 양태가 다르면 정보 소유권 규칙도 상당히 다를 때가 많은 데다 아키텍처적인 해결책도 상당히 달라야 하기 때문에 정보 시스템 설계에서는 목적지가 중요하다.

- 대부분 정보 시스템은 그 중심에 트랜잭션 저장소transaction store나 온라인 트랜잭션 처리OLTP, online transactional processing 데이터베이스를 둔다. 트랜잭션 저장소에서는 일상의 운영 업무 과정을 지원하는 데 필요한 정보를 관리한다. 이 정보는 매우 자주 바뀌고, 시스템은 많은 수의 동시 읽기 및 쓰기 동작을 짧은 지연시간과 높은 신뢰성으로 처리할 수 있어야 한다.

- 시스템에 중요한 보고 요건이 있을 경우, 트랜잭션 저장소에 심한 부담을 줄 수도 있다. 수행 시간이 길거나 복잡한 질의는 운영 담당자의 접근에 지장을 줌으로써 반응시간이 길어지고 처리량이 떨어질 수 있다. 이런 이유로 인해, 일부 시스템은 별도의 보고용 데이터베이스^{reporting database}를 구현해 이런 대규모 질의를 처리하되, 데이터는 트랜잭션 저장소에서 일괄로 또는 실시간으로 공급받게 한다. 보고용 데이터베이스는 (정보 입수를 제외하고는) 필히 읽기 전용이어야 하고 갱신 작업이 아니라 복잡한 임의 질의에 최적화하되, 많은 수의 색인을 두고 상당 수준으로 역정규화해놓아야 한다.

- 트랜잭션 저장소와 보고서 저장소는 대개 진행 중인 주문, 현 재고량, 당일 가격 등 현재 활동과 관련된 정보만 저장한다. 일부 사용자는 과거 이력 정보에 접근해서 개별 트랜잭션을 살펴보거나 정보를 다른 방식으로 분석하고 종합해보고 싶어할 수도 있다. 과거 이력 정보는 대개 별도의 데이터 웨어하우스^{data warehouse}에 두고 관리하는데, 이를 온라인 분석 처리^{OLAP, online analytical processing} 데이터 저장소라 부르기도 한다. 데이터 웨어하우스에서는 좀 더 특화된 데이터 마트^{data mart}에 데이터를 제공하고, 이 데이터 마트에서는 특정한 업무 영역이나 기간에 들어온 정보를 관리한다. 데이터 웨어하우스에서는 몇 년치의 활동 기록을 모두 확보하고 있으므로, 특정 과거 이력을 꺼내오거나 시간의 흐름에 따른 동향을 분석하는 데 활용할 수 있다.

- 대부분의 시스템은 (정적^{static} 데이터, 마스터^{master} 데이터, 조회^{lookup} 데이터로도 알려져 있는) 참조 데이터^{reference data}에 심하게 의존하는데, 이런 참조 데이터는 시스템의 트랜잭션 정보를 분류 또는 구분해주는 인물, 장소, 사물에 대한 정보를 말한다. 여기에는 일정, 고객, 상품, 부품, 공급자, 가격, 지역, 직원, 외부 조직을 비롯해 다양한 범주의 사업적 개체가 있다. 또한 (상품 유형이나 직원 유형 같이) 다른 정보의 특징을 지어놓은 '유형' 정보도 있다. 모든 조직에는 참조 데이터를 분류하는 자체적인 정의가 있지만, 거의 언제나 정적이고 또 바뀌는 경우도 비교적 드물어서, 트랜잭션 정보 및 운영 정보와 비교했을 때 그 수도 대개는 훨씬 더 적다. 앞으로 간략하게 살펴보겠지만, 참조 데이터는 시스템에서 소유하지 않을 가능성이 있기 때문에, 아키텍처적으로 상당한 도전거리가 될 수도 있다.

여기서 밝힌 구분이 정보 시스템의 초기 단계에는 중요하지 않을지도 모르지만, 시간이 지나면 시스템의 데이터 규모가 점점 불어나게 된다. 초기 아키텍처 설계에 이런 가능성을 고려해넣고 분할로 인해 생기는 충격, 상이한 저장소의 작동 속도, 저장소 사이의 데이터 중복 등을 수용할 수 있게 해놓으면 나중에 가서 보고용 데이터베이스, 데이터 웨어하우스, 전사적 데이터 저장소를 별도로 떼내기가 한결 수월해진다.

정보 소유권

많은 아키텍처에서, 특히 새 시스템을 기존 시스템과 통합하는 아키텍처에서는 정보가 복수의 데이터 저장소에 걸쳐 물리적으로 분산돼 있으면서 접근하는 방법도 다르다. 이런 상황에서는 어쩔 수 없이 온갖 종류의 문제가 생기기 마련이다.

- 특정 데이터 항목은 어느 사본이 가장 최신인가?

- 여러 곳에 위치한 정보의 동기화는 어떤 식으로 유지할 것인가?

- 계정 활동으로 인해 파생된 계정 잔고처럼, 다른 곳에서 관리 및 소유하는 정보에서 파생된 정보는 어떤 식으로 다룰 것인가?

- 데이터 항목 변경에 대해 어떤 검증 및 업무 로직을 적용해야 하고, 다른 곳에서 검증한 데이터 항목에 대해 어떤 가정을 세워야 하는가?

- 여러 곳에서 동일한 데이터 항목을 변경할 수 있다면, 충돌은 어떤 식으로 완충할 수 있는가?

예제

보험 회사에서는 수많은 직원이 고용돼서 고객 가정을 방문해 금융 상품을 판매하러 다닌다. 회사는 중앙의 데이터베이스에 실제 고객 및 가망 고객을 보관해두고, 개별 판매원이 사무실에 들렀을 때 거기서 자료를 뽑아 랩톱 컴퓨터에 내려보낸다. 고객의 가정에서 판매가 이뤄질 때마다, 랩톱 컴퓨터의 특정 영역에 해당 정보를 저장해뒀다가 나중에 중앙의 데이터베이스에 올려보내도록 돼 있다.

회사에서는 콜센터를 설치해서 고객이 자신의 상세 정보를 갱신토록 하고 더불어 한정된 정도나마 상품을 팔기도 한다. 이로 인해 여러 가지 이유로 불평이 늘어나고 있다. 어떨 때는 랩톱에 저장된 상세 정보가 중앙의 데이터베이스에 있는 더 최신인 정보를 덮어쓰기도 하고, 어떨 때는 그 반대가 되기도 한다. 또한 중앙의 데이터베이스에 갱신을 하려다 중앙 시스템의 더욱 깐깐한 검증을 통과하지 못하고 거부되기도 한다.

이런 문제를 해소하기 위해, 아키텍트는 먼저 사업적 이해관계자와 함께 갱신 충돌 및 실패를 처리하는 방식에 대해 (갱신할 때는 언제나 새것이 헌 것을 덮어쓴다는 등) 몇 가지 일반적인 규칙을 정해서 합의를 봤다. 이런 규칙은 이후 코드로 작성해 중앙 시스템 및 랩톱의 애플리케이션에 집어넣었다.

이런 문제를 분석하고 또 이를 처리할 아키텍처적인 전략을 수립하기에 유용한 방식으로는 정보 소유권information ownership 모델을 만드는 방법이 있다. 어떤 데이터 항목에 대한 정보 소유자는(또는 주인은) 그 데이터 항목에 대해 확정적이고 최신이며 검증된 값을 담고 있는 시스템 또는 데이터 저장소를 말한다. 정보 소유자는 그 정보에 대해 언제나 올바른 값을 갖고 있고 어떤 식으로든 정확성에 대한 분쟁이 발생했을 때 최종 심판관 역할을 한다.

개별 데이터 항목에 대한 소유권자를 정의하면, 정보 소비자는 언제나 합당한 정보만 가지고 작업하고 정보 생산자가 올바른 곳에만 쓰도록 보장할 수 있다. 실제로 이렇게 할 수 없다면, 잠재적인 충돌과 불일치를 분석한 후 이를 처리할 전략을 수립하면 된다.

예제

차량을 등록하는 정부 시스템에서는 여러 곳의 반자동화된 지역 센터를 운영한다. 개별 센터는 해당 지역에서 구입한 차량에 대한 등록 책임을 진다. 개별 차량은 반드시 고유 번호를 할당받아야 하지만, 지역 센터들 사이에서 실시간 통신이 일어나지 않기 때문에 충돌이 일어날 가능성이 있다(정보 소유권의 시각에서 보면, 개별 센터는 차량 등록 번호 데이터 항목의 생성자에 해당된다).

이 문제는 정보 소유권을 분할하면, 다시 말해 개별 센터에 해당 지역에서 구입한 차량에 부여할 독립된 고유 번호 영역을 할당하면 해결된다. 번호 영역이 절대로 겹치지 않도록 주의를 기울여야만 한다. 이렇게 하려면 각 번호 영역의 크기를 예상되는 등록 가능 차량의 숫자보다 훨씬 더 크게 잡으면 된다. 즉, 북부 센터에는 1부터 1억까지 영역을 부여하고, 서부 센터에는 1억 1부터 2억까지 부여하는 식이다.

한편, 정보 소유권 분석의 부산물로 시스템 인터페이스에 대한 상위 수준 정의가 나오기도 한다. 한 시스템이 정보 소유자이고 한 시스템이 정보 소비자인 경우(또는 그 정보의 사본을 보관하는 경우), 그 두 시스템 사이에 모종의 인터페이스가 필요하다. 이 인터페이스 정의를 활용해 기능 뷰의 모델을 가지고 정보 뷰의 모델을 교차 점검하는 작업이 가능하다. 정보 소유권 규칙으로부터 파생된 인터페이스가 있다면 그것은 두 참가자 사이의 제어권 흐름으로도 존재해야 한다.

기업 소유 정보

최근에 많은 대규모 조직에서 '전사적인' 중요 정보 출처를 유지하면서, 아키텍트도 그런 정보를 혼자서 소유하고 관리하기보다는 사용하라는 요구를 받고 있다. 전사적인 정보는 조직에 있어 언제나 높은 가치가 있고, 그 정보가 부정확하거나 갱신되지 않은 채 뒤처져 있을 경우 (아키텍트에게 또 조직 전체에 일어나는) 결과는 심각하다.

전사적인 정보의 가장 일반적인 형태는 전사적인 참조 데이터라 할 수 있다 (앞에서 설명했듯이, 참조 데이터는 시스템의 트랜잭션적인 정보를 분류 또는 구분해주는 인물, 장소, 사물에 대한 정보를 말한다). 이런 정보는 국가 코드나 통화 같이 범용적일 수도 있고, 상품, 공급자, 소비자 같이 소속 조직에 특화된 것일 수도 있다. 또한 일 마감 재고량이나 계좌 잔고 같이 좀 더 잠정적인 전사적 정보를 활용할 필요가 생길 수도 있다.

시스템이 정보 원천 시스템에 있는 전사적인 정보를 필요할 때 직접 접근할 수도 있고, 자신만의 사본을 유지하면서 실시간으로든 일괄적으로든 정기적으로 갱신할 수도 있다. 어떤 경우에는 시스템이 정보 소유자가 정의한 표준적인 방식과 업무 과정을 활용해서 스스로 전사적인 정보를 갱신할 필요도 있다.

어느 경우든, 시스템이 활용하는 전사적인 정보는 반드시 정확하고, 최신이며, 일관되고, 완전해야만 한다. 이를 달성하는 방법은 몇 가지가 있는데, 하나같이 사용자는 물론 아키텍처 자체에도 미치는 영향이 있다.

예제

어느 여행사가 전국에 걸쳐 지사를 두는 동시에 인터넷이나 콜센터를 통해 직접 고객에게 상품을 팔기도 한다. 이 여행사는 고객 친화 프로그램을 시작한 데 이어, 고객의 선호, 예산, 여행 이력을 바탕으로 고객을 선정해 휴가철 여행상품을 추천하는 시스템을 구축하고 싶어한다. 시스템은 휴가지, 여행 안내원, 항공편, 호텔 등의 세부 내용을 포함한 다양한 유형의 전사적 참조 정보를 활용할 예정이다. 더불어, 표준 가격 정보와 특별 제안 상품에 대한 한층 잠재적인 전사적 정보도 활용할 예정이다.

이 모든 전사적 참조 정보는 중앙의 데이터 저장소에 보관되지만 관리는 제각기 다른 방식으로 할 필요가 있다. 휴가지, 항공편, 여행 안내원에 대한 정보는 바뀔 일이 별로 없어서, 시스템의 자체적인 데이터베이스에 일주일 단위로 사본을 내려받아도 된다. 호텔 정보와 표시 가격은 좀 더 빈번하게 바뀌므로, 일 단위 야간 추출이 필요하다. 특별 제안 상품은 짧은 시간 동안만 고지하기 때문에, 이런 정보는 '준(semi) 실시간' 제공이 필요하다(실제로는 낮에 일정한 간격을 두고 잠깐씩 일괄 추출을 수행한다).

친화 고객은 가끔씩 자기가 과거에 이용했던 호텔을 추천하고 싶어하지만 여행사의 데이터베이스에 하고 싶지는 않을 수 있다. 이런 경우에 시스템은 호텔 세부사항을 전사 저장소에 올려넣을 수 있어야 하고, 몇 가지 검증을 거쳐서 이 세부사항을 추가해 다른 시스템이 활용할 수 있게 해야 한다.

이번 장에서 이미 논의했듯이, 이런 상이한 접근 모델은 저마다 장점이 있지만 동시에 문제를 일으킬 소지도 있다. 일 단위 일괄 작업을 하면서 갱신되는 데이터는 실제로 사용되는 시점에는 시효가 지나버릴 수 있다. 실시간에 데이터를 얻어오면 이 문제가 완화되겠지만 구현 및 관리가 한결 복잡해진다. 단일한 중앙 저장소에 접근하면 데이터가 항상 최신인 것은 보장되겠지만, 저장소가 병목 지점이자 단일 장애점이 되면서 지리적으로 흩어져 있는 시스템에서는 활용이 어려워진다.

이런 관심사항에 대해서는 29장에서 위치 관점을 논의하면서 더 자세히 다룬다.

식별자 및 대응

정보 관리를 할 때 관계형 개체를 사용하든 객체와 클래스를 사용하든 상관없이, 개별 데이터 항목은 (고객 번호, 장비 일련 번호, ISBN 등) 고유한 식별자 또는 키가 있어야 비슷한 유형의 다른 항목과 구별할 수 있다. 관계형 데이터베이스 용어로는 주 키$^{primary key}$라고 하고, 객체지향 프로그래밍에서는 객체 ID$^{object ID}$라는 용어가 흔히 쓰이지만, (특정 정보 모델을 전제하지 않는) 식별자^{identifier}라는 좀 더 유용한 범용적 용어도 있다.

정보가 복수의 저장소에 퍼져 있는 경우, 식별자가 논란거리가 될 때가 많다. 같은 데이터 항목을 식별하는 데 있어 시스템마다 방식이 다른 경우, 데이터 교환이 일어나는 지점에서는 그런 상이한 작동방식을 조정할 필요가 있다. (매초 많은 주문이 새로 생성되는 판매 시스템을 생각해보면) 키를 할당하는 작업이 임시적이기 때문에, 새로 들어오는 정보를 가지고 이런 조정 과정을 최신으로 계속 갱신해줄 필요가 있다.

예제

기자가 운동경기 정보에 경기 결과와 점수를 덧붙여 전송하면 신문에서 이를 싣는다. 신문에서는 이 정보를 나란히 배치하고 개별 선수 및 팀별 일간 리그 대전표를 공표한다. 신문에서 자체 운영하는 중앙 데이터베이스에서 개별 선수와 팀에게 식별자를 할당하지만, 대부분의 정보 출처에서는 이름만으로 언급하는데, 외국 선수의 경우 그 이름마저 철자가 틀릴 때도 있다.

데이터베이스는 상당히 심각한 정보 품질 문제를 겪고 있다. 점수와 경기 결과가 때에 따라 틀린 선수나 팀에 할당되고, 진짜 팀과 철자가 비슷한 유령 팀이 정기적으로 생성되며, 형제의 경기 결과가 뒤바뀌어 할당되는가 하면, 아예 적재도 하지 못하는 경기 결과도 있다.

이런 문제는 아키텍처적인 기능이나 특성으로 처리하기에는 한계가 있다. 이 예제에서 팀과 선수에게 표준 식별자를 정해주면 도움이 되겠지만, 업무 절차 또한 바뀌어서 시스템 사용자가 주의를 기울여 이름이 올바른 식별자에 대응되도록 담보하는 일이 필요한데, 어쩌면 이름을 직접 입력하는 대신 드롭다운 목록에서 고르게 하는 편이 좋을 수도 있다. 하지만 이런 규칙을 강제하면 시스템을 사용하기가 까다로워질 수 있어서, 유용하면서도 효과적인 해결책을 도출해내기 위해서는 신중을 기해 사업적 이해관계자와 협력해야 한다(예외적인 작업흐름을 활용해 자동적으로 찾아낸 식별자의 정확성을 확인함으로써, 수작업 입력을 가미한 부분 자동화를 통해 데이터 품질 보장을 할 수도 있겠다).

식별자 활용과 관련해서는 그 밖에도 아키텍처적인 도전과제가 많다. 예를 들어, 식별자는 일반적으로 값이 바뀌질 않아서, 다시 말해 해당 식별자가 식별하는 데이터 개체의 수명기간 내내 값이 절대 바뀌지 않는다. 하지만 이런 규칙을 언제나 강제할 수 있는 것은 아니다. 강제가 불가능한 경우에, 식별자를 생성하고 변경하는 방식은(그리고 업무 절차는) 심사숙고해서 명세하고 설계해야만 한다.

2개의 데이터 개체가 실제로 같은 내용을 표현하고 있는지 또 그렇다면 식별자가 같아야 하는지에 대한 의문을 둘러싼 몇 가지 미묘한 사항도 있다. 예를 들어, 모든 책은 출간될 때 ISBN^{International Standard Book Number}(국제 표준 서적 번호)이 붙는다. 해당 책의 개정판을 사소한 갱신과 수정만 해서 낼 수도 있지만 새로운 내용을 상당히 많이 넣을 수도 있다. 이렇게 대규모 갱신을 한 경우 새로운 ISBN을 붙여야 할까? 새로 붙인다면, 원판의 ISBN과는 어떻게 연결할 수 있을까? 새로 붙이지 않는다면 이 두 판을 서로 어떻게 구별할 수 있을까? 이 예에서, ISBN을 할당하는 데 대해서는 합의된 규칙이 있지만, 많은 경우에 이런 일은 아키텍트가 용단을 내리는 것으로(또는 최소한 사용자가 내놓은 요건을 파악하고 합의를 이끌어내는 것으로) 넘어오고 만다.

예제

파생 상품은 기반이 되는 다른 자산의 가치에서 가치를 파생시킨 금융 상품을 말한다. 예를 들어, 주식 옵션은 구매자에게 약정된 수의 주식을 미래의 약정된 어느 날에 약정된 가격에 구입할 권리를 부여하되 그렇게 할 의무는 부과하지 않는다. 파생 상품 시장은 끊임없이 변화하면서, 언제나 새롭고 한결 복잡한 상품이 나온다.

새로운 파생 상품을 만들 때는 그 상품이 안정됐는지, 규제를 지켰는지, 금융 조건은 명확한지 확인하는 승인 절차를 거친다. 이 절차를 거치는 데는 비교적 시간이 오래 걸려서, 그 와중에 해당 상품에 임시 식별자를 할당해서 잠정가를 매기고 가치와 위험도 수치를 계산할 수 있게 하는 것이 일반적이다. 상품이 공식적으로 승인된 후에는 영구 식별자가 부여되는데, 이 식별자는 조직 내 다른 부서에서 할당하기 때문에 임시 식별자와 다를 수도 있다.

이 두 식별자 사이에는 반드시 연결을 설정해둬야만 잠정가가 실제가로 전환되고 명확한 감사 추적하에 판매가 이뤄질 수 있다.

또 다른 중요 관심사항으로는 식별자를 사용자에게 노출시킬지 여부가 있다. 예를 들어, 모든 직불카드와 신용카드에는 고유한 1자리에서 6자리까지의 숫자가 있어서 카드 소지자가 온라인이나 전화로 구매할 때 이를 활용할 수 있다. 한편으로, 개별 구매마다 신용카드 전표에 식별자가 들어 있기는 하지만, 이 번호를 항상 출력하지는 않는다. 거래에 대해 질의하거나 확인할 필요가 있을 때는 거래 일자, 가맹점 이름, 거래 금액을 가지고 찾아낸다(이런 용도로는 대개 이 정도만으로도 충분히 식별 가능하다).

정보 의미체계의 휘발성

요즘에는 문법체계, 의미체계, 업무 정보의 상호관계가 빈번하면서도 예측 불가능한 변화를 일반적으로 겪는다. 기존의 개체에 새로운 필드를 추가해야 하거나 새로운 제약사항과 관계가 생기거나 변화하는 사업 수요를 충족시키기 위해서는 새로운 유형의 개체를 추가해야 할 수도 있다.

이런 변화에 따른 고통을 완화하는 (추상적인 데이터베이스 접근 라이브러리, 영향 분석 도구, 다양성 및 변경을 허용하는 인터페이스 설계 같은) 전략이 있다손 쳐도, 정보 모델에 조그마한 변화만 생겨도 그 정보를 활용하는 시스템에는 광범위한 영향이 미칠 수 있다. 예를 들어 데이터베이스에 새로운 필수 필드가 추가되는 경우, 모든 테이블의 로우^{row}를 생성하거나 갱신하는 과정은 해당 필드에 값을 넣을 수 있도록 모두 다 바꿔야만 한다. 이 과정에는 어떤 식으로든 통제가 필요한데, 전통적으로는 데이터 모델 변경 통제^{data model change control}라는 공식적인 절차를 거쳐 관리해왔다. 다시 말해, 시스템 내의 모든 모듈에 대해 변경의 영향을 평가하고, 모든 부분에서 필요한 기능적 변경이 다 구현되고 나야 데이터베이스 변경이 완료된다.

이 접근법은 체계적이고 효과적이지만, 시스템 변화 속도를 급격히 떨어트릴 뿐 아니라, 실제로도 흔히 변경 통제를 무력화하거나 건너뛰어 버린다. 대안적인 접근법으로는 좀 더 유연하지만 여전히 어느 정도의 통제를 유지할 수 있게 정보 의미체계와 그 의미체계를 저장하는 데 쓰이는 물리적인 구조를 분리하는 방법이 있다. 이를 위해 복잡한 정보 구조를 데이터베이스나 외부 데이터 파일에 XML, JSON, YAML 같은 구조화된 문서 형식으로 저장하는 방법을 일반적으로 쓴다. 데이터베이스 스키마를 변경하는 데 있어서는 이론적으로 정립돼 있고 당장 자동화도 가능한 접근법도 있지만, 진화적 데이터베이스 설계 기술에서 제안했듯이 더욱 역동적이고 유연한 접근법도 있다('더 읽을거리'를 보면 자세히 나온다).

XML 부류의 데이터 관리 표준도 XML 문서의 스키마를 정의하고 그 내용물에 접근하는 작동방식이 성숙돼 있다. 스키마를 변경할 때는 역시 관리와 감시가 필요하지만, 더 적은 수고로도 더 빨리 구현이 가능할 때가 많다. 이 접근법의 단점이라면, XML 관리 부하와 대부분의 데이터베이스 최적화 기능이 XML 데이터에 대해서는 통하지 않는다는 사실로 인해, XML 기반의 시스템은 성능 및 확장용이성이 떨어지는 경향이 있다는 점이다.

정보 저장 모델

3차까지 정규화를 한 관계형 데이터베이스가 기업 정보 시스템을 주름잡고 있어서 이 외에도 정보를 저장하는 접근법이 있다는 사실을 망각하기가 쉽다. 다음과 같은 네 가지 주요 정보 저장 유형 모두 오늘날 널리 쓰인다.

- 관계형 데이터베이스는 기업 정보 시스템 환경을 주름잡고 있어서 따로 소개할 필요가 별로 없다. 전형적인 관계형 데이베이스는 대개 3차 정규 형식 스키마를 가지며 트랜잭션 및 운영 데이터 저장소 형태로 사용된다. 관계형 데이터베이스를 구현할 때는 언제나 외부 조달 데이터베이스 관리 시스템을 활용하고 데이터 조회 및 조작은 SQL 언어를 통해 선언적인 형태로 표현할 수 있게 돼 있다. 이런 시스템은 대개 ACID 트랜잭션 모델을 통해(데이터베이스 트랜잭션을 사용해서 갱신이 ACID, 즉 원자적이고^{Atomic} 일관되며^{Consistent} 독립적이고^{Isolated} 지속되도록^{Durable} 보장한다는 의미에서) 데이터 무결성을 강제한다. 설계가 잘 된 관계형 데이터베이스에서는 (정규화를 통해) 데이터 중복을 피하고, (데이터 모델 전체에 걸쳐 제한 없이 질의를 작성할 수 있는 덕분에) 유연하며, 높은 성능 및 확장용이성을 제공하고, 중소규모 문제에서 비교적 손쉽게 활용 가능하다. 관계형 데이터베이스는 초대규모 문제까지 확장하기가 어렵고 대규모 기업용 애플리케이션을 구현할 때는 스키마와 질의가 복잡해지는 경향이 있다는 점이 한계로 꼽힌다.

- 다차원 데이터베이스는 관계형 저장 모델을 바탕으로 한 또 다른 저장 모델로, 전문화된 컬럼^{column} 기반 또는 다차원 저장소가 대신 사용될 때가 많지만, 표준적인 관계형 데이터베이스 엔진을 활용해서도 구현 가능하다. 다차원 저장소는 3차 정규 형식 스키마를 쓰는 대신에 다차원(또는 별모양) 스키마를 바탕으로 하면서, 데이터베이스에다 1차적인 데이터를 담은 대규모 '사실' 테이블을 두고, 이를 사실 데이터를 묶어주고 합산하는 데 쓸 수 있는 분류 데이터를 담은 소규모 '차원' 테이블과 연결한다(다차원 스키마에 대해서는 18장의 '정적 정보 구조 모델' 절에서 설명한다). 다차원 데이터베이스는 복잡한 보고서 문제를 처리하는 데 특히 잘 맞고, 따라서 트랜잭션용 데이터베이스보다는 보고서용 데이터베이스에서 흔히 쓰인다. 다차원 모델은 정보를 일단 데이터베이스에 추가하고 난 다음에는 비교적 갱신하기가 어렵다는 점이 주된 한계로 꼽힌다.

- NoSQL 데이터베이스는 비교적 최근에 개발돼서 이 책을 쓰는 시점에도 여전히 주류 기업 시스템에서는 상당히 보기 드물지만, 전자상거래, 인터넷 검색, 사회 관계망 용도의 여러 초대규모 인터넷 서비스에서 그 유용성을 입증해왔다.[1] 스스로 'NoSQL'이라고 분류해서 나오는 데이터 저장 기술이 많이 있는데, 이들은 저마다 고유한 특성, 강점, 약점이 있다. NoSQL 제품에는 전통적인 RDBMS가 지닌 엄격한 격자형 데이터 저장소와 SQL 질의 기반 데이터 접근(그리고 ACID 트랜잭션 의미체계) 같은 특성을 포기함으로써 단순성과 최고 수준의 확장용이성 및 성능을 얻는 방식의 근본적인 수준에서의 타협을 했다는 공통점이 존재한다. 이런 데이터베이스는 대부분 '맵^{map}' 기반의 간단한 인터페이스를 통해 접근하면서 키를 사용해 기록을 저장하고 꺼내올 수 있게 돼있고, 경우에 따라 꺼내올 레코드의 속성에 기반한 간단한 질의 수단을 제공하기도 한다. 이런 식으로 간단한 데이터 저장소 모델을 사용하면 매우 많은 수의 서버에 데이터베이스 엔진을 분산시킬 수 있어서 높은 성능과 고도의 확장용이성을 제공하는 구성이 가능하다. 물론 데이터베이스가 엄격한 데이터 타입이나 강력한 질의 처리 엔진이 필요하다고 결론이 난 경우에는 이런 기술

---

1 사실 아주 초기의 상거래 데이터베이스 관리 시스템들도 네트워크 및 계층형 데이터베이스였고, 역시 SQL을 사용하지 않았었다. 이후에, 마찬가지로 SQL을 쓰지 않는 객체지향 데이터베이스가 등장했다가 사라졌다. 여기서 언급하는 데이터베이스 기술은 더 나중에 초대규모 분산 데이터 관리 문제를 해결하려고 나온 것들로, 원래 인터넷 규모의 시스템에서 나오는 수요를 충족시키기 위해 개발됐다.

이 잘 맞지 않는다.

- 파일 기반의 저장소 역시 무시할 수 없어서, 오늘날에도 놀라우리만큼 많은 수의 기업 데이터가 평이한 파일에 저장된 형태로 존재한다. 파일은 단순하고 어디에나 존재한다는 이점이 있고, 상황에 따라서는 성능도 최고로 잘 나온다. 특히 로그나 감사 추적 기록을 남기는 등 '한 번만 쓰는' 요건에 적합하다. 거의 모든 기술이 파일을 직접 읽고 쓸 수 있고, 평이한 파일을 데이터베이스처럼 사용할 수 있게 해주는 간단한 질의 엔진도 많다. 물론 평이한 파일은 그 단순성으로 인해 요건이 까다로운 여러 작업에 적합하지 않아서, 복잡한 질의나 신뢰성 높은 트랜잭션 방식의 갱신, 복잡한 데이터 구조를 다뤄야 하는 경우에는 파일 사용이 어렵다.

아키텍트는 사용 가능한 정보 여러 가지 정보 저장소 모델을 두루 잘 파악한 후, 시스템에서 필요한 바를 신중히 고려해서 데이터 저장소 요건에 맞는 올바른 저장소 모델을 찾아내야 한다.

정보 흐름

정보가 시스템 주위를 옮겨 다니는 방식과 시스템의 요소들이 정보에 접근하고 수정하는 방식도 정적 정보 구조만큼이나 중요하다. 여기서 중요한 질문 항목은 다음과 같다.

- 데이터가 어디서 생겨서 어디서 사라지는가?
- 데이터를 어디서 접근하고 수정하고 보강하는가?
- 개별 데이터 항목이 시스템 주위를 옮겨 다니면서 어떻게 변경되는가?

아키텍처의 일부로 들어갈 때는 정보 구조와 마찬가지로 정보 흐름도 역시 대개는 중요한 몇 가지, 즉 시스템이 맡기로 한 주된 책임에 필수적인 것들이나 시스템의 품질에 가시적인 영향을 줄 만한 것들에 한해서만 고려하면 된다. 어떤 경우든 아키텍트는 고수준 데이터 모델만 가지고 작업할 것이므로, 이 단계에서 아주 상세한 내용까지 파고들어 가지는 못할 가능성이 높다.

대부분의 시스템은 정보를 처리하는 일을 주된 목적으로 하기 때문에, 정보 흐름은 정보 뷰보다는 기능 뷰와 함께 분석하는 경우가 흔하다. 이렇게 해도, 너무 복잡하고 조밀해서 이해하기 쉽지 않은 소수의 모델을 도출하지 않는다면, 그리고 이번 장에서 다룬 데이터에 특화된 관심사항을 해소한다면 별문제 없다.

정보 일관성

정보 일관성이란 시스템 내의 여러 부분 또는 관련된 여러 데이터 항목에 담긴 정보가 호환이 되고 연계성이 있으며 서로 충돌하지 않는 것을 말한다. 이는 간단한 참조 무결성 제약(만약 어느 고객이 몇 가지 특정한 종류의 상품을 소유하고 있다고 기록돼 있다면, 그 상품들은 모두 존재하고 있어야 함)일 수도 있고 좀 더 복잡 미묘한 것(요약 재무제표는 그 표를 산출하는 데 쓰인 기초 데이터와 항상 부합해야 함)일 수도 있다. 경험상 대부분의 사업이 어딘가에 적어놓지는 않아도, 저마다 정교한 정보 일관성 규칙을 갖고 있다.

정보 일관성은 최신 관계형 데이터베이스를 운영하는 데 있어 너무나 기본적이어서 아키텍처적인 맥락 내에서 그 중요성을 간과하기 쉽다. 고전적인 사례 하나를 여기서 다시 한 번 반복하면서 그 중요성을 설명한다.

예제

은행 고객이 자동화된 수납 창구를 통해 자신의 당좌 예금 계좌에서 저축 예금 계좌로 $500를 송금한다.

은행에서는 CHECKING과 DEPOSIT이라는 2개의 데이터 저장소를 이용해 이 두 가지 종류의 계좌를 관리한다. 송금은 그림 18-1에 나와 있듯이, CHECKING에서 $500를 인출하면서 한 번, DEPOSIT에 $500를 예치하면서 또 한 번, 해서 두 번의 갱신 과정을 통해 구현된다.

이 두 가지 갱신은 반드시 둘 다 성공적으로 완료하거나 둘 다 실패해야 한다. 예를 들어, 고객의 당좌 계좌에 잔금이 충분치 않으면 트랜잭션을 더 이상 진행하지 말아야 한다. 두 트랜잭션 중에서 하나만 완료할 경우, 고객과 은행 둘 중에서 하나는 금전 손실이 생긴다.

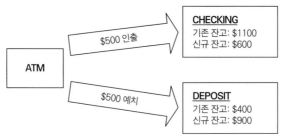

그림 18-1 자금 이체 트랜잭션 관리

트랜잭션transaction이란 원자적 단위로 일어나는 연쇄적인 데이터 갱신이므로, 모든 갱신이 수용돼서 영속적인 저장소에 기록되거나 아무것도 수용되지 않는다. 트랜잭션을 관리하면 모든 갱신이 성공적으로 적용됐을 때만 (디스크에 영속적으로 기록함으로써) 갱신이 커밋commit되므로 올바른 결과물이 보장된다. 트랜잭션을 관리하면 갱신 중에서 하나라도 실패하면 모든 갱신이 복구되어 무효화된다.

트랜잭션 관리 기능은 최신 관계형 데이터베이스 시스템이라면 모두 제공하고 있고, (과다한 충돌이 생기거나 교착상태에 빠지는 함정에 빠지지 않도록 주의가 필요하긴 하지만) 최근에는 거의 자동으로 적용된다. 여러 시스템에 걸쳐서 트랜잭션을 관리하는 일은 설계, 구축, 운영하기가 훨씬 더 까다로워서, 2단계 커밋 같은 복잡한 기술이 필요하다. 이런 기술을 쓰면 처리 성능에 심한 부담이 생기고 지연시간과 반응시간이 길어지므로, 정말 필요할 때만 써야 한다.

분산 트랜잭션을 사용하는 데 따른 어려움을 피하기 위한 대안적인 접근으로 보상 트랜잭션compensating transaction을 사용해 데이터 무결성을 유지하는 방법이 있다. 이 모델에서 개별 데이터 갱신은 각각 커밋되면서, 나중에 일어난 갱신이 실패할 경우 먼저 커밋된 갱신들은 원래의 갱신과 동등하면서 반대의 효과를 내는 하나의 트랜잭션을 통해 되돌린다. 앞서 나온 사례에서, 인출은 성공하고 예치는 실패했다고 하면, 당좌 예금 계좌에 $500를 보상 예치하면 모든 정보가 일관성 있는 원래 상태로 돌아가게 된다.

보상 트랜잭션은 개별 데이터 저장소에 대해 동시에 데이터베이스 잠금lock을 걸 필요가 없기 때문에 2단계 커밋보다 실무에서 더 잘 돌아갈 때가 많다. 하지만 여기에도 나름대로 문제가 있는데, 특히 변경을 손쉽게 되돌리기 어렵거나 보상 트랜잭션마저 실패할 경우에 문제가 된다.

또 다른 접근법으로 결과적 일관성^{eventual consistency}이라 불리는 것이 있다. 이 모델에서는 분산된 애플리케이션이 일관성보다는 고가용성을 선호해서 일시적으로 데이터 동기화가 깨진 상태도 견뎌낼 수 있게 설계된다. 이런 시스템에서는 갱신이 한 번 일어나면 동일 데이터의 모든 인스턴스가 언젠가는 결과적으로 그 갱신된 값으로 반영되는 것은 보장하지만, 그 반영이 일어나는 시점은 보장하지 않는다.

결과적 일관성은 DNS(인터넷에서 쓰는 도메인 명명 서비스)와 전 세계 대상 검색 엔진, 전자상거래 사이트, 사회 관계망 사이트 같은 몇 가지 인터넷 규모의 애플리케이션에서 사용하는 기반구조 소프트웨어에 주로 쓰이지만, 그 원리 자체는 더 작은 규모의 애플리케이션에서도 유용하게 쓸 수 있다. 이 모델은 전통적인 트랜잭션 관리에서 (앞에서 언급했듯이, 트랜잭션은 원자적이고^{Atomic} 지속되며^{Durable} 독립적이고^{Isolated} 데이터의 일관성이 보장되기^{Consistent} 때문에) ACID 원칙을 따른다고 하는 것과 대비해 (기본적으로^{Basically} 가용하고^{Available} 상태가 유연하며^{Soft state} 결과적 일관성이^{Eventual consistency} 있기 때문에) BASE 원칙을 따른다고 하기도 한다.

26장에서 이 기술을 적용해 데이터를 초대규모로 확장하는 방법을 설명하고, 27장에서 시스템의 고가용성을 확보하는 데 있어 이 기술의 관련성에 대해 다룬다.

정보 품질

특정 데이터 항목의 품질은 해당 데이터 항목의 현재 값이 실제 세계에서의 정확한 값과 부합하는 정도로 보면 된다. 질 낮은 정보는 조직의 업무 수행 능력에 상당한 충격을 준다. 가령 고객에 대해 정확한 정보가 없으면 고객을 짜증 나게 하거나 잃어버리거나 심지어는 고소당할 위험이 있다(이런 모든 사항을 봤을 때, 많은 시스템이 불완전하거나 부정확하거나 예전 정보에 의지해 간신히 버텨나가고 있다는 사실은, 아무것도 없느니보다는 완전하지 않더라도 무언가 있는 편이 낫다는 오랜 격언을 감안하더라도 여전히 놀라운 일이다).

어느 우편 주문 가구 회사가 고객 주문과 홍보물 및 사용소감을 바탕으로 홍보 데이터베이스를 구축해놨다. 이렇게 구축한 고객 데이터베이스를 활용해 특별 주문에 대해 고객에게 전화를 하고 회사의 상품을 더 많이 사도록 설득하려 한다.

홍보 데이터베이스에 담긴 데이터는 아쉽게도 여러 곳에서 긁어모은 것이라 철이 지났거나 정확하지 않다. 설상가상으로 일부 고객은 판촉 전화를 하지 말라고 요청했지만, 홍보 데이터베이스에서 그런 요청을 관리하는 스프레드시트에 담긴 요청을 언제나 옮겨오는 것도 아니었다.

그에 따라, 많은 고객이 판촉 전화를 원치 않는데도 전화를 받거나 이미 갖고 있는 상품을 제안받거나, 적절치 않은(가령, 너무 비싼) 상품을 제안받는다. 이로 인해 기존 고객이나 잠재 고객에게 상당한 불만을 초래하고, 대중적인 인식이 나빠지면서 판매가 줄어들 수도 있는 상황이다.

시스템이 다양한 출처에서 얻은 정보를 활용하는 경우, 특히 일부 출처가 아키텍트의 영향권 밖에 있는 경우에 아키텍트 입장에서 정보 품질이 문제가 된다. 정보 품질이 들쑥날쑥하다면, 반드시 다음과 같은 고려를 해봐야 한다.

- (특히 빈번하게 갱신되는 경우에) 어떤 식으로 정보 품질을 평가하고 감시할 것인가?
- 어떤 최소 정보 품질 조건을 충족해야 하는가?
- 어떤 식으로 그런 조건을 강제할 것인가?
- 어떤 식으로 낮은 정보 품질을 개선할 것인가? 자동화된 방법이 있는가, 아니면 수동으로 개입해야 하는가?
- 질 좋은 정보가 질 낮은 정보로 인해 훼손될 수도 있는가? (가령, 고객 주소를 갱신하면서 우편번호를 누락하는 경우를 생각해보자.) 이런 경우는 막거나 검사를 해야 하는가?
- 정보가 시스템을 타고 흘러다니면서 품질이 떨어질 수도 있는가?

이런 질문에 답을 하다 보면 그 안에 아키텍처에 관한 시사점이 담기기 마련이다. 가령, 정보 품질을 자동으로 감시 및 평가하거나 질 낮은 데이터를 수정하는 도구를 개발하거나 배치할 필요가 생길 수도 있다. 데이터를 수정하는 일에 어느 정도 사람의 개입이 필요하다면, 수작업으로 수정될 때까지 데이터가 담겨 있을 영역을 준비해둬야 한다.

수정 처리를 자동화하는 일이 여의치 않은 경우 작업흐름^{workflow}을 활용해 정보 품질 문제를 처리하는 방식이 일반화되고 있다. 이 모델에서는 고객의 이름이나 주소를 정정하거나 의심스러운 트랜잭션을 처리하는 등의 작업 목록은 중앙의 데이터베이스에서 관리한다. 작업은 사용자에게 할당이 되고 시스템은 작업이 완료될 때까지 상태를 추적한다. 작업은 (설계 시점에 정의하는 식으로) 표준화하기도 하고, 매우 정교한 작업흐름 시스템에 한해서는 (실행시간에 누군가 생성하는 식으로) 임의적으로 처리하기도 한다. 일정한 시간 이내에 또는 일정한 비율마다 회사가 문제를 해소하도록 서비스 수준을 정의할 수도 있다.

설계가 잘 될 경우, 이 접근법은 정보 품질을 개선하고 고객 만족을 끌어올리는 효과적인 방법이 될 수 있다.

적시성, 지연시간, 존속기간

정보가 단일 데이터 저장소에 들어 있고 접근도 언제나 실시간에 동기적으로 된다면, 적시성, 지연시간, 존속기간은 별다른 문제가 되지 않을 것이다. 하지만 아쉽게도 많은 시스템이 이런 식으로 동작하지 않고, 단 몇 분이라 하더라도 이미 낡았거나 시기가 지나버린 정보와 엮이는 시나리오가 없을 수 없다.

예제

상품 중개 시스템은 최신 가격 및 수량 정보를 비롯해, 거래되는 상품과 관련이 있는 뉴스 이야기까지 정보원으로부터 정보를 입수한다. 입수되는 정보는 모두 분류하고 여과해서 적절한 구독자에게 그 정보를 분배해주는 단일 게이트웨어 애플리케이션을 통해 들어온다.

재앙에 가까운 하드웨어 장애가 발생하는 경우 이 게이트웨이가 며칠간 동작하지 않는다. 그러다가 다시 가동되면, 캐시돼 있던 수천 건의 가격 정보가 구독자에게 물밀 듯이 몰려드는데, 이 정보는 이미 며칠이 지났기 때문에 받는 입장에서 아무런 관심이 없다.

게이트웨이는 수정을 거쳐, 장애가 일어난 다음에는 캐시된 가격 정보 중에서 설정 가능한 어느 정도의 기간이 지난 것은 무시하게 했다. (하드웨어 공급자 변경이 필요한) 또 다른 장애가 일어났을 때는, 복구가 훨씬 빨랐다.

이 예제를 보면 (가격 및 수량 정보를 제공하는 외부 시스템인) **정보 제공자**[information provider]와 (정보를 사용하는 내부 사용자인) **정보 소비자**[information consumer]를 분리했다. 정보를 제공자에게서 소비자에게로 보내는 과정은 (길겠지만) 유한한 시간이 걸리므로, 불일치가 생길 수 있다. 지체 시간을 0에 가깝게 줄일 수 없다면, 이해관계자와 협력해서 비일관적인 데이터로 인해 일어날 수 있는 문제를 처리할 해결책을 만들어내야 한다.

제공자가 정보를 인식하는 시점과 소비자가 인식하는 시점 사이의 지체 시간은 지연시간[latency]이라는, 데이터 출처에서 데이터 항목이 갱신되는 시점과 그 갱신된 값이 시스템의 모든 곳에서 쓰일 수 있게 되는 시점 간의 차이로 표현한다.

데이터 항목에 따라 (데이터 출처에서 데이터 항목이 마지막으로 갱신된 시점으로부터 경과된 시간인) 존속기간도 고려할 필요가 있다. 예를 들어 금방금방 바뀌는 주가나 트럭의 물리적 위치 정보를 뿌려주는 시스템은 몇 시간, 심지어 몇 분이 지난 정보에는 관심이 없다. 그런 정보는 더 이상 필요치 않기 때문에 버린다 해도 별문제가 없을 수도 있다.

시간과 관련된 불일치가 발생할 수 있는 곳에서는 요점을 찾아낸 후, 이해관계자의 도움하에 그 요점을 다룰 다음과 같은 전략을 만들어내야 한다.

- 중요한 데이터 항목에 '마지막 갱신' 일자와 시간을 덧붙인다.
- 민감한 데이터 항목에 대해서는 '유효기간'을 정의한다.
- 정보가 유효기간이 만료됐을 때는 사용자에게 경고해준다.
- 너무 오래된 정보는 숨기거나 버린다.
- 더 빠른 인터페이스나 데이터 원천에 직접 접근하는 방법으로 지연시간을 줄인다.

정보 보존 및 보관

많은 시스템에서, 정보를 삭제하는 일은 드물어진 데다, 법적인 이유에서든 이력 분석을 위해서든 정보를 계속 남긴다. 현재 디스크 저장공간이 비교적 저렴하더라도, 대규모 데이터베이스를 관리하는 일은 복잡한 과정이고 더욱이 전사적인 디스크 구조는 마냥 늘어날 수 있는 것도 아니어서, 조만간 모든 정보를 온라인에 올려놓기에 바람직하지 않은 상황까지 정보가 늘 수밖에 없다. 이런 상황에서는 오래되고 쓸모가 덜한 정보를 고용량 오프라인 저장장치 등 별도의 저장 매체에 보존할 필요가 있다.

보존할 정보의 범위를 정할 때는 주의를 기울여야 한다. 생산 활동을 하는 데 계속 필요한 정보는 빼는 것이 당연하고, 정규적인 분석에 쓸모가 있을 가능성이 있는 정보도 놔둬야 한다. 보존할 정보를 선택할 때는 지속기간과 정보의 유용성을 좌우하는 업무 규칙을 결합해서 그에 따라 정해야 한다.

보존 전략은 아키텍처에 상당한 영향을 주기도 한다.

- 많은 양의 정보를 보존하다 보면 시스템에 따라 상당한 시간 동안 부분적 또는 전면적으로 사용이 불가능해지기도 한다.
- 물리적인 디스크 크기는 정보를 보관할 기간을 고려해 정할 필요가 있다.
- 생산 정보를 보존 매체로 옮기는 과정을 정의할 필요가 있다.
- 생산 저장소와 보존 저장소 사이의 무결성과 일관성을 확보하기 위해 특별한 조치가 필요할 수도 있다.
- 보존 저장소가 원격지에 있으면 네트워크 기반구조에 영향이 가기도 한다.

나중에 보존 용량을 확장할 생각을 해서는 안 된다. 아키텍처를 설계할 때는 보관을 처음부터 정보 수명주기의 일부분으로 당연히 생각해야 한다.

이해관계자 관심사항

정보 시점에 나오는 이해관계자 관심사항으로는 대개 표 18-1에 나오는 것들이 있다.

표 18-1 정보 시점에서의 이해관계자 관심사항

이해관계자 부류	관심사항
구매자	조직의 정보 자산 가치를 보존하고 지키는 일을 신경 쓰고, 따라서 (언제나 이런 식으로 인식하지는 못하더라도) 주된 일은 다음과 같다. • 정보 품질 및 보존 • 참조 데이터 • 정보 보관
평가자	모든 측면에 관심이 있지만, 정보 구조 및 흐름, 식별자 및 대응, 정보 품질에 초점을 맞춘다.
의사소통자	정보 아키텍처의 세부사항에 초점을 맞추는 일은 드물지만, 도움이 될 만한 핵심 원리와 전략의 배경을 이해할 때도 있다.
개발자 및 유지보수자	아키텍트가 만든 모델이 실제 데이터베이스와 (실시간, 일괄 처리) 정보 인터페이스로 어떻게 번역되는가, 데이터 구조가 필요한 처리를 어떻게 지원하고 일관성을 어떻게 보장하는가 같은 구현 세부사항에 관심이 있다.
시스템 관리자	이런 실제 시스템 컴포넌트를 어떤 식으로 관리 및 지원하는지 관심이 있다.
시험자	주요 데이터베이스 구조, 그 구조가 시스템 운영으로 인해 영향을 받는 방식, 시스템의 데이터 흐름, 현실적인 시험 데이터 모음을 만들 방법에 관심이 있다.
사용자	정보 아키텍처의 (정보 소유권과 규제 같은) 기능적 측면과 적시성, 지연시간, 존속기간 같은 사용자에게 노출되는 품질을 고려할 뿐 아니라, 정보 품질도 고려한다.

▍모델

데이터 모델화는 정보 시스템 분석 및 모델화 기법 중에서 탄탄하게 확립돼 있으며 일반의 이해 수준이 높은 기준으로는 가장 돼 있는 분야가 아닌가 싶다. 이 분야에서 가장 중요한 세 가지 유형의 모델을 꼽으면 다음과 같다.

1. 정적 정보 구조 모델static information structure model: 정보의 정적인 구조를 분석해둔다.

2. 정보 흐름 모델information flow model: 시스템상의 요소와 외부 세계 사이에서 일어나는 역동적인 정보의 이동을 분석해둔다.

3. 정보 수명주기 모델information lifecycle model: 시간이 지남에 따른 정보의 변화 방식을 분석해둔다.

이번 절에서는 이런 모델에 대해 논의하는데, 특히 아키텍처적인 맥락에서 사용되는 방식을 살펴볼 테고, 그 밖에 정보 소유권 모델이나 정보 품질 분석, 메타 데이터 모델, 규모 산정 모델 같이 쓸 만한 다른 유형의 모델도 간략하게 몇 가지 설명한다.

정적 정보 구조 모델

정적 정보 구조 모델에서는 정보의 정적인 구조인 주요 데이터 요소와 그 요소 사이의 관계를 분석한다.

개체 관계 모델화entity-relationship modeling는 탄탄한 수학적 모델에 바탕을 둔 잘 확립된 데이터 분석 기법이라 할 수 있다. 관심 대상 데이터 항목은 개체entity와 속성attribute이라 불리는 개체의 구성 부품이 거론된다. 정보의 의미체계를 보면 개체들 사이의 정적인 관계relationship가 정의돼 있다. 각 관계는 개수cardinality가 있어서 해당 개체의 인스턴스가 몇 개나 다른 개체의 인스턴스 하나와 관련이 되는지 정의하게 된다.

예제

도서관에서는 '이용자'를 위해 여러 권의 '책'을 저장한다. 이용자는 일정 기간 동안 책을 '대여'했다가, 시간이 지나면 기간을 연장하거나 책을 반납한다. 책마다 한 명 이상의 '저자'가 있어서, 책이 대여될 때마다 일정 금액을 받는다. 대금은 해당 서적의 '출판사'를 통해 저자에게 지급된다.

이 설명문에서 따옴표 안의 용어는 모두 개체 관계 모델상의 개체에 해당한다. 이 모델의 속성으로는 책 제목, 저자 이름, ISBN 번호, 출판사 이름 및 주소가 있다.

클래스 모델class model은 객체지향 세계에서 쓰인다는 점 빼고는 개체 관계 모델과 하는 역할이 비슷하다. 데이터 항목(클래스), 구성 데이터 부품(속성), 그 사이의 정적인 관계(연관)를 모델화한다. 클래스 모델 표기법에서 행위적 측면을 생략하고 (일반화나 복합을 배제하는 등) 연관의 유형을 제한하면 관계형 개체를 모델화하는 일도 가능하다.

클래스 모델은 인터페이스와 메소드 같은 시스템의 행위적인 측면과, 상속 같은 객체지향 분석에 국한된 특성도 문서화할 수 있다.

예제

앞의 예제에서, 클래스는 '책', '이용자', '저자', '출판사'를 모델화한다. 메소드는 책을 '대여'하는 데 필요한 기능을 제공한다.

표기법

개체 관계 모델을 문서화하는 데 쓸 수 있는 비슷한 표기법 양식이 몇 가지 있다. 그림 18-2를 보면 도서관 예제를 '까마귀 발' 스타일로 표현한 개체 관계 다이어그램이 나온다.

같은 예제를 UML 클래스 모델로 그리면 그림 18-3 같이 나온다.

데이터 웨어하우스와 데이터 마트를 모델화할 때는 대개 좀 더 특화된 **별모양 스키마**star schema라는 (다차원 스키마multidimensional schema나 큐브cube라고도 하는) 의미체계를 쓴다. 별모양 스키마는 수치 데이터나 기타 '사실'을 여러 단계로 모아두고 거대한 복합 키를 가진 여러 개의 사실 테이블fact table로 이뤄져 있다. 각 사실 테이블 주위에는 여러 개의 차원 테이블dimension table을 모아둠으로써, 정보가 모일 수 있는 여러 단계를 모델화한다. 별모양 스키마를 사용해서 얻는 가장 큰 이점은 합산된 값을 얻어낼 때 관련 트랜잭션을 모두 질의해서 합하는 것이 아니라 한 번의 데이터

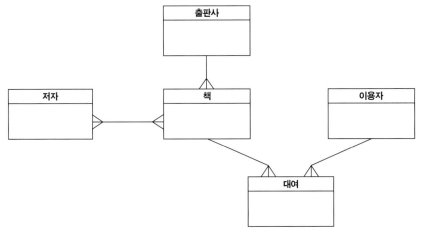

그림 18-2 개체 관계 다이어그램으로 나타낸 도서관 예제

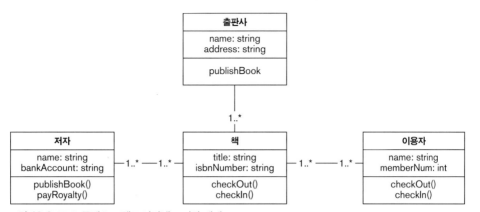

그림 18-3 UML 클래스 모델로 나타낸 도서관 예제

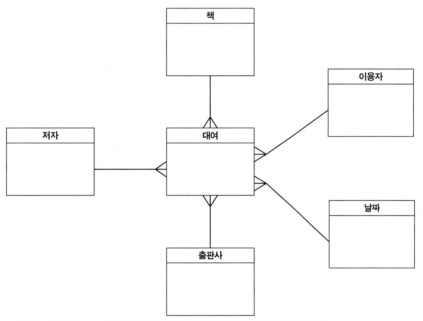

그림 18-4 별모양 스키마로 된 개체 관계 다이어그램으로 나타낸 도서관 예제

베이스 읽기로 얻어낼 수 있다는 데 있다. 이 모델을 확장한 눈꽃 스키마는 차원 테이블을 계층구조로 정규화하는 방식을 쓴다.

　도서관 시스템을 별모양 스키마로 그린 예제가 그림 18-4에 나온다(실제로는 도서관 관리 시스템에서 데이터 웨어하우스를 필요로 할 만큼 큰 규모를 다룰 일은 없다).

활동

정형적인 정보 모델화는 다양한 활동을 거쳐야 한다.

- 첫 단계는 중요한 데이터 개체^{data entity}를 찾아내는 일이다. 이 단계는 대개 업무 절차와 유스케이스를 조사해 고객, 제품, 지불, 이벤트 같은 명사를 찾아내면 된다. 아키텍처 명세서에서는 (이름에 '유형'이라는 말이 붙는 것은 대체로 무시하는 식으로 해서) 몇몇 중요한 개체에 집중해야 한다.

- 정규화^{normalization}라 부르는 절차를 통해 모델을 가장 순수한 형태로 압축해서, 반복되거나 필요 없거나 중복된 정보가 없게 한다. 관계형 모델에서 3단계 이상 정규화한 형태를 취하는 일은 드물고, 아키텍트의 관점에서 봤을 때 일부 정보는 비정규화한 채로 모델화하는 편이 (비록 탄탄함은 덜하더라도) 더 유용할 때가 많다.

- 도메인 분석^{domain analysis}에서는 데이터 항목의 속성(필드)과 그 속성에 들어갈 수 있는 값을 규정한 규칙을 살펴본다. 예를 들어, 고객 번호는 언제나 마지막 숫자를 체크섬으로 한 10자리 정수라거나, 전화번호는 언제나 국가 코드가 앞에 나오고 그 뒤에 다이얼 코드와 번호가 온다는 식이다. 도메인 분석은 스키마 설계에서는 중요하지만 AD에 들어가기에는 대체로 너무 상세하다.

- 구조적인 분할^{structural decomposition}이나 결합^{aggregation} 같은 기술이 클래스 모델을 도출하는 데 쓰인다. 구조적인 분할을 할 때는 요소를 작고 응집된 부분으로 쪼개고, 결합은 그 반대 과정, 즉 작은 요소들을 묶어서 하나의 새로운 요소를 만들어낸다.

아쉽게도 정적인 정보 구조 모델은 상세 수준, 특히 개체 관계 다이어그램으로 분할하기가 쉽지 않아서, 이론적으로 말하자면 '전부 아니면 전무'에 해당된다. 현실적으로는 아키텍처에 백 가지 천 가지 개체 정보 모델을 만들어넣기에는 시간이 부족하다. 이 작업은 소수의 중요한 개체/클래스와 그 사이의 관계에 집중하는 접근법으로 진행한다.

모델에서 교집합 개체(이런 개체는 그림 18-3의 개체 관계 다이어그램에서 저자와 책 사이에 적용했듯이, 정규화하지 않은 다대다 관계로 대체한다)와 (상품 유형 같은) 유형 개체는 대체로 생략이 가능하다.

매우 일반적인 지침으로 보면, 개체가 20~30개를 넘거나 개체 관계 다이어그램이 한 장에 다 안 들어갈 경우, 너무 상세한 내용을 제공한 것일 가능성이 있다. 이런 경우에 몇몇 덜 중요한 개체를 모델에서 빼거나 분리나 분할을 실행해서 전체적인 그림을 단순화해줄 필요가 있다.

정보 흐름 모델

정보 흐름 모델에서는 시스템 요소와 외부 세계 사이의 동적인 정보의 움직임을 분석한다.

이 모델에서는 주된 아키텍처 요소와 그 요소 사이의 정보 흐름을 찾아낸다. 개별 흐름은 한 컴포넌트에서 다른 한 컴포넌트로 모종의 정보가 전송되는 모습, 다시 말해 정보 인터페이스를 나타낸다. 개별 흐름에 연결되는 정보로는 방향, 전송되는 정보의 범위, 규모 정보, (물리적 모델에서는) 정보가 교환되는 방식이 단순한 파일인지 실시간으로 교환되는 XML 메시지인지까지 있다.

예제

출판사는 매월 '새로 출간된 책 목록'을 PDF 문서로 만들어서 도서관 사서에게 메일로 보내준다. 도서관에서 책을 받을 때는, XML 파일 형식으로 된 '전자 전송 노트'를 함께 받아서 바로 도서관의 서적 관리 시스템에 들여온다. 책이 대출 및 반납되면 바코드 리더를 통해 '상태가 새롭게' 갱신된다. 책이 폐기될 때는 데이터베이스에 직접 접근하는 PC 애플리케이션을 통해 수작업으로 '삭제됐다는 표시'를 하게 된다.
    따옴표 안의 용어는 시스템으로 유입되거나 유출되거나 주변에 존재하는 정보를 나타낸다.

정적 정보 모델과 마찬가지로, 정보 흐름 모델도 상위 수준에서 간단하게 유지하겠다는 마음을 가져야 한다. 아키텍처 단계에서 많은 내용의 세부사항을 제공하는 일은 불필요하다. 다행히 대부분의 표기법에서 분할을 통해 자연스럽게 처리할 수 있다.

정보 흐름 모델화는 데이터 집중적인 시스템에서 가장 쓸모가 크고, 처리에 집중하는 시스템에 적합할 때가 더 많은 기능 뷰(17장 참조)에 나오는 인터페이스 및 기능 호출 모델화를 보완하는 역할을 한다. 현실적으로는 시스템의 성질과 아키텍트의 기량, 핵심 이해관계자의 관심사항에 따라 대개 한두 가지만 모델화한다.

표기법

게인Gane과 사슨Sarson 또는 SSADM 데이터 흐름 다이어그램 같이 고전적인 시스템 분석에서 나온 정보 흐름 표기법이 몇 가지 있는데, 이런 표기법은 정보 흐름만큼이나 프로세스에 대해서도 다룬다. 그림 18-5를 보면 데이터 흐름 다이어그램으로 된 예제가 나온다.

이 다이어그램에서는 다음과 같은 표기법이 사용됐다.

- 큰 사각형은 정보를 조작하는 프로세스를 나타낸다.
- 옆이 뚫린 납작한 사각형은 (논리적 또는 물리적 정보 모음인) 데이터 저장소를 나타낸다.
- 화살표는 정보 흐름을 나타낸다.
- 타원은 (이 시스템과 상호작용하는 사람이나 다른 시스템 같은) 외부 개체를 나타낸다.

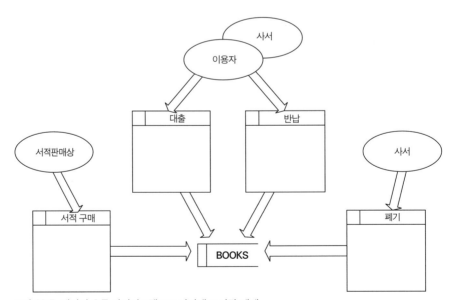

그림 18-5 데이터 흐름 다이어그램으로 나타낸 도서관 예제

다이어그램을 보면 몇 가지 정보를 얻을 수 있다.

- 이용자와 사서는 대출 및 반납 처리에 정보를 제공한다.
- 서적판매상은 서적 구매 처리에 정보를 제공한다.
- 사서는 폐기 처리에 정보를 제공한다.
- 이 모든 정보는 BOOKS 데이터 저장소에 기록된다.

UML에서는 대체로 정보 흐름을 활동 다이어그램으로 표현하는데, 이 다이어그램에도 그림 18-5에 나오는 것과 같은 부류의 요소가 나온다.

활동

정보 흐름 모델은 대개 단계별 정제 절차를 거쳐 만들고, 가장 중요한 흐름을 먼저 살펴본 후 필요하면 상세하게 쪼개는 식이다.

정보 소유권 모델이 있다면, 이를 활용해 소유권이 분산된 부분에서 정보 무결성 유지가 필요한 정보 흐름에 대해 상호 점검을 진행할 수 있다.

정보 수명주기 모델

수명주기 모델에서는 시간이 지나면서 정보 가치가 바뀌는 양상을 분석한다.

개체 수명 이력entity life history은 데이터 항목이 외부 사건에 반응해 생성돼서 한 번 이상 갱신된 후 마지막으로 삭제되는 전이 과정을 모델로 만든다. 수명 이력은 개체의 수명 내내 발생하는 사건을 다루는 처리 과정이 존재하는지 확인하는 상호 점검에 요긴하게 쓸 수 있다. 특히 개체를 통제된 방식하에 생성하고 모든 개체에 대해 삭제 방법을 마련하는 데 도움이 된다.

예제

책은 '출판'과 함께 (어찌 됐든, 도서관 시스템에서 보자면) 생성된다. 그 다음에는 도서관에 '들어온' 후, 반복적으로 '대출' 및 '반납'되다가 종국에는 '폐기'된다.

이 설명에서 따옴표 안의 용어는 책에 대한 개체의 수명 이력상의 사건에 해당한다.

상태 전이 모델$^{\text{state transition model}}$(UML 용어로는 상태차트^{statechart})은 외부 자극에 반응해서 시스템 요소의 상태가 바뀌는 전반적인 모습을 모델로 만든 것이다. 외부 세계와 상호작용하면서 내부의 상태가 많은 전이를 거치면서 사뭇 예측 불가능한 방식으로 바뀌게 만드는 모습을 모델화기에 유용한 방식이다. 상태차트는 시스템 요소를 유한 상태 기계$^{\text{FSM, finite state machine}}$ 모델로 만든다. FSM에는 언제나 현재 상태가 존재하고, 이 현재 상태가 모델에서 보유한 정보의 총합에 해당된다. 외부 사건이 발생하면, FSM은 미리 정해진 대로 다른 상태로 바뀌면서 경우에 따라 그런 변화로 인해 몇 가지 특별한 처리가 일어나기도 한다.

예제

처음에 책이 '출간'되고, 그 다음에 도서관에 '들어온' 다음, 일단 서가에 꽂히면 '대출 가능'과 '대출' 중 하나로 바뀌고, 결국 '폐기'된다.

따옴표 안의 용어는 책의 상태를 나타낸다.

표기법

개체 수명 이력을 표현할 때는 대체로 일종의 트리 구조를 사용하되, 그림 18-6에 나오듯이 노드는 개별 사건을 나타내고 가지는 반복, 선택 등을 나타낸다.

UML 상태 다이어그램에서는 그림 18-7에 나오듯이 철길 모양으로 책의 유효한 상태 전이를 나타낸다.

활동

수명주기 모델은 시스템의 기능 요건을 파악하면서, 중요한 사건을 모두 찾아내고 각 사건이 정보에 미치는 영향을 이해해야 나온다.

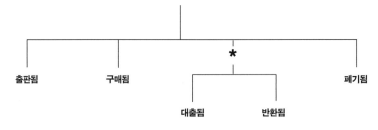

그림 18-6 개체 수명 이력으로 나타낸 도서관 예제

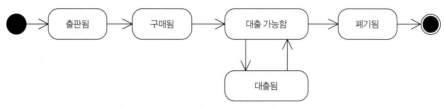

그림 18-7 UML 상태 다이어그램으로 도서관 예제의 책을 나타낸 모습

기타 정보 모델 유형

정보 소유권 모델

정보 소유권 모델은 아키텍처 내에서 개별 데이터 항목의 소유권을 정의해둔 것을 말한다. 여기서 '데이터 항목'이란 대개 개체(테이블)를 의미하고, 간혹 속성(필드)을 의미하지만, 한층 복잡한 분할을 모델화한 것일 때도 있다. 물론 현실에서 이렇게 단순한 경우는 없어서, 다음과 같은 여러 유형의 정보 소유자를 모델화할 수밖에 없다.

- 소유자[owner] 또는 주인[master]: 해당 데이터 항목에 대한 궁극적인 가치를 가짐
- 작성자[creator]: 해당 데이터 항목의 새로운 인스턴스를 만듦
- 갱신자[updater]: 해당 데이터 항목의 기존 인스턴스를 고침
- 제거자[deleter]: 해당 데이터 항목의 기존 인스턴스를 없앰
- 구독자[reader]: 해당 데이터 항목의 인스턴스를 읽을 수는 있지만 변경할 수는 없음
- 복제자[copy]: 해당 데이터 항목의 읽기 전용 복제본을 가짐
- 검증자[validater]: 해당 데이터 항목이 업무 규칙을 충족하도록 돼 있는지 검증을 수행함
- 이런 역할의 조합

정보 소유권은 가장 단순하게 보면, 시스템과 데이터 저장소를 한 축에 놓고 데이터 항목을 또 다른 축에 놓은 격자형 좌표면을 통해 모델화가 가능하다. 격자 내의 각 방은 표 18-2에 나오는 데이터 항목의 소유권 유형을 나타낸다.

표 18-2 정보 소유권 격자 예제

시스템	고객	상품	주문	주문 처리
목록	None	Owner	None	None
구매	Reader	Updater	Owner	Creator
배송	Copy	Reader	Reader	Updater
고객	Owner	Reader	Reader	Reader

신용 및 허가 모델$^{trust\ and\ permissions\ model}$을 만들어서 어느 환경의 어느 시스템이 어느 데이터 항목을 변경하게 할지 정해놓으면 유용하다. 가령 일주일마다 일괄로 데이터 항목을 갱신하는 외부 시스템은 내부적으로 관리 및 감시하는 시스템에 비해 신용이 떨어질 테니, 갱신을 수용하기 전에 추가적인 인증을 요구하거나 민감하지 않은 데이터 값만 갱신할 수 있게 제한할 수도 있다. 정보 소유권 정의는 이 작업에도 유용하지만, 시스템 보안성을 확보하는 과정에도 중요한 입력물이 되는데, 이에 대해서는 25장에 나오는 보안성 관점에서 설명한다.

실제로는 하나의 데이터 항목에 대해 작성자/갱신자/제거자를 둘 이상 두는 일은 (단일 정보 소유자를 정하려는 노력이 유용하기는 하지만) 피하기가 어렵다. 이런 일은 특히 기존 시스템에 가치 있는 정보가 들어 있을 때 일어난다. 두 시스템이 같은 데이터 덩어리를 변경할 수 있는 경우, 다음과 같은 **충돌 해소 전략**$^{conflict\ resolution\ strategy}$을 세워둠으로써 업무 규칙을 준수하고 정보가 일관성 있는 상태로 유지되게 할 필요가 있다.

- 언제나 맨 마지막 갱신을 수용한다.
- 동일 데이터 항목에 대해 출처를 덧붙인 채 여러 본을 유지한다.
- 맨 마지막 갱신 버전만 남기기보다는 데이터 변경 이력을 유지한다.
- 다른 시스템보다 더 신용하는 특정 시스템을 둠으로써 갱신 시 우선순위를 적용한다.
- 변경된 데이터와 변경 내용을 바탕으로 좀 더 복잡한 규칙을 만든다.
- 여러 값을 기록해두고 수작업을 동원해 충돌을 처리하게 한다.

- 충돌이 일어난 갱신은 모두 거부한다.

- 이런 전략을 섞어서 쓴다.

갱신자가 여럿인 경우에는 특별히 충돌 발생을 감지하는 문제를 풀어야 한다. 이 문제는 개별 코드에 하나씩 증가하는 버전 번호와 그 레코드가 마지막으로 갱신된 날짜와 시간을 붙여두면 해결이 된다.

상세한 규칙을 AD 안에 정의해두는 경우가 많지 않지만, 설계자에게 조언과 지침을 충분히 제시해주는 일은 중요하다.

정보 품질 분석

아키텍처 관점에서 보면, 정보 품질 분석은 질이 낮은 정보 출처를 정하고 그런 정보를 다룰 원칙 및 전략을 정의하는 데 초점을 맞추게 된다.

- 질 낮은 정보 수용: 이 접근법은 질이 낮은 정보가 문제가 되지 않거나 그런 질 낮은 정보를 수정하는 비용이 그런 식으로 개선해서 얻는 이득에 비해 훨씬 더 들 때 적합하다.

어떤 인터넷 검색 엔진이 수억 건의 URL이 담긴 데이터베이스를 관리한다. 어느 한 순간이든, 이 URL 중에서 일정 비율은 페이지 이름이 바뀌거나 웹사이트가 사라지면서 더 이상 유효하지 않게 된다. 하지만 검색 엔진이 정기적으로 데이터베이스를 정리하면서 이런 링크를 제거하는 방식은 비용 효율적이지 않다.

- 질 낮은 정보 자동 수정: 정보의 유형에 따라 다르지만, 이 작업을 하는 데 쓸 만한 도구는 많다.

우편번호 데이터베이스나 전화번호 발급 규칙을 바탕으로 주소나 전화번호를 고치거나 완성해주는 도구를 쓸 수 있다.

- 질 낮은 정보 삭제: 이 접근법은 불량 정보로 인한 비용이 그런 정보조차 없어서

감당해야 하는 비용에 비해 훨씬 더 많을 때 가장 잘 맞는다.

예제

어떤 기업이 잠재 고객에게 홍보 자료를 보내는 데 쓰기 위해 외부 공급자로부터 들쑥날쑥한 품질의 대량 메일링 목록을 받았다. 받은 데이터 중에서 약 10%는 우편번호가 누락됐거나 올바르지 않거나 주소와 맞지 않는다. 주소가 부정확하거나 온전치 않은 우편물을 너무 많이 보내는 기업은 우체국에서 불이익을 주는 데다 그런 주소로 자료를 보내봤자 제대로 도착하지도 않을 것이므로, 해당 데이터는 삭제해버린다.

- 질 낮은 저보 수작업 수정(즉, 사용자가 수정): 이 접근법은 매우 비용이 많이 드는데다, 질 낮은 정보를 어떤 식으로 가려낼지 그리고 그런 정보를 고치라고 사용자에게 어떻게 전달할지 고려해야만 한다.

정보 품질에 대해서는 법적인 요구가 존재할 수도 있음을 인지해야 한다(가령, 어떤 나라에서는 공공의 구성원에 대해 부정확한 정보를 보유하거나 사용하는 데 대해 불이익을 준다). 이런 점에 대해서는 29장에서 규제 관점을 다루면서 더 깊이 살펴본다.

메타데이터 모델

메타데이터^metadata란 '데이터에 관한 데이터'를 말한다. 메타데이터는 관심 대상이 되는 데이터, 즉 개체, 속성, 관계 등을 설명하고 규정하는 규칙으로 이뤄진다. 메타데이터는 시공간적 데이터에 대한 연구에서 시작해서 월드와이드웹의 성장과 함께 그리고 기업 간 통신을 중심으로 한 다양한 주체를 통해 프로파일이 늘고 있다.

ISO 111970-3 표준에서는 메타데이터를 "사용자가 데이터 집합을 이해하기 쉽고 공유하기 쉽게 해주는 정보 및 문서"로 규정하고 있다.[2] 메타데이터는 대상에 대한 정보를 다음과 같은 몇 가지 측면으로 설명한다.

- 데이터 형식(문법체계)
- 데이터 의미(의미체계)
- 데이터 구조

---

2 〔ISO96〕, vii페이지

- 데이터 맥락(데이터 항목 간 관계)

- 데이터 품질

여러 조직에서 기업 차원의 메타데이터 모델을 개발하기 시작했는데, 그런 모델을 확보할 수만 있다면, 정보 뷰를 작성하는 데 있어 매우 가치 있는 입력물로 쓸 수 있다. 더불어 여러 산업을 아우르는 메타데이터 모델도 더블린 코어 메타데이터 연구소^{Dublin Core Metadata Initiative} 같은 집단의 보호하에 많이 만들어지고 있다.

메타데이터 모델은 이미 언급했던 다른 유형의 정보, 특히 (필드 속성, 관계 등) 몇 가지 메타데이터 요소를 포함하고 있는 정보 구조 모델과 밀접하게 관련돼 있다. 대부분의 메타데이터 모델은 구조화된(또는 비구조화된) 문장 형식을 취하지만, 좀 더 형식적인 표기법, 특히 XML 등에 바탕을 둔 것도 몇 가지 있다.

대규모 데이터베이스에서 메타데이터를 뽑아내는 자동화된 도구가 몇 가지 있다. 이런 도구가 아직 유치한 때를 다 벗지는 못했지만, 매우 쓸모가 클 때도 있는데, 특히나 내부 데이터를 제대로 이해하기 어려운 기존 시스템을 다룰 때 그렇다.

메타데이터 분석에 활용 가능한 산업 표준 데이터 모델이 몇 가지 있는데, 소매업 용도의 ARTS 표준 관계형 데이터 모델이나 금융 서비스 메시지 전송 용도의 ISO 20022 표준 같은 것을 들 수 있다.

규모 산정 모델

규모 산정 모델은 현재 및 예상 데이터 규모를 바라본다. 이런 모델은 종이 쪽지에 적은 몇 가지 계산에서 정교한 통계 모델은 물론, 완벽한 온라인 시스템 모의실험까지 다양하다. 아키텍처 수준에서 보면, 이런 모델은 시스템 실행상의 세부 사항은 아직 정확성이 확보되지 못했기 때문에 언제나 단순할 수밖에 없다.

▌ 문제점 및 함정

표현 비호환성

가장 단순하게 보면, 데이터 비호환성은 시스템마다 사용한 정보 모델이 다르든 (가령, 양극 좌표계 대 데카르트 좌표계) 그저 인코딩 방식이 다르든(가령, 미터법이나 인치법이나) 필드 수준에서 봤을 때 정보의 표현이 다르기 때문에 생기는 현상이다. 예를 들어보자.

- 한 시스템에서는 불리언^{Boolean} 값으로 Y와 N을 사용하고, 다른 시스템에서는 1과 0 또는 16진수 FF와 00을 사용한다.
- 한 시스템에서는 국가 축약 표현으로 FR이나 DE 같은 ISO 표준을 사용하고, 다른 시스템에서는 자체적으로 정한 값을 사용한다.
- 한 시스템에서는 금액을 유로로 기재하고, 다른 시스템에서는 해당 거래가 일어난 지역의 통화를 쓴다.
- 한 시스템에서는 양을 부피로 기재하고, 다른 시스템에서는 무게로 한다.
- 한 시스템에서는 총량을 기록하고, 다른 시스템에서는 차이값을 가지고 처리한다.

이런 종류의 문제는 언제나 쉽게 해결이 된다. 훨씬 더 큰 문제는 이런 것이 아니라 사업 모델이 서로 맞지 않는 경우에 발생한다.

예제

어떤 아키텍처에서 전화 요금 부과 시스템을 매출 전망, 판매, 판촉 관리용 시스템과 통합해야 한다. 전화 가입자는 복수의 전화 회선을 갖거나 단일 회선에 여러 개의 과금 코드를 걸어두고 전화비를 지불할 수도 있는데, 이 때문에 과금 시스템이 전화 계정이라는 개념에 바탕을 두게 됐다. 더 곤란한 점은, 일부 계정은(특히 업무용 계정은) 여러 고객이 공동명의로 돼 있고, 일부 계정은(가령, 공익용 긴급 회선은) 실제 고객이 존재하지 않는다.

판매 시스템은 오직 고객만(특히 예상 고객만) 신경 쓴다. 하지만 시스템은 이런 고객의 기존 계정뿐 아니라 납부 이력이나 사용량 같은 그 밖의 세부사항에 대해서도 알아야 기존에 이미 구매한 고객에게 또 팔아보려는 시도를 방지할 수 있다.

이 두 시스템의 사업 모델은 근본적으로 서로 맞지 않아서, 이 둘을 성공적으로 연결하는 아키텍처를 개발하려면 많은 작업이 필요하다.

서로 맞지 않는 사업 모델을 조화시키려면 상당히 복잡한 절차로 이어질 수도 있는 무언가를 동원할 수밖에 없다. 예제에서는 고객과 계정 사이의 연결을 유지하는 역할을 하는 하위 시스템이나 서비스를 개발해야 할지도 모른다. 이런 서비스는 고객이나 계정이 생성, 삭제, 갱신되거나 두 정보 사이의 연결이 변경될 때 (아마도 실시간에) 갱신이 돼야 한다. 또한 자체 정보를 소유하고 관리하면서 요구가 들어오면 그 정보를 필요로 하는 아키텍처 요소에게 제공한다.

이런 서비스는 아키텍처의 핵심부에 놓여서 다른 많은 아키텍처 요소가 접근하므로, 성능, 확장용이성, 가용성을 높이기 위한 야심 찬 목표물이 된다. 이 서비스는 설계, 구축, 시험에 매우 많은 주의를 기울일 필요가 있다.

위험 경감 방안

- 해당 데이터 구조, 핵심 데이터 속성, 관련 도메인에 대한 공통적인 고수준 모델을 개발하고, 그 모델을 (내부적으로든 외부적으로든) 시스템의 모든 부분에 비춰보고 검증한다.
- 모델이 현실을 반영하고 있는지 사업과 함께 검토해본다.
- 모든 대상을 모델화하기보다는 적은 수의 매우 중요한 속성에 집중한다.
- (가령, 다른 조직과 데이터를 교환하는 경우) 모델에 외부 개체를 포함하는 일을 잊어서는 안 된다.
- 데이터 출처 위에 데이터 추상화 계층을 얹어놓음으로써 아키텍처의 나머지 부분에서 오는 불일치를 숨길 요량을 해본다.

불가피한 다중 갱신자

분산 아키텍처를 구축할 때면, 각 데이터 항목을 오직 한 곳에서만 갱신하는 모델을 만들려고 모두가 기를 쓴다. 안타깝게도 현실 세계에서 이런 야심은 여러 가지 이유, 즉 기존 시스템을 손쉽게 변경할 수 없다거나, 정보의 출처가 조직 바깥이라던가, 지리적 또는 정치적 영향으로 제한이 있다거나 하는 이유로 인해 실현이 어려울 때도 있다.

앞에서도 봤지만, 다중 생성자나 갱신자는 아키텍처에 상당한 부담을 주고, 이런 문제를 해소하기란 쉽지가 않다. 아키텍처적인 관점에서 보면, 어디서 이런 일이 일어나는지 알아둠으로써 적절한 측정을 통해 그런 위험을 완화할 수 있다.

위험 경감 방안

- 정보 소유권 모델을 완결되고 정확하게 만들고 다중 갱신자가 있는 데이터 항목은 모두 식별해두게 한다.
- 다중 갱신자 중에서 어느 것이 중요한지 이해관계자(주로 사용자)와 같이 정해서 그 갱신자에 집중한다.
- 다중 갱신자로 인해 불일치가 생기는 곳을 파악하고 서로 맞지 않는 데이터 항목이 만나서 불협화음이 나는 지점을 적시한다.
- 이런 문제를 해소하기 위해 언제나 먼저 생긴 갱신을 나중에 생긴 갱신으로 덮어쓰거나 데이터를 두 벌 유지하면서 수작업으로 문제를 해소하는 등의 전략을 수립한다.

키 대응 취약성

여러 시스템에서 정보를 가져와서 합칠 때, 키 대응 문제가 앞에서 봤듯이 언제나 생기기 마련이다. 이 문제는 세부 설계로 들어가기 전에는 명확하지가 않다가, 이후 아키텍처를 변경하는 비용이 매우 부담스러울 때, 심지어는 시스템이 돌아가는 중에야 명확해지기도 한다.

위험 경감 방안

- 모든 개체에 대해 키를 식별해뒀는지 확인하고, 식별해둔 키가 아키텍처 전반에 걸쳐 잘 맞는지도 확인한다.
- 상이한 시스템에서 온 정보가 모이는 각 지점마다, 한 시스템에서 온 키를 다른 곳에서 온 키와 대응시킬 방법이 확보돼 있는지 확인한다.
- 실제 데이터를 샘플로 가져와서 일관성 검사를 해본다.
- 가능하면 공통 키와 표준화된 정보 모델화 방법을 추구한다.

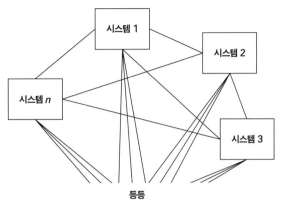

그림 18-8 인터페이스 복잡도

인터페이스 복잡도

두 시스템이 서로 정보를 전송할 필요가 있다면, 하나의 양방향 인터페이스가 필요하다. 시스템이 셋이라면 3개의 인터페이스가 필요하고, 넷이라면 6개가 필요하다. 최악의 상황에서는, 아키텍처에 n개의 시스템이 있다고 했을 때, 각 시스템은 나머지 모든 시스템과 정보를 교환할 필요가 있다고 했을 때, 그림 18-8처럼 총 $n(n - 1)/2$개의 인터페이스가 필요하다.

아키텍처에 등장하는 모든 시스템이 서로 정보를 교환할 필요가 있지는 않겠지만, 시스템이 네댓 개만 넘어가도 필요한 인터페이스의 개수는 관리하기 어려우리만치 많아진다. n개의 시스템 중 어느 하나의 인터페이스만 바꿔도 $n - 1$개의 인터페이스에 대해 다시 설계, 코딩, 시험, 배치해야 한다. 이는 개발자에게 상당한 짐으로 다가와서 변경에 대한 장애로 작용할 때가 많다.

위험 경감 방안

- 인터페이스 요건이 복잡할 때는, 통합 중추^{integration hub}라 불리는 아키텍처 스타일을 적용하는 방안을 고려해본다. 이 모델에서는 모든 시스템이 특별한 어댑터를 통해 가운데 있는 하나의 통합 중추로 연결된다. 어댑터는 시스템에 특화된 변환을 수행하고, 중추는 메시지 경로배정^{routing}과 장애회복^{resilience}을 비롯해 발행과 구독, 수신통지^{acknowledgement}, 등기 배송 같은 좀 더 특화된 기능을

담당한다. 그림 18-9에 예제가 나와 있다.

이 접근법은 시스템이 변경될 때 어댑터만 변경하면 된다는 장점이 있다. 더불어, 경로배정, 장애회복 등을 위한 특화된 코드는 가운데 있는 중추에서 한 번만 구현하면 된다(물론 가운데 있는 중추는 단일 장애점일 때가 많고, 확장용이성 병목 지점이 될 수도 있으며, 역설적이게도 이런 식의 중요 공유 컴포넌트에 대한 변경 일정 및 우선순위 정의의 어려움으로 인한 변경 시점 지체를 유발할 수 있다는 단점 또한 지니고 있다). 외부에서 제공하는 제품이 통합 중추 구현에 주로 쓰인다. 다수의 고도로 설정 가능한 통합 중추 기성품이 상용으로 그리고 오픈 소스 제품으로 나와 있다.

통합 중추를 비롯해 (메시지 버스 같은) 유사 아키텍처는 전사적 애플리케이션 통합[EAI]이라는 더 폭넓은 주제의 일부로, 이 큰 주제에 대한 전면적인 논의는 이 책의 범위를 벗어난다. 이 주제에 대해서는 이번 장 마지막의 '더 읽을거리' 절에서 몇 가지 참고문헌을 제시해뒀다.

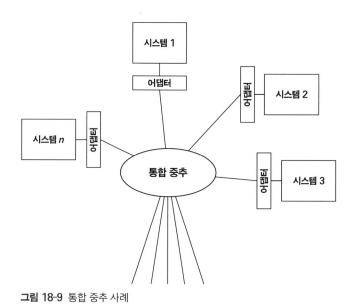

그림 18-9 통합 중추 사례

과밀한 중앙 데이터베이스

이번 장에서 설명한 문제 중 많은 수는 모든 정보를 중앙에 위치한 하나의 데이터베이스에 저장하면 없어진다. 이 접근법은 매우 간단하고 깔끔해서, 키 대응도 변경 내용 조정도 복잡한 인터페이스조차도 필요 없는 데다, 모든 데이터를 바로 활용할 수 있다.

하지만 중앙에 위치한 하나의 데이터베이스는 단일 장애점이자 언젠가는 성능 병목 지점이 되게 마련이다. 지리적으로 분산된 시스템에서 중앙의 데이터베이스는 원격 사용자 입장에서 긴 지연시간을 겪게 하고, 전체 망의 한계로 인해 시스템 가용성에 제약이 생기는 현상도 일으킨다. 모든 데이터를 중앙의 단일 데이터베이스에서 관리하면 데이터 모델이 과밀해지거나 아예 쓸모가 없어질 수도 있고 설계시점 및 실행시점에 충돌을 유발할 수도 있다. 이런 이유 때문에 중앙의 단일 데이터베이스를 바탕으로 한 시스템을 설계할 때는 주의가 필요하다.

위험 경감 방안

- 데이터 규모, 사용자 수, 소재지 측면에서 예상되는 시스템 확장을 주의 깊게 고려해본다(이 사안에 대해서는 28장의 진화성 관점에서 다룬다).

- (현재 또는 미래에) 주 운영 데이터 저장소와 별개로 보고용 데이터베이스를 둘지 생각해보고, 그럴 가능성을 염두에 두고 아키텍처 설계에 임한다.

- 나중에 데이터 분할이 필요하다는 사실을 인지하고 이를 처리할 전략을 (구현은 하지 않더라도) 당장 설계해둔다.

- 단일 중앙 데이터베이스를 채택했다면, 시스템이 기대보다 더 성공했을 경우에 채택할 수 있는 확장용이성 선택안을 몇 가지 열어둔다.

- 데이터베이스 클러스터화 기술이나 그 밖의 가용성 및 성능 향상 기법 활용에 대해 살펴본다.

일관성 없는 분산 데이터베이스

반대로, 이번 장에 설명한 문제들 중에 어떤 것은 여러 장소나 아예 지리적으로 다른 곳에 위치한 다중 데이터베이스에 정보를 복제함으로써 없앨 수 있다. 이런 접근법을 쓰면 데이터를 필요로 하는 곳에 있게 됨으로써 결과적으로 지연시간이 줄어들고 가용성은 향상된다.

하지만 정보를 분산시키는 아키텍처는 설계하고 구축하기가 더 힘들고 복제 지연에 따른 정보 불일치로 이어질 가능성이 높다. 더욱이 복제본이 읽기 전용이 아닐 경우 갱신을 관리하기도 더 어렵다. 이런 문제가 극복 불가능하지는 않지만, 주의 깊게 설계하고 꼼꼼하게 구현할 필요가 있다.

위험 경감 방안

- 정보를 분산시키는 아키텍처가 필요한지 곰곰이 생각하되, 이로 인해 얻는 이득과 복잡도 및 데이터 불일치로 인한 비용 사이에 저울질을 잘해본다.
- 분산 모델을 채택했다면, 효과적으로 불일치를 처리할 전략을 갖추고 핵심 이해관계자, 특히 사용자가 그 전략에 동의하게 만든다.
- 자동으로 처리할 수 없는 문제를 감지해서 처리하는 효과적인 운영 도구와 절차를 갖추게 한다.

낮은 정보 품질

실 데이터가 불일치하거나 부정확하거나 불완전하면, 정보 모델이 아무리 좋은들 아무 쓸모가 없고, 결국 시스템이 운영에 돌입할 때 커다란 문제에 봉착하게 된다.

사실 진짜 문제는 불가피하게 낮은 정보 품질이 아니라 '예상치 못하게' 낮은 정보 품질에서 생긴다. 일부 정보가 부적합하다는 사실을 안다면, 이를 처리할 전략을 일찌감치 세워두고 그 영역에 대한 이해관계자의 기대를 성공적으로 관리할 수 있다.

위험 경감 방안

- 정보 품질에 대해 (예를 들면, '모든 제품은 불변성 공통 키를 사용해 전체에서 유일하게 식별해낼 수 있다' 같은) 핵심적인 가정을 조기에 검증한다.

- 어느 정보가 중요하고 어느 정보는 덜 중요한지(이해관계자, 주로 사용자가 알려줄 수 있다) 파악한 후, 중요한 정보에 초점을 맞춘다.

- 상용으로 나와 있는 정보 품질 도구를 활용해 기존 정보의 품질을 분석한다.

- 질 낮은 정보가 출현하는 곳을 찾아낸 후, 이를 처리할 전략, 가령 질 낮은 정보를 튕겨내거나, 의심스럽다고 표시해두거나, 수정을 시도해보는 등의 방안을 세운다.

과도한 정보 지연

너무 긴 지연시간은 아키텍처가 과도하게 복잡하거나 유입되는 정보 규모에 비해 설계된 처리 규모가 적을 때 주로 발생한다. 또한 아키텍트의 통제권이 미치지 못하는 곳에서 지연시간 문제가 생길 수도 있다. 가령, 정보가 일주일에 한 번씩 외부에서 들어오는 경우도 있고, 기존 시스템의 한계로 인해 야간에 일괄로 갱신을 적용해야 하는 경우도 있다.

정보 품질에 관해서라면, 긴 지연시간은 예상 외로 길 때나 문제가 된다. 일찌감치 예상 지연시간을 도출함으로써 문제 영역을 찾아내서 처리 전략을 수립할 수 있다.

위험 경감 방안

- 정보 제공자와 정보 소비자 사이에 거리가 있거나 복잡성이 존재할 경우, 정보 지연시간이 어떻게 될지 최대한 잘 예측해내야 한다.

- 지연시간이 상당히 길다면, 이해관계자와 함께 검토해서 관심사항으로 올릴지 결정한다.

- 역시나 더 좋은 것은 모든 데이터 항목에 대해 지연시간 요건을 현실적인 선에서 합의하고 나서 모델이 그에 부합하는지 검증하는 방식이다.

잘못된 규모 산정

갱신 처리를 하루에 천 번 정도 하도록 설계된 시스템은 하루에 백만 번이 들어오면 견디기 어렵다. 시스템의 정보 규모가 명확하지 않으면, 알맞은 아키텍처 설계가 나올 가능성이 별로 없다(규모 산정 문제에 대해서는 26장에서 더 자세히 설명한다).

위험 경감 방안

- 데이터 규모를 이해관계자가 파악하고 검토하며 승인하게 한다. (주문 횟수 같은) '사업적인' 규모는 구매자와 사용자에게서 별도로 입수하고, (데이터베이스 갱신 횟수 같은) '기술적인' 규모는 기술적인 이해관계자에게서 입수해야 할 수도 있다.

- 규모 산정은 현실성이 있어야 한다. 이해관계자가 의심스러워하거나 모호함을 토로할 경우, 해당 사안을 살펴봐서 의심할 만하다면 오류 허용치에 이를 때까지 수치를 증가시킨다.

- 모든 시나리오를 포괄할 수 있도록, 즉 일과시간뿐 아니라 야간 일괄 처리나 공휴일, 연말 등 부하가 최대로 걸리는 기간까지 포함해서 데이터 규모를 산정한다.

- 사업적인 규모를 물리적인 규모로 효과적으로 변환할 방안을 확보한다. 이에 따라, 가령 주문하기 같은 단일한 업무 처리는 재고 감량, 계정 기록 게시, 판매원에게 보상 지급, 주문 항목 배송 조치 등 몇 건의 물리적인 처리로 바뀐다.

- 미래에 생길 확장도 고려해서 규모를 산정한다.

- 사용할 데이터 저장소의 시제품을 만들어보고 그 저장소에 접속해서 예상하는 규모만큼 써본다.

▌점검 목록

- 데이터 모델이 (개체의 수가 20~30개를 넘지 않는 등) 적절한 상세 수준을 갖췄는가?

- 데이터 모델이 현재의 처리 요건과 미래에 나옴 직한 처리 요건을 지원하는가?

- 중요한 모든 개체에 대해 명확한 키를 찾아냈는가?

- 어떤 개체가 여러 시스템 또는 여러 지역에 걸쳐 상이한 키로 분산된 경우, 그런 키들 사이의 대응관계가 정의돼 있는가? 데이터 항목을 생성하는 시점에 이런 대응관계를 보수하기 위한 절차를 갖춰됐는가?

- 한 곳의 데이터가 다른 곳에서 소유 및 관리하고 있는 데이터에서 파생된, 예를 들어 계정 잔고는 계정 활동에서 파생된 경우 등에 대해 살펴봤는가?

- 데이터 소유권 충돌, 특히 만든 이나 갱신하는 이가 여럿인 경우에 이를 해소할 방침을 정해됐는가?

- 지연시간 요건은 명확히 찾아냈으며, 그 요건 달성을 담보하기 위한 작동방식은 갖춰졌는가?

- 분산 데이터 저장소 간의 트랜잭션 일관성을 확보하기 위한 전략이 명확히 갖춰졌으며, 성능 및 복잡성 관점에서 이런 수요와 비용이 균형을 이루고 있는가?

- 시스템 내의 다양한 데이터 저장소로 어떤 데이터 저장 모델을 사용할지를 각각의 강점 및 약점을 감안해서 고려해봤는가?

- 이전된 데이터를 검증하고 오류를 적절히 다루는 데 필요한 작동방식은 갖춰졌는가?

- 예상 데이터 규모와 성능 요건에 걸맞게 (운영 데이터 저장소, 보고용 데이터베이스, 데이터 웨어하우스, 데이터 마트 등) 올바른 유형의 데이터 저장소를 선택했는가?

- 보관 용도에 필요한 충분한 저장공간과 처리 능력을 갖췄는가? 보관된 데이터를 재적재하는 데도 문제없는가?

- 데이터 품질 평가를 마쳤는가? 질이 낮은 데이터를 처리하는 전략은 마련해 됐는가?
- 정보 모델 내에서 어느 개체를 공유 전사 출처에서 획득할지 확정했는가, 확정했다면 아키텍처에서 그 개체를 올바르게 활용하고 있는가?

▍더 읽을거리

정보 아키텍처 분야는 원래가 (데이터 설계 기술이나 특정 데이터 관리 기술과 달리) 문헌이 드물다.

다행히 데이터 모델화, 특히 관계형 모델화는 이 책에 언급한 내용 상당부의 기반이 되는 것으로, 기술적 밑바탕이 튼튼한 덕분에 이 주제에 대한 서적은 넘쳐난다. 이 분야의 고전이자 여전히 개정되고 있는 책으로 데이트Date[DATE03]를 꼽을 수 있겠다. 그 밖에 훌륭한 총론서로는 엘머스리Elmasri와 나바테Navathe[ELMA99]와 크론케Kroenke[KROE02]가 있다.

킴Kim[KIMW99]은 객체지향 데이터베이스를 비롯한 새로운 기술 몇 가지를 살펴봤다. 레드먼Redman[REDM97]은 데이터 품질 관련 논점과 데이터 품질 분석 및 개선 전략 개발 방안에 대해 상세히 다뤘다.

전사적 애플리케이션 통합 아키텍처는 린티컴Linthicum[LINT03]과 러Ruh 외 [RUHW00]를 비롯한 여러 서적에서 다뤘다.

메타데이터 모델화에 대해서는 ISO 11197-3 표준[ISO96]이나 [MARC00] 같은 책을 보면 더 많은 정보를 찾을 수 있다. ARTS 표준 관계형 데이터 모델이나 금융 서비스 메시지 전송에 대한 ISO 20022 표준 같은 특정 메타데이터 모델에 대한 정보는 해당 기관의 웹사이트에 보면 찾을 수 있다.

소프트웨어 개발 과정의 일환으로 데이터베이스 스키마를 유연하게 진화시킬 방안에 관심이 있다면, 스콧 앰블러Scott Ambler와 프라모드 사달라지Pramod Sadalage가 데이터베이스 리팩토링에 대해 쓴 책[AMBL06]이 진화적인 데이터베이스 설계 기술을 소개하고 있으므로, 관심을 가져봄 직하다.

데이터 웨어하우스에 대한 서적도 이 분야를 개척한 두 사람인 윌리엄 인먼

William Inmon([INMO05] 등)과 랄프 킴볼Ralph Kimball([KIMB02] 등)을 비롯해 여러 사람의 책이 있다.

알렉 샤프Alec Sharp와 패트릭 맥더멋Patrick McDermott의 책[SHAR08]에 보면 이 분야와 여기서 사용된 기술이 잘 설명돼 있다. (여기서 일일이 거론하기 어려울 만큼) 많은 서적이 (오라클, SQL 서버, DB2, 사이베이스, MySQL 등) 특정 관계형 데이터베이스 제품과 함께 애플리케이션 개발, 시스템 관리, 통합에 필요한 도구나 기술을 다루고 있다.

NoSQL 운동을 비롯한 비관계형 데이터베이스 기술에 대한 정보는 인터넷에서 찾아보는 편이 제일 낫다.

데이터 관리 협회DAMA, Data Management Association에 가보면 매우 쓸모 있는 정보가 있는 데다 학술대회와 세미나도 개최하고 있고 교육과 자격인증도 해주며 전 세계에 지부도 운영하고 있다. www.dama.org에 가면 된다.

19
동시성 시점

정의	시스템의 동시성 구조를 설명하고 기능적 요소를 동시성 단위로 대응시켜 시스템에서 동시에 실행될 수 있는 부분을 식별하고 그런 동시 실행을 조율하고 조절할 방법을 찾아내는 일을 함
관심사항	작업 구조, 작업과 기능 요소 사이의 대응, 프로세스 간 통신, 상태 관리, 동기화 및 무결성, 확장용이성 지원, 프로세스 시작 및 종료, 작업 실패, 재진입성
모델	시스템 수준의 동시성 모델 및 상태 모델
문제점 및 함정	잘못된 동시성 모델화, 동시성의 잘못된 모델화, 과도한 복잡도, 자원 충돌, 교착상태, 경쟁 상태
이해관계자	의사소통자, 개발자, 시험자, 일부 관리자
적용 대상	다수의 동시적인 스레드 수행이 일어나는 정보 시스템 전부

역사적으로 보면, 정보 시스템은 동시성이 매우 적거나 아예 없이, 대규모 중앙 컴퓨터에서 일괄 모드로 돌아가도록 설계했었다. 하지만 (분산된 시스템, 점증하는 작업 부하, 저렴한 마이크로프로세서 하드웨어를 포함한) 몇 가지 요인이 복합되면서 오늘날에는 일괄 처리를 하는 정보 시스템은 거의 또는 아예 없고 기본적으로 동시 처리를 하게 돼 있다.

이와 달리, 제어 시스템은 원래부터 동시 처리에 이벤트 위주여서, 외부에서 일어나는 사건에 반응해서 제어 동작을 수행하게 돼 있었다. 이에 따라, 정보 시스템이 더욱 동시적이고 이벤트 위주로 변하면서 자연스레 전통적으로 제어 시스템과 관련이 있었던 여러 특성을 갖춰나가게 됐다. 이런 동시성을 다루기 위해, 정보 시스템 진영에서는 자연스럽게 적응해나가면서 제어 시스템 진영에서 검증된 기술을 도입해왔다. 그 기술 중 다수가 동시성 시점의 기초를 이루고 있다.

동시성 뷰는 시스템의 동시성과 상태 관련 구조 및 제약사항을 설명하는 데 쓰인다. 이 뷰는 시스템에서 동시에 수행되는 부분은 어떤 것이고 그 부분을 제어하는 방법은 무엇인지 정의한다(예를 들어, 시스템의 기능적 요소를 어떤 식으로 운영체제 프로세스로 묶고 프로세스의 수행은 어떤 식으로 조율할지 정의한다). 이렇게 하려면, 프로세스 모델과 상태 모델을 작성할 필요가 있다. 여기서 프로세스 모델은 계획한 프로세스, 스레드, 프로세스 간 통신 구조를 보여주고, 상태 모델은 실행시간 요소가 처할 수 있는 상태의 집합과 그런 상태 사이의 유효한 전이를 기술한다.

프로세스 및 상태 모델을 작성하고 나면, 몇 가지 분석 기법을 활용해 계획한 동시성 계획이 쓸 만한지 확인해볼 수 있다. 이런 기법을 활용하는 작업 역시 동시성 뷰를 작성하는 와중에 일어난다.

모든 정보 기반 시스템이 동시성 뷰로 이득을 보지는 않는다는 점을 언급해둘 필요가 있다. 어떤 정보 시스템은 동시성이 거의 없다. 또 어떤 정보 시스템은 동시적인 행위를 나타내기는 하지만, (애플리케이션 서버와 데이터베이스 등) 기반 프레임워크 및 컨테이너에서 제공하는 수단을 활용해 동시성 모델을 숨긴다.

예제

데이터 웨어하우스 시스템은 적재가 야간에 일괄로 되고 다수의 데스크톱에서 접근한다. 이런 시스템은 동시적인 행위를 드러내서, 복수의 클라이언트가 동시에 데이터 웨어하우스에 데이터를 요청할 수 있다. 하지만 이런 시스템은 대개 기저의 데이터베이스 관리 시스템에 (어떤 방식을 선택하든 간에) 의존해 필요한 모든 동시성을 처리한다. 따라서 여기서 사용되는 프로세스 모델은 아키텍처적으로 중요성이 별로 없고, 아키텍트에게는 그에 대한 관할권도 거의 또는 아예 없다. 동시성과 관련해 흥미로운 부분들은 물리적인 데이터 모델 설계와 훨씬 더 관련이 깊으므로 거기서 다루는 것이 좋다.

이와 달리, 오늘날의 많은 정보 시스템이 본질적으로 이벤트 위주에 반응적이면서 동시적인 시스템이다. 미들웨어 제품 같은 기반구조를 고려할 경우 특히 그렇다. 이런 유형의 시스템은 대개 아무것도 하지 않고 가만히 있다가 외부에서 이벤트가 일어나면 그때 가서 그 이벤트를 처리한다. 동시에 수많은 외부 이벤트가 일어나고 그런 이벤트가 일어나는 시간 간격이 그 이벤트를 처리하는 데 드는 시간보다 짧을 경우도 있다고 하면, 이런 류의 정보 기반 시스템은 본질적으로 동시적이어서 한 번에 많은 수의 동작이 수행돼야 한다.

예제

어느 전자상거래 시스템에서 메시지 기반 접근법을 사용해 거래 요청을 처리한다. 이런 시스템에서는 요청이 도착하면, 그 요청을 처리할 수 있게 메시지로 변환해서 알맞은 기능 요소의 큐에 쌓는다. 메시지 큐가 너무 길어지는 일을 막고 처리 자원을 효율적으로 활용하기 위해, 해당 처리 요소는 여러 메시지를 동시에 처리해야 할 필요가 있다. 이 경우, 해당 기능 요소 내부에는 동시에 많은 수의 동작이 존재할 수 있고, 개별 동작은 공유 자원에 접근해야 할 수도 있다.

동시성 시점은 이런 식의 행태를 띠는 시스템과 매우 깊은 관련이 있다. 동시성 뷰를 작성하면 이런 시스템에 대한 동시성 설계를 명시적으로 할 수 있고 관심을 보이는 이해관계자가 동시성 제약사항과 요건을 이해하는 데도 도움을 줄 수 있다. 또한 시스템을 분석해 교착상태나 병목현상 같이 빈번히 일어나는 동시성 문제를 피하는 것도 가능하다.

▍관심사항

작업 구조

동시성 뷰를 작성하는 데 있어 가장 중요한 측면은 시스템의 프로세스 구조를 세우는 일로, 이를 통해 시스템에서 동시성을 활용하는 데 필요한 전반적인 전략을 찾아내면 된다. 시스템에 가해지는 부하를 골고루 분산시킬 수 있게 프로세스 집합을 정의하고 시스템의 기능을 그 프로세스 집합에 골고루 분할할 방법도 정의한다. 또한 프로세스 내에서 운영체제 스레드를 사용할지 고려해보거나 개별 프로세스를 추상화해서 비슷한 프로세스를 묶어서 그룹으로 만들지도 고려해볼 필요가 있다.

참고: 이번 장에서 작업^{task}이라는 말은 처리 스레드를 설명하는 일반적인 용어로

썼으므로, 단일한 운영체제 프로세스일 수도 있고 다중 스레드로 된 프로세스상의 스레드 하나일 수도 있으며 기타 소프트웨어 실행 단위일 수도 있다. 그 차이가 중요한 경우에는 특별히 프로세스나 스레드라는 용어를 쓰기로 한다.

시스템의 작업 구조 중에서 이 뷰에서 어떤 측면을 다뤄야 할지는 거의 전적으로 해당 시스템이 어떤 부류인지에 달려 있다.

예제

복잡하고 메모리를 적게 쓰는 시스템에서는 오직 한두 개의 운영체제 작업만 사용하겠지만 효율성과 반응성 목표를 충족하려면 매우 복잡한 스레드 모델을 사용해야 한다. 이 경우에 작업 구조를 잡는 활동은 스레드 수준에 초점을 맞출 필요가 있다.

대규모 기업 시스템은 글자 그대로 수백 개의 동시작동 프로세스로 이뤄져 있고, 그중 많은 수가 수십 개의 스레드를 갖고 있다. 이런 유형의 시스템에서 작업 구조를 잡는 활동은 아키텍처적으로 중요한 동시성 측면에 집중할 수 있도록 유사한 프로세스로 묶인 그룹 수준에서 할 필요가 있다.

작업과 기능 요소를 대응

작업에 기능 요소를 대응시키는 일은 아키텍처의 성능, 효율성, 복원성, 신뢰성, 유연성에 커다란 영향을 끼칠 수 있으므로, 심사숙고해야 한다. 이 작업을 할 때 염두에 둘 핵심 질문은 어떤 기능 요소를 떨어트려 놓고(그래서 별도의 프로세스로 나눠 넣고) 어떤 기능 요소를 긴밀하게 붙여놓을지(그래서 같은 프로세스 내에서 작동하게 할지) 하는 점이다.

프로세스 간 통신

여러 기능 요소가 하나의 운영체제 프로세스 안에서 동작하는 경우, 그 요소 사이의 통신은 공유 주소 공간 덕분에 상대적으로 간단하다. 약간의 중재는 필요하겠지만(동기화 및 무결성 관심사항 참조), 요소 사이의 정보 전달에는 아무 데이터 구조나 다 써도 된다. 마찬가지로, 부담 없이 사용할 수 있는 제어 방식도 (프로시저 호출이나 이로부터 비롯된 변이형 등) 여러 가지가 있어서 요소 간 제어권 이동이 필요할 때 쓸 수 있다.

반면에 각기 다른 운영체제 프로세스 안에서 동작하는 요소들 사이에서는 통신이 더 복잡해진다. 이런 복잡성은 프로세스가 동작하는 물리적인 장비가 서로 다를 경우 한층 증가한다.

다른 프로세스에 있는 요소를 연결하는 데 쓸 수 있는 프로세스 간 통신 방식은 여러 가지가 있는데, 원격 프로시저 호출, 메시지 전송, 공유 메모리, 파이프, 큐 등을 들 수 있다. 이들은 저마다 강점, 약점, 제약사항이 있어서, 이런 통신 방식을 부적절하게 사용할 경우 (프로세스 사이의 메시지 큐 지연시간이 확장 용이성 문제나 처리량 문제를 유발할 가능성이 있는 등) 시스템 수준에서 문제를 유발할 수도 있다. 용인할 수 있는 품질 속성을 갖춘 시스템을 납품하기 위해, 동시성 뷰는 시스템의 기능 구조에서 필요로 하는 요소 간 통신을 제공하는 데 쓰일 프로세스 간 통신 방식 집합을 살펴보고 발굴해내야 한다.

상태 관리

많은 시스템에서, 정확한 시스템 동작을 위해서는 시스템 요소의 실행시간 상태가 중요하다. 특히 고도의 동시성을 갖춘 이벤트 위주 시스템의 경우, 상태 기계 구현을 통해 업무 동작이 처리되는 경향이 있기 때문에 더 중요하다.

이런 시스템에서 동시성 뷰와 관련해서 고려할 사항으로, 시스템의 개별 기능 요소가 실행시간에 처하게 될 상태 집합, 그런 상태 사이에서 일어날 수 있는 올바른 전이 집합, 상태 간 전이의 원인과 결과를 깔끔하게 정의하는 문제가 있다. 이런 세심한 상태 관리가 있어야만 대부분의 동시 실행 시스템에서 신뢰성과 정확한 동작을 보장할 수 있다. 역시나 정형적인 아키텍처 스타일을 사용하는 경우에는, 스타일에 시스템의 실행시간 상태를 처리하는 방법이 정의돼 있을 것이다.

이런 관심사항은 시스템의 실행시간 요소의 상태를 다룬다는 점을(그래서 시스템의 기술적인 상태technical state라고 부르기도 한다는 점을) 상기해야 한다. 많은 정보 시스템에서 중요하게 여기는 또 다른 유형의 상태 관리로는 핵심적인 영속 정보에 대한(다시 말해 업무 객체, 즉 시스템의 업무 상태business state에 대한) 올바른 상태 및 전이 집합이 있다. 하지만 이는 별도의 상태 개념인지라, 영속적인 객체 상태 모델을 따로 떼서 수명주기^{lifecycle}라고 불러서 둘 사이에 혼동이 생기지 않게 한다. 객체 수명주기는 18장에서 정보 시점의 일부로 다뤘다.

이렇게 하고 보면 기능 뷰에서 상태 관리를 고려하는 것도 상당히 합리적인데, 어쨌든 고려하고자 하는 대상이 기능 요소의 상태이기 때문이다. 하지만 경험에 비춰보면 시스템의 상태 관리 설계는 언제나 동시성 뷰에 더 잘 맞았다. 상태가 중요한 이런 시스템에서는 언제나 동시성도 마찬가지로 중요하므로 시스템 수준의 상태를 고려하면서 그 주변의 동시성도 함께 고려할 수밖에 없다.

동기화 및 무결성

시스템 내에 하나 이상의 제어권 흐름이 존재하는 순간, 동시 실행으로 인해 시스템 내의 정보가 얽히지 않게 하는 일이 중요해진다. 이는 한쪽 극단에는 다중 스레드로 돌아가는 모듈의 공유 변수부터 다른 극단에는 공유 데이터 저장소에 있는 핵심 기업 거래 데이터까지 시스템 내 다양한 수준에서 고려해야 한다.

동시성 뷰에서 처리해야 할 중요한 관심사항으로는 어떤 식으로 동시적인 활동을 조정해야 시스템이 올바르게 동작하고 시스템 내의 데이터 무결성을 유지할지 하는 것이다.

확장용이성 지원

동시성이 높은 시스템에서는 동시성, 동기화, 상태 관리에 쓰이는 접근법에 따라 시스템이 달성 가능한 확장용이성에 근본적인 차이가 생긴다. 동시성이 너무 높거나 낮으면 시스템의 속도를 떨어트리고 부하가 높을 때 효율적으로 처리하지 못하며, 동기화가 너무 과하거나 너무 단순하면 부하가 낮을 때는 매우 원활하게 수행되지만 높은 부하가 걸리면 시스템이 점점 느려지다가 결국 중단되는 결과가 올 수 있다. 문제는 성능이 좋고 동시성이 높은 시스템을 설계하는 일이 쉽지 않은 데다 오류가 잦은 과정이라는 데 있다. 이 뷰에서 다룰 중요한 관심사항은 채택한 동시성 접근법이 어떤 식으로 원하는 성능 및 확장용이성을 제공하는 한편 얼마나 비용 효율적이면서 신뢰성 있게 구현할 수 있게 간단한지 하는 점이다. 이를 달성할 접근법에 대해서는 26장에서 성능 및 확장용이성 관점을 다룰 때 논의한다.

시작 및 종료

시스템 내에 둘 이상의 운영체제 프로세스가 있다면, 시스템의 시작과 종료도 관리가 좀 더 복잡해질 수 있다. 작업 간에 의존성이 있다는 말은 작업을 시작하고 종료할 때 매우 구체적인 순서에 따라야만 일부 작업이 시작 시점에 실패했을 때 다른 작업이 시작되지 않게 할 수 있다는 뜻이다. 시스템의 시작과 종료 의존성은 동시성 설계에 있어 중요한 부분을 차지하는 것으로, 개발자, 시험자, 관리자가 모두 명확하게 이해할 필요가 있다.

작업 실패

기능 요소들이 여러 프로세스에 상주하거나 여러 스레드에서 돌아가는 경우, 요소의 실패를 다루는 일이 복잡해질 가능성이 있다. 이는 한 작업 내에 있는 하나의 요소가 다른 작업과 소통할 필요가 있을 때 서로 의존할 수 없어서, 같은 작업 내에 있는 다른 요소를 호출할 경우에는 거기에 그 다른 요소가 있음을 알 수 있는 경우와는 다르기 때문이다. 동시성 설계에서는 이렇게 추가적인 실패의 가능성을 고려하고 한 작업에서의 실패가 전체 시스템의 중단으로 이어지지 않게 할 필요가 있다. 이 관심사항을 처리하기 위해 아키텍트는 작업 실패를 인지하고 복구할 시스템 차원의 전략을 마련해둬야 한다.

재진입성

재진입성reentrancy이란 소프트웨어 요소가 둘 이상의 처리 스레드에서 동시에 사용됐을 때 정확하게 동작할 수 있는 능력을 말한다. 이 성질은 기본적으로 소프트웨어 개발자가 자신이 맡은 소프트웨어 요소를 설계할 때 고려하는 사항이다. 아키텍처적인 관점에서 재진입성은 몇몇 요소에는 중요한 제약사항이 되므로, 어느 모듈이 재진입 가능해야 하고 어느 모듈이 그럴 필요가 없는지 아키텍처에서 반드시 명확하게 정의해둬야 한다.

이메일 서버를 개발할 경우, 높은 수준의 동시성을 지원하는 능력이 핵심 관심사항이다. 그렇지 못할 경우, 그 이메일 서버는 이메일을 동시에 주고받고 싶어할 대규모 사용자를 대상으로 사용하기가 어려워진다. 몇 가지 접근법을 채택해서 그런 동시성을 달성할 수 있겠지만, 논의를 위해 하나의 운영체제 프로세스와 그 안에서 돌아가는 다수의(대략 수백의) 동시작동 운영체제 스레드를 사용해 서버를 구현하기로 결정했다고 가정하자. 그 스레드 중 일부는 이메일을 보내고, 일부는 이메일을 받으며, 일부는 서버의 내부 상태를 관리한다.

이런 환경에서는 시스템 내의 어느 요소가 재진입이 돼야 하고 어느 요소가 재진입될 필요가 없는지 정하는 일이 핵심이다. (예를 들어 이메일 도메인을 네트워크 주소로 변환해주는 이름 찾기 라이브러리 같이) 이메일을 보내고 받는 데 관련된 요소는 모두 다 재진입이 가능하도록 보장해서 수많은 보내기 및 받기 스레드에서 동시에 사용할 수 있게 해야 한다. 이런 보장이 없으면, 이름 찾기 라이브러리는 나중에 동시 접근으로 인해 내부 상태가 깨져 미묘한 문제들을 일으키는 본거지가 되고 만다.

아키텍처에서 재진입성이 필요한 것으로 나왔다면, 시스템 내에 어떤 외부 조달 소프트웨어 요소를 사용할지 그리고 어디에 사용할지도 영향을 받는다.

이해관계자 관심사항

동시성 시점에서 나오는 일반적인 관심사항은 표 19-1과 같다.

표 19-1 동시성 시점에 대한 이해관계자 관심사항

이해관계자 부류	관심사항
관리자	작업 구조, 시작 및 종료, 작업 실패
의사소통자	작업 구조, 시작 및 종료, 작업 실패
개발자	모든 관심사항
시험자	작업 구조, 기능 요소의 작업에 대한 대응, 시작 및 종료, 작업 실패, 재진입성

모델

시스템 수준 동시성 모델

동시성 뷰에서는 동시성 모델을 통해 기능적 요소를 실행시간 실행 개체에 대응시킨다. 동시성 모델은 대개 다음과 같은 항목이 들어간다.

- 프로세스: 여기서 프로세스는 운영체제 프로세서를 가리키는 말로, 하나 이상의 독립적인 실행 스레드가 돌아가기 위한 실행 환경을 제공하는 주소 공간을 의미한다. 프로세스는 시스템 설계에 있어 동시성의 기본 단위가 된다. 아키텍처 수준에서 프로세스는 일반적으로 서로 고립돼 있기 때문에 한 프로세스가 다른 프로세스의 실행에 영향을 미치고자 하면, 프로세스 간 통신 방식을 사용해야만 한다.

- 프로세스 그룹: 아키텍처 수준에서 보면, 개별적인 프로세스를 묶어서 긴밀하게 관련된 프로세스의 묶음을 시스템 수준에서 하나의 개체로 간주하면 쓸모 있을 때가 많다. 이렇게 추상화를 하면 덜 중요한 동시성 관심사항을 하위 시스템 설계 때까지 미뤄둘 수 있어서 유용하다. 데이터베이스 관리 시스템^{DBMS,} database management system을 예로 들어보자. 시스템 수준에서 중요한 점은 DBMS가 기능적 단위로서, 잘 정의된 인터페이스를 통해 접근할 수 있고, 자체적인 프로세스 또는 프로세스 그룹 안에서 돌아간다. 하지만 사용되는 프로세스의 정확한 숫자와 각각이 담당하는 기능은 아키텍처와는 거의 관련이 없는 데다, 사실 이런 내용은 이후 설계 과정에서 기술적인 전문가가 결정하면 될 일이다. 이런 상황에서 프로세스 그룹을 사용해 관련된 프로세스의 그룹이 사용되기는 하겠지만 그 세부사항은 나중에 정해진다는 사실을 깔끔하게 나타낼 수 있다. 그 밖에 많은 프로세스를 가진 규모가 크고 복잡한 시스템에서 계층적으로 구조를 잡는 간단한 기법으로 프로세스 그룹을 많이 사용한다. 프로세스마다 설명이 붙어야 하겠지만, 프로세스 그룹을 사용하면 프로세스 모델을 이해하기가 더 쉽게 만들 수 있다.

- 스레드: 여기서 스레드는 운영체제 스레드를 가리키는 말로, 운영체제 내에서 독립적으로 일정이 잡히는 실행 스레드를 말한다. 스레드는 일부 운영체제에

서는 **경량 프로세스**lightweight process라고 한다. 시스템 아키텍처 수준에서 스레드는 세부적인 활용에 대해서는 하위 시스템 설계자의 책임으로 치부해서 흔히 무시한다(아키텍트는 개발 뷰에서 설계 패턴을 통해 스레드 활용 방식을 이끌어줄 수는 있다). 하지만 어떤 시스템에서는 최소한 시스템의 일부에서는 아키텍트가 스레드 활용에 대해 모델화할 때가 있다. 스레드는 일반적으로 프로세스 모델에서 프로세스 분할을 통해 표현된다.

- **프로세스 간 통신**: 프로세스는 동작할 때 서로 고립돼 있기 때문에 다른 프로세스에 어떤 변경도 가할 수 없다고 가정한다. 하지만 대부분의 동시작동 시스템에서 프로세스는 그 실행을 조정하고 상대방의 서비스를 요청하며 서로 간에 정보를 전달하기 위해 상호작용을 할 필요가 있다. 이런 상호작용은 여러 가지 프로세스 간 통신 장치('IPC 장치')를 통해 이뤄지는데, 이는 시스템의 실행시간 아키텍처에서 커넥터에 해당한다.

  활용 가능한 장치는 그 기저에서 사용하는 기술 플랫폼에 따라 다양하다. 하지만 프로세스 간 통신 방식은 일반적으로 다음과 같이 분류할 수 있다.

  - **프로시저 호출** 방식은 전부 일종의 프로세스 간 함수 호출의 변종으로 언제나 일정 형태의 원격 프로시저 호출이나 모종의 메시지 전달 동작을 바탕으로 한다.

  - **실행 조정** 방식을 통해 둘 이상의 프로세스가(또는 스레드가) 어떤 이벤트가 일어났을 때 서로에게 신호를 보낼 수 있다. 조정 방식으로는 세마포어semaphore와 뮤텍스mutex가 있으며 대체로 물리적으로 같은 기계에서 돌아가는 프로세스나 스레드 사이의 조정으로 쓰임이 한정된다.

  - **데이터 공유** 방식을 통해 여러 프로세스가 하나 이상의 데이터 구조를 공유하고 그 구조에 동시적으로 접근할 수 있다(이런 접근은 대개 조정 방식을 통해 조정된다). 데이터 공유 방식으로는 공유 메모리와 분산 튜플 공간이 있고, 더불어 클라이언트/서버 데이터베이스와 공유 파일 저장소 같이 간단하면서도 전통적인 방식도 있다.

  - **메시지 전달** 방식은 데이터 공유 방식과 관련돼 있지만, 데이터 구조를 동시적인 접근을 위한 하나의 공유된 공간에 두기보다는 작업에서 작업으로 데

이터 구조를 전송한다. 일반적으로 메시지 전송 시스템은 큐와 발행/구독이라는 잘 정의된 두 가지 메시지 전송 모델 중에서 하나 또는 둘 다를 구현한다. 큐에서는 생산자와 소비자 사이에다 '먼저 들어오면 먼저 나가는' 큐 구조를 도입해서 소비자가 큐에 들어 있는 메시지를 빼내서 읽게 한다(다시 말해, 메시지는 하나의 소비자에게만 전달된다). 발행/구독에서는 생산자와 소비자 사이에다 '주제' 또는 '버스'를 도입해서 소비자가 관심 있는 메시지 유형을 지정해두면 메시지가 들어왔을 때 거기에 관심 있는 모든 소비자가 그 메시지를 소비한다.

아키텍트라면 프로세스 간 통신 방식을 선택할 때 세심한 주의를 기울일 필요가 있는데, 시스템이 갖출 (성능, 확장용이성, 신뢰성 등) 품질 속성에 끼치는 영향이 적지 않기 때문이다. IPC 방식은 그 방식을 사용하는 기능 요소에 중대한 제약사항도 함께 가져오기에, 처음부터 알맞은 방식을 선택해 그에 따른 제약사항을 감안하게 해야 한다.

표기법

동시성 뷰는 여러 가지 방법으로 표현이 가능하다. 좀 더 일반적인 표기적 접근법으로는 UML과 기타 정형 표기법이 있고, 이와 함께 조금 덜 정형적인 표기법도 있는데, 여기서는 이들 표기법에 대해 간략히 설명한다.

- UML: UML의 동시성 모델화 수단은 사뭇 단순하지만 활성 객체라는(다시 말해, 스레드 제어권을 가진 객체라는) 개념을 갖추고 있다. UML로 동시성 구조를 표현할 수 있는 방법을 몇 가지 들어보면, 스테레오타입을 붙인 패키지, 컴포넌트, 클래스가 있지만, 아쉽게도 그 어느 접근도 표준으로 올라서지는 못했다. 모델을 작성하면서 여러 가지 관례를 채택해본 바에 의하면 프로세스와 스레드를 모델화할 때는 스테레오타입을 붙인 활성 컴포넌트부터 시작하면 좋다. 또한 대상 시스템에 있어 유용한 추상화라고 판단될 경우 프로세스 그룹 스테레오타입을 추가해서 (데이터베이스 엔진 같이) 서로 관련된 프로세스의 그룹을 표현할 때도 있었다.

  원격 프로시저 호출 같이 프로세스 간 통신에 대한 간단한 예제는 표준적인 UML상의 컴포넌트 간 연관을 써서 표현이 가능한데, 이때 화살표 머리가 통신의 방향을 가리킨다(또한 연관에 표지가 붙은 값을 얹어서 통신 방식을 명확하게 할 수도 있다). 좀 더 복잡한 형식의 (공유 메모리, 세마포어 같은) 프로세스 간 통신은 스테레오타입을 추가로 도입하고 작업 내에 존재하는 컴포넌트들 사이의 연관과 거기서 사용하는 프로세스 간 통신 방식을 나타내면 상당히 효과적으로 표현이 가능하다.

그림 19-1을 보면 UML을 동시성 모델에 활용한 예제가 나온다.

이 모델에서는 (클라이언트, 통계 서비스, 통계 계산기의) 세 가지 프로세스를 활용해 시스템을 구현하고 프로세스 그룹을 통해 오라클 DBMS 인스턴스를 구현하는 방법을 나타내고 있다. 통계 접근기 컴포넌트와 통계 계산기 컴포넌트 사이의 동시적인 활동은 각기 다른 프로세스상에서 일어나기 때문에 조정이 필요한데, 여기서는 뮤텍스를 써서 조정을 한다. 도시된 시나리오는 매우 간단한 데다, 이 모델에는 아키텍처적으로 중요한 스레드 설계가 거의 또는 아예 없다. 그림 19-2에 좀 더 아키텍처적으로 중요한 스레드 처리와 관련이

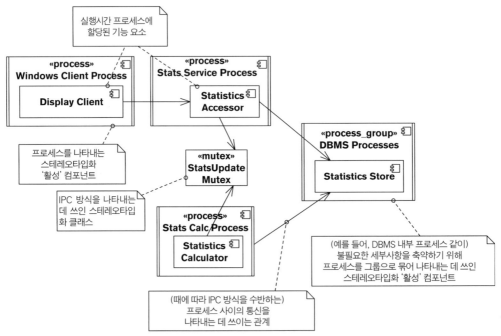

그림 19-1 UML을 사용한 동시성 모델 문서화

깊은 모델이 나온다.

그림 19-2에 나타난 동시성 모델은 프로세스 구조가 매우 간단한 경우를 도시한 것으로, 한마디로 2개의 프로세스가 하나의 소켓 스트림을 통해 통신한다. 하지만 DBMS 프로세스 인스턴스의 스레드 구조는 아키텍처적으로 중요해서, 그 구조와 스레드 간 조정 전략을 문서화하고 설명해둘 필요가 있다. 이 모델에는 네트워크 리스너 컴포넌트를 담고 있는 스레드가 하나 나오고, 그 리스너 컴포넌트에서 4개의 주 질의 처리 컴포넌트를 담고 있는 1번부터 40번까지의 스레드와 프로세스 간 통신 큐를 통해 통신한다. Disk I/O Manager 컴포넌트는 별도의 스레드에 담겨 있고, 거기에는 한 번에 최대 10개까지의 인스턴스가 작동한다. Data Access Engine 컴포넌트는 Disk I/O Manager 인스턴스와 공유 메모리 방식을 통해 소통한다.

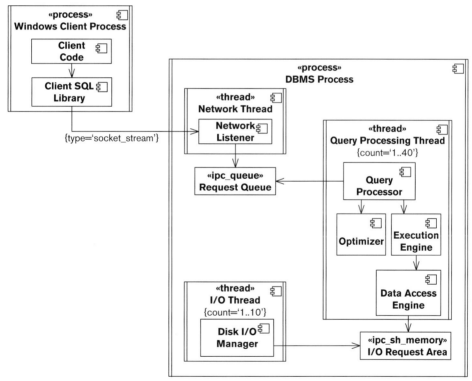

그림 19-2 스레드 기반 동시성 모델

- 정형 표기법: 실시간 및 제어 시스템 연구자들은 여러 가지 동시성 모델화 언어를 만들어 프로세스 모델을 생성하고 분석할 수 있게 했다. 이런 언어 중에서 LOTOS, 순차 프로세스 통신CSP, Communicating Sequential Processes, 통신 시스템 연산CCS, Calculus of Communicating Systems 등 상당수는 정형적이면서도 글로 표현한다. 이런 언어는 대부분 수학적인 데다 상당히 추상적이어서, 정보 시스템 개발에서는 널리 쓰이지 않는다. 전혀 쓸모가 없다고 말할 수는 없지만, 정보 시스템에 대대적으로 적용한 경우는 아직 보지 못했다. 이런 언어를 실무에서 사용하는 데 있어 문제는 관심을 보이는 이해관계자에게 새로 가르쳐야 하고, 이를 통해 할 수 있는 표현과 분석이 적용하고자 하는 특정 상황에서 쓸모가 있는지 항상 확인해봐야 한다는 점이다.

- 비정형 표기법: 경험에 의하면, 지금까지 가장 일반적으로 프로세스 모델 표현에 사용된 표기법은 비정형 표기법으로, 해당 모델 작성자가 만들어낸다. 하나의 프로세스 모델에는 상대적으로 적은 수의 객체 유형이 있다고 했을 때, 해당 문제를 해결하기 위해 만들어낸 비정형 표기법은 명확하게 설명만 해놓는다면 매우 효과적인 소통 수단이 된다. 표기법에는 프로세스, 프로세스 그룹, 스레드, 사용 중인 프로세스 간 통신 방법을 표현할 수 있어야 한다. 표기법이 이런 개념들을 하나하나 잘 정의해놓기만 한다면, 비정형 표기법도 과히 추천할 만하다. 특히 이런 표기법은 단순성이 유지될 뿐 아니라 UML 같은 범용 표기법을 억지로 끼워 맞추는 무리한 과정을 피하면서도 설명하고자 하는 모델을 표현할 수 있다. 비정형 표기법을 썼을 때 져야 할 위험은 명확하게 정의를 해두지 않아 혼란스러운 설명서를 만들어낼 가능성이 있다는 점이다.

활동

요소를 작업에 대응   프로세스 모델을 작성할 때 첫 단계는 얼마나 많은 프로세스가 필요할지 도출한 후 어느 기능 요소를 어느 프로세스에서 작동시킬지 정하는 일이다. 어떤 경우에는 이 작업이 복잡하지 않아서 기능 요소 하나마다 프로세스 하나로(또는 프로세스 그룹 하나로) 대응시키거나, 모든 요소가 단일한 프로세스에 대응시킬 수도 있다. 다른 경우에는 기용 요소와 프로세스 사이에 복잡한 N:M

대응이 존재해서 일부 요소는 여러 프로세스에 걸쳐 분할되고 일부 요소는 공유 프로세스 내에서 돌아간다. 이런 대응에서 중요한 것은 동시성은 정말 필요한 곳에 한해서 도입해야 한다는 점이다. 동시성은 시스템에 복잡성을 유발하고 요소 간 통신이 프로세스 경계를 넘어야 하는 경우에는 상당한 부하를 유발한다. 따라서 분산성, 확장용이성, 고립성, 기타 시스템 요건에 따라 필요한 경우에 한해서만 추가적으로 시스템에 프로세스를 늘리는 것이 맞다.

스레드 설계 결정　　스레드 설계^{threading design}란 개별 시스템 프로세스에 넣을 스레드의 개수와 그 스레드를 할당하고 사용할 방법을 결정하는 과정을 가리키는 말이다. 스레드 설계는 대부분 아키텍트가 직접적으로 개입할 필요가 없는 작업으로, 대개는 하위 시스템 설계자가 맡는다. 하지만 아키텍트도 일반적인 스레드 접근법이나 패턴을 설계하고 명세하는 데는 개입할 수 있는데, 시스템 내의 다양한 곳에서 필요한 품질 속성을 달성하거나 구현 전체에 걸쳐 동시성을 확보하기 위해 쓰이는 것이기 때문이다.

자원 공유 기법 정의　　시스템에 동시성을 도입하는 순간, 동시에 수행되는 스레드들 사이에서 자원을 공유할 방법을 곰곰이 생각해둬야만 한다. 자원 공유는 아키텍처 내의 어딘가 다른 부분에서도(특히 정보 뷰에서도) 고려할 텐데, 이 두 활동은 하나의 작업으로 처리하는 방법이 최선이다. 이 책은 동시 연산이 주제가 아니므로, 자원을 공유할 때 취할 수 있는 모든 선택지와 고려해야 할 잠재적인 함정들을 일일이 나열할 지면은 없다. 간단하게 조언하자면 그저 (메모리 내의 데이터 덩어리, 파일, 데이터베이스 객체, 공유 메모리 덩어리 같은) 자원을 둘 이상의 동시에 수행되는 스레드가 공유하는 경우, 반드시 깨지지 않게 보호해줘야 한다. 이런 보호는 대개 일정한 형식의 잠금 규약을 통해 이뤄진다. 스레드 디자인에서 자원 공유에 대한 세부사항은 그다지 아키텍처적으로 중요하지 않다. 이 작업과 관련해서 아키텍트의 역할은 자원 공유가 필요한 곳에 알맞은 접근법이 사용됐는지 확인하고 사용된 접근법이 시스템의 전반적인 맥락과 잘 어울리는 동시에 시스템 전체에 걸쳐 수용할 수 없는 부작용은 유발하지 않는지도 확인하는 일이다.

사용할 IPC 방식 정의　　대부분의 동시실행 시스템에서 작업은 빈번한 통신이 필요하고, 따라서 작업 간에 자원 공유를 어떤 식으로 할지에 대한 결정과 함께 통신은 어떤 식으로 하고 그런 통신을 가능케 하기 위해 프로세스 간 통신 방식은 무엇으로 할지 고려해보는 일이 필요하다. 역시나 선택 가능한 모든 방식과 각 방식이 함의하는 절충의 내용을 논의할 만한 지면이 없기는 하지만, 언제나 그렇듯이 최선의 선택안은 작업 간 통신의 분량을 최소화하는 간단하고도 일반적인 방식일 가능성이 높다. 또한 (Actor 패턴 같은 것을 구현해놓은) 라이브러리나 프레임워크를 사용하면 이런 복잡성을 손수 처리해야 하는 부담을 피할 수 있어 금상첨화다. 이런 조언이 단순하게 들릴지 모르겠지만, 복잡한 작업 간 통신을 정확하게 구현하는 일은 매우 어려워서 전문가에게 맡기는 것이 제일 좋다. 다른 아키텍처적인 관심사항과 마찬가지로, 아키텍트는 공통적인 시스템 차원의 접근법을 정의하고 그 접근법을 구현할 때 생길 수 있는 위험을 줄이는 데 초점을 맞출 필요가 있다.

스레드와 프로세스에 우선순위 부여　　시스템 작업 중에는 다른 작업보다 더 중요한 작업도 있다. 하나의 기계 위에서 돌아가는 상이한 중요도의 작업이 있다면, 그 수행을 제어해서 중요한 일이 덜 중요한 일보다 먼저 수행되게 해야 한다. 이를 달성하기 위해서는 일반적으로 운영체제에서 제공하는 수단을 사용해 스레드와 프로세스의 우선순위를 부여하는 방법을 쓴다. 작업에는 명시적으로든 묵시적으로든 실행시간 우선순위가 붙는다. 운영체제에 있는 스레드 스케줄러가 수행할 작업을 선택할 때는, 우선순위가 높은 작업을 먼저 살펴봄으로써, 중요한 작업이 먼저 수행되게 한다. 우선순위를 처리하다 보면 프로세스 모델에 커다란 복잡성이 생길 수 있는 데다 우선순위 역전 같은 미묘하면서도 심각한 문제를 일으킬 수도 있기 때문에, 스레드에 명시적으로 우선순위를 할당하는 방식은 피할 수 있다면 피하는 것이 대체로는 좋다. 하지만 피할 수 없을 때도 있다. 그럴 때는, 우선순위 부여를 되도록 간단하고 일반적인 방식으로 하되, 자신의 접근법을 분석하고 시제품을 만들어봄으로써 풀고자 하는 문제보다 더 어려운 문제를 일으키지 않는지 확인해본다.

교착상태 분석　　시스템에 동시성을 도입했다면, 전체 시스템이 느려지다가 예기치 않은 방식으로 서버릴 위험도 같이 끌어들였다는 뜻이다. 공유 자원이 존재하는 환경에서 동시성이란 교착상태가 발생할 가능성을 뜻한다. 여러 가지 모델화 기법과 분석 기법을 사용해 잠재적인 교착 지점을 짚어낼 수 있다. 이런 기법의 예로는 페트리 넷 분석^Petri Net Analysis이 있어서, 이를 통해 처리 스레드와 공유 자원에 대한 모델을 만든 후 그 모델을 분석해서 잠재적인 교착 상황을 찾아낼 수 있다. 경험이 있는 사람이라면, 시스템의 동시성 모델을 주의 깊으면서도 비정형적으로 고찰해보는 것만으로도 언제나 효과적으로 교착상태를 분석하는 일이 가능하다.

충돌 분석　　작업 및 공유 자원이 여럿 있을 경우, 거의 언제나 충돌이 나타나게 마련이다. 충돌은 둘 이상의 작업이 동시에 공유 자원을 필요로 할 때 일어난다. (뮤텍스 같은) 조정 방식을 도입하다 보면 결국 작업부하가 높아졌을 때 충돌이 일어날 수밖에 없다. 정해진 지점을 벗어난 곳에서 충돌이 일어날 경우, 시스템 동작은 급격히 느려지고, 유용한 작업은 거의 수행되지 못한다. 정상 작동 중에 이런 일이 벌어지는 상황을 피하기 위해서는 이 관점에서 공유 자원을 분석해볼 필요가 있다. 기본적으로는 가능한 충돌 지점을 하나씩 찾아보는 기법을 쓴다. 그리고 나서, 각 지점에서 해당 자원을 두고 충돌할 가능성이 있는 동시 작업의 개수와 각 동시 작업이 해당 자원을 필요로 할 기간을 추정한다. 이를 통해 개별 작업이 각 지점에서 겪게 될 예상 대기시간을 알아낸 다음 그 충돌이 처리시간과 처리량에 어떤 식으로 영향을 미칠지 추정할 수 있다. 다른 부하에 대해서도 이 과정을 반복하다 보면 시스템에서 낼 수 있는 이론상의 최대 부하를 추정해낼 수 있다. 일단 시스템에 과부하가 걸릴 잠재적인 가능성을 확인하고 나면, 그런 상황을 소프트웨어적으로 우아하게 처리할 수 있는 (회로 차단기 패턴을 구현하는 등의) 방법을 설계할 수 있다.

상태 모델

상태 모델은 시스템의 실행시간 요소가 처할 수 있는 상태의 집합과 그 상태 사이의 유효한 전이를 기술하는 데 쓰인다. 하나의 실행시간 요소에 대한 상태와 전이의 집합을 일컬어 **상태 기계**^state machine라 하고, 시스템 내에서 관심이 가는 상태 기계 전체를 모으면 전체적인 상태 모델이 된다.

　　대체로 동시성 모델에서 찾아낸 개별 시스템 작업에는 작업 제어를 효과적으로 할 수 있게 하나에서 많아도 몇 개까지만 기능 단위가 할당돼 있다. 일반적으로 이런 기능 단위에는 시스템에서 관심을 끄는 관련된 상태 모델이 있다. 상태 모델을 만들 때는 이런 시스템 요소에 초점을 맞춰서 상태 모델이 아키텍처적으로 중요한 정보만을 설명하게 해야 한다. 시스템 내의 모든 요소에 존재하는 상태 모델을 전부 다 기록할 필요 없는 것이, AD에서는 시스템 수준에서 드러나는 상태만을 기술하면 되지 시스템의 요소 안에 숨겨진 상태까지 기술할 필요는 없기 때문이다.

상태 모델 작성에 들어가기 전에 내려야 하는 중요한 결정으로 상태 기계 내에서 사용하고자 하는 의미체계를 정하는 일이 있다. 최신 상태 모델화 표기법에서는(특히나 나중에 논의하겠지만 UML의 상태차트에서는) 복잡성의 정도가 매우 심해질 수도 있다. 알아보기 쉬운 모델을 만들어내고자 한다면 이런 표기법을 사용할 때 주의를 게을리하면 안 된다.

상태 모델에서 기본적인 상태 기계는 대개 다음과 같은 유형의 개체에 해당된다.

- 상태[state]: 상태란 식별 가능하고 이름이 붙어 있으며 실행시간 기능 요소의 수명기간 동안 안정적인 상태를 유지한다. 상태는 일반적으로 무언가(이벤트)가 일어나기를 기다리거나 모종의 동작을 수행하는 일과 연관돼 있다.

- 전이[transition]: 상태 전이란 하나의 상태에서 허용 가능한 다른 상태로의 변화를 정의해둔 것으로, 이벤트가 발생하고 나서 일어난다. 모델화 측면에서 보자면, 일반적으로 전이가 이뤄지는 데는 전혀 시간이 걸리지 않는 것으로 보기 때문에 인터럽트가 걸릴 수 없다.

- 이벤트[event]: 이벤트는 무언가 관심을 불러일으키는 일이 시스템 안에서 일어났음을 알려준다(그리고 대개는 어떤 요소의 동작을 호출하거나 특정 기간의 종료를 통해 인지된다). 이벤트는 상태들 사이의 전이를 유발하는 격발장치에 해당된다.

- 동작[action]: 동작은 원자적인 (인터럽트 불가인) 처리 과정의 일부로서 동작과 연관될 수 있다(따라서 이벤트가 전이를 유발하고 나면, 그 상태 전이의 일환으로 동작이 실행된다).

더 정교한 상태 모델화 표기법을 쓰면 가드[guard](상태 전이를 제어하는 불리언[Boolean]

조건), **활동**activity(길게 걸려서 인터럽트가 가능한 처리 항목들로서 상태와 연관이 가능함), **계층적 상태**hierarchical state 같은 추가적인 모델화 요소도 동원할 수 있다.

표기법

상태 모델은 대개 고전적인 상태 전이 다이어그램에서 파생된 시각적인 표기법으로 나타낸다. 가장 대중적으로 많이 사용되는 형식은 아마도 **상태차트**statechart라는, 상태 표현을 위한 UML 표기법일 것이다. 이번 세부 절의 말미에 시각적 표기법과 몇 가지 비시각적 표기법도 간략하게 논의하겠지만, 일단은 UML의 상태차트에 집중하기로 한다.

- UML: 상태차트는 표기법이 유연해서 다양한 세부 수준에서 다양한 방식으로 활용이 가능하다. 모델화 과정에 너무 깊숙이 들어가기 전에 표기법 중에서 어느 부분을 사용할지 정하는 중요한 단계를 거쳐야 한다. 그림 19-3을 보면 UML 상태차트로 연산 엔진에 대한 상태 모델을 표현하고 있다.

  이 상태차트에서는 UML 상태차트 표기법 중에서 주요 부분을 나타내고 있는데, 여기에는 복합 기초 상태, 동시적인 상태 관리, 시작 및 종료 가상 상태를 활용한 요소의 시작 및 종료 수명주기 표기 방법 표시가 들어간다. 요소가 시작되면 단일한 최상위 수준 상태(Running)에 진입하고 종료 이벤트가 들어오면 이 상태에서 **빠져나간다**(이 전이의 일환으로 reset() 동작이 수행된다).

  Running 상태는 이 요소가 행하는 업무를 이루는 4개의 하위 상태인 Waiting for Data(데이터 대기), Calibrating Metrics(수치 조정), Calculating(연산), Distributing Results(결과 분배)로 분할된다. 전이를 나타내는 화살표를 통해 상태 사이에서 가능한 전이를 (그것을 유발한 이벤트 및 실행될 동작과 함께) 나타냈다.

  Calculating 상태는 흥미로운 것이, 이 상태를 반으로 가르는 점선을 통해 알 수 있듯이 동시적인 상태다. 이는 Calculating 상태에 있는 동안에 요소는 실제로 (Calculating Values(값 계산)와 Calculating Risk(위험 계산)라는) 2개의 동시적인 하위 상태에 있음을 나타낸다. 이 두 하위 상태와 연관된 활동이 완료되면 이들 상태로부터의 전이가 일어나고, 전이까지 완료되면 요소가

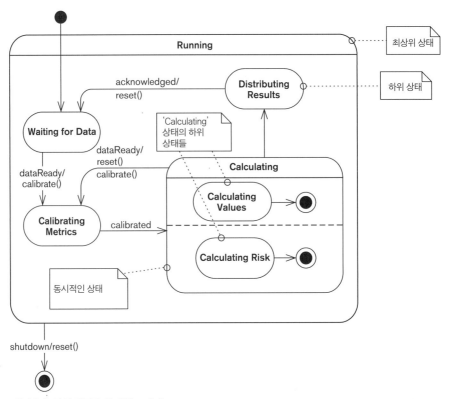

그림 19-3 연산 엔진용 상태차트 예제

Calculating 상태에서 빠져나간다.

이 상태 기계에 아키텍처적으로 중요한 측면은 두 가지가 있다.

- 요소가 Calculation 상태에 있을 때 새로운 입력 데이터가 준비되면, 현재 진행 중이던 결과는 (reset() 동작을 수행하면서) 버리고, 새로 연산을 시작한다. 반대로, 결과가 분산되는 동안에 이 일이 있어나면, 분산 과정에 인터럽트가 걸리지 않는다.

- 요소의 상태와 무관하게, 종료 이벤트가 들어오면 모든 처리가 바로 중단되고 상태가 리셋되며 요소에서 빠져나간다.

물론 이런 사실이 아키텍처적으로 중요한지 여부는 상황에 따라 다르다. 하지만 이런 사실이 시스템 차원에서 보이고 따라서 다른 시스템 요소에 영향을 미치거나 다른 시스템 요소에서 의존할 수 있다는 합리적인 주장이 가능하

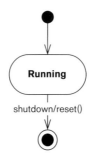

그림 19-4 아키텍처적 제약사항 상태차트

기 때문에, 아키텍처의 일부로 기록해둘 필요가 있다.

UML 상태차트에 대해 특기할 만한 점은 계층적인 상태 조합을 나타낼 수 있는 덕분에 전체 모델을 정의하지 않고도 상태 모델에 대한 아키텍처적인 제약사항을 표현할 수 있다는 점이다. 그림 19-4에 나오는 상태차트는 이 점을 나타내고 있다.

이 상태차트는 그림 19-3에 나온 상태차트에서 아키텍처적으로 중요한 특성, 즉 종료 이벤트는 어떤 작동 상태에서도 반드시 즉각적으로 반응이 일어나야만 하고 종료 작업의 일환으로 해당 요소에 대한 리셋도 일어나게 된다는 한 가지 특성만 뽑아놓았다. 이것은 사실 시스템의 해당 부분을 맡은 설계자가 반드시 지켜야 할 아키텍처적 제약사항을 문서화해둔 것으로, 이 상태차트에는 이 제약사항에 대해서만 명확하게 정의해두고 저수준의 상태에 대한 세부사항은 하위 시스템 설계자 몫으로 남겨뒀다.

- 그 밖의 시각적 표기법: UML과 더불어, 그 밖의 여러 시각적 표기법을 상태 모델화에 사용할 수 있다. 널리 알려진 표기법으로는 단순한 상태 전이 다이어그램, 페트리 넷, SDL, 데이비드 하렐[David Harel]의 원래 상태차트가 있다. 이런 표기법은 서로 간에 그리고 UML 상태차트와 비교해봤을 때 나름대로 강점과 약점이 있어서, UML 상태차트가 문제를 일으킬 경우 대안으로 고려해봄 직하다. 하지만 UML의 표준성과 폭넓은 친근성 덕분에 최우선 선택 대상은 일반적으로 정해져 있다. 이 장 끝에 나오는 '더 읽을거리' 절을 보면 이런 대안적인 표기법에 대한 참고문헌이 나온다.

- 비시각적 표기법: 원칙적으로 시각적 표기법은 전부 문장 형태로 표현이 가능하다(사실 많은 시각적 상태 모델화 표기법이 동일한 내용을 문장 형태로 담을 수 있게 정의해두고 있다). 마찬가지로 상태를 모델화하고 분석하는 용도로 만든 문장 기반의 여러 형식이론에서도 시각적인 형태로 표현이 가능하다(손에 잡히는 예제로, 유한 상태 처리FSP, Finite State Processes 언어를 살펴보기 바란다). 문장으로 표기한 상태 모델은 어떤 식으로든 기계 처리가 필요할 때 쓸모 있을지 모르겠지만, 사람이 볼 때는 거의 언제나 되도록이면 시각적인 표기법을 쓰는 편이 더 낫다.

활동

표기법 정의　상태 모델을 만들기 전에, 시간을 조금 들여서 모델화 표기법에 대한 요건을 만들고 그 표기법을 어떤 식으로 사용하는지 정의한다.

상태 식별　상태 모델을 만들 때 우선 해야 할 활동은 시스템 내의 요소가 어떤 상태가 될 수 있는지 살펴보고 개별 상태와 관련된 처리에 대해서도 (존재한다면) 살펴보는 일이다. 실수로 활동을 상태로 모델화하지 않았는지 살펴야 하는데, 이런 실수는 모델화에서 다반사로 일어난다. 미심쩍으면 상태 기계를 UML 활동 다이어그램이라고 생각해본다. 이렇게 해서 말이 되면, 상태가 아니라 활동을 모델화했을 가능성이 높다. 아키텍처 수준에서 상태 식별을 수행할 때는 요소 바깥에서 보이는, 그래서 시스템 차원에서 영향이 있는 상태에 초점을 맞춘다.

상태 전이 설계　시스템 내의 요소가 처할 수 있는 상태에 대해 알아낸 후에는 그 요소가 상태들 사이에서 옮겨 다닐 수 있게 올바른 전이 집합을 설계한다. 각 전이에 대해, 격발은 어떻게 되는지, 해당 전이에 따른 부가 효과로 반드시 수행돼야 하는 (단위적인) 동작은 어떤 것이 있는지 명확하게 식별해둬야 한다. 찾아낸 이벤트와 동작이 상태 기계를 설계하는 대상 요소의 동작과 상태를 통해 지원될 수 있는지 확인해야 한다.

문제점 및 함정

잘못된 동시성 모델화

시스템의 동시성을 설계할 때는 내부적인 동시성 세부사항과 개별 요소의 상태 설계에 한눈팔기 십상이다. 서버 내에서 개별 스레드를 어떤 식으로 할당, 사용, 해제할지에 대해 그 스레드 사이의 중재 방법까지 일일이 덧붙여서 정의하는 상세 스레드 모델 설계는 아키텍트가 할 일이 아니다. 아키텍트는 개별 요소의 모든 세부사항이 아니라 전체로서의 시스템에 집중하는 역할이다. 아키텍트가 신경 써야 할 동시성이란 아키텍처적으로 중요한 동시성으로서, 전반적인 동시성 구조, 기능 요소의 동시성 구조에 대한 대응, 시스템 수준 상태 모델 같은 것이다. 또한 요소 안에서 동시성을 확보하는 데 활용할 필요가 있는 설계 패턴 같은 공통적인 접근법을 명세하는 일도 신경 써야 하지만, 일반적으로는 모든 세부사항을 설계하지 말아야 하는 것이, 그래 봤자 (충분히 걱정할 만할 때가 많은) 시스템 수준의 문제에서 생각이 멀어지게나 할 뿐이다.

위험 경감 방안

- 아키텍처적으로 중요한 동시성 측면에 초점을 맞춘다.
- 대표 소프트웨어 개발자를 되도록 일찍 참여시켜 이 문제에서 좀 더 상세한 측면에 대해 작업할 수 있게 한다.

동시성 모델화 오류

의미 있는 동시성 모델은 작성하기가 상당히 어려워서, 좋은 모델을 작성하는 데 필요한 만큼의 시간과 노력을 쏟는 일이 중요하다. 쓸모가 있으려면, 모델에 쓴 표기법이 올발라야 하고 표현하고자 하는 상태의 표현이 알맞아야 한다. 여기서 모델화하면서 자주 저지르는 실수 몇 가지를 소개한다.

- 시스템의 활동을 상태 모델에 상태로 모델화하다가 결국 상태 모델이 아닌 활동 다이어그램을 작성하고 만다. 이런 혼란은 상태 모델 작성에 익숙지 않은 이들이 흔히 겪는 일이다.

- 모델에서 필요로 했던 이벤트가 절대 발생하지 않아 탈출이 불가능한 비종말 상태가 존재한다. 이런 상황이 벌어졌다면 모든 조건에 대해 철저히 생각해보지 않았다는 뜻이다.

- 올바르지 않은 이벤트와 조건의 조합으로 인해 거쳐갈 수 없는 전이가 존재한다. 이런 상황이 벌어졌다면 제대로 이해하지 못했거나 해당 사항이 빠졌다는 뜻일지도 모른다.

- 격발 이벤트나 작동만 갖춘 수많은 전이가 존재한다. 이런 전이가 필요할 때도 있지만, 이런 전이의 수가 많다면 상태 모델에 상태의 수가 너무 많다는 뜻일 가능성이 높다.

위험 경감 방안

- 모델화를 시작하기 전에, 사용할 동시성 모델화 표기법을(그리고 모델화 도구를 사용하는 경우에는 그 도구에서 해당 표기법을 구현하는 방법을) 이해하는 시간을 갖는다.

- (상태의 이름에 동사를 필요로 하는 등) 이름을 붙이기 어렵거나 맞지 않는 부류의 이름이 필요해 보이는 상태, 전이, 동작이 있는지 감시한다. 이런 것이 존재한다면 모델에 뭔가 틀린 데가 있다는 낌새다.

- 모델, 즉 '동작하는 컴퓨터'를 검증해서 빠졌거나 틀린 요소가 있는지 점검하는 검토회의를 수행한다. 도구가 모델을 애니메이션화할 수단을 제공한다면 한결 믿을 만한 방법으로 해볼 수 있다.

과도한 복잡도

단순함은 시스템을 설계할 때면 언제나 목표로 삼아야 한다. 단순한 설계는 도출, 분석, 구축, 납품, 지원이 쉽다. 하지만 동시성은 근본적으로 이해하기가 어렵기 때문에 특히나 단순성이 중요하다. 앞에서 이미 확인했지만, 동시성이 복잡하면 설계 시점, 구현 시점, 그 이후에도 매우 높은 비용을 치를 가능성이 있다. 아마 문제가 있는 동시성을 재작업하느라 들인 소프트웨어 공학적 시간이 다른 어떤 작업에 든 시간보다 많으리라. 단순한 동시성 접근법을 채택하면 시스템을 납품하고 지원하는 데 필요한 노력을 줄이는 데 있어 많은 긍정적 영향을 미치리라 본다.

위험 경감 방안

- 모든 동시성은 이해관계자의 이득이라는 관점에서 정당성이 있는지 확인하고 도입한다.
- 상태 모델을 설계할 때는 상태 모델의 단순성을 제고하기 위해 원하는 상태 기계를 표현할 수 있는 가장 단순한 표기법을 사용한다.

자원 충돌

자원 충돌은 대개 공유 자원에 대한 긴 대기시간이나 (일반적으로 취약 지점hot spot이라 알려진) 시스템 내의 작고 특정한 부분에서 일어나는 과도한 활동의 형태로 나타난다. 잠재적인 충돌에 대해 일찌감치 세심하게 동시성 모델 분석을 수행하면 이런 문제를 피하는 데 도움이 되겠지만, 실제로는 하나의 자원 충돌 지점을 제거하는 순간 바로 다음 지점이 떠오르게 된다. 따라서 자원 충돌을 해소하는 일은 사실 그런 충돌을 수용 가능한 수준으로 줄이는 과정으로 보면 된다.

위험 경감 방안

- 설계를 시작할 때부터 시스템을 분석해 가능한 한 일찍 자원 충돌 지점을 찾아내고, 그 지점을 고려해 설계한다. 활용 시나리오를 통해 시스템 내 어느 부분에서 높은 수준의 동시성이 존재할지 예측해서 그 부분에 주의를 집중한다.
- 커다란 자원에 대한 잠금을 여러 개의 작은 단위 잠금으로 분할해 충돌을 줄이고, 이를 통해 잠금이 걸리는 전체 시간을 줄인다.
- 낙관적 잠금 같이 잠금이 걸리는 시간을 줄여주는 대안적인 잠금 기법을 고려해본다.
- 가능하다면 공유 자원을 제거하거나, 불변성으로 만들어서 여러 작업이 접근하더라도 잠금을 피할 수 있게 한다.

- 가능하다면, 문제가 있는 충돌 지점 주변에서 필요한 동시성의 규모를 줄인다.
- 갱신이 일어나는 과정에서 확보 가능한 근사치를 사용함으로써 잠금을 피할 가능성이 있는지 또는 데이터 사본들 사이에 빡빡한 일관성 대신 느슨한 일관성을 갖도록 허용할 수 있을지 살펴서, 갱신이 진행되는 동안 모두가 동시에 잠금을 거는 상황을 피해본다.

교착상태

교착상태는 하나의 작업 A가 다른 작업 B에서 이미 잠금을 걸어둔 어떤 자원에 접근할 필요가 있고, 작업 B도 역시 작업 A에서 이미 잠금을 걸어둔 어떤 자원에 접근하기 위해 대기하고 있는 경우에 발생한다. 이런 두 작업을 '교착상태에 빠졌다'고 하며, 두 작업 중 어느 하나가(아마도 관리 작업에서 종료시킨 작업이) 두 잠금 중 어느 하나를 풀어서 이 교착상태를 깨기 전에는 둘 중 어느 작업도 더 이상 진행이 불가능하다. 자원 충돌과 마찬가지로, 초기에 철저하게 시스템 분석을 수행하면 교착상태를 피할 수 있을 때가 많다. 위험한 지점은 상이한 종류의 처리 작업이 여러 개의 동일한 자원에 접근할 필요가 있는 부분이다. 잠재적인 교착 지점을 찾았다면, 그 문제를 피하기 위해 시스템을 재설계할 필요가 있을지도 모른다.

위험 경감 방안

- 가능하다면 작업에 자원을 할당하고 잠금을 걸 때는 항상 정해진 순서대로 한다.
- 병렬 작업들은 서로 간에 교착상태가 일어나지 않게 격리해본다.
- 되도록 잠금을 거는 횟수, 범위, 기간을 줄인다(또는 가능하다면 아예 불변성 데이터 구조를 사용해, 잠금을 걸 일을 완전히 피해간다).
- (데이터베이스 관리 시스템 같이) 잠금을 사용하는 상용 제품 중에는 교착상태를 다룰 수 있게 의미 있는 도구를, 대부분의 경우 그런 상태를 인지하고 하나 이상의 문제가 되는 트랜잭션을 종료해서 그 상태를 깨는 도구를 제공한다. 이런 기법은 교착상태를 다루는 데는 매우 유용할 수 있지만, 시스템에서 이런 식의 도구를 사용할 때는 그런 교착상태 복구 동작이 정확하게 처리될 수 있

도록 주의를 기울여서 설계할 필요가 있다.

경쟁 상태

경쟁 상태란 상대적인 이벤트 도착 시기에 대해 예기치 않은 의존성이 발생해서 생기는 문제 있는 행위를 말한다. 대개는 둘 이상의 작업이 동시에 같은 동작을 수행하려 시도할 때 일어난다. 이때 작업들은 대상 자원을 두고 경쟁하다가, 프로그램 코드 내의 적절한 지점에 먼저 도달하는 작업이 이기고 해당 작업을 수행한다.

경쟁 상태는 시스템이 해당 작업을 동시에 한 작업 이상 수행하도록 설계돼 있지 않았기 때문에 계획에 없을 때만 문제가 된다. 이런 경우에 정보가 깨지거나 유실될 수 있고, 시스템은 예측 불가능한 방식으로 행동할 수 있다. 고전적인 예제로는 다수의 스레드가 갱신하는 운영체제 프로세스 내의 시스템 차원의 데이터 구조가 있다. 복수의 작업이 이 데이터 구조를 동시에 갱신하고자 할 경우(가령, 받아들인 요청의 개수를 가리키는 계수기 값을 증가시키고자 할 경우), 결과 값은 정할 수 없는 데다 틀릴 가능성이 매우 높다.

위험 경감 방안

- 경쟁 상태를 유발할 가능성이 있는 보호되지 않은 시스템 차원의 공유 자원이 없게 한다.
- 되도록이면 불변성 데이터 구조를 사용해 경쟁 상태가 발생할 가능성을 제거한다.
- 잠재적인 공유 자원은 모두 자동적으로 보호 체계를 도입한다.
- 개별 요소 인터페이스 정의에서 해당 인터페이스가 재진입 가능한지 여부를 명확하게 밝힌다.

▋ 점검 목록

- 시스템 수준에서 명확한 동시성 모델이 존재하는가?

- 작성한 모델의 추상화 수준이 올바른가? 아키텍처적으로 중요한 측면에 초점을 맞춰서 작성했는가?

- 완성한 동시성 설계를 단순화할 수 있는가?

- 관심을 보이는 모든 이들이 전반적인 동시성 전략을 이해하는가?

- 기능 요소를 빠짐 없이 프로세스에 (필요하면 스레드에도) 할당해뒀는가?

- 프로세스나 스레드별로 최소한 하나 이상의 기능 요소에 대한 상태 모델을 확보했는가? 확보하지 못했다면, 해당 프로세스와 스레드가 안전하게 상호작용하리라 확신할 수 있는가?

- 기능 뷰에서 정의한 요소 간 상호작용을 지원할 수 있도록 프로세스 간 통신 방식을 알맞게 정의해뒀는가?

- 모든 공유 자원이 깨짐으로부터 보호되는가?

- 작업 간 통신 및 동기화 필요성을 최소화했는가?

- 시스템 내 자원 취약 지점이 존재하는가? 존재한다면, 해당 지점의 예상 처리량을 추정해봤는가, 그리고 그 처리량은 충분한가? 그런 지점에서 나중에 충돌을 줄여야 할 경우 그렇게 할 방법을 알고 있는가?

- 시스템에 교착상태가 일어날 가능성이 있는가? 있다면, 교착상태 발생을 알아내고 처리할 전략을 세워뒀는가?

▋ 더 읽을거리

아키텍트의 관점에서 살펴본 책은 많지 않아도, 동시성 분야에 대한 연구와 저작은 많이 돼 있다.

    동시성을 (자바에 특화된 시점에서) 잘 개괄하고 또 모델화와 분석에 대해서도 (상당히 정형적으로) 잘 소개해놓은 책으로는 맥기[Magee]와 크레이머[Kramer][MAGE06]가 있는데, 이 책에는 앞에서 언급한 유한 상태 처리 언어도 함께 소개돼 있다. 아쉽게도 쿡^{Cook}과 다니엘스^{Daniels}[COOK94]는 절판이 됐지만, 최근에 반갑게도 무료 온라인 서적으로 www.syntropy.co.uk/syntropy에 다시 올라왔는데, 여기를 보면 모델화에 대한 훌륭한 조언이 많고 특히 상태차트를 활용해 객체 상태를 모델화하는 데 대한 논의가 잘 나와 있다. UML에 특화해서 상태 모델화에 관한 좋은 조언이 많이 나와 있는 서적으로는 럼바^{Rumbaugh} 외[RUMB99]가 있는데, 참고서적으로 구성돼 있어서 관련된 다양한 UML 요소에 대한 정의를 찾아보기가 쉽다.

시각적인 정형주의에는 하나같이 후속 연구와 저작물이 뒷받침되고 있다. 기럴드^{Girauld}와 발크^{Valk}[GIRA02]는 상대적으로 학구적인 글로 페트리 넷을 적용해서 동시성 특징을 분석하는 방법을 설명하고 있고, SDL 포럼 웹사이트[SDL02]는 SDL에 대해 더 많은 정보를 찾아보는 시작점으로 삼기에 좋다. 상대적으로 최근에 나온 CSP 관련 참고문헌으로는 로스코^{Roscoe}[ROSC97]가 있고, CCS를 다룬 최고로 권위 있는 서적은 여전히 밀너^{Milner}[MILN89]이며, 상태차트에 대한 원전은 하렐^{Harel}의 논문[HARE87]이라 할 수 있다.

다른 곳에서도 참조했지만, 시스템에 동시성을 안전하게 도입하는 주제에 있어서는 마이클 니가드^{Michael Nygard}의 저서[NYGA07]가 빠질 수 없다. [SCHM00]에는 동시 실행 시스템에 쓰이는 풍부한 설계 패턴 모음이 문서화돼 있고, [BRES09]에는 동시성 업무에 대해 철저히 프로그램 수준에서 '기본적인 사항'이 소개돼 있다.

20

개발 시점

정의	소프트웨어 개발 프로세스에 부합하는 아키텍처를 설명
관심사항	모듈 구성, 공통 처리, 설계 표준화, 시험 표준화, 코드삽입, 코드라인 구성
모델	모듈 구조 모델, 공통 설계 모델, 코드라인 모델
문제점 및 함정	과도한 상세화, 과도한 아키텍처 명세서, 편중된 초점, 개발자 초점 부재, 정밀성 부재, 명세된 환경 관련 문제
이해관계자	운영 환경 담당자, 소프트웨어 개발자, 시험자
적용 대상	만들어내는 데 있어서 진지한 소프트웨어 개발이 이뤄져야 하는 모든 시스템

소프트웨어 개발 환경에 대해 상당한 정도로 계획을 수립하고 설계해야만 복잡한 시스템에 필요한 소프트웨어를 설계하고 구축하고 시험하는 일을 원활히 할 수 있을 때가 많다. 생각해볼 사항으로는 코드 구조 및 의존성, 결과물 빌드 및 구성 관리, 시스템 차원의 설계 제약사항, 기술적 완결성을 확보하기 위한 시스템 차원의 표준이 있다. 시스템 개발 과정에서 이런 측면들을 처리하는 일은 개발 뷰에서 할 몫이고, 이 뷰에서는 소프트웨어 개발자와 시험자가 가진 관심사항을 처리한다.

이 시점은 거의 모든 대규모 정보 시스템 과제와 관련이 있는 것이, 기성품 소프트웨어를 설정하고 스크립트로 조작하는 일이든 시스템을 바닥부터 만드는 일이든 이 양 끝단 사이 어딘가는 상관없이, 이런 시스템은 거의 모두가 소프트웨어 개발적인 요소가 일정 부분 있기에 그렇다. 이 뷰의 중요도는 구축할 시스템의 복잡도, 소프트웨어 개발자의 전문 분야, 채택한 기술의 성숙도, 그 기술에 대한 팀 전체의 친숙도에 달려 있다.

이 뷰에서는 아키텍처적으로 의미가 큰 관심사항에 집중할 필요가 있다. 아키텍트는 소프트웨어 개발 활동의 일환으로 수행하게 될 상세 설계를 위해 안정적인 환경을 조성하는 일을 한다는 생각으로 임해야 한다.

관심사항

모듈 구성

아키텍트로서 맞이하게 될 대규모 시스템은 수천 개의 파일에 담긴 수십만 줄의 소스 코드로 이뤄져 있을 것이다. 소스 파일은 (하나의 라이브러리나 기능 요소를 구현하는 코드와 같이) 일반적으로 서로 관련돼 있는 코드를 담은 더 큰 단위인 모듈로 이뤄진다. 이와 같이 논리적인 구조에 코드를 배열하면 의존성을 관리하기 좋고, 개발자가 이해하기도 좋아서 예상치 못한 방식으로 다른 모델에 영향을 미치는 일 없이 작업하는 데도 도움이 된다.

복잡한 모듈 구조를 잡는 일을 할 때는 모듈 사이의 의존성을 찾아내서 철저히 파악하고 관리함으로써 관리, 구축, 출시가 어렵고 오류가 잦은 시스템이 나오지 않도록 막아야 한다.

공통적인 처리

대규모 시스템에서는 언제나 공통 처리 대상을 찾아내서 별도의 코드 모듈로 분리해 이득을 보려 한다. 예를 들어, 시스템이 메시지를 기록하는 방식과 구성 인자를 처리하는 방식을 표준화함으로써 관리 업무를 상당히 간편화할 수 있다.

개발 뷰가 있으면 공통 처리 영역을 찾아내서 명확하게 명세하는 데 도움이 된다. 이 작업은 대부분 개략적인 형태로만 해둔 다음, 개발이 진척되면 추가적인 정제와 세부사항을 덧붙인다.

설계 표준화

대부분의 시스템은 소프트웨어 개발자 개인보다는 여럿이 팀을 이뤄 개발한다.

설계의 핵심적인 측면을 표준화하면 유지보수성, 신뢰성, 시스템의 기술적인 응집성에 있어(그리고 시간 절약에 있어서도) 커다란 이득이 생긴다. 설계 표준화는 설계 패턴과 기성품 소프트웨어 요소를 사용해 달성 가능하다.

시험 표준화

시험 접근법, 기술, 관례를 표준화하면 시험 작업의 일관성을 제고하고 시험 과정 진행 속도를 향상시키는 데 도움이 된다. 핵심 관심사항으로는 시험 도구 및 기반 구조, 표준 시험 데이터, 표준 시험 접근법, 시험 자동화가 있다.

코드삽입

코드삽입instrumentation이란 단계별 수행, 시스템 상태, 자원 사용량 등 관찰과 디버깅에 요긴하게 쓰이는 정보를 기록할 목적으로 특별한 코드를 삽입하는 기법을 말한다. 코드삽입은 성능에 부정적인 영향을 줄 수 있으므로, 이 기능을 끄거나, 기록되는 메시지의 상세 수준을 변경하거나, 빌드 도구를 동원해 아예 코드삽입물을 제거해버리는 것도 가능해야 한다.

시스템 메시지는 시스템 콘솔, 파일, 메시지 서비스 등에 기록하면 되고, 시스템 사용량에 대한 수치는 추후 분석을 위해 파일이나 데이터베이스에 기록하면 된다.

코드라인 구성

시스템의 소스 코드는 디렉토리 구조에 저장해서 구성 관리 시스템을 통해 관리하고, 정기적으로(이상적으로는 소프트웨어에 변경이 일어날 때마다, 즉 '지속적인 통합' 방식으로) 빌드 및 시험하며, 그렇게 시험을 거친 바이너리를 이후의 시험 및 실사용 용도로 출시해야 한다. 이 모든 일을 해내는 과정을 일반적으로 일컬어 시스템의 코드라인 구성codeline organization이라 한다. 코드라인은 잘 정의된 구조를 갖춘 특정 버전의 소스 코드 파일 집합을 말하는 것으로, 대개는 이와 관련돼서 특정 버전 또는 변형 버전의 시스템을 빌드, 시험, 출시하기 위한 자동화된 시스템을 갖추고 있다.

시스템의 코드를 관리, 빌드, 시험, 출시하는 일은 신뢰성 있는 시스템을 만드는 데 있어 핵심적인 일로, 반복적인 개발을 사용하고 출시를 여러 번 할 필요가 있는 경우에 특히나 그렇다. 아키텍트로서 보자면, 최소한은 이런 일이 어떤 식으로 이뤄지는지 대략적인 형태로 명세해두고 싶을 테고, 내친 김에 개발 팀과 협업해서 접근법을 정의하고 그 실현 방식까지 설계해두면 좋을 것이다.

이해관계자 관심사항

개발 시점에서 나오는 일반적인 관심사항은 표 20-1과 같다.

표 20-1 개발 시점에 대한 이해관계자 관심사항

이해관계자 부류	관심사항
개발자	모든 관심사항
운영 환경 담당자	개발 및 시험 환경, 시스템의 생산 단계로의 전환 방식 및 통제력을 제공하는 데 관여하거나 책임을 질 가능성이 있음
시험자	공통 처리, 코드삽입, 시험 표준화, 예상 코드라인 구성

▋ 모델

모듈 구조 모델

모듈 구조 모델은 개별 소스 파일을 모은 모듈과 그 모듈 사이의 의존성이라는 측면에서 시스템의 소스 코드 구조를 정의한다. 또한 수많은 의존관계를 일일이 나열하는 일을 피할 수 있게 모듈 사이에 일정 단계의 상위 수준 구조를 두는 일도 일반적이다.

　일단 소스 파일을 구성해넣을 수 있는 모듈을 한 묶음 찾아내고 나면, 추상화 수준이 비슷한 모듈을 묶어서 계층을 만드는 일반적인 아키텍처 접근법을 사용할 수 있다. 그리고 나서 이 계층들을 가장 추상성이 높거나 기능적으로 수준이 높은(개념적으로 가장 위쪽에 위치한) 것에서 가장 덜한(바닥 쪽에 위한) 것으로 내려가는 의존성 층으로 짜맞추면 된다. 이렇게 하고 나서는 계층 간 의존성 규칙을 정의해 추상화 수준이 매우 차이가 나는 모듈 사이에 원치 않는 의존성이 생기는 일을 막는다. 대체로 모듈에 들어 있는 소프트웨어는 같은 계층이나 바로 위 또는 아래 계층에 속한 모듈과만 소통한다(물론, 성능이나 효율성과 관련한 이유로 이 규칙에 예외가 붙을 때가 많다).

어떤 경우에는(가령, 클라이언트와 서버 요소에 별도의 모듈 구조가 필요한 경우) 그런 모델이 여럿 필요할 것이다. 다른 경우에는(가령, 한 덩어리로 된 애플리케이션 패키지의 확장판을 개발하는 경우에는) 모듈 구조 모듈의 쓰임은 가치가 덜하다.

표기법

모듈 구조 모델은 흔히 UML 컴포넌트 다이어그램으로 표현하되, 패키지 아이콘을 써서 코드 모듈을 나타내고 의존성 화살표를 써서 모듈 간 의존성을 나타낸다. 한층 고도화된 모듈 구조가 필요하다면, 모듈을 묶어서 패키지에 넣고 알맞은 스트레오타입을 덧붙여서 나타내면 된다.

이 밖에 흔히 쓰이는 대안으로는 간단한 선과 상자로 된 다이어그램으로 계층과 그 계층의 상대적인 순서, 그 계층에 속한 컴포넌트를 나타내는 방법이 있다.

예제

그림 20-1을 보면 UML을 사용해 모듈 구조 모델을 문서화한 예제가 나온다.

이 계층 모델에는 3개의 계층으로 이뤄진 모듈 구성이 나오고, 각 계층은 스테레오타입화한 패키지로 나타난다. 시스템의 모듈은 UML 패키지 형태로 계층 안에 들어 있다.

이 모델에 보면 업무 영역 계층은 유틸리티 계층에 의존하고, 유틸리티 계층은 다시 플랫폼 계층에 의존한다(다시 말해, 업무 영역 계층에 속한 컴포넌트는 유틸리티 계층에 속한 컴포넌트만 접근할 수 있는 식이다).

한편, 이 시스템에는 엄격하지 않은 계층화가 채택됐음을 확인할 수 있는데, 이는 업무 영역 계층에 속한 모든 컴포넌트가 자바 표준 라이브러리 컴포넌트에서 제공하는 수단에 의존하고, 중간의 유틸리티 컴포넌트가 제공하는 수단에는 접근하지 않는 모습을 통해 확인 가능하다(이와 대조적으로, 업무 영역 차원의 컴포넌트는 JDBC 드라이버 컴포넌트에 접근할 수 없다).

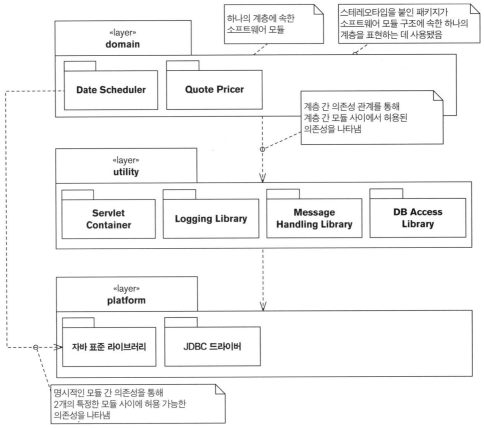

그림 20-1 UML 모듈 구조 모델 예제

활동

모듈 식별 및 분류   시스템을 구성하는 소스 코드를 모듈로 묶은 후, (선택적으로) 추상성이나 그 밖의 기준에 따라 더 고차원적인 구성으로 분류한다.

모듈 의존성 식별   모듈 사이에(또는 더 고차원적인 묶음 사이에) 명확한 의존성을 찾아놓음으로써 시스템의 설계와 구축에 참여한 모든 이들이 변경에 따른 영향을 이해할 수 있게 한다.

계층화 규칙 식별   계층화 접근법을 사용한다면, 그 계층에 관해 따라야 할 규칙들을 설계해줄 필요가 있다. 모듈은 자기 계층에 속한 다른 모듈 또는 자기 계층 바로 위 또는 아래 계층에 속한 모듈만 호출할 수 있게 할 것인가, 아니면 성능이나 유연성 같은 시스템 품질 속성을 충족할 수 있도록 규칙을 조금 덜 엄격하게 정할 것인가?

공통 설계 모델

전체 요소 구현에 걸쳐 공통성을 극대화할 수 있도록, 설계 제약사항 집합을 정의해서 시스템의 소프트웨어 요소를 설계할 때 적용하는 방법이 바람직하다. 이런 설계 제약사항은 두 가지 근본적인 이유로 가치가 있다.

- 특정 유형의 문제를 풀 때 사용할 표준 접근법을 찾아냄으로써 위험을 줄이고 노력을 중복해서 투입하는 일을 막을 수 있다.
- 시스템 요소 사이의 공통성을 찾아내면 시스템의 전반적인 기술적 응집성을 제고하고 이해, 운영, 보수를 손쉽게 하는 데 도움이 된다.

공통 설계 모델은 다음과 같은 세 가지 중요한 부분으로 이뤄진다.

1. 여러 요소에 걸쳐 요구되는 공통 처리에 대한 정의는 다음과 같다.
   - 초기화 및 복구
   - 동작 종료 및 재시작
   - 메시지 로그 남기기 및 장치 삽입
   - 국제화
   - 외부 조달 라이브러리 사용
   - 구성 인자 처리(시작 시에 또는 실행 중에)
   - 보안(개인인증 또는 암호화)
   - 트랜잭션 관리
   - 데이터베이스 상호작용
   - 내부 및 외부 인터페이스

   시스템 요소 전체에 걸쳐 시스템 요소 설계의 이런 측면들에 대해 표준 접근법을 사용하면 많은 이점이 생긴다. 공통 처리를 찾아내고 정의하는 일은 핵심적인 아키텍처 작업으로, 시스템의 전반적인 기술적 응집성을 제고하는 데 직접적으로 도움이 된다.

2. **시스템 요소 설계 시 사용할 표준 설계 접근법 정의.** 이는 (기능 구조를 정의하고 나면) 그 하위 시스템을 어떤 식으로 구현할지에 대해 한 걸음 앞서나갔다 생각할 때 떠오르기 시작한다. 같은 유형의 처리를 여러 요소에서 수행하는 상황을 알게 되거나, 어떤 요소의 특정 측면에 대한 구현이 시스템 차원의 영향을 미치는 것을 알게 될 때, 표준 설계 접근법의 필요성에 대해 생각해봐야 한다. 이런 접근법을 찾아냈을 때는 그 접근법이 무엇이고 어디에 쓸 것이며 왜 써야 하는지를 반드시 정의해둬야 한다. 다시 말해, 특별한 형태의 설계 패턴이라고 보면 된다.

3. **사용할 공통 소프트웨어의 종류 및 그 사용 방법 정의.** 이는 (채택한 데이터베이스에 접근하기 위한 라이브러리 선택 등) 다른 고급 의사결정에 따른 결과일 수도 있고, 개발시간을 단축하고 위험을 경감시킬 수 있는 (외부에서 조달한 메시지 기록용 라이브러리나 국지적으로 개발된 그래픽 사용자 인터페이스 요소 등) 재사용 가능한 컴포넌트를 식별한 결과일 수도 있다. 어느 쪽이든 공통 설계 모델에서는 어떤 공통 요소를 사용해야 할지 어디에 사용해야 할지 어떻게 써야 할지 명확하게 식별해둘 필요가 있다.

모듈 구조 모델과 함께, 시스템의 다양한 부분에서 필요한 다양한 설계 제약사항도 정의할 필요가 있다. 어떤 경우든 설계 및 구축 과정 내내 이어질 작업을 시작할 사람은 아키텍트밖에 없다.

표기법

공통 설계 모델은 설계 문서의 일부이고, 따라서 거기에 쓰이는 표기법도 소프트웨어 설계 표기법이어서, 대개는 문장과 UML 같이 약간 더 형식적인 표기법의 조합으로 돼 있다.

다음 예제는 공통 설계 모델에서 나온 몇 가지 설계 제약사항을 보여준다.

예제

여기 공통 설계 모델 예제가 하나 있다.

필요한 공통 처리

1. 메시지 기록

- 모든 컴포넌트는 어떤 일이 일어났고 그에 대한 반응으로 어떤 정정 작업이 기대되는 지 사람이 읽을 수 있도록 명확하게 기술한 메시지를 로그로 남긴다.
- 메시지는 치명, 오류, 경고, 정보, 디버그의 단계 중에 골라서 남겨야만 한다. 치명은 복구 불가능한 오류로, 해당 컴포넌트가 바로 중단되는 경우를 가리키는 데 써야 한다. 오류는 복구 불가능한 오류로, 해당 컴포넌트가 자체적으로 리셋된 후 수행을 재개하 는 경우를 가리킨다. 경고는 발생 가능한 오류나 예기치 못한 조건으로 인해 운영자가 검토 및 처리를 위해 개입할 필요가 있음을 나타내고, 정보는 정상 동작 중에 발생한 조건을 보고하는 데 쓰이는 것으로 운영자의 개입이 필요치 않다. 디버그는 해당 컴포 넌트의 동작에 대한 내부적인 세부사항을 가리키는 데 써야 한다.
- 컴포넌트는 이 다섯 가지 로그 수준 모두에서 로그 메시지를 남겨야 한다.
- 로그는 (나중에 정의가 나오는) 표준 라이브러리를 통해 남김으로써 기록위치, 형식, 구성 등을 표준화할 수 있게 해야 한다.

[···]

2. 국제화

- 사용자 및 관리자가 인식할 수 있는 모든 문자열은 반드시 메시지 목록에 저장해서 소 스 코드에는 하드 코딩된 문자열이 존재하지 않게 해야 한다.
- 인자를 국제화된 문자열에 삽입할 때는 반드시 위치 독립적인 자리차지를 써서 언어마 다 다른 어순 문제를 피할 수 있게 한다.
- (날짜, 시간, 통화 기호 등) 로케일에 민감한 정보는 반드시 현재 로케일에 맞춰 형식이 강제되게 하고, 기본 형식은 사용을 배제해야 한다.
- 디버그 수준이나 기타 순전히 내부적인 목적에서 로그로 남길 문자열은 국제화할 필요 없이 소스 코드에 하드 코드로 남긴다.

[···]

표준 설계

1. 국제화

- 로케일에 민감한 (주로 문자열 같은) 자원을 국제화할 때는 외부의 자원 목록을 이용해 소스 코드 밖에다 저장해둔다. 이렇게 되면 프로그램에서 (로그 메시지를 기록하는 등) 문자열을 사용할 때 먼저 메시지 목록에서 뽑아내야만 한다.
- 서버 소프트웨어가 전부 다 자바로만 돼 있기 때문에, 국제화 구현도 자바 플랫폼 고유 의 국제화 수단인 자원 모음(resource bundle), java.text 패키지의 문자열 포매팅 클

　　　　래스, 로케일 클래스를 쓴다.
- 국제화 기술별로 상이한 이런 요소들 사이의 관계는 다음과 같다. […]
- [자바 국제화 수단을 활용한 설계 패턴에 대한 정의를 이곳에 넣는다.]

[…]

표준 소프트웨어 컴포넌트

1. 메시지 기록
- 메시지 로그를 남길 때는 반드시 표준 빌드 환경에 포함된 표준 CCJLog 패키지를 사용해야 한다.
- CCJLog 패키지 사용은 반드시 표준적인 방식으로 하는데, 이 방식은 src/server/sample/logging/CCJLog 소스 디렉토리에 코드 예제 형태로 문서화돼 있다.

[…]

활동

공통 처리 식별　　어떤 공통 처리가 필요하고, 어디서 그 처리가 필요하며(모든 요소에서 아니면 일부 요소에서만?), 어떻게 그 공통 처리가 수행될지 찾아낸다.

필요한 설계 제약사항 식별　　표준화해야 할 공통 처리가 있는지, 하위 시스템 설계상의 중요한 측면 중에서 특정한 방식으로 설계하지 않을 경우 시스템 차원에서 부정적인 영향을 초래할 만한 측면이 있는지 찾아낸다. 이런 상황을 찾아낼 경우, 그 문제를 해소할 수 있는 설계 제약사항을 둘지 생각해보고, 두기로 할 경우에는 목록에 추가한다.

설계 패턴 식별 및 정의　　제약사항을 깔끔하게 정의할 수 있는 소형 설계 패턴 모음을 문서화한다. 제약사항은 따라야 할 소프트웨어 설계, 그 제약사항의 적용 대상(다시 말해, 어디에다 쓸 것인가), (이 제약사항을 따를 사람이 그 제약사항의 역할을 이해할 수 있게 해주는) 그 제약사항의 존재 근거라는 측면에서 정의된다.

표준 요소의 역할 정의　　하위 시스템 사이에 공유 가능한 표준 소프트웨어 요소가 있을지 생각해본다. 이런 표준 요소는 시스템의 공통 처리를 감안하다 보면 흔히 나온다. 표준 요소를 찾았다면, 그 역할과 사용 방안을 명확하게 정의한다.

코드라인 모델

아키텍트로서 소프트웨어 개발자의 삶을 옭아매고 싶지 않은 것이 확실하다 해도, 시스템의 코드 구성에 대해서라면 혼돈이 아닌 질서가 필요함은 명확하다.

핵심적으로 정의해야 하는 사항으로는 코드라인의 전반적인 구조, (대체로 구성 관리를 통해 하게 되는) 코드 통제 방법, 그 구조 내에 각 유형의 코드를 집어넣을 위치, 시간 경과에 따른 코드라인 유지 및 확장 방법(특히 여러 가지 출시 버전을 동시에 개발하는 방법), 소프트웨어의 빌드, 시험, 출시, 배치에 사용할 자동화 도구가 있다. 일반적으로 코드라인 모델에는 다음과 같은 필수사항이 들어가야 한다.

- 코드를 소스 파일에 구성해넣을 방안
- 파일을 모듈로 묶을 방안
- 파일을 담는 데 쓸 디렉토리 구조
- 출시 가능한 바이너리로 만들기 위한 소스 자동 빌드 및 시험 방안
- 정기적으로 수행할 필요가 있는 시험 유형과 범위 및 수행 시기
- 시험이나 실사용을 위해 바이너리를 시험 환경이나 상용 환경에 출시하는, 역시나 이상적으로는 자동화된 과정을 통해 하는 방법
- 여러 개발자가 동시에 붙어서 작업할 수 있도록 (브랜칭, 변경 집합 등) 구성 관리를 사용해 중재해줄 소스 제어 방법
- 빌드, 시험, 출시 과정에 쓸 자동화된 도구의 종류와 연속 통합 및 납품 체계를 온전한 갖추기 위한 통합적 활용 방법

개발 환경에서 이런 측면들을 정의하는 일은 신뢰성 있고 반복 가능한 구축 및 출시 과정을 달성하는 데 중요한 부분을 차지한다. 아키텍트가 모델을 통해 정보를 제공하면 개발자들이 붙어서 작업할 때 혼란과 불안을 방지하는 데 도움이 된다.

시스템 개발을 여러 팀에서 나눠서 하거나 여러 곳에 있는 구성원이 나눠서 하는 경우에는 이런 관심사항을 처리하는 일이 한층 더 중요해진다. 개발진이 생활하는 시간대가 다르거나 사용하는 말이 다른 등의 요인도 고려할 필요가 있다.

개발자의 기량과 경험에 따라 이 모든 작업의 대부분을 개발 팀이 하도록 넘

겨도 별 탈 없을 수도 있지만, 반대쪽 극단에서는 상당히 세세한 부분까지 일일이 명세해야 할지도 모른다.

표기법

원칙상 코드라인 모델을 표현할 때는 UML 같은 구조화된 표기법을 사용할 수도 있다. 하지만 경험에 따르면 그런 수고를 할 만한 가치는 없다. 간단하게 문장과 표에 바탕을 두고 깔끔한 다이어그램 몇 장을 곁들여 사용한 표기 관례를 설명해도 충분하다.

활동

소스 코드 구조 설계　시스템을 구성하는 소스 코드를 저장하는 데 쓸 전반적인 디렉토리 구조를 설계한다. 이 구조는 유지보수가 쉽도록 충분히 유연해야 하는 동시에 개발자가 소스 파일을 어디다 둬야 할지 쉽게 알 수 있도록 간단하기도 해야 한다.

빌드, 통합, 시험 접근법 정의　시스템 빌드 과정이 믿을 만하려면, 시스템 전반에 걸쳐 공통적인 접근법을 요구할 필요가 있다. 빌드 및 출시 전문가가 이 일을 대신 해줄 수도 있지만, 빌드, 통합, 시험을 자동화하는 데 쓸 접근법을 설계할 때는 세심한 주의를 요한다. 어떤 접근법이든 간에 시스템 빌드를 손쉽게 자동화할 수 있어야 하고 개발자도 중앙 또는 지역에 위치한 최종 빌드본을 사용할 수 있는 방식이어야 한다.

출시 과정 정의　시스템을 깔끔하게 빌드하는 일을 마친 후에는 그렇게 해서 나온 (바이너리, 라이브러리, 자동 생성된 문서 등의) 결과물을 시험 및 실사용 용도로 출시할 필요가 있다. 이 과정을 신뢰성 있고 반복 가능하게 하기 위해서는 그 과정을 명확하게 설계해야만 하는데, 이때는 역시나 자동화하는 편이 바람직하다. 앞에서와 마찬가지로, 이 일은 전문가가 대신 할 수도 있고 아키텍트가 손수 해야할 수도 있다. 출시 전에 반드시 거쳐야 하는 (자동화된 시험 수트 수행 같은) 빌드 유효성 검사에 대해 명확히 해두는 일이 특히 중요하다. 이 과정에는 시스템 환경에서 요구하는 배치 도구가 있다면 그 도구가 조직 내부에서 준비한 것이든 외부 호스팅 환경에 배치할 소프트웨어의 경우 외부에서 호스트하는 서버나 공용 클라우드 연산 서비스 같이 외부에서 공급한 것이든 막론하고 사용해야 할 것이다.

구성 관리 정의　반복 가능성과 기술적 완결성을 확보하려면 반드시 구성 관리에 대한 공통적인 접근법을 써야만 한다. 이에 대한 정의를 할 때는 사용할 도구, (변이형, 브랜치, 레이블 등) 사용할 구성 구조, 구성을 관리할 결과물의 관리 과정이 들어가야 한다.

▎문제점 및 함정

과도한 상세화

대부분의 소프트웨어 아키텍트는 경험 많은 소프트웨어 설계자이고, 이는 곧 소프트웨어 설계 및 구현 과정과 관련해서 풍부한 배경지식을 지녔을 가능성이 높다는 뜻이다. 이로 인해 사실은 설계자와 구현자의 관심사항인 시스템 구현에 대한 저수준의 세부사항을 정의하는 데 개발 뷰를 동원하고자 하는 충동이 일 위험이 있다.

위험 경감 방안

- 찾아낸 설계 제약사항의 숫자를 최소화한다. 숫자가 너무 많으면 생산성이 떨어질 때가 많은 데다 개발자가 자신이 맡은 요소를 다른 제약사항을 수용하고자 남겨둔 여지에 억지로 끼워 넣으려 하는(또는 그냥 무시해버리는) 문제가 일어난다.

- 개발 뷰에 기술한 모든 사항을 세심하게 검토하면서, 그 사항이 아키텍처적으로 의미가 큰지 자문해본다. 의미가 크지 않다면 세부사항이므로 개발 뷰에서 뺀다.

과밀한 아키텍처 명세서

너무 많은 세부사항을 담으면 이와 관련해서 개발 뷰의 내용물을 어디에(특히나 공통 설계 모델의 어디에) 넣을지 하는 문제가 생긴다. 복잡한 시스템이라면 공통 설계 모델은 상당한 분량의 글이 들어가야 하고, 그 글이 특별한 이해관계자 집단을 대상으로 했다고 보면, AD 문서 본문에 들어가지 않는다고 볼 수 있다.

위험 경감 방안

- 시스템 차원 설계 제약사항의 세부사항을 소프트웨어 개발자를 대상으로 만든 별도의 문서에 작성한 다음, 요구된 제약사항과 그에 대한 판단 근거를 AD 내의 짧은 절에 요약해넣는다. 이렇게 하면 관심 있는 이해관계자도 그 설계 제약사항의 세부 내용을 다 이해할 필요도 없이 해당 제약사항이 고려됐음을 알아보고 만족할 것이다.

편중된 초점

사람은 자기가 이해하고 흥미를 느끼는 대상에 집중하는 경향이 있다. 이로 인해 가령 설계 패턴을 사용한 네트워크 요청 처리는 매우 세세한 수준으로 논의하면서도 개별 요소에 필요한 초기화 처리에 대해서는 거의 고려를 하지 않는 상황이 일어날 수도 있다.

위험 경감 방안

- 시스템에서 한 걸음 물러나서 아키텍처 수준에서 정의할 필요가 있는 소프트웨어 개발상의 전반적인 측면을 모두 고려해본다.
- 친숙하지 않은 영역에 대해 조언을 구할 전문가를 찾아본다.

개발자 관심 부족

개발 뷰를 보는 최우선(그리고 많은 경우 유일한) 고객은 해당 과제에 참여한 소프트웨어 개발자와 시험자라는 사실을 언제나 잊지 않는다. 개발 뷰에서는 반드시 이들의 질문에 답하고 이들의 관심사항과 결부돼 있어야 한다. 그렇지 않으면 뷰는 무시될 것이 뻔하다.

위험 경감 방안

- 개발자와 시험자를 개발 뷰 정의에 참여시킨다.
- 되도록이면 뷰 개발의 몇몇 측면을 고참 소프트웨어 개발자가 담당하도록 위임하고, 소프트웨어 개발 팀에 영향을 미치는 아키텍처적 측면에 대한 관할권을 해당 팀에게 부여한다.

정밀성 부재

개발 뷰는 소프트웨어 개발의 여러 측면을 다뤄야 하지만 아키텍트가 모든 측면에 대해 전문지식을 갖추고 있을 가능성이 없기 때문에, 정밀성이 떨어질 위험이 존재한다. 개발자가 정밀하지 못한 설명서를 잘못 해석할 수도 있고, 설명서를 이해를 하지 못하는 경우에는 아예 무시해버릴 수도 있다.

위험 경감 방안

- 이 문제는 아키텍트가 시스템의 일부 측면을 정의하는 일이 중요하다는 사실은 알지만 그 내용에 대해서는 잘 알지 못해서 그저 수행될 필요가 있다고만 적어놓는 경우에 흔히 일어난다. 개발 뷰를 정의할 때는 일찌감치 소프트웨어 개발자 및 시험자와 함께 그 내용을 검토해서 뷰의 정의가 충분히 정밀한지 점검해본다.
- 경험이 모자라는 영역에서 해당 분야 전문가의 지식을 활용하는 일을 두려워하지 않게 한다. 누구도 아키텍트가 모든 분야에서 전문가이길 기대하지 않는다.

명세 환경 문제

급변하는 최신 기술을 따라가는 데는 많은 시간이 든다. 이런 기술이 얼마나 성숙했고 얼마나 자신의 아키텍처에 잘 맞을지에 대해 신뢰할 만한 정보를 얻기는 특히나 어렵다.

이로 인해 철 지난(어쩌면 틀린) 지식에 기반해 개발 뷰의 여러 측면들을 명세할 위험이 있으며, 이는 결국 나중에 개발 또는 라이브 운영 시 문제를 일으키고 개발자와의 신뢰에 금이 가게 만들 가능성도 있다.

관련해서 그 밖에 저지르기 쉬운 실수로는 전에 잘 통하던 접근법이라고 해서 현재 작업 환경에서는 과제를 맡은 팀에 맞지 않는데도 가져다 적용하려 시도하는 경우가 있다. 수명이 짧은 단독 동작 시스템은 여러 해에 걸쳐 외부 고객들이 사용하게 될 수명이 긴 대규모 제품군과는 다른 개발 환경이 필요하다. 개발 뷰를 정의하려 들기 전에 먼저 과제가 처한 환경상의 필요사항과 제약사항을 이해하고 있어야 한다.

위험 경감 방안

- 제대로 아는 기술과 기교라면 직접 명세하고, 그렇지 않으면 관련 의사결정을 내리는 데 도움을 줄 해당 분야 전문가로부터 확실하고 전문적인 조언을 구한다.
- 현재 과제가 처한 환경에 필요한 사항을 파악한 후, 개발 뷰에서 너무 복잡하지도 너무 단순하지도 않게 현 개발 환경의 필요사항을 반영하게 한다.
- 소프트웨어 개발 팀 구성원에게 개발 뷰의 여러 측면들에 대한 연구와 설계 업무를 위임하면 이 문제를 개선하는 데 도움이 되는 동시에, 소프트웨어 개발자로 하여금 시스템에 대한 주인의식을 제고하는 등 부가적으로 긍정적인 효과를 기대할 수도 있다.

▌점검 목록

- 시스템의 소스 코드 모듈 구조를 짜는 데 필요한 명확한 전략을 정의해뒀는가?
- 다양한 추상화 수준에 위치한 코드 모듈 사이에 존재하는 의존성을 통괄할 일반적인 규칙들을 정의해뒀는가?

- 시스템 전체에 걸쳐 표준화할 필요가 있는 요소 구현의 모든 측면을 찾아냈는가?

- 표준 처리를 어떤 식으로 수행해야 할지 명확하게 정의해뒀는가?

- 모든 요소 설계자와 구현자가 따르게 만들 표준 설계 접근법을 모두 찾아냈는가? 그리고 그 접근법을 소프트웨어 개발자들이 받아들이고 이해하는가?

- 모든 요소 구현에 걸쳐 사용될 표준적인 외부 조달 소프트웨어 요소들은 명확한가? 이런 요소를 사용하는 방식은 정의해뒀는가?

- 정의해놓은 개발 및 시험 환경은 신뢰할 만하고 개발자와 시험자가 작업하기에 효율적이고 쓸 만한가?

- 구축, 통합, 시험, 출시 과정을 처음부터 끝까지 신뢰성 있게 자동화하기에 적합한 도구 모음을 아키텍트나 그 밖의 누군가가 정의해뒀는가? 그 도구 모음에 내부 및 외부의 시험 환경이나 상용 환경에 배치할 때 필요한 자체 도구나 외부 조달 도구가 포함돼 있는가?

- 이 뷰는 꼭 필요한 내용만 담고 있는가?

- 이 뷰를 올바르게 AD에 표현했는가?

▌ 더 읽을거리

소프트웨어 개발에 설계 패턴을 활용하는 방안을 논의한 서적이 많이 있지만, 원전은 당연히 감마Gamma 외[GAMM95]일 수밖에 없다. 이 주제에 대해서는 코플리언Coplien 외[PLOP05-99, PLOP06]에서 한 걸음 더 탐색해 들어갔다.

구성 관리, 지속적인 통합, 시험 자동화, 출시 프로세스 등과 관련된 주제를 다룬 서적도 좋은 것이 많다. [AIEL10]은 이 영역 전반에 대해 상당히 상위 수준에서 다루면서 초점은 구성 관리와 출시 제어에 뒀고, [BERC03]은 소프트웨어 구성 관리를 꼼꼼하게 다룬 지침서로서 일단의 패턴을 활용해 설명했다. [DUVA07]은 지속적인 통합에 관한 꼼꼼하면서도 실용적인 지침서이고, [HUMB10]은 소프트웨어 구축, 시험, 출시와 관련된 프로세스를 자동화하는 데 대한 상세한 지침서다. 끝으로, 시험 자동화를 다룬 서적이 많이 있지만, 그중에서도 특히 [FREE09]를 선호하는데, 이 책을 보면 자동화에 대한 실용적인 조언이 많이 들어 있을 뿐 아니라 이런 방식의 이면으로 파고들어 시험 자동화를 개발 과정의 핵심으로 세워야 하는 이유와 방법까지 제시했다.

21

배치 시점

정의	시스템이 배치될 환경과 그 시스템이 거하게 될 요소에 대한 의존성을 설명
관심사항	실시간 플랫폼 필요성, 하드웨어나 호스팅 필요성에 대한 명세 및 수량 정의, 외부 소프트웨어 요건, 기술 호환성, 네트워크 요건, 네트워크 용량 요건, 물리적 제약사항
모델	실행시간 플랫폼 모델, 네트워크 모델, 기술 의존성 모델, 모델 간 관계
문제점 및 함정	불분명하거나 부정확한 의존성, 미검증 기술, 서비스 수준 동의 부적합 및 미비, 전문 기술 지식 부족, 배치 환경에 대한 뒤늦은 고려, 사이트 간 복잡성 무시, 불충분한 여유공간 확보, 재해 복구 환경 미명세
이해관계자	시스템 운영자, 개발자, 시험자, 의사소통자, 평가자
적용 대상	배치 환경이 복잡하거나 친숙하지 않은 시스템

배치 뷰는 시스템이 구축되고 난 이후에 중요한 시스템적 측면과 유효성 검사와 실제 운영으로의 전환이 필요한 시스템적 측면에 초점을 맞춘다. 이 뷰에는 시스템이 동작하기로 돼 있는 물리적 환경을 정의하면서, 여기에 (처리 노드, 네트워크 상호 연결, 디스크 저장장치 등의) 하드웨어나 호스트 환경, 시스템 내의 개별 처리 노드 유형에 대한 기술 환경적 요건, 시스템 요소와 그 요소가 실행될 실행 환경 사이의 대응을 집어넣는다.

배치 뷰는 필요한 배치 환경에 대한 이해관계가 있으면서도 당장 이를 알아보지 못하는 이해관계자가 있는 정보 시스템 어디서나 쓸모가 있다. 다음과 같은 상황이 이에 해당한다.

- 복잡한 실행시간 의존성이 있는 시스템(가령, 특정 외부 조달 소프트웨어 패키지나 특별한 네트워크 서비스를 필요로 하는 시스템)

- 복잡한 실행시간 환경 위에서 돌아가는 시스템(가령, 많은 수의 장비에 요소를 분산시키는 경우)

- 시스템을 호스팅 서비스나 공개 클라우드 같은 외부 환경에 위탁해서 필요한 환경 및 시스템을 그 환경에 배치할 방법을 명확하게 정의할 수 있도록 하는 경우

- 시스템을 여러 개의 상이한 환경에 배치하되 필요한 환경의 필수적인 특징을 명확하게 도시할 수 있는 경우(대체로 패키지 소프트웨어 제품인 경우)

- 작동시키려면 전문가가 있어야 하거나 익숙하지 않은 하드웨어 및 소프트웨어를 필요로 하는 시스템

겪어본 바에 따르면, 대규모 정보 시스템은 대부분 이 중 한 가지에 속하고, 따라서 배치 뷰는 거의 언제나 만들 수밖에 없다.

▌관심사항

실행시간 플랫폼 필요성

배치 뷰에서는 시스템이 필요로 하는 실행시간 플랫폼의 종류와 그 플랫폼을 구성하는 각 부분이 하는 역할을 명확히 식별해둬야 한다. 여기에는 서버와 연산 로직을 수용할 범용 연산 노드, 데이터베이스 엔진을 수용할 특수 목적 연산 노드, 데이터베이스 및 파일 시스템용 저장장치, 사용자가 시스템에 접근하거나 정보를 출력하는 장치, (보안에 필요한 방화벽 같이) 특정 품질 속성을 충족시키는 데 필요한 네트워크 서비스 등이 들어간다. 플랫폼을 제공하는 방식이 자체적인 계약을 통한 물리적인 하드웨어든, 외부 호스팅 업체에서 제공한 가상 서버 및 저장장치든, 공개된 클라우드 컴퓨팅 환경을 활용하든, 그 외에 모종의 선택안이든, 어쨌든 명확하게 정의할 필요가 있고, 이는 플랫폼의 각 부분이 위치한 장소도 마찬가지다.

실행시간 플랫폼을 정의하려면 필요한 처리 요소에 대해 (연산 서버 노드, 애플

리케이션 서버 노드, 디스크 어레이 같은) 일반화된 타입을 찾아내고, 그 요소들 사이의 의존성을 정의하며, 각 기능 요소를 그 타입들 중에서 골라 대응시켜야 한다. 사실, 이는 시스템에서 필요로 하는 실행시간 플랫폼의 논리적인 모델이라 할 수 있다. 따라서 플랫폼의 각 부분이 사용되는 용도를 미리 정의해뒀다면, 정확히 어떤 하드웨어 요소를 제공해야 할지에 대한 세부사항을 생각해볼 수 있다.

필요한 하드웨어와 호스팅의 명세 및 수량

이 관심사항은 바로 앞의 관심사항에 뒤따르는 것으로, 시스템을 배치하기 위해 구매 또는 대여해야 하는 하드웨어의 구체적인 세부사항을 소화하는, 말하자면 시스템에서 필요로 하는 하드웨어의 물리적인 모델에 대한 것이다. 이 하드웨어는 내부에서 주문하거나 외부에서 조달할 수도 있고, 클라우드 컴퓨팅 공급자에게 용량을 주문하는 등의 가상 컴퓨팅 환경에 걸맞은 명세일 수도 있다.

이는 훨씬 더 구체적인 데다 다른 이해관계자의 관심사이기도 해서 이전 것과는 별개의 관심사항이 된다. 예를 들면 개발자는 배치 환경에서 인텔 서버를 사용할지 썬^{Sun}의 SPARC 서버를 사용할지, 서버 운영체제는 리눅스, HP-UX, 윈도우 등 여러 가지 운영체제 중에서 어떤 것인지, 범용 처리 자원은 어떤 것을 사용할 수 있는지 관심이 있다. 하지만 시스템 관리자는 하드웨어 요소의 세부 명세 및 대수나 실행시간 환경을 구성하기 위해 도입해야 하는 호스팅 환경의 명세에 관심이 있다. 실행시간 환경의 각 부분에 대한 서비스 수준 동의$^{SLA, \ service-level \ agreement}$ 역시 시스템이 제공할 서비스 수준에 비춰봤을 때 수용 가능한 수준으로 합의를 보고 검증을 거쳐야 한다.

필요한 하드웨어의 명세, 대수, 서비스 수준과 필요한 서비스에 대한 고려는 구체적으로 해야 한다. 구체적인 장비의 모델이나 호스트된 환경의 서비스에 대한 명세가 필요한 경우에는 찾아보기 쉽도록 명확하게 식별해서 기록해둘 필요가 있다. 특정한 모델이나 서비스가 필요치 않은 경우에도 역시나 필요한 곳에서는 정확하게 해둘 필요가 있다.

외부 소프트웨어 요건

모든 정보 시스템은 배치 환경의 일부에 외부 소프트웨어를 활용하기 마련인데, 최소한 운영체제만 봐도 그렇다. 많은 정보 시스템이 운영체제, 프로그래밍 라이브러리, 메시지 전송 시스템, 애플리케이션 서버, 데이터베이스, 데이터 이동 제품, 웹 서버 등을 포함해 수십 가지의 외부 소프트웨어 제품을 사용한다. 시스템을 서비스화된 환경에 배치하는 경우, 거기에는 이미 시스템을 성공적으로 운영하는 데 필요한 구체적인 플랫폼 서비스 및 선택지 묶음이 갖춰져 있을 가능성이 크다.

배치 뷰에는 시스템과 외부 소프트웨어 제품 사이에 존재하는 모든 의존관계를 명확하게 밝혀둬야 한다. 이렇게 해놓아야 개발자는 어떤 소프트웨어를 활용해도 되는지 알 수 있고 관리자는 하드웨어의 각 부분에 정확히 무엇을 설치하고 무엇을 관리해야 하는지 알 수 있다. 이렇게 해두면 분석 결과에 존재하는 허점을 되도록 일찍 찾아내는 데도 도움이 된다.

기술 호환성

시스템 내의 모든 소프트웨어 및 하드웨어 요소는 다른 기술 요소에 대한 요건을 전제로 한다. 예를 들면, 데이터베이스 인터페이스 라이브러리는 특정 운영체제 네트워크 라이브러리가 있어야 올바로 기능하고, 디스크 어레이는 장비 안에 특정 유형의 인터페이스가 갖춰져 있어야 접근이 가능하다.

더욱이, 여러 가지 외부 기술을 같이 활용하는 경우라면 서로 호환되지 않는 요건에 부딪힐 위험이 언제나 존재한다. 예를 들어, 데이터베이스 인터페이스 라이브러리가 특정 버전의 운영체제를 필요로 하지만, 사용하고자 하는 그래픽 라이브러리는 그 버전을 지원하지 않을 수도 있다. 이런 비호환성은 시험 주기 후반에 드러나는 특징이 있어서 수많은 문제를 일으키므로, 일찌감치 생각해둬야 나중에 문제를 피할 수 있다.

네트워크 요건

기능 뷰와 동시성 뷰에서 아키텍처의 기능 구조를 정의하고 그 구조를 이루는 요소들이 상호작용하는 방식을 명확히 한다. 배치 뷰를 만들어내는 과정의 일환으로 어느 하드웨어 요소가 어느 기능 요소를 수용할지 결정한다. 서로 통신할 필요가 있는 요소들이 다른 기계상에 위치하는 경우가 흔하기 때문에, 이런 요소 간 상호작용 중에서 일부는 네트워크 상호작용으로 식별된다.

배치 뷰에서 다루는 관심사항 중에서 이런 네트워크 상호작용에 따라 시스템이 기저의 네트워크에서 제공하기를 바라는 서비스 모음이 있다. 이 뷰에서는 기계들 사이에 필요한 회선, 그 회선에 필요한 용량, 지연시간, 신뢰성, 사용할 통신 규약, 그 밖에 (부하 분산, 방화벽, 암호화 등) 시스템이 요구하는 특별한 네트워크 기능을 명확하게 식별해둘 필요가 있다.

네트워크 용량 필요성

경험상 소프트웨어 아키텍트는 처리 및 저장용 하드웨어를 식별하는 일에 비해 네트워크 구성을 명세하는 일에는 개입의 정도를 줄일 필요가 있는 것이, 네트워크는 일반적으로 전체 조직을 대상으로 네트워크를 설계, 구현, 운영하는 전문가 집단이 제공하기 때문에 그렇다.

하지만 이 집단도 시스템이 얼마나 큰 용량을 필요로 하고 네트워크를 통해 어떤 유형의 트래픽을 보내고 받을지 알아야 한다. 이런 정보를 제공하려면 아키텍트가 제안된 네트워크 구성안 내에서 기계 간의 각 연결별로 이동할 네트워크 트래픽의 규모와 유형을 추정하고 기록해둬야만 한다.

물리적 제약사항

소프트웨어 엔지니어는 다른 공학 분야에 종사하는 동료와 비교할 때 운이 좋다고 생각한다. 소프트웨어에는 무게도, 물리적인 부피도, 차지할 물리적인 공간도 없기 때문에, 일반적으로 물리적 제약사항에 대해 그다지 걱정할 필요가 없다. 하지만 시스템 수준의 뷰를 살펴볼 때는 느닷없지만 물리적인 제약사항이 다시 중요해진다.

클라이언트 워크스테이션의 탁상 공간, 서버 상면 공간, 전력, 온도 조절, 회선 연결 거리 등에 대한 고려는 상당히 일상적인 일이다. 하지만 누군가 이런 고려를 하지 않는다면 시스템 배치는 불능하다. 사용자의 탁상 공간이 두 대의 모니터만 수용할 수 있는 상황에서 워크스테이션마다 모니터를 네 대씩 할당해놓은 명세는 의미가 없다. 마찬가지로 데이터 센터에 마련될 상면 공간이 충분치 않으면 서버를 설치할 수가 없다.

이해관계자 관심사항

배치 시점에서 나오는 일반적인 관심사항은 표 21-1과 같다.

표 21-1 배치 시점에 대한 이해관계자 관심사항

이해관계자 부류	관심사항
평가자	필요한 하드웨어나 호스팅의 종류, 기술 호환성, 네트워크 요건
의사소통자	필요한 하드웨어나 호스팅의 종류와 사양, 외부 소프트웨어 요건, 네트워크 요건(특히 네트워크 접속 형태)
개발자	필요한 하드웨어나 호스팅의 종류와 (일반적인) 사양, 외부 소프트웨어 요건, 기술 호환성, 네트워크 요건(특히 네트워크 접속 형태)
시스템 관리자	필요한 하드웨어나 호스팅의 종류와 사양과 대수, 외부 소프트웨어 요건, 기술 호환성, 네트워크 요건, 필요한 네트워크 용량, 물리적인 제약사항
시험자	필요한 하드웨어나 호스팅의 종류와 사양과 대수, 외부 소프트웨어 요건, 네트워크 요건

▌모델

실행시간 플랫폼 모델

실행시간 플랫폼 모델은 이 뷰의 핵심에 해당한다. 이 설명에서는 필요한 하드웨어 노드 집합을 정의하고, 어느 노드를 네트워크(또는 다른) 인터페이스를 통해 다른 어느 노드에 연결해야 할지 정의하며, 어느 소프트웨어 요소가 그 하드웨어 노드에 담길지 정의한다.

실행시간 플랫폼 모델에는 다음과 같은 주요 요소가 있다.

- 처리 노드: 시스템 내의 개별 컴퓨터는 실행시간 플랫폼 모델에서 하나의 처리 노드로 나타난다. 이를 통해 아키텍트 본인과 그 밖의 이해관계자가 시스템에

필요한 처리 자원이 무엇인지 알아낼 수 있다. 유사한 장비가 많이 필요한 (웹 서버 팜 같은) 상황에서는 (UML의 그림자 표기법 같은) 요약 표기법을 사용해 다이 어그램을 단순화할 수 있지만, 필요한 노드의 개수는 여전히 명확하게 알아볼 수 있게 해야 한다.

- 클라이언트 노드: 클라이언트 하드웨어도 표현할 필요가 있지만, 주^{main} 처리 하 드웨어보다는 덜 상세하게 해도 된다. 클라이언트 하드웨어에 대해서는 아키 텍트의 통제력이 서버 하드웨어보다 떨어지기도 하는데, 이런 경우에는 필요 한 클라이언트 기계 하나하나에 대해 정확한 세부사항을 나타내기보다는 그 종류와 대수 정도만 표현하면 된다. 표현 용도나 사용자 상호작용 용도로 (터 치 스크린, 프린터 등) 특수한 하드웨어가 필요한 경우에는 클라이언트 하드웨어 의 일부로서 명세해야 한다.

- 실행시간 컨테이너: 클라이언트 노드와 서버 노드는 (소프트웨어 애플리케이션 서버 나 클라이언트 가상 기계 같은) 실행시간 컨테이너를 제공함으로써 그 위에 배치 될 기능 요소에 맞는 실행시간 환경을 조성해줄 필요가 있다.

- 온라인 저장장치: 여기서는 얼마나 큰 저장장치가 필요하고, 어떤 종류가 필요 하며, 어떻게 분할할 것이고, 어디에 쓸 것이며, 신뢰성과 속도에 대해서는 어 떤 전제를 두고 있고, 처리 작업이 그와 관련된 저장된 데이터 근처에서 수행 될지 여부를 정의한다. 저장장치 하드웨어는 처리 노드 안에 장착된 디스크 장비일 수도 있고 디스크 어레이 같은 별도의 저장장치 노드일 수도 있다. 이 두 종류를 명확하게 구별하지 않으면 별도의 저장장치 노드가 배치 환경에 가 져올 물리적인 영향을 파악하기 어렵다. 모델에는 저장장치 종류별로 용량을 (되도록이면 속도도) 적시해둘 필요가 있다.

- 오프라인 저장장치: 끊임없이 커지는 온라인 저장장치 용량에도 불구하고, 많은 정보를 다루는 시스템에서는 여전히 (장기보관용) 오프라인 저장장치도 함께 필요로 하는 경우가 많다. 문제는 어떤 식으로든 언제나 하드웨어 용량보다 훨씬 더 빠르게 커진다는 것이다. 오프라인 저장장치는 온라인으로 올라간 정 보를 백업하는 데 필요할 때가 있다. 아키텍트는 충분한 용량, 수용 가능한 시 간 내에 보관과 추출을 마칠 수 있을 만큼 충분히 빠른 하드웨어 속도, 시스템

과 온라인 저장장치 사이의 충분한 네트워크 대역폭을 확보해둘 필요가 있다. 오프라인 저장장치의 종류, 용량, 속도, 위치에 대한 요건을 모두 이곳에 정의해둘 필요가 있다.

- **네트워크 연결**: 모델에는 (특정 네트워크 요소를 바탕으로 네트워크를 구축하는 방법에 대한 구상이 아니라) 시스템에서 필요한 핵심적인 연결선을 기록해둬야 한다. 이 시점에서는 하드웨어 노드들 사이의 연결을 보여주는 정도로 충분하고, 노드 간 대역폭 요건 같은 네트워크에 대한 더 상세한 내용은 (이번 장 뒷부분에 설명이 나오는) 네트워크 모델에 기록하면 된다.

- **기타 하드웨어 컴포넌트**: 네트워크 보안, 사용자 인증, 타 시스템에 대한 특별한 인터페이스, (자동 응답 기계 등에 대한) 특화된 처리 등에 대한 전문화된 하드웨어를 고려할 필요가 있다.

- **실행시간 요소 대 노드 대응**: 이 모델에 들어가는 마지막 요소는 시스템의 기능 요소와 그 요소가 실행되는 처리 노드 사이의 대응이다. 이 대응을 정의하는 데 착수하는 방법은 동시성 구조의 복잡도에 달려 있다. 동시성 뷰가 있는 경우라면, 그 뷰에서 찾아낸 운영체제 프로세스를 처리 노드에 대응하면 된다. 동시성 뷰가 없는 경우에는 기능 뷰에 나오는 기능 요소를 처리 노드에 바로 대응시키면 된다(이 경우에는 사용할 운영체제 프로세스에 대한 세부적인 내용은 아키텍처적으로 별다른 의미가 없다).

실행시간 플랫폼 모델은 대체로 노드, 저장장치, 노드 간에 필요한 상호 연결, 노드 간의 소프트웨어 요소 할당을 보여주는 네트워크 노드 다이어그램을 통해 기록한다.

표기법

실행시간 플랫폼 모델을 기록하는 데 사용되는 공통적인 표기법으로는 UML, 전통적인 선과 상자로 된 다이어그램, 문장 기반 표기법이 있다. 이번 절에서 이들 선택지를 하나씩 살펴본다.

- **UML 배치 다이어그램**: UML 배치 다이어그램을 사용해 실행시간 플랫폼 모델을

문서화할 수 있다. 이 다이어그램에는 연산 '노드'와 함께 선택적으로 (실행시간 컨테이너 같은) '실행 환경', 그 환경에 배치되는 소프트웨어 요소를 나타내는 '산출물'과 노드 사이의 '통신 경로'가 등장한다(통신 경로는 UML 연관의 특화된 형태로 등장한다). 요소 간 의존관계를 나타낼 때는 UML 의존관계를 정상적으로 쓰거나 스테레오타입을 붙여서 쓰면 된다. 그림 21-1에 기능 요소를 처리 노드 또는 특별한 경우 실행 환경에 대응시킨 간단한 UML 배치 다이어그램 사용 예제가 나와 있다.

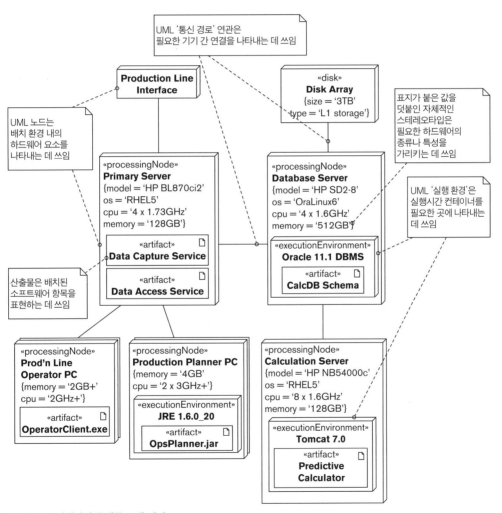

그림 21-1 실행시간 플랫폼 모델 예제

UML '산출물'을 사용해 배치된 이후의 소프트웨어를 나타내고자 한다면, 실제로 배치될 라이브러리 파일을 보여주면 유용하다. 기능 뷰에 나오는 시스템 요소 전체를 나타낼 때도 역시 산출물을 사용하면 더 깔끔하고 간단해서 쓸모가 크다. 다이어그램에는 두 가지 양식의 산출물을 보여준다(예를 들어, 'OpsPlanner.jar' 산출물은 배치될 이진 파일이고, '데이터 포착 서비스^{Data Capture Service}'는 시스템 요소라서 여러 개의 파일로 이뤄져 있다). UML 도구를 사용해 모델을 작성하는 경우에는, 그리고 시스템 요소와 배치될 산출물의 관계가 명확하지 않은 경우에는, 《deploy》 의존성을 써서 이런 관계를 기록하면 된다.

UML은 노드와 통신 경로에 대해 아주 구체적인 의미체계를 제공하지 못하고, 미리 정의된 유형의 라이브러리를 선택할 수 있게 돼 있지도 않다. 따라서 이 다이어그램 유형을 효과적으로 활용하려면 스테레오타입, 표지 붙인 값, 주석을 활용해 다양한 유형의 노드와 링크를 구별하는 방법에 의존할 수밖에 없다. 실행시간 플랫폼 모델은 주요 요소에 대해 글로 된 설명을 곁들여 각각의 역할과 주요 특성을 명확하게 정의할 필요가 있다.

- 선과 상자로 된 다이어그램: UML 배치 다이어그램의 기본적인 특성으로 인해, 많은 아키텍트가 간단한 선과 상자로 된 표기법을 써서 배치 뷰를 작성하는 쪽을 선택한다. 상자는 노드와 요소를 나타내는 데 쓰고, 화살표는 상호작용을 나타내는 데 쓴다. 다이어그램에는 개별 다이어그램 요소의 의미를 명확히 하기 위해 첨부설명을 덧붙일 필요가 있다. 이런 접근법을 바탕으로, 사용된 다이어그램 요소를 세심하게 정의해야 보는 사람이 혼란스러워하는 일을 피할 수 있다. 이 표기법은 UML을 지원하지 않는 작도 도구로 손쉽게 그릴 수 있는 데다, 비기술적 이해관계자가 알아보기도 더 쉽다.

- 문장과 표: 필요한 하드웨어 명세와 같은 참고 정보는 문장으로 적은 후 참조하기 쉽고 헷갈리지 않도록 표로 만드는 방법이 최선이다.

활동

배치 환경 설계　　　아키텍트는 대개 시스템에서 핵심적인 서버, 중요 클라이언트 하드웨어 요건, 노드 간에 필요한 네트워크 연결을 찾아내는 일부터 시작한다. 이 일을 마치고 나면 소프트웨어 배치 환경의 골간이 갖춰진다. 남은 작업은 대체로 상세화, (암호화 가속기, 여분 용량 학보용 노드 등) 특수 목적 하드웨어 필요한 것이 있으면 추가하기, 상호 연결에 따른 노드별 하드웨어 및 소프트웨어 구성 명세하기 정도가 있다.

요소를 하드웨어에 대응　　　일단 제안된 배치 환경을 갖추고 나면, 그 안에서 기능적인 (소프트웨어) 요소 각각에 제자리를 찾아주는 작업이 필요하다. 실제로는 소프트웨어 요소를 하드웨어 자원에 대응하다 보면 배치 환경 설계에 변경이 일어나기도 하면서(그리고 새로 찾아낸 배치 환경 선택지를 확인하다 소프트웨어 요소의 위치에 대한 새로운 대안이 떠오르기도 하면서) 반복적인 과정을 거치게 된다. 여기서 주된 도전과제는 의존관계 관리와 관련해서, 장비 용량을 충분히 확보하고, 요소를 별도의 위치에 두는 경우와 같은 곳에 두는 경우의 (보안성과 성능을 사이에 둔) 이점을 절충하는 데 있다. 이 주제를 더 깊이 있게 살펴보려면 25장과 26장을 참고하면 된다.

하드웨어 요건 추정　　　이 활동은 일반적으로 초기 배치 환경 설계 전에 몇 가지 초기 추정을 하면서 시작하고, 아키텍처와 설계가 진행이 되면서 반복적으로 정제를 거치는 과정으로 이어진다. 추정에 필요한 자원으로는 개별 처리 노드의 처리 능력, 메모리, 디스크 공간, I/O 대역폭이 있다.

기술 평가 진행　　　개발 환경을 설계하고 추정하려다 보면 시제품 요소 개발, 비교 평가, 호환성 시험 같은 몇몇 기술 평가를 수행해야 할 때가 있다. 예를 들어 대표적인 시제품 시스템을 만들어서 애플리케이션 서버, 객체 영속성 라이브러리, 데이터베이스가 서로 어울려서 부드럽게 돌아가는지 확인하고 달성 가능한 트랜잭션 처리량을 점검해봐야 할 때도 있다.

대표성 시험을 보장하려면 애플리케이션의 핵심 속성을 찾아내고 그런 속성 전부가 기술적인 진화 과정 내에 들어 있는지 확인해본다. 시험에 전문가를 참여시켜서 그들이 겪은 경험의 이점을 살리고 중요한 내용은 어느 하나 간과하지 않게 한다.

기술 평가에 필요한 시간과 자원을 확보하다 보면 문제가 생길 때가 많다. 평가에 필요한 자원을 확보하는 주장을 할 때는 위험 관리 측면에서 다루는 것이 가장 효과적일 가능성이 높다는 사실을 알게 됐다.

제약사항 평가　　아키텍트가 외부적인 제약 조건 하나 없이 배치 뷰를 정의하는 경우는 매우 드물다. 아키텍트가 맞닥뜨리는 제약사항으로는 공식적인 표준, 비공식적인 길잡이, 단순히 있는 줄만 알고 있는 묵시적인 제약사항이 있다. 제약사항이 표현돼서 나오기만 한다면 제시됐던 배치 환경 설계를 검토해 제대로 충족됐는지 확인해본다.

네트워크 모델

단순성의 관점에서 보면 실행시간 플랫폼 설명서는 네트워크에 대해 세부사항을 정의하는 경우가 드물다. 기저 네트워크가 복잡할 때는 별도의 네트워크 모델에 설명하는 것이 일반적이다.

　　경험상, 네트워크는 대부분 소프트웨어 아키텍트가 아니라 네트워크 전문가가 설계하고 구현한다. 하지만 네트워크 전문가에게 아키텍트가 기대하는 네트워크 능력에 대한 명확한 명세를 제시하는 일은 중요하다. 이 설명서에는 연결해야 할 노드는 어느 것이고, (방화벽이나 압축 같이) 필요로 하는 구체적인 네트워크 서비스는 무엇이며, 네트워크의 각 부분에 대해 원하는 대역폭 요건과 품질 속성은 무엇인지 밝혀둬야만 한다. 이 모델은 일반적으로 네트워크에 대해 원하는 바에 대한 논리적 또는 서비스 기반의 뷰이지, 개별 요소를 명세해둔 물리적 뷰가 아니다. 소프트웨어 제품을 개발하는 경우라면, 이 모델은 고객이 소프트웨어를 배치할 계획을 세우는 데 있어 귀중한 명세가 된다.

　　네트워크 모델의 주요 요소는 다음과 같다.

- 처리 노드^processing node: 처리 노드는 데이터를 전송하기 위해 네트워크를 사용하는 시스템 요소를 나타낸다. 이런 노드들은 실행시간 플랫폼 모델에 나오는 것들과 맞아떨어져야 하지만, 여기서는 네트워크 인터페이스를 갖춘 단순한 요소로 추상화돼 있다.

- 네트워크 노드^network node: 활용할 수 있었으면 하는 (방화벽 보안, 부하 분산, 암호화 같은) 네트워크 서비스를 표현하기 위해 별도의 네트워크 노드를 추가할 수 있다.

- 네트워크 연결network connection: 네트워크 연결이란 네트워크와 처리 노드 사이의 링크를 말한다. 여기에는 링크에서 제공했으면 하는 서비스의 특성을 상세화 해넣는다(대부분은 일반적으로 대역폭과 지연시간이지만, 서비스 품질, 신뢰성, 기타 네트워크 품질을 꼽기도 한다).

이런 설명은 대개 첨부설명이 붙은 네트워크 다이어그램으로 나타내는데, 진정 실행시간 환경 다이어그램을 네트워크 중심적으로 특화한 것이라 할 수 있겠다. 네트워크 요건이 매우 단순한 경우에는 별도의 네트워크 모델을 작성하는 대신 실행시간 플랫폼 모델을 상세화하는 것만으로도 네트워크를 충분히 설명할 수 있다. 하지만 오늘날 대부분의 시스템이 기저의 네트워크에 갖는 심한 의존성을 고려해보면, 별도의 네트워크 모델은 시스템의 이런 측면에 주의를 집중하는 데 있어 유용한 도구가 분명하다.

그림 21-2를 보면 앞에서 그림 21-1에 묘사했던 실행시간 플랫폼에 걸맞은 네트워크 모델의 간단한 예제가 나와 있다. 이 다이어그램에서는 주요 요소마다 글로 된 설명을 곁들여놓았다.

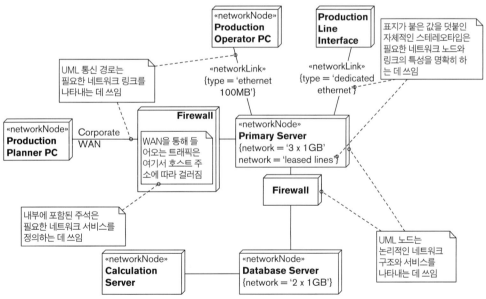

그림 21-2 네트워크 모델 예제

표기법

네트워크 모델을 기록하는 데 쓰이는 공통적인 표기법으로는 UML을 활용하는 방법과 전통적인 선과 상자로 된 다이어그램이 있다.

- UML 배치 다이어그램: UML의 배치 다이어그램은 네트워크 모델에 쓰기에 유용한 기초 표기법이다. 하지만 실행시간 플랫폼 설명서와 마찬가지로 스테레오타입, 표지가 붙은 값, 주석을 곁들여 첨부설명을 함으로써 의도를 명확하게 해둘 필요가 있다.

- 선과 상자로 된 다이어그램: 앞에서 논의한 내용과 비슷한 이유로 네트워크 모델은 비정형 표기법을 사용해 작성할 때가 많다.

활동

네트워크 설계　　네트워크 설계는 컴퓨터 하드웨어 설계와는 관여하는 전문가가 다르기 때문에 대체로 별개로 처리한다. 개인적인 시각에 보면, 이 활동은 (연결, 용량, 서비스 품질, 보안 측면에서) 네트워크를 통해 원하는 바에 대한 밑그림을 그리는 과정에 해당된다. 이 활동을 거쳐 나온 결과는 사실 물리적인 네트워크 설계라기보다는 논리적인 설계이고, 이것이 전문 네트워크 설계자에게 넘어가서 그 다음 작업을 할 명세가 된다.

용량 및 지연시간 추정　　논리적인 네트워크 설계 활동에는 개별 노드 사이에 예상되는 용량과 지연시간을 추정하는 과정이 들어간다. 이 단계에서 정확도는 그리 중요하지 않지만, 대략적인 트래픽 발생 규모와 예상 왕복 시간을 현실적으로 추정하는 일은 중요하다. 용량 추정 수치는 최대 트랜잭션 처리량과 그 트랜잭션에 담길 정보를 전달하는 데 필요한 메시지 크기의 대략적인 근사치를 결합해보면 나온다. 지연시간 추정은 대개 채택한 네트워크 유형에서의 표준적인 측정치와 기존 네트워크에 대한 몇 가지 측정치를 결합해서 나온다. 이 두 가지 값은 일반적으로 불가피한 추가 부하 및 예측 오류를 감안해서 적절한 비례 계수를 반영해서 산출한다.

기술 의존성 모델

몇몇 경우에, 개발 및 시험 환경 내에서 소프트웨어와 그 의존관계를 하나의 배치 단위로 묶어넣는 방식으로 의존성을 관리할 수가 있다. 하지만 많은 경우에 이런 방식은 효율성, 비용, 사용허가, 유연성 같은 문제로 인해 적용이 아예 불가능하다. 이런 경우에 배치 환경 내에서 의존관계를 관리하는 수밖에 없다.

기술 의존성은 대개 노드 단위를 기본으로 해서 간단한 표 형식으로 기록한다. 대개 소프트웨어 의존성은 소프트웨어 개발자가 사용하는 환경을 정의해둔 개발 뷰를 바탕으로 도출된다. 하드웨어 의존성도 시험 환경이나 개발 환경을 바탕으로 도출되지만, 많은 경우 제조사가 제공한 명세와 그 명세를 확인하기 위한 신중한 시험에 의존할 수밖에 없다.

예제

그림 21-1에 나온 예제에서 주 서버(Primary Server) 노드의 소프트웨어 의존관계 예제를 표 21-2에 나타냈다.

이 표를 보면 시스템 내에서 이 노드는 특정 버전의 HP-UX에 패치 번들, 두어 개의 특정 운영체제 패치, C++ 라이브러리 모음, 하나의 부가적인 모듈은 물론 특정 버전의 오라클 제품도 깔려 있어야 할 가능성이 있다.

표 21-2 주 서버 노드에 대한 소프트웨어 의존성

컴포넌트	요구내용
Data Access Service	HP-UX 64-bit 11.23 + B.11.23.0703 번들 패치
HP aCC C++ 런타임 A.03.73	
Data Capture Service	HP-UX 64-bit 11.23 + B.11.23.0703 번들 패치
HP aCC C++ runtime A.03.73	
Oracle OCI 라이브러리 11.1.0.7	
HP aCC C++ 컴파일러 및 런타임	HP PHSS_35102 패치
HP PHSS_35103 패치	
Oracle OCI 11.1.0.7	HP-UX X11MotifDevKit.MOTIF21 추가 패키지
HP-UX PHSS_37958 패치	

간단한 경우에는 이 뷰에 의존관계를 나열하는 대신 개발 뷰만 활용해도 된다. 하지만 조금만 복잡한 경우가 되도 시스템 내의 각 노드 유형에 대한 소프트웨어 의존성을 온전히 정의하는 데 필요한 세부사항을 개발 뷰에다 담기가 어렵다.

표기법

기술 의존성 모델을 작성할 때는 문자 기반의 단순한 접근법을 사용하는 것이 최선일 때가 많지만, 몇 가지 간단한 시각적 표기법을 썼을 때 이점이 생기는 경우도 몇 가지 있다.

- 시각적 표기법: 소프트웨어 의존관계를 파악할 때는 실행시간 플랫폼 모델을 확장해서 개별 기계에서 필요한 소프트웨어 스택을 가리키는 정보를 추가함으로써 그곳에서 실행되는 시스템 요소를 지원하는 방법이 있다. 단순한 경우에는 실행시간 플랫폼 모델을 상세화하기에 유용한 방법이다. 이 방식에 있어 문제점이라면 각 노드마다 완전하고 정확한 소프트웨어 의존관계 스택으로 인해 실행시간 플랫폼 모델이 쓸모가 없어져 버릴 정도로까지 지저분해질 수 있다는 점인데, 이런 상황까지 가면 정보를 별도로 기록하는 편이 낫다.
- 문장과 표: 의존관계는 거의 언제나 간단한 문장으로 채운 표로 기록한다. 외부 소프트웨어에 대해 (상세한 버전 번호, 선택사양 이름, 패치 수준 등) 정확한 요건을 기록하는 일이 중요하다.

활동

실행시간 의존성 분석　　이 활동은 대체로 시스템 요소에 대한 검토회의를 수작업으로 진행하면서, 요소가 가진 의존관계를 찾아낸 다음 외부 요소에 대해서도 일일이 이 과정을 반복한다. 사용할 외부 기술 각각에 대해 함께 제공되는 문서를 살펴보면서 실행시간 의존관계를 끌어내고 자체적인 환경 요건을 빌드하고 시험하면 된다. 이 과정을 거치면 시스템 내의 처리 노드 각각에서 필요한 외부 요소를 명확하게 정의할 수 있다.

기술 평가 실시　　의존성을 정확하게 문서화하기 위해 시제품 제작이나 기술 조사가 몇 가지 필요할 수도 있다.

모델 간 관계

복잡한 시스템에서는 배치 뷰에 하나의 모델이 아니라 두세 가지 밀접하게 관련된 모델을 만들어넣는다. 앞에서 설명한 세 가지 모델을 각각 다른 시점에 다른 이해관계자가 사용하는 경향이 있음을 알아냈다. 배치를 담당하는 집단에 속한 사람은 실행시간 플랫폼 모델을 과제 진행 초기에 참조하고, 네트워크 전문가 집단은 네트워크 모델을 살펴보며, 시스템 관리자는 배치가 가까워진 시점에 좀 더 상세한 설치 계획을 세우는 동안 기술 의존성 모델을 사용한다. 이런 연유로, 이 세 가지를 별도로 제시하는 편이 더 가치 있음을 알게 됐다.

이런 모델은 하나의 비정형 계층 집합으로 보고 그 뷰의 한가운데 실행시간 플랫폼 모델이 있다고 생각하면 좋다. 네트워크 모델은 필요한 세부적인 네트워크를 정의하는 역할을 하는 아래쪽 계층으로 생각하면 된다. 기술 의존성 모델은 실행시간 모델 위에 올라가서 배치 환경 내의 개별 기계에 설치할 소프트웨어 및 하드웨어 요건을 정의하는 좀 더 세부적인 계층으로 생각할 수 있다.

이상적으로 보면, 소프트웨어 아키텍처 도구를 활용해 단일한 모델을 만들어내고 나서 필요하면 그 모델의 다른 측면도 자동적으로 뽑아낼 수 있어야 한다. 하지만 아직까지는 그런 도구가 존재한다는 말을 듣지 못했고, 따라서 당장 닥쳐올 앞날을 위해 별도의 모델을 가지고 일할 수밖에 없다.

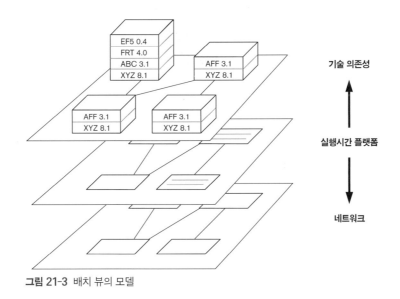

그림 21-3 배치 뷰의 모델

그림 21-3을 보면 배치 뷰에 속한 모델들 사이의 관계를 도시해놨다. 실행시간 플랫폼 모델이 뷰의 한가운데 위치하고, 네트워크 모델은 시스템의 기초를 이루는 네트워크에 대해 한층 상세한 내용을 제공하며, 기술 의존성 모델은 실행시간 환경을 제공할 수 있도록 개별 노드에 설치된 하드웨어 및 소프트웨어에 대해 한결 상세한 내용을 제공한다.

▌문제점 및 함정

불분명하거나 부정확한 의존성

대규모 연산 기술은 상당히 복잡해지는 경향이 있고, 실행 환경에 대한 명시적 또는 묵시적 의존성이 상당히 커서 여건이 만족되지 않을 경우 문제를 일으킬 때가 많다. 이 어려움은 이런 의존성 대부분이 눈에 띄지 않는 데다 쉽게 검사할 수도 없다는 점으로 인해 더 커져서, 가령 유틸리티 라이브러리 버전이 맞지 않더라도 데이터베이스 서버 시동에 실패하기 전까지는 이를 알기 어려울 수도 있다.

'오라클과 리눅스가 필요하다'거나 '여기서는 인텔 하드웨어를 쓴다' 같은 말은 상당히 자주 나오는 의존성 표현이다. 아주 작은 시스템을 제외한 모든 시스템에서 이런 표현은 너무 모호해서 시스템을 안전하게 배치하는 데는 부족하다. 어느 버전이 필요한지, 해당 상품에서 부가적인 부분이 필요할지 말지 등을 명세해놓을 필요가 있다. 최근의 기업용 소프트웨어 제품이 가진 복잡성과 유연성으로 인해, 무엇이 필요하고 무엇이 필요 없는지 명확하게 해둘 필요가 있다.

위험 경감 방안

- 배치 뷰에 소프트웨어 요소와 실행시간 환경 사이의 관계를 깔끔하고 정확하며 상세하게 기록한다.
- 외부 소프트웨어와 그 외부 소프트웨어를 필요로 하는 실행시간 환경 사이의 의존성을 기록한다.
- 요소들 사이의 의존성이 올바른지 확인하기 위해 호환성 시험을 수행한다.
- 의존성이 잘 파악된 곳에는 기존에 있던, 검증된 기술 조합을 사용한다.

미검증 기술

누구나 새롭고 참신한 기술을 사용하고자 하는데, 커다란 이점을 얻을 가능성이 있기 때문에 이해할 만도 하다. 하지만 경험해보지 않은 기술은 그 특성을 알 수 없기에 가령 기능적인 약점이 있거나 성능, 가용성, 보안성이 못 미치는 등 사용할 경우 상당한 위험을 떠안아야 한다.

위험 경감 방안

- 되도록이면 사용하기로 결정하기 전에 시험이 가능한 기존 소프트웨어 및 하드웨어를 사용한다.

- 새로 나온(또는 본인에게 낯선) 기술을 반드시 사용해야 한다면, 전에 그 기술을 사용해본 적이 있는 사람에게 조언을 구하고, 그마저 여의치 않을 때는 철저한 시험을 거친다.

- 현실적이고 실용적인 시제품 제작과 비교 평가를 통해 그 기술이 홍보한 대로 돌아가는지 확인한다.

- 호환성 시험을 수행해 새로운 기술이 기존 기술과 잘 어울려서 동작하는지 확인한다.

서비스 수준 동의 부적합 및 미비

시스템의 실행시간 환경은 대개 조직 내 별도 부서나 완전히 별개의 조직에서 제공한다. 하드웨어, 데이터 저장소, 네트워크 같은 서비스를 제공할 때는 SLA를 명세해서 공급자로부터 기대할 수 있는 서비스를 정의하는 경우가 일반적이다. 여기에는 비용, 예상 성능 및 신뢰성, 장애 발생 시 복구시간 보장, 데이터 백업 서비스 같은 서비스의 여러 측면이 포함된다. SLA를 세심하게 점검해서 제공받을 보장이 시스템의 목표 달성을 뒷받침할 수 있을지 확인해볼 필요가 있다.

위험 경감 방안

- 외부에서 제공하는 실행시간 환경 요소에 대해서는 신뢰할 수 있는 SLA를 구

한다(이런 요소를 자체 조달한다면 스스로 SLA를 추정한다).

- 그 SLA들이 제공하는 보장에 대한 시험을 해본다.
- 그 SLA들을 분석해 서로 조합하는 방식과 그런 조합에 따른 결과를 파악한다.

기술 지식 전문가 부족

대규모 정보 시스템을 설계하는 일은 여러 가지 다양한 주제에 대해 엄청나게 많은 전문지식을 필요로 하는 복잡한 과정이다. 누구 한 명이 필요한 모든 기술에 대한 전문지식을 다 갖추기는 어렵다. 사람들이 모여 팀을 이뤄서 시스템을 개발하고 몇몇 사람은 특정 기술을 전담하면서 다른 이에게 조언할 수 있게 하는 이유가 바로 여기에 있다.

시스템에서 사용되는 기술의 가짓수를 보면, 사용할 기술에 대한 전문가가 모두 모인 과제 수행 팀을 구성하기는 어려울 가능성이 있다. 이로 인해 검증된 지식과 경험이 아닌, 판매사의 주장에 의존할 수밖에 없는 상황이 벌어지기도 한다.

위험 경감 방안

- 팀에 전문지식을 갖춘 사람을 초빙해 시스템을 출시하는 데 사용할 모든 핵심 기술에 숙달되게 한다. 전문가를 상근직으로 쓸 필요까지는 없으면, 경험 있고 믿음직한 비상근직 전문가를 고용한다.
- 외부 전문가로 하여금 아키텍처를 검토하게 해서 아키텍처에서 상정했던 전제조건과 결정사항을 검증받는다.
- 필요할 경우 기술 공급자에게 법적 구속력이 있는 계약상의 책임을 지워둔다.

배치 환경에 대한 뒤늦은 고려

배치 환경은 시스템이 현실과 맞닿는 곳이다. 순전히 소프트웨어 중심적인 관점으로 시스템을 설계하고 배치 환경에 대해서는 시스템이 완성된 시점에만 고려했던 몇몇 과제에서 문제에 봉착하는 모습을 본 적이 있다. 좋은 시스템이 부적절한 배치 환경 탓에 쓸모없는 시스템이 돼버릴 수도 있음을 상기하기 바란다.

배치 뷰는 소프트웨어를 설계하고 구현하는 방식에도 영향을 미치기 때문에, 변경에 비용이 많이 든다. 예를 들어, 계획이 바뀌어서 하나의 커다란 장비에다 서버 요소를 수용하는 대신 조그만 장비를 집단적으로 사용하기로 했다면, 이로 인해 서버 소프트웨어의 아키텍처에 상당한 영향이 가게 돼서, 과제 후반부에 적용하기에는 비용이 매우 많이 드는 변화일 수밖에 없다.

위험 경감 방안

- 배치 환경 설계를 시스템 개발을 완료한 후에 별도로 수행하는 일이 아니라 아키텍처 정의의 일부로 삼는다.
- 시간과 비용을 너무 많이 허비하기 전에 아키텍처에 대한 외부 전문가의 검토 통해 일찌감치 피드백을 얻는다.

사이트 간 복잡도 무시

많은 시스템 배치 환경이 둘 이상의 물리적인 공간을 수반하고, 이에 따라 외부 호스팅 제공자와 클라우드 컴퓨팅 환경을 사용해 자체 데이터 센터를 보강하는 쪽으로 움직이는 조직이 점점 더 일반화되고 있다. 전체 환경을 내부에서 수용하는 경우마저도, 회복력, 재해 복구, 사업이 영위되는 지리적 위치, 데이터 이동상의 제한 같은 고려를 하다 보면 결국 지리적으로 떨어져 있는 여러 사이트에 시스템을 위치시키게 된다.

다중 사이트 배치 환경은 시스템의 품질 속성에, 특히 보안성, 성능, 확장용이성에 커다란 영향을 끼칠 여지가 많아서, 아키텍처를 설계할 때는 상당히 초기부터 이에 따른 영향을 고려하는 것이 중요하다. 사이트 간 네트워크 지연시간이 가장 두드러진 문제이지만(다시 말해 이런 링크를 통한 요소 간 상호작용을 고려할 때는 주의가 필요하지만), 그 외에도 다중 사이트 사이에서 시스템 보안을 유지할 필요성과 사이트 간에 정보를 동기화하는 수요로 인해 확장용이성이 한계에 부딪힐 가능성에 대한 고려도 역시 처리해야 한다.

위험 경감 방안

- 설계 작업을 할 때는 다중 사이트 배치에 대한 요건을 되도록 일찍 파악하고, 다중 사이트 배치를 필요로 할 가능성이 있어 보이면, 그에 따른 시스템 품질 전반에 대한 영향을 감안한다.

- 기반구조 담당 팀과 협조해서 시스템을 다중 사이트에 분산시키는 데 따른 결과와 그 기반구조로 인해 발생할 이 상황에 대한 제약사항을 파악한다.

- 다중 사이트 배치에 대한 다양한 현상적 측면을 가능한 한 짧은 시간 안에 시험해봄으로써 그에 따른 결과를 파악했다는 확신을 가질 수 있게 한다.

불충분한 여유공간 확보

여유공간headroom이란 (CPU 사용량, 메모리, 디스크 공간, 네트워크 대역폭 등에 대해) 수요가 폭증하거나 향후 규모 확대를 수용할 수 있게 하드웨어 명세상에 추가적인 용량을 집어넣은 것을 말한다. 용량 산정 시에는 일반적으로 얼마간의 여유공간을 추가함으로써 하드웨어 업그레이드 비용을 들이지 않고도 추가 수요를 감당할 수 있게 한다.

여유공간을 산정할 때는 향후 성장에 대한 낙관론과 지출 제약 사이에서 절묘하게 균형을 잡아야 한다. 이 균형을 잘못 잡으면 제대로 사용하지도 않는 값비싼 하드웨어를 배치하거나 성능 요건을 충족시키는 데 실패한 시스템을 배치하는 결과를 낳고 만다. 이에 대해서는 26장에서 논의한다.

위험 경감 방안

- 하드웨어 명세에 적절한 분량의 여유공간을 넣어둔다. 여유공간을 효과적으로 모델화하는 방법에 대해서는 26장에서 논의하는 성능 및 확장용이성 관점을 참고한다.

재해 복구 환경 미명세

재해 복구는 전력 공급 중단, 광범위한 저장장치 장애, 화재나 홍수 같은 자연재해 같이 시스템이 심각한 장애에 이르게 만드는 사건이 일어난 상황에서도 운영을 지속할 수 있게 만드는 방법을 말한다.

재해 복구 전략은 많은 경우 별도의 장소에 (예비용 환경 또는 대체 데이터 센터 같은) 별도의 운영 환경을 마련해서 배치하게 돼 있다. 비용이 많이 들지 않도록, 예비용 환경은 상용 환경보다 사양을 낮추기도 한다. 어찌 됐든, 예비용 하드웨어에 대한 명세, 구현, 비용 지불은 개발 과제에서 맡는 것이 일반적이므로, 아키텍처 명세서에 포함돼야 한다.

이에 대해서는 27장에서 더 자세히 다룬다.

위험 경감 방안

- 배치 뷰에 필요한 재해 복구 하드웨어에 대한 명세를 넣는다.

▌점검 목록

- 시스템의 기능 요소를 전부 다 실행시간 플랫폼상의 요소 타입에 대응시켜뒀는가? 필요한 경우에 한해 구체적인 하드웨어 장치에도 대응시켜뒀는가?

- 실행시간 플랫폼을 구성하는 개별 부분의 역할을 온전히 이해하고 있는가? 지정한 하드웨어나 서비스가 그 역할에 적합한가?

- 시스템에서 필요로 하는 하드웨어 장치나 호스트 서비스에 대해 세부적인 명세를 해뒀는가? 필요한 장치나 서비스의 숫자가 얼마나 되는지 정확히 아는가?

- 외부 업체에서 제공하는 실행시간 환경상의 요소에 대해 서비스 수준 동의를 확보했는가? 동의를 통해 확보한 보장 내용이 시스템에 적합한가? 그 보장을 신뢰할 수 있을지 시험해볼 수 있는가?

- 필요한 외부 소프트웨어를 모두 다 찾아낸 후, 시스템 요소와 외부 소프트웨어 사이의 의존관계를 모두 다 문서화해뒀는가?

- 시스템에서 필요로 하는 네트워크 접속형태와 서비스를 파악하고 문서화했는가?

- 필요한 네트워크 용량을 추정 및 검증해봤는가? 제안된 네트워크 접속형태로 그 용량을 감당할 수 있겠는가?

- 필요한 네트워크를 구축할 수 있을지 네트워크 전문가의 검증을 거쳤는가?

- 아키텍처 선택지를 평가할 때, 제안된 배치 환경의 요소를 원하는 대로 조합 가능한지 확인하기 위한 호환성 시험을 거쳤는가?

- 아키텍처 선택지를 평가할 때, 제안된 배치 환경상의 중요한 측면을 검증하기 위해 시제품 제작, 비교 평가, 기타 실용적인 시험을 충분히 거쳤는가?

- 제안된 배치 환경을 대표하는 현실적인 시험 환경을 만들어낼 수 있는가?

- 배치 환경이 설계한 대로 동작하리라 확신하는가? 그런 생각을 검증하기 위해 외부의 검토를 받은 적이 있는가?

- 배치 환경이 표준, 위험, 비용 측면에서 평가자의 요건을 충족해서 평가자가 만족했는가?

- 필요한 배치 환경에 따른 (상면 면적, 전력, 냉방 등) 물리적인 제약사항이 준수됐는지 점검해봤는가?

- 하드웨어 및 서비스 명세에 적절한 분량의 여유공간이 들어가 있는가?

- 재해 복구 환경이 필요한 경우, 이 내용이 배치 뷰에 들어가 있는가?

▌더 읽을거리

상당히 많은 문헌에서 특정한 배치 기법을 설명하지만, 아쉽게도 현실적이고 신뢰할 만한 시스템 배치 환경 전체를 설계할 방법을 논의한 문헌은 거의 없다. 그 밖의 몇몇 소프트웨어 아키텍처 서적[CLEM10, GARL03, HOFM00]에 배치 뷰를 문서화하는 데 도움이 되는 설명이 담겨 있다. 다이슨^{Dyson}과 롱쇼^{Longshaw}가 쓴 대규모 애플리케이션 설계에 대한 책[DYS004]을 보면 배치 뷰와 관련이 있는 몇 가지 패턴이 나온다. 4부에 나오는 관점들에서 추천하는 '더 읽을거리'에도 배치 환경 설계와 관련된 원칙과 패턴이 들어 있다.

22

운영 시점

정의	상용 환경 내에서 어떤 식으로 시스템을 운영하고 관리하며 사후지원할지 설명
관심사항	설치 및 업그레이드, 기능 이전, 데이터 이전, 운영 감시 통제, 경보, 구성 관리, 성능 감시, 지원, 백업 및 복원, 외부 환경에서 운영
모델	설치 모델, 이전 모델, 구성 관리 모델, 관리 모델, 지원 모델
문제점 및 함정	운영 인력 참여 부족, 원복 계획 미비, 이전 계획 미비, 이전 기간 부족, 관리 도구 부재, 상용 환경 제약, 상용 환경으로의 통합 미비, 부적합한 백업 모델, 부적절한 경보
이해관계자	시스템 관리자, 운영 환경 담당자, 개발자, 시험자, 의사소통자, 평가자
적용 대상	복잡하거나 중요한 운영 환경에 배치되는 모든 시스템

최근의 대규모 시스템에 대해 아키텍처와 설계를 정의하는 일에는 상당한 노력이 들어간다. 하지만 시스템을 어떻게 제어하고 관리하며 관찰할지 비중 있게 고려하는 시스템을 만난 경험은 드물다. 운영 시점이 존재하는 이유는 시스템 이해관계자가 지닌 운영적인 측면의 관심사항을 처리하는 시스템 차원의 전략을 찾아내고 이 전략에 대한 해법을 찾아내는 데 있다.

대규모 정보 시스템에서 운영 뷰는 시스템이 전사적인 정보기술 환경의 일익을 담당하는 신뢰할 만하고 효과적인 한 부분이 될 수 있게 하는 데 대한 관심사항에 집중하되, 그 환경이 조직 내에 존재하든 외부 제공자가 밖에서 제공하든 상관은 없다. 제품 개발 과제에서 운영 뷰는 좀 더 일반적이어서 제품 고객이 접할 수 있는 운영적인 측면의 관심사항 유형을 제시할 뿐, 특정 사이트의 관심사항을 제시하지는 않는다. 이 뷰에서는 제품 구현 전체에 걸쳐 이런 관심사항을 풀어나가는 데 적용될 해법도 찾아낸다.

운영 뷰는 AD에 들어가는 뷰의 하나로서, 가장 정의가 덜 될 때가 많은 뷰이자 시스템을 구축하는 동안 가장 많은 정제와 상세화가 필요한 뷰이기도 하다. 이는 운영 뷰에서 고려하는 세부사항 중 많은 내용이 설계와 구축이 제대로 진행되기 전에는 온전히 정의할 수 없는 것이라는 점에서 간단히 그 이유를 찾을 수 있다. 어쨌든 이번 장에 설명하는 사안을 가능한 한 먼저 고려하면 나중에 많은 시간과 노력을 아낄 수 있다.

▌관심사항

설치 및 업그레이드

설치 및 업그레이드의 적용 범위는 고객의 특정 하드웨어에 소프트웨어 요소를 설치하고 구성할 개발 팀부터 여러 출처로부터 하드웨어와 소프트웨어를 얻어와서 설치, 통합, 구성을 수행할 시스템의 최종 사용자를 비롯해 공개 클라우드 컴퓨팅 환경에 자원을 할당해서 소프트웨어를 적재하는 일까지 포괄한다. 소프트웨어 설치는 상용 환경에 대한 변경 권한이 있는 구성원들로 이뤄진 별도의 팀이 맡아서 하는 조직이 많다. 이 팀은 설치 과정이 주의 깊게 미리 계획되고 자동화가 많이 돼 있기를 기대할 것이다.

그 밖에 중요한 가변 영역으로는 진짜 설치인지, 기존 버전의 시스템이 이미 설치돼 있는 환경이어서 설치가 사실은 새 버전으로의 업그레이드인지 여부가 있다. 업그레이드는 기존 데이터, 구성, 요소 수행 상태 등을 감안해야 하는 데다 경우에 따라 업그레이드 중에도 시스템이 계속 가동돼야 하기 때문에 설치보다 훨씬 더 복잡할 수도 있다. 하지만 반복적인 개발 방식을 사용할 경우에는 설치가 아니라 업그레이드가 기본이므로, 여기에 익숙해져야 한다.

아키텍처적 측면에서 고려했을 때, 설치는 상세 절차와 계획을 설계하는 일이라기보다는 이해관계자가 받아들일 수 있는 방식으로 시스템을 설치하거나 업그레이드하는 일에 더 가깝다. 이 작업을 하는 데는 기술 전문가와 함께 설치 과정을 파악하고, 소프트웨어 개발자에게 자신이 맡은 요소가 손쉽고 믿을 만하게 설치되리라 확신을 주며, 운영 환경 담당자로 하여금 실용적이고 위험이 적은 설치 방법을 보장하는 받는 일이 필요하다.

기능 이전

기능 이전은 기존의 기능을 새 시스템에서 제공하는 기능으로 대체하는 과정을 말한다. 이 과정은 대개 예전 시스템 사용자가 새 시스템을 사용하도록 옮겨준다는 의미가 있다. 이전 방법은 다음 항목 중 한 가지 이상을 혼합해서 구성한다.

- 한 곳에서 한 번의 단계로 한꺼번에(대개는 주말을 거치면서) 이전이 일어나는 빅뱅big bang 방식
- 새 버전의 시스템으로 옛 버전의 시스템을 대체하기에 충분하다는 확신이 들 때까지 두 시스템을 나란히 사용하는 병행 운영parallel run 방식
- 절차나 조직 중 일부가 하나씩 새로운 시스템으로 옮겨가면서 이전 활동에 따른 위험과 비용을 관리하는 단계적인 이전staged migration 방식

다른 많은 아키텍처 관심사항과 마찬가지로 기능 이전도 위험과 비용이라는 두 가지 문제가 중요하다. 예를 들어 빅뱅 방식은 자원을 중복해서 사용할 필요가 없으므로 가장 비용이 저렴하지만, 이전 중에 뭔가가 잘못되면 손쉽게 복구할 방법이 없으므로 가장 위험하기도 하다. 나머지 방식은 (자원이 이중으로 들어가고 신구 시스템이 서로 어긋남 없이 동시에 잘 돌아가도록 비용이 많이 드는 과정을 구현해야 하기 때문에) 훨씬 비용이 많이 들겠지만, 위험은 줄어든다.

데이터 이전

시스템 개발은 거의 대부분 또는 전부가 데이터 이전 요소, 즉 기존 시스템의 데이터를 새로운 시스템으로 적재하는 요소가 어느 정도 수반된다. 데이터 이전은 거의 언제나 최대한 자동화를 많이 하는 데 목표를 두는데, 대규모 데이터가 있는 경우에는 특히 더 그렇다. 이전된 데이터가 매우 오래되거나 품질이 들쭉날쭉하거나 질 낮게 모델화된 경우에는 데이터 이전이 극도로 복잡할 수도 있다. 지리적으로 떨어져 있는 곳으로(예를 들어 지구상의 다른 지역에 위치한 데이터 센터나 외부에

호스트된 곳으로) 데이터를 이전해야 하는 경우라면, 추가적으로 생기는 보안성과 성능 관심사항으로 인해 일이 한층 더 복잡해지기도 한다.

데이터 이전 소프트웨어는 대체로 장기적인 지원이 필요한 시스템이라기보다는 수명이 제한된 유틸리티 소프트웨어로 본다. 그렇다고 해서 질이 낮은 소프트웨어라는 뜻은 아니고, 자동화된 소프트웨어, 반자동화된 프로시저, (데이터 유실이나 예상치 못한 데이터 형식 같은) 예외 처리를 위한 수작업 개입 등으로 이뤄진다. 이로 인해 이 과정의 복잡성이 한층 올라간다.

최근에는 수백 기가바이트나 테라바이트의 데이터를 관리하는 시스템이 드물지 않은데, 이런 시스템은 그 자체로 데이터 이전이 쉽지 않다. 대규모 데이터 저장소는 업무 규칙을 준수하지 않는 데이터를 저장할 가능성이 훨씬 높음에 따라 (수동 개입을 동반하는) 예외적인 처리가 필요할 가능성도 덩달아 높다. 대규모 데이터 저장소에서 데이터를 추출하거나 적재해넣는 데는 수일에서 수 주가 걸릴 때도 있으므로, 데이터베이스를 재구성하고 색인을 생성하는 등의 작업에 드는 시간을 너무 낮춰 잡지 않는 것이 중요하다.

다행히 다양한 ETL(추출Extraction, 변환Transformation, 적재Load) 도구를 활용해 이 과정을 자동화할 수도 있다. 많은 ETL 도구가 변환 규칙을 시각적으로 정의하고, 여러 가지 다양한 물리적 형식에 접근하고 표준화된 변환을 수행하며 결과를 감시 및 분석할 수단을 제공한다. 데이터베이스 복제 수단은 데이터 이전에 활용할 수도 있고 다수의 데이터베이스에 대해 일정 기간 동안 동기화를 유지해야 할 필요가 있는 상황에서도 쓸모 있다.

또 하나 자주 간과되는 문제는 이전 작업을 하는 중에도 계속해서 갱신이 되는 실가동 시스템에서 데이터를 이전하는 경우에 발생하는 것으로, 다음 예제를 통해 살펴보자.

예제

국세청의 초대규모 납세자 데이터베이스를 새로운 시스템으로 이전해야 한다. 데이터베이스는 전국에 산재한 세무서에 위치한 최종 사용자 화면을 통해 계속 갱신된다.

아키텍트는 데이터베이스에서 모든 데이터를 추출하는 작업이 3일에서 5일가량 걸릴 것으로 예측한다. 데이터는 반드시 정렬을 해야 하는데, 이 작업에도 다시 하루가 걸리고, 이후에 새로운 시스템에 적재될 텐데, 이 작업에는 열흘이 걸린다. 끝으로 새로운 시스템에

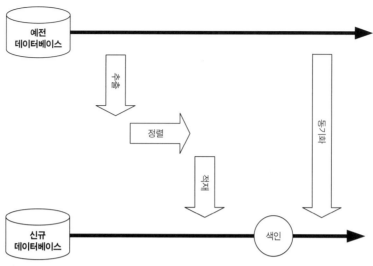

그림 22-1 실가동 시스템에서의 데이터 이전

> 색인을 생성해야 하는데, 여기에도 다시 하루가 걸린다. 이전에 걸리는 전체 기간은 두 주가 넘어서, 이 기간 동안 원래 시스템에는 그림 22-1에 나오듯이 10만 건의 갱신이 들어올 것으로 추정된다.
>
> 데이터가 이전되는 두 주 동안 국가의 세금 징수 활동을 중단한다는 것은 말이 안 된다. 따라서 특별한 코드를 작성해서 이런 갱신을 발생하는 족족 잡아내서 새로운 시스템에 대량의 데이터 이전을 하고 난 다음에 적용하면 추출 작업이 마무리된다.

간단하게 말하면, 데이터 이전은 그 자체로 중요한 작업이므로, 요건, 설계, 빌드 및 시험, 인수에다 당연히 아키텍처까지 다른 개발 과제와 똑같은 방식으로 관리해야 한다. 이 책에서 설명한 아키텍처 원칙 중에서 많은 부분이 성공의 조건은 약간 다르다 해도 이전 하위 과제에도 마찬가지로 똑같이 적용 가능하다. 이전 과제에서 인수할 대상은 성공적으로 이전된 데이터지 이전이 완료되고 나면 없어질 이전 소프트웨어가 아니다.

운영 감시 통제

일단 시스템이 상용 환경 안에서 작동되기 시작하면, 제대로 동작하고 있는지 살펴보기 위한 일상적인 감시 작업과 계속 제대로 동작하도록 하기 위한 (시작, 종료, 트랜잭션 재전송 등) 일상적인 통제 작업이 어느 정도 필요하다.

시스템에 따라 감시나 통제가 거의 필요 없는 경우도 있는데, 예를 들어 파일 서버는 실패하거나 공간이 꽉 찼을 때 직접 운영 통제를 가하는 외에는 따로 할 일이 없다. 어떤 시스템은 감시 통제가 상당히 많이 필요한데, 예를 들면 대규모 회계 처리 시스템은 다양한 곳에서 데이터를 받아들이고 통신 회선 장애나 데이터 조정 실패를 교정하기 위해 일상적인 감시 통제가 필요하다.

감시 통제가 필요한 수준은 시스템이 실가동에 들어가서 만나게 될 예상치 못한 운영 상황의 종류와 횟수에 달려 있다. 하지만 감시 통제 수단을 개발하고 통합하는 일만 해도 커다란 노력이 들기 때문에, 시간과 비용을 고려해 이 부분에 대한 이해관계자의 요구에 균형을 잡아줄 필요가 있다. 시스템의 배치 환경도 감안해서 찾아낸 해법이 적합한지 확인할 필요가 있다.

경보

경보란 시스템에서 사건이 발생했음을 통지해주는 것으로, 대개는 무언가 잘못된 것이 있어서 사람이 개입해 고치라고 알려주는 것이다. 여기에는 시스템이 데이터베이스 서버에 접속할 수 없다고 알리는 등의 기술적인 경보도 있고, 자동화된 입력 경로를 통해 틀린 데이터가 들어왔음을 알리는 등의 사업적인 경보도 있다. 장애가 아니어도 서비스 시작이나 종료 같이 중요한 사건이라면 (조치 목적이 아닌 정보 전달 목적의) 경보가 필요하다.

(대체로 수동적인 시스템인) 운영 감시와 달리, 경보는 활성화된 시스템 기능이다. 시스템은 가운데 있는 콘솔에 경보를 보내거나 관리 도구에 경보를 보내서 적합한 조치를 취할 수 있는 직원이 알아볼 수 있게 표시한다. 예를 들어 서버를 재시작 또는 초기화하거나 일괄 작업을 다시 올리거나 경우에 따라 개발 팀에 경보를 보내서 분석과 수정을 하게 해야 한다.

대규모 조직은 경보를 할 때 반드시 따라야 하는 조직 차원의 표준이 존재한다. 이런 표준에서는 반드시 경보를 보내야 하는 이벤트나 경보에 들어가야 하는 정보, 경보를 보낼 곳 같은 내용이 정의돼 있어야 한다. 또한 경보 홍수(이번 장 뒷부분에 나오는 '문제점 및 함정' 절 참조)를 피하는 데 도움이 되는 조언과 지침이 들어가는 경우도 많다. 시스템이 외부 호스팅 환경에 배치되는 경우, 호스팅 제공자는 경보를 발생시키고 감시하기 위한 자체적인 방식을 제공하는 경우가 거의 대부분이어서, 그런 환경을 활용하고 그 환경과 통합할 방안을 고안해야 한다.

구성 관리

배치 환경을 이루는 요소 중 많은 부분이 자체적인 구성 인자를 갖추게 된다. 데이터베이스, 운영체제, 미들웨어 제품은 물론, 당연히 직접 개발한 소프트웨어 요소까지, 시스템을 올바르게 운영하려면 이 모든 것에 대해 상세하고 구체적인 구성안이 필요하다. 또한 이런 구성에 대해 일상적으로 변경 집합을 조정해줘야 한다(공식적인 예제는 24시간마다 온라인에서 일괄 모드로 전환했다가 다시 되돌리는 예제를 들 수 있다). 별도의 요소 구성을 몇 가지 관리하다 보면 급격히 복잡해져서 시스템 운영상의 위험을 유발하는 주된 원인이 되곤 한다.

구성 관리를 하는 목적은 문제를 처리하는 데 있다. 구성 관리는 요소의 구성 인자를 믿을 만하고 예측 가능한 방식으로 묶고 고치고 뒤쫓는 과정과 기법으로 이뤄져 있다.

운영적인 구성 관리 과정은 작업이 상당히 특화돼서, 상용 시스템을 운영하는 시스템 관리 및 운영 환경 담당 조직이 처리하는 경향이 있다. 아키텍처적인 관점에서 봤을 때, 이 관심사항을 처리하려면 시스템에서 필요로 하는 운영적인 구성을 이해하고 관심을 보였던 이해관계자가 수용할 수 있는 방식으로 그 구성을 달성할 수 있게 해야 한다.

성능 감시

시스템의 성능을 알아내고 이를 끌어올리는 과정은 성능 공학^{performance engineering}이라 부르는 것으로, 26장에 나온다. 한편으로, 성능 공학 작업의 밑바탕은 죄다 측정으로 점철돼 있으므로, 성능 감시는 모든 시스템에 있어 중요한 관심사항이 될 수밖에 없다. 시스템은 성능 정보에 대해 정확한 수치로 입수, 제시, 저장할 수 있어야 한다.

상용 시스템을 관리하는 관리자는 성능 문제를 처음으로 인지하고 대응해야 하는 사람이다. 아키텍트는 되도록 일찍부터 이들을 작업 과정에 참여시켜 이들이 업무를 하는 데 문제가 없는 해법이 제시되게 할 필요가 있다.

26장을 보면 성능 공학에 필요한 측정의 종류와 그 입수 및 보고 방법에 대해 한층 자세하게 논의해놓았다.

지원

최종 사용자, 지원 인력, 유지보수자는 필요한 지원의 종류와 수준, 지원 제공자, 지원 제공 경로에 관심을 보인다. 시스템 자체에도 그렇겠지만, 지원을 하는 데도 (컴퓨터, 프린터, 네트워크 같이) 관련 하드웨어 기반구조가 필요하다.

백업 및 복원

18장에서 정보 시점에 대해 설명하면서 살펴봤듯이, 데이터는 어느 조직에나 매우 귀중한 자산이므로, 다른 자산과 마찬가지로 보호와 '보장'이 필요하다. 그렇게 하려면 설계, 구축, 실행에 주의를 기울여야 함과 동시에 정기적인 시험을 통해 계속해서 문제없이 작동되고 있는지 확인하는 과정이 필요하다.

예제

> 몇 년 전에 저자 중 한 명이 무역 기구를 방문했는데, 거기서는 회원 데이터베이스를 독립형 유닉스 시스템에서 돌리고 있었다. 시스템 관리자가 매일 밤 성실하게 데이터베이스를 테이프에 백업해뒀지만, 안타깝게도 이 과정을 진행한 결과가 로그 파일에 기록돼 있지 않아 아무도 그 테이프 드라이브가 고장이 나서 데이터가 전혀 기록되지 않고 있었음을 알지 못했다. 피할 수 없는 일이 벌어져 디스크가 고장이 나는 상황이 돼서야 곧 있으면 실직자가 될 이 시스템 관리자가 선반 가득 보관해둔 테이프가 모두 깨끗이 비어 있다는 사실을 깨달았다. 그 기구는 회원 데이터베이스를 서류 기록을 바탕으로 다시 만드는, 더디고 괴로우며 비용이 많이 드는 과정을 거쳐야만 했다.

아키텍트는 복구하는 입장에서도 생각해봐야 한다. 최소한, 데이터를 복구하더라도 트랜잭션 일관성을 유지한 채로(즉, 복구된 데이터베이스에 모든 갱신이 전부 다

반영된 상태이거나, 전혀 복구되지 않은 상태로) 해야 한다. 복구에 따른 데이터 유실 규모를 감안할 필요가 있을 텐데, 최소한으로는 장애가 일어난 시점에 진행 중이던 트랜잭션들만 유실되겠지만, 시스템이 오프라인일 때만 백업이 가능한 경우라면 이보다 훨씬 많은 정보가 유실될 수도 있다.

데이터가 분산돼 있는 경우에는 이 문제를 해결하기가 한결 까다로워진다. 어느 한 프로그램에서 일어난 장애는 그 프로그램의 데이터에만 영향을 미치겠지만, 그러고 난 후에 시스템의 나머지 부분과의 데이터 일관성이 깨질 수도 있기 때문에, 이런 경우를 처리할 전략을 세워놓아야 한다. 해결책은 대체로 유실된 데이터를 수작업으로든 (더 바람직하게는) 자동으로든 복구하거나 재생성하는 식이다. 경우에 따라서는 시스템의 나머지 부분을 예전 상태로 되돌리는 방안이 더 적합할 수도 있다.

백업 및 복구 계획을 세우는 데는 상당한 복잡성이 존재한다는 것은 부정할 수 없는 사실이어서, 다음 예제에서 보듯이 트랜잭션 일관성이 시스템 전체에 분산돼 있는 데이터 집합 전반에 걸쳐 확장돼서 적용되도록 할 수밖에 없는 상황이 많다.

예제

한 대학이 모든 학생에 대한 학사 기록을 몇 개의 데이터베이스에 보관하고 있다. 그림 22-2에 나오듯이, 주 데이터베이스는 학생들이 본 시험 결과를 저장하고, 합산 데이터베이스에서는 이 정보를 시험 성적에 따라 학생별 종합 성적으로 변환해서 저장한다.

데이터베이스가 손상됐다면 시험 결과 데이터베이스를 마지막에 성공한 백업을 바탕으로 복구해야 한다는 의미인데, 이는 거의 3달 전 것이라 마지막 세 달 동안의 시험 결과를 다시 입력해야 한다는 말이 된다. 학생 성적 데이터베이스에는 이번 데이터 손상으로 인한 영향이 없다 하더라도, 이렇게 수작업으로 복구된 데이터가 학생 성적 데이터베이스에 스며들어서 그쪽 데이터마저 손상시키는 일이 벌어지지 않도록 특별한 조치가 필요하다. 따라서 하나의 데이터베이스에서 일어난 데이터 손상을 복구하는 데는 몇 주가 걸릴 수도 있다.

시스템의 데이터가 여러 곳의 데이터 저장소에 걸쳐 분산돼 있으면, 운영 뷰에서 백업과 복구를 고려할 때 이를 감안해야 한다.

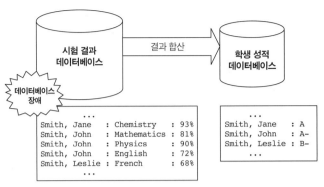

그림 22-2 백업 및 복구 예제

외부 환경에서 운영

애플리케이션 호스팅 방안 중에서 외부 서버 호스팅이나 클라우드 컴퓨팅 환경 같은 외부의 호스팅 수단을 이용하는 방안이 꾸준히 인기가 올라가고 있다. 외부 호스팅은 몇몇 유형의 조직이나 애플리케이션에 대해서는 전통적인 내부 호스팅에 비해 한결 간단하고 유연하며 비용 대비 효과가 높은 방안으로, 점점 늘어나는 추세로 보인다.

전체 또는 일부 애플리케이션에 외부 호스팅을 도입하는 방안이 가능하다면, 실제로 그렇게 할 필요가 생기기 전에 그런 환경하에서 제대로 시스템을 운영하려면 어떻게 해야 하는지 미리 고민을 시작하는 것이 좋다. 외부 호스팅 방안은 어떤 것이든 운영상의 복잡성을 동반할 것이므로, 애플리케이션이 배치될 가능성이 있는 서비스에서 제공하는 특정한 수단과 제약사항을 파악해두는 것이 중요하다.

외부 호스팅 환경을 사용함에 따라 운영 환경에 일어날 영향으로는 해당 서비스가 제공하는 감시, 경보, 관리 도구를 통합할 필요성, 데이터를 해당 환경에서 처리할 수 있게 그쪽으로 이전할 필요성, 문제 단계 격상을 위한 제공자의 지원 채널과 협업할 필요성, 제공되는 백업 및 복원 장치를 파악하고 시험해볼 필요성 같은 몇 가지 측면이 있다. 어떤 상황에서나 물리적으로 서버에 접근할 수 있을 가능성이 별로 없는 데다, 사실 서버가 어디에 위치해 있는지조차 알 수가 없을 것이라서, 모든 운영 동작을 원격으로 수행할 수 있게 해둘 필요가 있다.

이해관계자 관심사항

운영 시점에서 나오는 일반적인 관심사항은 표 22-1과 같다.

표 22-1 운영 시점에 대한 이해관계자 관심사항

이해관계자 부류	관심사항
평가자	기능 이전, 데이터 이전, 지원, 외부 환경에서 운영
의사소통자	설치 및 업그레이드, 기능 이전, 운영 감시 통제, 외부 환경에서 운영
개발자	운영 감시 통제, 성능 감시, 외부 환경에서 운영
운영 환경 담당자	설치 및 업그레이드, 운영 감시 통제, 구성 관리, 성능 감시, 외부 환경에서 운영
지원 인력	기능 이전, 데이터 이전, 경보, 지원, 외부 환경에서 운영
시스템 관리자	모든 관심사항
시험자	설치 및 업그레이드, 기능 이전, 데이터 이전, 감시 통제, 성능 감시, 외부 환경에서 운영
사용자	지원

▌모델

운영 뷰는 시스템을 실가동시키고 실가동시킨 시스템을 계속해서 효과적으로 유지시키는 방법을 도시하는 여러 가지 모델로 이뤄진다.

전사 시스템은 대부분 이런 모델 하나하나가 크기가 상당히 크고 관여된 부분이 많다는 사실을 염두에 둬야 한다. 그런 경우에 해당한다면, 그 모델을 AD에 요약해두고 전체 모델은 별도의 문서로 빼서 참조함으로써 AD가 너무 크고 비둔해지지 않게 해야 한다.

설치 모델

시스템을 개발 환경에서 상용 환경으로 옮기는 일은 시스템의 수명 주기에서 중요한 부분을 차지한다. AD에 해당 아키텍처를 사용해 구축한 시스템을 실용적인 방법으로 설치(및 업그레이드)하는 일이 가능함을 보여줄 필요가 있다.

설치 모델에서는 시스템에 필요한 설치 및 업그레이드에 대해 다뤄야 한다.

이 모델은 보는 이들이 다음과 같은 사항을 이해하는 데 도움이 돼야 한다.

- 시스템을 상용 환경으로 옮기기 위해 무엇을 설치 또는 업그레이드해야 하는가
- 설치 및 업그레이드할 다양한 항목 그룹 사이에 어떤 의존성이 존재하는가
- 시스템 설치 및 업그레이드를 수행하는 절차에 있어 어떤 제약사항이 존재하는가
- 설치 및 업그레이드 도중에 무언가 일이 심각하게 틀어졌을 때 하던 작업을 버리고 예전으로 되돌리는 데는 무엇이 필요한가

AD에는 완벽한 설치 및 업그레이드 계획이 들어갈 필요 없이, 필요하면 그때 가서 다른 문서를 만들어 그런 내용을 집어넣으면 된다. 대신 설치 모델에는 아키텍처가 설치 및 업그레이드에 대해 갖는 요건과 제약사항에 대한 시각을 제시해 주면 된다. 초기 AD에 포함된 설치 모델에는 (이 시점에는 설치할 필요가 있는 사항에 대한 세부사항을 온전히 알지 못하기 때문에) 개괄적인 설치 전략만 들어가지만, 나중에 시스템 구축을 진행하면서 이 모델에 대한 상세화 및 정제가 가능하다.

표기법

설치 모델에 쓰기에 가장 좋은 표기법은 정말로 해당 상황과 최우선 이해관계자의(다시 말해 시스템 관리자의) 친숙도에 달려 있다. 경험에 따르면, 이런 정보를 전달하는 데는 문장과 표를 사용하는 접근법이 최선일 때가 많다.

간단한 목록은 설치 문제에 존재하는 요소를 짚어내고 정의하기에 좋다. 문제가 간단할 때는 상호 참조 표로도 의존성 설명이 가능하지만, 의존관계가 좀 더 많아지면 의존관계 다이어그램을 활용해야 효과적으로 처리할 수 있다.

활동

설치 그룹 식별 아키텍처의 어떤 요소를 설치 및 업그레이드할지 먼저 생각해보고 나서, 한꺼번에 다뤄도 되는 요소의 그룹을 찾아낸다. 각 그룹마다 어떤 요소가 담길지 그리고 그 그룹을 설치 및 업그레이드하는 데는 어떤 접근법을 쓸지 정의한다.

의존관계 식별   복잡한 시스템을 설치하는 동안에는 여러 부분에서 서로 간에 기술적인 의존관계가 존재할 때가 많기 때문에, 설치 프로세스를 진행할 때 특정 순서를 지켜야 한다. 설치 그룹들 사이의 의존관계를 찾아내 그런 관계상의 제약사항을 끄집어낸다.

제약사항 식별   전반적인 설치 과정과 다양한 설치 방식에 대해 고려한다. 바로 앞 활동에서 고려했던 순서상의 의존관계 외에도, 설치 과정에 걸려 있는 아키텍처나 배치 환경상의 제약사항이 또 있는가(예를 들어, 다른 요소를 설치하는 데 필요한 코드나 데이터를 생성할 수 있도록 먼저 설치해야 하는 요소가 있는가? 설치할 때 특정 환경에 국한된 절차를 따라야만 하는 시스템 요소가 있는가? 설치하는 도중에 기계를 재시작해야 할 필요가 있는가)?

원복 방법 설계   설치 작업을 되돌리는 데 필요한 사항이 있다면 이에 대해 고려해 본다. 특히 되돌리기 복잡하거나 시간이 많이 소요될 만한 것이 있는지 찾아본다.

예제

이 예제는 대여 관리 시스템에 필요한 설치 모델을 방금 설명한 활동의 결과를 바탕으로 만든 것이다.

설치 그룹

- 윈도우 데스크톱 클라이언트: WINCLIENT 컴포넌트에 포함된 모든 소프트웨어가 들어간다. 설치는 관리 도구를 통해 원격에서 실행되는 인스톨실드(InstallShield) 자동 설치기를 통해 이뤄져야 한다.

- 데이터베이스 스키마: DBMS 스키마 정의와 데이터 추상화 저장 프로시저가 모두 들어간다. 단순한 SQL 스크립트 형태로 묶이고 별도 작성된 펄(Perl) 스크립트를 써서 설치된다.

- 웹 인터페이스: 서버 상주 사용자 인터페이스 컴포넌트(즉, WEBINTERFACE)가 들어간다. 설치는 수동 관리 작업을 통해, 미리 작성된 지시사항에 따라 IIS 디렉토리에 파일을 복사해넣는 방식으로 이뤄진다.

- 대여 관리 서비스: 웹 및 윈도우 인터페이스에서 호출하는 서비스(즉, RENTALTRACKER)를 구현해놓은 닷넷 어셈블리가 들어간다. 설치는 수동 관리 작업을 통해, 미리 작성된 지시사항에 따라 IIS 디렉토리 파일을 복사해넣는 방식으로 이뤄진다.

- 보고서 엔진: 요약 보고서 엔진을 구현한 닷넷 어셈블리가 들어간다. 설치는 수동 관리 작업을 통해, 미리 작성된 지시사항에 따라 IIS 디렉토리에 파일을 복사해넣는 방식으로 이뤄진다.

의존성

- 윈도우 데스크톱 클라이언트, 웹 인터페이스, 대여 관리 서비스, 보고서 엔진은 데이터베이스 스키마에 의존한다.

- 윈도우 데스크톱 클라이언트와 웹 인터페이스는 대여 관리 서비스에 의존한다.

- 웹 인터페이스는 보고서 엔진에 의존한다.

제약사항

- 윈도우 데스크톱 클라이언트: 이 설치 과정을 진행하는 동안에 클라이언트 기계 재시작이 필요하다.

백업 전략

이 소프트웨어는 이번이 첫 출시이므로, 원복 작업은 매우 간단해서 설치 제거만으로 충분하다. 각 설치 그룹마다 다음 동작만 해주면 된다.

- 윈도우 데스크톱 클라이언트: 설치 제거 플래그와 함께 설치기를 띄운다.

- 데이터베이스 스키마: 별도로 만든 펄(Perl) 스크립트를 제공해서 설치 과정에서 생성한 모든 객체를 제거한다.

- 웹 인터페이스: 수작업 관리 동작이 필요하다. 함께 제공되는 지시사항을 보면 제거할 파일이 나열돼 있다.

- 대여 관리 서비스: 수동 관리 동작이 필요하다. 함께 제공되는 지시사항을 보면 제거할 파일이 나열돼 있다.

- 보고서 엔진: 수동 관리 동작이 필요하다. 함께 제공되는 지시사항을 보면 제거할 파일이 나열돼 있다.

이전 모델

이전하는 과정이 필요한 경우에는 이전 모델을 통해 이전에 사용할 전략을 도식화할 필요가 있다. 역시나 완벽한 계획을 AD에 세워넣을 필요는 없고, 채택한 전략에 대해 간략한 정의만 넣어두면 된다. 이 모델을 보는 사람은 다음과 같은 사항을 알아볼 수 있어야 한다.

- 정보와 사용자를 새로운 시스템으로 이전할 목적으로 활용 가능한 종합적인 전략

- 기존 환경에서 가져온 정보를 새로운 시스템에 밀어 넣는 방법
- 예전 환경과 신규 환경 사이에서 (필요한 경우) 정보의 일관성을 유지할 방안
- 새로운 시스템을 운영하면서 심각한 문제가 발생할 경우 예전 시스템으로 되돌리는 방법

설치 모델과 마찬가지로 이전 모델도 현재 아키텍처에서 설정한 요건과 제약 사항에 초점을 맞추고 상세한 이전 과정은 나중에 정한다.

표기법

이전 모델은 널리 받아들여지는 적절한 시각적 표기법이 미비하기 때문에 대개는 문장과 표를 써서 문서화한다. 모종의 비정형 다이어그램을 써서 데이터 이전과 동기화를 설명할 때 편의를 도모하기도 하는데, 특히 데이터 이전이 복잡한 경우에는 관련된 변환 작업을 설명하는 용도로 몇 가지 데이터 모델이 필요할 수도 있다.

활동

후보 전략 수립 아키텍처와 기존 시스템을 평가한 후, (빅뱅, 병행 운영, 단계별 이전 등) 활용 가능한 이전 전략, 각 전략의 적용 방식, 각 전략 사이의 절충 내역에 대해 도출한다.

주 전략 정의 경우에 따라서는(예를 들어 제품을 개발할 때 고객마다 원하는 이전 방식이 다른 경우에는) 아키텍트는 그저 선택지만 정의해두고 실제 채택할 접근법을 결정하는 일은 누군가 다른 사람이 하기도 한다. 어떤 경우에는 아키텍트는 이해관계자의 요구에 가장 잘 맞을 전략이 무엇인지 책임지고 정의해서 실제로 되게 한다. 이전 작업이 단기간에 끝나지 않는다고 판단되면 아키텍트는 이해관계자, 특히 사용자의 얘기를 들어보고 업무에 지장을 가장 적게 주는 방안을 정의해야 한다.

데이터 이전 방안 설계 활용할 전략을 찾아내고 나면 기존 시스템에 들어 있던 정보를 전부 다 새로운 시스템으로 밀어 넣을 방법을 결정해야 한다. 이 작업을 하면서 데이터베이스 사이의 필드를 대응시키느라 며칠을 들여야 할 필요는 없겠지만, 데이터를 이전하기에 적합한 방안을 선정하고 그 방안대로 작업을 하는 데드는 시간과 필요한 작업 및 자원을 산정하는 데 있어 모자람이 없을 만큼 문제를

충분히 파악할 시간을 쏟아야 한다.

정보 동기화 방안 설계　　상황에 따라 예전 시스템과 신규 시스템 사이에서 정보를 동기화해야 할 때도 있다. 특히 병행 운영 이전 전략을 채택한 경우에는 신규 시스템이 실가동에 들어간 후에도 예전 시스템에 들어 있는 정보가 계속 갱신될 수 있기에 동기화가 필요하다. 상황에 따라 동기화는 (신규 시스템 쪽으로만 가는) 단방향일 수도 있고 (변경된 정보에 대한 이전이 예전 시스템에서 신규 시스템으로만이 아니라 신규 시스템에서 예전 시스템으로도 일어나야 하는) 양방향일 수도 있다. 아키텍트가 할 일은 운영 환경의 제약범위 내에서 필요한 수준의 동기화 수행이 가능하게 하는 종합적인 접근법을 찾아내는 일이다.

원복 전략 마련　　(기존 시스템이 있는 상황에서) 기존 시스템으로 원복할 수 있다면 실가동 운영에 있어서는 매력적인 위험 경감안이라 할 수 있다. 문제는 바로 이런 원복이 어떤 식으로 이뤄지는지가 명확하지 않거나 원복이 가능한지조차 불분명할 때가 있다는 점이다(예를 들어 데이터 역이전은 신규 시스템의 설계상 현실적이지 않을 수가 있다). 아키텍트는 원복 전략에 예전 시스템이 얽혀 들어가야 하는지, 그래야 한다면 어떤 식으로 얽혀 들어가는지 정해둬야 한다.

구성 관리 모델

시스템이 일상적으로 복잡한 재구성을 필요로 한다면(예를 들어 시스템의 일부분을 재구성해서 달력에 바탕을 둔 일정에 따라 다른 유형의 작업부하를 처리할 수 있어야 한다면) 구성 관리 모델을 만들어둬야 한다. 이 모델에서는 다음과 같은 내용을 반드시 설명해야 한다.

- 시스템 내에 존재하는 구성 항목 그룹과 각 그룹을 관리할 방법
- 구성 그룹 사이에 존재하는 의존관계
- 일상적인 시스템 운영에 대한 다양한 구성 값 집합이 필요한 경우(그리고 각 집합이 필요한 이유)
- 채택한 운영 환경의 특성을 고려하면서 다양한 구성 값 집합을 시스템에 적용할 방법

목표는 시스템 구성 관리 방안을 모델로 만드는 데 있다(다수의 개별적인 구성 값을 찾아내는 데 있지 않다). 이렇게 하면 시스템 구성 관리를 책임질 사람이 문제를 파악하고 그 문제에 대한 해결 계획을 세울 수가 있다.

설치 모델과 마찬가지로 이 모델도 처음부터 AD에 완성된 형태로 넣어둘 필요 없이, 시스템 구축이 진행되고 필요한 구성 항목에 대한 세부사항을 알게 될 때 상세화하고 정제하면 된다.

표기법

이 모델은 상당히 간단해서 문장과 표를 활용해 문서화하는 방법이 최선일 때가 많다. 좀 더 복잡한 경우라면 대체로는 주로 데이터 모델처럼 다루는 방법이 가장 좋고, 개체 관계 다이어그램이나 UML 같이 데이터 모델화 표기법을 글로 된 설명서에 곁들이면 쓸모가 있다.

활동

구성 그룹 식별　시스템에서 필요한 구성 값을 전부 다 살펴본 후 응집성 있는 그룹으로 나누되 그룹 간 의존관계는 되도록 적어지게 한다. 이렇게 하면 개별적인 값을 관리하는 문제가 커다란 그룹을 하나의 단일한 단위로 (여러 개의 값을 하나의 덩어리처럼) 관리하는 수준으로 추상화된다. 각 그룹에 이름을 붙이고, 그 용도를 설명한 다음, 그 구성 그룹을 관리할 방법(값을 정의, 수집, 적용할 방법)을 설명한다.

구성 그룹 간 의존관계 식별　시스템의 구성 정보 그룹을 찾아내고 나면 그 그룹들 사이에 존재하는 의존관계를 명확하게 식별해서 기록할 수 있다. 예를 들어 데이터베이스 관리 시스템의 구성을 변경하면 운영체제를 재구성해야 한다거나 시스템 내에 요소의 인스턴스를 추가하면 애플리케이션 서버 구성을 변경해야 하는 상황이라면, 그룹 간 의존관계로 기록해다. 이런 의존관계를 찾아내면서 실가동에 들어간 시스템을 재구성하는 문제를 이해하는 첫발을 내딛게 된다.

구성 값 집합 식별　일상적인 운영 수명주기 동안의 시스템의 모습을 고려해보고, 그 기간 동안 시스템에 얼마나 많은 구성이 필요할지 도출해낸다. 개별 값 집합의 특성을 정의하고, 구성이 바뀌면 구성 그룹도 바뀌는 경우를 찾아낸다. 찾아낸 집합마다 그 용도와 적용할 시점을 정의해둔다. 이렇게 하면 아키텍처의 구성 필요성에 따른 운영상의 영향을 평가할 수 있다.

구성 변경 전략 설계　시스템에서 필요로 하는 구성과 그 구성에 가해야 할 변경을 찾아낸 후에는 의도했던 상용 환경 안에서 실제로 그 구성을 이뤄낼 방안을 설계하되, 그 구성으로 인한 제약사항을 모두 고려해서 진행한다. 역시나 마찬가지로 관리 과정 하나하나에 초점을 맞추기보다는 시스템의 실가동 관리자가 수용할 만한 실용적인 종합적 방안을 찾아내는 작업이 필요하다.

예제

이 예제에는 앞에서 설명한 대여 시스템에 대한 구성 관리 모델이 나온다.

구성 그룹

- DBMS 인자: SQL 서버 2008의 설치, 운영, 성능상의 특성을 제어하는 인자. 이 인자들은 SQL 스크립트를 통해 관리하고 데이터베이스 관리자가 적용한다.

- IIS 인자: IIS 서버의 설치, 운영, 성능상의 특성을 제어하는 인자. 이 인자들은 시스템에서 공급할 파워셸(PowerShell) 스크립트를 활용해 관리한다.

- 보고서 엔진 선택 값: 어떤 보고서를 요약하고 언제 요약본을 만들어낼지 제어하는 보고서 엔진 인자. 이 인자들은 이 컴포넌트에서 읽어들이는 구성 파일 형태로 관리한다.

구성 의존관계

- IIS 인자를 설정해서 더 많은 연결이 되게 할 때는 반드시 DBMS 인자도 변경해서 늘어날지도 모를 부하에 대비해야 한다.

- 보고서 엔진 선택 값을 설정해서 더욱 공격적인 요약 활동을 하게 할 때는 반드시 DBMS 인자도 함께 설정해서 필요한 데이터 캐시의 양도 늘려줘야 한다.

구성 집합

- 표준: 계획해둔 시스템 부하에 따른 정상적인 구성은 최대 1,200명의 동시 접속 사용자에 6시간마다 보고서 엔진이 1단계 수준 요약 통계를 생성한다.

- 대용량: 예상되는 클라이언트 규모가 큰 경우에 적용되는 구성이다. 수용량을 2,000명의 동시 접속 사용자로 늘리고 보고서 엔진의 일상적인 작동은 끈다.

- 월말: 매달 마지막 이틀간에 적용되는 구성으로, 동시 접속 사용자를 800명으로 제한하고 보고서 엔진은 계속해서 돌아가면서 완전한 요약 통계를 생성해낸다.

관리 모델

시스템이 상용 환경에서 작동하면 어느 정도의 관리를 통해 시스템을 감시하고 원활하게 돌아가도록 해야 한다. 관리 모델은 AD 내에 하나의 절을 할당해 아키텍처에서 운영적인 요건 및 제약사항과 관리직 사용자에게 제공할 수단을 정의한다.

관리 모델에는 반드시 다음과 같은 항목이 정의돼 있어야 한다.

- 감시 통제 수단: 시스템 관리자를 도와주기 위해 아키텍처에 몇 가지 감시 통제 수단을 제공하거나 사용할 필요가 있다. 이렇게 하는 과정에서 맞춤제작된 도구와 고유한 특성을 동원하고 둘 이상의 기존 내부 및 외부 관리 환경에 통합해야 할 수도 있다. 간단하게는 기본적인 메시지 로그로 감당이 될 수도 있고, 복잡하게 가면 관리 및 감시 기반구조와 제대로 된 통합이 필요할 수도 있다. 제공하거나 사용하거나 통합할 수단, 그 수단이 문제를 해소하는 방식, 혹시 그 수단에 적용성이나 유용성을 제약하는 한계가 있는지 여부 등을 명확하게 정의해둘 필요가 있다.
- 필요한 일상 절차: 설계를 완료한 아키텍처를 검토해서 정규적으로 수행할 필요가 있거나 예외적인 상황에서 필요할 수도 있는 관리 작업을 찾아내야 한다. 시스템에 따라 이 작업은 주 단위 백업 및 월 단위 건전성 점검 같은 기초적인 것일 수도 있고, 최고의 효율성으로 중요한 고용량 시스템 가동을 유지할 수

있게 상시적으로 수행해야 하는 복잡한 절차들로 이뤄질 수도 있다. 각 절차에 대해서는 그 용도, 수행 시점, 수행 주체, 수행에 수반된 제반사항을 정의해둬야 한다. 대부분은 제공되는 관련 감시 통제 수단을 상호 참조해야 한다.

- **예상 오류 조건**: 복잡한 시스템이라면 어떤 것이든 내부 또는 외부의 결함으로 인해 예상치 못한 장애를 겪게 마련이다. 디스크가 꽉 차는 단순한 상황부터 기반 네트워크의 갑작스런 장애로 일어나는 연쇄적인 문제까지, 발생 가능한 수많은 오류 조건을 바로잡기 위해서는 관리자의 개입이 필요하다. 이런 조건 중에서 일부는 아키텍처와 별개로 하부의 플랫폼 장애로 일어난다. 시스템 관리자는 이미 이런 장애를 진단하고 복구하는 전문가일지도 모른다. 하지만 관리자가 특정 아키텍처에서 발생 가능한 고유한 오류 조건을 파악하고 있으리라 기대할 수는 없으므로, 이런 조건에 대해 관리자에게 주의를 기울여 설명함으로써 복구해야 할 조건을 이해할 수 있게 해줘야 한다. 설명서에는 그 조건이 발현할 수 있는 시점, 그 상황을 (제공되는 관련 감시 수단을 참조해) 인지하는 방법, (제공되는 관련 통제 설비를 참조해) 오류를 고치는 방법, 그 조건으로 인해 유발될 수도 있는 추가적인 장애가 들어가야 한다.

- **성능 감시 수단**: 시스템 감시 중에는 시스템의 성능을 감시하는 전문 분야가 있다. 운영 감시와 성능 감시는 데이터를 사용하는 방식에서 차이가 생기는 경향이 있다. 운영 감시는 대체로 예외가 생겨야 보고를 하고 모든 것이 잘 돌아가고 있을 때는 출력 데이터가 거의 또는 아예 없다. 이와 달리 성능 감시 수단은 대개 성능 정보를 일상적으로 추출해서 분석함으로써 시간이 흐르는 동안 계속해서 시스템 성능을 추적할 수 있게 설계한다. 일반적인 성능 활동에 대해서는 26장에서 좀 더 폭넓게 논의한다. 관리 모델에는 어떤 유형의 성능 수치를 활용할 수 있을지 설명하고 또 관리자나 개발자가 그 정보를 필요로 할 때 어떤 식으로 추출 및 분석할 수 있을지 설명해둬야 한다.

여기서 언급해둘 중요한 점으로 아키텍트가 이 모델에 정의해넣을 관리 수단과 개발 뷰에 들어가는 공통 설계 모델에 정의해넣을 내용 사이의 상호 참조 강도가 있다. 운영 뷰에는 관리 측면의 이해관계자에게 제공할 수단을 정의해넣는다. 개발 뷰에는 그런 수단을 실질적으로 확보하기 위해 시스템 요소 전반에 걸쳐 필요한 공통적인 처리를 정의해넣어야 한다.

표기법

관리 모델을 사용하는 일차적인 고객은 시스템 관리자로, 이들은 소프트웨어 개발자로 훈련을 받은 사람들이 아니다. 이 모델에는 거의 언제나 문장과 표에다 필요하면 약간의 비정형 다이어그램을 곁들이는 표기법이 적합하다. UML 같이 한층 정형적인 표기법을 폭넓게 활용하는 방식은 이 모델에는 잘 맞지 않는다.

활동

일상적인 유지보수 수요 확인　　상용 환경에서 시스템이 작동하는 모습을 생각해보고 그 시스템이 원활하게 돌아가도록 하기 위해 수행해야 할 운영적인 작업의 종류를 목록으로 작성해본다. 각 종류의 작업에 대해 누가 언제 어떻게 수행해야 하는지 정의해둔다.

예상 오류 상황 식별　　주된 사용 시나리오를 감안해 아키텍처를 분석하고, 운영되는 수명주기 내에 (요소에 장애가 일어나거나 데이터 저장소가 가득 차거나 시스템 메모리나 기타 실행시간 자원을 다 써버리는 등) 뭔가 잘못될 가능성이 있는 내용을 짚어본다. 관리 및 보수와 관련된 사항은 물론 최종 사용자가 알아가게 될 사항에 대해서도 생각해봐야 하는 것이, 이런 내용은 (데이터 유지보수 같은) 상대적으로 규모가 큰 시나리오가 진행되는 동안에 일어나는 장애에 대비한 계획을 마련해두기가 한층 어려울 때가 많다. 발생 가능한 오류 상황의 유형과 그 발생 원인, 시스템이 다시 동작을 재개하도록 보수할 방법을 찾아낸다. 또한 그런 장애가 가용성에 미칠 영향을 추정해서 이해관계자가 받아들일 수 있는 시한 내에 시스템을 복구할 수 있게 해야 한다. 일상적으로 유지보수를 하지 않으면 발생할지도 모르는 오류 상황을 살펴봄으로써 그런 유지보수의 중요성을 이해할 수도 있다.

시스템 특화 유틸리티 명세　　일상적인 절차든 예외적인 절차든 관리자가 효율적으로 수행하려면 시스템에 특화된 유틸리티가 필요할 수도 있다. 이런 유틸리티는 아주 간단한 데이터베이스나 운영체제 스크립트에서부터 그 자체로 상당한 크기의 소프트웨어까지 범위가 넓다. 이런 유틸리티가 필요한지 생각해보고, 필요하다 생각되면 명세해둔다.

핵심 성능 시나리오 식별　아키텍처적인 사용 시나리오 중에는 성능 관점에서 다른 시나리오보다 훨씬 더 중요한 시나리오도 일부 존재한다(시간이 중요한 업무 처리를 지원하거나 작업부하가 높거나 매우 빈번하게 수행되거나 핵심 이해관계자가 필요로 하는 시나리오를 찾으면 나온다). 전체 시스템 사용 시나리오 중에서 이런 시나리오만 뽑아낸다.

성능 측정치 식별　핵심 성능 시나리오를 살펴보고 각 시나리오별 수행 성능을 측정하고 시스템이 대부분의 시간과 자원을 소비하는 곳이 어디인지 분석할 수 있게 측정치를 찾아낸다. 문제를 추상화하려면 개별적인 측정치보다는 측정치의 부류를 찾아내는 편이 더 유용하다. 찾아낸 각 측정치나 부류가 실제로 의미하는 바와 사용 용도를 기록해둬야 한다.

감시 수단 설계　필요한 운영 작업과 성능 측정치를 마련하고 나면, 시스템 전반에 걸쳐 일상적인 시스템 감시와 오류 상황 인지에 활용하고 시스템의 요소로부터 성능 측정치를 수집하는 데 사용할 감시 수단 설계가 가능하다. 이런 설계는 개괄적인 수준으로 하고, 살을 붙이는 작업은 수명주기상 나중에 개발을 진행해가면서 한다. 하지만 이 단계에서도 필요한 관리 수단을 제공하기 위해 시스템의 각 요소에서 해야 할 작업이 무엇인지 명확히 밝히는 데 부족함이 없도록 세부사항을 제시해둬야 한다.

예제

이 예제에는 대여 시스템에 대한 관리 모델이 나온다.

감시 통제

감시 통제 수단은 다음과 같다.

- 서버 메시지 기록: 모든 서버 컴포넌트는 정보, 경고, 오류 메시지를 해당 컴포넌트가 실행되는 기계의 윈도우 이벤트 로그에 쓴다.

- 클라이언트 메시지 기록: 클라이언트 소프트웨어는 예기치 못한 오류가 생겼을 때 메시지를 남긴다. 로그는 클라이언트 기계의 하드 디스크에 써둔 후 나중에 수작업으로 모아들인다.

- 시작 및 종료: 소프트웨어는 IIS와 SQL 서버 서버 환경 내에서 동작할 예정이고, 이 정도 수단이면 충분할 것으로 생각하기 때문에 별도로 시스템에 특화된 시작 및 종료 수단은 제공하지 않는다.

운영 절차

일상적인 운영 절차는 다음과 같다.

- 백업: SQL 서버 데이터베이스에 들어 있는 운영 데이터는 백업을 해줘야 한다. 이 작업은 트랜 잭션 로그를 15분마다 백업하고 애플리케이션 데이터베이스를 매일 백업하는 일로 이뤄진다. 이 절차에 대한 상세한 내용은 데이터베이스 관리자의 몫으로 남겨둔다.

- 요약 정보 절체: 보고서 엔진에서는 만들어낸 요약 보고서 정보를 삭제하지 않는다. 이 정보는 계속 남아서 윈도우 클라이언트 인터페이스 사용자에게 제공된다. 데이터베이스 관리자는 보고 서 엔진과 윈도우 클라이언트 컴포넌트의 관리 보고서 부분을 감시하면서 요약 정보의 크기가 성능에 영향을 주기 시작하면 이 정보를 수작업으로 절체해야 한다. 미리 작성된 절차를 제공해 절체 작업을 진행하는 방법을 설명한다.

오류 상황

관리자가 처리해야 하는 오류 상황은 다음과 같다.

- 데이터베이스 로그 공간 부족: 트랜잭션 규모가 일정량을 넘어서면 트랜잭션 로그가 가득 찬다. 이렇게 되면 시스템 운영이 중단된다. 데이터베이스 관리자는 로그 공간 문제를 알아차리고 수 작업으로 로그를 빈 공간으로 백업해야 한다. 이런 작업이 주기적으로 일어나는 경우에는 트랜 잭션 로그를 백업하는 주기를 더 짧게 가져가야 한다.

- 데이터베이스 데이터 공간 부족: 데이터베이스 데이터 공간이 꽉 차면 시스템은 작동을 멈춘다. 역시나 데이터베이스 관리자는 이 상황을 알아차리고 (위에서 살펴본) 요약 정보를 절체하거나 시스템에 데이터 공간을 추가해줘야 한다. 다양한 규모의 작업부하에 대해 필요한 공간의 규모 를 추정해서 적어둔 내용을 제공할 예정이다.

- IIS 장애: IIS 서버에 장애가 생기면 시스템 전체 장애가 되고, 윈도우 클라이언트는 이 서버와의 연결을 잃는다. 관리자는 이 상황을 인식하고 IIS를 재시작해야 한다. 윈도우 클라이언트는 서버 가 다시 가동되면 자동으로 다시 접속한다.

성능 감시

애플리케이션에 특화된 성능 감시 수단을 따로 계획해둔 것은 없다. 시스템 성능 감시는 다 음 수단을 사용해야 한다.

- SQL 서버 계수기: SQL 서버 2008 제품에는 윈도우 서버 2008의 신뢰성 및 성능 감시기 (Reliability & Performance Monitor)와 SSMS 활동 모니터를 통해 수집 및 조회 가능한 성능 계 수기가 폭넓게 구비돼 있다. 이런 성능 측정치를 활용해 데이터베이스에 가해지는 작업부하의 규모와 애플리케이션의 트랜잭션이 완료되는 데 걸리는 시간을 가늠해야 한다.

- IIS/ASP.NET 계수기: IIS 서버와 ASP.NET에는 윈도우 서버 2008의 신뢰성 및 성능 감시기 애플리케이션을 통해 수집 가능한 성능 계수기가 폭넓게 준비돼 있다. 이 계수기를 활용해 웹 서비스 요청의 횟수와 요청을 처리하는 데 걸리는 시간을 가늠해야 한다.

- 닷넷 계수기: 닷넷 실행부에는 윈도우 서버 2008의 신뢰성 및 성능 감시기 애플리케이션을 통해 수집 가능한 성능 계수기를 폭넓게 활용할 수 있다. 이 계수기를 활용해 애플리케이션이 수행하는 비 웹 요청 작업부하의 규모와 해당 작업을 처리하는 데 걸리는 시간을 수립해야 한다.

지원 모델

일단 시스템이 실가동에 들어가면, 시스템의 이해관계자 중에서 최소한 몇 명은 시스템을 사용하거나 운영하는 데 거들어줘야 할 테고, 나머지 이해관계자들은 이들을 도와야 한다. 지원 모델은 어떤 지원이 제공되고, 누가 그 지원을 제공하며, 해결책을 모색하면서 사람들 사이에서 문제의 단계가 어떤 식으로 격상될지 깔끔하게 추상화해서 제공해야 한다. 이렇게 하려면 다음과 같은 사항을 지원 모델에 정의해둬야 한다.

- 지원 수요 집단: 모델에는 지원을 필요로 하는 이해관계자 집단, 필요한 지원의 성격, 지원을 제공하기 적합한 방식을 명확히 정의해둬야만 한다.

- 사고 유형: 모델에는 어떤 유형의 사고 지원을 요청받을지, 각 건마다 어떻게 응대하면 합리적일지에 대해서도 역시 정의해둬야만 한다. 각 사고 유형을 정의할 때는 해당 사고 유형의 특성을 명확하게 기술하되, 대체로는 운영적, 조직적, 금전적 영향의 관점에서 명시해야 한다.

- 지원 제공자의 책임: 사고 지원은 각 유형마다 최소한 한 명의 지원 제공자가 붙어서 처리해야 하고, 동시에 그 지원 제공자는 해당 사고를 처리할 책임을 받아들여야 한다. 모델에는 그 지원 제공자가 누구이고 사고 처리 과정에서 맡을 책임이 무엇인지 기록해둬야 한다.

- 단계 격상 과정: 심각한 사고는 한 명의 제공자가 처리하기에는 너무 복잡하거나 특화돼 있어서 여러 지원 제공자가 붙어야 상황이 해소될 때가 많다. 모델에는 이런 상황이 벌어졌을 때 지원 제공자의 단계를 격상시킬 방법과 실제

격상이 일어났을 때 지원 제공자별로 맡을 책임을 정의해둬야 한다. 이렇게 하면 누구 책임인지 헷갈리거나 특정 제공자의 전문성 부족으로 인해 사고 처리가 지지부진해지지 않게 하는 데 도움이 된다.

지원 모델도 운영 뷰의 다른 모델들과 마찬가지로 지원 문제를 개괄하고 상세한 절차를 정의하기보다는 해결 전략을 제시하는 데 초점을 맞춰야 한다.

표기법

이 모델은 여러 다양한 기술 및 비기술 이해관계자 집단이 파악하고 있어야 한다. 이 모델의 대부분은 주로 제공할 지원을 문장과 표를 통해 정의하고, (UML 활동 다이어그램 같은) 흐름 다이어그램을 정보 흐름 및 의사결정 과정을 명확히 할 필요가 있는 곳에 살짝 곁들이면 좋다.

활동

지원 수용 집단 식별　지원을 필요로 할 이해관계자 집단, 그 집단이 필요로 할 지원 유형, 그 지원을 제공하기 위해 활용 가능한 경로를 찾아낸다.

지원 제공자 식별　이해관계자에게 지원을 제공할 사람을 결정한다. (어쩌면 조직일 수도 있는) 각 지원 제공자별로, 제공할 지원과 그 제공 방법을 정의한다.

지원을 요하는 사고 식별　지원받을 이해관계자 집단별로 도움을 유발할 상황을 유형별로 생각해보고, 각 사고 유형을 예상되는 빈도와 심각성에 따라 특성화한다.

제공자, 사고, 집단 간의 대응　어떤 지원 제공자가 어느 이해관계자 집단의 어떤 사고 유형을 처리할지 결정하고, 각 제공자가 적합한 지원을 제공할 수 있을지 살펴본다.

단계 격상 계획　지원 제공자 집단에 대해 살펴보고, 그중에서 다른 내부 또는 외부 지원 제공자에게 문제 단계를 격상시켜 보고할지 찾아낸다. 제공자 사이에서 어떤 단계 격상 경로를 활용하고 실제 격상이 일어날 때 각 제공자의 책임이 무엇일지 정의한다.

예제

이 예제에는 대여 시스템에 대한 지원 모델이 나온다.

지원 대상 집단

- 웹 사용자: 웹 인터페이스를 이용해 대여 예약이나 관리를 하는 사람은 사이트에 문제가 발생했을 때나 웹 인터페이스를 사용하는 데 어려움을 겪을 때 지원이 필요하다. 이 집단에 대해서는 사전에 세워둘 전제가 거의 없고, 주된 지원 경로는 이메일로 하고 부족한 부분은 전화로 보충하면 된다.

- 윈도우 사용자: 윈도우 클라이언트를 이용하는 내부 사용자는 사용상의 문제, 시스템 문제, PC 지원을 포함해 광범위한 지원을 요구한다. 이메일을 통한 지원도 가능하겠지만, 주된 지원 경로는 전화로 가정한다.

- 윈도우 관리자: 서버 기계 관리자는 기술적 숙련도가 있어서 예상치 못한 장애 시나리오가 있을 때만 지원을 필요로 한다. 전화를 통한 즉각적인 지원과 함께 이메일을 통한 해결책 문의도 원한다.

- 데이터베이스 관리자: 데이터베이스 관리자는 기술적 숙련도가 있어서 익숙하지 않은 데이터베이스 동작이 일어날 때만 지원을 필요로 한다. 전화를 통한 즉각적인 지원과 함께 이메일을 통한 해결책 문의도 원한다.

지원 제공자

- 웹 서비스 지원 창구: 웹 인터페이스 사용자가 제기한 사고 지원은 모두 이 조직 집단이 맡아서 해결한다. 지원은 이메일과 전화를 통해 일주일에 6일, 하루에 20시간 동안 제공된다.

- 정보기술 지원 창구: 윈도우 클라이언트 인터페이스 사용자가 제기한 사고 지원은 모두 이 조직 집단이 맡아서 해결한다. 지원은 이메일과 전화를 통해 제공되고 최종 사용자의 자리에 가서 직접 도움을 제공하는 경우도 흔하다. 지원은 정규 업무 시간에 제공된다.

- DBA 집단: 데이터베이스 관리 시스템과 관련된 사고 지원은 모두 이 조직 집단이 맡아서 해결한다. 지원은 이메일과 전화를 통해 제공된다. 대체로는 정규 업무시간에 이뤄지고, 그 외 시간에는 지원 대기 인력을 활용할 수 있게 한다.

- 윈도우 관리자: IIS, 닷넷, 윈도우 서버 2008, 그리고 그 기저의 하드웨어와 관련된 사고 지원은 모두 이 조직 집단이 맡아서 해결한다. 지원은 이메일과 전화로 제공된다. 지원은 정규 업무시간에 제공되고, 그 외 시간에는 지원 대기 인력을 활용할 수 있게 한다.

- 마이크로소프트 지원: SQL 서버 2008, 윈도우 서버 2008, IIS 제품 실패나 사용상의 문제에서 나오는 사고 지원은 외부 조직(마이크로소프트 사의 지원 부서)에서 맡아서 해결한다. 지원은 이메일, 뉴스그룹, 웹사이트, 팩스, 전화를 통해 제공된다. 지원은 매일 24시간 내내 제공된다.

- 개발 팀: 애초에 시스템을 개발하고 지속적으로 보수하는 조직 집단에 해당된다. 이 조직 집단

은 다른 지원 제공자가 해결하지 못하는 사고를 해결하는 일을 맡는다. 지원은 정규 업무 시간에 이메일, 전화, 현장 방문을 통해 제공되며, 그 외 시간에는 지원 대기 인력에게 연락이 닿을 수 있게 한다.

사고 지원 및 처리

- **웹 사용 어려움**: 이 유형은 웹 인터페이스 사용자가 시스템 내 어느 컴포넌트에서도 장애나 기능 이상이 없는 상태에서 사용상에 문제를 겪는 상황이다. 이런 사고 지원은 웹 서비스 지원 창구(Web Services Help Desk)와 전화를 통해서든 이메일을 통해서든 연락해서 한 번에 처리돼야 한다. 조직에 미치는 영향은 미미한 수준이어야 한다.

- **윈도우 사용 어려움**: 이 유형은 윈도우 클라이언트 인터페이스 사용자가 시스템 내 어느 컴포넌트에서도 장애나 기능 이상이 없는 상태에서 사용상에 문제를 겪는 상황이다. 이런 사고 지원은 정보기술 지원 창구(IT Help Desk)와 전화를 통해서든 이메일을 통해서든 연락해서 한 번에 처리돼야 한다. 조직에 미치는 영향은 미미한 수준이어야 한다.

- **최종 사용자 시스템 오류**: 이 유형은 시스템 사용자가 시스템 내 어떤 컴포넌트에 장애나 기능 이상이 발생해 문제를 겪는 상황을 말한다. 이런 사고 지원은 1 근무일 이내에 처리돼야 한다. 사용자에게는 문제 해결 과정 관리 및 그 밖에 필요한 지원 제공자 물색을 전담할 정보기술 조직이나 웹 서비스 지원 창구 인력이 붙어야 한다. 조직에 미치는 영향은 중간 정도로, 불편함이 생기는 외에 사업 운영에 지장이 생겨서는 안 된다.

- **최종 사용자의 성능 불만**: 이 유형은 최종 사용자가 성능이 느려서 받아들일 수 없다고 불평하는 상황을 말한다. 이런 사고 지원은 3 근무일 이내에 처리돼야 한다. 사용자에게는 문제 해결 과정 관리 및 그 밖에 필요한 지원 제공자 처리를 전담할 정보기술 또는 웹 서비스 지원 창구 인력이 붙어야 한다. 조직에 미치는 영향은 중간 정도로, 불편함이 생기는 외에 사업 운영에 지장이 생겨서는 안 된다.

- **데이터베이스 손상**: 이 유형은 데이터베이스 시스템이 내부 손상을 보고하는 상황을 말한다. 이런 사고 지원은 2시간 이내에 처리돼야 한다(현실적으로는 원상회복이 가능할 거라는 인식만 이뤄지겠지만, 여하튼 원래의 사고에 대한 처리는 2시간 이내에 돼야 한다). DBA 그룹은 이런 상황을 인식하고 처리하는 일을 맡는다. 조직에 미치는 영향은 중간 정도지만, 문제가 처리되는 동안에는 사업 운영이 중단된다.

- **데이터베이스 장애**: 이 유형은 데이터베이스 백업본으로 시스템을 복구해야 하는 상황을 말한다. 이런 사고 지원은 4시간 내에 처리돼야 한다. DBA 그룹은 이런 상황을 인식하고 처리하는 일을 맡는다. 이 기간 동안 조직에 미치는 영향은 심각하고, 사업 운영도 지원이 이뤄지는 전체 기간 내내 중단되지만, 사고가 처리되고 난 다음에는 더 이상 영향이 지속되지 않는다.

- **IIS나 윈도우 서버 장애**: 이 유형은 IIS 서버나 그 아래의 운영체제, 또는 그 아래의 하드웨어에서 장애가 생기는 상황을 말한다. 이런 사고 지원은 1시간 이내에 처리돼야 한다. 윈도우 관리

자는 이런 상황을 인식하고 처리하는 일을 맡는다. 이 기간 동안 조직에 미치는 영향은 사업 운영도 지원이 이뤄지는 기간 내내 중단되지만, 사고가 처리되고 난 다음에는 더 이상 영향이 지속되지 않는다.

단계 격상

단계 격상 과정은 다음과 같다.

- 웹 인터페이스 사용자가 웹 서비스 지원 창구에 문제를 보고한다.
- 윈도우 클라이언트 인터페이스 사용자가 정보기술 지원 창구에 문제를 보고한다.
- 지원 창구에서 윈도우 관리자에게 시스템 문제를 보고한다.
- 윈도우 관리자가 DBA 집단에게 데이터베이스 문제를 보고한다.
- 윈도우 관리자가 개발 팀에 그 밖의 문제를 보고한다.
- 윈도우 관리자, DBA 집단, 개발 팀이 마이크로소프트 지원 조직에 마이크로소프트의 소프트웨어와 관련된 문제를 보고한다.

어떤 경우든, 사고 접수 조직에서는 반드시 보고자에게 해당 사고에 대한 고유 식별자를 제공하고 보고자가 설명한 내용을 기록해둬야 한다. 문제가 즉시 해결되지 않는 경우에 사고 접수 조직은 반드시 보고자에게 목표한 해결 시간의 75%가 지나기 전에 처리 상태에 대한 정보를 제공해야 한다.

▌ 문제점 및 함정

운영 인력 참여 부족

많은 조직에서 시스템을 구축하는 개발 인력과 시스템을 배치하고 관리하는 운영 인력 사이에 커다란 간극이 존재한다. 이는 원만하고 사고 없는 시스템 가동을 원하는 입장에서 문제가 될 소지가 상당하다.

위험 경감 방안

- 이 문제에 대한 최상의 해법은 일찍부터 운영 그룹을 참여시켜 그들의 기여가 얼마나 소중한지 강조하는 것이다. 운영 인력은 운영 요건에 대한 고려가 거

의 돼 있지 않은 상태로 시스템을 넘겨받는 경우가 빈번하기 때문에 소프트웨어 개발자에게 합당한 불만을 품을 때가 많다.

- 명시적인 운영 뷰를 활용해 이런 상황을 피해간다.

원복 계획 미비

실질적인 원복 계획을 갖춰놓지 않은 시스템을 정말 많이 봤다. 사실 많은 상용 소프트웨어 제품이 업그레이드 실패와 같은 상황에 대비한 우아한 복구 방안을 갖추지 못했다. 적합한 원복 계획이 없으면 시스템 전체가 완벽하게 시동되기만을 기대해야 하는데, 이는 경험상 너무나 낙관적인 자세다.

위험 경감 방안

- 상용 환경에서 시스템을 원복하는 절차를 명확히 정의하고 검토를 거친다.

이전 계획 미비

많은 정보 시스템이 수동 시스템, 기존의 자동 시스템, 현 시스템의 이전 버전을 대체하지만, 제대로 된 이전 계획 없이 개발되는 경우가 많다. 이전 계획은 매력적이지 않은 데다 흥미롭지 않을 때도 많지만, 이런 계획이 없으면 원만하게 시스템을 배치하기가 어렵다.

위험 경감 방안

- 되도록 일찌감치 아키텍처의 이전 필요성을 이해하게 한다.
- AD 내에 이전 필요성을 처리해둔다.

이전 기간 부족

겪어보니 데이터 이전은 언제나 예상보다 오래 걸리는데, 대체로는 데이터가 품질과 일관성에서 기대 수준에 미치지 못하는 데다 대규모 데이터를 처리하고 조작하는 일과 관련해서 문제가 생기기 때문이다. 데이터를 지리적으로 다른 위치로 이동하거나 (예전의 계층적 데이터베이스에서 관계형 데이터베이스로 데이터를 들여오는 등) 다른 유형의 데이터 저장소로 이동하는 경우에도 과정은 역시나 생각보다 오래 걸린다.

위험 경감 방안

- 데이터 오류와 불일치를 처리할 방법을 고려해본다.
- 이전된 데이터를 수용하기 위한 과정을 구축하고, 이해관계자가 그 과정을 수용하게 한다.
- 하드웨어 규모 산정 모델에 과도기적 데이터에 대한 저장장치 요건을 감안해 넣는다.
- 이전 계획에 적정한 예비 소요시간을 집어넣는다.
- 데이터베이스 재구성, 색인 생성 등에 필요한 시간을 감안해넣는다.
- 실가동 시스템에서 데이터를 이전해 내올 때 이전 시간이 상당히 길다면, 그 이전 기간 동안 일어난 데이터 갱신을 수용할 전략을 세운다.

관리 도구 부재

소프트웨어 개발자는(그리고 사실상 아키텍트도) 대부분 새로운 소프트웨어를 구축하는 업무에 주로 초점을 맞춘다. 하지만 성공적인 소프트웨어는 개발 기간이 아닌 실가동 기간이 수명의 대부분을 차지한다. 이렇게 초점을 맞추는 분야와 수명 주기 사이에 존재하는 불일치로 인해 운영 수단을 갖추지 못하는 상황이 벌어지는데, 이렇게 되면 결국 감시 통제가 어려운 시스템이 나올 가능성이 높다. 소프트웨어 개발자는 시스템의 내부적인 작동방식에 대해 상세한 지식이 있기 때문에 (운영체제 명령어나 간단한 스크립트 등) 기초적인 도구만 있어도 시스템을 감시 통제할 수 있다. 운영 인력은 이런 지식이 없을 때가 많은 데다 운영 절차를 자동화할 한층 정교한 도구가 필요하다. 이런 도구가 없으면 시스템을 제대로 관리하기 어렵다.

위험 경감 방안

- 관리자 이해관계자의 요구를 되도록 일찍부터 파악한 후 운영 뷰 작성에 활용한다.
- 시스템 차원의 표준적인 수단을 통해 관리자의 요구가 처리되게 한다.

상용 환경 제약

모든 상용 환경은 자체 환경이든 외부 환경이든 애플리케이션과 그 운영에 제약을 두기 때문에, 사용할 가능성이 있는 배치 환경과 각 환경이 두는 제약사항을 되도록 빨리 파악하는 일이 중요하다. (예를 들어 내부에서 자체 호스팅을 하지만 단기간에 '폭주'에 준하는 사용량이 있을 때는 클라우드 환경을 사용하거나, 실가동과 재해 복구에 별개의 클라우드 제공자를 활용하는 등) 여러 환경을 혼합 사용하는 경우에는 당연히 모든 환경에 걸쳐 제약사항을 종합적으로 이해할 필요가 있다.

상용 환경에서는 플랫폼 유지보수를 위한 융통성 없는 비가동 기간, 배치 및 감시 용도의 특정 도구 강제, 활용 가능한 플랫폼 컴포넌트 선택 제한, 배치 및 운영을 위해 반드시 준수해야 하는 절차, 가능한 서비스 수준 협약에 대한 제한 등의 제약사항을 둘 수도 있다. 이 모든 것이 특정 상용 환경에서 달성 가능한 시스템 품질에 영향을 미칠 여지가 있다.

위험 경감 방안

- 시스템에 사용할 대상 상용 환경에 대해 그 제약사항을 파악할 수 있게 가능한 한 일찍 합의를 본다.
- 상용 환경에서 (신뢰성, 용량, 가용성 등) 필요로 하는 바와 기대하는 바를 되도록이면 일찍감치 명확하게 정의해둠으로써 제안된 환경에서 발생 가능한 문제점을 짚어낼 수 있게 한다.
- 계획한 상용 환경과 그 환경에서 제공 및 요구하는 바를 분석함으로써 그 환경에서 함의하는 기회와 제약을 이해하고 이를 업무에 통합할 수 있게 한다.
- 자체 환경이든 외부 환경이든, 상용 환경을 공급하는 측으로부터 확실한 지원

을 얻어냄으로써 제공받기로 한 서비스 수준을 확보하고, 되도록 많은 시험을 거침으로써 현실성에 대한 확신을 얻게 한다.

상용 환경으로의 통합 미비

정보 시스템은 대부분 단순하든 비공식적이든 어쨌든 기존 상용 환경으로 배치가 된다. 아쉽게도 새로 만든 시스템이 기존 환경과 제대로 맞물려 돌아가지 못하는 모습을 일상적으로 발견하게 된다. 이런 현상은 시스템을 관리하기 위해 새로운 인터페이스나 도구, 심지어 완전히 새로운 방식을 배워야 하는 운영 인력에게는 상당히 큰 문제로, 시스템의 전부 또는 일부에 외부의 호스팅 환경을 활용하는 경우에는 특히나 그렇다.

위험 경감 방안

- 기존 환경과 그에 대한 통합 필요성을 시스템 설계 초기에 파악한다.
- 대상 상용 환경을 파악하고 있는 전문가를 되도록 일찍 참여시키고, 그 환경이 작동하는 방식과 필요한 통합의 종류와 수준에 대해 조언을 구한다.

부적합한 백업 모델

백업과 복원 과정이 실패할 때는 상당히 극적일 텐데, 절박한 상황에서 중요한 데이터를 복구하려는 와중에 모델에 문제가 있다는 사실을 깨닫는 일은 없어야 겠다.

위험 경감 방안

- 이 영역을 대충 다루거나 제대로 살피지 않고 넘어가고픈 마음을 억누른다.
- 아키텍처에서 백업과 복원을 중심적인 부분으로 집어넣어야지 나중에 덧붙일 생각을 해서는 안 된다.
- 백업 계획을 세울 때 데이터 복구에 필요한 모든 정보를 챙겨넣는다.
- 백업과 복구가 얼마나 걸릴지 추정한 후, 현실적인 조건하에서 실용적인 실험

을 몇 가지 수행해본다.

- 데이터 백업과 복원을 하는 방법을 모델이 설명할 수 있게 한다.

- 복수의 데이터 저장소 중에서 하나를 골라 이전 상태로 복원하는 경우 다른 저장소와의 데이터 일관성을 유지할 방안을 고안해둔다.

- 백업에 대해서는 '만반의 준비' 접근법을 생각한다. 예를 들어 많은 최종 사용자 시스템이, 특히 오래된 메인프레임 기반의 시스템은 클라이언트에서 들어온 갱신에 대해 주 데이터베이스는 물론 감사 및 복구 영역에도 사본을 기록해둔다. 덕분에 데이터베이스에 손상이 생겨도 이 사본으로 데이터베이스에 재적용을 하면 다시 동기화가 가능하다.

부적절한 경보

이 문제는 시스템에 중요한 이벤트가 발생했을 때 제대로 경보를 보내지 못하는 경보 가뭄^{alert starvation} 현상이나, 시스템이 중앙의 콘솔에 너무 많은 이벤트를 보내는 바람에 죄다 무시되거나 중요한 이벤트가 누락되는 경보 홍수^{alert flooding} 현상으로 나타난다. 어느 쪽 시나리오든 작은 사고가 곧바로 큰 사고로 비화되고 큰 사고가 대형 참사로 이어질 수 있기 때문에 심각한 운영상의 문제일 수밖에 없다.

위험 경감 방안

- 이 함정은 설계와 구축을 거치는 동안 더 잘 다룰 수도 있겠지만, 몇 가지 적절한 아키텍처적 원칙과 접근법을 AD에 정의해둠으로써 해결의 분위기를 조성할 수 있다.

▌점검 목록

- 시스템을 설치하는 데 무엇이 있어야 하는지 아는가?

- 설치에 실패한 경우 이전으로 되돌리기 위한 계획이 있는가?

- 기존 버전의 시스템을 (필요한 경우) 업그레이드할 수 있는가?

- 사용하고자 하는 제안된 상용 환경에서 제공하는 수단과 제약사항을 이해하고 있는가? 이상적인 환경이 아닐 경우에 그대로 받아들이거나 상황을 개선할 수 있는가?

- 기존 환경에서 새로운 시스템으로 정보가 이동하는 방식을 알고 있는가?

- 새로운 시스템으로 작업부하를 옮겨가기 위한 명확한 이전 전략을 갖췄는가? 데이터 동기화는 (필요한 경우) 어떻게 처리할 예정인가?

- 시스템을 백업할 방법을 알고 있는가? 찾아낸 접근법으로 시스템 복원을 수용 가능한 시간 내에 믿을 만하게 할 수 있다고 확신하는가?

- 관리자는 실가동 상황에서 시스템 감시 통제가 가능하다고 확신하고 있는가?

- 관리자는 시스템에 대해 해야 할 수행 절차를 명확하게 이해하고 있는가?

- 시스템 요소의 성능 측정치를 어떻게 얻어낼 계획인가?

- 시스템의 모든 요소에 대해 구성을 관리할 수 있는가?

- 시스템을 지원할 방법을 알고 있는가? 그 지원을 받을 이해관계자에게 적합한 지원인가?

- 관리 모델의 요건을 개발 뷰로 거슬러 올라가며 상호 참조하면서 그 요건이 일관성 있게 구현될지 확인해봤는가?

- 데이터 이전을 수행하는 데 할당된 시간이 데이터 이전 아키텍처에 있는 내용과 부합하는가? 데이터 이전이 진행되는 동안 원천 데이터가 바뀔 가능성이 있는 경우 이를 만회할 방법이 있는가?

▎ 더 읽을거리

기존에 나온 문헌 중에서 시스템의 운영적 측면을 애플리케이션 개발 팀의 관점에서 다룬 것은 거의 없다. 특정 기술을 부분적으로 설치 및 관리하는 데 관한 책은 많지만, 신뢰성 있는 상용 시스템 운영을 연구한 서적은 극히 드물다는 사실을 알았다.

최소한 부분적으로라도 이 영역을 다룬 서적으로는 [KERN04], [BEHR05], [JAYA05]가 있고, 실가동 운영에 귀중한 통찰을 제시하는 운영 전문가들이 쓴 흥미로운 산문 모음으로 [ALLS10]이 있다. 또한 다이슨과 롱쇼[DYSO04]에는 운영 뷰에 유용한 여러 가지 패턴이 나온다. 실가동 서비스를 제공하는 방법을 이해하면 쓸모가 많은데, 이 영역에는 ITIL 모델이 매우 큰 영향을 미쳤다. [BON07]을 보면 ITIL v3에 대해 간략하게 개괄돼 있다. 소프트웨어 개발 관점에서 썼지만 실가동 운영에 대한 인터페이스까지 확장해서 다룬 책으로는 [NYGA07]이 있다.

23

여러 뷰 사이의 일관성 확보

아키텍트는 뷰를 활용해 복잡하고 규모가 큰 시스템을 이해관계자가 이해할 수 있는 방식으로 표현해야 하는 가장 커다란 도전과제를 해결한다. 뷰란 그 뷰를 통해 해소하고자 하는 관심사항과 관련된 아키텍처적 측면이나 요소를 비춰보는 방법이라 할 수 있고, 그런 관심사항은 곧 그 뷰에 중요성을 느끼는 이해관계자를 의미한다.

뷰가 없으면 모든 것을 망라하는 단일한 모델을 통해 시스템의 모든 측면을 설명하려 시도할 수밖에 없다(그리고 이런 시도는 대개 실패한다). 이런 모델은 복잡하고, 여러 표기법이 혼재돼 있으며, 난해해서 누구도 이해하지 못해서, 내려놓은 아키텍처적인 선택에 깃들어 있는 절묘하고 미묘하며 신묘한 부분의 진가를 알아보는 일은 엄두도 낼 수 없다.

하지만 뷰를 통해 아키텍처에 대한 표현을 나누다 보면 뷰 사이의 일관성을 확보하기가 어려운 문제, 다시 말해 한 뷰에 등장하는 구조, 특성, 요소가 다른 뷰의 내용물과 어긋나지 않고 빈틈없이 맞물리게 해야 하는 문제가 생긴다. 이런 유형의 일관성은 AD가 반드시 갖춰야 할 특성으로, 시스템이 일관성을 갖추지 못하면 제대로 동작하지도 않고, 설계 목표를 달성하지도 못하며, 심지어 빌드 자체가 불가능할 수도 있다.

안타깝게도, 몇몇 설계 도구를 활용해 모델 생성 과정을 단순화할 수는 있어도 이런 유형의 일관성을 원하는 만큼 자동으로 검사해주는 도구가 존재한다는 애기는 아직까지 들어본 적이 없다. UML 같은 정형 모델화 언어를 활용해도 이 문제는 부분적으로만 해소가 가능한데, 이런 언어를 지원하는 도구를 써도 대개는 기본적인 특성에 한해 한 모델에서 다른 한 모델에 대해 일관성을 검사하는 정도다. 물론, 비정형 표기법이나 자신이 처한 특별한 상황에 맞춰 개발한 표기법을 사용하는 경우, 문제는 훨씬 어려워진다.

따라서 뷰 사이에 일관성을 확보하는 일은 결국 아키텍트와 (좁은 의미의) 이해관계자의 실력, 철두철미함, 근면함으로 해결하는 수밖에 없다. 다음에 소개하는 전략이 뷰 간 일관성 달성에 도움이 될 것으로 본다.

- 시작부터 일관성에 집중: 품질 속성에 문제가 생기고 나서 뒤늦게 챙기기 시작하는 경우를 많이 봤는데, 성능, 가용성, 복원성을 잘 갖추려면 해결책을 마련하기 시작할 때부터 이에 대한 설계가 들어가야 한다. 더불어, 여러 모델들이 거의 완성돼서 서로 일관성이 있는지 확인이 가능할 때까지 마냥 기다리는 것은 좋지 않다. 대개는 모델이 완성되기도 전에, 상당한 부분에 걸쳐 재작업과 추가 검토를 거쳐야 한다.

- 모델 요소 열거: 중요한 모델 요소 하나하나에 유일한 식별자를 부여하면 'B 모델의 3번 요소가 D 모델의 5번 요소와 일관성이 있는가?' 같이 질문 과정을 단순화할 수 있다.

- 검토 시 일관성 점검을 공식화: 일관성 확보 여부는 모델과 그 밖의 아키텍처 문서를 검토할 때 쓸 판단 조건으로 들어가야 한다. 여기에는 (이 모델의 이 부분과 저 부분이 일관성이 있는가 하는) 내부 일관성과 (AD를 구성하는 이 모델과 저 모델이 일관성이 있는가 하는) 외부 일관성이 모두 포함된다. 이런 식의 공식적인 일관성 점검을 거치는 경우, 점검 결과를(그리고 그에 대한 조치를) AD에 부록으로 집어넣게 한다.

▌ 뷰 사이의 관계성

모든 뷰는 분명히 서로 관련이 있지만, 실무에서 강한 의존관계가 존재하는 뷰는 일부에 불과하다. 그림 23-1의 UML 클래스 다이어그램을 보면 그중 가장 중요한 의존관계들이 나온다. 이들 관계는 강한 의존관계로, 화살표 끝에서 무언가 변경

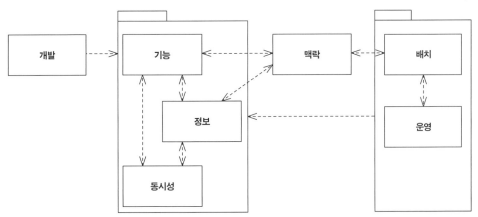

그림 23-1 뷰 사이의 의존관계

이 일어날 경우 그 화살표의 시작 지점에서도 변경이 필요하다는 의미가 된다.

반대로, 아무런 의존관계가 없는 두 뷰 사이에는 한쪽에서 무언가 변경이 일어난다 하더라도 다른 쪽을 변경할 필요는 없다(따라서 예를 들어 개발 뷰 요소를 변경한다 하더라도, 개발과 관련이 있는 이유라면 모르겠지만 그게 아니라면 기능 모델에 대한 변경을 의미하지는 않는다).

특정 뷰를 개발하지 않는 경우에도, 예를 들어 아키텍처의 동시성 측면을 별도의 동시성 뷰로 만들어넣지 않고 기능 뷰에 요약해 넣어버린 경우에도, 이번 장에 소개하는 점검 목록을 그 뷰에 적용한다면 그 뷰에서 가장 중요한 관심사항을 다루는 데 있어 여전히 쓸모가 많다.

▌ 맥락 뷰와 기능 뷰 일관성

목표: 시스템의 범위와 요건이 시스템 내에 온전하고 올바르게 구현되도록 한다.

- 요건마다 그 요건을 구현하는 하나 이상의 기능 요소와 대응돼 있는가?

- 모든 기능 요소는 적어도 하나 이상의 요건 구현을 위해 (직접적으로든 간접적으로든) 필요한가?

- 시스템의 기능성에 영향을 미치는 모든 품질 속성을 기능 뷰에서 시스템 구조를 정의해넣을 때 고려해뒀는가?

- 하나의 뷰에서 정의한 외부 개체는 하나도 빠짐없이 전부 다 다른 뷰에도 등장하는가, 그리고 각 뷰에서 모두 동일하게 정의돼 있는가?

- 하나의 뷰에 정의돼 있는 모든 인터페이스가 다른 뷰에도 나타나는가, 그리고 그 인터페이스는 모든 뷰에서 정의가(다시 말해 책임, 성격, 특성이) 동일한가?

- 맥락 뷰에 정의된 상호작용 시나리오가 시스템의 기능 구조와 호환되고 요소가 다른 요소 및 외부 세계와 상호작용하는 방식과도 호환되는가?

▌맥락 뷰와 정보 뷰 일관성

목표: 시스템에 드나드는 데이터의 흐름이 정보 뷰에 정의돼 있는 정보 관리 방안과 호환되게 한다.

- 맥락 뷰에서 찾아낸, 시스템으로 유입되는 (소유권, 일관성, 적시성 등) 모든 데이터 항목에 대해 정보 뷰에서 고려했는가?

- 맥락 뷰에서 찾아낸, 시스템에서 유출되는 (소유권, 일관성, 적시성 등) 모든 데이터 항목에 대해 정보 뷰에서 고려했는가?

- 정보 관리에 영향을 미치는 모든 품질 속성이 정보 뷰에 고려돼 있는가?

- 정보 뷰에 들어 있는 데이터 소유권 모델이 (특히 외부 개체가 데이터를 소유한 경우에) 맥락 뷰에서 외부 개체에 대해 정의해둔 책임과 호환이 되는가?

- 정보 뷰에 들어 있는 상위 수준 데이터 모델이 외부 시스템에서 사용하는 데이터 모델과 호환이 되는가, 그리고 호환이 되지 않는다면 데이터를 변환하는데 쓸 적합한 방안을 정의해뒀는가?

- 외부 보관 서비스를 정보 뷰에서 정의했다면, 맥락 뷰에서 그 서비스를 외부 개체로 나타냈는가?

맥락 뷰와 배치 뷰 일관성

목표: 본 시스템과 타 시스템 사이의 외부 연결이 계획한 배치 환경에서 뒷받침될 수 있게 한다.

- 시스템, 인터페이스, 기타 기술 기반 연결을 나타내는 모든 외부 개체가 맥락 뷰와 배치 뷰 양쪽에 일관성 있게 나타나는가?

- 맥락 뷰에서 찾아낸 외부 개체와 통신하는 데 필요한 하드웨어와 소프트웨어가 모두 다 배치 뷰에 들어 있는가?

- 배치 뷰에 들어 있는 인터페이스에 사용된 기술 하나하나가 맥락 뷰에 정의된 성격과 특징에 적합한가?

- 외부 개체와 통신하는 시스템 요소가 외부와의 통신이 가능한 배치 환경 중 일부에(가령, 네트워크 내의 비무장지대DMZ 같은 곳에) 배치됐는가?

- 맥락 뷰에서 찾아낸 배치 환경에 영향을 미치는 품질 목표를 모두 다 배치 뷰에 감안해넣었는가?

기능 뷰와 정보 뷰 일관성

목표: 기능 구조와 정보 구조가 서로 호환되게 하고 어느 한쪽에서 필요한 내용이 다른 쪽에서 누락되는 일이 없게 한다.

- 영속성 데이터가 필요한 사소하지 않은 기능 뷰의 기능적 요소는 하나도 빠짐없이 정보 뷰에 대응되는 데이터 요소가 있는가?

- 정보 뷰의 데이터 요소 중에서 사소하지 않은 요소는 하나도 빠짐없이 그 데이터의 유지를 책임지는 기능 뷰 요소를 최소한 하나는 갖추고 있는가?

- 정보 뷰에 정보 흐름이 설명돼 있는 경우, 기능 뷰에 나오는 요소 간 상호작용과 아귀가 맞는가?

- 정보 뷰에 (분산 트랜잭션 지원, 갱신 로그 중복 기록 등과 같은) 특정한 기능적 특성이 필요한 경우, 기능 뷰에 그런 특성에 대한 설명이 돼 있는가?

- 정보 뷰에 나오는 데이터 소유권 모델이 기능 뷰에 나오는 기능 구조와 부합하는가?

- 데이터 소유권의 특징이 (복수의 생산자나 갱신자가 있는 경우처럼) 복잡한 경우, 분산된 데이터의 일관성을 유지하기 위한 요건을 기능 모델에 반영해놓았는가?

- 분산된 식별자(키)를 유지하는 데 있어서 심각한 쟁점이 있는 경우, 기능 모델에 이런 문제를 처리하기 위한 특성이 들어가 있는가?

- 아키텍처에 중요한 데이터 이전과 데이터 품질 분석 측면이 들어 있는 경우, 기능 뷰에 이에 대한 기능 요소가 들어가 있는가?

- 아키텍처상의 목표에 따라 기능 구조가 느슨하게 결합돼 있는 경우, 정적인 정보 구조에 이 내용이 (되도록 많이) 반영돼 있는가?

▌기능 뷰와 동시성 뷰 일관성

목표: 모든 기능 요소가 그 기능 요소를 실행하는 작업에 대응돼 있게 하고, 필요한 경우 요소 간 상호작용이 프로세스 간 통신 방식을 통해 뒷받침되게 한다.

- 기능 뷰에 나오는 모든 기능 요소가 그 요소의 실행을 책임지는 동시성 뷰상의 (프로세스나 스레드 등) 동시성 요소에 대응돼 있는가?

- 기능 요소가 별도의 프로세스로 분할되는 경우, 기능 뷰에 모든 요소 간 상호작용을 나타낼 수 있게 적합한 프로세스 간 통신 방식을 사용했는가?

- 여러 기능 요소를 하나의 프로세스로 묶는 경우, 그 프로세스를 제어할 요소가 명확하게 나와 있는가?

▌기능 뷰와 개발 뷰 일관성

목표: 모든 기능 요소가 설계 시점 모듈로 대응되게 하고 명세된 공통 처리, 시험 방안, 코드라인이 모두 다 제안된 기능 구조와 호환되고 뒷받침받을 수 있게 한다.

- 코드 모듈 구조에 개발할 코드 요소가 모두 들어가 있는가?

- 개발 뷰에 기능 뷰에서 사용하는 기술 하나하나에 대한 개발 환경을 명세해뒀는가?

- 기능 뷰에서 특정 아키텍처 스타일을 명세해놓았다면, 개발 뷰에 그 스타일을 정확하게 구현하는 데 충분한 지침과 제약사항이 들어가 있는가?

- 공통 처리가 명세된 부분에 대해, 기능 뷰에서 정의된 모든 요소를 통해 간단한 방식으로 그 부분을 구현할 수 있는가?

- 기능 뷰에서 재사용 가능한 기능 요소를 식별해낸 부분에 대해, 개발 뷰에 라이브러리나 유사한 특성으로 모델화해 넣어뒀는가?

- 시험 환경을 명세해둔 경우, 기능 뷰에 정의돼 있는 요소의 기능적 필요성과 우선순위와 부합하는가?

- 기능 뷰에서 설명한 기능 구조를 개발 뷰에서 설명한 코드라인을 활용해 신뢰성 있게 빌드, 시험, 출시할 수 있는가?

▌기능 뷰와 배치 뷰 일관성

목표: 기능 요소 하나하나가 배치 환경에 정확하게 대응되도록 한다.

- 각 기능 요소를 처리 노드에 대응시켜 실행 가능하게 해뒀는가?

- 기능 요소가 다른 노드에 올라가 있는 경우, 네트워크 모델을 통해 필요한 요소 상호작용이 일어날 수 있게 돼 있는가?

- 기능 요소가 처리할 정보와 되도록 가까운 곳에 올라가게 돼 있는가?

- 적극적으로 상호작용해야 하는 기능 요소들끼리 되도록 가까운 곳에 호스팅되는가?

- 명세된 네트워크 연결이 요소 간에 일어날 상호작용을 감당하기에 (용량, 신뢰성, 보안성 등의 측면에서) 부족하지 않은가?

- 배치 뷰에 명세해놓는 하드웨어가 명세해놓은 기능 요소를 수용하는 데 있어 최적의 해법인가?

기능 뷰와 운영 뷰 일관성

목표: 명세해놓은 기능 요소 하나하나가 설치, 사용, 운영, 관리, 지원되게 한다.

- 운영 뷰에 모든 기능 요소를 빠짐없이 설치할(그리고 필요하다면 업그레이드할) 방안이 명확하게 나와 있는가?
- 이전이 필요한 경우, 운영 뷰에서 이전해야 하는 기능 요소를 빠짐없이 이전할 방안을 명확하게 밝혀뒀는가?
- 운영 뷰에 상용 환경에서 개별 기능 요소를 감시하고 통제할 방안을 설명해뒀는가?
- 운영 뷰에 상용 환경에서 개별 기능 요소의 구성을 관리할 방안을 설명해뒀는가?
- 운영 뷰에 상용 환경에서 개별 기능 요소의 성능을 감시할 방안을 설명해뒀는가?
- 운영 뷰에 상용 환경에서 개별 기능 요소를 지원할 방안을 설명해뒀는가?
- 운영 뷰에서 시스템의 기능 요소에 필요한 사항을 지원하는 가장 간단한 내용을 설치, 이전, 감시, 통제, 지원하기 위한 방안을 명세하고 있는가?

정보 뷰와 동시성 뷰 일관성

목표: 시스템의 동시성 구조가 데이터 접근성 문제를 일으키지 않게 하는 동시에 제시한 정보 구조와 호환되게 한다.

- 동시성 설계로 인해 시스템의 데이터 요소 중에서 동시 접근이 가능한 요소는 없는가? 만약 그런 데이터 요소가 있다면 동시 접근 문제가 생기지 않게 보호해놓았는가?
- 기능 요소를 운영체제 프로세스로 묶을 경우, 묶이는 요소에서 필요한 데이터에 접근하는 데는 문제가 없는가?
- 데이터 요소를 공유하는 기능 요소들이 다른 운영체제 프로세스로 쪼개져서

묶이는 경우, 적당한 프로세스 간 데이터 공유 체계를 정의해뒀는가?

정보 뷰와 개발 뷰 일관성

목표: 제시한 개발 환경에서 시스템의 데이터 관리적 부분을 개발하는 데 필요한 기술 자원을 제공하게 한다.

- 정보 뷰에서 식별해낸 데이터 관리 기술들이 그 기술에 맞게 정의된 개발 도구와 환경을 갖추고 있는가?
- 개발 환경과 시험 데이터 플랫폼에 대해 규모를 산정할 때 정보 뷰에서 생성한 데이터 규모가 반영됐는가?
- 정보 뷰에서 중대한 데이터 이전 사항을 정의한 경우, 이를 뒷받침할 개발 도구와 환경을 정의해뒀는가?
- 정보 뷰에 (기존 시스템이나 현재 구축 중에 있는 외부 시스템 등을 위한) 외부 데이터 컴포넌트를 정의한 경우, 개발 뷰에 이에 대한 (스텁 환경 생성, 현실적인 시험 데이터 등과 같은) 고려가 돼 있는가?

정보 뷰와 배치 뷰 일관성

목표: 제시한 배치 환경이 정의해놓은 정보 구조를 뒷받침하는 데 필요한 자원을 제공하게 한다.

- 배치 뷰에 정보 뷰에서 명세한 정보 저장 방안을 뒷받침하기에 (적절한 유형의) 충분한 저장소가 제시돼 있는가?
- 별도의 저장소 하드웨어를 활용하는 경우, 배치 뷰에 저장소에서 처리 하드웨어로 가는 충분히 빠르고 신뢰성 있는 링크가 명세돼 있는가?
- 배치 뷰에 정보 뷰에서 설명한 백업과 복구 요건이 반영돼 있는가?
- 대규모 정보를 이동해야 하는 경우, 시스템 운영에 심각하게 영향을 미치지 않고도 이동을 수행할 수 있을 만큼 대역폭이 충분한가?

▌정보 뷰와 운영 뷰 일관성

목표: 시스템의 정보 구조가 설치, 사용, 감시, 관리, 지원되게 한다.

- 운영 뷰에서 시스템의 데이터 관리 기술을 위한 특정 설치 단계가 필요한지 여부를 명확하게 밝혔는가?

- 이전이 필요한 경우, 운영 뷰에서 데이터를 이전할 방안을 명확하게 밝혔는가?

- 운영 뷰에 상용 환경에서 데이터 관리 기술을 감시 통제할 방안을 설명해뒀는가?

- 운영 뷰에 상용 환경에서 데이터 관리 기술에 대한 구성을 관리할 방안을 설명해뒀는가?

- 운영 뷰에 상용 환경에서 데이터 관리 기술의 성능을 감시할 방안을 설명해뒀는가?

- 운영 뷰에 상용 환경에서 데이터 관리 기술을 지원할 방안을 설명해뒀는가?

▌동시성 뷰와 개발 뷰 일관성

목표: 동시성 뷰에서 명세한 동시성 구조를 개발 뷰에서 명세한 개발 환경 내에서 빌드하고 시험할 수 있게 한다.

- 동시성 구조가 복잡한 경우, 구현을 이끌어가기에 충분한 설계 패턴이 개발 뷰에 명세돼 있는가?

- 개발 뷰에 정의해둔 코드라인이 시스템의 기능 요소를 동시성 뷰에 명세해둔 운영체제 프로세스로 패키지해넣을 수 있게 돼 있는가?

- 개발 뷰에 정의해둔 시험 방안이 동시성 뷰에 명세해둔 동시성 구조를 시험할 수 있게 지원하는가?

- 개발 뷰에 정의해둔 개발 환경으로 동시성 뷰에 명세해둔 동시성 구조를 개발하고 시험할 수 있는가?

▌동시성 뷰와 배치 뷰 일관성

목표: 시스템의 실행시간 작업이 수행 자원에 정확하게 대응되도록 한다.

- 모든 운영체제 프로세스가 각자 하나씩 실행 노드로 대응돼서 실행될 수 있게 돼 있는가?

- 동시성 뷰에서 사용된 프로세스 간 통신 수단이 배치 뷰에서 명세한 처리 노드 안에서 그리고 처리 노드들 사이에서 구현될 수 있는가?

- 배치 뷰에서 명세한 처리 노드가 동시성 뷰에 나오는 처리 노드에 대응된 프로세스를 수용하기에 부족하지 않을 만큼 강력한가?

- 배치 뷰에 나오는 모든 처리 노드를 그 노드에 대응된 프로세스에서 남김없이 사용하고 있는가?

▌배치 뷰와 운영 뷰 일관성

목표: 배치 뷰에서 설명한 배치 환경이 설치, 사용, 감시, 관리, 지원되게 한다.

- 운영 뷰에서 배치 환경에 들어 있는 개별 요소를 설치할 방안을 정의하고 있는가?

- 운영 뷰에서 배치 환경에 들어 있는 개별 요소를 감시하고 통제할 방안을 설명하고 있는가?

- 운영 뷰에서 어떤 감시 통제 수단이 이미 존재하고, 어떤 것이 구매 가능하며, 어떤 것을 반드시 개발해야 하는지 명확하게 밝혀졌는가?

- 배치 환경에 들어 있는 개별 요소에 대한 지원이 조직 내에서 가능한가?

4부

관점 목록

24

관점 목록 소개

4부에서는 다수의 관점을 설명한다. 표 24-1에서 앞으로 철저하게 다룰 관점을 각 내용을 설명한 장 번호와 함께 나열한다. 여기서 상세하게 다루는 관점들은 해당 관점에서 다루는 품질 속성이 대부분의 정보 시스템에서 결정적인 것이라는 판단하에 선택된 것이다.

　4부 마지막 장에서는 표 24-2에서 나열한 관점들을 간단히 설명한다. 다른 관점에 비해 간략하게 다루는 이유는 지면의 제약 때문이기도 하지만 중요성이 있더라도 표 24-1에 나열한 관점들만큼 범용적으로 사용될 수 있다고 판단하지 않았기 때문이다.

표 24-1 상세하게 설명할 관점들

관점	원하는 품질
보안성	누가 어느 자원에 대해 어떤 동작을 수행하는지 안전하게 통제, 관찰, 기록할 수 있는 시스템의 능력과 보안이 깨졌을 때 그 사실을 탐지해내고 복구할 수 있는 능력
성능 및 확장용이성	시스템이 제시된 수행 요건 내에서 예측 가능하게 수행하고 향후 필요할 경우 처리 규모를 증가시킬 수 있는 능력
가용성 및 복원성	시스템이 필요할 때 필요한 만큼 일부 또는 전부 작동하고 시스템 가용성에 영향을 미칠 수 있는 장애를 효과적으로 처리하는 능력
진화성	시스템이 납품 후 맞이하게 될 불가피한 변경에 직면했을 때 유연함을 발휘하되, 그런 유연성을 적정한 비용으로 제공할 수 있는 능력

표 24-2 간략하게 설명할 관점들

관점	원하는 품질
접근성	장애가 있는 사람도 시스템을 사용할 수 있게 하는 정도
개발 자원	시스템이 사람, 예산, 시간, 재료와 관련된 정해진 제약하에서 설계, 구축, 배치, 운영될 수 있는 능력
국제화	시스템이 특정한 언어, 국가, 문화권에 종속되지 않을 수 있는 능력
위치	시스템의 요소가 소재한 위치와 요소 간의 거리로 인해 발생하는 문제를 극복할 수 있는 능력
규제	시스템이 국내법 및 국제법, 유사 법규, 회사 정책, 기타 규칙 및 표준을 준수하는 능력
사용편의성	시스템과 상호작용하는 사람들이 효과적으로 작업하기에 편한 정도

다음의 세부항목을 기준으로 각 관점을 설명한다.

- 채택한 관점이 뷰에 영향을 주는지 여부를 의미하는 관점의 적용가능성

- 관점이 다루는 가장 중요한 관심사항

- 사용자 아키텍처에 관점을 적용하는 데 필요한 행위에 대한 설명

- 관점이 다루는 필수 품질 속성이 사용자 아키텍처에서 보이지 않을 때 해결책으로 고려해볼 만한 핵심 아키텍처 전술들

- 인지 가능한 문제점 및 함정과 이를 완화하는 데 필요한 위험 감소 기법

- 해당 관점을 채택할 때 그리고 그 관점의 정확성, 완전성, 정밀성을 확보하기 위해 검토를 진행할 때 고려할 만한 점검 목록

시점 목록에서처럼 여기서도 복잡하지만 상세한 주제의 개요 정도만 다룬다. 각 부분에 대해 기초 정보를 제공하는 것이 목적이기 때문에, 관점을 다루는 장에서는 추가 정보를 볼 수 있는 다양한 참고문서의 출처를 표시했다.

1부에서 언급했듯이 특정 아키텍처에 적용할 수 있는 관점들은 매우 많고, 그 관점들을 모든 뷰의 맥락에서 전부 다 고려한다는 것은 사실상 불가능하다. 모든 관점이 모든 뷰나 시스템에 연관되지는 않는다. 때로는 전혀 고려할 필요가 없는 관점도 존재한다. 이 중 최적의 관점을 선택하는 데 가장 중요한 것은, 각

관점이 사용자 아키텍처에서 어느 정도로 중요한지 고민하고 그에 맞게 접근법을 맞추는 것이다.

25

보안성 관점

원하는 품질	누가 어느 자원에 대해 어떤 동작을 수행하는지 안전하게 통제, 관찰, 기록할 수 있는 시스템의 능력 및 보안이 깨졌을 때 그 사실을 탐지해내고 복구할 수 있는 능력
적용 대상	사용자 개개인의 신원이 매우 중요한 시스템 혹은 통제해야 하는 정보나 기능에 사용자가 접근하는 시스템 중 다수의 사용자를 보유하고 그들에게 접근 가능한 인터페이스를 제공하는 시스템
관심사항	자원, 주체, 정책, 위협, 기밀성, 무결성, 가용성, 책임성, 탐지/복구, 보안 체계
활동	민감 자원 식별, 보안 정책 정의, 위협 식별, 보안 구현안 설계, 보안 위험 평가
아키텍처 전술	인지된 보안 정책 채택, 보안주체 인증, 접근 인가, 정보 기밀성 보장, 정보 무결성 보장, 책임성 보장, 가용성 사수, 보안 기술 통합, 보안 관리 방안 제공, 외부 조달 보안 기반구조 활용
문제점 및 함정	복잡한 보안 정책, 검증되지 않은 보안 기술, 실패를 대비하지 않은 시스템, 관리 도구 부재, 기술 중심 접근 방식, 시간 자원에 대한 고려 부족, 기술에 대한 과신, 분명하지 않은 요건이나 모델, 보안에 대한 뒤늦은 고려, 무시해버린 내부 위협, 고객이 안전하다는 막연한 추측, 애플리케이션 코드 안에 끼워 넣은 보안, 보안에 대한 단편적인 고민, 임시방편 보안 기술

수많은 요소들이 오늘날 정보 시스템의 보안을 결정한다. 분산 시스템의 확대 추세, 시스템 기반구조로서 공공 네트워크, 특히 인터넷의 활용, 웹 서비스처럼 조직을 벗어나는 연산의 일상화, 개인정보 보호와 보안에 대한 언론매체와 대중의 관심 확대 등이 모두 포함될 수 있다. 이 모든 요소를 통해, 현재의 시스템 이해관계자들이 불과 2~3년 전보다 시스템 보안성에 더 많은 관심을 가질 것이라고 자연스럽게 알 수 있다.

시스템 자원의 소유자가 어떤 자원을 누구에게 제공할 것인지 확실하게 제어할 수 있도록 해주는 프로세스와 기술을 통틀어서 보안security이라고 한다. 여기서 '누구'라고 함은 사람일 수도 있고 소프트웨어의 부분일 수도 있는데, 시스템에서 보안설정 권한을 갖는 행위자 집합에 포함된다. 보안 전문가들은 보통 이런 행위자를 주체principal라고 생각한다. 민감하게 생각하는 시스템의 일부, 즉 접근을 반드시 통제해야 하는 시스템의 일부를 자원resource이라고 하고, 하위 시스템, 데이터 요소, 동작 등이 속한다. 정해진 자원 내에서 시스템의 주체가 논리적으로 동작할 것으로 생각하고 자원에 접근access하는 것, 그리고 시스템 주체가 자원에 접근할 때 이 접근에 반드시 제한이 있어야 하는 것을 연산이라고 한다(예: 자원 읽기/변경/실행 등).

자원은 시스템 보안의 핵심이다. 정책policy은 합법적인 접근을 정의하고, 이는 보안 체계security mechanism에 의해 강하게 통제된다. 보안 체계는 필요한 자원에 대한 접근권한을 얻는 데 시스템 주체가 사용하는 기준이다. 그림 25-1에서 이 개념들 간의 관계를 요약했다. 이 장의 '관심사항' 절에서 좀 더 상세하게 다루었다.

자원, 주체, 정책은 시스템에서 아주 세심하게 다뤄야 한다. 인터넷 서비스 제공자는 군사정보단체와 전혀 다른 종류의 보안 관심사항을 가질 것이다. 또한 기업의 직원들이 원격으로 접근하는 내부 정보 시스템을 구현하는 회사와도 다를

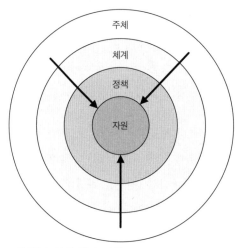

그림 25-1 주체, 행위, 자원

것이다. 하지만 모든 경우에 있어서 보안은 공통적으로 올바른 자원을 올바른 사람에게 올바른 수준의 접근권한으로 부여했는가의 문제다.

또한 보안은 '안전한가 아닌가' 둘 중 하나로 대답하는 단순한 주제가 아니라는 사실을 인식하는 것이 중요하다. '예/아니오'로 답할 수 없는, 발생 가능한 보안 위험과 이를 막는 방어 비용 사이에서 균형을 맞추는 위험 관리에 가까운 주제다. 이런 사실을 염두에 두면 시스템 이해관계자들에게 좀 더 현실적인 기대치를 심어주고, 시스템이 직면한 실질적인 보안 위험을 해소하는 절충을 현명하게 이루도록 도와준다.

▌뷰 적용성

표 25-1은 보안성 관점이 3부에서 다루는 뷰 각각에 어떤 영향을 주는지 설명한 것이다.

표 25-1 보안성 관점의 7가지 뷰에 대한 적용성

뷰	적용성
맥락 뷰	맥락 뷰는 시스템의 외부 연결을 명확하게 정의하고 이 연결에서 시스템 취약성이 노출될 수 있을지 판단하고 이를 악의적 사용으로부터 보호할 방법을 고민하게 해준다. 시스템의 보안을 생각해서 이런 외부 연결의 본질 자체를 바꿔야 하는 경우가 있을 수 있다. 시스템의 직접적인 환경에서 가해질 수 있는 잠재적 위협을 식별하는 데 맥락 뷰를 사용할 수 있다.
기능 뷰	기능 뷰는 시스템의 어떤 기능 요소를 보호해야 하는지 보여줄 수 있다. 하지만 역설적으로 보안 정책을 구현하는 과정에서 시스템의 기능 구조가 영향을 받기도 한다.
정보 뷰	정보 뷰 역시 어떤 것을 보호해야 하는지 볼 수 있게 한다. 보안 측면에서 시스템 내 민감한 데이터가 뭔지 보여줄 수 있다. 정보 모델은 종종 보안 설계 과정에서 변하게 된다(예: 민감성을 기준으로 한 정보 분류).
동시성 뷰	동시성 뷰는 기능 요소들이 프로세스 같은 실행시간 요소들에 어떻게 묶일지 정의한다. 보안 설계에서 시스템의 일부분을 다른 실행시간 요소들로부터 분리해야 한다고 판단할 수 있다. 이런 경우, 시스템의 동시성 구조에 영향을 주게 된다.
개발 뷰	보안 정책을 지키기 위해 소프트웨어 개발자가 주의해야 할 지침서나 제약사항을 정의할 수 있다.

(이어짐)

뷰	적용성
배치 뷰	시스템의 배치 환경에 보안 설계가 막대한 영향력을 발휘할 수 있다. 예를 들면, 보안 위주의 하드웨어나 소프트웨어가 필요할 수 있고, 보안 위험에 대응하기 위해 이전에 생각했던 배치 방식을 변경할 수도 있다.
운영 뷰	시스템에 선진 기술을 추가한다고 보안 정책이 지켜지는 게 아니다. 시스템을 만들어 운영하는 방법이 보안에 주된 영향을 준다. 운영 뷰에서는 보안에 대한 가정과 책임을 최대한 명확하게 정의해야 한다. 보안을 구현할 때 이런 부분들이 운영 절차에 반영될 수 있기 때문이다.

▌관심사항

자원

시스템에 보안이 필요한 이유는 시스템이 귀중한 정보와 민감한 동작을 담고 있기 때문이다. 특정한 사람만이 이런 정보에 접근하거나 동작을 실행할 수 있게 해야 하는 것이다. 시스템에서 보호해야 하는 항목을 보안 용어로는 자원이라고 한다. 그리고 보호를 하기 위해 설계하는 프로세스와 체계를 컴퓨터 보안이라고 한다.

주체

보안계에서는 보안을 목적으로 시스템에서 식별할 필요가 있는 개체를 주체라고 한다. 주체는 특정한 사람이 될 수도 있고, 역할을 지칭할 수도 있고, 물리적인 장비이거나 별도의 컴퓨터 시스템일 수도 있다. 보안 시스템은 허가된 접근권한을 허용할 수 있도록 주체들을 신뢰성 있게 식별(인증)해낼 수 있어야 한다.

정책

시스템에서 보안 정책은 시스템의 보안 요구를 정의한다. 시스템 자원을 보호하기 위해서 시스템이 요구하는 통제 항목과 보증서를 정의하고, 각 자원이나 자원 종류별로 어떤 주체(혹은 그룹)에게 얼마만큼의 접근을 허용할 것인지 식별한다. 시스템이 반드시 지켜야 할 보안 관련 제약사항을 보안 정책에 정의함으로써 보안 정책은 시스템에 대한 보안 명세서로 볼 수 있다.

전형적인 보안 정책은 시스템이 갖고 있는 직원, 매니저, 임원 같은 주체 종류별로 정보에 대한 접근 정책을 정의한다. 또 지출 기록, 고객 정보, 청구 정보 같은 정보의 종류별로 정보의 열람/변경/삭제/공유 등 각 주체 그룹이 어떤 종류의 접근을 필요로 하는지 정의한다. 보안 정책은 민감한 시스템 동작을 실행할 때 어떻게 제어할 것인지도 정의해야 한다. 결제를 하거나 시스템을 종료하는 것을 시스템의 민감한 동작으로 볼 수 있다. 정책은 또한 정보 무결성 제약사항을 담고 있어야 한다. 데이터 저장소에서 요구하는 무결성 규칙과 체크사항이나 비인가된 변경에서 발생한 메시지는 보호하기 등을 예로 들 수 있다.

위협

정책에서 시스템이 요구하는 보안 제약사항을 정의한 반면, 시스템에서 다루는 위협은 보안을 피할 목적으로 시스템을 공격하는 누군가로 인해 보안 제약사항이 무너질 수 있는 예상 경우다. 시스템이 직면한 보안 위협을 명시적으로 다루면 이런 위협에 대응할 수 있는 보안집행 체계를 정의할 수 있다. 시스템에 보안 체계를 추가하는 것은 대가를 치뤄야 한다. 시스템 운영난이도를 높이거나 사용편의성은 감소시키면서, 시스템 복잡도를 심각한 수준으로 늘리거나 비용이 엄청나게 증가하는 일이 종종 발생한다. 그래서 위협에 맞는 체계를 선택하는 일이 매우 중요하다. 선택한 모든 체계가 사실적이고 발생할 수 있는 보안 위협을 대응할 수 있어야 한다.

위협은 시스템의 배치 환경과 개발 환경에 밀접한 관련이 있다. 사용자의 아이디와 비밀번호를 빼돌리는 피싱 공격처럼 특정한 위협은 인터넷 시스템에서 발생할 가능성이 더 높다. 시스템 제어권을 넘겨받으려고 다른 보안 역할을 악용하는 사용자는 엔터프라이즈 시스템에서 발생할 가능성이 높다. 시스템에 악성코드를 심는 위협은 시스템에 새로운 플러그인을 통해 확장을 해야 하는 경우처럼 새로운 소프트웨어를 넣을 때 발생할 수 있다.

대부분의 정보 시스템이 안고 있는 공통적인 위협으로는 비밀번호 해킹, 소프트웨어 취약점이나 구성상의 취약점을 이용하는 네트워크 공격, 서비스 거부 공격이 있고, 인증된 사용자를 이용해 침입자 대신 동작을 수행하게 하는 비기술적인 사회공학 공격도 있다.

기밀성

기밀성의 일반적인 정의는 합법적으로 접근이 허용된 사람들만 기밀을 개방할 수 있게 하는 것이다. 실무적으로는 열람권한을 얻지 못한 누군가가 시스템 내 정보를 열어보는 일을 막는 것을 의미한다. 기밀성은 시스템 테두리 안에서만 정보에 접근할 수 있게 하는 접근 제어를 이용해 제공할 수 있다. 다른 시스템으로 정보를 전송하는 예처럼, 시스템 제어 범위 안에서 정보를 신뢰성 있게 보유하지 못할 경우, 정보가 시스템 제어 범위 외부로 나가게 되고 이때 암호화를 통해 기밀성을 유지할 수 있다.

고전적인 정보 보안 이론에서 기밀성은 무결성 및 가용성과 함께 다뤄진다(보통 이 3개를 합쳐서 CIA 삼총사라고 부른다). 요즘에는 보안 엔지니어를 위해 네 번째 관심으로 책임성을 더하고 있다.

무결성

정보 보안의 맥락에서 무결성은 미탐지 변경이 없다는 것에 대한 보장이다. 그래서 권한자가 정보를 생성하거나 변경한 이후로 쓸데없이 변경이 되지 않았음을 확신할 수 있다. 보통 데이터를 암호화해서 표시해놓고, 미권한자가 데이터를 변경하지 않았다는 것을 증명하기 위해 이 표시와 데이터를 함께 비교함으로써 정보 무결성을 확신한다.

가용성

가용성을 순수하게 운영적인 관심사항이라고 생각할 수 있지만 보안하고도 연관이 있다. 잠재적인 공격자가 서비스 거부 공격으로 시스템 가용성을 해칠 수 없게 하는 것이 보안 설계에서 중요한 부분 중 하나다.

시스템 가용성을 설계할 때 시스템 자체의 특성에 의해 발생하는 계획된 또는 미계획된 정지를 생각해야 한다. 외부 공격이 발생해도 정지하지 않게 설계한 시스템은 시스템에 누가 접근하는지, 어떻게 접근하는지와 같은 시스템 환경에도 위험을 발생시킬 수 있음을 생각해야 한다. 가용성 보안은 인터넷처럼 공공 네트워크에 일상적으로 연결되는 시스템에서는 매우 중요하게 생각해야 하는 분야다.

책임성

책임성은 어떤 행위든 그것을 행한 주체자를 분명하게 거꾸로 추적할 수 있게 하는 수단이다.

중앙집중화된 서버 기반 시스템에서 감사는 책임성을 확보하는 데 사용하는 공통 체계다. 분산 시스템에서는 메시지를 보낸 주체자를 찾기 위해 암호화된 메시지 서명을 주로 사용한다. 이 경우 책임성은 부인방지nonrepudiation로도 볼 수 있다.

탐지 및 복구

시스템 보안은 결코 완벽할 수 없다. 공격자에게 충분히 매력적인 시스템이라면 보안의 허점이 언젠가는 드러나기 마련이다. 즉, 시스템에 생긴 보안 구멍을 찾아내고 이를 복구하는 능력을 중요한 보안 관심사항으로 볼 수 있다. 이 관심사항을 다루는 것은 순수하게 기술적인 문제로 볼 수는 없으나, 사람과 프로세스도 함께 다뤄야 하고 보안 위반이 어디에서 발생했는지 정확히 짚어내고 적절하게 대응하는 기술 역시 필요하다.

보안 체계

보안 체계는 기술, 구성 설정, 보안 정책에서 정한 규칙을 적용하는 필요한 절차, 시스템에 필요한 보장사항을 기밀성, 무결성, 책임성, 가용성으로 제공하는 데 필요한 절차 등이다. 정보 시스템 보안은 비교적 성숙한 분야이고 정보 시스템에서 동작하는 보안 기술들이 이미 많이 존재한다. 가장 흔하게 사용하는 보안 기술을 예로 보면 사용자 이름과 비밀번호 인증, 싱글 사인 온single-sign-on 시스템, 네트워크 링크를 보호하기 위한 가상사설망VPN, virtual private network, 데이터베이스 접근 제어 시스템, 클라이언트/서버 연결 시 사용하는 SSL/TLS 암호화 등이 있다. 현대 정보 시스템에서 흔히 사용하는 보안 체계를 넓게 묶어보면 다음과 같다.

- 인증^authentication, 인가^authorization, 감사^auditing: 효과적인 접근 제어를 구현하기 위해 주체를 식별하고 그들의 권한과 권리를 승인하고, 그 권한과 권리의 사용을 모니터링하는 데 사용한다.

- 개인정보 보호와 무결성 체계: 비인가 일당이 정보에 접근하는 것을 방지하고 정보 유출을 탐지하기 위해 암호화를 사용한다.

- 메시지 서명 등 부인방지 체계: 메시지 전송자 식별처럼 정보의 출처를 증명하는 경우에 암호화를 사용하기도 한다.

- 시스템 가용성 체계: 악의적이거나 우발적인 위협에서 시스템을 가용하게 지켜내기 위해 사용한다. 이런 기술은 27장 '가용성 및 복원성 관점'에서 주로 다룰 예정이다.

- 보안 모니터링 체계(침입 탐지 시스템, 보안 로그 모니터 등): 시스템 보안 위반을 탐지하고 대응하는 데 사용한다.

아키텍트로서 도전과제는 광범위한 기술 집합에서 올바른 것들을 선택하고 개발 대상인 시스템에 적절하게 적용하는 것이다. 특히, 다양한 기술을 안전하게 결합하는 것이 어려울 수 있다. 시스템 시작부터 끝까지 안전하게 만들기 위해, 시스템 전반에 걸친 보안 구성 설정과 보안 운영 프로세스에 맞게 결합해야 한다. 아주 단순한 경우를 제외하면, 이를 위해 시스템 설계 단계에서 보안 전문가가 투입될 필요가 있다. 전문가들은 조직이나 산업에 맞는 표준이나 공통 관례도 알려줄 수 있다.

▍ 활동: 보안성 관점 적용

그림 25-2의 활동 다이어그램은 보안성 관점을 적용하는 절차를 간단하게 보여준다. 이 절에서는 이 절차에 나온 활동을 설명한다.

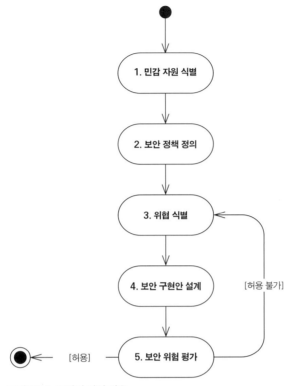

그림 25-2 보안성 관점 적용

민감 자원 식별

시스템을 어떻게 안전하게 지킬 것인지 생각하기 전에 어떤 것을 지켜야 하는지 정해야 한다. 시스템 보안에 관한 모든 것은 시스템 수명주기 초반에 고민해야 하는 핵심 관심사항으로부터 발현된다.

보안에 민감한 자원에 대해 정보를 수집하면 보안과 관련된 모든 사항을 결정할 때 그 정보를 활용한다.

표기법

기능 뷰나 정보 뷰 같은 아키텍처에 다이어그램으로 주석을 달 수도 있겠지만, 보통은 간단한 문장과 표로도 충분하다.

활동

민감한 자원 분류　활용할 수 있는 보안 요건 정보가 무엇이든 기능 뷰와 정보 뷰를 주요 입력으로 함께 사용해 시스템에서 민감한 자원을 결정한다. 보통 기능 동작과 데이터 항목이 된다. 민감한 자원 종류마다 왜 그 자원이 민감한지 정의하고, 자원의 소유자가 누구인지, 필요한 접근 제어가 무엇인지 정의해야 한다.

표 25-2는 전자상거래 주문 시스템에서 볼 수 있는 민감한 자원 중 일부를 간단히 문서화한 예다.

표 25-2 민감 자원 식별의 예

자원	민감도	소유자	접근 제어
고객 계정 기록	개인정보 유출이나 ID 도용의 표적이 되는 개인정보	고객 서비스 그룹	직접적인 데이터 접근 없음
서술적 제품 카탈로그 목록	불순한 의도로 변경될 경우, 사업을 위험에 빠뜨릴 수 있는 판매 제품과 설명을 기술	주식 관리 그룹	직접적인 데이터 접근 없음
가격책정된 제품 카탈로그 목록	악의적이거나 우연찮게 수정될 경우, 사업을 위험에 빠뜨리거나 사기행각에 이용될 수 있는 카탈로그 항목의 가격을 명시	주식 관리 그룹 하위 팀	직접적인 데이터 접근 없음
고객 계정 기록에 대한 업무 동작	데이터 접근과 무결성 보호를 위한 제어	고객 서비스 그룹	인증된 주체의 개별 혹은 모든 기록에 대한 접근
서술적 카탈로그 작업	데이터 접근과 무결성 보호를 위한 제어	주식 관리 그룹	인증된 주체의 카탈로그 변경 작업 접근
가격책정된 카탈로그 변경 작업	데이터 접근과 무결성 보호를 위한 제어	가격책정 팀	변경에 책임성을 갖는 인증된 작업주체의 가격 변경 접근
…	…	…	…

　만약 누군가가 시스템에 맞는 보안 요건을 종합적으로 정의해뒀다면, 민감한 자원도 이미 정의해뒀을 것이다. 하지만 아쉽게도 이런 작업을 손수 해야 할 때

가 많은데, 이때는 정보를 소유한 조직의 관리자나 감시관 등 관련 있는 이해관계자들과 함께 작업하게 된다. 이런 작업을 할 때 조직의 보안 정책, 관련 외부 규제, 관심을 보이는 이해관계자들의 의견 등이 도움이 된다.

그리고 주의해야 할 것은 아키텍트를 포함한 모든 사람이 자원이 어떤 형식으로 나눠져 있는지, 소유자가 누구인지, 자원 형식에 맞는 보안 형식 등을 정확하게 이해하고 있어야 한다는 점이다.

보안 정책 정의

시스템의 민감 자원과 이를 위협하는 요소들을 정의함으로써 (간혹 신뢰 모델trust model 로도 불리는) 보안 정책을 정의할 수 있어야 한다. 보안 정책은 시스템에서 보안 구현 활동의 가장 기본이다. 이 모델은 '어떤' 시스템 자원에 '누가, 어떻게' 접근하는지(일주일에 며칠, 몇 번 등으로 접근일자나 횟수를 제한하는 제약사항도 포함), 시스템이 요구하는 무결성이 보장되는지, 민감 자원에 접근할 때 요구하는 책임성이 무엇인지 등을 정의한다.

이상적인 경우라면 시스템의 주요 이해관계자가 아키텍트를 위해 완전하고, 명확하고, 직설적인 보안 정책을 정의해놓을 터이므로 아키텍트는 그저 작업을 진행하기 전에 확인하고 검토만 할 수도 있다. 아니라면, 지금까지 봐왔던 모든 시스템이 그렇듯 아키텍트는 아무것도 넘겨받지 못한 채 직접 만들고 합의를 도출해내기까지 해야 할 수도 있다.

일반적으로 정책은 세부적인 경우를 모두 열거하는 방식보다는 자원과 주체의 그룹을 기준으로 만들어야 한다. 또한 설계가 아니기 때문에 어떻게 할 것인지 적는 것보다는 누구에게 무엇을 접근하도록 허용할 것인지 정의해야 한다.

특별한 몇 개의 경우를 가지고, 되도록 단순하고 일반적으로 보안 정책을 만든다. 명확한 정책 모델은 집행 체계를 가장 단순하게 구현하도록 만들고, 모델이 올바르게 집행될 수 있는 확률을 높여준다.

보안 정책 모델에서 또 하나 핵심적인 것이 바로 정확성이다. 모델 자체가 시스템의 중요한 산출물이라 주요 이해관계자 전부가 승인해야 한다. 그런데 만약 모델이 정확하지 않다면 이해관계자들은 각자의 관심, 가정, 요구에 따라 다르게 해석할 수 있을 것이다. 이런 상황은 정책을 실제로 시행할 때 문제가 된다.

표기법

보안 정책을 정의할 때는 보통 단순한 문장과 표를 사용해 구조화된 문서를 만든다. 자원과 주체의 그룹을 정의하고 접근 유형을 보여주는 데 표가 특히 도움이된다.

활동

주체자 분류   보안 정책을 정의할 때 관리하기 쉽게 하려면, 우선 주체자를 분류해 그룹으로 묶고 보안 정책 목적에 맞게 그룹별로 관리한다. 주체자를 민감 자원에 따른 역할과 접근권한의 종류를 기준으로 분리한다.

자원 분류   시스템의 민감 자원 유형을 접근 제어 관점에서 일관되게 처리할 수있는 수준으로 그룹화한다(자원 유형은 앞에서 설명한 자원에서 참고한다).

접근 제어 집합 정의   각 자원 등급별로 등급에 속한 구성자원에게 수행할 수 있는 동작을 정의한다. 또한 이 동작을 수행할 수 있는 주체자의 등급도 정의한다.

시스템의 민감한 동작 식별   시스템의 관리 자원(예: 관리 동작)과는 별개인 시스템 수준의 동작은 무엇이든 고려한다. 이 동작을 수행하도록 허가된 주체자 등급도 정의한다.

무결성 요건을 정의   시스템에서 정보가 존재하고 변경될 수 있는 상황과 민감한 동작이 수행되는 상황을 모두 고려한다. 그리고 이 상황에서 요구되는 무결성 보장 항목들도 정의한다(예: 감사나 '4개의 눈' 승인).

예제

표 25-3은 전자상거래 시스템에서 정의한 보안 정책 중 일부를 보여준다.

표 25-3 접근 제어 정책의 예

	사용자 계정 기록	제품 카탈로그 기록	가격 기록	사용자 계정 동작	제품 카탈로그 동작	가격 변경 동작
데이터 운영자	감사하에서 모든 기록	감사하에서 모든 기록	감사하에서 모든 기록	승인과 감사에서 모든 동작	감사하에서 모든 동작	제품가격 운영자의 승인하에서 모든 동작
카탈로그 직원	없음	없음	없음	모든 동작	읽기전용 동작	없음
카탈로그 관리자	없음	없음	없음	감사하에서 읽기전용 동작	모든 동작	감사하에서 모든 동작
제품가격 운영자	없음	없음	없음	없음	읽기전용 동작	감사하에서 모든 동작
고객 서비스 직원	없음	없음	없음	감사하에서 모든 동작	읽기전용 동작	없음
등록된 고객	없음	없음	없음	자신의 기록을 다루는 모든 동작	읽기전용 동작	없음
웹사이트에 방문한 미확인 사용자	없음	없음	없음	없음	읽기전용 동작	없음

(미인증 웹사이트 사용자를 포함한) 7개의 주체 분류와 6개의 민감 자원 분류를 살펴봤다. 데이터 운영자만이 데이터에 직접 접근할 수 있고, 다른 사용자들은 업무 동작만 실행할 수 있다. (데이터를 변경하는 과정에서 발생하는 현상을 통해 미리 모의 실험할 수 있다는 측면에서) 데이터 운영자도 업무 동작을 실행할 수 있다고 보지만, 이런 활동은 모두 감사의 대상이고 일부는 누군가의 승인이 필수적이다. 데이터 운영자를 제외한 다른 주체들은 시스템을 통해 각자에 맞는 역할을 수행하는 데 필요한 정도로만 권리를 부여받는다.

위협 식별

이상적인 세계에서는 민감 자원의 목록과 보안 정책을 공표하는 순간부터 모든 사람이 순순히 그 정책을 따를 것이다. 하지만 누군가는 이 정책을 따르지 않을 것이기 때문에, 보안 분야가 필요한 이유이고 보안 정책에 가해질 수 있는 모든 위협을 정의할 필요가 있다. 위협을 식별한다는 건 무엇을 보호할 것이고, 무엇으로부터 보호할 것인지를 명확하게 정의하는 것이다. 이런 작업은 아키텍트가 현재 인식하고 있는 위협이 무엇이고 그 위협을 막아낼 수 있을지 판단하고, 암묵적으로는 어떤 위협이 고려되지 않았는지를 분명하게 한다.

이런 절차를 거치면 위협 모델$^{threat\ model}$이 결과로 생성되는데, 이 모델은 민감 자원의 최초 목록과 시스템에 가해질 위협에 대한 면밀한 분석, 위협이 가해졌을 때의 영향, 위협의 발생가능성 등을 포함하고 있어야 한다.

위협 모델을 만들려면 지금 설계하고 있는 시스템에 수많은 핵심 질문을 던져야 한다.

- 보안 정책을 거부할 사람이 있다면 누구인가?
- 시스템에 공격을 하는 사람의 동기는 무엇인가?
- 공격자가 어떤 방식으로 보안 정책을 피할까?
- 공격자가 지닌 주요 특성이 무엇인가(숙련도, 헌신도, 자원 등)?
- 특정 방식으로 정책을 위반했을 때 그 결과는?

시스템이 맞닥뜨리는 위협은 조직 외부에 있는 '악당'으로부터 발생할 수도 있지만 조직 내부에서 생길 수 있다. 많은 대규모 기업이 현직이나 전직 직원으로부터 가해지는 위협 때문에 고통스러워한다. 직원은 조직 내 시스템에 대해 많이 알고 있고 보통 직원에 대해서는 신뢰도가 있다. 그래서 정보 시스템 제어 도구를 피하기가 외부인보다 더 쉽다.

그리고 중요한 고려사항이 또 있는데, 시스템이 어떤 환경에 배치되는가도 다가올 위협에 영향을 준다는 것이다. 시스템을 조직 외부(호스팅 업체나 클라우드 환경)에서 호스팅한다면, 조직 내부자 외에도 호스팅 기반구조를 운영하는 직원이 위협을 가할 수도 있다는 점을 기억해야 한다. 추가로 이런 호스팅 업체는 내부 조직에서는 할 수 없는 일정 수준의 보안 기술과 전문성 보유, 감시, 지원을 할 수도 있다.

위협을 식별할 수 있게 정의하면 외부에서 전문가들을 초빙해 모델을 검토하고 아직 고려되지 않은 잠재 위협을 알려주고 모델에 맞게 위협을 조정해 도움을 줄 수 있다. 모든 발생 가능한 위협을 고려했다고 확신하려면 폭넓은 검토를 거쳐야 한다. 그리고 위협 모델이 있으면 시스템에서 필요한 보안 도구들을 체계적으로 적용할 수 있다.

표기법

구조화된 문서를 만들 때 위협 모델은 보통 문장과 표를 이용해 표기한다. 시스템에 가해지는 위협과 발생가능성을 분류해 설명하는 데 트리 구조를 사용하는데, 이런 공격 트리를 표현할 때는 그래프가 대안이 되기도 한다.

예제

공격 트리는 시스템의 위협 모델을 표현하는 데 유용한 접근법이다. 이 기술은 결함 트리 기법에 기초한 것인데, 안전과 직결된 시스템 설계 시 실패 모드를 분석하는 데 사용한다. 보안 분야에서는 시스템에 가해질 수 있는 공격을 표현하는 데 이런 접근 방식을 적용할 수 있다.

공격 트리는 공격자가 정해진 목표를 달성하기 위해 시스템에 가하는 후보 공격들을 보여준다. 트리의 루트에는 공격자의 목표가 있고, 트리의 가지에는 침입자가 목표한 바를 얻기 위해 시도할 수 있는 다양한 공격의 종류를 분류한다.

공격 트리를 노드와 링크를 가진 트리 구조로 그려서 그래프로 표현할 수도 있지만, 기술 문서에서 사용하는 단계별 제목 형식처럼 점으로 구분한 숫자 구조를 채택해 문장으로 표시하기도 한다. 예상되는 공격이 매우 많은 경우 공격 트리가 커서 그래프로는 그리기도 어렵고 이해하기도 힘든데, 이 경우 문장 방식이 좀 더 유용하다.

전자상거래 웹사이트에서 고객의 신용카드 세부 정보를 빼내고자 하는 공격 트리를 예제로 그려보면 다음과 같다.

목표: 고객의 신용카드 세부 정보를 갖는다.
 1. 시스템 데이터베이스에서 세부 정보를 빼낸다.
  1.1 데이터베이스에 직접 접근한다.
   1.1.1 데이터베이스 비밀번호를 크랙하거나 추측한다.
   1.1.2 데이터베이스 보안을 우회할 수 있는 운영체제 비밀번호를 크랙하거나 추측한다.
   1.1.3 데이터베이스 소프트웨어의 알려진 취약점을 공격한다.
  1.2 데이터베이스 관리부서 직원을 통해 세부 정보에 접근한다.
   1.2.1 데이터베이스 관리자(이하 DBA)를 매수한다.

1.2.2 DBA가 세부 정보를 누설하도록 전화나 이메일을 사용해 사회공학적 시도를 한다.

2. 웹 인터페이스에서 세부 정보를 빼낸다.

2.1 신용카드 세부 정보를 입력하는 가짜 웹사이트와 이메일 사용자, URL을 만든다.

2.2 사용자 계정의 비밀번호를 크랙하거나 추측하고, 해당 사용자의 웹 인터페이스에서 정보를 빼낸다.

2.3 사용자에게 트로이 목마 프로그램을 이메일로 보내고 웹 트래픽을 가로채 키입력을 기록한다.

2.4 도메인 네임 서버(DNS)를 공격해 도메인 이름을 가로채고 2.1의 가짜 사이트 방식을 적용한다.

2.5 사이트의 서버 소프트웨어를 직접 공격해 보안 취약점이나 구성 설정 취약점을 찾아내거나 알려진 소프트웨어 취약점을 공격한다.

3. 시스템 외부에서 세부 정보를 찾는다.

3.1 카드 정보를 얻기 위해 고객 서비스 직원을 이메일이나 전화 같은 사회공학적 방법으로 속인다.

3.2 2.1에서 만든 사이트에서 공개된 정보를 사용해 사용자에게 직접 사회공학적 공격을 가한다.

공격자가 시스템 보안을 무너뜨리기 위해 설정한 목표마다 공격 트리를 만들어야 한다. 일단 한 번 공격 트리를 만들고 나면, 공격에 포함된 위협이 무엇인지 알게 되고, 시스템 보안이 그 위협을 무력화할 수 있는지 분석할 수 있다.

활동

위협 정의   시스템에 포함된 민감 자원을 중심으로 시스템에 가해질 보안 위협, 잠재적 공격자들이 노릴 만한 민감 자원으로의 접근 방법, 잠재적 공격자들의 주요 특성, 가능한 공격의 종류 등을 생각해봐야 한다.

위협 특성화   공격 발생가능성, 공격이 성공할 경우 그나마 허용할 수 있는 자원과 그 결과 등의 기준에서 위협들을 특징지어야 한다.

보안 구현안 설계

민감 자원과 위협을 이해하고 나면, 시스템의 기술적인 보안 설계를 고려할 수 있다. 이 과정의 목표는 위협 모델에서 찾아낸 위험하에서도 시스템의 보안 정책을 지킬 수 있는 시스템의 보안 기반구조를 설계하는 것이다. 이 과정에서 싱글 사인온single-sign-on 시스템이나 네트워크 방화벽, SSL 통신 회선 보안, 암호화 기술, 정책 관리 시스템 등 특정 보안 기술을 사용할지 생각해볼 수 있다.

설계 절차를 거치면 아키텍처와 함께 봐야 할 수많은 설계 결정사항이 도출된다. 이런 결정사항은 아키텍처 구조에 영향을 주고, 기능 뷰, 정보 뷰, 배치 뷰, 운영 뷰가 보여주는 설계사항에도 영향을 준다.

표기법

이 과정의 결과는 아키텍처 뷰에서 고민해봐야 하는 설계 결정사항들이다. 그래서 기술적 보안 설계에서 사용할 표기법은 각 뷰에서 사용한 표기법에 따라 달라진다. 보안 설계 모델 전반에 걸쳐 사용할 형식을 만들 수도 있는데, 보통 UML 같은 소프트웨어 설계 표기법을 활용하기도 한다(기능 시점에서의 UML 사용법과 유사하다).

예제

이전 예제에서 봤던 공격 트리를 기초로, 전자상거래 시스템에서 고려해볼 만한 보안 측정치는 다음과 같은 내용을 포함하고 있다.

- 네트워크 방화벽 기술을 사용해 데이터베이스 장비를 공공 네트워크로부터 분리한다.
- 네트워크 방화벽 기술을 사용해 보안에 민감한 시스템 부분을 공공 네트워크로부터 분리한다.
- 보안 취약점을 찾기 위해 시스템으로 들어오는 모든 경로를 분석한다.
- 전문가들이 시스템에 침투하는 길을 찾을 수 있는지 보기 위해 침투 시험을 준비한다.
- 보안 위반을 감지할 수 있게 공격 감지 전략을 정의한다.
- 사회공학적 공격을 피하고, 고객 정보에 대한 엄격한 개인정보 보호 절차를 따르기 위해, 관리 부서와 고객 서비스 부서의 직원(사실상 거의 모든 직원이겠지만)을 훈련시킨다.
- 최소한의 사용자 정보만 공개적으로 볼 수 있게 사이트를 설계한다(가장 이상적인 것은 물론 전혀 공개하지 않는 것이다).
- 신용카드번호 같은 민감 정보가 통째로 노출되지 않게 사이트를 설계한다(목록에 있는 카드를 식별할 때 합법적인 사용자에게 끝 4자리만 보여줘서 구분하는 식이다).

- 시스템에서 사용하는 모든 외부 조달 소프트웨어에 주기적으로 보안 관련 소프트웨어 업데이트를 적용한다.
- 분석 도구와 전문가 검토를 통해 보안 취약점을 찾기 위한 시스템 코드 검토를 수행한다.
- 반드시 지켜야 할 보안 주의사항을 사용자들에게 지속적으로 환기시킨다. 예를 들면 비밀번호를 아무에게도 공유하지 않기, 정보를 조회하기 전에 URL을 확인하기 등이 있다.

일반적인 보안 구현사항들이 보안 기술과는 직접적으로 관련이 없고 오히려 사람들이 안전하게 행동하게끔 유도하는 것이라는 게 재밌다.

활동

위협을 경감시키는 방법 설계　　앞에서 정의한 각각의 위협을 설명하는 보안 체계를 설계한다. 이 과정에서 이미 존재하는 아키텍처 결정사항을 수정하거나 한 가지 이상의 보안 기술을 적용하거나 시스템 운영 및 사용에 대한 절차나 프로세스를 설계해야 할 수도 있다.

탐지 및 복구 접근법 설계　　정의해놓은 보안 체계가 완벽하지 않을 수 있다는 사실을 명심하고, 시스템 보안 정책 위반 사실을 탐지하고 복구하는 방안을 시스템 전반에 걸쳐 설계한다. 기술 침입 탐지 방안, 예상치 못한 부정합을 찾기 위한 시스템 내부 검사 및 비교, 침입 탐지 기능과 복구 기능 프로세스의 규칙적인 검사 등이 이 과정에 포함된다. 침입 탐지에 있어 상용 소프트웨어부터 오픈소스 소프트웨어까지 다양하고 괜찮은 솔루션이 존재한다. 하지만 어떻게 패키지를 사용하고 프로세스를 설계할지 결정하는 것은 여전히 시스템에 맞춰 해야 하는 활동이다.

기술 평가　　위협을 정의하는 방법 중 한 가지는 보안 체계를 제공하는 보안 기술의 일부분을 사용하는 것이다. 이 과정에는 후보군의 보안 기술이 특정한 배경 하에서 특정한 위협을 처리할 때 적당하다는 것을 평가하는 활동이 포함된다. 신뢰성이나 사용편의성 등을 확인하는 것처럼 일반적인 측정과 함께 특정한 상황에 맞춰 측정을 수행하는 것이 모두 포함된다. 예를 들면 염두에 둔 기술을 시스템 관리자가 동작할 수 있는지 확인하거나 그 기술이 시스템 성능 및 확장용이성 목표를 만족시키는지 확인하는 것이다.

기술 통합　　일단 어떤 보안 기술을 시스템에 적용할지 결정하고 나면, 그 다음으로 중요한 활동은 그 기술을 주요 시스템 구조 안에 어떻게 녹이고 다른 보안 기술과 어떻게 통합할지 결정하는 것이다. 즉흥적으로 통합을 했다가 예기치 못한 영향이 생겨 보안에 큰 구멍이 생기는 걸 막기 위해서라도, 충분한 시간을 들여 통합 방법을 주의 깊게 설계하는 게 중요하다.

보안 위험 평가

완벽한 보안 시스템은 없다. 시스템 보안을 구현하는 일은 균형을 맞추는 일의 연속이다. 위험을 줄이느라 발생하는 구현 비용과 위험이 발현했을 때 발생하는 비용 사이에서 균형을 맞추는 일이다.

　　보안을 설계한 시스템 기반구조를 갖추고 나면, 이제는 위험을 재평가해서 설계한 보안 기반구조가 비용 대비 위험이 허용 가능한 정도로 균형이 잡혔는지 판단해야 한다. 허용 가능한 범위라면 보안성 관점은 완료된 것이고, 아니라면 다시 위협 모델로 돌아가 비용 대비 위험 균형이 맞도록 보안 기반구조를 수정해야 한다.

표기법

보안 측정은 일련의 위험 집합과 주어진 시스템 설계 기준으로 각 위험의 발생가능성, 위험이 내포하고 있는 개념적 비용(발생 확률을 기준으로 뽑은 예측 비용) 등을 보여준다. 이런 정보는 간단한 표 형식으로 표시하는 게 가장 좋다.

예제

표 25-4에서는 전자상거래 시스템에서 발생할 수 있는 다수의 위험 표현하려고 표 형식을 사용한 예를 보여준다.

표 25-4 위험 측정의 예

위험	추정 비용	추정 발생가능성	개념상의 비용
공격자가 데이터베이스에 직접 접근한다.	$8,000,000	0.2%	$16,000
웹사이트 오류로 인해 무료 주문이 체결됐다.	$800,000	4.0%	$ 32,000
고객 서비스 대표자에게 사회공학적 공격이 발생해 고객 계정이 유출됐다.	$4,000,000	1.5%	$60,000
...	...	...	...

이런 형식의 위험 표현법은 명목 비용이 가장 높은 위험에 집중할 수 있게 해준다. 명목 비용이 높은 위험은 손상 위험이 매우 높고 실제 발생할 가능성도 가장 높은 위험을 예로 들 수 있다.

활동

위험 평가　이 단계에서 하는 유일한 활동은 위험 측정 프로세스다. 위협 모델에서 정의한 위험마다 발생가능성과 계획한 보안 기반구조에서 발생할 영향도를 재측정하고, 이전에 산정한 보안 요구와 비교해본다. 시스템이 처한 특수한 상황을 기준으로 보안 위험이 수용 가능한 수준인지를 평가한다. 개별 위험마다 발생가능성과 영향도를 신뢰할 만한 수준으로 추정하는 일이 어렵고 시간소모적이기 때문에 이 프로세스가 매우 길어질 수도 있음을 상기할 필요가 있다.

▍아키텍처 전술

인지된 보안 정책 채택

컴퓨터 보안 분야는 빠르게 진화하는 고도의 기술 훈련법이 갖춰진 비교적 성숙한 분야다. 누구나 알 만한 보안 전문가 단체에서 자체적인 원칙과 표준, 규범, 문화에 맞춰 개발하고 적용한 지식 체계가 수립돼 있다.

　연구자와 실무자로 구성된 이 단체는 널리 받아들여져 사용되고 있는 수많은 중요 시스템 보안 원칙들을 만들어왔다. 다음에서는 매우 중요하다고 판단되는 원칙을 나열한다.

- **권한의 수 최소화**: 작업에 필요한 최소한의 권한만 보안 정책에 수용한다. 만약 간헐적으로 실행하는 민감한 작업이라면 시간이 지남에 따라 권한을 다르게 부여하는 것도 고려해보자.

- **가장 약한 고리 보호**: 시스템 보안은 가장 약한 요소에 의해 결정된다. 그래서 자신이 구현한 보안에서 가장 취약한 부분이 어디인지 파악하는 것이 실제 시스템이 안전한가를 판단하는 데 매우 중요한 과정이다. 가장 취약한 부분은 네트워크 통신처럼 기술적인 부분이거나 데이터 센터에 손쉽게 접근하는 등의 절차적인 부분, 비밀번호를 적어놓는 등의 사람에 의한 부분일 수 있다. 정해놓은 보안 위험 수준을 달성할 때까지 시스템 보안에서 제일 약한 고리를 찾아내서 보호한다.

- **중첩 방어**: 물리적인 보안 시스템을 들여다본 적이 있다면 보안 측정치 하나만으로 보안이 만족되기 힘들다는 사실을 알 것이다. 중세 성채에 연못과 도개교, 튼튼한 성벽이 있었던 것처럼, 은행에는 알람장치와 금고, 보안 요원, 감시 시스템, 중요한 문마다 달린 다중잠금장치 등이 있다. 이런 것들이 다중 방어 정책을 실현한 사례로, 방어를 여러 겹으로 하면 한 겹으로만 방어할 때보다 훨씬 더 보안 수준이 높아진다. 여기서 사용하는 많은 보안 기술이 저마다 결함이 있고 인적 오류와 절차적 오류에서 자유롭지 못한 만큼, 다중 방어 정책은 컴퓨터 시스템에 특히나 잘 맞는다. 시스템에 가해지는 위협에 대응할 수 있다고 하나의 보안 측정치에 너무 의존하지 말고, 더 철저한 보호를 위해 방어 체계를 여러 겹으로 하는 것을 고려해야 한다.

- **구분 및 분리**: 필요한 경우 책임을 맡은 권한에 다른 규범을 할당할 수 있게 각기 다른 특성을 갖는 책임은 명확하게 구분한다. 그리고 시스템 구성요소를 개별적으로 제어할 수 있기 때문에 각 요소마다 책임을 분리한다. 이렇게 하면 접근을 안전하게 제어하기가 쉬워져서, 시스템의 일부분에 공격이 들어와도 바로 전체로 확산되지 않는다. '감사 추적 변경' 권한에서 '보안 대체' 권한을 분리한 것이 좋은 예인데, 보안 대체 권한이 작용할 때마다 감사 추적 기능이 이를 기록할 수 있다. 그리고 시스템의 주요 부분에 대한 보안 구성과 체계

를 분리해 구현하는 것도 좋은 예로 볼 수 있다.

- 보안 설계 단순성 유지: 보안 엔지니어들은 보안의 적은 복잡성이라고 말한다. 복잡한 시스템은 다루기가 어렵고 보안 측정 목적으로 시스템을 분석할 때 특히 어려움을 증가시킨다. 이는 결국 시스템이 안전한지 아닌지 판단하기 어렵게 만들고 시스템을 혼란에 빠뜨릴 수 있는 취약점을 늘리게 된다. 엄격한 보안 요건을 가진 시스템일수록 단순하게 만들어서 보안성을 측정하고 확인할 수 있게 해야 한다.

- 숨기는 것에 의존하지 않음: 몇 년 전에는 보안 시스템을 공격하기 어렵게 하려고 시스템의 세부사항을 숨기는 게 일반적이었다. 암호화 키 같은 보안 비밀을 복잡하고 심지어 문서화도 안 된 비밀코드 안에 심는 것이 그 예다. 이 방법의 약점은 공격자가 숨겨진 비밀을 그냥 지나칠 만큼 똑똑하지 않다고 보는 것, 외부 전문가가 보안 등급을 측정하는 행위도 금지한다는 점을 염두에 두고 있다는 것이다. 오늘날 보안 업계에서 통용되는 지혜는 완전한 개방, 즉 시스템 구현자들이 아는 것은 잠재적 공격자들도 알고 있다는 가정하에 설계를 하는 것이다. 비밀이라는 것이 철저하게 숨기는 것 자체가 매우 어렵기 때문에 비밀을 숨기는 행위에 덜 의존하는 이런 규범이 시스템을 좀 더 안전하게 만든다.

- 기본 보안 설정 유의: 우리가 봐왔던 많은 시스템이 안전하지 않은 기본 설정 값과 행위들을 포함하고 있었다. 기본으로 설정된 공백 비밀번호나 기본 제어 접근 목록의 접근권한, 기본으로 열린 네트워크 포트 등이 포함된다. 이런 행위는 실제 보안 위협으로 나타나는데, 특히 시스템에 익숙지 않은 사용자가 설치해서 사용하는 소프트웨어 패키지 제품에서 나타난다. 기본적인 보안 행위들이 실질적인 시스템 보안에서 가장 큰 부분을 차지한다는 점을 기억하자.

- 안전한 실패: 실제 시스템에서 가장 흔히 발견되는 문제점으로 안전하지 않은 실패 모드 행태가 있다. 시스템이 정상 동작 중에는 안전하지만, 뭔가 잘못되기 시작하면 안전하지 않게 되는 것이다. 민감한 정보가 포함된 오류 로그, 로그의 저장용량 부족으로 중단된 감사 추적 기능, 보안협상 실패 시 위험 모드에 빠지는 시스템, 시스템 충돌 후 나타나는 무방비 상태의 보안 콘솔 등이다. 시스템에서 실패는 피할 수 없다. 그래서 시스템이 실패할 때는 안전하게 실

패하도록 해야 한다.

- 외부 개체는 신뢰할 수 없다고 가정: 시스템의 보안 환경과 규범은 완전하게 제어할 수 있어야 한다. 하지만 시스템에 접근하는 외부 개체에 대해서는 얘기가 달라진다. 예상치 못한 보안 위협을 피하려면, 신뢰성이 증명되기 전까지 모든 외부 개체는 신뢰할 수 없다고 생각해야 한다.

- 민감한 이벤트 감시: 대부분의 시스템은 잘못 쓰이면 시스템 보안을 위협할 수 있는 보안과 관련된 수많은 주요 이벤트를 갖고 있다. 비밀번호를 초기화하거나 강력한 권한의 역할을 만든다든가, 감사 추적을 조작하는 것이 일반적인 예다. 이런 이벤트가 사용되는 걸 감시할 수 있도록 민감한 이벤트를 안전하게 감사해야 한다. 믿을 만한 감사 추적이 동작할 수 있도록 하기 위해 시스템 배치 시 수많은 제약사항이 생기기도 한다.

일반적으로 받아들여지는 원칙을 완전히 이해하고 시스템 보안에 적용한다. 이 장 마지막에 있는 '더 읽을거리' 절에서 이 주제와 관련해 좀 더 자세한 내용을 담고 있는 참고문서를 읽어보길 추천한다.

보안주체 인증

누가 시스템을 사용할 수 있는지 정의한 보안주체를 신뢰할 만한 방법으로 증명하는 것을 인증이라고 한다. 보안주체는 개별 보안정체성을 가진 사람, 컴퓨터, 소프트웨어 일부, 시스템 기타 요소 등으로 볼 수 있다. 대부분의 시스템 보안은 시스템에 존재하는 다양한 보안주체를 신뢰할 만한 수준으로 식별할 수 있는가 여부에 달려 있다.

인증을 실제로 수행하려면 누가 시스템을 사용할 수 있는지를 나타내는 보안주체마다 고유한 이름을 붙여야 한다. 매우 다양한 범위의 인증 기술이 시스템의 보안주체를 식별할 수 있게 해주는데, 예를 들면 비밀번호와 묶인 사용자 식별이름이나 X.509 디지털 인증서 같은 공개/개인 키 시스템, 스마트카드 같은 하드웨어 토큰 기술이 있다. 시스템 전반에 걸친 인증 절차를 통째로 싱글 사인 온 시스템으로 알려진 기성 제품에 맡길 수도 있는데, 이는 유닉스와 윈도우 인증을 모두 해야 하는 복합기술 환경에서 특히 유용하다. 이런 기술들은 보통 목표로 하는 사용처가 있지만, 상이한 환경과 보안 요구에 맞출 수도 있으므로, 사용자는 여러 사항을 고려해 자신의 시스템에 가장 적합한 기술을 선택해야 한다.

정해야 하는 주요 결정사항은 시스템이 맞닥뜨리는 특정 위험요소를 다룰 수 있을 만큼 안전한 체계를 가지고, 시스템의 모든 보안주체를 어떻게 고유하게 식별해낼 것인가이다. 보안주체에 따라 다른 인증 기술을 사용할 수도 있다는 것을 염두에 둬야 하고, 일부 경우에는 하나 이상의 인증 기술을 통해 보안주체를 식별해야 할 수도 있다. 예를 들면 기업에 속한 사용자가 개별 디지털 인증서를 가지고, 시스템에 로그인을 하고, 데이터베이스에 로그인을 하고, 애플리케이션에 로그인을 할 수도 있다. 복수의 로그인이 필요하다면 상이한 하부 시스템의 상단에 통합된 계층으로 통합 인증 기술을 적용할 것을 강하게 권고한다. 2개 이상의 비밀번호를 기억하는 게 쉬운 일이 아니기 때문에, 사용자에게 시스템마다 다른 비밀번호를 무조건 기억하라고 강요할 경우 비밀번호가 적힌 메모지가 모니터에 붙어 있는 걸 보게 될 것이다!

아키텍처 차원에서 필수적인 것은 모든 보안주체를 필요할 때 신뢰성 있게 식별할 수 있는지 여부와 시스템이 단순하고 사용자가 직관적으로 사용할 수 있을 만큼 사용편의성이 있는지 여부다.

접근 인가

보안주체를 식별하고 나면, 인증은 시스템에서 해당 주체에게 허용된 작업을 수행하게 하고 다른 것은 제한하는 것을 하게 된다. 개념상으로는 보안주체와 함께, 시스템에서 관리하는 자원에 대해 그들에게 허용된 작업을 목록으로 만드는 것이다. 이런 일은 보통 보안주체에게 역할과 그룹을 부여해서 동일한 범주로 묶어 처리할 수 있게 해준다. 이렇게 하면 자원에 따라 시스템에서 허용되는 작업을 역할과 그룹에 정의할 수 있다.

대부분의 엔터프라이즈 소프트웨어 기술은 이미 어떤 형태로든 접근 제어를 포함하고 있다. 접근 제어는 사용자 신분과 그룹 멤버십 같은 자격 정보 기반의 자원에 접근하는 것을 제한할 수 있게 해준다. 게다가 소프트웨어 개발자가 시스템을 개발할 때 명백한 보안 체크사항을 소프트웨어 안에 심을 수도 있다.

많은 시스템에서 아키텍트가 부딪히는 가장 큰 문제는 분리돼 있고 대개 호환도 되지 않는 인증과 인가 기술을 가지고 어떻게 일관성 있는 접근 제어 시스템을 만들 것인가이다. 시스템 보안을 관리 가능하고 효과적으로 만들려면 시스템 아키텍처에 보안주체를 인가할 수 있는 방법을 명확하게 정의해야 한다. 특히 시스템 환경상 여러 개의 인가 시스템을 놓고 고민 중일 경우는 더욱 그렇다.

이 문제에 대한 해결책은 목적에 특화해 만들어진 접근 제어 제품을 사용하는 것이다. 하나의 제품이 다양한 인증 시스템과 연동하며 여러 제어 자원에 접근할 수 있게 한다. 또 하나의 일반적인 접근 방식은 LDAP 디렉토리처럼 중앙의 전사 디렉토리에서 역할을 확인하도록 모든 인가방식을 표준화하는 것이다. 더 단순한 방식을 원한다면, 자체 개발한 간단한 접근 제어 관리자를 시스템 아키텍처에 사용하는 것도 방법이다. 하지만 이 방법은 소규모 시스템에나 적합할 것이다.

정보 기밀성 보장

기밀성이란 정보 소유자와 그 소유자가 공유를 허락한 사람들만 해당 정보를 열람할 수 있게 보장하는 것이다.

기밀성은 인가를 적절히 사용해 접근이 허용되지 않은 주체가 정보에 접근하는 것을 방지함으로써 부분적으로 얻을 수도 있다. 하지만 접근 제어는 부족한 게 많고 일정 수준의 기밀성을 유지하기 위해서 다른 기술을 함께 적용해야 하는 경우가 많다.

전통적인 정보 시스템은 높은 수준으로 중앙에 집중돼 있고 중앙 컴퓨터에는 거대한 정보금고가 놓여 있다. 일반적으로 데이터베이스 관리 시스템의 일부분인 접근 제어 시스템이 정보를 엄격하게 통제하고 중앙 컴퓨터에 직접 연결된 터미널 내 자체 애플리케이션을 통해서만 정보에 접근할 수 있다.

이와 대조적으로, 오늘날의 정보 시스템은 높은 수준으로 분산돼 있고, 시스템 기능을 동작하기 위해 많은 컴퓨터가 서로 통신하고 있다. 자연스럽게 전통적인 중앙화 시스템에 비해 정보는 보안적으로 더 취약할 수 있는데, 특히 통신을 위해 공공 네트워크를 사용하고 시스템의 부분들이 각기 다른 조직에 포함돼 있는 경우는 더욱 그렇다. 인터넷에 손쉽게 접근할 수 있고 인터넷 저장소 서비스나

USB 같은 대용량 개인 저장장치를 최종 사용자가 사용할 수 있다면 상황은 더 복잡해진다.

이런 변화의 결과로 정보가 존재하는 데이터베이스 서버의 인가 제어 범위 바깥으로 민감한 정보가 움직이면 이 정보 역시 보호할 필요가 생겼다. 보통 데이터베이스 바깥에 존재하는 정보의 기밀성을 보장하려면 암호화를 사용한다. 특정한 키를 부여받은 접근이 허가된 보안주체만이 정보를 복호화해 읽을 수 있게 하는 목적으로 정보를 암호화하는 것이다. 현실적으로 암호화 기법은 이미 기술에 내재된 복잡도가 있는데, 민감한 정보의 개별 조각을 암호화하는 대신 SSL/TLS 같은 암호화 보호 기법을 포함한 통신규약을 사용해 네트워크 회선의 보안을 확보한다. 하지만 이 방식은 전송이 일어나는 동안에만 정보를 보호하고 네트워크 회선의 양쪽 말단에서는 정보에 쉽게 접근할 수 있게 된다.

아키텍트 관점에서 이 깔끔한 방식이 갖고 있는 문제는 시스템에 광범위하게 암호화를 사용하는 게 공짜가 아니라는 점이다. 암호화 키 관리만으로도 충분히 시스템에 복잡도 이슈를 발생시킨다는 것만 보더라도, 시스템의 많은 면에서 복잡도가 심각하게 증가할 것이다. 그리고 유용한 시스템 동작을 처리하는 데 사용할 수 있는 귀중한 연산 자원을 다 써버리게 돼서 연산 비용 역시 증가할 것이다. 시스템을 안전하게 하려고 암호화를 완벽하게 적용하는 일은 어려운 일이다. 이미 복호화된 정보가 시스템 내 어느 곳에서라도 도난당할 수 있는 것처럼 불특정 다수의 보안 위협에 시스템이 노출되기 때문에, 암호화를 사용하는 건 서버를 식별하려고 SSL 기반의 서버 인증을 사용하는 것보다 몇 배는 더 복잡한 일이다.

일반적으로 어디에 있는 정보를 보호할 것인가 결정하려고 위협 모델을 사용한다. 시스템이 어느 정도 안전하다고 받아들일 수 있는 수준을 유지할 만큼만 암호화 기술을 최소화해 사용한다.

정보 무결성 보장

무결성은 메시지 전송 과정에서 일어나는 변경을 포함한 인가되지 않은 정보 변경이 일어나지 않도록 보장하는 것과 관련이 있다.

대부분의 정보 시스템에서 무결성을 실현하기 위해 암호화를 한다. 네트워크로 보낸 메시지를 받는 수신자가 메시지가 원본 그대로임과 아무도 손대지 않았음을 확신할 수 있는 상황이다. 정보의 무결성을 보장한다는 것은 암호화 해시 함수를 적용하는 것을 내포한다. 해시 함수는 정보 덩어리에 맞는 매우 큰 숫자 값을 계산하기 위해 비밀 키를 사용하는 암호화 방법이다. 해시 값이 발급된 이후 정보가 변경되지 않았음을 정보 수신자가 확인할 수 있다. 하지만 이 유용한 방식도 기밀성에서 언급한 것과 같은 동일한 경고를 조심해야 한다. 특히 시스템 실행 시간에 과부하를 야기하고 시스템 복잡도를 높일 수 있기 때문에 사용에 신중을 기해야 한다.

책임성 보장

많은 시스템에서 시스템에서 일어나는 모든 동작에 대해 일부 혹은 모든 사용자들에게 책임을 지도록 요구한다. 금융이나 의학 시스템 같은 특정한 일부 시스템에서는 법정 요건으로 핵심 동작에 대해 사용자에게 책임을 부여한다. 정보 시스템에서 요구하는 책임성에는 두 가지 형태가 있는데, 바로 감사auditing와 메시지 부인방지nonrepudiation다.

감사는 보안화된 중앙 서버가 시스템의 주요 기능을 실행할 때 사용한다. 서버는 시스템 사용자가 실행한 기능을 로그로 남길 수 있는데, 이런 기록은 나중에 특정 상황이 어떻게 발생하게 됐는지 되짚어볼 때 사용할 수 있다.

중앙 서버가 없는 분산 시스템에서는 효과적으로 감사를 하는 게 감사 추적에 맞는 안전한 저장공간이 부족하기 때문에 좀 더 어렵다. 이런 시스템에 적용할 수 있는 유사한 개념이 부인방지다. 부인방지는 메시지 작성 행위를 부인하지 못하도록 메시지 작성자의 행위를 확실하게 식별해낼 수 있게 한다. 이 문제를 푸는 일반적인 해결책은 디지털 인증서의 개인 키로 접근하는 사람만이 메시지를 작성하게 하고 메시지에 디지털 서명을 사용하는 것이다.

두 가지 방식은 모두 각자의 대가를 필요로 한다. 감사는 기록을 만들어내는 데 필요한 관리와 저장공간의 부하가 발생하고 이에 따른 실행시간 성능이 감소한다. 디지털 서명은 시스템을 사용하는 모든 보안주체에게 고유한 디지털 증명서를 발급해야 하기 때문에 이를 만들고 검증하는 데 필요한 연산 비용이 증가하고 관리가 복잡해진다. 인증서 관리나 폐기에 따른 복잡도는 말할 것도 없고, 기술적으로 숙련된 사용자가 다른 사용자의 디지털 인증서를 손상하지 않도록 보장하는 일 역시 어려운 점이다.

아키텍트로서의 역할은 위협 모델에서 책임성이 필요하다고 나타나는 곳 위주로 이런 기술을 적용해 시스템이 직면한 위험요소를 대비한 책임성 체계의 비용 균형을 맞추는 일이다.

가용성 보호

시스템 가용성을 생각할 때 하드웨어 신뢰성과 소프트웨어 복제, 실패 처리 등에 초점을 맞추는 것은 자연스러운 일이다. 이런 접근법은 27장 가용성 및 복원성 관점에서 다루게 될 가용성 퍼즐의 중요한 조각이 된다. 하지만 가용성과 관련된, 쉽게 간과할 수 있는 보안성 측면이 있는데 바로 시스템 가용성을 떨어뜨리려는 치명적인 공격으로부터 시스템을 보호하는 일이다.

서비스 거부[DoS, denial-of-service] 공격이라고 알려진 이런 공격들은 인터넷의 DNS 백본 서버처럼 잘 알려진 사이트에서 발생하는 고도화된 DoS 공격과 인터넷처럼 공공 네트워크에 시스템의 네트워크 인터페이스가 노출되기 시작하면서 관심이 증가하고 있는 주제다. DoS 공격은 로그인 시 잘못된 비밀번호를 반복적으로 입력해 사용자 계정을 잠금 상태로 만들어버리는 단순한 형태부터,[1] 인터넷에 연결된 수많은 컴퓨터에 자체 소프트웨어를 실행해 시스템에 과부하를 유발하는 DDoS라는 정교한 분산 네트워크 공격까지 범위가 다양하다. DoS 공격은 시스템에 전원공급을 방해하는 것처럼 물리적인 공격이 될 수도 있다.

시스템에 닥칠 수 있는 DoS 위협과 위협이 실제로 발생했을 때 입게 될 영향을 이해한다. 이를 위해선 보통 이 분야를 꿰뚫고 있는 보안 전문가와의 협업이 필수적일 것이다. 이런 위협과 비용, 발생가능성, 잠재적인 대응 방법 등을 이해하고 나면, 이런 요소들 간에 균형을 맞춰 시스템을 적절한 수준으로 보호해야 한다.

---

1 온라인 경매 같은 분초를 다투는 시스템이 아니라면 이런 공격이 심각하게 생각되지 않을 수 있다. 인터넷 경매 사이트에서는 공격자가 원하는 물품에 다른 사용자는 입찰을 못 하게 하는 데 이런 공격이 자주 사용된다고 한다. DoS와 유사한 공격이 다른 시스템을 취약하게 만들 수도 있다. 예를 들어, 신뢰할 만한 사용자 이름과 무작위 비밀번호를 대입한 공격을 통해 어떤 사용자도 시스템을 사용하지 못하도록 잠가버릴 수 있는 전장(battlefield) 시스템이 있다면, 이런 시스템은 널리 사용되기 어렵다.

하지만 조심해야 할 것은 시스템을 네트워크 DoS 공격으로부터 보호하는 일은 상상도 안 될 만큼 어려울 수 있고, 대부분의 시스템처럼 공격의 발생위험도가 일정 수준 이하인 경우에는 시스템이 그냥 수용해야 할 수도 있다.

보안 기술 통합

보안 구현 방안을 설계할 때는 모든 요건을 만족시킬 만한 수많은 기술을 필요로 하게 된다. 비슷한 관점에서, 일반적으로 시스템에 존재하는 수많은 부분을 아우르면서 보안성을 구현해야 한다. 이런 상황을 놓고 봤을 때, 시스템 보안과 관련해 끝에서 끝까지 어떻게 보안성을 보장할 것인지를 초기 설계 결정사항으로 정해야 한다. 관련은 없고 개수는 많은 보안 기술을 채택하는 건 복잡도를 높이고 기술 간 경계점에서 보안 취약성을 높이기 때문에 정말 바람직하지 않다.

시스템의 보안 설계에서 아키텍트의 역할 중 하나는 보안성이 지속적으로 반영됐고 다양한 기술 조각들이 하나의 완전하고 통합된 보안 시스템으로 잘 어우러졌는지 확인하는 것이다. 이런 역할은 보안 퍼즐에서 각자의 조각에만 관심을 둔 제품판매자나 기타 제공자로부터 보안 컨설턴트를 고용했다면 특히 중요해진다.

보안 관리 방안 제공

복잡한 정책이 강제되는 상황이나 글로벌 조직처럼 매우 다양한 종류의 사용자 구성을 반영해야 하는 경우에는 많은 보안 시스템이 관리 측면에서 약점을 갖고 있다. 이런 문제점은 아키텍트가 보안 정책을 구현하기 위해 수많은 보안 기술을 결합해야 할 때 더 곤란해진다.

아키텍처 정의 일부분을 보면 계획한 보안 구현사항을 효과적으로 관리할 수 있게 보장해야 한다(이 내용은 운영 뷰의 일부로 설명한다). 좋은 관리 방법이 없으면 보안 정책은 그냥 단순한 작업 수준으로 무시되기 쉽다. 복잡한 보안 관리 도구 역시 그 도구에서 수행하는 동작의 결과를 관리자가 완벽하게 파악할 수 없기 때문에 보안에 허점을 남길 수 있다.

보안 관리 방법을 고려할 때 핵심 이해관계자를 포함하는 걸 기억해야 한다. 시스템 관리자는 사용 가능한 관리 도구의 수용성에 대해 많은 피드백을 제공할 수 있으며, 시험자 역시 의견을 제시할 수 있다. 시험자는 보안 도구를 신뢰성 있고 반복적으로 시험하려면 많은 종류의 보안 구성을 복사해야 하기 때문에 이 분야에 대해 나름의 관점을 갖고 있다.

외부 조달 보안 기반구조 활용

J2EE, 닷넷 서버, 전사 디렉토리, 이메일 서버 등 오늘날의 많은 기반구조 기술에서 대량의 표준 보안 기능을 제공한다. 전사 접근 제어 제품 같은 보안에 특화된 기반구조 기술에서는 보안 서비스를 애플리케이션에 제공할 수도 있다. 이런 기술들은 과거에 애플리케이션 코드 안에 직접 정책을 넣어 보안 애플리케이션을 구현하던 것을 대체하고 있다.

일반적으로 외부에서 제공하는 보안 기반구조를 채택하는 편이 그 기능을 직접 구현하는 쪽보다 단순하다. 다른 누군가가 이미 대신 일을 해놓았기 때문이다. 게다가 이 방법은 유연하기까지 하다. 보안 정책이 바뀌었을 때 프로그램 코드를 수정하는 대신 기반구조의 구성을 변경해 대응할 수 있다. 이런 절차는 소프트웨어 개발자를 불러올 필요도 없고 소프트웨어를 재배포할 필요도 없어 관리자 혼자서 처리할 수 있다. 보안 기반구조에서 가장 중요한 것은 애플리케이션에 직접 구현한 코드보다 보안성 면에서 더 신뢰성이 있다는 점이다. 이런 기반구조는 보통 시스템 보안 분야에 정통하고 훈련된 소프트웨어 개발자가 구현한 데다 널리 사용되고 있기 때문이다.

시스템의 기본 기반구조에 가능하면 많은 정책 집행안을 반영하는 보안 접근법을 채택할 것을 권고한다. 이런 방식을 제안하는 이유는 단순함, 유연성, 신뢰성이 세 가지 이유 때문이다. 보안 기반구조 제품은 다른 보안 시스템과 통합될 때 발생하는 복잡도를 많이 가릴 수 있다. 그리고 체계를 좀 더 쉽게 변경할 수 있도록 개별 체계를 일정 부분 추상화해 제공한다. 마지막으로 기반구조 제품이 널리 배치돼 사용될수록 그만큼 많이 시험되고, 분석되고, 이해되기 때문에 제품의 신뢰성이 다른 자체 솔루션에 비해 높아진다.

▌문제점 및 함정

복잡한 보안 정책

보안 정책은 처음에는 단순하고 잘 정의된 상태로 시작하더라도 여러 이해관계자들의 검토를 거칠수록 복잡해지고 특수상황이 생기고 이해하기도 힘들어지는 습성이 있다. 시스템 보안을 구현한다는 것은 상황이 가장 좋을 때에도 어려운 일이다. 보안 정책이 단순하고 고정적인 규칙들로 이뤄지지 않았다면 일은 개발이나 시스템 운영기간 내내 더 어려워지고 보안 구현사항에서 오류가 발생할 확률도 더 높아질 것이다.

위험 경감 방안

- 보안 정책은 최대한 단순한 상태로 유지하고, 기능과 성능을 확보하며 단순화를 위해 필요하다면 다른 속성을 선택한다.
- 정책이 너무 복잡하다면 보안에 민감한 자원이나 보안주체를 다른 방식으로 분류해 정책을 더 단순하게 만든다.

검증되지 않은 보안 기술

보안 기반구조를 구현하기 위해 채택 가능한 기술은 매우 많다. 사용자 계정과 비밀번호 같이 단순하면서 매우 익숙한 기술부터, 대용량의 정교한 시스템에서 사용하는 공개/개인 키 암호화 구현까지 다양하다.

하지만 어떤 기술을 사용하든 간에 시스템 보안은 가장 약한 연결고리만큼의 강도를 갖는다. 보안 기반구조에서 약한 요소 하나가 다른 기반구조를 모두 전혀 상관없는 걸로 만들어버릴 수도 있다. 요소의 취약점은 설계 내부에서 발생된 것일 수도 있고 기본 제품에 포함된 구현 오류이거나, 적용 과정에서 발생한 실수이거나 기술 동작 과정에서 나온 실수에서 발생할 수도 있다.

위험 경감 방안

- 보안 기술을 선택할 때는 지나치다 싶을 정도로 조심해야 한다. 기반구조의

포괄적인 조각을 선택하려고 고려하기 전에 기술을 잘 이해해야 하고 동작이 잘 운영됨을 증명해야 한다.

- 특정 기술에 대해 실제 경험이 없으면 그런 경험을 가지고 아키텍트를 안내해 줄 수 있는 사람을 찾아야 한다. 제품 공급자가 이야기하는 것이 모두 사실일 거라고 믿으면 안 된다!

실패를 대비하지 않은 시스템

아키텍트라면 누구나 알듯이, 정보 시스템을 설계하고, 개발하고, 운영하는 절차는 충분히 잘못될 수 있다. 그래서 특정 실패에 따른 영향을 최소화하기 위해 시스템 요소를 정해진 방식으로 실패하게 만드는 경우가 종종 있다. 이런 접근법은 정상적인 방식으로, 이렇게 하면 시스템의 한두 부분이 수리되는 와중에도 기능이 줄어들지언정 시스템은 계속 사용할 수가 있다. 하지만 보안에 있어서는 이 접근법이 언제나 최선은 아니다.

이를 설명하기 위해 민감 자원에 대한 접근 제어를 하는 보안 요소가 실패하는 경우를 생각해보자. 이 요소가 예상치 못하게 이용 불가능해질 경우, 고도의 가용성을 목표로 하는 설계 접근법은 보안 요소가 고쳐질 때까지 단순한 접근을 허용할 수도 있다. 하지만 이는 분명히 보안 측면에서는 올바른 접근법이 아니다. 예상 밖의 오류가 발생하고 오류 처리 코드를 설계하는 단계에서 보안이 고려되지 않은 경우, 이런 문제와 비슷하지만 좀 더 난감한 문제가 발생할 수 있다.

위험 경감 방안

- 처음부터 실패를 안전한 방식으로 다루는 보안 기반구조를 설계한다. 이렇게 해야 예기치 못한 요소 실패가 발생했을 때 시스템 보안에 구멍이 생기지 않는다.
- 예기치 못한 상황이 발생할 경우 안전하게 실패하도록 보안 기반구조를 구성해둔다.
- 아키텍처의 실패 시나리오를 검토할 때 실패가 시스템 보안에 주는 영향이 무엇인지 확인한다.

관리 도구 부재

보안 기반구조 설계 시 중요하지만 종종 방치되기 쉬운 부분은 개발 중인 시스템을 효과적으로 관리할 수 있는가에 대한 확신이다. 시험자 역시 그들이 사용하는 대용량의 시험 시나리오를 효과적으로 복제할 수 있도록 관리적 지원이 필요할 수 있다.

이 영역에서 두 가지의 공통된 문제점은 실제 시스템에 맞는 수천 명의 사용자 대신 단순한 시험 케이스에만 사용할 수 있는 관리 도구와 시스템 관리를 위해 조심스럽게 엮은 관리 도구 결합의 사용이다. 이런 상황은 관리자가 접근을 제어하는 데 부적절한 도구를 사용하게 해 보안 정책 수행을 어렵게 하고 결국 보안에 허점을 남기게 된다.

위험 경감 방안

- 사용자 규모와 보안 정책의 복잡도를 놓고 봤을 때 관리 도구가 적절한지를 기준으로 아키텍처를 검토한다.
- 제공하고자 계획하고 있는 관리 도구가 그것을 실제로 사용할 관리자와 운영자에게 받아들여지는지 확인한다.
- 가능하면 관리적인 보안 기능은 작업을 수행하는 데 필요한 도구를 모두 사용하기보다는 1개의 작업 기반 인터페이스로 작동되게 한다. 많은 단계가 필요할수록 오류나 누락이 발생할 가능성이 커진다.

기술 위주 접근법

손에 든 기술이 보안 설계 과정을 좌우하는 경우에 일부 시스템에서 관찰됐던 보안 설계 문제가 발생한다. 아키텍트가 설계자에게 보안에 대해 미리 안배해뒀는지 물어봤을 때 "그럼요, 우리 시스템은 보안이 잘 갖춰져 있지요. 우리는 SSL을 쓰기로 했어요." 같은 답이 돌아온다면 이런 류의 문제가 있음을 알아챌 수 있다. 이런 상황에서는 보안 기술이 도입됐다 하더라도 그 기술이 시스템의 보안 요구를 충족하는지 알 길이 없을 때가 많다.

위험 경감 방안

- 보안 설계는 보호가 필요한 자원, 구현할 보안 모델, 시스템이 직면한 보안 위협을 중심으로 해서 진행한다.
- 파편적인 특정 보안 기술을 중심으로 보안 아키텍처를 설계하지 않는다. 시스템의 보안 요구가 뒷받침되지 않은 보안 기술을 섞어 넣지 않는다.

시간 기준점 미고려

다수의 보안 기법이 (제품 사용 기한 만료와 비밀번호 기간 만료 등) 시간의 흐름을 검사하는 방식에 의존한다. 이런 기법은 믿을 만한 시간 기준점이 미리 준비돼 있다고 가정한다. 하지만 해당 기법의 세부 내용과 필요한 시간 기준점이 서로 다르더라도, 시간 기준점이 해킹당할 경우에도 모든 특성을 공유하기 때문에, 그 기법은 더 이상 유효하지 않게 된다.

위험 경감 방안

- 정확한 시각을 요구하는지, 필요로 하는 시간의 특성이 무엇인지 나타내는 보안 기법을 정의한다. 정확도, 절대시간/상대시간, 표준시간대/지역시간대 등을 시간의 특성으로 볼 수 있다.
- 보안 기법의 요건을 맞추기 위해 안전한 시간 공급자를 시스템에 사용한다.
- 안전한 시간 공급자가 제공되지 못하거나 동작하지 않는 경우 어떤 일이 발생할지 미리 알아둬야 한다.
- 가능한 모든 위협으로부터 시간 공급자를 보호한다. 이를 위해 보안 서버 콜백 기법을 사용하거나 외부 시간 서버를 사용하거나 전용 하드웨어 장비를 이용하거나, 시간 공급자를 보호하는 운영체제 접근 제어 등을 이용할 수 있다.

기술 과신

브루스 슈니에르^{Bruce Schneier} 같은 보안 전문가들은 보안은 제품이 아니라 프로세스라고 이야기한다. 하지만 특정 보안 제품을 쓰면 시스템이 안전해진다고 과신하는 시스템 설계자는 여전히 널려 있다. 시스템 보안을 확보하기 위해 우수한 외부 조달 보안 제품을 사용할 필요는 있겠지만, 사용하더라도 시스템의 다양한 면을 아우르는 전체 보안 설계의 일부에 지나지 않는다는 생각을 가지고 영리하게 사용할 필요가 있다.

얼마 전 보안학회에서 보안제품회사 경영자가 "어떤 제품을 사고 적용하고 100% 안전하다고 듣는다는 건 절대 불가능하다."고 말했다. 실제 IT 보안업계에 있는 누군가로부터 나온 꽤 타당한 충고다.

위험 경감 방안

- 보안 설계를 이끄는 위협 모델을 사용한다. 실재하는 위협을 기술하는 게 시스템 기술을 단순하게 사용하는 것보다 시스템을 안전하게 설계할 수 있게 도와줄 것이다.
- 시스템을 보안 위협에 빠뜨리는 인적 과오를 피하려면 업무 절차 집합을 분명하게 설계한다.

명확한 요건 및 모델 부재

시스템에 명확하고 잘 정리된 보안 요건이나 정형적인 보안 모델이 전혀 없다는 것은 특별한 일이 아니다. 이런 시스템이 가진 문제는 실제로 안전하다는 것이 무엇인지도 모르기 때문에 시스템이 안전한지 판단하기도 힘들다는 점이다. 보안은 엄격한 요건과 정형 모델 없이 이해관계자들의 수요를 만족시키는지 확인하는 일이 불가능한 분야다. 보안은 눈에 보이지 않고 이해관계자들은 보안을 시험하지 않는다. 결국 보안에 구멍이 날 때만 문제가 존재한다는 사실을 알게 되는데, 이는 곧 이해관계자들이 자신의 수요가 제대로 만족되지 않았다고 생각하는 시점일 것이다.

위험 경감 방안

- 위협과 보안 정책 모델을 사용해 보안 설계 절차를 진행한다. 모델을 개발하다 보면 요건을 정의하는 데 도움이 된다. 개발 과정에서 이해관계자들의 마

음속에서 뭐가 중요하고, 어떤 공격이 발생할 수 있고, 공격이 발생했을 때 어떤 영향이 있을지에 집중할 수 있기 때문이다.

- 이해관계자와 보안에 대해 논의할 때 구체적인 예를 최대한 사용한다. 보안은 수평적이고 창의적인 사고가 필요한 추상적인 분야다. 예는 이해관계자들이 자신이 무엇이 필요한지 명확하게 생각할 수 있게 도와준다.

- 아키텍처 시나리오를 정의할 때 기능성, 성능, 진화성 등과 함께 보안과 관련된 시나리오를 고려해야 한다. 보안 관련 시나리오를 통한 사고는 중요한 보안 요건을 식별하고 명확히 하는 데 도움을 준다.

뒷북치기식 보안

이해관계자들은 종종 보안 요건을 명확하게 생각해두지 않기 때문에, 요건 분석 과정 초기에는 이런 요건이 언급되지 않는다. 이는 결국 개발 중 혹은 그 이후 시점에 가서야 보안이 시스템에 추가돼야 하는 문제를 야기한다. 이런 문제는 운이 좋은 경우라면 수많은 재작업을 만들어내는 고비용의 고통스런 과정일 가능성이 크고, 운이 나쁘면 이해관계자 그룹이 원치 않는 방식의 시스템 변경 없이는 보안 요건을 만족할 수 없게 된다.

위험 경감 방안

- 기능과 정보 구조 개발을 시작할 때부터 시스템 보안을 고려하기 시작한다. 이를 통해 수명주기 초기부터 보안 요구를 파악할 수 있고, 설계 중인 시스템 이 안전할 수 있다는 확신을 갖게 된다.

내부 위협 무시

전에 언급한 대로, 시스템 내부관계자를 믿을 만한 보안주체로 여겨도 될 것 같지만, 아키텍트는 시스템 외부의 보안주체만큼 철저하게 내부 조직 사람들로부터 발생하는 위험을 생각해볼 필요가 있다. 내부관계자들은 조직이나 시스템, 외부인보다 더 쉽게 빠져나갈 수 있게 만들어진 보안 제어 지식에 쉽게 접근할 수 있고 신뢰받을 때가 많다. 내부관계자는 또한 온갖 이유로 경영층에 불만을 가질 수 있어서, 기밀 데이터를 유출하는 것처럼 조직에 피해를 주는 시도도 할 수 있다. 놀라운 일이 아닌 게 2010년 설문조사[2]에 따르면 영국 기업의 60%가 시스템과 데이터에 내부관계자의 비인가 접근으로 인한 사고를 한 건 이상 처리했다.

위험 경감 방안

- 시스템에 대해 부분적 또는 전면적인 접근권이 있는 내부자 혹은 단지 시스템의 통제 방식과 시스템 자체에 대한 지식이 있는 사람을 통해 시스템에 가할 수 있는 위협을 고려한다.

- 전사적 보안 조직이 있다면 그들과 협력해서, 담당 업무 변경으로 인해 더 이상 권한이 필요 없는 사람이 권한을 유지하는 일이 없게 한다.

- 내부자들끼리 공모할 가능성을 생각해본다. 이런 상황에 대응하기란 극히 어렵지만, 이례적인 상황에서 모종의 공모 가능성을 제기해주는 일정한 감시 장치를 두는 방안도 생각해봄 직하다.

- 시스템이 조직 외부에서 위탁운영된다면, 그 위탁운영 업체의 내부자가 시스템 및 자원에 가할 수 있는 위협을 감안해야 한다. 위탁운영 업체가 시스템에 대한 접근권을 얻지 못하도록(가령, 위탁운영 환경에 대한 관리자 접근권한이 있는 위탁운영 업체 직원이 데이터를 읽지 못하게 암호화해둔다든가 해서) 막는 방식으로 외부에 위탁운영되는 시스템을 보호할 방안을 고안한다.

클라이언트에 대한 높은 보안 가정

예전에 메인프레임과 업체 고유의 미니 컴퓨터가 세상을 지배할 때는 누가 시스템에 접속할 수 있는지 통제하는 일이 사뭇 단순했다. 사용자들은 특유의 '초록색 화면'을 보여주는 터미널을 사용해 시스템에 접근했고, 터미널은 모두 애플리케이션에 접속할 수 있게 미리 등록이 되고 권한도 받아놓은 상태였으며, 무단으로 조작되지 않았음을 확신할 수도 있었다. 지금과는 완전히 다른 세상이었다.

최근의 정보 시스템은 거의 모두가 네트워크화된 환경하에서 만들어져서, 시스템이 제공하는 주요 서비스는 네트워크로 연결된 다양한 종류의 클라이언트가

---

2 '2010년도 정보 보안 위반 조사'(www.pwc.co.uk/eng/publications/isbs_survey_2010.html)

접속을 한다. 인터넷에 연결된 시스템이 극단적인 예로, 외부에 공개된 서비스는 모두 웹 브라우저나 웹 서비스를 통해 접속이 되면서, 대체로 아키텍트의 통제에서 벗어난 다양한 유형의 애플리케이션 클라이언트를 사용하게 된다. 사용자 대부분은 데스크톱 컴퓨터에 깔린 시장 지배적인 브라우저를 사용하겠지만, 일부 사용자는 이동전화를 사용해 시스템에 접속하고, 또 소수겠지만 스스로 웹 브라우저를 작성하는 사람들도 있다! 기업 환경에서조차도, 스마트폰이나 태블릿 컴퓨터, 집에 있는 자기 컴퓨터를 포함해 다양한 장치에서 애플리케이션에 접속할 수 있게 해달라는 최종 사용자의 요구가 점차 일반화되고 있다.

이런 역동적이고 접근이 용이한 환경에서는 시스템에 접속하는 데 사용되는 클라이언트 장치에 대해 어떤 가정도 마음 놓고 할 수 없고, 따라서 보안성 관점에서는 시스템의 배치 환경에 대한 통제권의 일부를 이미 상실했음을 인정해야만 한다. 많은 경우에 선택할 수 있는 유일한 방안은 이렇게 다양한 클라이언트가 뒤섞이게 됨을 최대한 받아들이고, 클라이언트의 행위를 신뢰하는 방식에 시스템의 보안이 의존하지 않게 만드는 것이다.

위험 경감 방안

- 해킹당한 클라이언트 장비에서는 거의 모든 대부분에 변경이 가해질 수 있음을 잊지 말고, 시스템 위협 모델을 세울 때 이 가정을 반영해야 한다.

- (성능이나 사용편의성 같은 이유로) 클라이언트 장비에서 보안 점검을 한다손 쳐도, 궁극적인 보안 점검은 직접 통제가 가능한 시스템의 서버 쪽에서 이뤄진다는 점을 분명히 해야 한다.

- 되도록이면, 시스템에 연결 가능한 장비에 대해 개별 인증을 하고 인증 가능한 식별자와 함께 배치된 장비에서 들어오는 접속만을 받아주도록 접속을 제한하는 방안을 고려해본다.

- 필요하다면, 전사 보안 담당 조직과 협력해서 애플리케이션에서 발생하는 데이터가 클라이언트 컴퓨터에 저장되지 않도록 (사용자가 개인 이동 저장장치에 데이터를 쓰지 못하게 해두는 등의 방법으로) 막을 방안을 강구해본다.

애플리케이션 코드에 내장된 보안

보안 모델을 강화하는 코드가 애플리케이션 코드 곳곳에 박혀 있을 경우에 다수의 시스템에서 관찰했던 문제가 일어난다. 이런 접근법을 썼을 때 발생할 수 있는 문제로는 신뢰성 저하, 강화 대상 보안 모델의 변경 난이도 상승, 시스템 내 보안 오류 유발 가능성 등이 있다.

위험 경감 방안

- 보안 기술을 되도록이면 밑으로 끌어내려서 기반구조 요소 쪽에 넣는다.
- 보안이 꼭 애플리케이션 코드에 들어가야 한다면, 올바른 소프트웨어 공학적 판단력을 발휘해서 그런 코드를 되도록 한곳으로 몰아서 캡슐화한다. 또한 (관점지향 프로그래밍이나 코드 생성 같은) 소프트웨어 기술을 사용해 빌드 과정의 일환으로 보안 코드를 자동 적용하게 하는 방안을 고려해본다.

단편적 보안 확보

보안이 효과를 보려면, 시스템 전체를 보고 생각해야 한다. 많은 시스템에서 공통적으로 발견되는 문제가 시스템의 한 부분에만 보안이 적용되고 다른 데는 적용되지 않는 것이다. 예를 들어, 매우 민감한 데이터를 전송할 때는 암호화하면서 저장할 때는 암호화하지 않는다. 이 경우는 그 데이터의 민감도와 시스템이 감내해야 할 위협에 따라 문제가 될 수도 있고 안 될 수도 있다. 아키텍트의 역할은 머릿속에 그때그때 떠오르는 곳뿐만 아니라, 위협 모델을 통해 보안이 필요하다고 드러난 모든 곳에서 보안이 구현되게 하는 데 있다.

위험 경감 방안

- 아키텍처 위주 개발 과정을 채택하면 이 위험을 해소하는 데 도움이 된다. 아키텍처를 계속 감안하되, 특히나 보안을 서로 분리된 부분들의 집합이 아닌 완전한 하나의 실체로 보게 한다.

임시변통 보안 기술

컴퓨터 보안은 그 나름의 문화, 표준, 절차, 배경지식을 갖춘 전문화된 분야다. (보안 기술과 보안 시스템을 구축하는 사람들인) 보안 전문가 중에는 전문적인 훈련과 경험을 갖춘 사람이 많다. 마찬가지로, (데이터를 암호화하고 복호화하는 방법을 연구하고 만들어내는 사람들인) 암호 전문가 중에는 암호학 석박사 학위자들이 많다. 그럼에도 불구하고, 이런 전문적인 배경지식을 갖추지 못한 많은 소프트웨어 개발자가 스스로를 아마추어 보안 전문가나 암호 전문가라 자임하며 자신이 구축하는 시스템의 보안 기술 일부 또는 전부를 고안하는 결정을 내린다.

일반적으로 보면, 진정으로 보안을 갖춘 기술은 보기보다 어려워서 전문적인 훈련을 받지 않으면 대부분의 사람들은 신뢰할 만한 결과를 만들어낼 수가 없기에, 그런 것은 좋은 생각이 아니라고 얘기해준다. 보안의 완결적인 특성을 감안하면, 취약한 보안 기술이 들어간 한 부분 때문에 커다란 재앙이 올 수도 있다.

위험 경감 방안

- 되도록이면 관록 있는 제공자가 제공하는 입증되고 널리 받아들여지는 보안 기술을 사용하고, 그 기술의 활용과 배치에 있어 전문가의 도움을 얻는다.
- 해당 기술을 예전에 사용했던 사람들이 그 기술을 어떻게 생각하는지 살펴보고 보안 업계에서 그 기술을 대체로 어떻게 평가하는지 확인해본다.
- 자체적으로 기술을 만들어내야만 한다면, 체계적인 개발을 위해 전문가의 지원을 받는다.

▌점검 목록

요건 수집 점검 목록

- 시스템에 들어 있는 민감한 자료를 찾아냈는가?
- 민감한 자료에 접근할 필요가 있는 보안 주체를 찾아냈는가?
- 시스템의 정보 무결성 보장이 필요한 부분을 찾아냈는가?

- 시스템의 가용성이 필요한 부분을 찾아냈는가?

- 어떤 보안 주체가 어떤 자원에 대해 어떤 작동을 수행할 수 있고 어떤 곳이 정보 무결성을 강화해야 할 곳인지 등, 시스템에 대한 보안 요구를 정의한 보안 정책을 수립해뒀는가?

- 그 보안 정책이 최대한 단순한가?

- 정형적인 위협 모델을 통해 시스템이 처한 보안 위험을 찾아냈는가?

- 시스템에 대한 외부자의 위협 못지않게 내부자의 위협도 고려해봤는가?

- 시스템의 배치 환경이 시스템에 대한 위협을 어떤 식으로 변화시킬지 고려해봤는가?

- 이해관계자와 함께 예제 시나리오를 검토함으로써 안배해둔 보안 정책과 시스템이 감내할 보안 위험을 이해시켜줬는가?

- 보안 요건에 대해 외부 전문가의 검토를 거쳤는가?

아키텍처 정의 점검 목록

- 위협 모델에서 찾아낸 개별 위협을 필요한 만큼 충분히 처리해뒀는가?

- 외부에서 조달 가능한 보안 기술을 충분히 활용했는가?

- 보안 해결책에 대한 전체적인 통합 설계를 만들어냈는가?

- 보안 기반구조를 설계할 때 표준적인 보안 원칙을 전부 다 고려했는가?

- 보안 기반구조가 최대한 단순한가?

- 보안 위반을 찾아서 막아낼 방안을 정의해뒀는가?

- 보안성 관점에 따른 결과를 관련된 모든 뷰에 적용해뒀는가?

- 보안 설계에 대해 외부 전문가의 검토를 거쳤는가?

▌더 읽을거리

IEEE 잡지 기사[LAMP04]를 보면 정보 시스템 보안의 주요 개념에 대해 길지 않으면서도 빠짐없이 매우 읽기 좋게 소개해놓았다. 앤더슨[Anderson][ANDE08]을 보면 보안이 잘 된 시스템과 프로세스를 구축하는 과정에 대해 훨씬 깊이 있지만 그다지 어렵지 않게 소개해놓았는데, 특히 이 책에는 여러 중요한 보안 주제를 종합적으로 소개한 내용이 담겨 있을 뿐 아니라, 보안 분야에서 나오는 흥미로운 이야기가 한가득 들어 있어 읽기에도 재미있다.

보안 분야에서 저명하고 대중적으로 존경받으며 언제나 화려함을 지닌 인물로 브루스 슈나이어가 있다. 그가 저술하거나 공저한 책이 두 권 있는데, 하나는 유용한 배경지식을 많이 담고 있는 [FERG10]으로, 소프트웨어 기술자에게 알맞은 암호학 기술의 요점들을 잘 제공하고 있고, 다른 하나는 [SCHN01]로, 기술에 초점을 맞춘 접근법에서 한 걸음 더 나아가서 기술이 절대로 보안 문제를 완벽히 해결할 수 없는 이유를 설명해놓았다. 특히 뒤의 책은 보안 분야가 얼마나 복잡하고 효과적인 보안 방안이 되려면 얼마나 포괄적이어야 하는지를 이해하는 취지에서라도 읽어볼 만하다.

소프트웨어 개발자를 대상으로 해서 나온 양질의 실용적인 보안 서적 두 권을 꼽자면, 비에가[Viega]와 맥그로[McGraw][VIEG02]와 하워드[Howard]와 르블랑[LeBlanc][HOWA04]이 있다. 두 권 모두 우연히 얻어걸리거나 말만 번지르르한 것이 아니라 설계부터 탄탄히 보안을 갖춘 소프트웨어를 구축하는 방법을 설명한다. 특히 앞의 책 5장을 보면 실용적이면서도 간단한 보안 원칙들을 함께 제시하고 설명해놓았다. 개리 맥그로[Gary McGraw]가 나중에 쓴 책[MCGR06]에서는 이 주제를 더 발전시켜, 어떻게 해야 보안 관심사항을 엮어서 보안이 잘 갖춰진 시스템을 설계하는 절차로 만들 수 있을지 설명했다. 보안성 관점에서 소개한 공격 트리는 실패 트리 접근법에 기초를 둔 것으로, 르베슨[Leveson][LEVE95]을 보면 설명이 나오고, 위협 모델화에 대한 간단한 안내는 [SWID04]에서 찾아보면 된다.

26

성능 및 확장용이성 관점

원하는 품질	시스템이 제시된 수행 요건 내에서 예측 가능하게 수행하고 향후 필요할 경우 처리 규모를 증가시킬 수 있는 능력
적용 대상	성능 요건이 복잡하거나 불분명하거나 모호한 시스템, 아키텍처에 성능이 얼마나 나오는지 모르는 요소가 들어 있는 시스템, 향후 확장이 중요할 것으로 예상되는 시스템
관심사항	응답시간, 처리량, 확장용이성, 예측가능성, 하드웨어 자원 요건, 최대 부하 시 행위
활동	성능 요건 수집, 성능 모델 생성, 성능 모델 분석, 현실적인 시험 수행, 요건 평가, 아키텍처 설계 수정
아키텍처 전술	반복 처리 최적화, 복제를 통한 충돌 경감, 처리 우선순위 할당, 관련 작업부하 통합, 시간대별 처리 배분, 공유 자원 사용 최소화, 자원 및 결과 재활용, 분할 및 병렬화, 수직 확장(scale up) 및 수평 확장(scale out), 우아한 감속, 비동기식 처리 활용, 트랜잭션 일관성 완화, 설계 절충
문제점 및 함정	애매한 성능 및 확장용이성 목표, 비현실적인 모델, 복잡한 사안에 단순한 지표 적용, 부적절한 분할, 근거 없는 환경 및 플랫폼 가정, 과도한 간접화, 동시성 관련 충돌, 데이터베이스 충돌, 트랜잭션 과부하, 부주의한 자원 할당, 네트워크 호출과 프로세스 내 호출 차이 간과

이번 장에서는 대규모 정보 시스템과 관련된 두 가지 품질 속성인 성능과 확장용이성을 다룬다. 성능과 확장용이성은 규모가 큰 시스템에서 시스템 수명주기 내내 다른 품질 속성들이 결합된 것보다 더욱 예측이 불가능하고 복잡하며 비용이 많이 드는 문제를 일으킬 가능성이 있으므로 중요하게 다뤄야 한다.

인텔 사 회장인 고든 무어^{Gordon Moore}는 1965년에 컴퓨터 칩의 연산 능력이 18~24개월마다 두 배로 증가한다는 (현재 무어의 법칙으로 알려진) 법칙을 발견했다. 이 법칙이 1965년도부터 오늘날까지 줄기차게 적용돼왔기 때문에 성능과 확장용이성은 대부분 컴퓨터 시스템의 주요한 관심사에서 진작에 멀어졌을 거라고 기대해봄 직도 하다. 그러나 불행히도 몇 가지 이유로 인해 여전히 그렇지 않다.

성능을 고려해야 하는 근본적인 이유는 시스템이 수행하는 작업이 시간이 지날수록 점점 더 복잡해지고, 사람들이 시스템에 기대하는 바 역시 (복잡성, 트랜잭션 수, 사용자 수 등에서) 1960년대에는 상상하기 어려울 만큼 커졌기 때문이다.

설상가상으로, 컴퓨터 시스템의 성능은 하드웨어의 순수 연산 능력에만 좌우되지 않는다. 하드웨어를 설정하고 사용하는 방식과 자원을 할당하고 관리하는 방식, 소프트웨어를 작성하는 방식이 시스템이 주어진 성능 목표를 달성하는 데 (좋은 쪽으로든 나쁜 쪽으로든) 상당한 영향을 미칠 수 있다. 확실한 것은 현 세대 역시 이전 세대가 1960년대에 직면했던 것과 마찬가지로 성능적인 도전에 직면해 있다는 사실이다.

시스템의 확장용이성 속성은 성능과 긴밀한 관련이 있지만, 시스템이 현재 들어온 작업부하를 얼마나 빠르게 수행하는지가 아니라, 작업부하가 증가함에 따라 시스템의 성능 예측가능성이 어떻게 되는지에 초점이 맞춰져 있다. 시스템이 당장은 목표를 충족시킨다 해도, 내일도 여전히 그러리라 얼마나 확신할 수 있는가? 사용자나 트랜잭션이나 메시지가 늘어나면 제대로 처리할 수 있는가? 처리 복잡도가 늘어나도 처리가 가능한가? 예상치 못한 작업부하가 급격히 늘었을 때는 어떻게 동작하는가?

아키텍처에 성능 및 확장용이성 관점을 적용하면 이런 의문에 답을 하는 데 도움이 된다.

▌ 뷰 적용성

표 26-1은 성능 및 확장용이성 관점이 3부에서 논의한 각 뷰에 어떤 영향을 미치는지 보여준다.

표 26-1 7가지 뷰에 대한 성능 및 확장용이성 관점 적용

뷰	적용성
맥락 뷰	맥락 뷰는 시스템이 외부와 연동하는 인터페이스를 식별하기 때문에 이 관점을 적용하면 식별해 낸 인터페이스를 사용하는 데 따르는 성능 요건이나 잠재적인 문제들을 부각시킬 수 있다. 따라서 이런 시스템 제약사항을 시스템 설계 초기에 찾아내 시스템에 미칠 영향을 파악하고 알맞은 완화책을 세우기에 좋다.
기능 뷰	이 관점을 적용하면 시스템 성능 요건을 달성하기 위해 이상적인 기능 구조에 대해 가해야 하는 (가령, 통신에 따른 간접비용 발생을 피하기 위해 시스템 요소를 통합하는 등의) 변경과 절충 필요성이 드러난다. 기능 뷰에서 나오는 모델은 성능 모델을 만드는 데 들어가는 입력물로도 쓰인다.
정보 뷰	정보 뷰는 공유 자원을 찾아내고 각 공유 자원의 트랜잭션 요건도 함께 제시하는 등, 성능 모델에 유용한 입력물을 제공한다. 정보 뷰를 적용함에 따라 성능이나 확장용이성에 장애가 되는 정보 뷰의 몇몇 측면을 파악할 수도 있다. 또한 확장용이성을 고려하다 보면 복제나 분산이 가능한 정보 뷰의 요소가 나오기도 한다.
동시성 뷰	이 관점을 적용하다 보면 주요 자원을 두고 과도하게 충돌이 일어나는 문제가 드러나면서 동시성 설계에 변경이 가해지기도 한다. 반대로 성능과 확장용이성을 고려하다 보면 그에 대한 요건을 충족시키느라 동시성을 좀 더 중요한 설계 요소로 끌어올리기도 한다. (프로세스 간 통신 방식 같은) 동시성 뷰의 요소들을 통해 성능 모델에 필요한 보정 수치가 제시되기도 한다.
개발 뷰	이 관점을 적용해서 얻을 수 있는 산출물 중에는 소프트웨어 개발 과정에서 준수해야 할 성능과 확장용이성에 관련된 지침들도 있다. 이런 지침들은 나중에 배치할 때 생길 수 있는 성능과 확장용이성에 대한 문제를 피하기 위해 소프트웨어를 개발할 때 반드시 따라야 하는 (가령, 패턴이나 안티 패턴 같은) '할 것과 하지 말아야 할 것' 같은 형식을 취하기도 한다. 이 정보는 개발 뷰에 담는다.
배치 뷰	배치 뷰는 성능 및 확장용이성을 살피는 과정에서 중요한 입력물이다. 시스템 성능 모델의 많은 부분이 이 뷰의 내용물에서 파생되고, 더불어 다수의 중요한 보정 수치도 여기서 나온다. 따라서 이 관점을 적용하다 보면, 시스템의 성능과 확장용이성에 대한 필요성을 뒷받침할 수 있게 배치 환경을 변경하고 정제하자는 제안이 자주 나온다.
운영 뷰	이 관점을 적용하면 성능 감시 및 관리 기능에 대한 필요성이 부각된다.

▌관심사항

응답시간

응답시간은 시스템이 특정 상호작용을 완료하는 데 걸리는 시간을 말한다. 인간 지향적인 시스템에서 응답시간은 사용자가 요청을 시작했을 때부터 그에 대한 응

답이 나올 때까지(가령, 사용자가 인터페이스 버튼을 눌렀을 때부터 데이터가 채워진 화면 응답을 볼 때까지) 걸린 시간이다. 데이터베이스와 같은 기반구조 지향적인 시스템에서는 서비스 호출부터 서비스 응답까지(가령, 애플리케이션 프로그램 인터페이스에 질의를 호출한 때부터 질의 결과를 얻을 때까지) 걸린 시간이다.

응답시간은 크게 두 가지 정의로 나눠서 봐야 한다.

1. **반응성**^{responsiveness}은 시스템이 대화식 사용자 요청과 같은 반복적인 작업부하에 얼마나 빨리 반응하는지를 평가하는 것이다. 이런 동작의 응답시간은 일반적으로 몇 초 정도다. 이런 작업부하의 주요 관심사항은 시스템이 이용자를 느리게 하지 않음을 보장하는 사용자 생산성이다. 고려해야 하는 반응성의 두 가지 측면은 이용자 장치의 반응성(예: 키 누름 또는 마우스 클릭이 인식되는 데 걸리는 시간)과 시스템 자체의 반응성(예: 버튼이 눌렸을 때 시스템이 요청에 반응하는 데 걸리는 시간)이다. 주로 후자가 관심의 초점이지만 제한된 자원의 클라이언트 혹은 (원격 데스크톱 혹은 씬^{thin} 클라이언트와 같은) 이용자가 장치를 원격으로 접속하는 환경에서는 전자도 중요해진다.

2. **소요시간**^{turnaround time}은 큰 작업을 완료하는 데 걸리는 시간이다. 이것은 일반적으로 몇 분 또는 몇 시간 단위로 측정되고 주요한 관심사항은 가용한 시간 내에 완료될 수 있는지와 수행하는 동안 시스템 반응성에 미치는 영향이다. 수행기간이 긴 작업의 일부로서 얼마나 빠르게 부분적인 결과(예: 완전한 결과 이전에 부분적이거나 요약된 정보)를 제공할 수 있는지도 중요하다.

이런 두 종류의 응답시간은 영향을 미치는 이해관계자도 다르고 해당 유형의 요건을 충족시키기 위해 필요한 기술적 해결책도 상당히 다르다.

예제

다음의 사례는 두 종류의 응답시간 요건이 어떻게 명세되는지 보여준다.

반응성

1. 분당 350건의 갱신 트랜잭션 부하가 존재하는 상황에서 트랜잭션의 95%는 이용자가 제출 버튼을 누른 후 3초 이내에 응답을 받아야 한다.

2. (다른 문서에 정의된) 참고 부하 아래서 서비스 요청의 90%는 다음의 시간 내에 요청 프로그램에게 응답해야 한다.

- 계좌 개설: 10초
- 계좌 세부사항 갱신: 5초
- 잔고 조회: 3초
- 접근되는 계좌당 0.5초 추가

소요시간

1. 하루에 전체 850,000건의 트랜잭션 처리량을 가정하면 회사의 외부 거래 대상 각각에 대한 통합된 위치를 설정하는 처리는 데이터베이스에 결과를 기록하는 것을 포함해 4시간 이내여야 한다. 이 기간 동안 다른 중대한 시스템 활동은 발생하지 않는다고 가정한다.

2. 5분 이내에 제조 라인 감시 기지국과 시스템을 재동기화하고 제조 라인의 현재 상태를 데이터베이스에 다시 맞추는 것이 가능해야 한다. 재동기화 기간 동안 다른 상태 갱신은 처리될 수 없다고 가정한다.

처리량

처리량은 시스템이 단위 시간에 처리할 수 있는 작업의 양으로 정의된다. 대부분의 시스템에서 처리량과 응답시간은 복잡한 상관관계를 갖는다. 일반적으로 트랜잭션 처리시간이 짧을수록 시스템이 얻는 처리량은 높아진다. 그러나 시스템에 대한 부하가 증가할수록(그리고 처리량이 증가할수록) 개별적 트랜잭션의 응답시간은 늘어나는 경향이 있다. 따라서 처리량 목표는 응답시간 목표를 대가로 충족될 수 있는 상황 또는 그 반대의 상황으로 끝내는 것이 확실히 가능하다. 간단한 예제를 통해 이를 설명할 수 있다.

예제

데이터베이스 서버는 판매 트랜잭션을 수행하는 동시 사용자를 500명까지 지원할 수 있다. 그러나 동시 사용자 수가 늘수록 응답시간 또한 길어진다.

- 동시 사용자가 10명이면 일반적인 트랜잭션을 처리하는 데 2초가 걸린다.
- 동시 사용자가 100명이면 일반적인 트랜잭션을 처리하는 데 4초가 걸린다.
- 동시 사용자가 500명이면 일반적인 트랜잭션을 처리하는 데 14초가 걸린다.

편의상 사용자가 트랜잭션에 들어가기 위해 '생각하는 시간' 1초가 걸린다고 가정한다.

사용자가 10명일 때, 각 사용자는 이론적으로 분당 20건의 트랜잭션을 수행할 수 있으므로 가능한 총 처리량은 분당 200건이 된다.

사용자 수 100명으로 시스템 부하가 증가하면 각 사용자는 분당 12건의 트랜잭션까지 처리할 수 있다. 이 경우 가능한 총 처리량은 1200건까지 올라가지만 응답시간은 두 배로 늘어나는 대가를 치른다.

동시 사용자 수 500명으로 부하 최대치 상태에서 운영하면, 각 사용자는 분당 4건의 트랜잭션을 처리할 수 있다. 이 경우 가능한 총 처리량은 2,000건까지 증가하지만 사용자 응답시간은 엄청나게 길어지는 대가를 치른다.

아키텍트는 이해관계자들이 이런 상관관계를 확실히 이해하게 하고 이해관계자들의 상이한 성능 목표를 조정한다.

확장용이성

대부분의 시스템은 어떤 형태로든 작업부하가 늘기 마련이다. 확장용이성은 이렇게 늘어난 작업부하를 다루는 시스템 역량으로, 작업부하가 느는 이유는 단위 시간당 시스템이 처리해야 하는 요청이나 트랜잭션, 메시지, 잡job의 개수가 늘거나 그 작업 복잡도가 늘기 때문이다.

장기적 확장용이성에는 언제나 예상되는 작업부하 증가가 얼마나 빨리 들이닥치는가를 감안한 연관 시간 요소가 있다. (국제적인 위기 상황이 지속되는 동안 인터넷 뉴스 사이트에 밀려드는 트래픽 폭증 같은) 작업부하의 단기 폭증을 다루는 시스템 역량인 순간 확장용이성에 대한 고려도 필요하다.

예측가능성

수용 가능한 응답시간과 처리량 외에, 컴퓨터 시스템에서 갈구하는 또 하나의 속성을 꼽자면 예측 가능하게 수행할 수 있는 능력이 있다. 다시 말해, 비슷한 트랜잭션은 언제 수행되든 비슷한 시간이 걸려야 한다는 말이다. 마찬가지로, 시스템이 감당할 수 있는 최대 처리량이 시간에 따라 큰 차이가 있어서는(특히나 크게 줄어들어서는) 안 된다.

실제 성능보다 예측가능성을 더 원하는 경우도 많다.

예제

콜센터 상담원은 전화를 통해 들어온 고객 질의에 답하기 위해 고객 서비스 시스템을 사용한다. 상담원은 고객이 누구인지 확인한 다음에 고객의 상세 정보를 얻어오는 트랜잭션을 수행한다. 이 트랜잭션의 응답시간이 1초든 6초든 크게 상관없는 것이, 이런 전화 통화에서 5초 정도의 대화 단절은 그리 길게 느껴지지 않는 데다, 상담원은 이런 지연시간을 고객과 얘기를 나누면서 채울 수도 있다. 따라서 예측 가능한 트랜잭션 소요시간 6초는 수용 가능하다.

하지만 시스템이 예측 불가능하고 결과가 나오는 데까지 1초부터 15초까지 들쑥날쑥하다면, 상담원 입장에서는 응답시간이 길어지는 경우에 어색한 통화 단절이 생기기 때문에, 평균 응답시간이 6초보다 훨씬 짧다 하더라도 수용이 불가능할 것이다.

하드웨어 자원 요건

성능과 확장용이성 문제에서 큰 비중을 차지하는 부분은 시스템에 얼마나 많은 (그리고 어떤 유형의) 하드웨어가 필요한가 하는 것으로, 이런 내용은 어떤 과제든 대개 초기에 고려해서 배치 뷰의 한쪽에다 잘 정리해두기 마련이다. 하드웨어는 돈이 들고 구입하는 데 시간이 걸리며 운영할 사람이 필요할 때가 많고 대개는 용도에 맞는 환경을 구축할 필요가 있기 때문에, 꼭 처음부터 고려해야만 한다. 가상화된 환경이라 해도 실 서비스에 쓰려면 돈도 들고 면밀한 계획도 필요하다. 시스템에서 필요한 하드웨어의 양은 대개 시스템의 전체 비용 중에서 상당한 비중을 차지하고 그 영향도 눈에 크게 띈다.

일반적으로 하드웨어를 많이 투입할수록 비용이 커지는 대신 처리량이 늘고 응답시간이 좋아진다. 비용과 성능 사이에는 근본적인 긴장이 존재하므로, 시스템의 성능 목표를 충족시킬 수 있는 최소 규모의 하드웨어를 산정해내는 역할은 아키텍트가 많이 맡는다.

최대 부하 시 행위

거의 모든 컴퓨터 시스템은 부하가 계속 걸리다 보면 결국에는 성능이 떨어질 수밖에 없다. 시스템에 걸리는 부하에 따른 평균 트랜잭션 응답시간을 그래프로 그려보면 그림 26-1에 나오는 모양을 얻게 된다.

시스템은 잠시 동안 잘 동작해서, 작업부하가 증가함에 따라 응답시간도 선형으로 예측 가능하게 증가한다. 하지만 일정 지점을 지나면서부터 일이 틀어져 응답시간이 가파르게 증가한다. 그 지점은 성능 곡선에서 '무릎'으로 알려져 있다. 조만간 그래프는 거의 수직선으로 끝이 나는데, 응답시간이 너무 길어서 시스템을 더 이상 효과적으로 사용할 수 없다는 뜻이다. 이 행위는 (가령, 네트워크 카드가 유입되는 접속 요청 때문에 매우 바빠져서 그 어떤 요청도 효과적으로 처리할 수 없는 등) 하나 이상의 주요 자원이 과부하돼서 그 자원을 더 이상 효과적으로 동작하지 못하기 때문에 생긴다.

이런 종류의 행위는 거의 대부분의 시스템에서 나타난다. 그러나 시스템이 정상적으로 동작할 때 이런 효과를 경험하게 해서는 안 된다. 이는 시스템 성능 그래프에서 '무릎'을 찾아내고, 상응하는 작업부하 수준이 시스템이 정상적으로 동작할 때는 상관이 없음을 확인하며, 과부하 조건을 우아하게 처리하는 일이 아키텍트가 감당해야 할 도전과제라는 뜻이다.

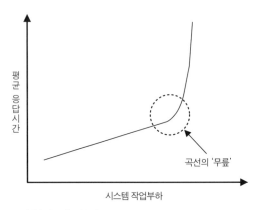

그림 26-1 성능 곡선

▌활동: 성능 및 확장용이성 관점 작용

그림 26-2의 활동 다이어그램은 성능 및 확장용이성 관점을 적용하기 위한 간단한 과정을 보여준다. 이번 절에서는 이 과정을 이루는 활동을 기술한다.

성능 요건 수집

이상적으로 보면 완전하고 일관성 있으며 신뢰할 만한 성능 및 확장용이성 요건이 초기 요건 작업의 결과로 뽑혀 있어야 한다. 현실에서 이런 일은 대개 일어나지 않고, 개발 수명주기상 되도록 일찍 아키텍트가 나서서 최소한 요약된 형태로라도 이런 요건을 수집해야 한다. 몇몇 요건이 이미 존재하는 경우에도 그 정확성과 자신의 이해 정도를 검증한 뒤에, 그 내용을 맥락 뷰에 적기 시작해야 한다.

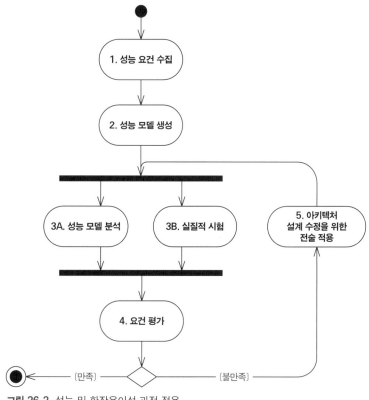

그림 26-2 성능 및 확장용이성 관점 적용

성능 요건은 사업적인 용어로 정의될 때가 많아서 시스템의 사용자에게나 와 닿지 시스템을 구축하는 이들에게는 와 닿지 않는다. '하루 20,000건의 백 오피스^back-office 작업부하 처리가 가능한 속도' 같은 요건이 몇 가지 추상적인 성능 지표가 아니라 실질적인 이해관계자 요건을 기술하고 있기 때문에 일반적이고 유용하다. 하지만 이 단계에서 아키텍트는 이런 성능 요건을 정량적인 성능 목표로 변환할 필요가 있다.

구체적인 성능 목표를 설정하려면 사업 중심적인 요건에 묵시적으로 정의돼 있는 기저의 성능 지표를 찾아내야 한다. 앞에서 든 예에서 5,000건의 정보 조회 요청, 10,000건의 특정 트랜잭션 등록 요청, 5,000건의 보고서 요청이 9시간에 걸쳐 분산돼 들어오되, 최대 부하 시에는 전체 트랜잭션의 20%가 45분 동안 들어온다는 정의를 얻어냈다고 해보자. 이는 구체적이고 정량적인 목표로, 이 목표의 달성 여부는 측정과 분석을 통해 확인 가능하다.

이 과정에서 일반적으로 발생하는 문제점은 사업적 요건을 충분히 파악해 정량적 목표로 변환하는 작업이다. 경험과 면밀한 분석, 작업부하를 이해하는 이 분야 전문가의 지식이 모두 이 목표를 달성하는 데 도움이 된다.

표기법
성능 요건을 전달할 때 핵심적인 목표는 단순함과 명확한 의사소통인데, 문장과 표만 사용해도 충분히 가능하다.

활동

응답시간 요건 명세　응답시간 목표는 정의된 부하 상황 속에서만 의미가 있다. 컴퓨터 시스템이 3초 이내에 한 건의 트랜잭션을 처리하는 것은 쉽지만 1초에 500건의 트랜잭션이 들어올 때는 목표를 달성하기가 더 어렵다. 이는 응답시간 요건은 명확히 정의된(트랜잭션 개시와 종료를 정의한) 응답시간 목표뿐만 아니라 맥락도 명세할 필요가 있다는 뜻이다. 대부분의 시스템은 일정한 부하 아래에서 일종의 분포 곡선에 따라 응답시간이 변한다. 대부분의 트랜잭션은 평균 응답시간에 딱 맞추거나 그 근처에서 완료되지만 일부는 더 오래 걸리고 일부는 더 빨리 끝난다. 대부분의 경우 모든 트랜잭션이 목표 응답시간 내에 완료되기를 기대하는 것은 비합리적이다. (90%나 95% 같이) 일정 비율의 트랜잭션이 목표를 충족해야 한다고 요구하는 편이 좀 더 현실적이다.

처리량 요건 명세 처리량은 일반적으로 단위시간(초, 분, 시간)당 처리되는 트랜잭션 개수에 의해 정의되는데, 이때 트랜잭션이란 명백하게 정의할 수 있고 시스템 사용자에게 인식 가능한 작업 단위를 말한다. 처리량을 계획하는 데 쓸 트랜잭션은 일반적으로 (데이터베이스 삽입insert 문 개수와 같이 기술 지향적인 기준보다는) 시스템에서 가장 중요한 사용 시나리오를 통해 도출해야 한다.

확장용이성 요건 명세 확장용이성 요건은 일반적으로 기존의 응답시간 및 처리량 요건을 충족시키면서 특정한 시간대에 시스템이 감당할 수 있어야 하는 작업부하의 증가에 의해 정의된다. 확장용이성 요건은 또한 이렇게 늘어난 작업부하 수준을 만족시키기 위해 필요한 시스템 변경에 대해서도 명확히 해야 한다.

성능 모델 생성

데이터가 성능 공학 과정에서 핵심적인 부분을 차지하지만, 성능 데이터를 수집하는 것 자체로는 그다지 쓸모가 없다. 수집한 데이터를 효과적으로 활용해 시스템의 성능을 파악하고 개선해야 한다. 이 과정에서 핵심은 성능 모델을 생성해 이런 통찰이 가능토록 하는 데 있다. 그런 모델이 있으면 시스템이 감당할 수 있는 이론적인 최대 작업부하를 가늠하고, 용량 산정에 쓰일 쓸모 있는 추정치를 제공하며, 실제 시스템과 비교한 수치를 제공해 성능을 가늠할 수 있다.

성능 분석에 활용 가능한 모델은 종이 쪽지에 적은 간단한 수식부터 세밀한 통계 모델이나 시스템에 대한 완벽한 온라인 모의실험까지 종류가 매우 광범위하다. 모델마다 적합한 용도가 있지만, 저자들의 전문성 수준과 지면 사정을 감안해, 종이와 연필만으로 만들 수 있게 시스템 구조에 대해 기본적인 표현만 하고 기초적인 통계만 사용해서 분석할 수 있는 상대적으로 간단한 성능 모델로 논의를 한정했다. 이번 장 맨 뒤에 나오는 '더 읽을거리' 절에 언급된 성능 공학 서적을 보면 성능 모델 생성에 대해 더 많은 정보가 나온다.

표기법

성능 모델을 작성하는 데는 다음과 같은 표기 방법이 도움이 된다는 사실을 알아
냈다.

- 성능 모델화 표기법: 이 분야 전문가들이 실행 그래프, 개선된 페트리 넷, 큐잉
  이론에 기반한 접근법, 통계적 접근법을 비롯한 몇 가지 시각적, 수학적 접근
  법을 개발해냈다('더 읽을거리' 절에 더 자세한 정보가 나온다). 이런 접근법에서 사
  용하는 표기법은 대부분 기존 표기법을 확장한 것들로, 성능 모델에 맞춰 다
  듬어졌다는 점이 장점이다. 대부분의 영역 특화 표기법과 마찬가지로, 복잡성
  과 생경함에 따른 단점이 자주 발견되고, 컴퓨터 측정 전문가들 말고는 제대
  로 이해하지 못하는 것이 많다.

- 임의적인 다이어그램: 미친 듯이 복잡한 성능 모델은 별로 없고, 간단한 블록 다
  이어그램 표기법만으로도 충분한 성능 모델이 많다. 사실 UML 배치 다이어그
  램에 약간의 임의적인 확장을 곁들여 성능 모델의 기본을 잡을 수도 있다. 이
  런 접근법을 취하면 단순함이라는 미덕이 생기지만, 좀 더 복잡한 모델에 적
  용하기에는 한계가 있다.

- 문장과 표: 성능 모델에 따라 모델 요소를 설명하고 핵심 지표를 파악하며 시각
  적 표기법으로는 명확하게 나타내지 못하는 요소 간 관계를 나타내기 위해 문
  장과 표를 활용해야 할 수도 있다.

활동

성능에 민감한 구조 식별　시스템의 배치 뷰를 모델의 기반으로 삼되 성능에 민감
한 핵심 요소인 프로세스, 노드, 네트워크 연결, (주 데이터베이스 같은) 주 데이터 저
장소로 국한해 단순화한다. 새로 간단한 블록 다이어그램을 만들어 주요 실행시
간 시스템 요소들을 나타내고 그 요소들이 연결되는 방식도 보여준다.

핵심 성능 지표 식별　블록 다이어그램을 검토해 성능 데이터를 덧붙여 성능을 추
정할 필요가 있는 부분을 찾아낸다. 여기에는 일반적으로 시스템을 이루는 주요
기능 요소의 처리시간, 주요 시스템 프로세스들 사이의 요청 지연시간, 전형적인
데이터베이스 동작에 걸리는 시간, 주요 요소들이 각자 처리할 수 있는 동시 요청

의 수 등이 들어간다.

성능 지표 추정　이 단계에서는 대부분의 핵심 지표 값이 불명확할 가능성이 높다. 그런 지표에 대해서는 아키텍트가 신뢰할 만한 추정치를 산출해내야 한다. 그중 일부는 아키텍트 자신이나 팀 구성원들이 과거에 겪었던 경험에 비춰 상당히 정확하게 산출할 수 있다. 나머지는 간단하게 시제품을 작성해 추정치를 뽑아내본다. 현실적으로 시제품을 만들기가 여의치 않을 때는, 지능적인 추측 외에는 도리가 없다. 어떤 접근법을 사용하든 간에, 추정치는 단일 트랜잭션에만 맞춰서는 안 되고 현실적인 작업부하를 제대로 반영해야 한다. 이 과정을 마치고 나면 성능을 예측하는 데 쓸 수 있는 간단한 성능 모델이 나온다. 시스템 작업부하가 걸리는 어떤 요소의 이론적인 처리시간을 추정하려면, 모델을 따라가면서 실행 경로를 추적하고 관련 성능 추정치를 조합하면 된다.

예제

그림 26-3을 보면 주문 처리 시스템의 주문 입력 처리 작업의 성능을 알아보기 위해 만든 간단한 성능 모델 예제가 나온다.

이 다이어그램에는 시스템에서 성능과 관련된 부분 다섯 곳을(그리고 브라우저 클라이언트까지) 찾아내서 나타냈는데, 이 부분들의 상호작용이 시스템의 성능을 좌우하는 핵심 요인에 해당한다. 다른 요소에 서비스를 제공하는 요소에 대해서는 미리 정의된 조건하에서 해당 요소의 클라이언트에게 제공할 수 있는 응답시간을 추정해놓았다. 더불어 요소 사이의 통신 지연시간도 추정해놓았는데, (사용 기술과 배치 결정에 따라) 편차가 상당했다.

이 모델을 보면 두 가지 의미 있는 통찰이 생긴다. 첫째, 두어 가지 핵심적인 시스템 트랜잭션을 수행하는 데 얼마나 걸릴지 알 수 있다(이 모델을 확장하거나 유사한 다른 모델을 만들어서 시스템의 다른 성능적 측면을 조사할 수도 있다). 둘째, 모델을 통해 성능과 관련해 상정했던, 틀릴 경우 나중에 문제를 유발할 수도 있는 (주문 처리기와 가격 계산기 사이에는 호출 지연시간이 최소일 것이라는 등의) 가정들을 이해하는 데 도움이 된다. 또한 이 모델은 과정 내의 또 다른 단계인 현실적인 시험 수행에 초점을 맞추는 데도 도움이 된다.

앞서 언급했듯이, 그림 26-3에 나온 접근법은 매우 단순하다. 이 모델이 많은 도움이 되고 쓸모 있는 통찰을 주기는 하지만, 시스템 내의 큐잉 모델을 대체로 무시하는 등, 굵직한 대목에서 단순화가 많이 됐다. 시스템에 대해 좀 더 세밀한 성능 모델을 만들고 싶다면, 역시나 '더 읽을거리' 절을 참조하기 바란다.

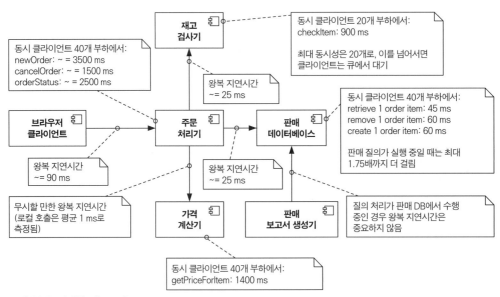

그림 26-3 간단한 성능 모델

성능 모델 분석

핵심 성능 지표의 현실적인 수치를 얻어내기 전에, 이전 단계에서 나온 성능 지표 추정치로 성능 모델을 보정하는 방식으로 분석을 개시하고, 그 결과물을 활용해 여러 시나리오하에서 예상되는 시스템 처리량을 추정해볼 수 있다. 성능 모델을 사용할 때의 장점은 비교 평가에 비해 더 저렴하고 간단하며 신속하다는 점이다. 단점은 결과가 모델의 품질에 달렸다는 점으로, 현실적인 시험 수행을 통해 모델을 면밀히 검증할 필요가 있다.

성능 모델을 활용해 많은 수의 시나리오를 재빨리 탐색해서 잠재적인 문제 발생 지점을 찾아낸 후, 그 정보를 활용해 좀 더 오래 걸리는 실질적인 작업을 진행하는 방안을 고려한다.

표기법

성능 모델을 분석해서 나오는 성능 데이터는 대개 표 형식으로 표현이 가능하다.

활동

작업부하 특징화　　첫 번째 활동은 시스템이 처리할 필요가 있는 작업부하의 '형태'를 잡는 일이다. 여기에는 시스템에서 다루기 위해 상세화해둔 각 요청에 대해 우선순위를 나누고 규모를 추정하는 일이 포함되는데, 일상적으로 필요한 처리 작업에 대해 추정하는 일도 함께 들어간다.

성능 추정　　기대하는 작업부하의 종류를 찾아냈다면 그 작업부하의 각 부분을 처리하는 데 걸리는 시간을 추정할 수 있다. 이는 성능 모델을 이용해 작업부하 각 부분을 처리할 시스템 요소를 찾아내고 최선의 경우와 최악의 경우에 각 부분을 처리하는 데 걸리는 시간이 얼마나 될지 정한다. 이런 입력 값을 통해 예상되는 작업부하의 각 요소에 대해 최선의 경우와 최악의 경우에 걸리는 처리시간 추정치를 얻어낼 수 있다. 이런 추정치는 시스템에 깃들어 있을지도 모를 숨은 비효율을 반영한 요인만큼 높여 잡는 것이 합리적이다(정보 시스템에서는 20% 정도 잡고 시작하면 좋다). 이와 동시에 각 작업부하 항목을 처리하는 데 있어 확장용이성이 가장 떨어지는 요소를 찾아낸 후, 이 정보를 활용해 시스템이 처리할 수 있는 동시 요청의 수를 추정한다.

현실적인 시험 수행

성능 모델화가 매우 가치 있기는 해도, 따로 떼서 하는 것이라 사용에 제한이 있기 때문에, 현실적인 시험을 수행하는 것도 중요하다. 현실적인 시험은 몇 가지 간단한 분리 시험을 통한 주요 성능 지표 평가부터 대규모 시제품 제작 및 비교 평가까지 포함한다. 이 활동에는 제품 코드를 작성하기 훨씬 전인 개발 주기 극 초반에 시작하는 몇몇 작업도 있지만, 나머지 작업은 모두 중요한 아키텍처적 결정을 내리고 시스템이 모습을 잡아가기 시작할 때까지 기다렸다 진행해야 한다.

　　현실적인 시험을 수행할 규모는 시험 없이 시스템의 예상 성능을 결정할 자신감이 얼마나 되느냐에(그리고 당연히 아키텍처의 이 측면에 할애할 수 있는 시간이 얼마나 되느냐에) 달렸다. 예전에 사용한 적이 있는 시스템 구조에 시험이 잘 된 기술을 쓰고 예전에 경험해본 업무 영역이라면, 현실적인 시험이 그다지 필요하지 않을 것이다. 새로운 업무 영역에 신기술을 사용하거나 새로운 시스템 아키텍처를 채택했다면, 많은 시험을 수행해보고 싶을 수밖에 없다.

표기법
적절한 경우 짧은 보고서 형태로 시험 결과서를 쓸 수 있다.

활동
성능 지표 측정 및 추정　　성능 모델을 만드는 과정을 뒷받침하려면, 여러 중요한 성능 지표의 수치를 측정하거나 추정해야 한다. 일반적으로 성능 시험 활동을 할 때는 일련의 현실적인 시험을 수행하면서 이런 지표를 정확하게 추정해나간다. 이런 시험은 대개 가볍게 준비한 시험 시나리오를 활용해 (부하가 걸렸을 때 웹 서버의 네트워크 응답시간 같은) 특정 성능 수치를 경험적으로 시험해본다. 이런 시험에서 경계해야 할 주된 함정은 시험 시나리오를 지나치게 단순화하는 바람에 실제 배치했을 때 기대할 수 있는 성능보다 결과가 훨씬 더 좋게 나오지 않도록 하는 것이다. 시험 시나리오가 해당 시험 지표에 대해 (시스템 요소에 가해지는 사실적인 작업부하로 시험이 이뤄지도록 하는 등) 실제 맥락을 반영하게 해야 한다.

비교 평가 시험 수행　　지표 추정은 미세 수준의 지표 하나에 초점을 맞춰서 진행하는 매우 구체적인 활동이다. 후보 시스템 요소들을 특정한 형태로 구성했을 때 어느 정도 성능을 기대할 수 있는지 알아보려면 좀 더 복잡한 방식의 현실적인 시험을 수행하는 편이 나을 수도 있다. 이런 시험을 비교 평가^benchmark라고 많이 부르는데, 대개는 시스템의 끝에서 끝까지 꿰뚫는 시험을 작성해서 시스템 수준의 성능을 추정한다. 이런 이유로, 비교 평가와 지표 추정과의 관계는 통합 시험과 단위 시험 사이의 관계와 비슷하다. 비교 평가에는 단순한 미세 수준 성능 시험보다 훨씬 많은 것이 들어가지만, 주요 함정은 시험이 유효한지 확인하는 것으로 서로 다르지 않다. 비교 평가의 한계를 명확히 이해했는지, 계획된 시스템의 주요 특징을 충분히 파악해 예상 성능에 대해 유용한 통찰을 제공하는지 확인한다(가령, 해당 시스템 요소들이 전체 시스템 요소들을 대변하기에 충분한 만큼 처리를 수행하는지 확인한다).

요건 평가

성능 분석과 현실적인 시험을 마쳤으면 이 과정으로 나온 결과와 성능 요건을 비교해 초기 결론을 이끌어낸다. 여기서 나오는 결론은 모두 잘 동작할 것이라고 나오거나 잠재적인 성능 문제를 해결하려면 아키텍처를 변경해야 한다고 나올 수도 있다. 전제했던 가정에 대해 더 이상 안심할 수 없게 되면서 추가적인 시험과 분석이 필요하다는 마음이 들 수도 있다.

이 과정을 거치고 나면 이번 성능 작업 주기를 마칠지 뒤로 돌아가서 과정을 한 번 더 거칠지에 대한 결정을 내려야 한다. 후자로 결론이 나면 제안된 아키텍처를 보완하고 분석과 시험 주기를 반복하면서 시스템이 성능 관점에서 어떻게 동작할지에 관한 지식을 확대하거나 심화할 필요가 있다.

표기법

이 활동은 모델 구축 활동이라기보다는 하나의 과정에 가깝다. 하지만 활동 산출물을 명확하게 수집해 결정, 가정, 평가 등을 기록해 다른 사람들이 사용할 수 있게 해야 한다. 이 활동으로 나온 산출물을 되도록 간결하게(아마도 평이한 문장으로) 문서화하다 보면, 시간이 지나면서 다른 상황에서도 적용 가능한 쓸모 있는 성능 정보집이 구축된다.

활동

위험 식별 시험과 분석을 바탕으로 현재 직면한 성능 위험을 재고한다. 여전히 문제라고 생각하는 위험과 이미 해소했다고 생각하는 위험을 명확하게 기록하고 그렇게 생각하는 근거를 제시한다. 여전히 문젯거리인 위험에 대해서는 왜 없어지지 않는지 이유를 알아보고, 이렇게 찾아낸 이유를 다음 성능 작업 반복이 필요하다는 결론을 내려야 할 때 근거로 든다.

요건 검토 성능 요건을 하나씩 검토해서 제안된 아키텍처가 각 성능 요건을 충족시킬 수 있는지 여부에 대해 스스로 만족할 수 있는지(그리고 관심을 가진 이해관계자들이 모두 만족할 수 있는지) 검증한다.

아키텍처 설계 수정

이 성능 작업을 통해 나오는 산출물은 후보 아키텍처를 만드는 데 필요한 다수의 여러 뷰에 걸친 변경일 가능성이 높다. 기능적 설계와 배치 설계에 가장 큰 영향이 가겠지만, 아키텍처의 다른 측면들도(특히나 정보 관련 부분이나 동시성 관련 부분들이) 성능 관련해서 변경이 가해질 수 있다. 다음 절에서 설명하는 전술 중 많은 수가 여러 뷰에 걸친 변경을 내포하고 있다. 극단적인 경우, 분할과 병렬화를 적용하려면 기능, 동시성, 정보, 배치 구조를 변경해야 작업부하를 효과적으로 분할하고 병렬 수행하며 결과물을 통합할 수 있다.

아키텍처를 변경한 후에는 과정상의 다음 반복으로 옮겨가서 성능 모델을 수정한 후, 현실적인 시험을 다시 실행하거나 추가 실행해서 제시했던 변경이 원하는 효과를 내는지 검증한다.

표기법

뷰 모델에 사용했던 아키텍처 표기법을 그대로 사용한다.

활동

성능을 개선하는 데 필요한 아키텍처 정의 활동이라면 무엇이든 좋은데, 특히 다음 절에서 논의한 전술들이 적합하다.

▌아키텍처 전술

반복 처리 최적화

예전부터 내려오던 소프트웨어 공학적 경험론에 따르면 시스템은 대부분 80%의 작동시간을 20%의 코드를 수행하는 데 쓴다고 한다. 이는 실제 경험과도 부합해서, 대부분의 시스템에서 대부분의 시간을 잡아먹는 동작 몇 가지가 발견된다.

여기서 시사하는 바는 시스템에서 핵심적인 20%에 초점을 맞춰 성능 관련 노력을 투입해야 한다는 점이다. 이 말을 좀 더 세련된 말로 풀면 다음과 같다.

총 동작 비용 = 동작 호출 비용 × 동작 호출 빈도

하나의 시스템 동작에 드는 총 비용은 한 번의 호출에 드는 비용과 단위시간에(가령 하루에) 호출하는 횟수를 곱한 값으로 볼 수 있다. 따라서 다음과 같이 정리할 수 있다.

$$시스템\ 작업부하 = \sum_{1..n} 총\ 동작\ 비용$$

(시스템 내에 n개의 동작이 존재한다고 했을 때) 단위시간 동안 시스템에 걸리는 총 작업부하는 그 단위시간에 걸쳐 발생하는 총 동작 비용의 합이 된다.

성능 공학 작업에서 초점을 잃지 않으려면, 시스템의 동작들을 총 동작 비용에 따라 순위를 매기고 그 순위 목록의 맨 위에 있는 동작을 맨 먼저 최적화하면 된다.

이 정보는 여러 동작에 대한 최적화 사이에서 알맞은 절충점을 잡는 데도 도움이 된다. 많은 경우에 한 동작에 대해 최적화를 하면 다른 동작에는 악영향을 미친다. 일반적으로 이런 절충을 할 때는 빈번한 동작에 우선순위를 주는 편이 좋다.

예제

메시지 버스란 애플리케이션들끼리 메시지를 쉽고 효율적으로 교환할 수 있게 만든 소프트웨어 기반구조의 한 부분이다. 메시지 버스는 발신자로부터 메시지를 받아서, 필요한 모종의 데이터 변환을 수행한 다음, 예정된 수신자에게 그 메시지를 중계할 경로를 계산해서, 메시지를 보낸다.

메시지 버스가 메시지를 효율적으로 처리하려면 각 지점에 대한 정보와 지점들 사이의 중계 경로 정보, 각 지점의 (통신 지연시간 같은) 연결상의 특성에 대한 정보까지 보관해야 한다. 버스에서는 이런 정보를 활용해 메시지 발신자와 수신자 사이의 최적 중계 경로를 도출한다. 이렇게 하면 (빈번한 작업인) 중계 경로 선택 작업의 처리가 신속해지겠지만, (발생 빈도가 낮은) 지점이나 연결을 추가하거나 삭제하는 작업을 처리할 때마다 전체 경로 중계 표를 재계산해야 하는데, 이는 비용이 많이 드는 동작일 가능성이 높다.

성능 공학 과정에서는 총 시스템 작업부하를 최소화하는 데 목표를 두기 때문에, 이 접근법은 몇 안 되는 확실한 시스템 성능 개선 방법이다.

복제를 통한 충돌 경감

19장에서 설명했듯이, 시스템에 동시적인 작동이 생기는 지점은 모두 잠재적인 충돌 지점이 된다. 이런 충돌이 처리량을 깎아먹고 자원을 낭비하는 등, 성능 문제를 유발하는 주된 요인일 때가 많다.

충돌을 제거하는 과정은 쉽지가 않은데, 특히나 (운영체계 프로세스 내에 존재하는 공유 데이터 구조) 단일 충돌 지점이 다루기가 어렵다. 게다가 직접 통제 가능한 부분이 아니라 시스템의 기저를 이루는 (애플리케이션 서버 같은) 기반구조 내부에서 충돌이 일어나기도 한다.

몇 가지 충돌 문제는 하드웨어나 소프트웨어나 데이터 같은 시스템 요소를 복제하는 방안으로 해결이 가능한데, 이 방안을 쓰려면 분할이나 병렬화 같은 관련 전술을 결합해야 할 때가 많다(바로 뒤에 나오는 '분할 및 병렬화' 전술을 참고하기 바란다).

예제

규모가 제법 있는 다수의 웹사이트에서 하루에 수백만 페이지 뷰를 받아내는데, 이는 아무리 용량이 큰 컴퓨터를 써도 감당하기 어려운 양이다. 그래서 대규모 서버 팜을 구축해 수백 수천 대의 컴퓨터를 넣고 각 컴퓨터마다 따로 웹 서버 인스턴스를 띄우는 방식으로 서비스를 제공한다. 특수 장비를 사용해 유입되는 요청을 여러 웹 서버에 골고루 할당함으로써 응답시간을 고르게 하고 서버 활용도를 극대화한다.

물론, 이 시나리오에서 서버 팜에 붙는 네트워크 연결이 다시 병목 지점이 될 수 있다. 서버 노드들을 복제해봤자 이 병목 지점을 시스템의 다른 부분으로 옮겨놓는 데 그칠지도 모른다. 하나의 문제를 해결했다고 봤더니 시스템에 내재돼 있던 그 다음 병목 지점이 드러나는 양상인데, 이는 성능 개선 작업에서 밥 먹듯 일어나는 일이다!

예제

복권 시스템은 전국에 산재한 판매소의 원격 POS(point-of-sale) 단말기와 연결된다. 오전에 단말기를 켜서 사용하려면, 먼저 사용자 이름과 비밀번호를 입력해야 한다. 이 사용자 인증 작업은 중앙의 데이터베이스 한 대에서 이뤄지기 때문에, 오전 7시에서 8시 30분 사이에 매우 극심한 부하가 생겨서 로그인 시간이 최대 1분까지도 걸린다.

이 문제를 완화하기 위해 지역별 인증 데이터베이스를 몇 군데 설치해두고 전체 단말기의 약 10% 정도씩 나눠 맡게 했다. 그리고 야간에 각 데이터베이스에 로그인 정보를 전달하는 프로그램도 작성했다. 그 결과, 로그인 시간이 훨씬 개선됐다.

이 접근법은 특정한 상황에서만 효과가 있어서, 처음부터 복제에 따른 이점을 볼 수 있게 설계해야 한다는 제한 요인이 있다. 하지만 효과를 볼 수만 있다면, 충돌 문제를 정면으로 해결할 필요 없이 이런 식으로 완벽하게 피해가는 편이 훨씬 손쉽기 때문에 진지하게 생각해볼 가치가 있다.

처리 우선순위 할당

시스템에 발생하는 작업부하는 가능한 한 신속하게 수행해야 하는 핵심 처리작업부터 기한을 연장해서 완료해도 무방한 시스템 정비 같은 일상적인 작업까지 중요도가 제각기 다르다.

시스템의 전반적인 성능이 목표치에 도달해 언뜻 보기에 잘 구축된 시스템이 일부 중요한 작업을 수행하는 데 시간이 너무 오래 걸려서 문제가 되는 경우가 많다. 이런 시스템에서는 대체로 하드웨어가 바쁘게 돌아가고, 예상했던 총 처리량만큼 처리한다. 하지만 핵심적인 작업부하를 처리하는 비율이 덜 중요한 동작을 처리하는 비율과 같고, 그로 인해 성능 문제가 체감되기 시작한다.

이런 상황에 봉착하지 않으려면, 시스템의 작업부하를 우선순위 묶음(또는 등급)에 따라 나누고, 우선순위에 따라 작업부하를 처리하는 기능을 넣어야 한다. 이렇게 하면 시스템 자원을 적시적소에 최적 작업에 투입할 수 있어서, 성능 문제를 체감할 일이 훨씬 줄어든다. 이 접근법을 저수준에서 적용한 사례로 최근에 나오는 대부분의 운영체계에 구축돼 있는 우선순위 등급 기반의 스레드 및 프로세스 일정관리가 있다.

대규모 정보 시스템을 다룰 때면, 이렇게 우선순위를 부여하는 일에는 대체로 작업부하의 등급에 따라 사업적 중요도를 구별하는 일이 동반된다. 사업을 유지하려면 시간에 맞춰 완료해야 하는 (주문 처리 같은) 작업부하 유형은 역시나 중요하지 않은 것은 아니지만 사업 운영에 직접적인 타격을 주지 않는 (경영 보고 같은) 작업부하 유형보다는 당연히 우선순위가 높을 수밖에 없다.

예제

어느 웹 기반 전자상거래 지원 시스템에서 주문 확인, 고객 계정 관리, 재고 보고, 판매 보고 기능을 지원해야 한다.

고객이 웹을 통해 일으키는 (주문 확인과 고객 계정 관리 같은) 작업부하는 거의 모두 다른 처리보다 우선해야 할 것이다. 웹사이트가 느리면 곧바로 판매량이 줄 뿐 아니라 고객들이 다른 소매점으로 발길을 돌리게 해서 장기적으로 보면 사업에 타격을 주기 때문에, 이 웹사이트를 사용하는 고객은 극히 중요한 이해관계자에 해당한다.

대조적으로, 경영 조직 구성원은 영향력 있는 이해관계자이기는 해도 최대 부하 시간에 경영 보고 기능이 느리게 작동한다고 해서 사업에 직접적인 해를 끼칠 리는 없다. 물론, 자기 작업부하가 제일 중요하다고 믿는 이해관계자들을 다뤄야 할 때는 이렇게 합리적으로 절충하기가 여간 어렵지 않다.

대부분의 상황에서 현실적인 문제는 다양한 유형의 작업부하 사이에 올바른 균형점을 찾는 일이다. 이 과정에는 이해관계자들 간의 상대적인 중요도, 이해관계자들마다 나름대로 작업부하 유형별로 상정한 중요도의 차이, 각 작업부하를 처리하는 데 주어진 기한 같은 요인들이 영향을 미치므로, 이런 요인들을 감안할 필요가 있다. 복잡한 상황에 알맞은 균형점을 찾는 일은 절대적인 '정답'을 찾아내는 일이라기보다는 판단력을 제대로 발휘해 수용 가능한 선택안을 찾는 일일 때가 많다.

관련 작업부하 통합

정보 시스템에서 일어나는 대부분의 동작들은 처리하려면 일정한 정도의 맥락 정보가 필요하다. 이런 맥락 정보를 관리하는 일은 수행할 동작의 크기가 작거나 (데이터베이스에서 적재하는 등의 방법으로) 맥락 정보를 찾아내는 데 비용이 많이 들 경우에는 그 자체로 상당한 간접비용이 된다.

이 문제를 해소하기 위해, 관련된 작업을 통합해서 하나의 일괄 작업으로 만들고 관련된 요청을 묶어 처리 단위로 만든다. 이런 유형의 처리는 일반적으로 단일한 초기화 단계와 다수의 동작 처리 단계, 단일한 해제 단계를 거칠 수 있어서 개별적으로 처리하면 개별 동작마다 필요한 초기화와 해제 단계를 생략할 수 있다. 또는 개별 동작 사이에 자원이나 처리 결과를 재사용함으로써 반복적으로 할당하거나 생성하는 간접비용을 피하는 방안도 고려해볼 수 있다.

예제

소매 금융 기관의 위험 관리 시스템은 개별 소비자의 파산 위험을 사전에 모니터링 및 관리할 수 있게 고객의 향후 신용 소비의 추정치를 매일 밤마다 갱신해야 한다. 이런 갱신 작업은 고객 개인별 요소와 전체 요소를 모두 사용해 향후 발생 가능한 소비자의 소비를 추정하는 꽤 복잡한 계산을 포함한다. 단순한 접근법은 개별 계산을 따로 분리해서 진행하는 것인데, 이때 계산에 필요한 전체 요소를 매번 처리하는 방식은 심각한 부하를 유발할 수 있다. 전체 요소의 값을 공통적으로 갖는 고객 그룹별로 처리하는 방법은 전체 요소를 모든 고객당 처리하는 것보다 그룹당 한 번만 계산할 수 있어서 전반적인 성능을 상당히 개선할 수 있다. 예를 들어 지리적 위치를 기반으로 한 경제 활동을 지리 영역별로 추정할 수 있고 그 지역별로 해당 지역에 속하는 고객을 함께 처리할 수 있다.

이런 최적화는 본질적으로 시스템의 구조 및 시스템 안에서 동작을 처리하는 방식과 관련이 있으므로, 아키텍처 정의에 넣고 고려하기에 최적이다. 시스템에 따라 이런 식으로 해서 커다란 효율을 얻기도 한다.

시간대별 처리 배분

어떤 시스템은 밤낮 구분 없이 일정한 양의 작업부하를 처리해야 한다. 그러나 (일부 인터넷에 직접 노출된 시스템이 이 부류에 속하긴 하지만) 경험상 이런 시스템은 매우 드물다. 대부분의 내부 시스템은 근무 중인 사람들을 지원하고, 사람들은 비교적 정해진 시간에만 일을 하기 때문에, 시스템은 하루 중 시간대에 따라 다른 부하 요건을 갖는다. 즉, 시스템의 작업부하가 시간에 따라 달라진다는 뜻이다. (이미 확인했듯이) 번잡한 시간대에는 동시성이 성능 문제를 야기하는 경향이 있는데, 이는 다른 시간대에 속한 사용자를 수용해야 하는 글로벌 시스템에서 발생하기 쉬운 문제다. 글로벌 시스템은 근무 주간에 하루 24시간 내내 가용한 상태를 유지해야 하고, (예컨대, 도쿄의 야간 일괄 처리시간이 뉴욕의 일과시간과 겹치는 경우처럼) 다른 지역에서 발생하는 다양한 작업부하를 동시에 처리해야 하는 경우라면 충돌이 일어날 수도 있다. 이와 관련해서는 29장에서 위치 관점을 다룰 때 좀 더 살펴본다.

시스템 부하와 자원 경쟁을 줄여서 성능 문제를 줄일 수 있는 유용한 시스템 전략은 최고점과 최저점에서 별 차이 없이 고르게 처리하도록 만드는 것이다. 작업부하 최고점 중 일부는 사람들이 일하는 방식의 결과물로 어쩔 수 없이 발생할 수밖에 없지만, 아키텍처 정의 프로세스에서 최고점 시간대 동안 시스템의 작업부하를 세밀하게 분석하도록 고려해야 한다. 많은 경우에 작업부하를 시스템의 처리 주기 중 다른 시간대로 옮길 수 있다. 이런 작업부하를 옮기면 결국 여유 시간대의 유휴 자원을 사용해 최고 부하 시간대의 성능을 개선할 수 있다.

공유 자원 사용 최소화

특정 시점에 시스템에 실행 중인 비유휴 작업은 다음의 두 가지 상태 중 하나에 속한다.

1. 자원을 사용함(예: 프로세스, 메모리, 디스크, 네트워크 같은 하드웨어 자원이나 메시지 서비스 같은 소프트웨어 자원)

2. 자원을 기다림. 자원이 이미 사용 중이거나 사용준비 상태가 아닌 경우(예: 다른 작업이 자원을 사용하고 있거나, 디스크의 특정 트랙으로 헤드가 움직일 때까지 혹은 소프트웨어 서비스가 초기화될 때까지 기다리는 경우)

시스템이 더 많이 사용되고 공유 자원 경쟁이 심해질수록, 작업의 총 소요시간 대비 대기시간의 비율이 더 커지고, 결국 전체 응답시간에서 비율적으로 더 많은 부분을 차지한다.

비록 기술의 한계 때문에 여러 가지 이유로 가능하지 않을 수도 있지만, 큐에 먼저 들어온 작업이 더 적게 기다리게 되도록 작업이 사용하는 자원의 성능을 높이는 게 도움을 줄 것이다. 이런 상황을 완화하는 또 다른 방법은 공유 자원의 사용을 최소화하는 것이다. 즉, 기다려야 하는 상황을 줄이는 것이다. 이는 이 책의 범위를 벗어난 매우 복잡한 주제이긴 한데, 아키텍트는 다음과 같은 전략을 생각해볼 수 있다.

- 아키텍처에서 하드웨어 핫스팟을 제거하기 위해 하드웨어 멀티플렉싱 기술을 사용한다.
- 처리가 시작되면 긴 시간 동안 자원을 잠금 상태로 만들기 때문에, 가능하다면 길고 복잡한 작업보다는 짧고 단순한 처리를 먼저 처리한다.

- 사용자가 버튼을 누르길 기다릴 때처럼 사용자 시간에 자원을 잠금 상태로 만들지 않는다.
- 가능한 경우에는 언제든 공유 자원을 비독점적으로 접근하게 한다.

자원 및 결과 재활용

요청을 처리하는 데 들어가는 자원 중에는 생성하는 데 연산 자원이 많이 들거나 결과를 반환하는 데 상당한 시간이 걸리는 서비스에서 뽑아내야 해서 확보하려면 비용이 많이 드는 것들이 있다. 어떤 동작을 하는 데 비용이 많이 드는지 여부를 판단하는 일은, 전체 작업 수행시간 중에서 그 동작을 하는 데 소비되는 시간의 비율에 달려 있기 때문에 상황에 매우 의존적이다. 경우에 따라 20밀리초가 소요되는 동작도 상당한 부담이 되는 반면, 10초가 걸리는 동작도 별 부담이 되지 않을 수도 있다.

어떤 과정에서 비용이 많이 드는 단계를 만났을 때 자주 취하는 전술로 비용이 많이 드는 동작의 결과물을 처음 생성될 때 캐시에 넣어두고 나중에 필요할 때마다 재사용하는 방법이 있다.

예제

이런 전략을 사용한 아주 간단한 예제는 웹 스토어 같은 상호작용형 웹 애플리케이션에서 웹 세션의 상태를 캐싱하는 것이다. 세션 상태를 저장할 때는 데이터베이스에 상태를 쓰고 그 세션에 대한 요청이 발생할 때마다 그 정보를 읽어오는 방식이 가장 간단하다. 하지만 데이터베이스에서 세션 정보를 불러오는 것은 상대적으로 느릴 수 있기 때문에, 이에 대한 대안으로 데이터베이스보다는 분산 캐시에 정보를 저장하는 방법을 쓸 수 있다. 이렇게 하면 필요할 때 정보를 가져오는 속도가 더 빨라진다.

업무 데이터 관련해서, 애플리케이션에서 환율 정보가 필요해 외부 서비스로부터 불러와야 하는 경우에 이 전략을 적용할 수 있다. 환율 정보가 필요할 때마다 매번 정보를 불러오는 동작을 수행하면 요청 처리가 급격하게 늦어지므로, 한 번 불러온 환율 정보를 로컬 프로세스의 캐시에 저장해두고 반복적으로 재사용함으로써 서비스 호출로 인한 과부하를 피한다.

분할 및 병렬화

시스템에 규모가 크고 시간이 오래 걸리는 처리가 있다면, 응답시간을 줄이기 위해 가능한 방법은 몇 개의 작은 처리로 분할한 다음 그 하위 처리를 병렬로 수행하고, 맨 마지막 하위 처리가 완료됐을 때 모든 하위 처리의 결과물을 묶어서 하나의 결과로 만드는 방법이 있다. 이 접근법이 어떤 상황에서 효과를 볼 수 있을지는 다음 네 가지 요인에 따라 다르다.

1. 전체 처리를 빠르고 효율적으로 하위 처리로 분할할 수 있는가
2. 그렇게 나온 하위 처리가 독립적이어서 효과적으로 병렬 처리를 할 수 있는가
3. 하위 처리에서 나온 결과물을 묶어서 하나의 결과로 만드는 데 시간이 얼마나 걸리는가
4. 하위 처리를 병렬로 수행하는 것이 단일 처리로 하는 것보다 더 빠를 만큼 충분한 처리 용량이 확보돼 있는가

큰 처리를 독립적인 하위 처리로 손쉽게 분할하기 어렵다면 이 기법은 실용성이 없다. 하위 처리 결과물을 통합하는 데 시간이 오래 걸리고 비용이 많이 드는 상황이라면, 원래 처리에 걸리는 응답시간보다는 통합 비용이 상대적으로 더 적어야 이 기술이 적합하다. 끝으로, 처리 자원에 여유가 없다면 병렬 처리를 해봤자 하위 처리가 하나씩 순서대로 수행될 것이므로 분할하고 통합하는 데 생기는 간접비용으로 인해 원래 설계보다 더 느리게 작동해 효과를 보기가 어렵다.

이 접근법에서 기억해야 할 중요한 사실은 단일한 순차적 처리를 쓸 때보다 (분할과 통합에 드는 간접비용 때문에) 효율이 떨어지는 데다가 응답시간 단축도 처리에 드는 자원이 더 큰 데 따른 대가로 얻은 것이라는 점이다.

예제

매출 관리 시스템에서 지역별로 구분한 전사 매출 성과를 나타내는 (판매량, 수익성, 평균 판매가 같은) 여러 가지 파생 수치를 생성하는 기능을 제공한다. 이 기능은 시스템에 들어 있는 매출 정보를 계산할 때 긴 시간이 걸리는 처리가 필요할 텐데, 이 처리가 역시 분할과 병렬화하기 좋은 후보일 가능성이 높다. 요청을 (하나의 처리로 한꺼번에 수행하지 않고) 판매 지역마다 하나씩 나눠서 처리하면, 각 지역에 대한 처리 결과는 병렬로 계산한 다음

결과를 통합해서 최종 보고서 형태로 만들 수 있다. 대상 데이터를 n개의 병렬적인 흐름으로 흘려도 효율적으로 접근할 수 있다면, 판매 지역마다 데이터 양이 비슷하다고 전제했을 때, 병렬 처리는 단일 처리로 수행했을 때 걸리는 시간의 거의 $1/n$만큼으로도 완료할 가능성이 높다(결과 통합에 추가적인 시간이 더 들겠지만, 연산시간에 비하면 얼마 되지 않을 것이다). 이런 방식으로 처리 효율성을 약간 희생하면 응답시간을 크게 줄일 수 있다.

수직 확장 및 수평 확장

시스템이 현재 확보한 하드웨어의 성능 한계에 부딪혔을 때 확실한 해결책은 하드웨어를 더 구매하는 것이다. 사실 더 나은 성능이나 확장용이성이 필요할 경우에 처음 해보는 방안으로 많이 등장한다. 근래에는 대량 생산된 하드웨어의 가격이 충분히 떨어져서 '문제가 생긴 데에 하드웨어를 쏟아붓는' 방안을 먼저 손쉽게 시도해볼 때가 많다. 클라우드 컴퓨팅 서비스나 자체적인 가상화 환경을 쓸 수 있어서 권한을 얻은 즉시 가상화된 하드웨어 컴포넌트를 추가로 투입할 수 있는 상황이라면, 이 방안이 특히나 더 매력이 있다.

시스템에 하드웨어를 추가로 투입하는 데는 두 가지 방법이 있다. 기존의 하드웨어를 유사하지만 좀 더 용량이 큰 부품을 가진 것(가령, 더 빠른 프로세서나 더 많은 프로세서나 더 많은 메모리를 단 서버 등)으로 교체하는 방법과 시스템에서 이미 사용하고 있는 것과 유사한 하드웨어를 더 넣는(가령 이미 있는 두 대의 연산 서버에 더해 새로 두 대를 더 넣는) 방법이다. 전자는 흔히 '수직 확장scaling up'이라 하고 후자는 '수평 확장scaling out'이라 한다.

일반적으로 수직 확장이 더 간단하지만 비용도 (하드웨어 성능이 높아질수록 비용도 늘어나기 때문에, 즉 CPU 32개가 들어가는 장비는 CPU 4개가 들어가는 장비 4대보다 훨씬 비싸기 때문에) 더 많이 드는데, 이 방식은 사용 가능한 가장 고용량의 장비까지 확장하고 난 다음에는 현실적인 확장 한계에 부딪히게 된다. 수평 확장은 처리 노드를 추가하는 만큼 처리 작업이 각 노드별로 고르게 분배돼야 하기 때문에 좀 더 복잡하고 시스템을 설계하기도 더 까다롭지만, 일반적으로 훨씬 더 저렴한 대량 생산 하드웨어를 사용하기 때문에 비용 효과 측면에서 더 낫다. 수평 확장은 이 기술을 사용하는 아마존Amazon이나 이베이eBay 같은 대규모 인터넷 사이트의 존재로 입증되듯이, 하드웨어 부품의 용량 때문에 생기는 임의적인 한계에 봉착하지도 않는다.

하드웨어를 추가해서 확장용이성을 확보하는 방식은 시스템이 새로 추가된 (특히나 수평 확장 방식으로 추가된) 하드웨어를 제대로 사용할 수 있도록 설계돼 있지 않다면 대개는 그다지 큰 효과가 없다는 문제가 있다. 시스템이 핵심부에서 단일 처리 흐름으로 이뤄진 프로세스를 써서 확장용이성에 제한이 있다면, CPU나 장비를 추가해봤자 별 도움이 되지 않고, 시스템이 돌아가는 단일 CPU의 속도를 늘려도 그다지 큰 이득은 없을 것이다. 마찬가지로, 서로 협동하는 여러 프로세스에 작업부하를 분할해줄 수 없다면, 수평 확장의 이점을 얻기 어렵다. 요행으로, 또는 경우에 따라 하드웨어를 더 투입해서 그 상황을 모면할 수도 있겠지만, 처음부터 확장용이성 특성을 제대로 갖추지 않고 구축한 시스템이 이 방안에 의존하는 것은 위험하다.

우아한 감속

갑작스레 너무 큰 작업부하가 들어와서 시스템이 감당하기 어려워지는 일은 피할래야 피할 수가 없다. 증권거래 시스템에서 거래가 특히 많은 날이든 소매 시스템에서 영업이 한창인 시간이든 뉴스 웹사이트에서 굵직한 국제적 위기가 발발한 상황이든, 그 어떤 상황에서도 이번 장 앞부분에서 설명한 성능 곡선의 '무릎'에 도달할 일이 절대 없도록 하드웨어를 과도하게 확보하는 방안은 비용 효율적이지 않다(그만큼 확보하는 일 자체가 아예 불가능할 때도 있다).

대신, 이런 상황이 벌어졌을 때 우아하게 시스템 성능을 낮추도록 설계하는 게 중요하다. 능동적인 사전 감시 체계를 세워두고 실패가 일어나면 재빨리 인식해서 안정적으로 처리할 수 있게, 특히 과부하와 실패가 시스템 전체에 걸쳐 파괴적으로 번져나가지 않게 해야 한다. 이렇게 하려고 시스템 내에 소프트웨어적인 개념의 '회로 차단기'를 집어넣어서 내부 컴포넌트에 과부하가 걸리지 않게 막아주는 설계를 하는 방법을 쓰기도 한다. 그 밖에도, 시스템에 과부하가 걸렸을 때는 사용자에게 몇 분 후에 다시 시도해보라는 안내와 함께 더 이상의 작업부하를 거부하는 방안이나, 시스템에 들어온 서비스 호출에 만료시간을 도입해 요구량을 조절하는 방안이 자주 쓰인다.

이번 장 맨 뒤에 나오는 '더 읽을거리' 절에 보면 이 주제에 대해 참고하기 좋은 자료들이 많이 언급돼 있다.

비동기식 처리 활용

사용자의 체감 응답시간을 향상하는 방법 중에는 몇 가지 처리를 비동기적으로, 다시 말해 사용자에게 일단 반응을 보낸 뒤에 백그라운드로 처리하는 방법이 있다.

예제

큰 규모의 데이터베이스 질의를 통째로 처리하려면 상당히 긴 시간이 걸리고, 애플리케이션에 따라 그 질의 결과를 (한 번에 한 화면씩만 반환하면 좀 더 빠르게 완료할 수 있을 텐데도) 한꺼번에 모두 반환해서 사용자 인터페이스에 표시하고 사용자의 조작을 기다려야 하는 경우도 있다. 이런 경우에 문제는 사용자가 무슨 데이터든 반환받으려면 질의가 완전히 완료되기를 기다려야만 한다면, 요청이 처리되는 과정에서 매우 긴 지연시간을 경험하게 된다는 점이다.

이 문제는 질의를 비동기적으로 처리하고 결과 데이터가 조금이라도 생기면 즉시 사용자 인터페이스로 반환을 하는 방식으로 해결할 수 있다. 이 전술을 쓴다고 해서 전체 질의 실행시간이 영향을 받지는 않을 테지만, 사용자 입장에서는 데이터가 훨씬 더 빨리 들어오기 시작하는 모습을 확인할 수 있는 데다 데이터가 동기적으로 들어오는 경우보다 체감상 요청이 훨씬 빨리 처리된다는 느낌이 든다.

이 기술에는 몇 가지 주의사항이 따르므로, 꼭 필요할 때만 써야 한다. 먼저, 구현하기가 일반적으로 훨씬 더 복잡하고, 비동기적으로 처리하는 부분에는 몇 가지 백그라운드 서비스를 필요로 한다. 더욱이, 백그라운드 처리가 실패하는 상황에 대처하기 위한 방안을 만들어둬야 한다. 즉, 트랜잭션을 시작하고 나서 몇 분, 심지어 몇 시간이 지난 후에 실패할 수도 있기 때문에, 사용자는 그 실패를 정정하는 조치를 취할 방안이 없을 수도 있다. 끝으로, 비동기식 처리를 한다고 해서 실제 수행에 따르는 작업부하가 줄어들거나 시스템의 효율이 더 나아지지는 않고 (따라서 실제로 성능 문제가 해결되지는 않고), 그저 작업부하를 흩어놓을 뿐이다.

트랜잭션 일관성 완화

다른 여러 소프트웨어 설계자들과 마찬가지로, 우리도 (익히 알려진 원자성, 일관성, 독립성, 지속성에 대한 보장을 제공하는) ACID 트랜잭션이 진리라고 생각되던 시절에 성장했다. 아주 최근 들어서, 인터넷 규모의 시스템이 부분적으로 장애를 일으키는 경우에도 고도의 확장성과 가용성을 발휘해야 할 필요성이 생기면서, 이 영역에 대한 생각을 재고하는 계기가 됐다. 인터넷 규모의 시스템을 설계하는 이들이 얻었던 핵심적인 통찰은, 개별 데이터 소비자가 일관성 있는 데이터를 볼 수만 있다면, 시스템 전체에 걸친 즉각적인 일관성은 '결과적인' 일관성을 확보할 수 있다는 보장하에 완화가 가능하다는 것이었다('결과적으로' 일관성이 확보되기까지 감내할 수 있는 지연시간은 상황에 따라 다르다).

이 통찰을 통해 성능 및 확장용이성을(그리고 실제로는 가용성도) 향상할 수 있는 또 다른 전술이 가능하다는 사실을 알 수 있다. 하나의 트랜잭션과 관련된 갱신을 약간씩 시차를 두고 받아낼 수 있는 시스템을 설계할 수 있다면 작업부하를 분할하고 데이터베이스 갱신을 미룰 수 있는 기회가 많이 생기고, 따라서 완전한 분산 트랜잭션을 사용하는 데 따른 간접비용과 복잡성 없이 여러 대의 장비와 데이터 저장소에 걸쳐 시스템을 확장할 수 있게 된다. 이에 대해서는 18장에서 정보 시점을 논의할 때 좀 더 자세히 다뤘고, 이번 장 말미에 나오는 '더 읽을거리' 절에서도 이 주제를 좀 더 깊이 있게 다룬 참고문헌을 다수 제시해놓았다.

설계 절충

다른 성능 전술을 시도해봤자 수용 가능한 성능을 끌어낼 수가 없거나 모종의 이유로 적용이 어렵다면, 좀 더 극단적인 접근법이 필요한 것인지도 모른다. 이 책에서 아키텍처 정의를 잘하기 위한 방법으로 설명한 여러 기법들은 극한 상황이 되면 성능 문제를 유발할 수도 있다. 예를 들어, 느슨하게 결합되고 고도로 모듈화돼 있으며 높은 수준으로 응집된 시스템은 끈끈하게 결합돼 있고 통짜로 이뤄진 시스템에 비해 서로 통신하는 데 더 많은 시간이 걸리는 경향이 있다.

느슨하게 결합되고 언제나 일관성 있으며 고도로 모듈화된 설계를 하는 것이 지상목표라 하더라도, 그로 인해 얻는 이득은 모두 모종의 성능상의 손해에서 나올 수도 있음을 알아야 한다. 성능이 중요한 상황에서 다른 전술이 모두 실패했다면, 이상적인 설계 구조를 타협해야 할 수도 있다. 고려할 만한 설계적인 타협이 많이 있을 텐데, 각 타협점은 모두 그 나름대로의 절충점이 있는 데다 해당 선택 안만으로 따로 책이 한 권씩 나와 있을 정도다. 또한 아키텍처적인 선택은 시간이 지나면서 이뤄지는 기술 발전과 시스템 설계 경험에 힘입어 진화해나간다. 이 말은 선택 가능한 모든 방안을 다 검토하기는 원천적으로 불가능하고, 설사 그렇게 할 수 있다손 쳐도 새로운 방안이 떠오르면 금세 철 지난 정보가 되고 말 것이다. 대신에, 이번 장 끝에 나오는 '더 읽을거리' 절에 언급한 몇 가지 참고문헌을 보면 이 책을 쓰는 시점에 존재하는 최선의 성능 및 확장용이성 관련 구상들이 나오니, 거기서부터 시작해서 더 연구해보기 바란다.

지금까지 말한 것들은 모두 개념적인 수준으로, 오랜 기간 시스템의 성능 및 확장용이성을 끌어올릴 때 실제로 가치를 증명해온 고전적인 설계 타협안 몇 가지를 좀 더 구체적으로 살펴보자.

- 조금 더 끈끈한 결합으로 이뤄진 통짜식 설계로 옮겨가서 내부적인 통신 지연 시간과 충돌을 최소화한다.
- 데이터 모델 일부를 역정규화해 데이터에 대한 접근을 최적화한다.
- 분산된 시스템 요소들 사이에는 동작을 나누는 단위를 매우 크게 한다.
- 즉시적인 일관성 같은 트랜잭션 보장을 완화해 데이터를 분할하고 비동기식으로 갱신하는 방식을 가능케 한다.
- 데이터나 처리를 지역마다 복제해서 느린 통신 채널을 타야 하는 경우를 최소화한다.

이런 변경을 가하면 성능은 좋아지겠지만, 유지보수성은 물론이고 사용편의성에서도 대가를 치를 가능성이 있다. 절충이 얼마나 간절한지 신중히 평가해보고 나서 설계에 타협안을 집어넣을지 결정하기 바란다.

▌문제점 및 함정

애매한 성능 및 확장용이성 목표

대규모 과제에서도 성능 목표를 막연하거나 불완전하거나 모호하게 잡거나 시스템의 확장용이성까지 고려하지 않고 넘어가는 경우가 비일비재하다. 이렇게 하면 문제가 계속 누적돼서, 시스템을 설계하고 조율하고 구축하는 데 필요한 알맞은 프레임워크를 확보할 수가 없고, 시스템이 수용 가능한 성능을 낼지 미리 알 도리도 없다.

위험 경감 방안

- 명확하고 측정 가능한 성능 및 확장용이성 목표를 정의해서 이해관계자의 승인을 받는다.
- 성능 및 확장용이성 목표가 현실적이고 달성 가능한지 스스로 확인한다.
- 그렇게 잡은 목표를 아키텍처, 설계, 구축 팀에 알려서 각자 작업에 반영토록 한다.
- 수용 조건은 합의된 목표에만 기초해서 정해지게 하고 다른 (은연중에 풍기는) 성능 및 확장용이성 목표는 들어가지 않게 한다.

비현실적인 모델

성능 모델을 만드는 과정은 매우 몰입감이 높아서, 그 결과가 시스템의 예상 성능 특성에 대한 정교한 모델로 나올 때가 많다. 모델이 너무 깊은 인상을 주면 그 모델의 권능에 과도하게 의존하는 문제가 생기기도 한다. 모델에서 성능 문제가 없다고 나오면 그릇된 안도감에 빠지기가 쉽다. 모델을 통해 문제가 드러나지 않는다고 해서 실제 시스템에 문제가 존재하지 않는다는 의미가 될 수는 없다. 모델은 현실을 추상화한 것이므로 현실과 부합할 때만 유리하다.

위험 경감 방안

- 현실적인 시험 수행을 통해 성능 모델화 활동과 균형을 맞추거나 보완하는 작

업을 함으로써 모델의 바탕에 깔린 가정이 유효한지 확인하고 모델을 통해 도출된 결론의 신뢰성을 높인다.

- 모델화 과정 내내 현실적인 시험을 지속적으로 수행한다.
- 모델화 결과는 항상 현실적인 시험 결과에 비춰 살펴본다.

복잡한 문제에 단순한 지표 적용

컴퓨터 시스템에서 수용 가능한 성능을 달성하는 일은 복잡한 과정으로, 많은 변수를 동시에 고려해야 한다. 일반적으로 빠지기 쉬운 함정으로는 성능을 시험하고 모델화하는 과정을 지나치게 단순화하는 바람에 작업은 쉬워지지만 단순한 유사점에만 기대서 너무 광범위고 복잡한 경우에까지 그 결과물을 확대 적용하는 것이다. 현실적인 시험 수행을 통해 시스템이 돌아갈 실제 실행 환경을 반영해야 하는데, 성능 모델이 지나치게 단순할 경우에는 그로부터 도출된 결론을 적용할 때 주의해야 한다.

비근한 예로, 현실적인 시험 수행을 통해 모델을 보정하는 방법을 생각해보자. 이런 현실적인 시험이 (가령, 동시 실행을 심하게 하는 대신 단일 실행 흐름으로 동작하는 등) 실제 실행 환경을 제대로 모사하지 못한다면, 그로부터 나온 결과는 실제 시스템이 작동하는 방식을 반영하지 못할 것이다.

위험 경감 방안

- 분석하고 시험한 결과의 유효성에 대해 끊임없이 의심한다.
- 시험 환경과 실제 시스템 실행 환경 사이의 차이를 살펴서 성능 공학 과정을 무효화할 가능성이 있는 주요 불일치점을 찾아낸다.

부적절한 분할

17장에서 잘못된 분할을 기능 뷰를 작성할 때 빠지기 쉬운 함정으로 얘기했었는데, 성능을 감안할 때 역시 문제가 될 때가 많다. 분할은 하나 이상의 요소가 시스템 내에서 트랜잭션이 일어날 때마다 매번 함께 등장하는 경우에 문제가 된다. 이런 요소는 시스템 내에서 주도적인 역할을 하기 때문에 어디서든 병목 지점이 되고 수용 가능한 성능을 낼 수가 없다. 분할을 잘못하면 사소한 동작에서도 예상 밖으로 많은 컴포넌트 간 통신을 필요로 하는 모습을 노출하기도 한다.

관련해서, 지역 처리와 원격 처리 사이의 성능 차이를 무시하는 문제가 부적절한 분할의 증상으로 자주 나타난다. 이 문제는 이번 장 거의 끝에 가서 네트워크 호출과 프로세스 내 호출에 대해 논의할 때 다룬다.

위험 경감 방안

- 시스템 내의 다른 기능적 요소들과 연결된 비율이 높은 기능적 요소(17장의 '만능 요소' 논의 내용 참조)를 찾아낸다. 이런 요소들이 잠재적으로 병목 지점이 될 가능성이 높다.

환경 및 플랫폼에 대한 근거 없는 가정

혁신적인 시스템을 개발할 때는 언제나 그 시스템을 둘러싼 환경이나 바탕에 깔린 기술에서 세워둔 가정으로 인해 일정 수준의 위험이 생기기 마련이다. 이런 위험은 전에는 많이 사용되지 않던(또는 이런 규모에서는 잘 사용되지 않던) 신기술을 쓴 탓에 생기거나, (최대 요청 규모 같은) 시스템의 환경에 대한 가정으로 인해 생길 수 있다.

이런 위험 중에는 피할 방도가 없거나 아무도 겪어본 적이 없는 것들도 있다. 하지만 정말 의외인 것은, 익숙한 영역에서도 성능 문제에 부딪히거나 성능 문제가 생길 위험을 완벽히 통제할 수 있음에도 실제로는 그러지 못하는 과제가 많다는 점이다.

위험 경감 방안

- 미리 세워둔 가정을 찾아내서 검증하고, 그에 따른 위험을 성능 분석의 일환으로 평가한다.
- 가정이 틀린 것으로 입증되는 경우에는 그에 대한 완화책을 찾아낸다.

과도한 간접화

소프트웨어 공학에서는 무슨 문제든 간접화를 한 단계 더 넣으면 해결이 가능하다는 말이 있다.[1] 간접화는 확실히 강력한 무기로, 잘만 사용하면 시스템을 좀 더 유연하고 변경하기 쉬우며 탄탄하면서도 더 우아하게 만들 수 있다. 하지만 공짜 점심은 없다는 또 다른 격언도 잊지 말아야 한다.

간접화는 시스템에 드러나지 않는 작업을 유발하는 문제가 있다. 간접화의 형태에 따라(가령, 객체지향 언어에서의 객체 참조 같은 경우에는) 성능에 민감한 대부분의 상황에서 문제를 일으킬 만큼 큰 간접비용을 유발하지 않는 경우도 있다. 하지만 특정 유형의 처리를 하는 데 있어 간접비용 비율을 상당히 높이기도 한다. 예를 들어, 키 대응 기법을 사용해 데이터베이스에 접근하는 경우에는 (복합 키나 구조화 키를 좀 더 효율적인 내부 식별자에 대응시키기 때문에) 한 번이 아니라 두 번의 디스크 쓰기를 요하고 질의문 조인[join] 조건에 추가적인 테이블이 들어가야 하는 갱신이 생긴다.

위험 경감 방안

- 시스템에서 성능에 민감한 부분에 들어가는 간접화의 수에 주의한다.
- 임계 경로[critical path]상에 있는 동작을 구현하는 데 간접화가 많이 들어갔다면, 기능적 이득과 성능적 손해 사이의 손익을 주의 깊게 평가해본다.

동시성 관련 충돌

동시 처리와 공유 자원이 존재하는 시스템은 언제나 실행 흐름[thread]들이 서로 충돌할 가능성이 있다. 충돌이 극단적으로 치달으면 동시 처리 시스템의 실행 흐름들이 대부분의 시간을 공유 자원에 대한 접근권을 얻기 위한 대기 상태에 들어갔다 나왔다 하는 '스래싱[thrashing]'에 소진하면서 속도가 기어 다닌다. 좀 덜 극단적인 경우에도 이런 충돌은 심각한 병목 지점이 돼서 시스템 전체에 걸쳐 성능 문제를 일으킬 소지가 있다. 이런 병목 지점이 생기지 않도록 시스템을 면밀히 분석하고

---

1 버틀러 램프슨(Butler Lampson)이 한 말로, 그는 다시 데이비드 윌러(David Wheeler)가 이 유명한 경구를 처음 말했다고 했는데, 윌러는 분명히 "하지만 또 다른 문제가 생길 가능성이 높다."는 말도 덧붙여놓았다.

설계하는 일이 동시 처리 시스템의 성능 작업에서 중요한 부분을 차지한다.

위험 경감 방안

- 기능 및 동시성 뷰를 점검해 시스템에서 상당한 분량의 동시성 처리를 다룰 수밖에 없는 요소를 찾아낸다.
- 민감한 요소에 대해 제시된 구현안을 모델화, 시험, 분석 과정을 통해 조사해서 그 요소들이 시스템을 좀먹다가 멈춰버리는 병목 지점이 되지 않게 한다.
- 소프트웨어 구축 단계에서 되도록 일찍부터 민감한 요소들의 동시적인 행위를 시험한다.

데이터베이스 충돌

정보 시스템은 대부분 중심에 하나 이상의 관계형 데이터베이스가 들어 있는데, 이 데이터베이스의 질의 처리시간이 시스템 성능의 주된 결정 요인이 되는 문제를 종종 확인할 수 있었다. 이 문제는 그저 데이터베이스 질의가 잘못 작성돼서(또는 생성돼서) 생기거나 데이터베이스 서버 용량이 해당 작업을 하기에는 부족해 과부하가 걸려서 생길 때가 있다. 이 두 경우 모두 표준적인 데이터베이스 감시 도구로 손쉽게 잡아낼 수 있고, (질의문을 더 잘 짜거나 데이터베이스 하드웨어 용량을 늘리는 등) 해결 방안도 상당히 명확하다.

데이터베이스 성능이 안 나오는 좀 더 미묘한 이유로는 내부적인 데이터베이스 충돌이 있는데, 이 문제는 찾아내기도 해결하기도 훨씬 더 어렵다. 내부적인 데이터베이스 충돌은 대개 질의 성능이 느려져서 시스템의 성능이 급격하게 떨어지지만, 데이터베이스 서버는 그다지 바쁘게 돌아가는 것 같지 않고 CPU 사용량과 디스크 I/O도 낮게 나오는 증상을 보인다. 근본적인 원인은 많은 수의 시스템 동작이 소수의 '과열된' 데이터베이스 개체를 갱신하고 읽어들여야 하거나 데이터베이스 관리 시스템 내부의 (트랜잭션 로그나 특정한 저장 영역 등) 기반구조 일부에 과부하가 걸리는 데 있다. 이런 개체는 주된 병목 지점이 돼서 시스템의 데이터베이스 동작이 참을 수 없을 만큼 느려지게 한다.

위험 경감 방안

- 데이터베이스 스키마를 검토하면서 매우 빈번하게 갱신이 일어나는 개체나 매우 많은 데이터 변경을 유발하는 동작을 살피고, 상황을 완화할 수 있는 ('과열된' 개체를 분할하거나 일괄 처리 방식으로 갱신하고 너무 큰 갱신 작업은 분할하거나 연기하는 등의) 방안을 찾아본다.

- 실질적인 부하가 걸렸을 때의 대표적인 데이터베이스 동작의 성능을 되도록 개발 과정 초기에 측정하고 그 수치를 계속 확인한다. 응답시간 증가를 데이터베이스 충돌이 서서히 일어나고 있다는 징후로 간주하고 살펴본다.

- 데이터베이스 감시 도구를 활용해서(그리고 가능하면 데이터베이스 관리자 등 전문 조직에게 맡겨서) 데이터베이스 서버 내에서 일어나는 충돌을 측정하고 해소해야 할 잠재적인 '과열 지점'을 짚어낸다.

트랜잭션 간접비용

이 함정은 '관련 작업부하 통합' 전술과 밀접한 관련이 있어서 이 전략을 적용하지 않았거나 적용할 수 없을 때 발생하는 현상을 반영한다. 정보 시스템을 통해 트랜잭션을 처리하다 보면 유용한 기능적 처리를 수행하는 한편으로 상당한 규모의 간접비용이 동반되게 마련이다. 이런 간접비용이 발생하는 원인은 네트워크 지연시간, 데이터 직렬화, 보안 처리, 데이터베이스 접근 등을 포함해 여러 가지가 있다.

간접비용이 너무 높고 기능적 처리량이 너무 낮으면 시스템이 대부분의 시간을 직접적인 효용이 없는 프로세스 간 간접비용에 소모하면서 시스템 성능이 심하게 떨어질 위험이 있다. 이 함정은 2단계 커밋two-phase commit을 사용해 둘 이상의 데이터베이스 서버를 하나의 논리적인 트랜잭션으로 묶어서 갱신하는 분산 트랜잭션에서 특히 많이 빠진다.

위험 경감 방안

- 시스템에 구현된 기능적인 트랜잭션을 검토해서 트랜잭션을 수행하는 데 들어가는 간접비용이 기능적 처리를 하는 데 드는 시간보다 훨씬 더 오래 걸리

는 매우 작은 트랜잭션들을 찾아낸다. 그런 트랜잭션들에 대해서는 여러 건을 한 번에 수행하도록(그래서 여러 개의 기능적 처리가 그 작업부담을 나눠서 분담하도록) 작업부하를 통합하는 방안을 고려해본다. 이렇게 하면 트랜잭션의 간접 비용만 줄어드는 데 그치지 않고, 처리 방식을 단순화할 여지도 있다(가령 모든 트랜잭션이 상세한 보안 권한 확인을 해야 하는지, 소규모 트랜잭션들에 대해서는 큼직한 단위로 좀 더 단순화해서 접근할 여지는 없는지 살펴볼 수 있다).

- 이번 장 앞부분에서 설명했던 트랜잭션 일관성 완화에 쓰이는 기술을 적용해 데이터가 모든 경우에 즉각적으로 일관성을 갖추는 대신 '결과적 일관성'을 갖추게 하는 방안을 고려해본다.

- 트랜잭션 유형마다 내용이 빈 '핑^{ping}' 트랜잭션을 일으켜서 시스템이 '아무것도 하지 않는' 시간이 얼마나 되는지 측정한다. 이 측정 값을 계속 감시하면서 시스템의 용량과 복잡도가 올라가는지 지켜본다.

부주의한 자원 할당

최근 몇 년간의 연산 능력 증가가 의미하는 바는, 일반론적으로는 하드웨어 자원을 과거 하던 대로 쥐어짜서 사용할 필요성이 줄었다고 해석할 수 있다. 하지만 이렇게 생긴 여력과 관련해서 자주 간과하는 문제는 (메모리나 잠금^{lock} 같은) 실행시간 자원을 할당하고 풀어주는 과정 자체에도 자원이 필요하다는 사실이다. 시스템 사용자와 트랜잭션이 수백만까지 확대되면, 이 자원을 관리하는 일이 정말 문제가 된다. 이런 작업은 (자바 언어의 자동 가비지 컬렉션이나 관계형 데이터베이스의 자동 잠금 할당과 같이) 묵시적으로 일어날 때가 많아 잊어먹기 쉽다. 하지만 이 작업이 마냥 공짜는 아니다! 자원 할당과 관련된 상황에서 언제나 자문해보면 좋은 질문은 "이 일이 수백만 번 일어난다면 어떻게 될까?"이다.

기저에 깔려 있던 자원 할당 문제는 뚜렷하게 시간이 지체되는 곳도 없이 예상보다 훨씬 느리게 작동하는 요소가 나오면서 대두될 때가 많다.

위험 경감 방안

- 임계 경로상에 있는 요소 내에서 대량으로 동적 자원 할당 및 해제하는 일을

피한다.

- 덜 붐비는 (시작 또는 유휴) 시점에 미리 자원을 할당해놓는 방법을 살펴본다.

- 할당된 자원을 해제하고 재할당하는 대신 상대적으로 부담 없이 재사용할 수 있을지 살펴본다.

- 소프트웨어 개발자들과 협력해 문제를 이해하고 지침과 패턴을 (개발 뷰에) 문서화해 잘 된 사례를 설명해둔다.

네트워크 호출과 프로세스 내 호출 차이 간과

현대적인 컴퓨터 기술 덕분에 여러 대의 장비에 시스템을 분산하고 네트워크상 임의의 위치에 있는 자원에 접근할 수 있게 됐다. 이런 분산 기술은 많은 현대적인 정보 시스템에서 중요한 사항이 됐다. 사실 최신 정보 시스템 기술 중에는 개발이 끝난 후에 요소의 배치 위치를 바꾸는 것을 목표로 만들어진 것이 많다.

하나의 주소 공간(프로세스) 안에서 지역적으로 동작을 호출하는 일과 하나의 장비상에 있는 두 프로세스 사이에서 호출하는 일, 매우 먼 장소에 떨어져 위치한 장비들상에 있는 프로세스들 사이에서 호출하는 일 사이에 존재하는 성능상의 차이를 별생각 없이 무시하기가 쉽다. 실제로는 이런 상이한 상황에서는 응답시간이 몇 십에서 몇 백 배까지 차이가 난다.

이런 중요한 차이를 무시하면 시스템을 배치하고 나서 핵심 시스템 요소의 위치 때문에 하나 이상의 중요 요소 간 상호작용이 가정했던 것보다 훨씬 느리다는 사실을 발견하면서 매우 바람직스럽지 않은 성능 문제를 겪게 될 위험이 생긴다. 이 함정은 관련 함정인 '부적절한 분할'과 함께 고려해야 한다.

위험 경감 방안

- 요소 사이의 분산과 발생 가능한 원격 호출을 기본 아키텍처 정의 프로세스의 일부로 간주한다.

- 요소의 위치와 요소 간 호출 비용을 성능 모델에 정확하게 반영해서 발생 가능한 호출 지연시간이 감안되게 한다.

▌점검 목록

요건 파악 점검 목록

- 핵심 이해관계자의 재가를 받은 성능 목표를 최소한 상위 수준에서라도 확보했는가?

- 응답시간과 처리량 양쪽에서 목표를 감안했는가?

- 확보한 목표는 (동기적 작업 등) 관찰된 성능과 (비동기적 활동 등을 감안한) 실제 성능으로 구분이 되는가?

- 수립한 성능 목표의 합리성을 가늠해봤는가?

- 아키텍처에서 달성 가능한 수준이 어느 정도인지에 대한 이해관계자들의 기대가 적절히 설정됐는가?

- 시스템의 모든 성능 목표를 특정한 부하가 걸린 상황을 상정해두고 정의했는가?

아키텍처 정의 점검 목록

- 아키텍처 내에서 주된 잠재적 성능 문제를 찾아냈는가?

- 시스템의 예상 성능 특성을 파악하기 위해 충분한 시험과 분석을 거쳤는가?

- 시스템이 어떤 작업부하를 처리할 수 있는지 아는가? 시스템이 처리할 작업을 유형별로 우선순위를 매겨뒀는가?

- 제안한 아키텍처가 큰 변화 없이 얼마나 확장될 수 있는지 아는가?

- 전제했던 성능 관련 가정을 모두 모아뒀는가(그리고 필요하다면 검증해뒀는가)?

- 특히 대규모 시스템이나 분산 시스템을 설계하는 경우에, 트랜잭션 일관성을 완화할 기회를 모색해봤는가?

- 수립한 아키텍처가 자주 빠지기 쉬운 성능 함정에 빠지지 않았는지 검토해봤는가?

▌ 더 읽을거리

성능 공학을 진행하는 과정에 대해 매우 실용적이면서도 꼼꼼하게 안내한 문헌으로는 이 분야에서 저명하고 널리 존경받는 전문가 두 명이 쓴 책[SMIT02]이 있다. 이 책이 매우 쓸모 있다는 사실을 알게 되면서, 우리 저자들도 이 분야에 대한 생각을 잡는 데 많은 영향을 받았다. 앞에서 소개한 성능 함정 중 많은 수가 이 책에 나오는 (특히나 전능 클래스God Class, 변죽만 울리는 보물찾기Circuitous Treasure Hunt, 일차선 다리 One-Lane Bridge, 동적 할당 남용Excessive Dynamic Allocation 같은) 성능 안티패턴과 비슷할 뿐 아니라, 그런 문제점을 인식하고 피할 수 있는 값진 조언도 제공해줬다.

다른 책[JAIN91]에서는 성능 공학의 정량적 측면에 초점을 맞춰서 위압감을 느낄 만큼 포괄적으로 설명해놓았다. 이 책에는 통계 및 모의실험 기반의 성능 공학에 대한 정보가 담겨 있어 대부분의 사람들은 적용할 일이 없겠지만, 매우 쓸모 있는 여러 기법에 대해서도 포괄적인 설명을 제시해놓았다.

다른 여러 주제과 함께 성능과 확장용이성에 대해서도 좋은 조언을 많이 담고 있는 매우 실용적인 책으로는 마이클 니가드Michael Nygard의 『Release it!』[NYGA07]이 있는데, 여기에는 성능과 확장용이성에 대한 패턴과 안티패턴이 나온다.

에릭 브루어Eric Brewer 교수가 쓴 CAP 정리는 초대용량 시스템의 성능과 확장용이성 관련한 사고에 매우 큰 영향력을 미쳐왔고 결과적 일관성eventual consistency 이라는 용어를 유행시켰다. 이 정리를 간단히 설명하면 일관성Consistency, 가용성 Availability, 분할 용인Partition tolerance의 세 가지 속성(머리글자만 모아서 'CAP'이 됨) 중에서 두 가지 속성만 취할 수 있다는 말이다. 이 개념은 2000년도에 개최된 분산 컴퓨팅 원리 회의 모두 강연[BREW00]에서 처음 소개됐고, 세스 길버트Seth Gilbert와 낸시 린치Nancy Lynch[GILB02]가 좀 더 형식을 갖춰서 발표했다.

대규모 인터넷 사이트에서 어떤 식으로 CAP 정리에서 제기한 제약에 잘 대처해나갔는지 설명한 글을 두 편 꼽아보면, 이베이에서 사용된 BASE 아키텍처 스타일에 대한 댄 프리쳇Dan Pritchett의 설명글[PRIT08]과 아마존의 시스템 아키텍처에서 '결과적 일관성'이 무엇을 의미하는지에 대해 쓴 워너 보겔스Werner Vogels의 설명글[VOGE08]이 있다. 분산 트랜잭션 없이 시스템을 구축하는 좀 더 범용적인 구상은 팻 헬랜드Pat Helland가 쓴 유명한 논문[HELL07]을 찾아보면 나온다.

성능과 확장용이성을 특정한 기술에 적용하는 주제를 다룬 좋은 책이 많지만, 그런 책은 설명하고자 하는 기술이 성숙해감에 따라 떴다 사라지는 경향이 있다. 자주 찾는 온라인 서점을 검색해보면 자신이 사용하는 기술 플랫폼상에서 제일 유명한 책이 금방 나온다.

끝으로, 무어의 법칙이 진정 의미하는 바가 무엇인지 확인하고 싶다면 인텔이 웹사이트 www.intel.com/technology/mooreslaw에 올려놓은 글을 찾아보기 바란다.

27

가용성 및 복원성 관점

원하는 품질	시스템이 필요할 때 필요한 만큼 일부 또는 전부 작동하고 시스템 가용성에 영향을 미칠 수 있는 장애를 효과적으로 처리하는 능력
적용 대상	가용성 요건이 복잡하거나 확장된 시스템, 복잡한 복구 절차를 거쳐야 하는 시스템, (다수 대중에게 노출되는 등) 고도화된 시스템이라면 모두 해당
관심사항	가동 등급, 계획된 중단시간, 계획에 없던 중단시간, 수리시간, 재해 복구
활동	가용성 요건 수집, 가용성 일정 수립, 플랫폼 가용성 추정, 기능 가용성 추정, 요건 평가, 아키텍처 설계 수정 전술 적용
아키텍처 전술	내결함성 하드웨어 채택, 고가용 클러스터화 및 부하 분산 채택, 트랜잭션 기록, 소프트웨어 가용성 해결책 적용, 내결함성 소프트웨어 채택 또는 개발, 장애에 대비한 설계, 컴포넌트 복제 허용, 트랜잭션 일관성 완화, 백업 및 재해 복구 방안 지정
문제점 및 함정	단일 장애점, 연쇄 장애, 과부하로 인한 가용성 저하, 과도한 가용성 요건, 효과적이지 못한 오류 탐지, 컴포넌트 복원성 과대 추정, 전체 가용성 요건에 대한 간과, 기술 비호환성

시스템 가용성의 전통적인 데이터 처리 모델에서 컴퓨터는 주간에(대체로 월요일부터 금요일까지 오전 9:00에서 오후 5:30까지) 주문, 현금 출납, 기타 유형의 거래를 기록하며 조직의 주업무를 지원한다. 그 후 야간이 되면 일괄 처리 형태로 돌아가 정리, 취합, 타 시스템과의 정보 교환 같은 작업을 수행한다.

이와 반대로 오늘날의 기업들은 글로벌 사업을 영위하는 경우가 많다. 이에 따라 작업일이 길어져서 (전통적으로 긴 시간 대규모로 돌아가는 일괄 작업에 할애됐던) 주말까지 이어지는 일도 흔하고, 최근에는 정보기술 시스템 운영이 거의 중단 없이 이어지는 것이 일상적으로 전제되는 상황이라, 하루 24시간 일주일에 5~6일을 중단 없이 작동해야 하는 중요한 시스템도 많다.

오늘날 많은 시스템에 있어 가용성 요건은 많은 경우에 또는 거의 언제나 24시간 주기로 가용해야 한다. 개선된 하드웨어 신뢰성과 그보다는 조금 못 미치는 성능의 소프트웨어를 갖춤으로 인해 장애가 발생할 확률이 낮고 간헐적인 데다 일어나더라도 복구가 즉각적이고 효과적이며 대부분 자동화돼 있을 것으로 기대하는 이들이 많다. 초기의 인터넷 전자상거래에서 일어난 많은 장애를 통해 드러났듯이, 고객에게 직접적으로 노출된 시스템은 그 무엇이든 반드시 중단 없이 작동이 돼야 하지, 그렇지 않으면 그 회사의 평판이 나빠질 수밖에 없다.

이런 사업 환경에서 가용성 요건을 과소평가하다가는 매우 큰 대가를 치른다. 하지만 온라인 가용성을 올리는 데는 하드웨어를 더 투입하거나 소프트웨어를 더 세련되게 작성하거나 통신망을 이중화하거나 하는 등의 측면에서 비용이 따르게 마련이다.

가용성 및 복원성 관점은 복잡한 가용성 및 복원성 요건을 지닌 시스템에는 매우 중요하며, 어떤 식으로든 대중에게 노출될 수도 있을 뿐 아니라, 복구 기술에 관해 특별한 분석을 하는 일을 당연시해야 할 만큼 충분히 복잡하다.

▍ 뷰 적용성

표 27-1을 보면 가용성 및 복원성 관점이 3부에서 논의한 뷰들에 어떤 영향을 미치는지 나온다.

▍ 관심사항

이 관점에서 기본적인 관심사항은 시스템 가용성으로, 시스템이 구동해 작동하면서 사용자에게 서비스를 제공할 수 있는 시간의 비율이다. 그러나 가용성은 겉보기와 달리 좀 더 복잡해서, 앞으로 몇 개의 하위 절을 통해 살펴본다.

가동 등급

중단시간에 대해 생각할 때 서비스를 가용/비가용으로 딱 잘라서 구분하는 틀에 갇혀서는 안 된다. 서비스는 완전 가동에서 완전 중단까지 폭넓은 스펙트럼상에서 다양한 수준으로 생각하는 편이 낫다.

표 27-1 7가지 뷰에 대한 가용성 및 복원성 관점 적용

뷰	적용성
맥락 뷰	비록 외부 시스템 가용성에 의해 시스템 가용성이 어떤 영향을 받는지 그리고 외부 시스템과의 상호작용 방식 변경을 고려하도록 유도하지만, 가용성 및 복원성은 문맥 뷰에 많은 변화를 초래할 가능성이 희박하다.
기능 뷰	가용성은 업무 역량이 효과적으로 작동하도록 영향을 미칠 수 있으므로 사용자와 취득자 같은 이해관계자에게 중요한 관심사항이다. 통신망이 끊어졌을 때도 오프라인 모드로 작동할 수 있게 하는 등의 가용성 요건을 지원하기 위해 기능 변경이 필요할 수도 있다.
정보 뷰	가용성에서 핵심적인 고려사항은 백업과 복구를 위한 절차와 체계다. 재해가 발생하면 적절한 시간 내에 복구할 수 있게 시스템을 백업해둬야 한다. 백업은 온라인 가용성에 영향을 주지 않아야 하며, 혹시 그렇게 할 수 없다면 일과시간을 피해서 수행되도록 시간을 정해야 한다.
동시성 뷰	하드웨어 복제 및 장애 극복과 같은 시스템 특성은 동시성 모델에 대한 변경이나 개선을 유발할 수 있다.
개발 뷰	가용성 달성을 위한 접근 방식은 소프트웨어 모듈에 대한 설계 제약을 부과할 수 있다. 예를 들어, 모든 하위 시스템은 장애 극복 전략에 따라 시작, 중지, 일시 중지, 재시작 명령어를 지원해야 할 수도 있다.
배치 뷰	가용성 및 복원성은 배치 환경에 큰 영향을 미칠 수 있다. 가용성 요건에 따라 내결함성을 갖춘 상용 환경(즉, 각 하드웨어 구성요소가 중복되고 장애 복구가 자동으로 되는 환경)이나 상용 사이트가 죽었을 때 재빨리 활성화되는 별도의 재해 복구 사이트가 의무화될 가능성이 있다. 또한 하드웨어 이중화 또는 클러스터화를 지원하는 특별한 소프트웨어가 필요할 수도 있다.
운영 뷰	상용 환경에서 문제가 생겼을 때 찾아내고 복구하기 위한 절차와 체계가 필요할 수 있다. 또한 지리적으로 분리된 재해 복구 시설이 필요할 수도 있다. 주요 사이트 장애 극복, 네트워크 장애 복구, 데이터 복구 절차를 설계, 구현, 시험해야만 한다. 대기 사이트가 상용 사이트와 물리적으로 떨어져 있는 경우에는, 대개는 이런 경우에 해당하는데, 상용 운영 인력을 한 곳에서 다른 곳으로 이동시키거나 적합한 훈련을 받은 인력을 대기 사이트에 배치하는 절차가 필요하다.

예제

사용자가 현금 자동 입출금기(ATM)에서 자신의 은행 계좌를 직접 관리(self-service)할 수 있는 은행 시스템을 생각해보자. ATM은 고객 계정에 대한 정보를 관리하는 중앙 컴퓨터와 실시간으로 통신한다. 완전 가동이란 고객이 잔액을 조회하고 지원되는 모든 유형의 트랜잭션을 입력할 수 있음을 의미하고, 완전 중단이란 어떤 조회나 트랜잭션도 완료할 수 없음을 의미한다.

때때로, ATM과 호스트 컴퓨터 간의 통신 네트워크는 실패하거나, 유지보수로 인해 꺼지거나, 또는 과부하로 인해 응답 지연 문제를 겪을 수 있다. 네트워크를 사용할 수 없거나 응답하지 않는 경우, 호스트 컴퓨터에 연결하지 않고 ATM에서 로컬 처리를 통해 다음과 같은 일부 서비스를 제공할 수 있다.

- 특정 한도 이하로 거래 제한
- 추가된 거래 처리시간 요청
- 예금만 가능하도록 사용 제한

일반적으로는 어떠한 시스템 비가용성도 바람직하지 않지만, 오랜 기간 동안 완전 가동을 제공하는 방안을 도모하는 대신에, 운영 중 한가한 시간에 제한 가동만 제공하는 편이 오히려 더 쉽고 저렴할 수도 있다.

계획된 중단시간

실제로 모든 컴퓨터 시스템이 새롭거나 수리된 하드웨어 설치, 운영체제 또는 소프트웨어 업그레이드, 백업 또는 데이터 검증과 같은 오프라인 작업을 위해 간헐적인 중단시간을 요구한다.

이런 비가용성은 광범위한 업무 요건에 맞춰 미리 정해진 일정에 따라 발생하기 때문에 계획된 중단시간planned downtime이라 부른다. 계획된 중단시간은 일반적으로 많은 시스템에서 접근할 필요성이 적은 야간이나 주말에 발생한다.

이와 같은 작업들의 수행 시간과 수행 빈도에 대해 상당히 정확한 추정이 가능하므로 일반적으로 계획된 중단시간에 대한 합리적인 예측이 가능하다.

계획에 없던 중단시간

반면에, 계획에 없던 중단시간unplanned downtime은 시스템을 사용할 수 없게 하는 하드웨어 또는 소프트웨어 결함으로 인해 발생한다. CPU 또는 디스크가 망가질 수도 있고, 네트워크 연결이 손실될 수도 있으며, 운영체제 충돌이 일어날 수도 있고, 또는 애플리케이션이 복구할 수 없는 오류로 인해 중단될 수도 있다.

계획된 중단시간과 비교했을 때 특히 소프트웨어 장애로 인해 계획에 없던 중단시간의 시간과 빈도를 예측하는 것이 훨씬 더 어렵다. 그러나 대부분의 시스템은 다소간 계획에 없던 중단시간으로 인해 곤란을 겪고 있으며 이에 대해서는 아키텍트가 분석을 통해 그 이유를 설명해내야 한다. 특히 중단시간이 장기화하는 경우, 사업을 계속할 수 있게 (수동 또는 반자동) 비상 절차를 수립해야 할 수도 있다.

수리시간

물론, 장애는 가용성과 관련된 문제의 절반에 불과하고, 문제의 나머지 절반은 그 오류를 고치는 데 얼마의 시간이 걸리는가이다.

하드웨어의 경우 일반적으로 오류가 있는 컴포넌트를 정상 동작하는 컴포넌트로 교체하고 시스템에서 영향받은 부분을 다시 시작한다. 디스크와 다른 영구 저장소의 경우, 디스크에 있던 백업 데이터를 복원하는 데 필요한 시간을 추가해야 한다. 소프트웨어를 복구하는 데 필요한 시간은 정량화하기 어렵다. 즉시 '복구'는 시스템이 영향받은 부분을 다시 시작하는 것과 같이 간단할 수 있지만, 같은 문제가 다시 발생하지 않는다는 것을 보장하는 일은 훨씬 더 복잡할 수 있다. 소프트웨어 자체 결함을 해결하는 것은 결함의 법의학적인 분석을 수행하고, 결함 해결의 설계, 빌드, 배치 및 모든 손실되거나 손상된 데이터의 처리를 포함할 수 있다.

재해 복구

중요한 시스템이 (예를 들어, 화재로 인해) 완전히 실패하거나 실제 운영환경을 사용할 수 없게 되면, 서비스를 복원하기 위해 전체 재해 복구 프로세스가 필요할 수 있다. 재해 복구는 하드웨어, 통신 네트워크, 소프트웨어 플랫폼뿐만 아니라 시스템 고유의 애플리케이션 소프트웨어 및 데이터를 포함한 전체 시스템 환경의 재창조를 포함할 수 있다.

예제

> 저자들 중 한 명은 1980년대 후반에 영국의 주요 은행 시스템 가용성에 대한 연구를 했다. 은행 시스템에 대한 복원성을 분석해 (은행의 모든 소매 계정을 관리하는) 주요 시스템을 잃는다면 3일 이내의 영업 중지가 발생한다는 결론을 내렸다. 이런 이유로 은행은 주 상용 장비가 사용할 수 없게 될 경우에 전환 목적을 위해서만 (매우 비싼) 별도의 예비용 메인프레임 컴퓨터를 두는 투자를 했다.

이 예제에서 예비용 메인프레임은 재앙 발생에 대한 끊임없는 경계 속에서 유휴 상태로 유지됐다. 그러나 현실에서 예비 기기는 개발, 시험, 교육, 및 다른 비핵심 활동에서 사용되는 경우가 더 일반적이다. 그러나 재해 복구가 잘 (준비)되면, 서비스 가용성 모델의 필수적인 부분을 형성한다. 홍수 혹은 화재와 같은 재해는 다행히 드물지만 영향이 치명적일 수 있다.

시스템의 실행시간 환경은 대체될 수 있지만 데이터는 대체될 수 없으므로, 재해 복구 모델에는 재해 발생 시 데이터를 복구할 방법까지 고려돼 있어야 한다. 재해가 발생할 경우에 얼마나 많은 데이터를 잃고도 사업을 영위할 수 있을지, 데이터를 회복하거나 복구하기까지 얼마나 오래 버틸 수 있을지 정해야 한다.

많은 기관이 서비스 가용성이 운영 플랫폼뿐 아니라 직원, 정보, 작업 환경, 내부 및 외부 통신 기반구조의 가용성에도 의존한다는 사실을 깨달았다. 이런 생각은 시스템 가용성 개념을 확장해 사람, 장소 및 기반구조를 기관에 포함하는 사업 연속성 구상으로 발전했다. 이 주제에 대한 논의는 중요하긴 하지만 이 책의 범위를 벗어난다. 이번 장 말미의 '더 읽을거리' 절에서 이 영역을 다루는 몇 가지 책을 소개한다.

▋활동: 가용성 및 복원성 관점 적용

그림 27-1에 보이는 활동 다이어그램은 가용성 및 복원성 관점을 적용하는 간단한 과정을 보여준다. 이 절에서는 이 과정을 이루는 활동을 기술한다.

가용성 요건 수집

이상적으로는 가용성 요건의 집합이 시스템 요건 프로세스의 일부로 개발 초기에 정의돼야 하지만 종종 그렇지 못한 경우가 많다. 이미 가용성 요건이 있는 경우 이것을 이해하고, 분석하고, 유효성 검사를 할 필요성이 있고, 그렇지 않으면 가용성 요건을 수집해야 한다. 어느 경우든, 아키텍트는 이해관계자와 힘을 모아 시스템의 가용성 요건을 파악하고 검증하면서, 가동 등급을 기준으로 가용성 요건을 분류해야 한다.

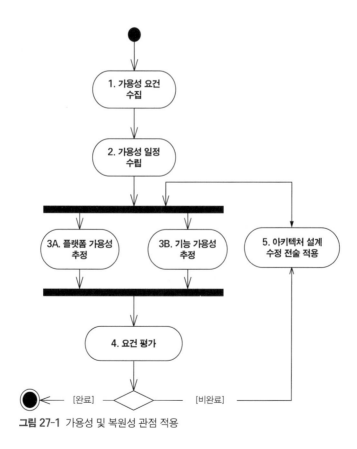

그림 27-1 가용성 및 복원성 관점 적용

표기법

일반적으로 가용성 요건을 파악하는 가장 효과적이고 간단한 방법은 간단한 문장과 표 접근 방식이다.

활동

제공되는 서비스 유형 식별　사용자에게 제공하는 서비스들을 각각 고려한다. 사용자의 생산성에 대한 중요도에 따라 서비스를 그룹별로 분류한다.

서비스 수준 정의　식별된 각 서비스 유형에 대해 필요한 시기와 서비스 기능이 모두 필요한지 측면에서 가용성을 정의한다. 여전히 유용하지만 저하된 서비스 수준을 하나 이상 식별한다. 예를 들면, 정상적인 서비스는 주문하고 배송 날짜를 확인하는 것이지만 저하된 수준의 서비스는 주문이 있으나 배달 날짜를 확인할 수 없는 것으로, 이와 같은 경우에도 여전히 유용한 서비스가 될 수 있다.

운영 서비스 수준 정의　서비스의 수준에 따라 서비스 유형 각각에 대해 전체 시스템이 제공하는 운영 서비스 수준 집합을 정의한다. 이는 정상적인 가동 기간에 반드시 가용해야 하는 서비스들을 정의하고, 저하된 운영 상황에서 가능한 서비스 수준들을 정의하는 것을 포함한다. 지정된 서비스의 수준이 유용한지 확인하기 위해 이해관계자와 함께 작업한다.

가용성 일정 수립

이해관계자와 검증한 가용성 요건에 따라, 다른 수준의 서비스가 필요한 시기와 필요하지 않은(그래서 제공되지 않을 수도 있는) 시기를 정리한 가용성 일정을 만든다. 아직까지는 원하는 수준의 가용성과 복원성을 제공하는 데 드는 비용을 모르므로, 이 단계에서는 가용성 일정을 실제로 파악하게 된다는 점에 주목할 필요가 있다. 그리고 나서 실제 비용이 나오면 이 고민을 다시 하면서 낮은 비용이나 복잡도, 기타 몇몇 원하는 절충에 대한 대가로 더 낮은 수준의 가용성을 수용할 필요가 생길 수도 있다.

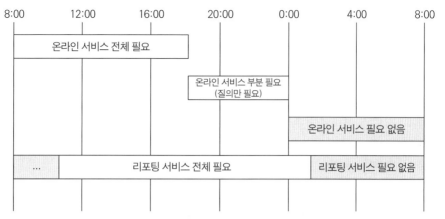

그림 27-2 요구된 가용성 일정에 대한 간트 차트

표기법

이해관계자가 즉시 이해할 수 있는 여러 가지 방식으로 중요한 가용성 일정을 표시할 수 있다. 여기서 효과적인 것으로 알려진 몇 가지 방법을 나열한다.

- 문장과 표: 가용성 계획은 표 형식에 서비스가 필요한 경우와 필요하지 않은 경우를 설명한 문장을 주석으로 곁들이면 가장 간단하게 표현할 수 있다.
- 시각적 표기법: 문장과 표의 대안으로 간트^Gantt 차트나 그와 유사한 다이어그램을 사용해 매우 효과적으로 가용성 일정을 나타낼 수 있다(그림 27-2 참조).

활동

정상적인 운영 가용성 식별　시스템의 서비스 유형 각각에 대해 언제 서비스의 정상적 운영을 요구하는지 식별하기 위해 이해관계자와 함께 작업한다. 이 작업은 시스템이 연중 필요한 시기와 불필요한 시기(예: 공휴일)를 구별하는 계절 가용성을 포함해야 한다.

가능한 비가용성 식별　정기적으로 서비스가 확실히 필요치 않은 시기(예: 주말)를 확인한다. 이 기간은 잠재적인 비가용성 기간으로 가용성 일정에 표시돼야 하고, 정상적인 작동 기간 동안 시스템 가용성을 줄일 수 있는 작업량 일정 수립에 유용하다.

플랫폼 가용성 추정

시스템의 잠재적인 가용성을 이해하기 위해 기본 하드웨어 및 소프트웨어 플랫폼이 제공할 수 있는 가용성에 대한 합리적이고 정교한 추정이 필요하다. 이 추정은 (운영 제약 조건이 적용되기 이전으로, 적용되고 나면 가용성을 더 줄어들 수 있는) 시스템의 이론적 최대 가용성이다.

표기법

가용성 정보를 포함한 배치 뷰에서 UML 모델을 보강해 유용하게 사용할 수도 있지만, 일반적으로 문장과 표로 기록된 통계 방식의 가용성 수치로 표기된다.

활동

시스템 가용성 모델 생성　　몇 가지 기본적인 통계치를 사용해 가용성 추정이(그러므로 측정도) 가능하다. 가용성 모델은 일반적으로 컴포넌트를 기반으로 각각의 가용성을 고려하고 이를 통합해 전체 시스템의 가용성 수치를 추정한다.

가용성^{availability}은 다음과 같이 정의된다.

$$가용성 = \frac{시스템\ 사용\ 가능\ 시간}{경과시간}$$

가용성 측정 기준은 일반적으로 백분율로 표현된다. 예를 들어, 99.99% 가용성은 시스템의 중단시간이 일 년에 한 시간 미만임을 나타내고, 99.999%는 중단시간이 일 년에 5분임을 나타낸다(이 두 가지 값은 흔히 4나인$^{four\ nine}$과 5나인$^{five\ nine}$이라고 줄여서 부른다). 예를 들어, 월요일부터 금요일까지 오전 9시 오후 5시까지 사용할 수 있는 시스템은 40시간/168시간, 즉 24%의 가용성을 갖는다.

비가용성^{unavailability}은 가용성의 반대로 정의된다.

$$비가용성 = \frac{시스템\ 사용\ 불가능\ 시간}{경과시간}$$

그리고, 분명히

$$가용성 + 비가용성 = 100\%$$

하드웨어의 경우, 얼마나 자주 고장이 발생할 가능성이 있는지 추정하기 위해 이전 오류 발생 후 다시 오류가 발생하는 평균 시간^{MTBF, mean time between failures}을 사용할 수 있다. MTBF는 다음과 같이 정의된다.

$$MTBF = \frac{경과시간}{고장\ 발생\ 횟수}$$

평균 수리시간^{MTTR, mean time to repair}은 오류를 복구하는 데 걸리는 평균 시간으로 정의되고, 하드웨어 제조업체(또는 공급 업체의 서비스 수준 협약)에서 정보를 얻을 수 있다.

하드웨어 가용성을 추정하기 위해 다음과 같이 MTBF와 MTTR을 결합할 수 있다.

$$하드웨어\ 가용성 = \frac{MTBF}{MTBF + MTTR}$$

운영체제 및 미들웨어(이 경우 '수리'는 일반적으로 '재시작'과 같다)에 대한 동일한 계산을 수행해 신뢰성 데이터를 얻을 수 있다.

비록 평균적인 사이트의 장애 횟수를 예측하기 어렵지만, 이런 수식과 배치 뷰에 나온 내용을 활용하면 하드웨어 시스템의(그리고 어쩌면 소프트웨어 시스템도) 가용성 예측 수치를 비교적 간단하게 뽑을 수 있다. 여러 컴포넌트에 대한 측정 기준을 결합할 때, 시스템이 최소 가용한 컴포넌트만큼만 가용하다는 규칙을 활용하고 있는지 확인한다.

아쉽게도, 애플리케이션 소프트웨어는 이미 형태가 굳어져서 변경이 일어나지 않는 경우를 제외하면 의미 있는 가용성 추정치를 얻어낼 수 있는 믿을 만한 측정 기준이 거의 없다. 왜냐하면 소프트웨어는 물질의 열화에 바탕을 두고 실패를 격리하는 방식을 전제한 기존의 실패 모델에 따라 실패하지 않기 때문이다. 소프트웨어는 설계 또는 시험 범위를 벗어난 예상 밖의 조건을 만나서 처리해야 하거나 구현상의 실수로 인한 결과로 인해 실패하는데, 더 애석한 점은 소프트웨어 실패를 격리해낸다는 가정이 불가능하다는 사실이다. 이런 실패는 예측하기가 한층 어려워서 정확하게 특성을 파악하려면 매우 특별한 모델이 필요하다.

어쨌든, 애플리케이션 소프트웨어에 대한 가용성 모델을 만들고자 한다면, 기능 뷰, 동시성 뷰, 배치 뷰에 나오는 모델을 바탕으로 해서 만들면 된다. 여러 책에서 소프트웨어 신뢰성 모델에 지침을 제공하고 있다('더 읽을거리' 절을 참고하기 바란다).

가용성을 추정할 때, 가동 등급 측면에서 결과를 제시할 수 있게, 가령 '완전 가동은 95% 가용, 제한 가동은 최소 99.9% 가용'과 같이 할 수 있게 한다. 여기에는 다양한 기능에 컴포넌트가 활용되는 모습을 살펴보는 것도 포함된다(이런 정보는 주로 기능 뷰에서 얻을 수 있다).

아키텍처가 복잡하거나 아키텍처의 일부 내부 컴포넌트들의 비가용성이 전체적으로 인지된 시스템 가용성에 영향을 주지 않는 경우 가용성 모델은 감지하기 어렵다.

예제

은행은 큰 지점에 대해서는 전용 회선 네트워크 접속을 제공하고 작은 원격 지사에 대해서는 연결 신뢰성이 떨어지는 업무용 광대역 네트워크 연결을 제공한다. 은행의 창구 시스템은 (최신 거래와 잔고 정보를 유지하는) 중앙 서버에 대한 연결이 짧은 기간 동안 끊기면 오프라인으로 작업할 수 있는 방식으로 구축돼 있다.

창구와 고객의 관점에서 이 시스템의 인지된 가용성은 구축된 네트워크가 특별히 강건하지 않음에도 불구하고 높다.

사고 복구 분석 작성   시스템의 가용성에 영향을 줄 가능성 있는 사건을 살펴본다. 각 사건별로 발생 가능한 장애, 그에 따른 영향, 복구를 위해 해야 할 조치, 상황 종료에 필요한 예상 시간을 정의해둔다.

예제

표 27-2는 사고 복구 분석의 예를 보여준다.

표 27-2 샘플 사고 복구 시나리오

사고	영향	시정 조치	복구시간
(디스크 외의) 하드웨어 장애	(처리량에 영향) 가용성 저하	오류가 있는 컴포넌트 교체와 더불어, 하드웨어나 운영체제 재구성도 가능성 있음	1시간
단일 디스크 장애	디스크 어레이에서 장애난 디스크를 교체한 후에 자동 복구하는 동안 일어나는 성능 저하	장애 난 디스크를 교체해줌으로써 디스크 어레이가 자동으로 데이터를 복구함	디스크 교체 및 복구에 1시간
디스크 어레이 장애	전면 비가용 (서비스 중단)	장애 난 디스크 어레이를 교체하고, 백업본이나 기타 다른 방법을 통해 데이터를 복구함	데이터 복구를 포함해 6시간
지속적인 네트워크 장애	서비스 임시 중단, 진행 중인 트랜잭션 중단, 백업망 사용 시 처리용량 일부 감소	(대역폭 저하를 감수한) 대기 네트워크로의 전환	5분
운영체제 충돌	임시 서비스 중단, 5~10분 이내에 정상 가용성	이런 충돌이 (메모리 또는 디스크 결함 등) 몇 가지 다른 문제의 징후일 수 있지만, 일단 재부팅	재부팅에 5분
데이터 손상	영향받는 계정과 거래는 이용할 수 없음, 마감 기간 조정 오류	백업 및 기타 가능한 (트랜잭션 로그 재생 같은) 수단으로 데이터 복구	6시간
애플리케이션 소프트웨어 장애	손상으로 인한 일시(10분가량) 정지부터 전면 중단까지 가변적임	애플리케이션과 장애의 성격에 따라 재시작이 필요할 수 있으며, 모종의 방식으로 데이터 복구까지 필요할 수도 있음	정량화 불가능

　　(일시적인 네트워크 연결 중단 같은) 일시적인 장애는, (실패한 작동을 일정한 횟수만큼 다시 시도해서 네트워크 복구를 하는 등) 아키텍처에서는 수용할 필요가 있더라도 이런 분석에서는 대체로 고려하지 않는다.

　　이 분석이 유효한지 검증해보기 위해 몇몇 시나리오를 미리 짚어보는 방법도 유용하다. 시스템이 개발되고 나면, 명시된 복구 작업을 철저히 시험해서 그 작업이 실제로 효과가 있는지 확인해야 한다.

기능 가용성 추정

기본 구현 플랫폼의 최대 예상 가용성을 추정해보면 시스템에서 달성 가능한 가용성의 상한선이 나온다. 그러나 시스템 설계상의 계획된 중단시간이라는 이름으로 별도의 비가용성이 추가될 가능성이 높다. 대부분의 정보 시스템은 (조정, 데이터 보수, 백업, 집계 및 보고서 처리 같은) 내부 처리를 수행해야 하기 때문에 온전한 서비스를 제공하지 못하는 시간이 일정 기간 필요하다.

시스템이 제공할 수 있는 기능 가용성 수준을 이해하기 위해서 작업의 기간, 즉 시스템 설계가 정상적인 서비스를 제공할 수 없는 때를 식별해 기능 가용성 일정을 작성한다.

이전에 준비된 요구된 가용성 일정을 시작으로 가용성에 영향을 미칠 수 있는 시스템 작업을 보강해 새 일정을 만들 수 있다. 정상적인 서비스가 필요치 않을 때 이런 작업 일정을 그 기간에 계획한다.

표기법

기능 가용성의 표현은 시스템의 다양한 측면을 사용하는 기간 동안을 표현하는 것을 포함한다. 아래에 이를 달성하기 위한 효과적인 몇 가지 기술을 나열한다.

- 문장과 표: 시스템의 기능적 가용성은 표를 이용해 각 칸마다 개별 기간에 제공 가능한 가용성 수준을 설명하는 문장을 주석으로 곁들이는 방식으로 표현하면 가장 간단하다.
- 시각적 표기법: 표를 이용한 표현법에 대한 효과적인 대안으로는 간트 차트 같은 시각적 표기법이 있다(그림 27-3 참조).

활동

기능 가용성 일정 설계　　시스템이 (가령, 야간 일괄 실행을 지원하기 위해) 계획된 중단 시간이나 가용성 완화 기간을 두고 있다면, 오프라인 활동을 모델화하는 일정을 수립해야 한다. 이런 일정은 일부는 (이용자, 운영 관리자 등) 운영 뷰에 기술된 이해관계자에 의해 결정된 요건에 따라 정해지고, 일부는 기능 뷰, 정보 뷰, 동시성 뷰에 반영된, 아키텍처에서 기술적으로 타당한 방안이 무엇인가에 의해 정해진다.

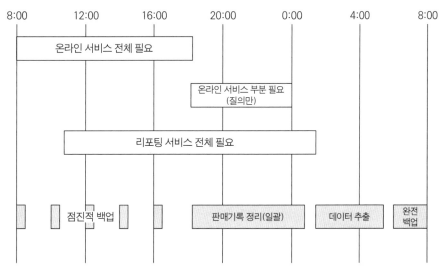

온라인 서비스 전체 필요

온라인 서비스 부분 필요
(질의만)

리포팅 서비스 전체 필요

점진적 백업

판매기록 정리(일괄)

데이터 추출

완전
백업

그림 27-3 기능 가용성 일정 간트 차트

일과시간 동안의 가용성 기준은 일반적으로 고객 서비스를 제공하는 기업의 필요에 의해 결정된다. 기업 시스템의 경우, 일과시간은 보통 오전 7시에서 오후 8시까지다. 가용성을 단축 또는 연장해야 하는 경우, 주말과 연휴 기간을 고려해야 한다. 야간 일괄 실행을 하는 경우에 가장 중요한 관심사항은 모든 일괄 처리 작업이 야간 일괄 처리시간 내에 완료할 수 있는지 여부다.

하루 24시간 가까운 가용성을 갖추는 목표가 있는 애플리케이션의 경우, 작동 기간 내내 전체 서비스를 모두 제공하기는 드물다. 글로벌 시스템이나 인터넷 대응 시스템은 이상적으로는 항상 온전한 기능을 제공해야 하지만, 엄두가 나지 않게 많은 비용이 들 수 있기 때문에, 요구 수준이 낮아질 것으로 예상되는 기간 동안에는 기능이나 용량을 낮춰서 제공하는 절충을 할 때가 많다. 분석을 통해 극도로 높은 가용성을 갖추는 데 드는 비용과 그로 인해 얻는 이득 사이에 균형을 맞출 필요가 있다. 최종 결정은 언제나 사업적 관점에서 내려야 하므로 이해관계자, 그중에서도 구매자가 내려야 한다.

이용자와 협의해 일과시간을 정하되, 일과시간이 길어질수록 야간 일괄 처리에 쓸 수 있는 시간이 짧아질 것이므로, 일과시간을 필요 이상으로 길게 잡지 않도록 자제해야 한다. 일괄 처리시간을 조정할 때는 (시작 달 또는 종료 달, 분기 시작 또는 분기 종료, 회계 연도 시작 또는 종료 등의) 시작 기간이나 종료 기간에 주로 분포하는 최악의 경과시간을 고려해야 한다.

요건 평가

가용성 요건에 대해 아키텍처를 평가하는 두 가지 측면이 있다. 첫째, 달성할 수 있는 가용성의 전반적인 수준은 시스템 요건의 맥락에서 받아들일 수 있는지 확인한다. 둘째, 가용성의 전반적인 수준이 충분한 경우에도 어떠한 가용성 위험도 받아들일 수 없는지 확인한다.

가용성 평가 결과 아키텍처가 충분한 가용성을 제공한다면, 가용성 관점에 대한 적용을 완료한다. 그렇지 않은 경우 가용성의 전반적인 수준이 너무 낮거나 허용하기에는 너무 높은 특정 가용성 위험이 있다는 것을 나타내므로 이 프로세스는 현재 아키텍처의 가용성 한계를 해결하기 위해 다음 단계인 아키텍처 설계 수정으로 진행한다.

표기법

특수 목적 표기법에 의존하지 않고 문장과 표를 사용해 이 단계의 결과물을 쉽게 표현할 수 있다.

활동

플랫폼 및 기능 가용성 추정치 결합　시스템의 전반적인 가용성을 얻기 위해 이전 단계에서 구한 플랫폼과 기능 가용성 추정치를 결합한다. 기능 가용성 수치는 시스템의 일상적인 가용성 추정치를 제공하는 반면, 플랫폼 가용성은 예기치 않은 기술 장애로 인해 고려할 비가용성 수치를 나타낸다.

만약 기능 가용성 추정치가 일간 2시간 중단(91.5% 정도의 기능 가용성 의미)이고 플랫폼 가용성이 전체 시스템에 연간 6일의 기술 장애 손실을 제시하는 경우(98.3%의 플랫폼 가용성을 제공), 전체 시스템 가용성은 약 90%($0.915 \times 0.983 = 0.899$)가 된다.

특정한 가용성 위험 식별   플랫폼 및 기능 가용성 평가 결과를 검토하고 특히 심각한 가용성 위험을 초래할 것으로 보이는 특정한 상황을 검토한다. (예를 들어, 신제품 출시 직후나 회계 연도 종료 직후 등) 비가용성이 발생하는 기간이 특별히 길어지는 상황이나 비가용성에 따른 영향이 특별히 심각한 상황을 주로 경계해야 한다. 이런 특별히 심각한 가용성 위험들을 강조하고, 이런 가용성 위험을 이해관계자들이 받아들일 수 있는지 확인한다.

아키텍처 설계 수정 전술 적용

아키텍처가 시스템 요건에 부합하는 충분한 가용성을 제공하지 않으면 시스템이 제공할 수 있는 가용성을 높이기 위해 아키텍처 측면에서 재작업이 필요하다. 이 작업은 (기술 가용성 해결책을 추가할 수 있는) 배치 뷰를 중심으로 기능 뷰 및 (시스템이 상당한 가용성을 제공할 수 있게 시스템 디자인을 수정할 수 있는) 정보 뷰를 중심으로 이뤄질 가능성이 높다.

표기법
수정 중인 각 뷰에 대해 기존 모델과 동일한 표기법을 사용한다.

활동

기능 비가용성 줄이기   기능 가용성을 평가하는 동안 시스템 가용성의 감소 원인으로 발견된 아키텍처 특성을 확인한다. 비가용성의 양을 줄이거나(예를 들어, 작업을 줄이거나 병렬화함) 가능한 경우(예를 들어, 요약 처리에 대한 입력으로 복제된 데이터를 사용함) 비가용성을 제거함으로써 각각을 해결한다. 각각의 경우, 추가로 달성된 가용성의 양에 대한 가용성 비용 평가를 시도하고 비용 통제를 유지하기 위해 가장 유리한 비율을 가진 아키텍처들만 구현한다.

기술 비가용성 줄이기   배치 뷰를 살펴보고 장애가 일어날 경우 바로 시스템 가용성을 떨어뜨리게 되는 배치 환경 내의 단일 장애점을 찾아낸다. 이렇게 찾아낸 장애점들을 제거할 해결책(내결함성 하드웨어 채택이나 고가용성 클러스터화 등)을 하나하나 찾아낸다. 역시나, 해결책에 드는 비용과 해당 장애의 발생가능성 및 영향 사이

에서 저울질을 해보고, 가장 적은 비용으로 최대의 이득을 얻을 수 있는 해결책을
선택해야 한다.

아키텍처 전술

내결함성 하드웨어 채택

내결함성$^{fault-tolerant}$ 컴퓨팅 플랫폼은 하드웨어 컴포넌트에 장애가 나더라도 중단 없
이 계속 작동할 수 있다. 이들은 일반적으로 여분의 또는 중복된 하드웨어를 통
해 구현된다. 즉, CPU, 메모리, 디스크 I/O 포트 등 각 컴포넌트는 쌍으로 배치되
며 둘 중 하나에 장애가 나더라도 다른 하나가 계속 작동하고 그동안 오류를 분석
하고 결함이 있는 부분을 수리 또는 교체한다. 이런 플랫폼은 비용이 많이 들지만
매우 높은 수준의 시스템 가용성을 제공하며, 시스템이 온라인 상태일 때 종종 하
드웨어 업그레이드를 수행할 수 있다.

이중화 디스크 아키텍처(예: RAID[1] 또는 미러 디스크)는 특히 일반적인 예다. 디
스크 이중화의 간단한 예는 그림 27-4에 표시된 디스크 미러링이다. 'RAID 1'으
로 알려진 이 구조에서 쓰기는 양쪽 미러 디스크에 모두 적용되는 반면 읽기는 한
쪽에서만(또는 어떤 구성에서는 헤드 움직임의 최소인 쪽에서 정보를 반환한다) 진행된다.

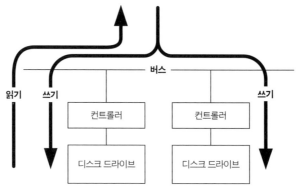

그림 27-4 미러링된 저장소 하드웨어

---

1 RAID(Redundant Array Inexpensive or Independent Disks) 아키텍처는 RAID 레벨로 알려진 다양한 구성이 가능하다.
즉, 미러링, 데이터 중복 및 오류 수정을 통해 다양한 복원력을 제공하고 디스크 간의 데이터 스트라이핑을 통해 성능 향상을
제공한다.

두 디스크 중 하나가 장애 나면 결함이 있는 디스크를 교체하고 다시 동기화될 때까지 다른 하나는 계속 작동할 수 있다.

이런 단순한 방식을 한층 정교하게 발전시킨 것이 바로 좀 더 높은 수준의 RAID 저장장치들로, 복원성 디스크 어레이를 통해 구현된다. 이런 장치는 일반적으로 RAID 5 이상의 변형을 구현한다. 즉, 여러 장의 물리적인 디스크에 투명하게 데이터를 스트라이핑하고, 애플리케이션 데이터와 패리티 정보를 함께 기록해둠으로써, (RAID 5일 경우) 단일 디스크 장애나 (그 이상의 경우) 다중 드라이브 장애도 복구가 가능하다.

내결함성 플랫폼을 배치하는 경우, 플랫폼의 전체 가용성은 가장 가용성이 취약한 컴포넌트에 수렴한다는 사실에 유의해야 한다. 라우터 및 네트워크, 단말기, PC, 프린터, 테이프 드라이브 등을 가용성 분석에서 빠트리면 안 된다. 이런 컴포넌트에 대한 내결함성 확보 방안이 존재하지 않는 경우, (대기 인쇄 수단 같은) 새로운 전략을 개발해야 할 수도 있다.

고가용 클러스터화 및 부하 분산 채택

고가용 클러스터화는 디스크 정도가 아니라 전체 시스템을 미러링해 장애를 막는 기술이다. 클러스터 구성에서는 (노드^{node}라고 부르는) 두 대 이상의 동일한 컴퓨터를 병렬로 배치해서 전체 작업부하를 나누게 한다. 노드 중 하나가 장애 나면 나머지 노드들 중에서 하나가 (물론 장애 난 노드에서 처리 중이던 트랜잭션을 다시 산출해내야 할 수도 있지만) 그 작업부하를 넘겨받아서 처리를 계속한다. 이 과정을 장애극복^{failover}이라 한다. 고가용 클러스터화는 시스템이 배치된 환경 내에서 (서버 노드의 장애 등) 지역적인 장애를 완화하는 데 매우 효과적인 방법이다. 그러나 일반적인 원거리 구성에서는 사용할 수는 없으므로, 데이터 센터 전체에 대한 접속 장애 등, 사이트 장애를 처리하는 효과적인 방법은 아니다. 이런 경우에는 원격 사이트에 대한 전체 시스템 배치 환경을 이전시키는 좀 더 복잡한 재해 복구 방식이 필요하리라 본다.

노드가 (메모리, 디스크, 통신 네트워크 같은) 공유 자원에 어떻게 연결되고 어떤 장애극복 시나리오가 지원되느냐에 따라 다양한 클러스터 구성이 가능하다. 어

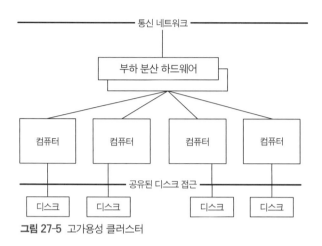

그림 27-5 고가용성 클러스터

떤 선택을 하든, 유입되는 트랜잭션을 노드 중 하나에 할당해야 한다. 부하 분산^{load} ^{balancing} 기술은 노드 할당을 수행하고 노드들을 최대한 가능한 범위까지 사용하게 해준다. 이 기술은 하드웨어 또는 (드물게) 소프트웨어를 통해 제공 가능하다. 그림 27-5에 나오는 예제 구성을 보면, 저장장치 영역 네트워크$^{SAN, storage area network}$ 같은 고속 기술을 통해 접근되는 디스크를 공유하는 다수의 클러스터화된 노드들 사이에 요청이 부하 분산돼 있어서, 연산 노드가 장애 날 경우 장애극복이 가능하다(공유 저장장치 하위 시스템은 물리적인 디스크가 하나 이상 장애 날 위험에 대비하기 위해 독립적인 복원력이 있어야 한다).

클러스터화를 하려면 일반적으로 기반이 되는 운영체제, 미들웨어, 애플리케이션 프로그램에 대한 개량이 필요하다. 클러스터를 관리할 특별한 소프트웨어도 필요하다. (확장형 클러스터 같은) 일부 클러스터 유형은 (26장 '성능 및 확장용이성 관점'에서 설명했듯이) 복제를 통해 경합을 줄이는 능력이 있기 때문에 성능 향상 용도로도 쓰인다.

트랜잭션 기록

데이터베이스나 저장소가 장애 나는 경우에는 백업본을 통해 유실된 데이터를 복구할 수도 있겠지만, 거기서 일이 끝나지 않을 수도 있다. 이런저런 이유로 인해, 백업본으로는 장애가 발생한 시점의 상태로 데이터를 되돌리지 못할 가능성이 있다.

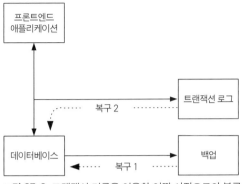

그림 27-6 트랜잭션 기록을 이용한 어떤 시점으로의 복구

- 백업은 하루에 한 번 또는 일정한 주기마다 진행되므로, 가장 최근의 트랜잭션은 백업본에 들어 있지 않을 것이다.
- 여러 데이터베이스들 사이의 데이터 무결성을 유지하기 위해, 모든 데이터베이스를 한 번에 일관된 지점으로 복원할 필요성이 있다.
- 바로 직전에 백업을 했다 하더라도 현재 사용 중인 데이터베이스 저장 방식상의 결함으로 인해 데이터가 손상된 상태일 수 있다.

이런 시나리오에서 그림 27-6에서 보는 바와 같이 데이터베이스를 완전히 최신 상태로 복구할 수 있는 별도의 트랜잭션 로그를 남기면 매우 유용하다. 이런 기능은 데이터베이스 또는 기본 저장장치 체계, 애플리케이션 서버에 있는 기본 트랜잭션 관리 소프트웨어나 트랜잭션 처리 감시 시스템을 통해 제공될 수 있다. 또한 애플리케이션 기능 중 하나로 개발될 수도 있다.

이런 트랜잭션 기록은 감사 추적을 제공하는 데 사용할 수도 있다는 추가적인 장점도 있다.

소프트웨어 가용성 해결책 적용

내결함성 하드웨어 플랫폼이라고 해서 소프트웨어 내결함성을 제공하지는 않기 때문에, 운영체제 충돌이나 애플리케이션 장애 상황에는 다른 플랫폼과 마찬가지로 취약하다. 항공기 유도 시스템과 같은 안전과 직결된 시스템은 소프트웨어 다중화 기술을 사용함으로써 소프트웨어 내결함성을 달성한다(즉, 여러 번에 걸쳐 독립적으로 애플리케이션을 작성하고 여러 버전의 결과 값을 비교해 실시간에 '표결하는' 시스템을 채용함으로써 각 버전 사이의 불일치를 찾아낼 수 있게 한다). 그러나 이런 세련된 수준까지 달성하는 데 드는 비용은 일반적인 시스템에 적합하지 않거나 감당하기 어렵다.

이는 소프트웨어의 신뢰성과 복구성을 보장하기 위해 효과적인 전략을 개발할 필요가 있음을 의미한다. 소프트웨어 가용성은 아키텍처 관심사항보다는 오히려 디자인 관심사항으로 고려될 수 있지만, 이것을 달성하기 위한 방법은 다음과 같은 몇 가지 아키텍처적으로 중요한 측면을 포함한 시스템 전반에 걸친 관심사항이다.

- 데이터를 검증하고 거부된 데이터를 처리할 탄탄한 전략
- 소프트웨어 오류를 탐지하고 기록하고 응답하기 위한 공통 전략
- 오류 메시지를 기록해두고 경보와 오류를 모아둘 수 있는 서비스
- 후속 분석 및 복구에 도움을 줄 전수 진단 정보 기록

내결함성 소프트웨어 채택 또는 개발

변화하는 상황에 맞춰 스스로 재구성하도록 소프트웨어를 개발할 수 있다. 예를 들어 부하 상황에서 (공유 메모리 같은) 자원을 알아서 더 많이 할당하거나, 오작동하는 경우 특정한 특성을 자동으로 비활성화하고, 문제가 사라질 때까지 서비스의 일부만 제공한다. 이런 기술은 대부분의 정보 시스템 개발에서 상대적으로 아직 초기 단계에 있지만 연구자들에 의해 널리 연구되고 있으며, 일부 운영체제 및 기반구조 소프트웨어에 나타나고 있다. 복원성이 일정 수준 요구되는 경우에도 이를 제공하기 위해 애플리케이션 소프트웨어에서 이런 방법을 사용할 수 있다.

예제

데스크톱 애플리케이션은 프리젠테이션(색, 글꼴 등)에 대한 사용자의 선호도를 복원하기 위해 환경 설정 파일을 시작할 때 읽는다. 이 환경 설정 파일이 존재하지 않거나 파손 및 손상된 경우 애플리케이션은 표준적인 기본 구성으로 돌아와 환경 설정 파일의 기본 버전을 만든다.

장애에 대비한 설계

복원력을 갖춘 시스템을 설계하고 안정적인 컴포넌트 개발에 집중하다 보면, 어떤 단계를 거치든 상관없이 어느 시점엔가는 부분적인 또는 전면적인 시스템 장애를 처리해야만 하리라는 점을 망각하는 경향이 있다. 오늘날의 하드웨어는 신뢰성이 매우 높은 데다 장애 회복형 소프트웨어를 만들어낼 방안도 여러 가지 있지만, 궁극적으로 뭔가 잘못돼서 시스템 장애를 일으킬 만한 요소는 여전히 많고도 많다.

시스템 아키텍처를 설계할 때는 이 점을 잊으면 안 되고, 따라서 여기서 뭔가가 틀어졌을 때는 어떻게 할지 고민이 필요하다. 회복력이 있고 내결함성을 갖춘 컴포넌트를 사용하더라도, 장애를 인식하고 복구하기 위한 효과적인 과정과 관리 도구를 갖춰둘 필요가 있다. 설계 작업을 할 때는 아주 신뢰성 높은 컴포넌트가 장애 나는 경우에도 시스템이 작동하도록 복구할 수 있는 능력을 집어넣는 시간이 필요하다.

예제

현대의 디스크 하위 시스템은 매우 정교해서 내부의 물리적인 디스크에서 일어나는 많은 장애를 감출 수 있다. 그럼에도 해당 디스크 어레이에서 관리하는 데이터의 부분적 또는 전면적 비가용 상태에 빠트리는 장애 모드가 언제나 존재하지만, 그런 장애가 매우 드물다는 이유로 인해, 어떤 상황에서도 그 디스크 하위 시스템에 들어 있는 데이터가 안전하다고 가정하는 경향이 있다. 따라서 이런 사실을 유념하면서 디스크 하위 시스템을 통해서 나오는 데이터가 가용하다는 전제를 하지 않는 복구 전략을 수립하는 것이 중요하다.

컴포넌트 복제 허용

시스템의 신뢰성과 복원성을 끌어올리는 중요한 전술로 시스템 내의 컴포넌트를 복제하는 방법이 있다. 서버를 한 대가 아니라 세 대 사용하면, 서버 장애가 여전히 극적이기는 해도 더 이상 위기는 아닐 수 있다. 고가용성 네트워크 장치 및 장애 복구형 저장장치 같은 대부분의 복원력이 있는 하드웨어 컴포넌트는 하나의 장애에도 살아남을 수 있게 자신의 컴포넌트를 복제하는 원리를 폭넓게 사용한다. 덕분에 애플리케이션 소프트웨어의 신뢰성도 높아진다. 즉, 하나의 컴포넌트에 대해 다수의 인스턴스를 배치해 한 인스턴스의 장애를 감추고 정상적인 다른 인스턴스들이 그 작업부하를 떠안을 수 있게 한다.

이 전술을 적용할 때 어려움은 이런 여러 인스턴스가 협력할 수 있게 설계되지 않는 한, 일반적인 엔터프라이즈 애플리케이션의 컴포넌트 또는 모듈의 대부분을 맹목적으로 복제할 수 없다는 것이다. 복제를 허용하도록 설계되지 않은 시스템 요소는 처리를 정지하거나 반복하고 심지어 데이터를 손상시킬 수 있으므로 이 전술을 사용할 계획이라면 처음부터 애플리케이션 내에 설계해야만 한다. 이것은 일반적으로 많은 컴포넌트를 상태가 없도록 만드는 것을 포함하여, 요청이 들어오면 요청에 필요한 상태를 로드하고 요청을 처리한 후 결과 상태를 저장하는 것이 필요하다.

예제

복제된 애플리케이션 컴포넌트를 사용하는 간단한 사례는 대부분의 웹 기반 애플리케이션에서 등장하는데, 이런 애플리케이션에서는 많은 수의 웹 및 애플리케이션 서버 인스턴스를 띄워 유입되는 요청을 처리하는 데 활용함으로써 확장용이성과 복원성에서 이득을 본다. 이 전술을 사용하면 애플리케이션 소프트웨어에 완전히 상태 없는 서버 컴포넌트가 필요하다는 제약 조건이 생긴다. 이를 위해서는 일반적으로 공유 데이터베이스에 모든 애플리케이션 상태를 저장하고 서버 소프트웨어 컴포넌트는 요청이 들어왔을 때 필요한 상태를 적재하고 이후에 데이터베이스에 갱신된 상태를 다시 기록하면 된다.

트랜잭션 일관성 완화

성능 및 확장용이성 관점에 관해 논의한 바와 같이(26장) CAP 이론은 일관성, 가용성, 분할 감내라는 세 가지 시스템 속성 중 두 가지 이상을 달성할 수 없음을 알려준다. 가용성이 주요 관심사인 경우에 가용성 및 분할 감내를 선택할 가능성이 높으므로 가능한 설계 전술은 시스템의 일관성 제약 조건을 완화하는 것이다. 이 설계 전술을 도입하면 적용 시 가용성 혜택을 누릴 수 있다.

백업 및 재해 복구 해법 지정

영속적인(즉, 반드시 안정적인 저장소에 저장돼야 하고 시스템이 재시작되더라도 없어지지 않는) 정보를 관리하는 시스템이라면 그 정보를 별도의 저장 매체에 기록해두고서 시스템 장애가 났을 때(특히 디스크 장애가 났을 때) 복구할 수 있게 체계를 갖춰야 한다.

전통적으로는 일정한 형태의 자기 테이프를 써서 백업을 해왔지만, 이 방법은 데이터를 백업 매체에 기록하는 속도, 하나의 테이프에 기록할 수 있는 정보의 양, 매체의 신뢰성에 있어서 한계가 있다. 한 번 백업하는 데 200개의 테이프와 18시간이 필요하다면 너무 복잡한 데다 실패할 가능성도 너무 높다.

예를 들어, 대용량 백업은 매우 빠른 속도의 로컬 또는 광역 네트워크를 통해 디스크에 쓰는 방식으로 수행하는 경우가 많다. 다른 해결책으로는 그림 27-7과 같이 미러링 데이터 디스크를 배치하되, 백업이 수행되는 동안에는 잠시 미러링을 하지 않는 방법이 있다.

첫 번째 미러링 아키텍처가 서로 가까이에 물리적 디스크를 배치하는 동안 높은 대역폭을 통해 신뢰성이 높은 광 네트워크를 통해 수십 킬로미터 떨어진 다른 위치에 있는 디스크에 미러링할 수 있다. 이런 분산 미러링 제품이 다소 비싼감은 있지만, 재해 복구 아키텍처의 일익을 담당할 수도 있다.

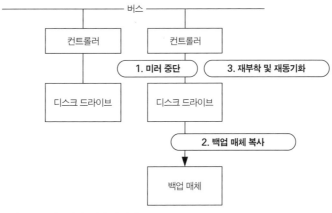

그림 27-7 가용성을 위한 미러링

대부분의 백업 시스템은 온라인 백업을 수행할 수 있다. 즉, 시스템이 계속 실행되는 동안 (허용 가능한 온라인 성능 저하와 함께) 데이터를 백업할 수 있다. 또 다른 백업 시스템은 시스템 백업을 수행하기 위해 시스템을 다운해야 한다. 만약 이런 상황을 적용한다면 복구 계획에 변수로 고려해야 한다.

모든 백업 방안은 데이터가 복원될 때 트랜잭션적으로 일관된 상태가 유지되도록 트랜잭션 무결성을 유지해야 한다. 18장 정보 뷰에서 이 문제에 대해 추가적으로 설명한다.

▌ 문제점 및 함정

단일 장애점

시스템은 가장 신뢰성이 낮은 컴포넌트만큼 신뢰할 수 있다. 단일 장애점^{single point of}^{failure}이란 아키텍처 내에서 한 요소가 장애 나면 전체 아키텍처가 장애 나는 요소를 말한다.

예제

앞에서 설명한 종류의 미러링된 디스크 구성을 배치해 신뢰성을 향상하는 것이 일반적이다. 디스크는 기계 부품을 포함해 다른 하드웨어 컴포넌트보다 장애가 더 잘 나는 경향이 있으므로 합리적인 예방 조치라고 할 수 있다.

하지만 미러링 구성에 따라서는 디스크가 쌍을 이뤄서 하나의 컨트롤러(디스크와 컴퓨터의 메인 버스를 연결하는 장치)를 공유하기도 한다. 컨트롤러 하나가 장애 나면 쌍으로 묶인 디스크에 대한 접속이 끊긴다. 따라서 컨트롤러의 신뢰성이 이 디스크 아키텍처의 신뢰성을 결정하는 핵심 요인이 된다.

단일 장애점은 전체 시스템의 신뢰성을 심각하게 약화시킨다.

위험 경감 방안

- 단일 장애점이 존재하는지 살펴보기 위해 아키텍처 모델, 특히 기능 뷰와 배치 뷰를 분석해본다. 존재한다면, 그 부분을 (하드웨어 이중화 같은 방식으로) 보

강해서 비용 효과적으로 신뢰성을 끌어올릴 수 있을지 판단한다.

연쇄 장애

연쇄 장애는 다루기가 특히나 어려운데, 하나의 시스템 컴포넌트에서 난 장애가 시스템의 다른 부분에 장애를 일으키고, 차례로 다른 컴포넌트들도 장애가 나게 만든다. 연쇄 장애는 여러 유형의 복잡한 시스템에서 잘 알려져 있어서, 컴퓨터 시스템 외의 분야에서는 상호 연결된 전력망이 유명한 사례로, 한 전력망에서 장애가 나면 인근의 정상적인 전력망에 갑자기 매우 높은 부하를 주면서 안전 용량을 초과하게 만드는 식으로 장애가 번져나가게 만든다.

복잡한 IT 시스템 역시 연속 장애에 취약할 수가 있어서, 시스템상의 한 요소에 장애가 나면 부하를 재분배하거나 내부적인 상호 의존성으로 인해 다른 요소들에도 장애를 일으킬 수 있다.

아쉽게도, 이 문제는 실제 설계가 이뤄지는 상황에서 분석하고 해결하기보다는 일반적 관점에서 논의하기가 더 쉽다. 한 컴포넌트에서 일어난 장애가 다른 컴포넌트들에 미치는 영향을 예측하기 어려울 때가 많은 데다, 시스템이 복잡할수록 이런 어려움이 증가한다. 이 상황에서 할 수 있는 최선의 조언은, 시스템을 설계할 때 이 문제를 인식하고, 설계를 되도록 간단하게 가져가며, 될수록 컴포넌트들을 서로 격리시키며, 모든 컴포넌트가 과부하 상황을 부드럽게 넘어갈 수 있도록 하라는 것이다.

예제

많은 웹 기반 시스템이 페이지 뷰, 타이밍, 기타 사용자 경험 및 시스템 사용과 관련된 통계를 추적한다. 이런 시스템들을 괴롭히는 연쇄 장애 문제로, 모든 페이지 렌더링 컴포넌트에서 호출하는 통계 추적 서비스 장애가 있다. 이런 추적 서비스에 과부하가 걸리고 수행이 느려지면, 모든 페이지 렌더링이 함께 느려지게 된다. 이렇게 되면 다시 사용자가 브라우저에서 요청을 취소하고 '새로 고침' 버튼을 누르면서 사이트의 부하를 한결 가중시키면서 추적 서비스를 더 큰 부담을 준다.

이 문제는 느려지거나 실패할 경우 페이지 렌더링이 영향을 받지 않도록 추적 서비스를 호출할 때보다 정교한 접근 방식을 써서 해결할 수 있다. 예를 들어, RPC 서비스 호출을 통해 추적 서비스를 호출하는 대신 비동기식 메시지를 통해 정보를 보내는 방법이 있다.

위험 경감 방안

- 시스템 설계를 검토해서 각 컴포넌트에서 일어나는 장애가 시스템 내의 온전한 컴포넌트에 미치는 영향을 평가한다.
- 시스템의 컴포넌트들이 과부하 상황에서도 부드럽게 대처할 수 있도록 설계해, 갑자기 높은 작업부하가 몰려 컴포넌트들이 작동 불능 상태에 빠지지 않게 한다.
- 다른 컴포넌트에서 발생한 장애에 영향을 받지 않도록 컴포넌트들을 격리할 방안을 모색한다. 작업부하의 유입량을 조절할 수 없는가? 다른 컴포넌트에 대한 서비스 호출을 짧은 만료시간으로 보호해뒀는가? 다른 컴포넌트에 의존하는 처리는 그 컴포넌트가 가용하지 않을 경우 처리를 생략할 수 있는가?

과부하로 인한 가용성 저하

어떤 시스템이든 많은 사람에 의해 널리 사용되는지가 성공의 척도에 들어간다. 그중에서도 인터넷과 연결된 시스템은 전 세계의 수많은 사람들에게 서비스를 제공하는 것을 목표로 할 때가 많기에 특히나 그렇다. 하지만 이런 성공적인 시스템 앞에는 빈번하게 일어나는 급격한 요청 증가를 제대로 처리하지 못하는 데 따르는 함정이 도사리고 있어서, 시스템 내에서 장애가 일어나지 않더라도 그저 수많은 사람이 사용을 시도하는 것만으로도 비가용 상태에 빠질 수 있다. 이는 근본적으로 시스템에 확장용이성이 부족해서 생기는 문제이지만, 문제가 좀 더 심각해지면 단순한 성능 저하에 그치지 않고 실질적인 비가용 상태에 이르게 된다.

이런 상황은 조직 내의 많은 이들이 동시에 업무 시스템을 사용하려 할 때 나타날 수 있다. 이런 경우는 매일 오전 9시에 매우 심한 부하가 몰려드는 인증 서비스, 연휴 기간 동안 엄청난 트랜잭션 부하를 처리해야 하는 소매 시스템, 조직에 속한 모든 이들이 모두 같은 날 들어가서 다음 해 받을 복지 혜택을 선택해야 하는 내부 인사 시스템 등을 예로 들 수 있다.

이 문제는 일반적으로 요청 처리의 둔화로 나타나서 결국 더 많은 사람이 시스템을 사용하려고 할수록 결국 사용할 수 없게 되는 결과로 나타난다. 근본적인 문제는 거의 대부분 높은 작업부하를 정상적으로 처리하도록 설계되지 않은 애플리케이션 컴포넌트들이다. 이는 대체로 얼마나 많은 동시 요청이 처리돼야 하는지와 상관없이, (메모리, 스레드, 잠금lock 등) 자원을 맹목적으로 할당하는 데 따른 컴포넌트 내부의 경합으로 인한 것이다. 요청의 수가 급격하게 증가하면 이런 컴포넌트는 자원 할당과 해제를 반복하면서 좀 더 유용한 작업 수행을 해보려고 버둥대느라 대부분의 시간을 소모하다가 빠른 속도로 시스템을 비가용성 상태로 몰아넣는다.

위험 경감 방안

- 부하가 급격하게 치솟을 때 시스템 컴포넌트가 요청을 처리하는 패턴을 정의해서, 성공적으로 작업을 계속하거나 최악의 경우가 와도 무리 없이 작업을 거부할 수 있게 한다. 예를 들어, 컴포넌트에 과부하가 걸렸을 때 서비스 호출 응답시간 초과, 컴포넌트 간 연결을 위한 메시지 전송, 신속한 오류 반환을 비롯한 서버 컴포넌트 패턴을 만들어내는 방안을 검토한다. 이렇게 만들어낸 패턴이 시스템 전체를 꿰며 사용되게 한다. '더 읽을거리' 절에 보면 관련해서 도움이 될 만한 정보를 얻을 곳이 몇 군데 나온다.

- 성능 모델이 있는 경우에는 이를 활용해 시스템에 가해진 부하가 예상했던 한계치를 넘었을 때 나타낼 것으로 보이는 시스템의 행태를 분석한다.

- 시스템에 크고 예측하기 어려운 작업부하가 걸린 상태에서 시험해봄으로써 시스템이 어떤 식으로 작동할지 파악하고 고칠 수 있는 문제들은 찾아내서 상용 환경에서 문제가 발생하지 않게 한다.

과도한 가용성 요건

가용성 일정은 당연히 사업 수요에 의해 결정된다. 그러나 성능 요건처럼 대개는 필요성과 비용 사이에서 절충에 들어가야 한다. 예를 들어, 일과시간을 연장하면 야간 일괄 작업을 할 시간이 줄어드는데, 이런 경우에는 성능이 더 좋은 하드웨어나 더 정교한 일괄 처리 시스템이나 일정관리가 있어야 야간 일괄 실행을 완료할 수 있다.

많은 시스템은, 특히 인터넷을 통해 서비스를 제공하는 시스템, 24/7 가용성을 목표로 한다. 이는 시스템 중단을 절대 허용하지 않는 것으로, 유지 관리 또는 소프트웨어 또는 운영체제 업그레이드를 위해서도 중단돼서는 안 된다는 뜻이다. 이 수준은 오늘날의 초 고가용성 연산 플랫폼으로도 달성하기 매우 어렵고 비용도 매우 많이 든다.

위험 경감 방안

- 고가용성 요건을 면밀히 검증한다(특히, 24/7 가동 요청에 대해 따져본다). 이런 요건이 사업 수요에 근거하고 있는지 확인한다.
- 고가용성이 정말로 필요하다면, 제안하는 기술 플랫폼이 해당하는 신뢰성 수준에 부합되고 지원되는지 확인한다.
- 이해관계자가(특히 취득자가) 고가용성 비용을 인식하게 해서 현실적인 수준에서 요건을 설정하도록 권장한다.
- 외부 업체들과는 명확하고 정량적인 서비스 수준 협약을 맺어 가용성에 영향이 없게 한다.

효과적이지 못한 오류 탐지

대부분의 시스템에서 많은 코드는 핵심 기능을 구현하는 것보다 오류 트래핑 및 처리가 차지하고 있다. 특히 시간 압박이 있을 때 오류 처리 수고를 아끼려는 유혹이 있으나 이것은 장기적으로 큰 재앙이 될 수 있다.

예제

시스템은 고객에게 무료로 항공편을 교환할 수 있는 보너스 포인트를 적립하기 위한 목적으로 여러 항공사들로부터 티켓 예약에 대한 정보를 수집한다. 불행하게도, 포인트 값 계산 루틴 중 하나가 점검하지 않은 오류 코드를 반환한다. 프로그램 오류로 이 루틴이 실패하면 고객들은 예정된 포인트를 적립하지 못한다.

결국, 고객은 포인트 값이 올바르게 계산되지 않았음을 불평하고, 데이터베이스에 있는 데이터의 대규모 손상이 발견된다. 시스템 관리자는 백업으로부터 데이터베이스를 복원하려 하지만 그 루틴이 오랜 시간 동안 실패했기 때문에 모든 백업도 또한 손상됐다.

이 상황에 대한 유일한 해결책은 데이터베이스에서 직접 데이터를 수정하고, 예약 정보

> 를 검색하고 전체 데이터베이스에서 데이터를 다시 계산하는 특별 프로그램을 결국 작성하
> 는 것이다.

　　오류 처리 전략(또는 부족)은 시스템에 다양한 영향을 미치므로 명확하게 개발
뷰에서 전략을 정의해야 한다.

위험 경감 방안

- 시스템 차원의 명확한 오류 처리 전략을 정의해 가용성 요구에 대응하는 충분
  한 정보를 제공한다.
- 오류 처리를 위해 다음과 같은 설계 기준을 정의한다.
  - 오류를 반환할 가능성이 있는 모든 작업은 성공과 실패를 확인한다.
  - 오류가 저수준 루틴에서 발생할 경우에는 이를 상위 단계의 호출자 쪽으로
    통보해준다.
  - 모든 오류는 기록한다.
  - 최상위 단계에서는 통보된 모든 오류가 (재시도 등을 통해) 프로그램에 의해
    고쳐져 있거나 사용자에게 인지되는 중단을 발생시키게 한다.
- 오류 처리 전략과 기준을 개발 뷰 내에 정리해둠으로써 오류 감지 및 처리가
  시스템 전반에 걸쳐 일관성 있게 구현되도록 한다.

컴포넌트 복원성 과대 추정

아키텍처에서 디스크 어레이 같이 복원성이 높은 컴포넌트를 채택할 때, 해당 컴
포넌트에서 대비해놓지 않은 장애에 대해서는 간과한 채, 준비된 복원성에만 초
점을 맞추기 쉽다. 소프트웨어와 하드웨어의 고가용성 특성에 관한 문서에 나오
는 정보는 대부분 제품이 견뎌낼 수 없는 경우는 언급하지 않은 채 견뎌낼 수 있
는 경우만 강조한다. 이에 따라 특정 컴포넌트가 실제로는 문제가 생겨서 장애를
일으킬 수 있다고 보기에 매우 타당한 상황에서도 '예방'돼 있다는 가정을 자연스
레 하게 된다. 시스템은 복원성이 가장 낮은 컴포넌트만큼 복원 가능함을 감안할

때, 시스템의 복원력에 대한 위험스러운 자신감을 유발할 가능성이 있다.

예제

RAID 기반의 디스크 어레이에서 디스크는 어떤 실패로부터도 생존할 수 있고 따라서 높은 수준의 복원성을 제공할 것으로 생각하는 경향이 있다. 그러나 디스크 어레이가 어떤 경우에 작동이 실패하고 어떤 경우에 계속 작동하는지 정확히 이해하는 것이 중요하다. 예를 들어, (RAID 5는 디스크 하나에 장애가 일어나도 견딜 수 있으며, RAID 6는 디스크 2개에서 장애가 일어나도 견뎌낼 수 있는 등) RAID 수준에 따라 여러 가지 장애에 대한 보호 수준이 다르지만, 어떤 수준의 디스크 구성도 디스크를 사용하는 서버의 디스크 인터페이스 장애나 디스크 어레이의 펌웨어 충돌에 대한 복원성을 제공하지는 못한다. 이런 명확한 사실에도 불구하고 실제 상황에서 어떤 컴포넌트가 복원성이 있고 어떤 컴포넌트가 실패하는지 정확하게 알아내기 어려울 수 있다.

위험 경감 방안

- 컴포넌트의 장애 모드들에 대해 상세한 질문을 던져서 각각의 경우에 정확히 어떤 일이 일어나는지 파악한다.

- 모호한 경우에 대해서는 시험이 가능하다면 시험을 거치고, 시험이 불가능하다면 최악의 경우를 가정하고 그 컴포넌트의 용도를 설계한다.

전체 가용성에 대한 간과

글로벌을 대상으로 하는 시스템은 모두 24시간 내내 사용 가능해야 할 수도 있다.

예제

외환 거래 시스템은 홍콩, 런던, 뉴욕에 있는 트레이더에 의해 사용된다. 증시 거래일은 홍콩에서 막바지로 가면, 런던에서는 시작하고, 몇 시간 후 뉴욕에서 시작된다. 뉴욕 거래일이 끝날 때쯤 다시 홍콩에서는 다음 거래일을 시작한다.

그러나 일일 마감 통합 실행을 의무화한 시스템 설계는 이런 거래 중에 이뤄질 수 없다. 시스템이 항상 누군가에 의해 사용 중이므로 시간표의 어느 시점에도 실행을 맞출 수 없다.

시스템이 현재는 글로벌을 대상으로 하지 않을 수 있지만, 미래에 글로벌화 가능한지 이해관계자와 연구해야 한다. 그렇게 하면 지금 어떤 고가용성 특성을 구축함으로써 많은 시간을 절약할 수 있다.

위험 경감 방안

- 필요하다면, 글로벌 관점에서도(더불어 29장에 나오는 위치 관점의 논의도 참고해서) 시스템의 가용성을 검토해야 한다.
- 연속 가동시간이 실제 요건이라면, 되도록 일찌감치 눈에 잘 띄게 아키텍처에 반영한다.
- 아키텍처 주 해결책이 ('해 뜨는 시간에 따라' 서버 간에 처리를 옮길 수 있게 하드웨어를 추가하는 등의) 글로벌 요구와 호환되는지 확인한다.

기술 비호환성

대부분의 고가용성 해결책은 그 위에서 실행되는 소프트웨어와 관련된 특정 요건이 있다. 예를 들어, 공유 메모리에 정보를 캐시하는 데이터베이스 또는 애플리케이션 서버는 각 컴퓨터에서 자신의 캐시를 가진 클러스터된 환경에서 작동할 수 있게 재설계해야 할지도 모른다.

소프트웨어 요소가 이런 플랫폼에서 실행하도록 특별히 작성되지 않으면, 잘못 수행하거나 전혀 작동하지 않는다. 외부 조달 소프트웨어의 여러 부분들이 모두 완벽하게 어우러져 작동하는지 확인하는 작업이 특히 중요하다. 그렇지 않은 경우, 장애극복 상황에서 제대로 작동하지 않을 것이다.

위험 경감 방안

- 하드웨어 및 소프트웨어 요소가 서로 호환되는지 확인하기 위해 공급자 데이터를 사용한다.
- 조금이라도 의심이 든다면, 개념 검증을 고려해보거나 공급 업자에게 요청해 유사한 구성으로 운영하는 다른 고객과 연락해본다.

점검 목록

요건 수집 점검 목록

- 가용성 요건이 정의되고 문서화되고 승인됐는가?

- 가용성 요건이 사업 수요에 의해 결정됐는가?

- 가용성 요건에 적합한 다른 가동 등급도 고려해봤는가?

- 가용성 요건이 비용과 사업 수요 사이에서 현실성 있게 균형 잡혀 있는가?

- 가용성 요건에 온라인 및 일괄 처리 가용성이 고려돼 있는가?

- 가용성 요건에 기간 종료 같은 변동이 고려돼 있는가?

- 가용성 요건이 일과시간 연장 등 미래의 사업 운영상의 변화를 고려하고 있는가?

- 채택한 하드웨어 및 소프트웨어 플랫폼으로 가용성 요건을 충족할 수 있는가?

- 재해 복구 및 사업 연속성 전략을 정의해됐는가?

- 계획되지 않은 중단시간과 관련한 이해관계자들의 기대가 현실성 있는가?

아키텍처 정의 점검 목록

- 제안된 아키텍처 해결책이 가용성 요건을 충족했는가? 그 해결 방안을 이론적으로 또는 이전 실무 경험을 바탕으로 입증할 수 있는가?

- 해결책에 장애로부터 복구하는 데 (필요할 경우 백업본을 재적재하는 등에) 걸리는 시간이 고려돼 있는가?

- 백업 방안이 복원된 데이터의 트랜잭션 무결성을 제공하는가?

- 백업 방안이 수용 가능한 성능저하 범위 내에서 온라인 백업을 지원하는가? 그렇지 않다면 백업을 수행하기 위해 시스템을 중단해야 할 텐데, 실현 가능한가?

- 손상되거나 불완전한 백업본으로 데이터를 복원하는 것을 고려했는가?

- 시스템이 소프트웨어 오류에 대해 적절한 기록과 보고를 수행하며 기품 있게

대응할 수 있겠는가?

- 대기 사이트를 두기 적합한 상황인 경우, 이를 아키텍처에 정의해뒀는가? 대기 사이트는 상용 사이트와 완전히 동일하게 구성하는가, 아니면 성능을 줄여서 제공하게 구성하는가? 후자의 경우에 이렇게 줄어든 성능이 사용자가 받아들일 만한가?

- 상용 환경에서 대기 환경으로 전환했다가 다시 되돌아오는 방식을 정의하고 시험했는가? 아직 하지 않았다면, 언제 할 예정인가?

- 기능과 성능에 대한 가용성 해결책의 영향을 평가했는가? 이 영향이 받아들일 만한가?

- 고가용성이 특히 중요하다면, 아키텍처에서 단일 장애점이나 기타 다른 약점들에 대비한 부분들을 평가해봤는가?

- 내결함성 모델을 만들었다면, 이 모델이 (디스크 컨트롤러 등) 취약성이 있는 모든 컴포넌트로 확장되는가?

▍더 읽을거리

두 권의 IT 지향적인 재해 복구 관련 서적[TOIG02, SNED07]은 IT 관점에서 시스템 재해를 어떻게 대응하고 준비하는지 설명한다. 업무 절차 관점에서 바라본 대안적인 시각은 [BARN01] 및 [WALL10]에서 찾아볼 수 있는데, 컴퓨터 시스템 복구 외의 영역에서 여전히 효과적이고 전반적인 재해 복구를 달성하는 데 매우 유용한 지침이 많이 나온다.

통계 모델을 사용해 소프트웨어의 신뢰성을 모델화하고 예측하는 접근법이 여럿 있다. 이런 접근법에 대한 소개는 뉴펠더^{Newfelder}[NEUF92]가 읽어볼 만한데, 다양한 이론적 모델에 대한 포괄적인 설명과 함께 소프트웨어의 특정한 부분에 대한 신뢰성을 예측하는 모델을 만드는 방법도 설명해놓았다. 다른 의견으로, 버틀러^{Butler}와 피넬리^{Finelli}[BUTL93] 및 휘태커^{Whittaker}와 보아스^{Voas}[WHIT00]는 소프트웨어 신뢰성 모델화 문제에 대해 논의했고, 그중에서도 (둘 중에서 더 접근하기 쉬운) 후자를 보면 새로운 소프트웨어 신뢰성 모델이 고려해야 하는 요인이 제안돼 있다. 디스크의 신뢰성을 고려할 때는 슈뢰더^{Schroeder}와 깁슨^{Gibson}[SCHR06]의 기술 보고서에 진정 신뢰성 있는 디스크란 어떤 것인가에 대한 냉정한 분석이 몇 가지 제시돼 있으므로 읽어볼 만하다. 일반적으로 RAID 기반 디스크의 복원성 및 신뢰성에 관련된 정보는 인터넷 검색을 통해 위키피디아를 비롯한 여러 곳에서 풍부하게 얻을 수 있다.

오늘날의 주류 기술을 사용해 가용성이 높은 시스템을 만드는 방법에 관해서 매우 철저하고 실용적이며 읽기 쉽게 설명한 자료는 마커스^{Marcus}와 스턴^{Stern}[MARC03]에서 찾을 수 있다. 이 책은 아키텍트와 시스템 관리자를 위해 나왔고, 고가용성 시스템이 실제로 작동하게 하는 실무적인 세부사항을 논한다. 다른 최근 책 [SCHM06]도 유사한 내용을 역시나 철저히 실무자 위주로 다뤘다. 마이클 니가드^{Michael Nygard}[NYGA07]는 애플리케이션 설계 측면에서 더 직접적으로 기록하고 다수의 유용한 설계 패턴과 안티 패턴을 포함해 고가용성 시스템을 만드는 방법에 대해 유용한 조언을 많이 담았다. 로버트 한머^{Robert Hanmer}[HANM07]는 내결함성 소프트웨어를 위한 전체 패턴 언어를 제시해 이 항목의 소프트웨어 설계 측면에서 더 자세히 논의한다.

'문제점 및 함정' 절에서 설명한 CAP 이론은 26장의 '더 읽을거리' 절에서 좀더 자세히 다뤘다.

매우 읽을 만하고 재미있는 클러스터 컴퓨팅 기술에 대한 고전 지도서인 피스터^{Pfister}[PFIS98](이 책에 없는 가용성 도서 목록은 의미가 없음)는 고가용성 클러스터 및 확장용이한 클러스터 모두를 다루고 있다. 이 책은 클러스터 시스템의 실현 관련된 문제, 기법 및 기술에 대한 완전한 개요를 제공하고, 알기 쉽고 이해하기 쉽게 복잡한 기술적인 영역을 다룬다.

시스템 가용성 대한 이론 및 기술 배경은 다수의 참고문헌에 나타난다. 예를 들어, 자인^{Jain}[JAIN91]은 내결함성 하드웨어 및 소프트웨어 기술을 만드는 데 사용되는 기법에 대한 매우 기술적인 검토를 포함하고 있고, 플럼^{Pullum}[PULL01]은 내결함성 소프트웨어 달성에 대한 검토 및 소개 자료를 포함한다.

28

진화성 관점

원하는 품질	배치가 끝난 시스템이 겪을 수밖에 없는 불가피한 변경을 맞이해서 유연성을 확보하되, 그런 유연성을 제공하는 대가가 적정선에서 유지되도록 하는 능력
적용 대상	모든 시스템에 어느 정도는 중요함, 내구성이 있고 널리 사용되는 시스템에서는 더욱 중요
관심사항	제품 관리, 변경의 규모, 변경의 항목, 변경의 가능성, 변경의 시간 척도, 변경을 위한 지불 시기, 외부 요인으로 인한 변경, 개발의 복잡성, 지식의 보존, 그리고 변경의 신뢰성
활동	진화 수요 규정, 현재의 진화 용이성 평가, 진화 절충안 고민, 아키텍처 설계 수정
아키텍처 전술	변경 포함, 확장 가능한 인터페이스 생성, 변경을 용이하게 하는 설계 기술 적용, 메타모델 기반 아키텍처 스타일 적용, 소프트웨어에 가변점 형성, 개발 환경 보존
문제 및 함정	잘못된 항목의 우선순위 결정, 결코 일어날 수 없는 변경, 중요 품질 특성에 대한 진화의 영향, 특정 하드웨어나 소프트웨어에 대한 과신, 개발 환경 상실, 임시변통 출시 관리

다소 남용되지만 대부분의 소프트웨어 아키텍트가 온몸으로 확인하게 되는 업계 격언으로 '세상에 변하지 않는 것은 없다는 사실만이 변하지 않는다'는 말이 있다. 소프트웨어의 진정한 능력인 '유연함soft'이란 이해관계자가 소프트웨어 기반의 시스템이 매우 빠르게 진화할 수 있다고 기대하게 만든다는 뜻이다. 이런 기대와 기타 공통 요인인 잘못 해석된 요건, 급박한 업무 변경, 실제 시스템 출시가 최종 사용자 요건에 달려 있는 데 따른 현상을 합쳐서 생각해보면, 변경이 소프트웨어 아키텍트의 삶에 있어 그렇게나 중요한 요인인지 쉽게 알 수 있다 .

시스템 전달에 대해 일반적으로 적용된 반복적인 접근 방식은 변경을 처리할 수 있는 능력을 더욱 중요하게 만드는 것이다. 시스템이 반복돼 전달될 때, 그 사용자는 그것의 일부를 훨씬 초기에 사용하기 시작하기 때문에 개발자에게 초기 피드백을 제공할 수 있다. 이것은 요건의 초기 유효성을 검사할 수 있기 때문에 매우 중요한 과정이다. 그러나 그것은 또한 시스템 전달 주기 동안 시스템 동작을 변경하려는 일정한 압력과, 경우에 따라 아키텍처를 변경해야 할 필연적인 필요성이 함께 있음을 의미한다.

원칙적으로 소프트웨어를 변경하기 쉽지만 경험 있는 소프트웨어 개발자는 개발 시 변경이 명시적으로 고려되는 경우에만 이 사실에 동의한다. 가능성 있는 변경에 대한 고려 없이 개발된 소프트웨어는 예상보다 훨씬 더 변경이 어려울 수 있다.

여기서는 시스템 개발 수명주기 내에서 변경을 다루는 과정을 진화^{evolution}라는 용어로 설명하는데, 여기서 진화란 시스템이 수명을 다하는 동안에 겪을 수 있는 모든 유형의 변경을 뜻한다.

진화성 관점은 시스템의 수명기간 동안 진화를 다루는 데 관련된 관심사항을 언급하므로 시스템에서 처리할 변경의 양이 많은 대부분의 큰 규모 정보 시스템과 관련이 있다.

▌ 뷰 적용성

표 28-1은 진화성 관점이 3부에서 논의한 각 뷰에 어떻게 영향을 미치는지 보여준다.

표 28-1 7가지 뷰에 대한 진화성 관점의 뷰 적용성

뷰	적용성
맥락 뷰	맥락 뷰는 향후 버전에서 유일하게 모델의 일부를 형성할 외부 개체, 인터페이스, 또는 상호작용을 제시할 필요가 있다.
기능 뷰	필요한 진화가 중요한 경우, 기능 구조는 이를 반영해야 한다.
정보 뷰	환경이나 정보의 진화가 필요한 경우, 유연한 정보 모델이 필요하다.
동시성 뷰	진화적 필요성은 특정 요소 포장 또는 동시성 구조에 대한 몇 가지 제약 조건(예: 매우 간단한 것)을 지시할 수 있다.

(이어짐)

뷰	적용성
개발 뷰	진화 요건은 정의해야 하는 개발 환경에 상당한 영향을 미칠 수 있다(예: 휴대 지침 적용).
배치 뷰	진화성 관점은 일반적으로 다른 뷰에서 설명하는 구조에 영향을 주기 때문에 배치 뷰에 거의 큰 영향을 주지 않는다.
운영 뷰	진화성 관점은 일반적으로 운영 뷰에 덜 영향을 미친다.

▌관심사항

제품 관리

제품 개발 환경에서 제품의 진화는 제품 고객의 수요 및 제품이 판매되는 시장의 위협과 기회를 이해하는 제품 관리자에 의해 일반적으로 계획되고 감독된다. 제품 관리자의 역할은 향후 제품 개발을 위한 로드맵을 정의하는 통찰력을 발휘하고, 제품을 제공하고 진화시키기 위해 제품 개발 조직과 작업한다.

애자일 소프트웨어 개발은 현장 고객이 필요한 XP 방법론 및 명시적으로 제품 소유자의 역할을 인식하는 스크럼 방법론과 유사한 역할로 인지되는 제품 관리의 중요성을 인식하고 있다. 해당 제품의 소유권이 존재하지 않을 때 아키텍트가 묵시적 혹은 명시적으로 이 역할을 수행하고, 개발중인 시스템의 미래 과정을 구상한다.

시스템에서 일어나는 변경의 모든 맥락과 방향을 제공하기 때문에 제품 관리가 공식적으로 인정되는지 여부와 관계없이 중요하다. 제품 관리는 잠재적인 변경들의 우선순위를 체계적으로 정하는 데 도움을 주고, 앞뒤가 맞지 않는 기능 세트 개발을 방지하기 위해 로드맵의 맥락에서 고려될 수 있다.

변경의 규모

일부 시스템의 경우 잠재적인 변경은 결함을 수정하고 외부 인터페이스에 약간의 조정이나 변경을 하는 정도로 제한된다. 이와는 정반대로, 널리 사용되고 오랜 수명을 지닌 시스템은 지속적으로 주요 진화 과정을 거치면서 환경으로부터 받는 변경 요구를 충족시키면서 몇 넌마다 효과적으로 재작성된다.

가장 어려운 문제는 전자의 상황에서 발생할 것으로 기대되지만, 후자는 실제 개발 또는 배치 중에 출현한다. 이런 경우 시스템을 변경하기 어려우므로 고가의 비용이 발생될 가능성이 있어 완전한 재개발만이 유일한 진화 선택이 될 수 있다.

변경의 항목

다른 진화 유형에 따라 시스템 아키텍처의 다른 지원 및 다른 비용이 필요하고, 이와 관련된 위험이 있다. 필요한 변경의 항목을 식별할 수 있으면 시스템 진화 범위를 한정하고 좀 더 다루기 쉬운 문제로 좁힐 수 있다.

다음과 같이 변경의 중요한 항목을 분류한다.

- 기능 진화: 간단한 결함 수정에서부터 전체 하위 시스템의 교체 혹은 추가와 같은 규모에 이르기까지 시스템이 제공하는 어떠한 기능 변경도 포함한다.

- 플랫폼 진화: 많은 성공적인 시스템은 배치되는 소프트웨어 및 하드웨어 플랫폼 측면에서 진화해야 한다. 이것은 플랫폼 마이그레이션(예: 윈도우 기반 서버에서 리눅스 기반 서버로)뿐만 아니라, 시스템이 사용하는 플랫폼을 확장하는 것을 포함한다(예: 새로운 플랫폼에 제품 이식 또는 기존 PC 기반의 클라이언트 플랫폼을 웹 기반 접근으로 확장).

- 통합 진화: 대부분의 정보 시스템은 다수의 유용한 다른 시스템들과 통합할 필요가 있다. 통합 진화에는 요청에 따른 다른 시스템 정보 검색, 다른 시스템의 출력 처리, 또는 다른 시스템이 처리할 정보 제공이 포함될 수 있다. 다른 시스템들이 생성되고, 진화되고, 제거됨에 따라 시스템에 대한 진화 압력이 가중되므로, 비록 시스템 기능을 변경하지 않지만, 다른 시스템과 통합하는 방식을 변경할 필요가 있다.

- 성장: 성능 및 확장용이성 뷰에 관해 설명한 바와 같이, 대부분의 성공적인 시스템은 수명기간 동안 사용량 성장을 겪는다. 이는 트랜잭션의 개수 혹은 복잡성의 증가, 사용자 수의 증가, 많은 양의 데이터를 관리 및 저장 필요성과 같은 여러 요인으로 인해 발생할 수 있다. 시스템이 인터넷 서비스를 제공하고 성공적인 것으로 입증되면 이 성장은 실질적이고 예측할 수 있다.

변경의 가능성

필요할 수도 있는 여러 변경 유형을 찾아내기는 쉽지만, 그 변경이 실제로 필요할 확률을 산출하는 일은 훨씬 어렵다. 시스템에 변경을 위한 수단을 제공하려면 복잡성과 비용이 증가하므로, 발생할 가능성이 높은 변경을 선별해 지원하는 것이 중요하다.

변경의 시간 척도

필요한 변경의 가능성 있는 시간 척도는 중요한 관심사항이다. 대부분의 시스템 환경은 끊임없이 변경되고 있고, 오늘날 오랫동안 원래대로 살아남은 환경은 거의 없다. 변경의 필요성이 멀어질수록 그 변경이 현재 확인된 형태일 가능성은 떨어진다.

연관된 배송일과 관련이 없거나 멀리 떨어진 변경 요건은 배치일이 정해지고 시간이 얼마 남지 않은 변경 요건보다 우선순위가 낮을 수 있다.

변경을 위한 지불 시기

시스템에 변경을 안배해넣는 전략이 두 가지 있다.

1. 현재 상태에서 시스템을 되도록 유연하게 설계해 나중에 쉽게 변경할 수 있도록 한다. 이 방법은 시스템의 정보 구조와 기능이 구성 데이터를 통해 실행 시간에 정의되기 때문에, 메타시스템 접근 방법으로 특징화하면 가장 잘 맞겠다.

2. 시스템을 되도록 간단하게 만들어서 당장의 수요만 충족하고 정말 변경해야 할 때에 한해 변경할 수 있게 한다. 이 방법은 미래를 예측해서 가능한 유연한 시스템을 구축하려는 시도는 비용이 많이 들고 위험하며 복잡한 작업이라는 교훈을 잘 표현하고 있는 '되도록 간단하게 만든다'와 '알고 보면 필요가 없다'라는 익스트림 프로그래밍XP, Extreme Programming의 경구로 특징 지우면 가장 잘 맞겠다.

이 두 가지 전략 사이에 존재하는 중요한 차이점으로 변경 대가를 지불하는 시점이 있다. 매우 유연한 시스템을 개발하는 것은 간단하고 경직된 시스템을 개발하는 것보다 더 많은 비용이 들며, 첫 번째 전략을 따르는 경우에 변경 비용은 시스템 수명주기의 전반부에 부과된다. 이런 부담은 초기 비용이 나중에 저렴하고 빠른 변경에 의해 다시 보상된다는 희망으로 상쇄된다. 가장 단순하게 시스템을 개발하는 것은 더 단순하고 빠르게 배치할 수 있기 때문에 개발 전반부에 비용이 덜 들지만, 추후 변경하는 것에 대한 구현 체계가 없으므로 더 많은 비용이 발생할 가능성이 높다.

이 두 가지 극단적인 위치 사이에서 올바른 균형을 얻는 것은 초기 노력 낭비나 추후 변경에 대한 큰 비용 소비를 방지하고 개발의 전체 비용을 최소화하는 지점을 찾는 것을 돕는다.

외부 요인으로 인한 변경

모든 변경이 여러분 자신 또는 직접적인 이해관계자의 통제하에 있지 않다. 어떤 변경은 외부에 있는 사람 또는 그룹에 의해 부과될 수 있다. 예를 들어, '만들지 말고 구매'와 같은 전략을 채택해 상당히 다른 방향으로 IT 부서가 전환되기를 바라는 새로운 CIO가 임명될 수 있다. 이런 변경은 시기와 여부에 대해 거의 제어할 수 없는 추가된 복잡성을 가짐에도 불구하고 여전히 수용해야 한다.

외부 요인으로 인한 변경의 예는 다음과 같다.

- 아키텍처의 일부로 사용하려는 하드웨어 또는 소프트웨어 컴포넌트의 수명 종료. 이것은 특정 공급 업체에서 지원하는 하드웨어 또는 소프트웨어에서만 시스템을 실행하도록 의무화한 기관에서 특히 중요하다. 공급 업체는 제품의 수명 종료 이벤트가 발생할 때를 식별하여 로드맵을 제공할 수 있어야 한다.
- 외부 개체와의 인터페이스를 새로운 통신규약, 데이터 형식, 데이터 내용, 상호작용 모델 등으로 변경한다.
- 외부 규제의 변경은 사업 연속성, 검증, 데이터 보존, 감사 또는 제어에 대한 더 엄격한 요건을 구동할 수 있다.

- 각기 다른 우선순위, 변경된 요건 또는 사용자 수 및 트랜잭션 프로파일의 변경으로 이어질 수 있는 조직 변경

개발 복잡성

거의 모든 경우에 진화에 대한 지원 구축은 시스템 설계의 복잡성을 엄청나게 증가시킨다. 이렇게 늘어난 복잡성은 개발을 위해 더 많은 비용이 들고(앞에서 설명함) 또한 시스템의 신뢰성에 관련된 문제를 야기하고 시스템의 초기 부분을 제공하는 데 필요한 시간을 늘린다. 어떤 경우에는 복잡성이 시스템 진화의 장애물이 될 수 있다.

지식의 보존

시스템이 개발되는 동안 시스템을 변경하는 방법은 일반적으로 매우 분명하다. 필요로 하는 사람이 있고, 시스템이 작동 방식에 대한 지식이 생생하고, 변경을 만들고 시험한 개발 환경이 존재하기 때문이다. 시스템이 적극적인 개발로부터 더 안정적인 배치 상태로 이동하면 이것은 더 이상 사실이 아닐 수 있다.

모든 시스템에 대한 중요한 관심사항은 개발자들이 다른 과제로 이동하고, 기억이 퇴색하고, 사용할 수 있는 기술 환경이 변함에 따라 시스템에 큰 변경을 만들기 위해 필요한 지식을 보존하는 방법이다.

변경의 신뢰성

가장 간단한 버그 수정에서 복잡한 하위 시스템 재개발까지 모든 시스템 변경은 배치된 시스템에 부정적인 영향을 미칠 수 있다. 따라서 가능한 안정적으로 변경 프로세스를 세우기 위해 절차 및 기술 모음을 확보하는 것이 필수적이다.

시스템이 진화함에 따라 자동화된 시험, 반복 가능하고 익숙한 절차, 안정적인 개발 환경, 효과적인 구성 관리는 이런 문제를 해결하기 위한 모든 핵심 요소다.

▍활동: 진화성 관점 적용

그림 28-1에 나오는 활동 다이어그램은 진화성 관점을 적용하는 간단한 과정을 보여준다. 이 절에서는 이 과정에서 일어나는 활동을 설명한다.

진화 수요 규정

이 단계는 추가적인 요건 분석 하나로 시스템의 진화적 관점에서 요건을 이해하는 시간이다. 시스템 요건은 아마도 전달해야 것, 시스템의 복잡성 수준, 기술 및 과제 제약 조건 등에 초점을 맞추므로 요건으로 돌아가서 시간이 지남에 따라 어떤 것이 변경될지 알아야 한다.

진화 수요는 다음과 같이 규정할 수 있다.

1. **요구된 변경의 유형**: 진화의 각 유형을 앞에서 설명한 항목(기능, 플랫폼, 통합, 또는 성장) 중 하나로 규정한다.

2. **요구된 변경의 규모**: 진화의 각 유형이 얼마나 많은 노력을 필요로 하는지 설정한다. 변경이 그냥 결함을 보정하는 것인지 또는 대규모의 위험성 높은 시스

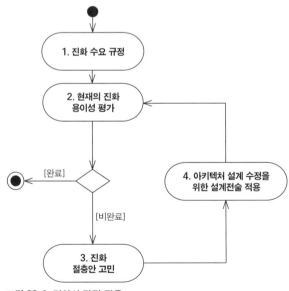

그림 28-1 진화성 관점 적용

템 변경인지 확인한다. 이것을 제시하는 유용한 방법은 초기 시스템 개발에 필요한 노력이다.

3. **변경 가능성**: 발견된 변경 유형 각각에 대해 실제로 요구된 변경 가능성을 평가한다. 발생할 가능성이 가장 높은 변경에 초점을 맞춘다.

4. **요구된 변경의 시간 척도**: 변경이 즉각적이고 회사 일정(실제적 배치 단계)에 필요한 변경인가? 아니면 외부 요인(예: 시스템 성장)에 따라 미래의 언젠가에 요구되는 막연한 변경인가?

진화 요건은 종종 명시적으로 기록되지 않으므로 기존 문서에서 추론하고 주요 이해관계자들과의 토론을 통해 유효성을 검사해야 한다. 요건 문서를 읽을 때 다음과 같은 요소를 찾는다.

- 연기된 기능: 명시적으로 미래의 확장을 정의한 시스템 요건의 일부, 또는 초기에 전달될 필요가 없는 기능
- 요건 격차: 불완전한 분석에 의해 초기에 정의할 수 없는 위장된 진화 요건
- 모호하거나 정의되지 않은 요건: 잘 이해되지 않는 시스템 영역을 표시함
- 개방형인 요건: 예를 들어, 시스템 요건 정의 속에 '~ 같은' 또는 '~ 포함한' 같은 용어는 명시적으로 지정된 경우와 유사한 확장이 요구됨을 제안함

이 과정의 결과는 유형, 규모, 시간 척도로 각각 규정된 시스템의 핵심 진화 요건의 목록이어야 한다. 이 목록에서 이해관계자가 시스템에서 기대하는 진화의 전반적인 중요성과 특성을 빠르게 평가할 수 있다.

요건의 우선순위를 결정하는 데 도움을 주기 위해, 상대적인 규모를 지금부터 필요로 할 시점까지의 개월 수로 나눈다(예를 들면, 규모 60으로 지정된 변경이 12개월 후에 필요한 경우 점수 5를 할당받는 반면에 규모 30으로 지정된 변경이 3개월 후에 필요한 경우 점수는 10이다). 모든 것이 항상 변한다는 사실을 반영할 때까지 변경 규모를 필요로 한 시간으로 나눈다. 12개월 동안 필요치 않는 어떤 것에 투자하는 것은 그 기간 동안 요건이 변경되거나 사라지므로 노력을 낭비할 위험을 무릅써야 한다. 이 요건 목록의 상단에 위치한 몇 가지에 주의를 집중한다. 이것들은 충분히 가까운 큰 변경이며 충분히 걱정할 만하다.

표기법

간단한 문장과 표 접근 방식은 일반적으로 진화 요구를 제시할 수 있는 가장 효과적이고 간단한 방법이다.

활동

요건 분석   이러한 진화 요건을 식별하기 위해 시스템 요건을 수동으로 검토 및 분석한다.

노력, 근접성, 우선순위 추정   각 변경에 대한 규모를 얻어내고 그것이 필요로 할 것이라고 생각되는 시간으로 나눈다.

현재의 진화 용이성 평가

발견한 진화 요건 각각에 대해 필요한 경우 요건을 충족시키기 위한 시스템 변경 방법에 대한 시나리오를 통해 검토한다. 이런 각각의 시나리오에서 시스템 변경이 얼마나 있는지, 얼마나 변경이 어렵고, 얼마나 변경 결과가 위험한지 주목한다. 이 평가는 진화 요건을 충족시키기 위해 아키텍처를 변경해야 하는지 여부를 결정할 수 있게 한다.

이 단계의 초점은 해야 할 항목의 모든 세부사항을 확인하는 것이 아니라 필요한 변경을 필요한 시간 동안 저렴한 비용으로 수행할 수 있는지 여부를 평가하는 것이다.

표기법

간단한 문장 기반의 접근 방식이 평가 결과를 표현하기에 충분하다.

활동

아키텍처 평가   이 단계는 시스템에 대한 하나의 품질 속성(즉, 변경용이성)의 관점에서 수행하는 작은 아키텍처 평가다. 아키텍처 평가에 대해서는 14장을 참조한다.

위험 평가 수행   아키텍처가 시스템의 가능성 있는 진화 요건을 얼마나 잘 지원하는지(혹은 그렇지 않은지) 감안해 앞으로 진행될 과제에서 충분히 받아들일 수 있는 위험 수준인가?

진화 절충안 고민

아키텍처 진화 요건을 맞추기 위해 아키텍처에 몇 가지 변경이 필요하다는 생각이 들면, 필요한 유연성을 제공하기 위한 선택안을 생각해본다. 고려할 만한 주요 절충사항으로는 초기 개발 과정에서 유연한 시스템을 만드는 데 노력을 투입할지, 실제로 시스템 변경이 필요한 시점까지 그 노력 투입을 미룰지 여부가 있다. 이런 절충은 시스템의 유형, 변경이 실제로 필요해질 가능성, 초기 개발 과정이 아니라 실제로 변경이 필요한 시점에 손쉽게 큰 변경을 실행할 확신의 수준에 따라 주로 향배가 정해진다.

이 단계의 결과는 시스템이 진화하는 방법과 진화에 대한 지원이 시스템에 투입될 시점 측면에서 진화 요건을 충족하기 위한 전략이다.

표기법

간단한 문장 기반의 접근 방식이 진화 요건을 충족을 위한 전략을 표현하기 충분하다

활동

선택안 식별　　처음에 아무것도 안 하기, 설계는 하지만 다양한 선택안 구현 안 하기, 초기부터 완벽하게 유연한 시스템 개발하기와 같은 시스템 진화를 지원하기 위해 가능한 접근 방법을 모두 고려해야 한다. 가능한 각 선택안이 아키텍처에 미치는 영향을 평가한다.

선택안 평가　　어떤 옵션이 시스템에 적합한지, 비용, 위험 및 요건의 우선순위를 고려해 작은 아키텍처 평가를 수행한다.

아키텍처 설계 수정을 위한 설계전술 적용

진화 요건을 지원하는 아키텍처 변경에 필요한 집합을 만들기 위해 식별된 최선

의 진화 전략을 사용한다.

표기법
아키텍처 설계 수정은 그것을 설명하는 뷰 변경을 포함하므로 변경할 필요가 있는 뷰의 표기법에 의해 좌우된다.

활동
아키텍처 설계 보완 이전 단계에서 선택한 선택안(들)과 일치하게 아키텍처를 보완한다.

▌아키텍처 전술

변경 한정
일반적으로, 작고 잘 정의된 시스템 부분에서의 변경을 다루는 것은 문제가 되지 않는다. 예를 들어, 외부 시스템과의 인터페이스에 대한 변경을 처리할 수 있는 단일 소프트웨어 모듈을 변경하는 것은 일반적으로 매우 간단하다. 변경은 다수의 시스템 다른 부분들에 그 효과가 동시에 파급될 때 문제가 시작된다(예를 들어, 인터페이스 차원의 경우, 인터페이스 변경이 내부 시스템 인터페이스에 대한 변경을 요구하는 경우 외부 인터페이스를 제공하는 단일 소프트웨어 모듈을 변경하는 것보다 훨씬 더 심각한 문제다).

아키텍처적 도전은 필요한 변경이 가능한 한 한정되게 시스템 구조를 설계하는 것이다. 일반적인 건전한 디자인 실무는 이 문제를 충족하기 위해 많은 것을 제공한다. 다음과 같은 일반적인 디자인 원칙은 변경의 영향을 지역화할 수 있다.

- 캡슐화: 시스템 요소가 강하게 잘 정의된 유연한 인터페이스를 캡슐화한다면 변경을 분리하는 데 크게 기여한다. 특히, 시스템 요소 내의 내부 데이터 구조가 보이지 않게 확실히 하는 것이 호출자로부터 요소 내에서 일어난 변경을 격리하는 데 도움을 준다.
- 관심사항 분리: 시스템의 한 측면에 관련된 변경이 하나의 시스템 요소에만 영향을 미친다는 것을 보장하도록 각 요소에 명확하고 뚜렷한 책임을 부여한다.

반대로, 시스템 요소의 책임이 명확하지 않거나 각각의 시스템 동작에 다수의 요소가 관여하는 경우 대부분의 변경은 시스템의 많은 부분에 영향을 미칠 가능성이 있으며, 따라서 비용 증가와 구현 위험이 있다.

- 기능 응집도: 기능 관점에서 설명한 바와 같이, 기능 응집도는 한 요소의 모든 기능이 서로 강하게 연관되는 정도다. 좋은 응집도는 일반적으로 변경이 작고 잘 정의된 영역에 한정되는 경향이 있기 때문에 쉽게 변경할 수 있다.

- 단일 정의점: 데이터 유형, 기본 값, 알고리즘, 구성, 데이터 스키마 등이 모두 한 번씩만 정의 및 구현돼 있는지 확인한다. 이렇게 함으로써 가령 시스템 데이터 구조나 인터페이스 제한 값이 변경됨에 따라 시스템의 다른 여러 부분들에 대해서도 변경이 번져가는 것을 방지한다.

변경을 한정할 때 진짜 요령은 어떠한 변경 유형을 어떤 위치에 한정할지 예측할 수 있는 것이다. 물론 이 작업을 수행하는 비법이 없다. 가장 좋은 방법은 초기 분석이다.

확장용이한 인터페이스 만들기

시스템에 생겨나는 모든 변경 중에 인터페이스에 대한 변경은 일반적으로 넓은 범위에 영향을 미칠 수 있으므로 가장 많은 비용이 든다. 예를 들어, 자주 사용하는 함수에 매개변수를 추가하면 그 함수를 호출하는 시스템의 모든 부분에서 재코딩 및 재시험돼야 할 것이다. 컴포넌트 간에 전달되는 메시지의 구문이나 의미를 수정하는 경우, 해당 유형의 메시지를 보내거나 받는 모든 컴포넌트에 영향을 미칠 수 있다.

따라서 시스템이 큰 변경을 겪을 가능성이 있다고 판단되는 경우 인터페이스에 일정 정도의 유연성을 주는 설계는 투자 가치가 있다. 사용할 수 있는 몇 가지 기법은 다음과 같다.

- 개별적인 매개변수의 수가 많은 API 대신에 객체 또는 다른 구조화된 데이터 유형을 전달하는 API로 대체한다. 예를 들어, `CreateEmployee` 메소드는 직원의 성, 이름, 생년월일, 사회보장번호 입력으로 받을 수 있다. 이 대신

Employee 객체를 입력으로 사용하는 메소드로 대체할 수 있다. Employee 클래스에 멤버가 추가될 때 메소드가 호출되는 모든 곳에서 코드를 변경할 필요가 없도록 적절한 기본 값이 부여될 수 있다.

- 정보 인터페이스도 비슷한 방법을 사용할 수 있다. 예를 들어, XML 같은 자기설명적인 메시지 기술을 사용해 메시지 형식을 정의함으로써 새로운 메시지 요소를 선택 가능하게 하면, 메시지를 확장하더라도 해당 인터페이스의 확장형을 사용할 필요가 없는 시스템 요소에는 거의 또는 아예 영향을 주지 않는다.

이와 같은 접근 방식들은 비용이 약간 있다는 점에 유의하고 진화 요건의 맥락에서 평가해야 한다. 인터페이스 유연성을 논리적인 극단까지 추구해보면, 인터페이스의 정적 타입을 모두 포기하고 모든 요청 매개변수의 타입을 실행시간에 정하는 데 이르게 된다. 이런 식으로 유연성을 확보하는 방식은 이해하기도 시험하기도 어려울 뿐만 아니라 효율성도 떨어질 위험이 있다. 또한 실수로 누락한 정보가 있는지 점검하기도 어렵기 때문에 여러 가지 미묘한 시스템 문제를 유발할 가능성이 있다.

유연한 인터페이스를 만들어내는 세부적인 방법은 시스템이 처한 기술 환경과 문제 영역에 따라 다르다. 하지만 시스템에서 중요한 인터페이스에 요구되는 유연성의 정도와 그 달성 방법을 고민하는 일은 시스템의 진화적인 관심사항을 해소하는 데 있어서 중요한 측면에 해당한다.

변경을 용이하게 하는 설계 기법 적용

11장에서 설명한 바와 같이, 스타일 및 패턴을 사용하면 알려진 역량과 특성을 가진 표준화되고 검증된 해결책을 바탕으로 시스템을 설계할 수 있다.

변경할 시스템을 더욱 다루기 쉽게 하는 데 사용할 수 있는 설계 패턴은 여러 가지가 있을 수 있다. 이런 패턴의 상세한 검토는 이 책의 범위를 벗어나지만, 고려해야 할 패턴의 종류는 다음과 같다.

- 추상화 및 계층화 패턴은 시스템의 한 부분에 대한 변경이 다른 부분에 미치

는 영향을 최소화하게 돕는다.

- 일반화 패턴은 새로운 유스케이스에 적합한 방법으로 기존의 범용 기능을 분화해 새로운 유스케이스 또는 데이터 타입을 쉽게 처리할 수 있도록 한다.
- 제어의 반전(또는 '의존성 주입'이라고도 함) 및 콜백 패턴은 하위 레벨 요소의 구현 세부사항에서 아키텍처상의 높은 수준의 요소를 보호할 수 있다.

메타모델 기반 아키텍처 스타일 적용

시스템 진화의 중요한 요건이 있는 경우, 특히 변경 지원에 초점을 맞춘 전체적인 아키텍처 스타일 채택을 고려해볼 가치가 있다. 메타모델 기반 시스템(때로는 메타 시스템이라고도 함)은 몇 가지 문제 영역(특히 중요한 스키마 진화를 요구하는 데이터베이스 시스템)에서 매우 높은 수준의 유연성을 제공한다.

메타모델 접근법에서는 시스템의 처리 로직과 데이터를 기본적인 구축 단위로 분할한 후에 실행시간 구성을 통해 온전히 기능하는 컴포넌트로 조립하는 방식을 쓴다. 요건 변경은 기본 소프트웨어 컴포넌트를 변경할 필요 없이 메타모델 변경만으로 처리 가능할 때가 많다. 지면 제약으로 인해 관련 아키텍처 스타일에 대해 자세히 설명하기는 어렵고, 간단한 예제만 살펴보겠다.

예제

투자 은행은 채권 매입, 외환 거래, 금융 시장 거래, 주식 거래, 파생 상품 거래 같은 금융 상품의 많은 종류를 포함하는 거래의 세부사항을 표현하고 처리해야 한다. 정기적으로 고안되는 새로운 유형의 거래가 있으므로 기능 진화를 지원하기 위한 상당한 필요가 있음을 의미한다.

이 시스템에 대한 기존 아키텍처는 아마도 외환 거래, 금융 시장 및 주식 거래와 같은 시스템이 처리할 수 있는 특정 수의 거래 유형을 식별했을 것이다. 이들 각각은 그 특성과 처리를 파악하기 위해 분석될 것이며, 시스템은 이런 기능을 지원하기 위해 구축될 것이다. 아마도 아키텍트가 설계하는 동안 각기 다른 유형의 처리 사이에 어떤 공통점을 발견할 것이고, 일반적인 측면에 대한 몇 가지 일반적인 재사용 처리를 사용할 것이다. 나중에 채권 거래가 추가될 필요가 있다면 이런 기능을 통합하기 위해 유사한 과정을 반복되면서 시스템이 변경될 것이다.

대조적으로, 메타모델 기반의 아키텍처는 고객(상대방), 통화, 거래 및 결제 일자, 거래

한도, 특정 거래자에 대한 거래 수집(장부) 등의 기본적인 개념을 고려하는 데서 시작한다. 그러고 나서 특정한 트랜잭션 유형을 처리할 시스템을 개발하는 대신에, 아키텍트는 기반 개념을 구현할 수단들을 제공하는 시스템을 설계하고, 시스템 구현자들이 이런 기반 개념 측면에서 수행하고자 하는 거래 유형을 정의할 수 있게 데이터 기반 구성 수단을 제공한다. 끝으로, 새로운 거래 유형이 필요할 경우에는 시스템 코드 대신에 구성 데이터를 변경하는 방식으로 거래 유형을 추가한다.

이런 메타모델 기반 시스템은 시스템 동작을 변경하는 대신에, 대개는 훨씬 더 빠른 처리가 가능한 단순 재구성이 가능하므로, 매우 신속한 변경을 지원하는 기능을 제공한다.

물론, 이 문제에 대한 공짜 점심, 다시 말해 아무런 비용 없는 시스템 변경 같은 것은 존재하지 않는다. 메타모델 기반 시스템은 정적인 아키텍처 스타일에 기반한 시스템보다 개발과 시험이 훨씬 더 복잡하다. 또한 실행시간 성능 측면에서 본질적으로 효율성이 떨어지기 때문에 성능이 주요 관심사항인 환경에 적용하기에는 한계가 있다.

소프트웨어에 가변점 만들기

전체적인 아키텍처 스타일을 채택하는 것보다 덜 극단적인 전략은 시스템의 특정 장소에서 특정 유형의 변경을 지원하기 위해 구체적이고 지역화된 설계 방안을 채택하는 것이다. 이 방법은 특정 유형의 변경을 지원하기 위해 중요한 위치를 확인하고 필요한 변경을 달성하는 체계를 정한다. 시스템의 이런 위치를 (제품군 아키텍처에서 용어를 가져와) 가변점variation point이라고 정의한다. 가변점 사용은 특정 품질 속성을 달성하기 위해 소프트웨어 디자인 과정에 대한 특정 제약 조건을 부과한 아키텍처 사례다.

이런저런 형태로 가변점을 넣는 시도가 담긴 구체적인 소프트웨어 설계 패턴이 다수 발표됐다(그중 몇 가지 꼽자면 관문Façade, 책임 연쇄Chain of Responsibility, 가교Bridge 패턴이 있다). 일반적인 접근법 중에서 다음과 같은 것들이 유용하다.

- 요소를 교체 가능하게 만들기: 시스템의 특정 요소를 다른 구현체로 교체할 수 있

다면 가변점을 생성하는 데 있어서 매우 유용할 수밖에 없다(실제로 상용 소프트웨어에서 널리 쓰이는 방식이다). 이렇게 하려면 어떤 요소에 대한 인터페이스와 구현체를 분리함으로써 다른 요소들은 인터페이스에만 의존하게 만들어야 한다. 이렇게 하면 빌드 시점이나, 약간의 기술을 더 추가해 실행시간에 요소를 교체함으로써 시스템의 행동을 바꿀 수 있다.

- **구성을 사용한 동작 제어**: 소프트웨어에 의해 수행 처리되는 특정 측면을 매개변수화할 수 있게 지정한다. 예를 들어, 시스템 작동의 일부 측면의 구현을 수정하지 않고 시간이 지남에 따라 변경할 수 있게 시스템의 통계 처리 요소의 필요한 입력, 출력, 정확도를 매개변수화한다.

- **자기설명적인 데이터와 포괄적인 처리 활용**: 대부분의 경우에 데이터를 처리하는 가장 간단한 방법은 필요한 논리를 코드에 넣는 것이지만, 이렇게 하면 데이터에 대한 변경이 시스템 변경을 동반하게 된다. 입력 데이터의 구조가 알려진 경우, (데이터 형식 변환 같은) 특정 처리 유형은 더 일반적인 방법으로 수행이 가능하다. 이런 상황에서는 (XML 같이) 자기설명적인 데이터 스트림을 채택하고, 유입되는 데이터의 구조를 보고 상응하는 처리를 찾아내는 방식으로 처리 코드를 작성하도록 명세해두는 방안을 타진해본다.

- **물리적 처리와 논리적 처리의 분리**: 많은 시스템에서 데이터 형식이 자주 바뀌지만 실제 처리는 잘 바뀌지 않는다. 덕분에 논리적 처리와 물리적 처리를 분리함으로써 유용한 가변점을 만들 수 있는 사례가 한 가지 생긴다. 소프트웨어가 먼저 데이터의 물리적 형식을 처리한 후에 그 결과에 대한 업무적(또는 논리적) 처리를 수행할 경우, 물리적인 형식이(가령, CSV 파일에서 XML 파일로) 변경되는 상황을 다루기가 훨씬 쉽다.

- **프로세스를 단계별로 분리**: 업무 프로세스는 순차적으로 수행해야 하는 여러 단계로 구성돼 있는 경우가 빈번하다. 물론, 프로세스 자동화는 소프트웨어를 하나의 덩어리로 구현하는 방식을 쓰면 가장 간단하다. 하지만 프로세스를 구성하는 단계마다 별도의 요소로 구조화하고 이를 결합하는 식으로 소프트웨어를 구성하면 프로세스 변경에 도움이 되는 가변점을 넣을 수 있다.

여타 소프트웨어 아키텍처 결정과 마찬가지로, 사용 가능성과 이해관계자 요구의 중요성에 대비해 각각의 가변점 생성, 유지, 사용에 관련된 비용을 고려하면서 조심스럽게 가변점을 도입한다.

표준 확장 지점 사용

가변점 구축에 관련된 접근 방식은 시스템 변경사항에 대한 지원을 제공하는 표준 기술에 내장된 확장 지점을 사용하는 방법을 고려하는 것이다. 많은 주류 정보 시스템 기술은 표준 확장 지점(예: JCA 인터페이스를 통한 외부 시스템 및 JDBC 인터페이스를 통한 새로운 유형의 데이터베이스의 손쉬운 추가를 지원하는 J2EE 플랫폼 기능)을 제공한다. 이런 표준 기술안을 사용할 수 있다면, 진화 요건을 충족하기 위해 여러 가지 방법으로 개작해 무료로 사용할 수 있는 다수의 유연한 확장 지점을 찾을 수 있다.

예를 들어, 맞춤형 어댑터를 작성해 표준 애플리케이션 통합 수단을 활용할 수 있게 되면, 맞춤형 어댑터의 원래 용도인 패키지 애플리케이션 연결뿐 아니라 자체 개발 시스템 연결도 가능하다. 이를 통해 향후 자체 개발 시스템으로 통합하기 위한 고유의 동작방식을 설계하고 구축하는 일을 피할 수 있다.

신뢰할 만한 변경 달성

대부분의 시스템 아키텍트, 개발자, 관리자의 주요 과제는 신뢰할 만한 방법으로 변경을 다루는 것이다. 단순한 변경이 다수의 부작용으로 변해서, 배치 시 심각한 문제를 야기하는 모습을 볼 수 있다.

어떤 시스템이든 변경은 위험하겠지만, 변경의 영향을 가시적으로 평가할 수 없고, 변경이 이뤄진 후에 띠게 될 행태에 대한 가정을 확인하기 위해 전수 시험을 거쳐야만 하는 소프트웨어 시스템에서 변경을 다루는 일은 특히 어렵다.

시스템 변경(거의 모든 변경이 실제로 계획돼 있든 아니든)에 대처하기 위해 필요한 경우 변경을 안정적으로 할 수 있게 몇 가지 아키텍처 결정을 해야 한다. 관련된 다소간의 전략이 도움이 될 수 있다.

■ 소프트웨어 구성 관리: 소프트웨어 변경을 다루는 중요한 부분은 소프트웨어 모

듈에 대한 변경을 제어하고 공식적인 시스템 버전을 명확하게 식별하고 검색할 수 있도록 하는 안정적인 구성 관리 시스템을 갖는 것이다.

- **자동화된 빌드 과정**: 소프트웨어 빌드 과정에 입력 버전을 제어하는 것 외에도 시스템의 특정 버전을 구축하는 것이 항상 정확하게 동일한 결과로 마무리되도록 하기 위해 신뢰성 있고, 일관성 있고, 반복적인 과정을 구축하는 것이 중요하다. 이는 필연적으로 생기는 인적 오류와 불일치가 빌드 과정에 묻어 들어가지 않게 자동화된 시스템을 만드는 것을 의미한다.

- **종속성 분석**: 가장 단순한 시스템을 제외하고 변경이 다른 부분에 미치는 효과를 파악하는 것이 문제가 될 수 있다. 이 분석을 자동화하는 데 사용할 수 있는 많은 도구가 있고 도구를 이용하여 시스템을 구축하면 인식할 수 없었던 종속성을 드러나게 하는 데 도움을 줄 수 있다.

- **자동화된 출시 과정**: 대부분의 시스템에서 빌드 과정을 통해 나온 결과물을 묶어서 출시 및 배치하는 과정은 간단치 않으므로, 이를 신뢰성 있게 수행할 수 있는 자동화된 시스템이 필요하다. 빌드 및 출시 시스템을 만들고 유지하려면 귀중한 시간과 노력을 들여야 하지만, 경험상 그렇게 하지 않았을 때는 그보다 훨씬 비싼 대가를 치러야 했다.

- **실패한 배치 롤백 체계 구축**: 얼마나 많은 시제품 시험에 했는지에 무관하게 변경 배치는 다시 되돌려야 하는 많은 문제를 유발할 수 있다. 적어도 이 작업을 반자동 방식과 같은 방법으로 하는지 확인해야 한다. 예를 들어, 소프트웨어의 이전 버전으로 되돌릴 스크립트를 작성하고, 출시 과정에서 데이터 모델과 상태에 생긴 변경사항을 원상태로 되돌릴 스크립트를 작성한다. 심지어 이런 스크립트 작성을 출시의 전제 조건으로 만들 수 있다.

- **환경 구성 관리**: 시스템에 사용되는 소프트웨어 모듈의 버전을 제어하는 것 외에도, 시스템을 만들고 실행하는 데 사용한 개발 환경 및 상용 환경을 통제해야 한다. 이런 과정은 기존에 쓰던 도구에서는 제대로 지원되지 않을 수 있지만, 환경들 사이의 불일치로 인한 불안정성을 방지하기 위해, 개발 도구 및 배치 플랫폼의 정확한 버전뿐만 아니라 이들에 대한 정확한 구성 정보를 신중하게 관리하는 것이 중요하다.

- **자동화된 시험**: 시험은 시스템 변경 과정을 관리하는 중요한 부분이다. 시스템을 시험할 방법이 없는 경우 변경이 성공적인지 여부를 알 수 없다. 자동화된 시험의 한 측면은 시스템 행태의 변경에 따른 영향을 평가할 수 있게 포괄적인 시험 집합이 있는지 확인하는 것이다. 또 다른 측면은 자동화다. 중요한 시스템에 대한 포괄적인 시험 집합인 경우 아마도 시험의 개수가 수백 또는 수천에 달할 것이다. 높은 수준의 자동화가 없다면, 적절한 시점에 믿을 수 있는 효율적인 방법으로 시험을 수행할 수 없다.

- **지속적인 통합**: 변경을 할 때 나쁜 소식은 빨리 들을수록 좋다. 대규모 시스템을 변경하다 보면 나쁜 소식을 종종 만나게 된다는 점을 감안할 때, 그런 사실을 되도록 빨리 발견하는 과정을 거치는 것이 현명하다. 이 작업을 수행할 때는 과정이 끝나는 시점에 가서 소위 빅뱅 통합을 시도하기보다는 시스템의 변경 부분을 지속적으로 통합하는 방법이 좋다. 지속적인 통합은 되도록 자주(대부분은 하루에 한 번 이상) 시스템 변경을 한 군데 모아서 그 결과를 시험한다. 통합 프로세스 자체와 시험은 모두 최대한 빨리 제안된 변경에 수반되는 문제를 찾아내는 데 도움이 된다. 이렇게 하면 노력의 낭비를 최소화하고 가능한 해결책을 찾아내는 데 도움이 된다.

개발 환경 보존

일단 과제가 상당히 의미 있는 기능을 전달하면 원래의 개발 환경은 종종 해체 또는 진화한다. 오랜 시간 동안을 거쳐서 누구도 시스템을 만드는 데 사용된 컴파일러, 운영체제, 패치, 라이브러리, 빌드 도구 등의 정확한 집합을 모르는 시점에 쉽게 도달한다. 이것은 넓은 범위의 플랫폼 및 제품 버전을 지원하는 제품 개발자에게 특별한 문제가 될 수 있다.

아키텍트가 맡아야 하는 책임에는 어떤 방법으로든 개발 환경을 보존하는 일도 있다. 요구된 개발 환경의 세부사항을 명확하게 기록해두고, 진화 요건으로 인해 (해당 시점의 개발 환경에서 재현 불가능한 결함이 발견되는 등) 개발 당시의 환경에 대한 필요성이 대두될 경우에 정확하게 다시 만들어낼 수 있도록 하드웨어와 소프트웨어 환경을 충실히 보존해두도록 한다.

이 작업을 수행하는 한 가지 방법은 전체 소프트웨어 환경의 이미지를 생성하는 하드웨어 가상화 도구를 사용하는 것이다. 이런 독립적인 이미지는 디스크에 저장할 수 있고 저장했을 때와 정확히 같은 상태로 나중에 제시할 수 있다.

▌문제점 및 함정

잘못된 항목의 우선순위 결정

아키텍처에서 변경을 허용하는 방법을 고려할 때, 알고 있는 항목이거나 드러나는 이해관계자들이 더 많이 자주 언급하기 때문에 즉시 중요해 보이는 것에 초점을 맞추기 쉽다. 그러나 시스템의 중요한 변경 항목은 다른 곳에서 찾을 수 있다. 예를 들어, 데이터 중심의 배경을 가진 아키텍트의 경우 맥락 항목에 초점을 맞추는 것이 간단한 반면, 실제 시스템 진화 문제는 사용자가 시스템에 접근할 수 있는 클라이언트 플랫폼의 수를 확장하는 것이 될 수 있다.

잘못된 것에 초점을 맞추는 것은 아키텍처 설계 전반에 걸쳐 문제다. 잘못된 진화적 항목에 초점을 맞추는 것은 결과적으로 간단한 대안보다 더 복잡하고 구축 비용이 비싼 아키텍처이지만 여전히 필요로 할 때 변경이 쉽지 않다.

위험 경감 방안

- 시스템 변경에 대한 지원 구축을 결정하면, 올바른 변경 항목에 초점을 맞추고 있다는 자신감을 갖도록 충분하고 철저하고 확실한 분석을 수행한다.

결코 일어날 수 없는 변경

무수한 변경을 모든 시스템에 신뢰성 있게 수행할 수 있을 것이다. 현실적으로 모든 변경을 허용하는 아키텍처를 설계할 수 없고, 적절한 수준의 위험 수준으로 비용 효과적이고 적시에 제공할 수 있는 아키텍처를 설계하는 것은 무척 어렵다. 가능한 모든 변경을 허용하는 아키텍처는 구축하기에 너무 복잡하고 다루기 힘들 것이다. 아키텍처 설계에서 진화를 계획한다면 명시적으로 혹은 묵시적으로 다른 것보다 쉽게 가능한 변경을 결정한다.

실제로 필요하지 않은 어떤 유형의 변경에 대한 특정한 지원을 구축하는 경우, 결코 발생하지 않는 변경에 대한 지원을 제거하기로 결정할 때까지 개발자는 이런 지원을 결국 '짐'으로 이해하고 수용한다.

향후 변경에 대한 지원을 제공하려면 설계와 구현은 물론이고 실행시간에도 빈번하게 부하가 생기기 때문에, 일어나지도 않을 변경을 마구 지원할 경우에는 시스템에 불필요한 큰 비용을 발생시키게 된다.

위험 경감 방안

- 변경이 필요하다고 확신하는 경우에만 아키텍처에서 변경 유형에 대한 특정한 지원을 제공한다.

중요 품질 특성에 대한 진화의 영향

진화를 지원하는 시스템은 거저 구축되지 않는다. 특히, (앞서 설명한 메타모델 기반 시스템과 같이) 고도로 유연한 시스템은 더 복잡한 개발 과정뿐만 아니라 실행 효율과 성능 측면에서 상당한 비용을 유발할 수 있다(물론 항상 그렇지는 않아서, 유연한 시스템은 쉽게 모니터링 및 분석, 다양한 배치 선택안 등을 할 수 있는 잘 이해되는 유연한 모듈식 구조를 갖고 있기 때문에 실제로 성능을 조정하기가 더 쉬울 수 있다).

유연성 목표에 과도하게 초점을 맞추는 것의 위험은 매우 쉽게 변경할 수 있는 시스템을 만들지만 성능이나 가용성 같은 하나 이상의 기본적인 품질 특성을 만족시키지 못하는 것이다. 또한 모든 에너지가 유연성 문제에 초점을 맞추는 것으로 끝나는 복잡한 시스템을 쉽게 만들 수 있으나 시간 부족으로 인한 보안이나 국제화 등의 다른 속성을 무시한다.

위험 경감 방안

- 아키텍처의 진화에 대한 지원을 결정했다면, 시스템의 유연성과 다른 중요한 품질 특성 사이의 균형을 유지해야 한다.
- 이 균형을 달성하기 위해 지속적으로 아키텍처 평가 프로세스(14장에서 논의된)를 사용한다.

특정 하드웨어나 소프트웨어에 대한 과신

요즘 컴퓨터는 부품 교체가 상당히 쉬운 반면에, 특정 하드웨어 또는 소프트웨어 컴포넌트에 과도하게 의존하는 경우가 종종 있다. 예를 들어 속도를 고려해 보안 기능을 펌웨어에 구현한 특정 네트워크 카드를 서버에 설치할 수도 있고, 복잡한 계산을 수행하는 전문화된 라이브러리를 사용해 시스템을 구축할 수도 있으며, 운영체제나 애플리케이션 패키지의 특정한 버전이나 구성에만 존재하는 특성에 의존하기도 한다.

이 방법이 매우 도움이 되기는 하지만 변경의 장벽이 될 수도 있다. 특수한 컴포넌트의 특이성을 처리하기 위해 특정 방법으로 시스템을 개발할 수밖에 없는 경우, 미래에 그 컴포넌트를 더 이상 사용할 수 없을 때 또는 더 좋고 더 싼 무언가에 의해 대체 가능한 때에도 교체하는 것이 훨씬 어렵다.

- 아키텍처에서 특수한 컴포넌트의 사용을 평가하고 혜택이 변경에 대한 장벽을 능가하는지 확인한다.
- 공급 업체 로드맵 및 특수한 컴포넌트의 수명을 제한할 수 있는 기타 요인을 알고 있는지 확인한다.
- 특수한 컴포넌트에 대한 인터페이스를 추상화해 너무 많이 영향 없이 교환할 수 있게 한다.

상실된 개발 환경

이미 언급한 바와 같이 개발(시험) 환경이 배치 환경보다 손실될 가능성이 더 크다. 또한 개발 환경은 개발, 지원 우선순위, 작업부하가 오랜 시간 동안 자연스럽게 변화함에 따라 독립적으로 변경되고 진화되기 쉽다.

개발 혹은 시험 환경을 재구축할 때 문제는 정확히 무엇이 필요한지 명확하지 않다는 것이다.

- 라이브러리의 특정 버전을 필요한가 혹은 이후 버전도 허용되는가?
- 빌드와 출시를 온전히 수행하려면, 컴파일러 같이 명백한 도구 외에 어떤 도구가 더 필요한가? 예를 들어, 특정 스크립트 언어가 사용됐다면 어떤 확장을

설치할 필요가 있는가?

- 주요 개발 도구 중 하나가 소프트웨어 패치를 필요로 하는가?(일반적인 예는 컴파일러로, 적용 특정 패치를 적용하면 동작을 변경할 수 있다.)

- 특정 기본 운영체제 버전 또는 하드웨어의 특정 모델이 필요한가 또는 호환 버전으로 나중에 대체할 수 있는가?

경험에 의하면 이런 질문에 대한 답을 알고 있거나 기록된 것을 발견하는 경우는 매우 드물다.

위험 경감 방안

- 외부 요소가 개발 환경에 도입될 때마다 포함되는 이유와 함께 이름, 버전, 출처를 기록한다. 매우 형식적일 필요는 없으며 구성 관리 시스템에 평문 파일로 등록하는 것으로 충분하다.

- 구축 단계의 끝으로, 이전에 사용하지 않은 완전히 분리된 위치에 개발 환경을 재생성하고 환경을 구축하기 위한 이전 기록 정보를 사용한다. 시스템을 구축하고 시험을 수행한다. 이 과정은 향후 동일한 문제에 처한 다른 사람을 도울 수 있는 추가 목록에서 빠진 요소를 빠르게 보여준다.

- 개발 환경을 보존하고, 중요하거나 구하기 힘든 하드웨어 컴포넌트의 여분을 유지하기 위해 하드웨어 가상화 도구를 사용한다.

임시변통 출시 관리

시험 환경을 배치할 때 (배치가 실패하면 재배치해야 하지만 이용자는 영향을 받지 않으므로) 누구도 시험 실패에 심각하게 영향받지 않기 때문에, 과정이 잘못돼도 크게 문제되지 않는다. 하지만 시험 환경 외의 배치는 훨씬 더 심각해 최소한 최종 이용자와 관리자를 성가시게 하는 문제가 발생하고 최악의 경우 대상 조직의 중요한 작업을 위협할 수 있다. 시스템을 구축하고 시험하는 과정처럼 주의 깊게 출시 관리 과정을 조율하고 관리하는 일이 중요하다.

출시 관리는 턴키^{turnkey} 환경과 제품 개발 환경이 약간 다르다. 턴키 개발자는 종종 실제 상용 시스템의 업데이트에 대한 책임이 있는 반면 제품 개발자는 다른 사람이 설치하기 쉽게 시스템을 만들 책임이 있다. 그러나 현실에서는 이 두 가지 유형 모두 복잡해질 수 있는 데다, 관리가 제대로 되지 않으면 중요한 이해관계자 (최종 이용자 및 시스템 관리자)에게 부정적인 영향을 준다.

위험 경감 방안

- 신뢰성과 재현성을 달성하기 위해 자동화된 출시 과정에 투자한다. 이는 모든 출시에 대한 노력을 절약하고 출시 과정에서 사람의 오류로 인한 문제를 방지하는 데 도움이 된다.

▎점검 목록

요건 수집 점검 목록

- 어떤 진화적 항목이 시스템에 가장 중요한지 생각해봤는가?
- 선택한 진화적 항목의 우선순위가 유효한지 확인하기 위해 충분한 분석을 수행했다고 확신하는가?
- 필요로 할 특정한 변경과 각각의 규모를 확인했는가?
- 실제로 요구되는 변경의 발생가능성을 평가했는가?

아키텍처 정의 점검 목록

- 아키텍처가 시스템의 진화 요건을 충족할 수 있을 만큼 충분히 유연한지 여부를 확인하는 아키텍처 평가를 수행했는가?
- 변경가능성이 있을 때, 아키텍처 설계가 최대한 변경사항을 포함하는가?
- 본질적인 변경 지향 아키텍처 스타일의 선택을 고려했는가? 그렇다면 그 비용을 평가했는가?
- 시스템의 필요성에 대비해 진화 지원 비용이 상쇄되는가? 채택한 설계에 의

해 부정적인 영향을 받는 중요한 품질 특성이 있는가?

- 필요로 한 변경만을 수용하도록 아키텍처를 설계했는가?
- 개발 환경 및 시험 환경을 안정적으로 다시 만들 수 있는가?
- 잘못되는 경우 변경사항을 롤백하는 기능을 포함해 안정적이고 반복적으로 시스템을 구축하고, 시험하고, 출시할 수 있는가?
- 선택한 진화 방법이 초기 시스템 및 미래 요구되는 진화를 전달하는 가장 저렴하고 가장 덜 위험한 선택인가?

▋ 더 읽을거리

파울러Fowler 등의 책[FOWL99]은 리팩토링으로 잘 알려진 정의된 변환 규칙의 집합을 사용해 구현 수준에서 변경을 다루는 체계적인 접근 방식을 설명한다. 부시만Buschmann 등의 책[BUSC96]은 특정 유형의 변경을 특히 잘 다루는 메타모델 기반의 스타일인 Reflection을 포함한 다수의 아키텍처 스타일을 설명하고 있다.

특히 아키텍트를 겨냥한 진화 관련 서면 자료가 별로 없지만, 배스Bass 등의 책 [BASS03]은 아키텍처 변경용이성을 달성할 수 있는 설계 전술 세트를 포함한다. 설계 전술은 매우 일반적이지만 아키텍처에 고려해야 할 많은 유용한 것들을 제안한다(이 책은 또한 가용성, 성능, 보안, 시험용이성, 사용편의성에 대한 설계 전술 세트를 제공한다). [HENN07]과 조슈아 블로흐Joshua Bloch의 프레젠테이션 '좋은 API를 설계하는 방법과 그것이 중요한 이유'(웹 검색으로 쉽게 찾을 수 있음)와 함께 [TULA08]은 API를 설계할 때 좋은 권고를 많이 제공한다. 스크럼 방법론의 맥락에서 제품 관리 및 소유권에 대한 좋은 자료는 [PICH10]에서 찾을 수 있다.

반대로, 소프트웨어 설계 패턴에 관한 상당수의 책이 있으며 이 중 다수는 변경에 대해 언급하고 있다. 이 책들 중에서 감마Gamma[GAMM95]와 코플리언Coplien 등의 책[PLOP95-99, PLOP06]이 유용하다. 의존성 주입 패턴은 [FOWL04]에 잘 설명돼 있다.

제어된 변화 및 진화는 소프트웨어 제품군 아키텍처의 주요한 관심사항이고 앞에서 언급한 가변점 개념은 이 분야에서 사용되는 기술을 차용한 것이다. 두 권의 책 [BASS03, BOSC00]은 이 분야에 대한 추가적인 읽을거리일 뿐만 아니라 제품군에 적용할 소프트웨어 아키텍처 수립에 대한 개론을 제공한다.

SEI가 후원하는 책[CLEM02]은 시스템의 변경용이성에 대해 아키텍처 평가를 수행하는 실용적인 가이드를 제공하고, 다른 SEI 책[SEAC03]은 오래된 시스템을 현대화하기 위한 아키텍처 기반의 진화 과정을 제공한다.

실제로 필요할 때까지 변경 비용을 연기하는 것은 익스트림 프로그래밍 방식의 핵심 원칙이다. 익스트림 프로그래밍은 켄트 백^{Kent Beck}의 책[BECK00]을 참고하라.

29

그 밖의 관점

지금까지는 보안성, 성능 및 확장용이성, 가용성 및 복원성, 진화성 같은 몇 가지 중요한 관점을 빠짐없이 상세하게 정의했다. 이런 관점에서 다루는 관심사항이 전부는 아니어도 대부분은 정보 시스템과 관련돼 있음을 알아냈다. 이런 관점을 아키텍처 뷰에 적용하지 않으면 이해관계자의 명시적 또는 묵시적 요구를 충족하는 데 실패한 채 시스템을 납품하는 심각한 위험에 빠질 수밖에 없다. 이럴 경우 민감한 데이터가 악의적인 공격자에게 노출되거나, 부하가 높아지면 성능이 떨어지거나, 부담이 큰 끼어들기가 서비스 중에 빈번하게 일어나거나, 변경이 매우 어려울 수도 있다.

아키텍처를 설계할 때는 이 외의 관점들도 고려할 필요가 있을지도 모른다. '있을지도'라고 보수적으로 말한 데는 몇 가지 이유가 있다.

- 이들 다른 관점은 모든 상황마다 관련이 있지는 않다. 예를 들어 한 나라에서만 운영되는 시스템은 국제화 관점과는 별 상관이 없을 것이다.

- 아키텍처에 미치는 영향이 적을 수도 있다. 예를 들어 사용편의성 관점의 관심사항은 서버 기반의 EAI나 데이터 이동 시스템 같이 사용자에게 최소한으로만 노출되는 시스템과는 별 관련이 없을 것이다(시스템 관리자 입장의 사용편의성 요구를 무시할 수는 없지만 말이다).

- 바깥으로 덜 드러나는 시스템 속성과 관련이 있을 수도 있다. 예를 들어, 규제가 적은 사업 분야에 속한 시스템에는 규제 관점의 관심사항이 크게 영향을 끼치지 않는다.

따라서 29장에서는 다음과 같은 '부차적' 관점을 정의한 후, 각 관점에 대해 4부 앞부분의 일차적인 관점에서 제시했던 정보 중 일부를 제공한다.

- **접근성 관점**은 장애가 있는 사람도 시스템을 사용할 수 있게 한다.

- **개발 자원 관점**은 사람, 예산, 시간, 자료와 관련해서 이미 알려진 제약사항 내에서 시스템을 빌드, 배치, 운영할 수 있게 한다.

- **국제화 관점**은 특정 언어, 국가, 문화 집단으로부터 시스템이 독립되게 한다.

- **위치 관점**은 시스템 요소가 물리적으로 위치한 지역과 요소 간의 거리로 인해 생기는 문제를 해결할 수 있게 한다.

- **규제 관점**은 시스템이 국내법 및 국제법, 유사 법규, 회사 정책, 기타 규칙 및 표준을 준수하게 한다.

- **사용편의성 관점**은 시스템과 상호작용하는 사람이 효과적으로 일할 수 있게 한다.

AD를 작성하는 데 할당된 시간이 제한돼 있는 데다, 그 제한된 시간마저 절대 부족하다고 보면, 이들 관점 중에서 어느 관점이 가장 관련이 큰지 결정한 후, 뷰에 적용하는 데 시간을 얼마나 들일지 정할 필요가 있다.

▌접근성 관점

원하는 품질	장애가 있는 사람도 사용할 수 있게 해놓은 시스템의 능력
적용 대상	장애가 있는 사람이 사용 또는 운영 할 가능성이 있거나 장애를 고려한 법규의 적용 대상이 될 가능성이 있는 모든 시스템
관심사항	장애의 유형, 기능적 가용성, 장애인 관련 규정
활동	시스템 접촉 지점 식별, 장치 독립성, 내용물 등가성
아키텍처 전술	고대비 시각 인터페이스, 활동 보조 기술, 특수 입력 장치, 음성 인식
문제점 및 함정	너무 늦어버릴 때까지 이런 요구를 무시하거나 규제 및 법률에 대한 지식이 부족하거나 적합한 해법에 대한 지식이 부족함

몇 년 전부터, 의식 있는 회사들이 장애인이 할 수 있는 기여에 대해 인식하기 시작했고, 많은 회사가 장애인들을 사업 활동에 적극적으로 참여시키는 계획으로 세상의 이목을 끌고 있다. 더불어, 많은 나라에서 장애인 차별을 금지하고 고용주로 하여금 장애인이 필요로 하는 적절한 수단을 갖추게 하는 법안을 통과시켰다.

(예를 들어 인터넷이나 모바일 통신 기반 시스템, 공용 안내소, 현금 자동 입출금기 등) 고객에게 직접 노출되는 시스템일 경우, 장애인들의 요구를 수용하는 데 실패하면 시스템의 도달 범위와 효과가 심하게 줄어들 뿐만 아니라 대중의 눈높이에서 해당 조직에 대한 부정적인 시각이 반영될 수도 있다.

접근성을 생각할 때는 시스템을 직접 사용할(단말기 앞에 앉을) 사용자뿐 아니라 간접 사용자도 감안해야 한다. 예를 들어 금융 시스템은 앞을 못 보는 고객을 위해 점자로 된 전표를 제공해야 할 수도 있다.

장애를 떠나서라도, 많은 경우에 접근성을 고려하면 시스템이 한결 사용하기 좋고 효과적으로 운영 가능해지는 이점이 생긴다.

아키텍처가 법률 요건 및 내부 표준을 얼마나 잘 지켰는지 평가하는 일도 앞으로 규제 관점에서 얘기하겠지만 역시나 중요하다.

뷰 적용성

표 29-1을 보면 접근성 관점이 3부에서 논의한 7가지 뷰에 어떤 영향을 미치는지 나온다.

표 29-1 7가지 뷰에 대한 접근성 관점 적용성

뷰	적용성
맥락 뷰	장애가 있는 사람이 쓸 수 있게 만든 음성 제어 입력 장치 같은 특수 장치와 시스템이 인터페이스할 수 있게 요건을 내는 경우가 있다.
기능 뷰	이론상 기능 구조는 접근성 고려에는 영향을 받으면 안 되고, 모든 기능은 장애가 있는 사용자도 장애가 없는 사용자와 똑같은 방식으로 사용할 수 있어야 한다. 현실적으로는 경우에 따라 기능적 타협이 필요할 때도 있다. 표현용 서비스를 기능 컴포넌트와 분리하는 일이 특히나 중요하다.
정보 뷰	정보 구조는 그다지 큰 영향을 받지 않을 것 같지만, 예를 들면 고객이나 사용자가 가진 장애에 관한 정보를 보관하는 데 따라 영향이 생길 수도 있다.

(이어짐)

뷰	적용성
동시성 뷰	시스템의 동시성 구조는 접근성에는 별다른 영향을 미치지 않기 때문에, 이 뷰에 대한 영향은 미미하다.
개발 뷰	개발 뷰에서는 접근성 문제가 중요하다는 인식을 고취할 필요가 있다. 또한 당연한 일이지만 장애가 있는 개발자를 받아들일 필요가 있다.
배치 뷰	이 관점에 가장 많은 영향을 받을 만한 부분은 개발 환경일 가능성이 높다. 장애가 있는 사용자를 뒷받침하려면 (이번 절에서 설명한) 특수 하드웨어가 필요할 수도 있다.
운영 뷰	운영 뷰에서는 지원을 요하는 장애인 사용자의 요구나 장애인 지원 인력의 요구를 감안해야 하는 경우도 있다.

관심사항

다음과 같이 다양한 범주의 장애인이 시스템을 사용할 수 있게 해야 할지도 모른다.

- 시력을 잃었거나 약시여서 작은 글씨를 읽을 수 없거나 대조비가 낮은 화면에서는 사물을 구분할 수 없는 사람
- 색맹인 사람(전체 남성의 10% 가까이 됨)
- 청력을 잃었거나 청력이 약한 사람
- 정보 처리에 어려움이 있는 사람
- 글을 읽거나 수를 세는 능력이 떨어지는 사람

이상적으로 보면, 모든 기능은 쓰는 이의 역량 수준에 상관없이 모두가 쓸 수 있어야 한다. 이런 이상에 미치지 못하는 경우에는 그 한계를 명확히 적시한 후 이해관계자의 동의를 얻어야 한다.

미국이나 영국의 장애인 차별 금지법 같이 많은 나라에서 장애인에 관한 법적 요건을 갖추고 있으므로, 시스템이 최소한 이런 법규를 위반하지는 않도록 항상 경계해야 한다. 아키텍처를 평가하는 데 쓸 수 있는 표준, 지침, 모범 사례 편람도 여럿 있다(더 많은 정보를 원한다면 이번 관점 말미에 나오는 '더 읽을거리' 절을 살펴보면 된다).

아키텍트는 아키텍처 정의에 들어가기 전에 규제에 담긴 의미를 파악해야 한다. 아키텍처는 처음부터 접근성 특성을 담아 설계하는 방식이 나중에 가서 새로 끼워 넣는 방식보다 훨씬 수월하다. 특별한 지식이 필요할 수도 있는데, 그럴 때는 거리낌 없이 전문가에게 조언을 구해야 한다.

활동: 접근성 관점 적용

다음과 같은 간단한 과정을 거친다.

- 시스템과 상호작용할 사용자가 가질 수도 있는 (눈이 멀거나 귀가 먹거나 움직임이 불편한 등) 장애의 유형을 찾아낸다.

- 장애가 있는 사용자가 시스템과 상호작용할 가능성이 있는 지점(접촉 지점)을 모두 찾아낸다.

- 관련 규제나 접근성과 관련된 특정 관심사항을 모두 찾아낼 수 있도록 이해관계자에게 도움을 얻는다.

- 상위 수준에서 사용자 유형별로 핵심적인 접촉 지점이 교차하는 부분에 대한 요건에 합의한다.

- 아키텍처 접근법을 수립하되, 필요하다면 요건을 충족하는 더욱 상세한 해법을 고안해낸다.

- 고안해낸 해법을 요건에 적용해 대상 시험을 하되, 필요한 곳에서는 시제품을 제작해 활용한다.

아키텍처 전술

장애인 사용자의 요구를 맞추기 위해 설계된 하드웨어 및 소프트웨어 컴포넌트를 **활동 보조 기술**assistive technology이라고 한다. 이런 기술의 예를 들면 다음과 같다.

- 시각적 인터페이스를 고대비, 저해상도 버전으로 만든다. 웹 인터페이스의 경우를 예로 들면, 시력이 좋지 않은 이들을 위한 별도의 CSS 스타일 시트를 제공하는 것으로 간단히 처리 가능하다.

- 점자 화면은 점자판에 점을 동적으로 밀어 올렸다 당겨 내렸다 하는 기계적 장치다. 이런 장치는 대개 한 번에 한 글자에서 한 문장 정도를 표시할 수 있다.

- 화면 성독기는 시력이 좋지 않은 사용자에게 화면의 내용을 소리 내 읽어줌으로써 시각적 표현을 보조해준다.

- 화면 확대기는 화면의 한 부분을 확대해 시력이 약한 사용자가 조금 더 쉽게 알아볼 수 있도록 한다.

- 음성 인식 시스템은 키보드나 마우스를 대신해 사용자가 말한 명령어를 받아 데이터를 입력할 수 있게 한다.

- (웹 기반 안내창구 같은) 인터넷 채팅 기술은 청력을 잃은 사람들이 전화를 통하지 않고 의사를 전달할 수 있게 해준다.

- 움직임에 어려움이 있는 사용자가 쓸 수 있는 특수 입력 장치도 많다.

표현 요소를 장치 독립적으로 설계하는 방식은 일반적으로도 좋은 기법인 데다 장애가 있는 사용자가 접근할 수 있게 뒷받침할 필요가 있을 때는 특히 두드러진 이점이 생긴다.

표현을 할 때는 한 가지 인터페이스 기능에만 의존해서 의미를 전달하지 말고 되도록이면 대체방안도 함께 제시해야 한다. 예를 들어 화면 출력이나 프린트 출력을 할 때 색상이나 사진에만 전적으로 의존해서 글자를 강조하면 색맹이나 부분 약시인 사용자나 색상 표시가 되지 않는 표시 장치 사용자 눈에는 띄지 않기 때문에 지양해야 한다. 대신 내용물 등가content equivalence 기술, 다시 말해 같은 의미를 전달하는 다른 방식으로 내용물을 표시하는 기술을 사용해야 한다. 예를 들어 화면에서 올바르지 않은 입력 값을 강조하기 위해 색상을 입히는 경우, 그 올바르지 않은 데이터를 가리키는 화살표를 덧붙일 수도 있을 것이다.

마찬가지로, 상호작용도 한 가지 방식에만 의지하지 말고 대안이 있으면 함께 지원해야 한다. 예를 들면 시각적인 사용자 인터페이스도 마우스와 키보드 양쪽으로 동작되게 해야 한다.

상호작용을 하는 데 별도로 여러 단계를 거쳐야 하거나 의외로 복잡할 경우, 탐색을 단순하게 만들 궁리를 해야 한다. 화면은 사용하는 중에도 깔끔해야 하고 일관성이 있어야 하며, 디자인이 잘 돼 있어야 한다. 글자를 깜빡이거나 음향효과를 내는 등의 특수효과를 남용하면 정작 장애가 있는 사용자는 제대로 알아보기 어려우므로 아껴서 사용해야 한다.

문제점 및 함정

접근성 관점에서 마음에 새겨둘 만한 공통적인 함정이 몇 가지 있다.

- 이런 사안에 대한 처리 방안을 세우기에 너무 늦은 경우: 이렇게 되면 법규를 위반하거나 일부 핵심 이해관계자의 요건을 충족시키지 못할 위험에 처할 수 있다.
- 규제 및 법률 관련 지식 부족: 불확실할 때는 전문가에게 조언을 구해야 한다.
- 알맞은 해법에 대한 지식 부족: 활동 보조 기술에 친숙하지 않을 경우 전문지식이 있는 이해관계자의 조언을 구한다.

점검 목록

요건 수집 점검 목록

- 시스템이 장애가 있는 사용자의 요구를 어느 정도까지 감안해야 할지 찾아내서 이해관계자의 승인을 얻어냈는가?
- 점자 형태로 문서 작업을 해야 하는 고객과 같이 간접적인 장애인 사용자의 요구를 수용했는가?
- 시스템에 영향을 미치는 장애인 관련 법규를 살펴보고 시스템에 비춰봤는가?
- 시스템이 내부에서 정한 접근성 기준을 충족시키는지 확인해봤는가?
- 사람이 시스템과 상호작용하는 지점을 모두 살펴봤는가? 예를 들어 시스템을 운영 관리하고 감시하는 일이나 고객에게 채워달라고 보내는 출력 양식에 대해 살펴봤는가?

아키텍처 정의 점검 목록

- 자신이 세워둔 아키텍처적 전제가 맞는다고 얼마나 확신하는가? 전제가 틀렸다면 그에 따른 문제를 완화하기 위한 (개념 검증 같은) 활동이 준비돼 있는가?

- 시스템에서 상호작용을 맡은 요소가 시스템의 접근성 목적을 달성하기에 부족하지 않을 만큼 표현과 내용의 분리를 이루었는가?

- 컴포넌트 사이의(특히나 표현 장치의 입출력을 주도하는 컴포넌트 사이의) 인터페이스가 (상당한) 재작업 없이 새로운 장치를 장착할 만큼 일반성을 확보했는가?

- 아키텍처가 의미를 전달하는 데 있어 (사용자 인터페이스상에서 문장, 사진, 음향 등) 대안적인 표현 방식을 수용할 수 있는가?

- 사용자 인터페이스 설계 기준에서 단순성, 일관성, 명료성 확보에 대해 언급하고 있는가? 아키텍처는 그런 기준을 준수했는가?

더 읽을거리

나중에 사용편의성 관점에 나오는 참고문헌 중에서 많은 수가 접근성도 함께 다룬다.

접근성에 헌신하는 웹사이트가 몇 군데 있다. 처음 살펴보기는 www.w3.org/WAI에 위치한 월드와이드 웹 컨소시엄의 웹 접근성 기구가 좋다. 또한 마이크로소프트(www.microsoft.com/enable/), IBM(www.ibm.com/able/), 구글(www.google.com/accessibility/) 같은 대부분의 하드웨어 및 소프트웨어 회사가 장애인 포털을 운영한다. (미국의 www.disabilityinfo.gov, 영국의 www.disability.gov.uk 사이트 같이) 각 국 정부도 접근성 법규를 설명하고 모범 사례를 제공하기 위해 온라인 자료를 올려둔 곳이 많다.

웹사이트가 접근성 모범 사례를 따르고 있는지는 WebAIM이 http://webaim.org/에 올려둔 WAVE^Web Accessibility Evaluation Tool (웹 접근성 평가 도구) 같은 온라인 도구를 활용해 평가해볼 수 있다.

개발 자원 관점

원하는 품질	사람, 예산, 시간, 재료와 관련해 주어진 제약사항 내에서 시스템을 설계, 구축, 배치, 운영할 수 있는 능력
적용 대상	개발 기한이 있거나 개발 및 운영에 필요한 기술 역량을 갖춘 이를 찾기가 어렵거나 특이하거나 낯선 하드웨어나 소프트웨어를 필요로 하는 모든 시스템
관심사항	시간 제약, 비용 제약, 필요한 기술 역량, 가용 자원, 예산, 외부 의존성
활동	비용 추정, 개발시간 추정, 개발 계획 수립, 의존성 관리, 범위 결정, 시제품 제작, 기대 수준 관리
아키텍처 전술	점증적이고 반복적인 개발, 기대 수준 관리, 범위 조정, 시제품 제작 및 시범과제 진행, 목적 부합
문제점 및 함정	지나치게 야심 찬 기간 설정, 업무 착수 시간 미고려, 물리적 제약 미고려, 예산 부족, 직원 훈련 제공 및 친숙화 필요성 미고려, 시험 및 가동에 자원 과소 할당, 재작업 대비 시간 부족, 인력 과다 계상, 제대로 아는 사업 측 이해관계자 수배 어려움

여기서 개발 자원은 사람일 수도 있고, 하드웨어나 소프트웨어의 일부분일 수도 있으며, 건물이나 시간, 비용일 수도 있다(실행시간 연산 자원은 약간 다른 주제로, 26장의 '성능 및 확장용이성' 관점에서 다뤘다).

모든 소프트웨어 과제는 기본적으로 시간과 비용에 제약이 있다. 정보기술에 예산을 무한정 배정하는 일은 없으며, 기술이 해마다 좋아진다 해도 구축, 배치, 지원에 드는 비용도 마찬가지로 증가할 것이다. 오늘날 급변하는 사업 환경은 유연한 시스템을 점점 더 빠르게 출시해야 한다는 커다란 압박을 준다. 게다가 새로운 법률이 제정되거나 새로운 규제가 생기거나 새로운 천년이 시작하는 등 조정이 불가능한 시간 제약이 존재할 수도 있다(물론 마지막에 나온 제약은 앞으로 천 년 동안은 잠잠하겠지만!).

아키텍트가 시간과 자금 같은 사항에 개입해야 한다고 하면 이상하고 부적절하다는 생각이 들 수도 있다. 확실히 아키텍트 입장에서 이런 사안은 직접 풀 문제는 아니다. 하지만 아키텍처적인 선택에 제약이 갈 수밖에 없다. 예를 들어 훈련을 마친 개발자가 투입되는 데 한 달이 걸리는 경우, 시스템을 구축하는 데 쓸 시간이 줄어들고 복잡한 특성도 덜 넣을 수밖에 없다. 예산이 메인프레임을 쓸 만큼 안 되는 경우, 메인프레임을 아키텍처 후보로 고려해봤자 의미가 없다. 데이터 센터에 빈 공간이 없는 경우, 다른 장소를 찾아내지 못하면 서버 팜을 구성하는 방안은 선택안이 될 수 없다.

뷰 적용성

표 29-2를 보면 개발 자원 관점이 3부에서 논의한 7가지 뷰에 어떤 영향을 미치는지 나온다.

표 29-2 7가지 뷰에 대한 개발 자원 관점 적용성

뷰	적용성
맥락 뷰	시간이 모자라거나 역량 확보에 제한이 있는 등 자원에 제약이 있으면 시스템 범위에도 제약이 생길 수밖에 없다. 더불어 개발 팀이 상호작용할 시스템의 제약사항이나 사용할 인터페이스 기술상의 제약사항도 걸려 있다.
기능 뷰	자원 제약은 기능상의 제약이나 범용성 같은 기능적인 품질상의 제약을 유발할 때가 많다.
정보 뷰	복잡한 정보 모델이나 특별히 정교한 정보 모델을 구현하려면 대규모 전문 인력이 필요한데, 이런 인력이 부족하면 아키텍처적으로 취할 수 있는 선택지에 제한이 생길 수 있다.
동시성 뷰	동시성이 있는 아키텍처는 구현하기가 복잡할 때가 많아서, 개발 및 시험 시간과 아키텍처를 설계할 때 개발자들의 기량을 고려할 필요가 있다.
개발 뷰	비용 제약은 활용 가능한 개발 및 시험 환경의 숫자를 제한하므로, 이를 공유할 전략을 세심하게 수립해둘 필요가 있다.
배치 뷰	역시나 비용 제약이 배치에 쓸 선택지도 제한할 테고, 특히 중복과 복원성을 고려해야 하는 곳에서는 심할 것이다.
운영 뷰	제안한 운영 및 지원 아키텍처가 지닌 비용상의 함의를 파악할 필요가 있다.

관심사항

인력, 예산, 시간, 자료의 제약으로부터 좀 더 구체적인 관심사항이 나온다.

- 제대로 기량을 갖춘 인력은 언제나 핵심적인 제한 자원일 수밖에 없다. 아키텍처에서 개발자에게 낯선 기술을 사용할 예정이라면, 대대적인 재교육 훈련을 할 수밖에 없다.

- 아키텍처가 기존 지원 조직에 끼치는 영향도 감안해야 한다. 재교육이나 구인

이 필요할 수도 있고, 운영 관리나 분석, 복구에 필요한 도구를 풍족하게 제공해야 할 수도 있다.

- 사용자는 새로운 기술과 새로운 애플리케이션 사용법을 익혀야 할지도 모른다. 특히 신규 애플리케이션이나 무시 못 할 만큼 변경이 일어난 애플리케이션을 대대적으로 출시하는 경우가 그렇다. 사용자가 새로운 소프트웨어에 익숙하지 않을 때는 사용편의성 향상에 더 많은 노력을 쏟아야 한다.

- 무시 못 할 새로운 애플리케이션을 배치하려다 보면 아키텍트는 몰랐던 대규모 기반구조 업그레이드가 필요할 수도 있다. 예를 들어 새로운 애플리케이션이 표준 PC 데스크톱이 갖춘 메모리보다 더 많은 메모리 용량을 필요로 하거나 회사 네트워크에서 제공하는 대역폭보다 더 많은 대역폭을 필요로 할 수도 있다. 수많은 사용자가 지리적으로 분산돼 있는 조직에서는 이런 식으로 들어가는 엄청난 비용으로 인해 과제가 부러질 수도 있다.

- 무시 못 할 규모가 큰 프로그램은 사무 공간에 끼치는 영향도 감안해야 한다. 개발 팀, 지원 팀, 시험 센터, 사용자 등을 수용할 공간을 신속하게 확보할 필요가 있다. 신규 서버 팜이나 대용량 공유 디스크 저장소가 들어갈 추가적인 데이터 센터 공간이 필요할 수도 있다.

- 무시 못 할 여러 개발 활동 사이의 의존성을 파악하고 (연속된 활동들 중에서 하나라도 지연이 발생하면 전체 과제가 지연되는 경로를 말하는) 전체적인 최상 경로를 알아내야 한다. 몇 가지 예를 들어 보자.

  • 메인프레임 컴퓨터나 특수 주문 제작 하드웨어 같이 구매와 배치에 소요되는 시간이 긴 하드웨어 플랫폼을 갖춰야 하는 경우

  • 외부 공급자가 납품하는 하드웨어, 소프트웨어, 서비스에 의존하는 경우

  • 전문 인력을 구인하고 훈련하는 데 긴 시간이 소요되는 경우

  • 대규모 출시 행사가 다른 활동과 일정을 맞춰야 하는 경우

이런 측면들을 고려하다 보면 제안하고자 하는 시스템이 결국 세상에 빛을 볼 수 있을지 가늠하는 필수적인 현실성 점검이 이뤄진다. 세상에서 가장 흠 없고 성능이 좋으며 확장 가능한 아키텍처를 설계해낼 수는 있어도, 이를 실제로 구축하

는 데 여러 해가 걸리거나 수백 명의 프로그래머가 필요하다면 실현 단계로 넘어가기란 쉽지 않다.

현실적으로 또 한 가지 고려할 사항은 설계한 시스템이 목적에 부합하는지 확인해주고 최종 사용자 위치에 있는 고객의 대표나 대리인 역할을 할 전문적인 업무 지식을 갖춘 이해관계자를 구하는 데 어려움을 겪을 수도 있다는 점이다. 이런 어려움이 최종적인 설계에 영향을 끼치지는 않더라도 요건 검증과 아키텍처 정의 프로세스 진행을 더디게 하고 개발 과정에서 실질적인 기민성을 확보하는 데 어려움을 일으킬 수는 있다.

활동: 개발 자원 관점 적용

아키텍처를 수립할 때는 그 아키텍처를 실현하는 데 필요한 개발 자원을 정기적으로 검토해봐야 한다. 검토를 통해 발견한 내용이 있으면, 특히나 (새로운 기술을 동반한 특정 설계 기법이나 아직 확보하지 못한 사무 공간 같이) 새로운 자원이나 예상치 못한 자원이 필요한 경우라면 과제 관리자에게 되도록 빨리 피드백해야 한다.

여기서 아키텍트가 해야 하는 가장 중요한 활동은 아무것도 잊어버리지 않는 일이다. 이 책에서 설명한 과정을 따른다면, 즉 이해관계자를 찾아내서 참여시키고, 뷰를 작성하며, 이런 뷰에 관점을 적용한다면, 성공할 가능성이 한결 높을 수밖에 없다.

논란이 되는 아키텍처적 결정사항은 위험 분석을 통해 뒷받침하는 방법이 바람직하다. 이런 위험 분석에 대한 논의는 이 책의 범위에 들어가지 않는다(이번 관점의 '더 읽을거리' 절을 참고하기 바란다).

아키텍처 전술

컴포넌트 기반 개발, 소프트웨어 재사용, 기성품 소프트웨어 라이브러리 활용 같은 수많은 전통적인 소프트웨어 공학 기법이 개발 효율성을 높이는 데 도움이 된다.

시스템을 정의하고 구축하는 데 있어 래셔널 통합 프로세스[RUP]나 주류 애자일 방법론이 모두 받아들이고 있는 반복적인 방식을 쓰면 위험과 불확실성을 줄이는 데다 단계적인 개발물의 일부를 일찍부터 납품하는 커다란 이득도 생긴다. 실제로 개발이 복잡한 경우에 성공을 노려볼 수 있는 유일한 기회는 (빅뱅 방식과 반대되는) 반복적인 방식 말고는 없다.

가장 중요한 기법은 어쩌면 기대 관리expectation management일지 모르겠다. 소프트웨어 개발 분야의 상대적으로 낮은 성숙도로 인해, 일정 및 예산을 초과하거나 원래 기약했던 개선을 모두 해내는 데 실패하는 소프트웨어 개발 과제가 많다. 이해관계자에게 정확히 어떤 시스템을 언제 전달할지 명확히 얘기하고 타결할 약속에 대해서도 동의를 구해놓는 것이 아키텍트가 해야 할 필수적인 책무다. 이 과정에서 이해관계자에게 품질 삼각형(2장 참조)을 제시함으로써 "품질, 속도, 비용 중에서 두 가지만 가능!"이라는 표어를 설명하는 데 편의를 도모할 수도 있겠다.

관련해서 특화된 기술 몇 가지를 소개해본다.

- 범위 조정: 기능 범위를 축소하거나 유연성이나 확장용이성 같은 요구된 시스템 특성 중 일부를 완화함으로써 개발시간을 단축한다.
- 시제품 제작 및 시범과제 진행: 이렇게 하면(물론 시스템이 실제보다 더 완전하리라는 기대도 함께 주겠지만) 위험을 줄이는 데 도움이 된다.
- 목적 부합: 사용자에게 실제로 필요한 정도보다 더 정교하거나 복잡하거나 유연한 시스템을 개발하겠다는 충동에 휘둘리면 안 된다. 사용자가 값싸고 바로 쓸 수 있는 무언가를 원한다면, 그런 것을 만들어줘야 한다.

문제점 및 함정

경험에 비춰보면, 자원 제약은 소프트웨어 과제 진행이 지체되거나 실패하는 가장 큰 이유에 해당한다. 과제에 자원을 너무 적게 투입하거나 낙관적인 계획을 세우게 만드는 요인은 여러 가지가 있다. 아키텍트는 스스로의 경험을 바탕으로 성공 가능성이 낮은 계획을 알아보고 그 대안이 되는 전략을 제시할 수 있어야 한다.

예산 부족이라는 명확한 문제 외에도 마음에 새겨둘 만한 공통적인 함정이 몇 가지 있다.

- 지나치게 야심 찬 기간 설정

- 업무 착수시간 미고려
- 공간, 전력, 가구 등 물리적 제약에 대한 미고려
- 직원 훈련 제공 및 친숙화 필요성 미고려
- 시험, 품질 보증, 가동 개시에 필요한 시간 및 자원 부족
- 개발상의 실수, 요건에 대한 잘못된 이해, 예상치 못한 변경으로 인한 재작업에 필요한 시간 부족
- 예를 들어, 생산성 있게 일할 수 있는 날은 주당 최대 4일을 넘지 못하는 데도 인력을 주당 5일씩 투입하도록 할당하는 등의 인력 과다 계상
- 전문적인 업무 지식을 제대로 갖춘 이해관계자 수배 어려움

점검 목록

요건 수집 점검 목록

- 아키텍처에 추가적 자원이 필요한 경우 취할 수 있는 운신의 폭을 살펴봤는가? 과제에 걸린 핵심 제약사항을 시간과 예산 측면에서도 살펴봤는가?
- 기존 용량, 사무 공간, 가용 인력 등 물리적인 제약도 고려해뒀는가?
- 새로 나왔거나 익숙하지 않은 기술을 도입해서 얻는 이득과 그로 인해 부담하게 될 비용과 위험 사이에 균형을 잡았는가?
- 자원 제약으로 인해 타협이 필요한 경우, 어떤 타협안이 더 받아들이기 좋을지 살펴봤는가? 이해관계자는 범위, 기능, 심지어 품질을 어느 정도까지 제한할 생각을 하겠는가? 이 정도로 타협하면 필요한 만큼 충분히 절약하리라 확신하는가?
- 다음 소프트웨어 출시 때까지 미룰 수 있는 특성은 어디까지인가?
- 자원이 아무리 들더라도 절대 타협할 수 없는 기능 원칙과 운영 원칙은 어떤 것이 있는지 이해하고 있는가?(품질, 보안성, 사용자/고객 경험, 규제 준수, 특성의 풍부함 등을 예로 들 수 있다.)

아키텍처 정의 점검 목록

- 개발자들이 이미 익숙한 기술에 어느 정도로 기반을 두고 아키텍처를 설계했는가?

- 혁신적인 기술과 대비해서 어느 정도로 검증되고 정착된 기술을 바탕으로 아키텍처를 설계했는가?

- (데스크톱 플랫폼, 네트워크 기반구조 등과 같은) 기존의 기반구조 용량에 견줘 아키텍처를 평가함으로써 하드웨어나 소프트웨어 업그레이드가 필요하지 않은지 살펴봤는가?

- 재해 복구, 지원, 인수, 교육에 필요한 추가적인 기반구조를 갖추는 데 드는 비용도 계획에 들어 있는가?

- 새로 나왔거나 익숙하지 않은 기술을 사용한 경우, 인력 훈련과 지원에 드는 부담을 고려했는가?

- 아키텍처가 갓 훈련을 마친 개발 인력과 운영 인력이 구축하고 지원하기에 무리 없을 만큼 간단한가?

더 읽을거리

과제 관리와 위험 관리 분야는 자료가 풍부하다. 고전적인 문헌으로는 [BROO95]라고 프레드 브룩스^{Fred Brooks}가 만들어낸 "일정이 밀린 과제에 인력을 추가 투입하면 일정이 더 밀린다."는 유명한 소프트웨어 공학 법칙을 담은 책이 있다. 홀^{Hall}[HALL98]은 복잡한 과제에서 위험을 찾아내고 관리하는 체계적인 방법을 담은 종합 안내서다. 맥코넬^{McConnell}[MCCO97]은 소프트웨어 과제 관리 실용서로, 적시에 예산을 초과하지 않고 시스템을 개발해 납품하는 데 초점을 맞췄다. 애자일 과제 관리를 다룬 책은 아주 많은 데다 끊임없이 새로운 책이 등장하지만, 유명한 스크럼 접근법을 제목으로 하는 대표적인 책으로는 [SCHW01]과 [COHN09]가 꼽힌다. [PICH10]은 애자일 개발을 제품 소유권자의 시점에서 바라보는 흥미로운 관점을 제시한다. 애자일 개발과 계획 위주 개발의 강점과 약점에 대한 안내를 얻고 싶거나 이 양극단 사이의 중도를 찾기를 원하는 이에게는 [BOEH03]이 균형 잡힌 시각을 제시해준다.

▌국제화 관점

원하는 품질	시스템이 특정 언어, 국가, 문화권에 종속되지 않는 능력
적용 대상	지금 또는 앞으로 지구상의 다른 문화나 다른 지역에 속해 있거나 복수의 언어를 사용하는 사용자나 운영 인력이 접근해야 할 필요가 있는 모든 시스템
관심사항	문자 세트, 문장 표시 및 방향, 특정 언어 사용, 문화에 따른 기준, 자동 변환, 통화 변환 및 환율, 문화 중립성
활동	시스템 접촉 지점 식별, 고려할 영역 식별, 코드 국제화, 자원 지역화
아키텍처 전술	표현과 내용의 분리, 메시지 목록 활용, 시스템 차원의 (유니코드 등) 올바른 문자 세트 사용, 전문화된 입력 장치 및 화면 표시 장치, 통화 변환 방식
문제점 및 함정	플랫폼의 해당 로케일 지원 부재, 초기에 유사 언어만 고려, 개발 과정에서 뒤늦은 국제화 진행, 서버 간 로케일 비호환, 환율에 대한 고려 불충분

정보기술 시스템에서 이제 더 이상 영어를 공통 언어로 전제하기 어렵게 됐다. 시스템 사용자가 영어를 한다 해도, 그들이 다루는 고객은 그렇지 않을 수도 있고, 이름을 표기하려면 비영어권 또는 비서구권 문자를 지원해야 할 수도 있으며, 시스템이 인터넷을 사용하는 경우에는 세계 어느 곳의 고객에게도 직접 노출돼 있다.

따라서 시스템을 사용하는 사용자가 쓰는 언어나 사는 나라가 각기 다른 경우에는 국제화 관점이 중요하다. 특정 로케일을 대상으로 하고 사용 지역을 확장할 계획이 없는 시스템은 이 관점과의 관련성이 제한적이다.

단어의 길이 때문에 국제화^{internationalization}를 I18N으로 줄여서 쓰는 경우를 본 적이 있을 것이다. 관련 용어로 (L10N으로 줄여 쓰기도 하는) 지역화^{localization}가 있는데, 이미 국제화가 된 시스템을 특정 로케일에서 사용하기 위해 (시스템 메시지를 번역하는 등) 특정 작업을 수행하는 과정을 일컫는 말이다.

뷰 적용성

표 29-3을 보면 국제화 관점이 3부에서 논의한 7가지 뷰에 어떤 영향을 미치는지 나온다.

표 29-3 7가지 뷰에 대한 국제화 관점 적용성

뷰	적용성
맥락 뷰	비서구권 언어는 특화된 표시 장치 및 데이터 입력용 하드웨어가 필요하다.
기능 뷰	기능 구조에는 표현과 내용을 분리하는 방법이 반영돼 있어야 한다. 범용적인 기능은 장소와는 무관해야 한다.
정보 뷰	정보 뷰에서는 어떤 저장된 정보가 국제화돼야 하고 어떻게 이를 이뤄낼지 정의해둬야 한다. 데이터를 복수의 도량형으로 저장 및 표현해야 하는 경우, 적절한 수준의 정밀도로 이를 해낼 전략을 정의해야 한다. 통화 변환이 들어가는 경우, 알맞은 환율을 알아낼 출처를 확보한 후 그 데이터에 접근할 방법을 정의해야 한다.
동시성 뷰	이 관점은 동시성 뷰와는 거의 상관이 없다.
개발 뷰	개발 뷰에는 이런 요인들이 개발 환경에 미칠 영향이 반영돼 있어야 한다. 예를 들어 국제화된 시험 데이터가 필요하거나 특화된 장치를 미리 살펴봐야 할 수도 있다. 사용자 눈에 띄는 메시지는 반드시 별도의 목록으로 빼둬야 한다.
배치 뷰	국제화된 입력 및 표시 장치 관련 항목 같은 배치 환경이 감안돼야 한다. 운영체제나 관계형 데이터베이스 관리 시스템에서 우르두(Urdu) 언어를 지원하지 않는다면 시스템이 지원한들 의미가 없듯이, 시스템에서는 기반을 이루는 소프트웨어 및 하드웨어 플랫폼에서 지원하는 언어만 지원할 수 있다. 마찬가지로, 기반을 이루는 플랫폼은 (데이터 저장소에 유니코드로 저장하는 능력을 갖추는 등) 국제화가 돼 있어야 한다.
운영 뷰	운영 뷰에서는 지역화된 정보와 서비스를 유지보수하고 관리할 수 있게 하기 위해 어떤 기능을 제공하고, 어떤 방식으로 여러 지역을 지원할지 고려해야 한다.

관심사항

이 관점은 다음과 같은 관심사항에 대한 시스템의 지원을 처리한다.

- 다중 문자 세트: 문자 세트$^{character\ set}$란 하나의 기준이 되는 문자 집합을 바이트 값의 목록에 대응해놓은 것을 말한다. ASCII나 EBCDIC 같은 서구권 문자 세트에서는 문자당 한 바이트로 부호화하지만, 칸지^{Kanji}(일본어) 같은 좀 더 복잡한 문자 세트에서는 문자당 두 바이트 이상 있어야 한다. 유니코드는 두 바이트 문자 세트로 현대의 모든 문자 언어를 수용하려는 시도에서 나왔다.

- (횡서법, 종서법, 좌서법, 우서법 등) 각기 다른 문장 표시 방향: 예를 들어 우르두^{Urdu}를 비롯한 일부 비서구권 언어에서는 우서법(오른쪽에서 왼쪽으로 글자를 씀)을 사용한다.

- 언어별로 특화된 관심사항

  - (중국어, 일본어 등) 상형문자는 한정된 자소가 아니라 그림이나 기호를 사용해 단어를 표현한다.

  - (화면 프롬프트, 보고서 표제 및 제목, 오류 메시지, 온라인 도움말 및 참고 문서, 사용 설명서 및 교육 자료 같은 출력 문서 등) 정적인 정보는 별도의 언어를 사용한다.

  - (영국 영어와 미국 영어처럼) 넓게 보면 같은 언어인데 철자법이 다르다.

  - 똑같은 단어나 구절이 문화별로 용법, 의미, 비중에 차이가 있다.

- 문화에 따른 기준의 차이

  - (미터법, 야드법 등) 도량형의 차이와 다른 도량형 사이에서 적절한 정확성을 유지하면서 자동으로 데이터를 변환하는 일

  - 날짜, 시간, 동화 표시 및 날짜 입력 형식 차이

  - (서류, 화면 등) 출력물의 크기 차이

- 금융 및 정치에 따른 차이: 특허나 통화의 차이(다양한 환율 포함)

- 화면 표시나 출력 시 사용하는 동적인 정보의 자동 변환

- 문화 중립성: 다른 말로 하면, 문화 중립성이란 특정 집단만 이해하고 다른 집단은 이해하지 못하는 개념을 지양하는 것을 말한다. 이런 특성은 정의하거나 측정하기가 극히 어렵지만 시스템이 비유에 심하게 의존하거나 시각적인 표현이나 추상적인 표현이 심한 경우에는 특히나 중요하다.

이런 관심사항을 처리할 때는 (화면, 프린터, 키보드 등) 시스템 내의 모든 장치를 다 고려해야 한다.

활동: 국제화 관점 적용

다음과 같은 간단한 과정을 거친다.

- 사람이 시스템과 상호작용할 수 있는 지점(접촉 지점)을 모두 찾아낸다.

- 이들 접촉 지점마다 국제화해야 할 서비스와 정보의 범위를 찾아낸다.

- 시스템이 고려해야 할 범위를 찾아낸다(시스템 접촉이 일어나는 국가 및 로케일 유

형과 특정 로케일 집합이 있다면 그 집합까지 포함).

- 아키텍처 접근법을 수립하되, 필요하다면 요건을 충족하는 더욱 상세한 해법을 고안해낸다.
- 고안해낸 해법을 요건에 적용해 대상 시험을 한다.

아키텍처 전술

국제화는 표현과 내용을 깔끔하게 분리해야 성공한다. 화면은 실행시간에 상황에 맞는 적합한 언어의 문장집을 찾아 제목, 표제, 프롬프트를 구성할 수 있어야 한다.

많은 시스템에서 정보성 메시지와 오류 메시지를 동적인 메시지 데이터베이스에 넣어두고 실행시간에 가변 인자를 삽입한다. 비록 국제화를 고려하지 않는다 해도, 이런 기법은 메시지 내용을 훨씬 더 유연하게 가져갈 수 있어 쓸모가 많다.

글자 수가 제일 많은 문자 세트까지 수용하려면 유니코드 같은 다중바이트 문자 세트를 사용할 수밖에 없다. 하지만 이런 집합을 완벽하게 지원하지 못하는 표시 장치가 많은 데다, 대량의 문장 데이터를 저장하는 데 따른 공간 문제도 생각해봐야 한다.

일본어 입력에 필요한 칸지 자판 키보드 같이 전문화된 입력 장치나 화면 표시 장치를 써야 할 때도 있다.

시스템에서 복수의 통화를 다뤄야 하는 경우에는 자동으로 또는 사용자의 요청에 따라 한 통화에서 다른 통화로 변환하는 방법을 제공해야 하고, 최근 환율을 얻어낼(현재 환율은 물론 어쩌면 과거 변동 이력까지도 얻어낼) 출처도 확보해야 한다. 또한 돈의 가치를 필요할 때마다 계산하는 대신 둘 이상의 통화 가치로 저장해두고 써야 할 때도 있다.

문제점 및 함정

국제화 관점에서 되새길 만한 흔히 빠지는 함정이 몇 가지 있다.

- 해당 로케일에 맞는 기반 플랫폼이 존재하지 않을지도 모른다.
- 국제화를 계획할 때 모국어와 유사한 언어만 고려할 수 있다(아시아 국가 언어

는 감안하지 않고 그저 서구 국가 언어에만 신경을 쓰거나 그 반대인 경우를 예로 들 수 있다).

- 개발 주기로 봤을 때 너무 늦은 시기에 시스템을 국제화하려 드는 수가 있다. 이렇게 하면 비용도 엄청 많이 들고 성가시기도 이를 데 없다. 초장부터 지역화를 할 필요는 없지만, 일찌감치 국제화 방안하에서 구축하는 일은 중요하다.

- 서버 내에서 로케일 간에 호환이 되지 않는다(예를 들면, 플랫폼에 따라 같은 서버 내에서 중국어와 일본어를 동시에 지원하지 못하는 것도 있다).

- 통화 변환에 대한 고려가 충분치 않을 수도 있다(예를 들어, 어느 환율을 사용하고 어디서 최신 환율을 얻을지 충분히 고려하지 않았거나, 환율 변동 이력이나 통화 가치 변화 이력을 저장하는 데 실패할 수도 있다).

점검 목록

요건 수집 점검 목록

- 시스템이 현재 또는 미래에 다른 언어나 국가에서 어느 정도까지 작동 가능하게 돼야 할지 이해관계자와 합의를 봤는가?

- 시스템이 사람과 상호작용할 모든 지점을 점검해봤는가? 예를 들어 시스템에 대한 운영 관리 및 감시할 방법이나 고객에게 채워넣으라고 보낼 출력 형식을 어떻게 할지 생각해봤는가?

- 칸지 같은 비서구권 문자 세트는 데이터를 입력하거나 표현하려면 특수한 요건이 있어야 하는데, 이런 요건이 있는지 살펴봤는가?

- 분석할 때 화면, 키보드, 출력된 보고서 등 모든 유형의 상호작용을 다 고려했는가?

- 시스템에서 상이한 도량형 사이에 변환을 해야 하는 부분이 있다면, 알맞은 데이터 정밀성을 유지하면서도 이런 변환을 할 방안을 강구해놓았는가?

아키텍처 정의 점검 목록

- 아키텍처가 모든 요건을 충족시키리라 얼마나 확신하는가? 확신하지 못한다

면, (개념 검증 같은) 보완 활동이 준비돼 있는가?

- 아키텍처에서 상호작용을 담당하는 요소는 시스템의 국제화 목적을 달성하기에 부족함이 없을 만큼 표현과 내용을 충분히 잘 분리하고 있는가?

- 칸지 같은 비서구권 문자 세트를 반드시 지원해야 하는 경우, 입력 및 출력 장치는 이를 수용할 수 있는가?

- 기준 문장을 반드시 다중 언어로 표현해야 하는 경우, 그런 정보를 유지하는 데 필요한 수단을 설계해뒀는가?

- 시스템에 필요한 용량을 산정할 때 다중바이트 문자 세트를 수용하기 위해 (디스크 저장소, 네트워크 대역폭 등) 추가적인 용량을 고려했는가?

더 읽을거리

루옹Luong 외[LUON95]는 볼랜드Borland 사에서 C++와 dBase를 비롯한 여러 제품을 국제화하는 일을 하는 팀에서 국제화된 소프트웨어를 만들어내는 데 필요한 과정을 빈틈없이 설명해놓았다. 마이크로소프트 사에서는 자사의 운영체제 위에서 돌아가는 국제화된 애플리케이션을 개발하는 종합적인 안내서를 출간했다[INTE02]. 룬트Lund[LUND09]는 중국어, 한국어, 일본어, 베트남어 데이터를 처리하는 방법을 설명한 권위서다.

▌ 위치 관점

원하는 품질	시스템 요소들의 물리적인 위치와 요소 사이의 물리적 거리에서 오는 문제를 극복할 수 있는 능력
적용 대상	시스템의 요소들이(또는 상호작용하는 다른 시스템들과) 물리적으로 떨어져 있거나 떨어져 있을 가능성이 있는 모든 시스템
관심사항	운영시간대, 네트워크 회선의 특성, 회선 장애 시 복원성, 광대역 상호운영성, 대규모 동작, 국가 간의 (정치적, 상업적, 법률적) 관심사항, 공용 인터넷 활용, 지역에 따른 물리적 변폭
활동	지리적 대응, 연결 품질 추정, 지연시간 추정, 비교 평가, 지리적 특징 모델화

(이어짐)

아키텍처 전술	넓게 분산된 트랜잭션 지양, 광대역 회선 장애에 대비한 아키텍처적 대책 마련, 오프라인 작동 허용
문제점 및 함정	유효하지 않은 (광대역) 통신망 전제, 단일 지점 관리 전제, 단일 주 시간대 전제, 전체 네트워크 구간의 보안성 전제, 야간 일괄 처리시간 전제, 정치적으로나 상업적으로나 법률적으로 존재하는 차이점 미고려, 공용 통신망이 넓은 대역폭과 낮은 지연시간과 높은 가용성을 갖춘 것으로 전제, 표준적인 물리적 환경을 전제

위치 관점은 시스템들이 또는 시스템의 요소들이 물리적으로 서로 떨어져 있어서 발생하는 문제를 처리한다. 모든 요소가 같은 장소에 위치하는 경우에는 이 관점을 무시해도 된다.

　하지만 요소가 물리적으로 떨어져 있는지 한눈에 봐서는 분명치 않을 수도 있다. 예를 들어 많은 시스템이 주 운영 사이트와 물리적으로 떨어진 곳에 재해 복구 사이트를 두거나 외부의 멀리 떨어진 곳에 있는 시스템과 이어진 연결에 의존할 수도 있다. 이런 아키텍처는 위치 관점을 통해 해결할 만한 도전과제가 몇 가지 있다.

뷰 적용성

표 29-4를 보면 위치 관점이 3부에서 논의한 7가지 뷰에 어떤 영향을 미치는지 나온다.

표 29-4 7가지 뷰에 대한 위치 관점 적용성

뷰	적용성
맥락 뷰	맥락 뷰에서 외부 컴포넌트의 위치를 찾아두면 가용성이 떨어지거나 네트워크 지연시간이 늘어날 위험을 부각시키는 용도로 쓸모가 많다.
기능 뷰	기능 뷰는 물리적인 장소에 대한 고려와는 별개로 제시될 때가 많아서, 대개는 배치 뷰에 모델화해둔다.
정보 뷰	데이터가 고도로 분산돼 있는 경우, 정보 뷰에서는 정보의 동기성을 어떻게 유지하고 원하는 수준의 갱신 지연시간이 얼마나 되며 일시적인 불일치는 어떻게 처리하며 장소 간에 정보를 어떤 식으로 전송할지 서술해둬야 한다.
동시성 뷰	고도로 분산된 시스템의 각 부분 사이에서 동시적으로 처리하는 일은 신뢰성과 지연시간 때문이 문제가 생길 소지가 많다. 채택한 동시성 처리 방안도 위치적인 현실을 수용하기 위해 바뀌어야 할 수도 있다.

(이어짐)

뷰	적용성
개발 뷰	시스템 개발을 여러 곳에서 나눠서 진행할 경우, 개발 뷰에서는 소프트웨어를 관리, 통합, 시험할 방법을 설명해줘야 한다.
배치 뷰	배치 뷰에서는 시스템을 물리적으로 떨어진 여러 장소에 통제된, 즉 동기화된 방식으로 출시할 방안은 무엇이고 이렇게 출시한 시스템을 시험하고 인도하는 데 필요한 것은 무엇인지 고려해야 한다. 광대역 네트워크를 선택하고 가동하는 일과 관련해서 지연시간, 소요시간, 비용 같은 중요한 문제가 생길 때가 많다.
운영 뷰	운영 뷰에서는 널리 분산된 시스템을 감시, 관리, 복구할 방안을 고려해야 한다.

관심사항

위치 관점에서는 다음과 같은 관심사항을 처리한다.

- 시스템 운영이 (사실 모든 시스템에서 그렇지만) 시간에 의존적인 경우, 세계 곳곳에서 시간대가 다르고 운영일이 걸치는 데서 생기는 운영상의 영향을 반드시 고려해야 한다. 예를 들어, 런던이 오후일 때 시드니는 늦은 밤이고 뉴욕은 이른 아침이다. 시스템은 일과시간 모드와 야간 처리 모드에서 동시에 동작해야 할 수도 있다.

- 요소들이 지리적으로 매우 멀리 떨어져 있음에도 끊김 없이 효율적으로 통신해야 한다면, 광대역 네트워크 대역폭, 지연시간, 신뢰성, 복원성이 중요해진다.

- 요소들이 멀어지면, 가까이 있을 때보다는 대체로 연결의 신뢰성이 떨어진다. 광대역 연결이 잠시 끊기더라도 (기능은 제약될지언정) 반드시 서비스 제공은 끊기지 않도록 해야 하는 상황을 아키텍처에서 수용해야 할 수도 있다.

- 다른 나라에 위치한 요소 사이에서 상이한 네트워크를 넘나들며 통신을 해야 하는 경우, 통신규약의 호환성과 상호운영성에 관련된 문제가 생길 소지가 있다.

- 광대역 네트워크를 통해 원격으로 분산 백업이나 소프트웨어 분산 업데이트 같은 대단위 작업을 수행해야 하는 경우, 대역폭과 그 작업에 따른 반응 결과를 반드시 고려해야 한다.

- 현재 있는 지역이 정치적, 상업적, 법률적으로 어떤 의미가 있는지 설명할 필요가 있다. 예를 들어, 시스템에 적용될 법률 및 규제(이에 대해서는 규제 관점에서 다뤄도 된다), 납세 체계, 작업 방식 등이 다를 수도 있다.

- 아키텍처가 일부 상호작용에 대해서는 인터넷, 특히 모바일 인터넷에 의지하는 경우, 이런 컴포넌트가 넓은 대역폭에 낮은 지연시간에 높은 가용성을 갖춘 접속이 가능할 것으로는 더 이상 전제할 수 없을 테니, 이 문제를 완화할 아키텍처적 전략을 수립해야 한다.

- 시스템은 전원 공급의 유형이나 신뢰성, 통신 회선 연결의 가용성, 심지어 극단적인 기온이나 기후까지, 지역별로 물리적인 특징의 차이까지도 수용해야 할 수도 있다.

활동: 위치 관점 적용

다음과 같은 간단한 과정을 거친다.

- 물리적인 컴포넌트별로 지리적인 위치에 대응시킨다.

- 이런 컴포넌트들 사이의 물리적인 거리와 통신 기반시설을 고려한다.

- 이런 인터페이스별로 (반응, 지연시간, 신뢰성 등) 운영상의 요건에 대한 합의사항을 찾아내서 확보한다.

- 정치적, 상업적, 법률적 함의를 고려한다(법률적 함의에 대해서는 이번 장 뒤쪽에 나오는 규제 관점을 다룬 절에서 더 자세히 논의한다).

- 아키텍처 접근법을 수립하되, 필요하다면 요건을 충족하는 더욱 상세한 해법을 고안해낸다.

- 시스템이 국경 너머까지 영향을 미치는 경우, 몇 가지 모델을 만들어야 할 수도 있다.

  • 여러 나라의 시간대를 넘나들면서 하루 24시간을 모델화함으로써, 한 지역에서는 낮이고 다른 지역에서는 밤인 상황에서 시스템이 어떻게 동작할지 살펴볼 수 있다. 야간 일괄 처리를 하는 동안 시스템 중단시간이 필요하다면, 가령 중단 없이 서비스를 제공해야 하는 시스템에서는 이를 어떻게 수

행할 것인가?

- 시스템 위치한 장소에 대한 지리적인 모델을 만들면 긴 경로의 정보 흐름, 다단계 처리 등에 따른 영향을 파악하는 데 도움이 된다. 기억할 것은, 일반적으로 두 지점이 멀리 떨어져 있을수록 지연시간과 신뢰성은 악화된다는 사실이다.

  - 해법이 요건에 맞는지 비교 시험을 해본다.

아키텍처 전술

널리 분산된 요소의 가용성에 의지하는 트랜잭션은 일반적으로 지양하는 것이 맞다. 하지만 그렇지 못할 때도 있는데, 특히 서비스 기반 아키텍처에서는 어쩔 수 없을 때가 많다. 이런 경우에는 몇 가지 방식으로 복원성을 제공하면 된다(이 영역은 매우 복잡하고 특화돼 있어서, 이 책에서는 겉만 슬쩍 훑어봤다).

가장 간단한 방법은 주 경로가 끊겼을 때 대기 경로를 쓸 수 있게 준비해둠으로써 네트워크 장애가 일어날 가능성을 최소화하거나 아예 없애면 된다. 현대적인 통신규약, 특히 IP 같은 경우는 이런 추가 경로를 알아서 제공하지만, 아키텍처에서도 대기용 네트워크 하드웨어와 비상 대역폭을 충분히 준비해둘 필요가 있다. 이런 것이 저절로 제공되지 않는다면, 한 파이프에서 다른 파이프로 트래픽이 지나다니는 경로에 이런 프로세스를 두는 방안을 고려해볼 필요가 있다. 이 모델에서는 컴퓨터와 마찬가지로 네트워크도 재해 복구 기반구조의 기초이므로 이를 지원할 수 있게 설계해야만 한다.

좀 더 세련된 해결 방법은 오프라인 모드에서도 작업이 가능하게 하는 것이다. 이는 복원력 있는 통신이 보장되지 않거나, (고객이 웹 브라우저를 사용해 서비스에 접근하는 경우 같이) 전체 네트워크 구조 중에서 인터넷이 일익을 담당하는 경우에는 반드시 갖춰야 할 특성이 된다.

예제

> 은행이나 기타 소매 금융 기관은 대개 널리 분산된 수많은 소규모 지점을 운영한다. 이런 지점이 반쯤은 자동화돼 있다 하더라도, (데이터 센터나 본점이 있는) 중앙에 위치한 시스템에 접근해야 하는 처리 작업이 많다.

> 금융 거래는 사기 피해 등의 위험을 줄이기 위해 중앙에서 감독할 필요가 있고, 고객 데이터나 계좌 데이터는 어느 지점에서든 접근할 수 있게 중앙의 서버에 두고 관리해야 하며, 정보를 중앙에 모아뒀다 관련 감독기관에 전달해주는 규제 요건이 강제되기도 한다.
>
> 어느 한 지점에서 중앙의 사이트로 들어오는 트래픽의 규모는 상당히 작을 가능성이 높다. 따라서 높은 대역폭의 복원성을 갖춘 통신 회선을 사용하는 방법은 비용 효과적이지 않아서, 대개는 ISDN이나 전화선을 까는 방안을 쓴다.
>
> 하지만 어떤 이유로든 통신이 끊기더라도 지점에서는 계속해서 운영을 할 수 있어야만 하는데, 대개 서비스 수준을 저하시키는 방법이 쓰인다. 지점이 금융 거래를 받아들이지 못하면 은행은 얼마 지나지 않아 영업을 지속할 수 없게 된다.

이 시나리오에서 지역에 위치한 시스템이 오프라인에서도, 다시 말해 중앙의 서버에 연결하지 않고도 운영이 가능하게 하는 일이 필수적이다. 이 해법은 대개 연결이 재개됐을 때 적용될 수 있게 트랜잭션을 '쌓아올린다'.

문제점 및 함정

위치 관점에서 마음에 새겨둘 만한 공통적인 함정이 몇 가지 있다.

- 통신망이 무한히 빠르고 용량이 무제한이며 지연시간이 존재하지 않고 신뢰성이 100%라고 가정함

- 여러 지역, 시간대, 언어에 걸쳐 다양한 관리자로 구성된 팀이 아닌 한 명의 관리자가 관리와 지원을 할 거라 가정함

- 주요 운영이 모두 하나의 시간대 안에서 이뤄진다고 가정함

- 사실은 통신망의 상당 부분이 통제가 불가능한 외부 장비를 거치는 데도 처음부터 끝까지 모든 구간에 보안이 이뤄진다 가정함

- 전 세계에서 접근하는 시스템에서 야간 일괄 처리 작업 시간을 확보할 수 있으리라 가정함

- 낯선 지역의 정치적, 법률적, 상업적 환경을 (지역 전문가의 조언 등을 통해) 조사하는 데 실패함

- 공용 통신망이 언제나 대역폭이 넓고 지연시간이 짧으며 가용성이 높을 거라 가정함
- (기온, 물리적 보안성, 전원 공급, 통신망 가용성 등) 물리적인 환경이 1차 대상 지역과 다르지 않을 거라 가정함

점검 목록

요건 수집 점검 목록

- 아키텍처를 이루는 각 컴포넌트가 물리적으로 위치한 지역에 대해 파악하고 합의했는가?
- 물리적으로 분산된 컴포넌트들 간에 존재하는 모든 연결에 대해 처리량, 반응시간, 가용성, 회복력 요건을 파악했는가?
- 광대역 통신망에 대한 성능 및 신뢰성 기대 수준이 시간과 예산 제약은 물론, 사용 가능한 통신망 기반구조의 여건하에서 현실성이 있고 달성 가능한가?
- 필요한 경우, 여러 시간대에서 동시에 운영되는 시스템을 수용할 방법을 파악하고 합의했는가?
- 온라인 및 일괄 작업 모드에 대한 요건이 따로 있는 경우, 세계의 다중 시간대에서 작동할 필요성에 부합하는가?
- 분산 백업이나 소프트웨어 분산 업데이트 같은 덩치가 큰 동작에 대한 대역폭 및 응답시간 요건을 파악하고 승인을 받았는가?
- 광대역 연결이 끊겼을 때 오프라인 동작이 되도록 지원하는 요건이 있는 경우, 이에 대한 서비스 수준 요구가 명확하고 달성 가능하게 돼 있는가?
- 다른 나라에서 운영하는 데 따른 법률적, 정치적 함의가 요건에 고려돼 있는가?
- 아키텍처가 일부 상호작용을 인터넷에 의지해 해결한 경우, 대역폭, 지연시간, 가용성 요건이 현실적인가?
- 지역 간 통신망 기반구조에 재해 복구 요건과 계획을 별도로 빼서 준비해뒀는가?

아키텍처 정의 점검 목록

- 아키텍처가 모든 요건을 충족시키리라 얼마나 확신하는가? 확신하지 못한다면, (개념 검증 같은) 보완 활동이 준비돼 있는가?
- 광대역 연결이 끊겼을 때 오프라인 동작이 되도록 하는 요건이 있는 경우, 연결이 복구되면 정보를 복구하고 재전송하는 특성이 아키텍처에 포함돼 있는가? 수용 가능한 시간 내에 그 작업이 완료되겠는가?
- 아키텍처가 일부 상호작용을 인터넷에 의지해 해결한 경우, 서비스가 중단 되거나 대역폭 축소 및 지연시간 증가가 일어나는 문제를 완화할 아키텍처적 전략을 수립해뒀는가?
- 아키텍처의 재해 복구 기능이 떨어져 있는 지역 사이의 연결에도 적용되는가?

더 읽을거리

이 영역은 문헌상 별다른 주목을 받지 못한 데다, 대규모 시스템의 지리적 위치와 관련된 관심사항을 특별히 설명한 서적에 대해서도 들은 바 없다.

▌규제 관점

원하는 품질	시스템이 국내법 및 국제법, 유사 법규, 회사 정책, 기타 규칙 및 표준을 준수하는 능력
적용 대상	법률이나 규제에 영향을 받는 모든 시스템
고려사항	법으로 정해진 산업 규제, 개인정보 및 데이터 보호, 국가 간 법률 제약, 데이터 보존 및 해명 책임, 기업 정책 준수
활동	준수 여부 감시
아키텍처 전술	규제 및 법률 요건 기반 아키텍처 평가
문제점 및 함정	규제나 그로 인한 의무를 이해하지 못하고 법으로 정해진 규제를 인지하지 못함

여타 시스템 품질과 달리, 법률 준수는 절충이 불가능한 영역에 해당한다. 수행이 느리거나 가끔 불안정하거나 잠재적으로 보안이 깨지는 시스템은 참고 견딜 수 있어도, 법규를 어긴 시스템은 실가동에 들어가지도 못하거나 조직을 수사선상에

놓이게 할 위험이 있다.

뷰 적용성

표 29-5를 보면 규제 관점이 3부에서 논의한 7가지 뷰에 어떤 영향을 미치는지 나온다.

표 29-5 7가지 뷰에 대한 규제 관점 적용성

뷰	적용성
맥락 뷰	이 관점을 적용하는 와중에 내부나 외부의 감사나 법적 보고 체계와 인터페이스하는 요건을 찾아내기도 한다.
기능 뷰	법규는 시스템이 하는 일과 그 일을 하는 방식에 무시 못 할 영향을 미칠 수 있다.
정보 뷰	특히 유럽에서는 개인정보의 보관, 활용, 조작과 관련된 법규가 많다. 정보 뷰에 미치는 영향으로는 사생활 보호, 접근 제어, 보관 및 보존, 감사, 가용성, 분산을 꼽을 수 있다.
동시성 뷰	이 관점은 동시성 뷰와는 거의 또는 전혀 관련이 없다.
개발 뷰	이 관점은 동시성 뷰와는 거의 또는 전혀 관련이 없지만, 실가동 시험 데이터가 쓰여야 하는 경우라면 이에 대한 제약이 생길 수는 있다.
배치 뷰	이 관점은 배치 뷰와는 거의 또는 전혀 관련이 없지만, 보건 및 안전 관련 법규가 배치할 하드웨어에 영향을 줄 수는 있다.
운영 뷰	(SLA 보고 규정 준수 여부를 감시하는 등) 법률적 보고 활동을 관리 감독하기 위해 특정한 운영 도구 및 절차를 필요로 할 때가 많다.

관심사항

소프트웨어 시스템은 잠정적으로 광범위한 규제의 대상이 된다. 가장 확실한 규제는 해당 시스템이 풀고자 하는 문제에 직접 적용되는 법률이다. 예를 들면 회계 시스템은 금융 규제를 지켜야 하고, 인력 관리 시스템은 고용법을 지켜야 한다.

하지만 실제로 하는 일과 무관하게 많은 종류의 법규가 시스템에 적용될 수 있다.

- 기업법: 최근 몇 년 사이에 기업 운영 및 관리와 관련해 미국의 사베인스 옥슬리 법$^{Sarbanes-Oxley Act}$을 비롯해 구속 범위가 넓은 몇몇 법률이 제정됐는데, 여러

시스템에 규제 관련한 영향을 줄 가능성이 있다. 이 사안은 너무나 복잡해서, 자신의 시스템이 이 법률에 영향을 받을 것 같다는 생각이 든다면 반드시 전문가를 찾아가서 조언을 구해야 한다.

- 금융법: 이 법률은 살 떨리게 복잡한 데다, 어겼을 때는 처절한 제재가 따른다. 대상 범위도 넓어서, 사기 및 돈세탁 조사, 기업 회계 규칙, 지방세 및 국세 규정, 예금 및 당좌 규정, 고객에 대한 공정하고 열린 대처 등이 포함된다.

- 데이터 보호법: 이런 류의 법률은 북미보다는 (영국의 데이터 보호 법률 등을 봐도) 유럽이 더 심한데, 엄격한 조건하에서 개인에 대한 데이터를 수집, 저장, 활용, 보관하게 하고 어길 시에는 심한 제재를 가한다.

- 데이터 보관법: 이 법률은 금융 거래나 계약상의 동의가 동반되는 경우에 특히 중요하다. 예를 들어 대부분의 국가에서는 금융 규제를 통해 금융 거래 기록을 폐기하지 말고 몇 년간 보관하게 해놓았다(보관이 반드시 전자적인 형태를 의미하는 것이 아니어서, 출력물 사본이나 마이크로 필름으로 보관해야 할 수도 있다).

- 장애인법 및 차별 금지법: 이에 대해서는 앞에서 접근성 관점을 다룰 때 설명했다.

- 보건 및 안전 관리법: 안구 피로, 만성 스트레스 장애 등 정보기술과 관련된 산재는 다양하지는 않아도 무시할 수 없는 분야다. 컴퓨터 장치를 올바르지 않거나 부적절하게 사용하면 사용자에게 해를 끼치고 고용주에게 손해를 안길 수 있다.

- 환경법: 이런 법률은 환경 친화적인 방식으로 쓰레기를 처리하거나 재생 자원 활용 목표치 달성을 강제한다.

- 법 집행: 근래 들어 (미국의 애국법, 영국의 수사권 강화법 등) 기업에게 법률 집행 활동과 테러 대응 기관의 활동을 지원할 의무를 부과하는 몇 가지 법안이 통과됐다. 이 법안들 중 일부는 그 적용 범위의 포괄성으로 인해 논란을 일으켰다.

- 기업 자산 보호법: 여기에는 기업 브랜드, 상표, 저작권은 물론이고 디지털로 미리 녹음된 음악 같은 컨텐츠에 대한 접근을 제한하는 디지털 저작권 관리^{DRM,} Digital Rights Management 같은 영역도 포함된다.

국내법과 지방정부 조례를 감안하는 데 더해, 시스템이 다른 나라에도 노출될 경우, 특히 시스템이 인터넷을 활용하는 경우에, 외국법과 국제법을 고려해야 할 수도 있다. 예를 들어 국가별로, 특히 미국 같은 나라에서는 암호화 같은 몇몇 기술을 수출하는 데 있어 최근에는 상당히 완화했지만 여전히 제한이 심하다.

아키텍트는 시스템의 규제 대상 측면들을 감시할 도구와 방안도 마련해둬야 한다. 예를 들어 금융 시스템은 금융 거래를 비롯한 여러 활동을 규제 기관에 보고하는 데 걸리는 시간이 SLA를 준수하는지 감시할 수 있어야 할 테고 예외 상황이 발생하거나 성능이 저하될 경우에는 대응 단계를 격상시켜 사용자의 주의를 끌 수 있어야 할 것이다.

시스템이 법적으로 전혀 문제가 없더라도 보안, 백업 및 적재, 재해 복구, 기타 강제되거나 권장되는 사업 표준 및 기술 표준과 관련된 정책을 통해서도 평가해 볼 필요가 있다.

활동: 규제 관점 적용

이 자리에서 공식적인 절차를 정의하기는 어려움이 있다. 아키텍트는 관련된 모든 규제를 찾아내서(이 과정에서 전문성을 갖춘 이해관계자의 참여가 필요하다) 아키텍처가 제대로 준수하고 있는지 평가해야 한다.

(인사 관리 시스템에 있어서의 노동법 같이) 직접적으로 적용되는 규제를 준수하는 요건에 대해서는 어떤 명세에라도 들어가 있을 것이다. 그러나 이해관계자들이 자신의 관심 영역에 적용되는 법률에 대해서는 나름 잘 이해한다손 쳐도, 아키텍트는 외부 전문가를 초빙해 데이터 보호, 보건 및 안전 문제, 환경 보호 등의 영역을 살펴봐야 할 수도 있다. 이런 문제가 소프트웨어 시스템에는 적용되지 않을 거라고 안일하게 가정하면 안 된다. 잘못하다가는 매우 값비싼 대가를 치러야 하는 우를 범할 수도 있다.

아키텍처 전술

이 관점에 특화해서 나온 해법은 없다. 대신에 지금껏 논의한 대로 규제 및 법률 요건에 맞춰 아키텍처를 평가해보는 수밖에는 없다.

문제점 및 함정

규제 관점에서 마음에 새겨둘 만한 공통적인 함정이 몇 가지 있다.

- 복잡한 규제를 제대로 이해하지 못함

- 규제에 따른 의무사항을 제대로 이해하지 못함

- 해당 분야에 익숙하지 않거나 법률이 자주 바뀌는 바람에 규제를 제대로 알지 못함

점검 목록

요건 수집 점검 목록

- (인사 관리 시스템의 경우에는 노동법, 금융 시스템의 경우에는 은행법 등) 시스템에서 제공하는 기능에 적용되는 법규를 모두 찾아낸 다음 아키텍처가 그 법규를 준수하는지 평가해봤는가?

- (보건 및 안전, 환경, 데이터 보호 등) 소프트웨어 시스템에 적용되는 일반적인 법규를 찾아본 후 다음 아키텍처가 그 법규를 준수하는지 평가해봤는가?

- 시스템이 외국에도 소구력이 있을지 고려해보고, 있다면 그에 따라 어떤 법규가 적용될지 생각해봤는가?

- 기술 유출 제한 같은 국제법을 감안했는가?

- 관련된 내부의 사업 규정 및 기술 규정과 표준을 찾아봤는가? 아키텍처가 이를 잘 준수하는지 평가해봤는가?

- (영국의 데이터 보호 등록제 같이) 규정상 정부 기관에 등록을 해야 하는 것이 있다면, 등록 신청을 해두거나 등록할 계획을 세워뒀는가?

- 보관 및 보존 계획은 적용 가능한 모든 법률을 준수하는가?

아키텍처 정의 점검 목록

- 아키텍처가 (회계 정보나 납세 정보를 자동으로 송부하는 등) 소관 기관에 대해 필요한 자동화된 인터페이스를 수용하고 있는가? 이런 인터페이스가 사전에 규정된 업무 및 기술 표준을 준수하는가?

■ 아키텍처가 필수적인 기술 표준을 모두 준수하는가?

더 읽을거리

규제는 급격하게 변화가 일어날 수도 있고 나라마다 다르기도 하므로, 더 깊이 있는 정보는 관련 책임권자에게서 얻기를 권한다.

사용편의성 관점

원하는 품질	시스템과 상호작용하는 사람이 일을 효과적으로 할 수 있게 함
적용 대상	(사용자, 운영 인력 등) 사람과 무시 못 할 정도로 상호작용을 많이 하거나 대중이 사용하는 시스템
관심사항	사용자 인터페이스 사용편의성, 업무 절차 흐름, 정보 품질, 인간 컴퓨터 인터페이스(HCI)와 작업 방식의 조화, HCI와 사용자 기량의 조화, 사용편의성 수용 능력 극대화, 사용자 인터페이스 변경 편의
활동	사용자 인터페이스 설계, 참여형 설계, 인터페이스 평가, 시제품 제작
아키텍처 전술	사용자 인터페이스와 기능적 처리의 분리
문제점 및 함정	사용자의 수용 능력 미고려, 인간 컴퓨터 인터페이스 전문지식 미활용, 다른 관점이 사용편의성에 미치는 관심사항 미고려, 인터페이스 복잡도 과다, 단일 사용자 접근 유형 전제, 수요가 아닌 기술에 바탕을 둔 설계, 일관성 없는 인터페이스, 조직 내 표준 미고려, 인터페이스와 실제 처리용 구현의 미구분

사용편의성 관점을 적용하면 시스템과 상호작용하는 이들이 업무를 효과적으로 할 수 있다. 이 관점은 시스템의 최종 사용자에 초점을 맞추는 경향이 있기는 하지만, 유지보수자나 지원 인력을 포함해 시스템과 직간접적으로 상호작용하는 모든 이들의 관심사항 역시 처리하지 않을 수 없다.

　사용편의성을 제대로 갖추는 일은 시스템을 성공으로 이끄는 데 무시하지 못할 만큼의 영향을 미친다는 점에서, 이 관점이 너무나 빈번하게 무시된다는 사실은 놀랄 만한 일이다. 사용편의성은 이해관계자의 삶을 편리하게 만드는 데서 그치지 않고, 시스템을 성공으로 이끄는 데 상당한 기여를 할 수도 있다. 사용이 불편하거나 사용자가 필요로 하는 부분을 제대로 충족시키지 못하거나, 사용자의 업무 개선에 도움을 주지 못하는 시스템을 설계한 경우, 사용자는 모든 수단을 동원해 그 시스템 사용하지 않으려 할 것이다. 결국 거추장스러운 흰 코끼리의 운명, 다시 말해 빛 한 번 보지 못하고 끝나는 신세가 된다.

이 관점을 고려하다 보면 설계로 넘어가서 고려하는 편이 더 알맞을 세부적인 사항에 휩쓸리기 십상이다. 사용편의성 관점을 고려할 때는 아키텍처적으로 무시 못 할 문제, 다시 말해 여러 이해관계자가 엮이거나 광범위한 영향을 미치는 문제에 집중해야 한다. 아키텍트는 사용자가 시스템과 상호작용하는 방식에 있어 '분위기를 조성'하고 원칙, 기준, 사용자 인터페이스 템플릿 형성을 유도하는 데(또는 몇 가지는 직접 만들어내는 데) 목표를 둬야 한다.

뷰 적용성

표 29-6을 보면 사용편의성 관점이 3부에서 논의한 7가지 뷰에 어떤 영향을 미치는지 나온다.

표 29-6 7가지 뷰에 대한 사용편의성 관점 적용성

뷰	적용성
맥락 뷰	사용편의성 관점은 맥락 뷰와는 그다지 큰 관련이 없다.
기능 뷰	기능 구조는 시스템의 외부 인터페이스가 어느 곳에 위치하는지 가리키므로 사용편의성을 고려할 필요가 있는 부분이다. 이 뷰는 (특정 상호작용 스타일을 제공하기 위해 인터페이스 서비스를 추가하는 등) 사용편의성에 관한 필요에 의해 영향을 받기는 하지만 크게 변하지는 않는다.
정보 뷰	(데이터가 정교하고 관련성이 높으며 일관되고 시의적절한 등) 정보 품질은 사용편의성에 큰 영향을 미친다.
동시성 뷰	이 관점은 동시성 뷰와는 거의 또는 전혀 관련이 없다.
개발 뷰	사용편의성 관점을 적용하면 시스템에 필요한 일관성 있고 적절한 사용자 인터페이스를 작성하는 데 필요한 지침, 기준, 패턴이라는 측면에서 개발 뷰에 영향을 준다.
배치 뷰	이 관점은 배치 뷰와는 거의 또는 전혀 관련이 없지만, 사용편의성 관심사항이 (반응시간 요건 등으로 인해) 요소의 배치에 변화를 일으킬 수는 있다.
운영 뷰	사용편의성 관점은 사용편의성에 관한 시스템 관리자의 필요를 고려해야 한다. 예를 들어 기록 및 오류 처리 전략을 잘 세워서 중요한 정보가 쓸모 있는 방식으로 조명되게 하고 운영 인력이 오류 메시지에 허우적대다 결국 그 메시지를 무시해버리지 않게 해야 한다.

관심사항

이 관점에서는 약간은 느슨한 관계에 있는 관심사항들을 폭넓게 처리한다.

- 사용자 인터페이스의 사용편의성은 분명히 관심사항에 들어간다(여기서는 시스템의 최종 사용자뿐만 아니라 운영 인력, 지원 인력, 유지보수자, 훈련 인력 등 시스템과 상호작용하는 어느 누구든 고려한다는 점을 상기하기 바란다).

- 시스템을 둘러싼 처리 흐름은 간단하고 이해하기 쉬우며 일관돼야 하는데, 이는 처리 과정이 복잡하거나 여러 단계를 거치거나 다양한 유형의 사용자가 참여하는 경우에는 특히나 그렇다. 처리 흐름이 명확하고 간단할 경우 작업이 적시에 제대로 완료될 가능성이 커진다.

- 정보 품질은 사용편의성에 커다란 영향을 미친다. 정교하고 관련성이 높으며 일관되고 시의적절한 데이터를 제공하는 일은 어떤 시스템이든 효율적으로 동작하는 데 필수적이다. 정보가 믿을 만하지 않거나 의지할 수 없거나 질이 낮다고 알려지면(또는 그렇게 믿어지면), 시스템은 쓰이지 않거나 원래 설계할 때 의도했던 방식으로는 쓰이지 않는다.

- 아키텍처는 현재의(또는 계획된) 작업 방식과 궤를 같이해야 한다. 그렇지 않으면 재작업을 하거나 몇 가지 업무상의 변경을 겪을 수밖에 없다. 업무상의 변경은 인사 관리, 고객 관계 관리, 전사적 자원 관리 같은 영역에 쓰이는 범용 패키지를 구현하는 경우 특히나 일어날 가능성이 높다. 기술 도입에 따른 결과로 생기는 업무 변경은 아키텍트 입장에서 매우 곤란한 문제임을 알아야 한다.

- 아키텍처에서는 현재 또는 계획해둔 사용자의 기량과 궤를 같이해야 한다. 그렇지 않을 경우, 인력을 훈련시키는 내용도 계획에 들어가야 한다.

- 아키텍트는 신뢰성이나 성능 같은 실제 시스템 품질이 아니라 인지된 품질 속성을 이해하고 인식해야 한다. 여기 몇 가지 예가 있다.

  - 트랜잭션이 데이터베이스 내에서 완료되기 전에 사용자에게 제어권이 반환되는 경우라면 비동기 트랜잭션을 사용해 체감 반응시간을 무시 못 할 만큼 향상할 수 있다.

  - 원격 시스템과의 연결이 끊기더라도 오프라인 모드에서 지역 시스템으로

운영을 계속할 수 있게 하면 네트워크의 품질이 상대적으로 떨어지더라도 체감 가용성은 상당히 높일 수 있다.

이런 방식을 도입하면 아키텍처의 복잡도가 올라가기 때문에, 비동기 동작이 실패했을 때 데이터를 복구하면서 겪을 어려움을 감안해 균형을 잡아야 한다.

- 사용자 인터페이스 변경의 난이도는 시스템 사용편의성에 영향을 준다. 인터페이스 변경이 어려우면 일상적인 변경을 통해 사용자 피드백을 반영할 여지가 줄어든다.

활동: 사용편의성 관점 적용

다음과 같은 간단한 과정을 거친다.

- 사람들이 시스템과 상호작용할 수 있는 지점(접촉 지점)을 모두 찾아낸다.

- 사용자가 각 접촉 지점에서 시스템과 어떤 식으로 상호작용할지 파악한다. 사용자가 계좌 잔고나 주문 상태 확인 같이 신속하고 원자적인 트랜잭션을 수행하는가 아니면 상품 목록을 둘러보거나 무언가를 살펴보는 등 좀 더 시간이 걸리는 트랜잭션을 수행하는가?

- 사용자의 역량을 파악한다. 사용자의 컴퓨터 활용 경험이나 아키텍처에 명시한 인터페이스 기술 사용 경험이 얼마나 되는가? 애플리케이션이나 시스템이 제공할 업무 기능 사용 경험이 얼마나 되는가? 훈련을 (받는다면) 얼마나 많이 받게 되는가?

- 시스템을 사용하는 맥락을 파악한다. 엄격히 통제 및 관리되는 내부 시스템인가 아니면 다양한 플랫폼을 통해 일반 대중에게 노출되는 시스템인가?

- 아키텍처 접근법을 수립하되, 필요하다면 요건을 충족하는 더욱 상세한 해법을 고안해낸다.

- 고안해낸 해법을 요건에 적용해 대상 시험을 한다.

대중에게 노출될 인터페이스를 설계할 때 (그래픽 디자인 및 마케팅 분야에서) 외부 전문가를 초빙하는 일이 점점 일반화되고 있다. 이렇게 하면 인터페이스가 작동 가능하면서 사용하기도 쉬워질 뿐 아니라 심미적으로도 좋은 데다 올바른 판매 및 홍보 메시지가 전달되게 하는 데도 도움이 된다.

아키텍처 전술

사용편의성 관점과 관련된 해법은 구축할 시스템의 종류, 시스템을 사용할 사람들이 갖춘 역량과 경험, 사용자가 시스템에 접근할 하는 방법에 크게 의존한다. 특정한 종류의 인터페이스를 설계하는 구체적인 접근 방안이 몇 가지 있다(이번 관점의 '더 읽을거리' 절 참조).

마음에 새길 기본적인 아키텍처 원칙으로 사용자 인터페이스 구현과 기능적인 처리를 분리하는 원칙이 있다. 인터페이스 구현이 기능적 처리와 얽혀 있으면 2개의 컴포넌트로 깔끔하게 분리한 경우보다 인터페이스를 변경하거나 교체하기가 훨씬 어려워진다. 인터페이스를 별도의 컴포넌트로 빼면 사용자에게 받은 피드백에 따라 실험과 변경을 해보기가 훨씬 쉬워지는 데다 원한다면 여러 개의 후보 인터페이스를 두고 동시에 사용토록 할 수도 있다.

문제점 및 함정

사용편의성 관점에서 마음에 새겨둘 만한 공통적인 함정이 몇 가지 있다.

- 인터페이스를 설계할 때 사용자의 역량, 전문지식, 경험을 고려하지 못함
- (마케팅 및 그래픽 디자인 전문가 등) 정보기술 외의 전문가를 아키텍처 정의 프로세스에 참여시키지 못함
- 다른 관점, 특히 가용성 및 복원성, 성능 및 확장용이성, 국제화 관점이 사용편의성에 영향을 끼치는 방식을 고려하지 못함
- 너무 복잡하거나 부적절한 특성으로 가득한 인터페이스를 만들어냄
- 단일 유형의 사용자 접근을 전제함(가령 웹 및 모바일 플랫폼의 경우, 모든 사용자가 고대역폭 망, 빠른 프로세서, 고해상도 컬러 화면 등을 갖췄다고 가정)

- 업무 절차와 사용자 요구에 의한 것이 아니라 기술 위주로 인터페이스를 빚어냄

- 데이터 입력 값 검증, 오류 관리, 사용자 지원 등에 일관성이 없거나 무계획한 접근 방안을 채택함

- 웹 페이지 같이 바깥에서 보이는 인터페이스를 표현할 때 지켜야 할 (글꼴 사용, 로고, 용어, 맞춤법 등에 관한) 회사의 엄격한 지침을 지키지 못함

- 인터페이스와 기능 처리를 명확하게 구분하지 않고 뒤섞어서 구현함

점검 목록

요건 수집 점검 목록

- 시스템에서 핵심이 되는 접촉 지점을 모두 찾아냈는가?

- 시스템과 상호작용할 사용자 유형을 모두 찾아냈는가?

- 각 접촉 지점마다 (우연적, 일상적, 트랜잭셔널, 비구조적) 사용 유형을 이해하고 있는가?

- 지원 및 보수 인력과 기타 2선 사용자들의 요구를 고려했는가?

- 시스템 사용자의 역량, 경험, 전문지식을 파악했는가? 이런 정보를 표현 및 지원 요건에 올바르게 대응시켜줬는가?

- 시스템, 특히 대중에 노출되는 시스템에 대한 표현 및 상호작용에 있어 기업 표준이 존재하는 경우, 이를 고려했는가?

아키텍처 정의 점검 목록

- 웹 및 모바일 플랫폼에 대해 대역폭, 하드웨어 사양(화면 해상도), 렌더링 소프트웨어상의 변위^{variation}를 고려했는가?

- 인터페이스 설계가 자동화하고자 하는 업무 절차와 합리적으로 조율돼 있는가?

- 시스템이 일반 대중에게 노출되는 경우, 회사 로고 등의 사용에 대해 홍보 부서에서 필요한 승인을 받아뒀는가?

더 읽을거리

이 주제에 대해 초기에 나온 서적으로 닐센^{Nielsen}[NIEL94]이 있는데, 광범위한 문헌을 담고 있는 데다 저자가 자신의 실무 사례와 원칙을 퍼트리는 웹사이트도 운영하고 있다. 앨런 쿠퍼^{Alan Cooper} 접근법은 이 분야에서 유명한 또 하나의 이름으로, [COOP07]에 보면 나온다. 슈나이더만^{Shneiderman}[SHNE09]은 사람과 컴퓨터의 상호작용 분야에 나오는 전문용어와 풀리지 않은 수수께끼가 담겨 있는 재미있게 읽을 만한 책이다. 배스와 존[BASS01]은 아키텍처적 맥락하에서 사용편의성 절충에 관해 논리적 근거에 바탕한 의사결정 기법을 설명하고 있다.

사용편의성 전문가 협회(www.upassoc.org/)는 이 분야 전문가들이 일하는 데 지원을 해주고 전문지와 사용편의성 설계 프로세스, 기타 여러 자료를 발간한다.

5부

총정리

30

소프트웨어 아키텍트로 일하기

1부부터 5부까지, 아키텍트 역할을 하기 위한 기본 원칙, 제품 출시에서 아키텍트 역할의 중요성, 소프트웨어 아키텍처 수립 과정, 몇 가지 빠지기 쉬운 함정에 대해 설명했다. 또한 이해관계자, 시점, 관점이라는 세 가지 핵심 개념을 소개하고 효과적인 아키텍처 수립 및 올바른 AD 작성 방법에 대해서도 설명했다.

이렇게 다양한 정보를 제시한 탓에, 이를 적용하려고 보면 도대체 어디서부터 시작해야 할지 막막하기만 할 수도 있다. 이번 마지막 장에서는 이 책에 나온 지침에 따라 실무에 적용하는 방법을 설명하고, 다양한 과제 수명주기 내에서 어느 부분과 관련이 있는지 그리고 여러 가지 다양한 종류의 과제에 어떻게 적용할지를 설명한다.

▌ 과제 수명주기상에서의 아키텍처

2부에서 설명한 대로, 아키텍트는 과제 수명주기 내내 시스템 개발에 밀접하게 개입하지만, 아키텍트가 개입하는 내용의 본질과 그런 개입이 일어나는 시점은 과제의 유형에 따라 다를 수밖에 없다. 과제는 나름대로 특징이 있지만, 규모와 개발 방식 같은 속성에 기초해 몇 가지 큼직한 단위로 나눠볼 수는 있다. 이번 절에서는 예전에 경험했던 과제들에 대해 공통적인 유형을 몇 가지 논의하고 종류별로 가장 중요한 것으로 판명된 활동에 대해 설명한다. 여기서는 아키텍트가 맡은 과제에 따라 주로 초점을 맞출 영역과 작업을 제안하고 더 깊이 있는 정보를 얻기 좋은 서적들의 해당 부분을 참조해놓았다.

소규모 저위험 과제의 아키텍처

(사실은 상대적으로 위험이 적은 과제라는 의미를 지닌) 소규모 과제는 10명 미만의 인원이 같은 장소에 모여 진행하며, 최소한 매달 실제로 돌아가는 소프트웨어를 출시할 수 있고, 이해가 잘 되는 문제를 해결하거나 과제의 실패가 조직에 미치는 충격이 적은 과제로 정의한다.

'소규모' 과제는 정의에 따라 긴 시간이나 많은 노력이 들어가지 않고 일정상의 여유 기간도 안배할 수 없으므로, 아키텍처 작업이 불필요하고 낭비적인 일로 비춰질 위험이 있다. 따라서 아키텍처 작업을 해서 과제에 생길 이득을 짚어내고 특정 문제와 위험에 초점을 맞춤으로써 작업량을 최소화해야 할 현실적인 필요성이 존재한다. 조직에 상당한 충격을 안길 수도 있는 예상치 못한 위험을 발견해낸 (이런 경우 더 이상 '소규모' 과제가 아닐 가능성이 높은) 것이 아닌 다음에는, 미니멀리즘을 아키텍처 작업을 이끌어가는 원칙으로 삼을 필요가 있다.

소규모 과제에서는 그 과제가 실제로 직면한 위험의 규모에 맞춰 아키텍처 작업의 규모를 정하는 방식을 쓰면 된다. 예를 들어, 온전한 보안 분석과 위협 모델을 완성해야 일을 '올바르게' 하는 것이기 때문에, 그렇게 하고 싶은 충동이 일 수밖에 없다. 하지만 이 과제가 상대적으로 위험이 낮은 정보를 관리하는 내부 조직에서 사용할 시스템이라면, 간단한 위협 평가와 아주 표준적인 사용자 인증 및 권한 인가 정책만으로도 충분할 것이다. 소규모 과제는 단순하고, 무엇이든 빠른 출시가 기대되며, 일이 틀어져도 후환이 생길 위험이 적다고 정의돼 있기 때문에, 모든 것을 대규모 과제에 맞춰 분석할 필요가 없음을 유념해야 한다.

소규모 과제에서는 이해관계자의 수가 (어떤 경우에는 한둘밖에 안 될 적도로) 적은 데다 아키텍트가 그들에게 하는 의사결정 및 절충 요청 자체가 규모가 큰 복잡한 과제에 비해 훨씬 간단하기 때문에 이해관계자를 다루는 일 또한 언제나 상대적으로 간단하다.

마찬가지로, 개발 팀 내에서나 다른 기술적 이해관계자와의 사이에서 일어나는 의사소통도 의견을 나눌 관심사항과 결정사항과 구조가 한결 복잡하고 물리적으로 분산된 대규모 과제보다 좀 더 직접적이고 덜 형식적일 수밖에 없다. 소규모 과제에서는 대부분의 아키텍처 설명을 형식을 갖춘 문서보다는 위키 같은 협업 도구를 사용해 기록해도 된다.

끝으로, 과제를 수행하는 목적이 새로운 기술이나 방법을 대상으로 한 개념 검증이 아닌 다음에야, 상당히 보수적이고 이미 검증된 기술을 채택함으로써 위험성이 낮고 포괄적인 아키텍처 명세서가 덜 필요하도록 설계하는 경우가 많다.

표 30-1에 이런 유형의 과제에 맞는 아키텍처적 우선순위를 정리해놨다.

표 30-1 소규모 과제의 핵심 아키텍처 활동

설명	추가 정보
범위와 외부 인터페이스를 확정해 과제의 규모가 커지지 않게 하고 수용 가능한 수준으로 위험을 억제한다.	16장
필요한 품질 속성을 검토해 주의를 기울일 필요가 있는 예상치 못한 위험 영역을 모조리 찾아낸다.	4부
되도록이면 검증된 구상과 기술을 사용해 아키텍처 스타일을 찾아냄으로써 과제의 전반적인 아키텍처 구조를 제공한다.	11장
아키텍처에서 가장 중요한 측면에 한해 최소한의 아키텍처 명세서를 작성하되, 몇몇 핵심 뷰에 집중해 과제가 처한 핵심 위험을 처리하게 한다.	13장, 3부
시스템을 구축하면서 평가를 하고, 교정이 필요한 아키텍처적 문제를 찾아낼 수 있도록 TARA 같은 경량화된 아키텍처 검토 방식을 고려해본다.	14장
소프트웨어 개발 환경이 과제의 규모에 적합한지 확인하고 (구성 관리, 시험 자동화, 지속적인 통합 등) 양질의 소프트웨어 공학적 기법을 수용할 수 있는지 확인한다.	20장
적용 범위를 확인하는 용도로 수행하는 시험을 검토하고, 특히 시스템에 존재하는 주요 품질 속성 요건을 시스템이 충족하는지 검토한다.	참고문헌

애자일 과제의 아키텍처

근래 들어 많은 소프트웨어 개발 팀이 소프트웨어 개발에 애자일 접근법을 도입하면서, 애자일 헌장^{Agile Manifesto}에 명기된 원칙을 따르고 XP나 스크럼 같이 널리 알려진 애자일 방법론을 바탕으로 자신들의 접근법을 삼아 성공하고 있다. 원활히 진행되는 애자일 과제의 특징을 보면, 매우 명확하게 정의된 간단한 의례와 효과적인 소프트웨어 개발 기법을 갖춘 숙련되고 자발적으로 조직화된 팀이 적응적이고 반복적인 소프트웨어 개발 접근법의 틀 안에서 실제로 작동하는 소프트웨어를 자주 출시하고 우선순위와 환경의 변화에 기민하게 대처하는 모습이 발견된다. 애자일 과제를 관리하는 방식으로는 스크럼이 가장 널리 알려져 있고, 그 밖에도 애자일 팀에서 공통적으로 발견되는 업무 기법으로 테스트 위주 개발, 테스트 자동화, 지속적인 통합, 리팩토링, 짝 프로그래밍이 있다.

애자일 개발은 주로 소규모 과제에서 쓰이지만, 상당히 큰 규모의 과제에도 성공적으로 확산돼 왔으므로, (개발 팀을 관리하는 방식에 따라 애자일 방식을 쓸 수도 쓰지 않을 수도 있는) 소규모 과제에서 아키텍처를 잡는 방법과는 별개로 애자일 팀에서 아키텍처를 잡는 방법에 대해 설명한다.

애자일 팀에서 일하는 방법에 대해서는 7장과 12장에서 간단히 설명했다. 애자일 팀과 일하는 데 있어 핵심은 함께 일하는 개발 팀의 문화에 맞춰 아키텍처 작업을 하는 데 있다. 좋은 애자일 팀은 자발적으로 조직화되고 자신들만의 문화와 방식을 만들어내기 때문에, 이런 환경에서는 여기에 동조하며 일하는 것이 가장 생산적으로 일하는 방식이다. 애자일 팀과 소프트웨어 아키텍트는 공통점이 많아서, 둘 다 변화에 유연하게 대처하는 동시에 이해관계자의 필요를 충족시키는 소프트웨어를 효율적으로 출시하는 데 관심이 있다. 하지만 다수의 소프트웨어 아키텍트가 일하는 방식과 애자일 팀이 일하는 방식 사이에는 문화적인 간극이 존재하고, 특히 수명주기 초기에 수행해야 하는 설계의 양이나 그 설계를 기록하는 데 필요한 문서의 양에서 그 간극이 크게 벌어진다.

소프트웨어 아키텍처가 애자일 팀에 가장 크게 도움이 되는 영역은 시스템이 품질 속성을 달성할 능력을 관리하는 부분이다. 일부 애자일 팀에서는 성능 좋고 확장하기 쉬우며 가용성도 높고 상충하는 품질 목표 사이에 절충도 잘 해놓은 시스템을 구축하는 데 아무런 문제가 없지만, 그렇게 하는 데 어려움을 겪는 애자일 팀도 더러 봤고 또 직접 협업을 해본 적도 있다. 애자일 팀은 ('현장 고객'인) 최종 사용자 이해관계자와 기능적인 사용자 스토리에 초점을 맞춤으로써 빠르게 기능을 출시할 수 있지만, 체계적인 시스템 아키텍처 수립 작업을 거치지 않아 시스템이 성공하고 난 후에 엄청나게 값비싸고 성가신 시스템 차원의 리팩토링과 재설계를 상대적으로 짧은 시간 내에 완수해야 하는 상황에 봉착하게 된다. 그렇다고 해서 (예를 들어) RUP 같은 방법론을 따르는 팀은 이와 같은 문제를 겪지 않는다는 뜻은 아니다. 하지만 많은 애자일 접근법에서 겪고 있는 문제로, 경험이 부족한 애자일 팀에서는 설계가 진언, 규칙, 기능 출시를 위한 질주 중에서 어느 지점에 위치할지 불명확하다는 특징이 자주 발견된다. 복잡한 과제에 적합한 안정적인 소프트웨어 아키텍처는 주 단위의 리팩토링 주기를 통해서 거저 나오는 것이 아니므로, 공감 능력과 교섭 능력을 갖춘 소프트웨어 아키텍처 조력자 몇 명이 나서서 이런 팀들이 리팩토링 쳇바퀴에 갇히지 않도록 도와주는 긴 여정에 나서봄 직도 하다.

표 30-2에 애자일 팀과 함께 일할 때 찾아낸 주요 핵심 활동을 정리해놨다.

표 30-2 애자일 과제의 핵심 아키텍처 활동

설명	추가 정보
이미 구성된 애자일 팀과 협업하는 경우, 그 팀이 사용하는 프로세스를 파악하고 그중에서 소프트웨어 아키텍처를 적용할 부분에 대해 합의를 하며 팀이 맞이한 위험을 제대로 처리한다.	7장, 참고문헌
점증적인 개발과 반복적인 출시 원칙을 뒷받침하면서 아키텍처 작업 결과를 점증적으로 출시할 방안을 강구하고, 그에 따라 아키텍처 산출물을 필요로 하는 시점에 제시할 수 있게 한다.	7장, 참고문헌
핵심 이해관계자 목록을 작성하고 그 한 사람 한 사람의 중요성을 파악함으로써, 어쩌다 보니 현장 고객의 관심사항이 다른 관심사항을 압도하는 식의 상황이 발생하지 못하게 한다.	9장
과제가 직면한 주요 위험을 찾아내되, 특히 품질 속성을 달성하고 외부 시스템에 연결하는 측면을 중심으로 살펴본다.	16장, 4부
시스템의 핵심 아키텍처 구조를 표현할 최소한의 뷰들을 선정하고 그 뷰를 표현하기에 '충분한' 모델을 수립한다. 위키 같은 협업 도구를 통해 모델을 제시할 방법이 있을지 강구해본다.	12장, 3부
시스템이 직면한 무시 못 할 품질 속성 위험을 처리할 수 있게 관점들을 선택한다. 선택한 관점을 시스템의 아키텍처에 적용해 그런 위험을 파악하고 완화한다.	4부
서로 힘을 모아서 시스템 설계 작업을 이끌 명확한 설계 원칙을 세워 설계 결정 사항이 시스템의 목표와 속성에 부합되게 한다.	8장
서로 힘을 모아서 (앞서 필요하다고 찾아낸 시스템 보안 처리 방안에 대한 구현 등) 시스템 전체에 걸쳐 반드시 갖춰야 하는 교차 관심사 처리 방안을 정의한다.	20장, 4부

(이어짐)

설명	추가 정보
팀 전체를 대상으로 가시적인 작업을 함으로써 시스템 전체에 걸쳐 공유될 가능성이 있는 기능을 찾아내고 팀 내에서 지식, 해법, 소프트웨어 컴포넌트 공유가 일어나도록 북돋는다.	20장, 참고문헌
가능하다면 언제나 팀의 일원으로서 업무를 진행하고 실제로 동작하는 소프트웨어 또는 최소한 설계 구상을 검증할 수 있는 개념 검증 소프트웨어를 내놓는다.	5장, 14장, 20장
시스템 인수 시험을 감독하면서 시스템의 주요 품질 속성에 대해 충분한 검증이 이뤄졌는지 살펴본다.	참고문헌

계획 주도형 과제의 아키텍처

계획 주도형 접근법^{pan-driven approach}이라는 용어는 대체로 애자일 운동이 나오기 전에 구조화된 소프트웨어 개발 접근법을 설명할 목적으로 만들어진 것으로, 애자일 방법론과 달리 앞에서 미리 계획을 세우는 쪽에 더 비중을 둔다. 계획 주도형 방법으로 널리 알려진 예로는 래셔널 통합 프로세스^{RUP, Rational Unified Process}와 팀 소프트웨어 프로세스^{TSP, Team Software Process}를 꼽을 수 있다. 대중적으로 잘못 알려진, 그러나 안타깝게도 여전히 널리 사용되는 '폭포수' 접근법은 (모든 계획을 과제 시작 시점에 한다는 점에서) 계획 주도형 접근법의 가장 극단적인 예에 해당된다.[1]

계획 주도형 방식과 애자일 방식을 구분하는 정교한 기준은 없지만, 실제로 애자일^{agile}이라는 용어는 일반적으로 특정한 방법론보다는 철학이나 마음 상태로 설명하는 편이 더 낫고, 계획 주도형 방식은 한층 형식을 갖춘 추정 및 과제 관리와 애자일 방식에 비해 좀 더 이른 시점에 형식을 갖춰서 하는 설계 작업을 전제하는 경향이 있다. 이 방식은 유연성과 변경에 대한 대응보다는 예측가능성과 위험 관리에 더 초점을 둔다(사실 폭포수 방식 등 일부 고전적인 계획 주도형 방식은 출시 주기 뒤로 가면 어떤 유형의 변경이든 강하게 저항한다).

앞서 애자일 과제에서 논의했듯이, 계획 주도형 방식은 초대규모 과제는 물론 초소규모 과제에서도 쓰일 수 있으므로 이런 과제에 대한 논의를 대규모 및 소규

---

1 윈스턴 로이스(Winston Royce)의 원전 논문인 '대규모 소프트웨어 시스템 개발 관리'가 인터넷상에 널리 퍼져 있다. 이 논문을 읽어보고 원저자가 초기에 폭포수 접근법이 '위험한 데다 실패를 부른다'고 설명하고 소프트웨어 개발 수명주기 내에서 피드백과 반복의 중요성을 강조했다는 사실을 발견한다면 좋겠다. 고전적인 폭포수 접근법을 옹호하는 사람들 대부분은 사실 이 논문을 읽어본 적도 없어 보인다.

모 과제에 대한 논의와 나눠놓았다(초대규모 과제에서는 일반적으로 이 방식을 사용하는 경향이 있다).

계획 주도형 과제는 대개 형식을 갖춰서 정의된 과정을 따르고, 소프트웨어 아키텍처가 그 과제에서 차지하는 역할도 그 과정에 이미 정의가 돼 있다. 혹여 정의가 돼 있지 않다면, 소프트웨어 아키텍처 작업을 할 수 있게 과정에 별도의 활동을 추가해야 할 테고, 반대로 설사 몇몇 아키텍처 활동이 이미 정의돼 있는 경우라면 그 활동이 유용하고 온전하며 효과적일지 검증할 필요가 있다.

대부분의 계획 주도형 방식은 과제 내에서 이해관계자의 핵심적인 역할을 알아보고, 이해관계자 집단을 널리 찾아내고 협업하는 활동을 한다. 이 활동을 수행할 때 아키텍트가 주도할 수도 있지만, 설사 그렇지 않더라도 깊숙이 참여해야 한다.

계획 주도형 방식에는 일반적으로 몇 가지 아키텍처적인 설계 활동이 들어가지만, 소프트웨어 아키텍처 개념을 소개하고 그에 대한 정당성을 입증할 필요성이 큰 활동으로 점철돼 있지는 않다. 하지만 다른 곳에서 언급했듯이, 소프트웨어 아키텍처란 진정 무엇인지에 대해 많은 혼란이 있는 만큼, 아키텍트가 무엇을 하려 하는지, 왜 그 일을 하려 하는지, 그 일이 어떻게 위험을 줄여줄 수 있을지 이해관계자에게 명확하게 설명할 필요는 계속 존재할 수밖에 없다.

계획 주도형 방식은 거의 모두가 반복적인 과정과 점증적인 출시를 옹호하지만, 계획 주도형 과제가 폭포수 방식에 좀 더 가깝게 퇴보한 형태로 시작해서 수명주기 동안 반복, 검증, 피드백이 거의 일어나지 않는 모습을 볼 때가 많다. 이런 일이 일어나면 우려할 수밖에 없는데, 시작 단계와 최초 실가동용 출시 시점 사이의 휴지기가 시스템의 수명주기 내에서 가장 위험한 시점이기 때문이다. 이해관계자에게 가치를 제공하기 시작하고, 이를 통해 되도록 빨리 시스템에 대한 이해관계자의 검증과 피드백을 얻어내려면 이 단계를 최소화하는 일이 중요하다. 아키텍트는 점증적인 출시를 뒷받침하는 아키텍처를 만들어내고 되도록이면 일찍부터 일부라도 출시할 수 있게 압력을 가함으로써 과제의 이런 측면에 긍정적인 영향을 미칠 수 있다.

계획 주도형 과제의 특징적인 요소 또 하나는 아키텍처 작업 하나하나가(그리고 마찬가지로 과제 수명주기 내에 일어나는 다른 활동도 모두 다) 과제에 가치가 있음을 확증할 필요가 있다는 점이다. 계획 주도형 과제는 대부분 (RUP 같은) 기존 방법론에서 따온 수명주기 모델을 받아들이고, 많은 경우 사람들은 개별 활동에 대해 살펴보고 이해하는 데 충분한 시간을 들이지 않는다. 이로 인해 가치도 대수롭지 않으면서 시간만 많이 뺏기는 활동에 빠져들고 만다. 이런 사태는 특히나 문서화에서 많이 벌어져서, 계획 주도형 팀에서는 아무도 읽지 않는 수많은 문서를 작성하는 일이 흔히 벌어진다. 아키텍트라면 자신이 하는 모든 아키텍처 작업이 그 결과물을 받아줄 고객이 정해져 있고 지금 하는 과제에 쓸모 있는 것인지 확인할 필요가 있고, 더불어 함께 수행되는 다른 활동들에 대해서도 그 가치가 당장 불명확하다면 그 활동의 가치를 다시 한 번 살펴본다고 해서 손해 볼 것은 없다.

표 30-3에 계획 주도형 과제를 할 때 찾아낸 주요 핵심 활동을 정리해놨다.

표 30-3 계획 주도형 과제의 핵심 아키텍처 활동

설명	추가 정보
사용하는 소프트웨어 개발 과정을 검토하고, 그 과정 내에서 소프트웨어 아키텍처가 맡은 역할 및 다른 활동과의 관계를 검증한다. 아키텍처 활동이 틀렸거나 순서가 맞지 않을 경우 과정을 고치는 작업을 수행한다.	7장, 참고문헌
이해관계자와 협력해 모든 이가 아키텍트가 맡는 역할, 참여하는 활동, 만들어내는 산출물과 함께 이 모든 것을 하는 목적에 대해 이해할 수 있게 한다.	7장, 9장
시스템 이해관계자를 찾아내고 상대하는 일을 이끌어야 하는지 고려해본다.	9장
시스템의 품질 속성 요건을 철저히 파악하고 필요할 경우 검증까지 하게 한다.	4부
과제가 직면한 주요 기술 위험을 밝혀내고 아키텍처 작업의 초점을 그런 위험을 완화하는 데 맞추며 시스템에서 가장 위험성이 높은 부분이 제일 먼저 출시되도록 노력한다.	7장, 참고문헌
시스템에서 중요한 아키텍처 구조를 표현할 뷰와 모델을 밝히고 만들어내되, 아키텍처가 점증적인 출시를 수용할 수 있게 한다.	3부, 참고문헌
시스템의 품질 속성 목표를 처리하기 위한 관점들을 찾아낸 후, 그 관점을 적용해 해당 목표를 달성할 수 있게 아키텍처 설계를 한다.	4부
시스템이 매우 크거나 중요한 경우에는 시나리오를 기반으로 해서 이해관계자와 함께 아키텍처 검토를 수행하고, 그렇지 않은 경우에는 TARA 검토 같이 좀 더 간단한 평가를 고려해본다.	14장
과제 팀 안에서 과제 팀과 함께 시스템을 점증적으로 출시하는 일을 이끌어가되, 아키텍처와 어긋남이 없게 한다.	20장, 참고문헌

(이어짐)

설명	추가 정보
인수 시험이 효과적으로 진행되도록 아키텍트도 시험 작업에 손수 참여하고 특별히 시스템이 품질 속성 목표를 충족시킬 능력이 있는지 검증한다.	참고문헌

대규모 프로그램의 아키텍처

대규모 프로그램은 일반적으로 개별 시스템이 아니라 여러 시스템으로 이뤄진 시스템을 만들거나 변경하는 일이기 때문에, 제아무리 규모가 큰 개별 소프트웨어 개발 과제라 하더라도 차이가 상당히 크다. 이런 식의 대규모 프로그램은 정보기술 시스템은 물론이고 (업무 절차 변경 등) 인적 체계까지도 포괄하는 범위일 때가 많다. 이런 프로그램은 대규모 조직에서 조직 개편의 일환으로 수행하거나 공적 영역에서 (세금 징수나 보건 행정 등) 공적 서비스 제공에 큰 변화를 가할 때, 국방 및 위기 관리 분야에서 매우 일반적으로 행해진다.

이런 유형의 프로그램은 주로 광범위하고 다양한 이해관계자 집단에게 영향을 미칠 수밖에 없고, 따라서 그들의 요구를 파악하고 충족시킬 현실적인 기회를 얻기 위해서는 공식적인 이해관계자 식별, 관리, 의사소통이 중요해진다.

이런 유형의 프로그램이 갖는 규모와 복잡도를 감안하면 아키텍처는 (시스템, 업무 영역, 전사, CTO 등) 다양한 수준에서 (소프트웨어 및 해법, 전사, 기반구조, 업무 과정 아키텍처 등) 여러 분야의 전문성을 갖춰야 한다. 이는 결국 자신은 그 프로그램에서 작업하는 여러 아키텍트 중 한 명에 지나지 않을 가능성이 있다는 말이다. 이 책에서는 단일 시스템에 들어가는 소프트웨어(또는 해법) 아키텍처에 초점을 맞췄지만, 좀 더 폭넓은 형태의 정보기술 아키텍처에 참여하면서 다양한 전문 영역에서 모인 여러 아키텍트들과 협업해야 할 수도 있다. 또한 아키텍처적인 영도자가 되거나 수석 아키텍트가 될 수도 있는데, 이 경우 자기 자신의 업무뿐만 아니라 다른 아키텍트들의 책무를 정의하는 일도 맡을 수 있다.

대규모 개발 프로그램은 어쩔 수 없이 복잡한 데다 대개 출시까지 걸리는 시간도 매우 길고, 전체 목표를 달성하려면 수많은 사람이 협업을 해야 하는 데다, 수많은 별개의 조직이 서로 조율해서 공을 들여야 하며, 아직까지 해결하지 못한 문제를 해결해야 할 때가 많기 때문에 높은 수준의 위험을 감수해야 한다. 따라서 시간과 비용이 초과하는 일이 다반사인 것도 별로 놀랄 일이 아니고, 사실은 대규모 프로그램 중에서 많은 수가 성공한다는 사실이 오히려 더 놀랄 만한 일이다. 아키텍트는 성공적인 출시 가능성을 극대화하기 위해, 프로그램 자체나 프로그램 중에서 자신이 맡은 부분에 존재하는 위험을 파악하고 아키텍처 작업을 수행한 결과물을 통해 이런 위험을 명시적으로 완화하는 역할을 맡는다.

이와 같은 상황은 필연적으로 수많은 계획과 통제와 표준화와 지침을 필요로 할 수밖에 없다. 많은 아키텍트가 그렇듯이, 중앙의 팀과 직접 출시를 담당하는 조직 양쪽과 협업하다 보면, 해당 프로그램에 걸쳐 여러 수준에서 작업하는 프로그램 및 과제 관리자가 엄청나게 많다. 프로그램 차원의 의사결정이 전체 프로그램 팀에 일관성 있게 전달되려면 공식적인 변경 관리 같은 관리 과정이 필요하다.

소프트웨어 아키텍처 작업을 하는 맥락에서 보면, 대규모 프로그램의 규모와 수반되는 위험, 아키텍처를 이해해야 하는 사람의 숫자가 아키텍처 정의와 설명을 위해 나온 정형적인 방법론 중 상당수에 크나큰 영향을 미쳤다.

아키텍트라면 이 책에서 정의한 모든 시점과 관점을 다 사용할 수도 있겠고, 손수 정의했거나 다른 서적이나 논문에서 가져온 별개의 시점과 관점도 사용할 가능성이 상당히 높으리라 본다.

대규모 프로그램을 출시하는 데 쓰이는 접근법은 대개 점증적이고 반복적인 것이, 시스템을 되도록 일찍 검증하지 못하는 경우에도 크나큰 낭비가 일어나는 일을 막을 수 있기 때문에, 설사 전형적인 소규모 애자일 개발 과제보다 업 프론트[up-front] 계획 수립에 훨씬 더 치우치는 경향이 있어도 그렇게 한다(XP나 스크럼보다는 나선형 모델에 더 가깝다).

풀어야 하는 문제의 규모와 생소함으로 인해, 초기 반복에서는 직접 사용 가능한 소프트웨어를 출시하지 못하는 대신 아키텍처 정의, 기술적인 결정사항을 시험해보기 위한 개념 검증 수행, 한 가지 이상의 시스템 뼈대를 구성하는 데 초점을 맞춰 아키텍처를 검증하고 소프트웨어 개발을 이끌어나갈 수 있게 할 가능성이 높다. 소규모 과제와는 달리, 상당히 많은 설계가 이뤄지기 전까지는 대규모 프로그램에 맞춰 내놓은 해법이 실현 가능할지 명확하지 않을 것이고, 따라서 아키텍처를 정의하고 시험해보기 전에 실가동 소프트웨어를 아무리 많이 구축해봤자 생산성에 역행할 뿐이다.

대규모 프로그램은 지리적으로 분산되는 경향이 있고, 다양한 팀과 조직에서 온 사람들이 참여한다고 보면, 의사소통을 할 때 많은 양의 정보를 문서에 기록된 형태로 전달하고 회의, 검토, 워크숍을 통해 명시적으로 하는 등 상당 부분 형식을 제대로 갖출 필요가 있다. 앞에서 언급했듯이, 설계 산출물 대부분이 프로그램 수명 내내 진화를 거듭할 터이므로 혼동을 피하려면 형식을 갖춘 버전 및 변경 관리가 필요하다.

끝으로, 이 정도 규모에서는 시스템 끝에서 끝까지 전체에 걸쳐 모든 사용자와 운영자가 기대한 대로 제대로 작동하도록 하기 위해서, 그리고 기존의 작업부하가 모두 어떠한 실수나 받아들이기 어려운 수준의 위험을 감수하는 일 없이 이전될 수 있도록 하기 위해서, 시험과 이전 작업 둘 다 그 자체로 비중 있는 과제가 된다.

표 30-4에 대규모 프로그램의 핵심 소프트웨어 아키텍처 활동을 정리해놨다.

표 30-4 대규모 프로그램의 핵심 아키텍처 활동

설명	추가 정보
프로그램 수명주기상의 아키텍처 정의 프로세스와 그 프로세스 내에서의 특정 책임을 이해하고, 필요한 경우 정의한다.	7장
프로그램 구조와 특정 아키텍처 활동 영역을 이해하고, 다른 아키텍트의 활동 영역을 정의하는 책임이 있는 경우 이를 명확히 정의한다.	참고문헌
계획된 아키텍처 작업에 쓸 시간과 자원을 추정해서 전체 프로그램 계획에 집어넣는다.	참고문헌
핵심 사업 이해관계자 및 기술 이해관계자의 목록을 도출하고 검증하고 그 이해관계자와 훌륭한 업무 관계를 구축하고 그들이 참여해야 할 일이 무엇인지 이해할 수 있게 도와준다.	2장, 9장
이해관계자와 함께 시스템 범위를 다시 살펴보고 필요하면 개정한다.	16장
프로그램에서 자신이 맡은 부분의 맥락 뷰를 작성해 맥락과 범위를 기록한다.	16장
자신이 책임질 아키텍처 관심사항을 기록하는 데 쓸 시점들을 선정한다.	2장, 3장, 3부
자신이 책임질 핵심 품질 요건을 처리하는 데 쓸 관점들을 선정한다.	2장, 4장, 4부
맡은 영역 안에서 주요 아키텍처 구조 하나하나에 대해 초기 아키텍처 설계를 하고, 하나의 뷰 안에 들어가는 하나의 모델로 문서화한다.	3부

(이어짐)

설명	추가 정보
채택된 관점을 적용해 초기 아키텍처 설계를 정제하고 확장함으로써, 반드시 충족해야 한다고 생각했던 측면의 시스템 품질 속성을 충족시킨다.	4부
시나리오에 기반한 정형적인 아키텍처 평가를 수행해서 핵심 프로그램 이해관계자와 함께 아키텍처를 검증한다.	10장, 14장
이해관계자가 아키텍처를 이해하고 그 아키텍처가 프로그램의 목표를 어떻게 이룰지 이해하는 데 필요한 정보를 효과적으로 제공하는 아키텍처 명세서를 만들어낸다.	13장
아키텍처의 주요 구조를 구현하고 개발 팀이 뛰어들어 작업할 프레임워크를 제공하는 뼈대 시스템을 한 가지 이상 만들어낼 궁리를 한다.	7장, 14장, 참고문헌
개념 검증용 구현체를 만들어 설계 구상을 검증하고 세워뒀던 전제를 점검하며 기술적인 선택을 입증한다.	14장, 참고문헌
프로그램의 구축 반복 기간 동안에 구현 팀과 힘을 모아 시스템이 아키텍처에 맞춰 구현됐는지 확인하되, 구현을 하며 겪은 경험에 비춰 필요하다면 아키텍처를 수정한다.	14장, 참고문헌
시스템에 필요한 기능과 프로그램의 성공에 관건이 되는 중요 품질 속성을 검증하기에 부족함이 없도록 사용자, 자동화, 인수 시험 계획을 풍족하게 세워둔다.	참고문헌
시스템 시험을 수행하는 이들과 힘을 합쳐 계획한 시험을 제대로 수행해 효과를 내고, 출시할 결과물의 품질에 대한 초기 단계의 통찰을 얻어낸다.	참고문헌

▌다른 유형의 과제 지원

정보 시스템 아키텍트는 다양한 유형의 시스템 개발 과제에 투입되는데, 하나같이 풀어야 할 독특한 도전과제가 있다. 어쩔 때는 '녹지대' 과제라서 바닥부터 요건을 이해해야만 하고, 어쩔 때는 기존 시스템을 수정해야 해서 비용과 위험을 최소화하면서 시스템을 변경할 방안을 정의해야만 하며, 또 어쩔 때는 별도의 시스템을 개발하는 것이 아니라 기존의 시스템들을 통합하는 과제일 수도 있다.

이런 과제들은 각 유형마다 우선순위의 내용이 달라서, 고려할 필요가 있는 시점과 관점에 반영이 된다. 앞으로 소개할 몇 개의 하위 절에서는 공통적으로 등장하는 몇 가지 과제 유형의 아키텍처 우선순위를 개략적으로 살펴보고, 이 책의 다른 부분에 나온 쓸모 있을 만한 자료를 참조해놨다.

자체 개발

'자체' 개발이라고 하면 고전적인 정보 시스템 과제를 말하는 것으로, 사업 수요가 생김에 따라 회사 내에서 새로운 시스템을 만들어내기 위한 시스템 개발 과제에 착수하게 된다. 이런 개발 과제에는 새로운 시스템의 범위를 올바로 잡는 일에서부터 시스템이 안전하게 실가동에 들어가게 하는 데 이르기까지, 폭넓은 아키텍처적 개입이 필요하다. 표 30-5에 이 유형의 과제에 맞는 아키텍처적 우선순위를 정리해놨다.

표 **30-5** 자체 개발 시스템의 아키텍처적 우선순위

설명	추가 정보
사용된 개발 방법론과 그 방법론상에서 아키텍트의 역할을 이해	7장
범위와 요건	16장
이해관계자 식별 및 참여	9장
신규 아키텍처 설계 및 검증	2부, 3부, 4부
구축 주도 및 감독	20장
배치 환경 명세 및 획득	21장
실가동 전환 감독	22장

신제품 개발

신제품을 개발하려면 진공 속의 무언가에서 시스템을 개발하는 일을 해야 한다. 해당 제품을 고대하고 있을 예상 고객에 대해 몇 가지 생각을 해뒀을 수는 있지만, 시스템이 아직 실제로 개발이 되지 않았기 때문에 그런 고객과 직접적인 접촉을 했을 가능성은 거의 없다. 즉, (사용자 집단이나 제품 관리자 등) 대리 이해관계자와 긴밀히 협업해 예상 고객의 요구를 파악해야 한다는 말이다. 성공하는 제품은 대부분 여러 번의 출시를 거치며 긴 수명을 누리기에, 신제품은 손쉬운 변경이 그 무엇보다 중요하다. 또한 아키텍트는 향후 세련된 여러 번의 출시를 거치는 긴 수명주기를 지원할 수 있게 탄탄한 개발 환경을 갖추기 위한 기초 작업도 해야 한다. 한편으로 경쟁 압력과 자금 압박을 생각하면 제품 개발에 있어 출시 속도가

결정적인 요소이므로, 구상을 정의하는 데 들일 시간에 한계가 있기 마련이다. 따라서 아키텍처를 신속하게 제시하려면 가장 높은 위험과 제품의 가장 중요한 측면에 주의를 집중할 필요가 있다. 표 30-6에 이런 유형의 과제에 맞는 아키텍처적 우선순위를 정리해놨다.

표 30-6 신제품 개발 시 아키텍처적 우선순위

설명	추가 정보
범위와 요건	16장
대리 이해관계자 식별 및 참여	9장
신규 아키텍처 설계 및 검증	2부, 3부, 4부
오랫동안 낮은 비용으로 진화할 수 있는 아키텍처 수립	28장
고객 배치 환경에 대한 요건 평가	21장
장기간의 기술적 완결성을 유지할 수 있는 매끈한 개발 환경 구축	20장
구축 주도 및 감독	20장

전사적 서비스

많은 조직에서 전사 차원의 서비스를 만들어 전사적 메시지 교환 및 파일 전송, 마스터 데이터 관리, 보안 인증, 시스템 관리, 표준 사용자 데스크톱 같은 공통 역량을 제공한다. 전사적 서비스를 개발하는 일은 전통적인 시스템 개발과 다른 것이, 대체로 서비스에서 사용자 눈에 띄는 기능을 제공하지 않고 대신 그 서비스를 사용하는 시스템이 무언가를 할 수 있게 기능을 할 뿐이다. 예를 들어, 전사적 애플리케이션 통합EAI, Enterprise Application Integration 서비스는 여러 서비스를 서로 연결해서 하나의 통합된 정보 시스템 환경을 구축한다. 전사적 서비스 개발 시 특기할 만한 아키텍처적 도전을 꼽으라면 대표성이 있고 관련 지식을 갖춘 이해관계자들을 찾아내는 일이다. 하나 더 꼽자면, 서비스 요건과 품질 속성은 처음 설계할 때는 예측하기가 어렵기 때문에 손쉽게 확장할 수 있게 해야만 한다. 표 30-7에 이런 유형의 과제에 맞는 아키텍처적 우선순위를 정리해놨다.

표 30-7 전사적 서비스의 아키텍처적 우선순위

설명	추가 정보
서비스 범위 및 요건	16장
일반적인 이해관계자 집단 밖에 있는 이해관계자를 찾아내서 참여시키기	9장
확장하기 쉽고 복원성이 높은 아키텍처 생성	26장, 27장
감시가 쉽고 신뢰할 만한 오류 처리 및 장애 복구를 갖춘 아키텍처 생성	22장
나중에 확장과 개선이 쉬운 아키텍처 생성	28장

기존 시스템 확장

기존 시스템을 확장하는 일은 새로운 시스템을 만드는 일과는 사뭇 다르다. 기존 시스템에는 이해관계자의 기대가 정해져 있으므로, 시스템에 가하는 어떤 변경도 뜻밖의 불쾌함으로 이어져서는 안 된다는 점이 중요하다. 이 부분을 감안하고 나면, 기존 시스템을 확장하는 일이 기존의 아키텍처에 존재하는 취약한 부분을 다시 살펴보고 개선할 기회가 될 때가 많은 데다, 사실상 대규모 시스템 확장 과제는 현재 시스템에 대한 불만의 결과로 나올 때가 많기 때문에, 개선하기에 좋은 기회로 삼을 수도 있다. 요건 관리 및 범위 조정은 신규 시스템에 비해 더 간단할 때가 많은데, 이해관계자가 이미 파악된 데다 요건도 기존 것에 대한 개선이라는 측면에서 명세돼 있을 경우가 많기 때문이다. 물론 이미 존재하는 무언가를 확장하거나 변경하는 데 있어 피할 수 없는 주요 도전 중에는 기존의 구현과 이미 내려진 결정사항을 파악하고 처리하는 일이 있는데, 특히나 기존 시스템 개발에 참여하지 않았었다면 더 도전적일 수밖에 없다. 표 30-8에 이런 유형의 과제에 맞는 아키텍처적 우선순위를 정리해놨다.

표 30-8 기존 시스템 확장 시 아키텍처적 우선순위

설명	추가 정보
기존 아키텍처 파악 및 평가	14장
기존 시스템에 대한 모델이 아직 없는 경우 새로이 생성	12장
기존 품질 속성을 저하시키지 않는 아키텍처 생성	4부

(이어짐)

설명	추가 정보
기존 운영을 방해하지 않고도 구현될 수 있는 아키텍처 생성	22장
되도록 위험을 최소화하는 방향으로 시스템에 가해지는 변경을 관리	28장

패키지 구현

소프트웨어 패키지를 구현하는 일은 고전적인 정보 시스템 구현 과제의 흥미로운 변종으로, 이 두 종류의 과제 사이에는 공통적인 활동이 많다. 하지만 패키지를 구현할 때 고전적인 과제에서의 핵심 활동, 즉 소프트웨어 개발은 대부분 소프트웨어 패키지를 구성하고 맞춤화하는 일로 대체된다. 패키지 구현에서 큰 비중을 차지하는 작업은 패키지를 기존 데이터 출처 및 목적지와 통합하는 일이다. 요건을 관리하고 이해관계자의 기대를 다루는 일 또한 이런 과제에서는 도전적인 부분인데, 과도한 맞춤화를 필요로 하는 경우 패키지 구현으로 생기는 이점이 상당 부분 상쇄되기 때문이다. 표 30-9에 이런 유형의 과제에 맞는 아키텍처적 우선순위를 정리해놨다.

표 30-9 패키지 구현 시 아키텍처적 우선순위

설명	추가 정보
범위 조정 및 이해관계자 기대 관리	9장, 16장
패키지 아키텍처 이해 및 평가	14장
패키지가 알맞은 품질 속성을 갖추도록 보장	4부
데이터 출처, 목적지, 대응 식별	18장
패키지 관리 용이성 보장	22장
패키지 배치 환경 설계	21장

인터넷 연결

많은 조직에서 자신들의 제품과 서비스를 공개 인터넷 망을 통해 일반 대중과 외부 업체가 직접 쓸 수 있게 열기 시작했다. 이를 위해 과거에는 그 조직의 내부 직원들만 사용하던 기존 시스템 앞에다 웹 브라우저용 관문을 설치해두는 방식으로 구현하는 경우가 많다. 이런 유형의 과제는 시스템 확장의 특수 형태이기는 하지만 다른 유형의 개발에서는 찾아보기 힘든 고유한 관심사항, 위험, 해법이 많이 담겨 있다. 예를 들어 인터넷이 연결된 시스템을 쓸 사용자가 얼마나 될지 예측하기란 매우 어렵지만, 아키텍처에서 이 관심사항을 감안하지 않을 경우 갑자기 요청이 쏟아졌을 때 해당 웹사이트 가동이 중단되고 결국 매출과 평판에 좋지 않은 영향을 미치게 된다. 표 30-10에 이런 유형의 과제에 맞는 아키텍처적 우선순위를 정리해놨다.

표 30-10 인터넷 연결 과제의 아키텍처적 우선순위

설명	추가 정보
범위 및 요건	16장
인터넷을 연결할 시스템에 대한 모델이 아직 없는 경우 새로이 생성	12장
(기존 시스템이 그렇지 못했을지라도) 필요할 때 확장 가능하고 복원성이 높은 아키텍처 생성	26장, 27장
안전하면서 악의적인 공격에 대한 저항력을 갖춘 아키텍처 생성	25장
올바른 사용자 경험을 제공할 수 있는 아키텍처 생성	29장의 접근성, 국제화, 사용편의성 관점 절

서비스 종료

좋은 것은 모두 종말이 있기 마련이어서, 설사 성공한 시스템이라 하더라도 언젠가는 종료될 것이므로, 나중 어느 시점엔가 시스템을 종료하는 과제에서 일할 기회가 생길지도 모른다. 아키텍트로서 갈고 닦은 기량은 시스템을 만들어낼 때와 마찬가지로 시스템을 철거할 때도 똑같이 쓸모 있게 적용 가능하고, 자신이 종료 과제에 참여하고 있음을 자각할 필요가 있다. 표 30-11에 이런 유형의 과제에 맞는 아키텍처적 우선순위를 정리해놨다.

표 30-11 서비스 종료 과제의 아키텍처적 우선순위

설명	추가 정보
종료로 인해 다른 시스템에 미칠 영향을 이해하기 위해 범위와 맥락을 파악함	16장
기능 분석을 통해 종료되는 서비스가 이제부터 사장되거나 대체될지 확인함	8장, 9장
이해관계자와 협력해 효과적인 이전 계획과 과정이 준비돼 있는지 확인함	22장
알맞은 데이터 이전과 보존 활동을 설계해 시스템이 종료되고 난 다음에도 정보를 지켜냄	18장, 25장
적용되는 모든 규제를 준수했는지 확인함	29장의 규제 관점 절

그 밖의 시점들

이 책에서 제시한 시점 집합은 지금까지도 그리고 앞으로도 유일한 시점 집합일 수가 없다. AD를 감당할 수 있는 개수만큼의 절로 나눠서 광범위한 분야의 관심 사항을 담아내는 작업은 이견의 여지가 없이 좋은 일이지만, 같은 문제를 조금은 다르게 접근하는 다른 시점 집합도 여럿 있음을 간과하지 말자. 이 책에서 소개 한 시점들과 현존하는 다른 시점 집합을 비교 대조할 수 있게 부록 A에서 몇 가 지 다른 접근법을 정리해봤다. 이들 시점 집합 중 일부를 사용하면서 얻은 경험은 [WOOD04]를 보면 자세히 나온다.

더불어 비교를 위해 (조직 내부의 몇몇 시스템이 아니라 조직 전체의 아키텍처를 대상 으로 하는) 전사적 아키텍처 프레임워크도 몇 가지를 간략하게 설명해놓았다.

▌ 크루첸 '4+1'

저자들도 처음 아키텍처 뷰를 쓸 때는 필립 크루첸의 '4+1' 집합으로 시작했다. 이 책에서 소개한 시점 집합은 '4+1' 집합을 직접 개선하고 발전시킨 탓에 둘 사 이에 공통점이 많다. 표 A-1에 '4+1' 시점의 얼개가 나온다.

표 A-1 크루첸 '4+1' 시점 목록

시점	정의
논리적 시점	시스템의 기능 구조를 논리적으로 표현한 것으로, 대개는 (객체지향 시스템을 개발하는 맥락에서) 클래스 모델을 전제한다. 이 책의 기능적 시점은 '4+1' 시점을 발전시킨 것으로, (아키텍처에 들어가는 논리적 측면은 이 외에도 많기 때문에) 내용물이 무엇인지 명확히 하기 위해 이름을 바꿨다.
프로세스 시점	아키텍처의 동시성 측면과 동기화 측면에 해당한다. 이 책의 동시성 시점은 '4+1' 시점의 이 부분을 발전시킨 것으로, 업무 절차 모델화와의 혼동을 피하기 위해 이름을 바꿨다.
개발 시점	설계 시점 소프트웨어 구조, 모듈과 하위 시스템과 계층 식별, 소프트웨어 개발과 직결된 관심사항에 해당한다. 이 책의 개발 시점은 '4+1' 시점의 개발 시점을 바탕으로 나왔다.
물리적 시점	시스템의 소프트웨어가 실행될 노드를 식별하고 다른 아키텍처 요소를 이들 노드에 대응하는 내용에 해당한다. 이 책의 배치 시점은 '4+1' 시점의 이 부분을 발전시켜서 나왔다.

또한 이 접근법에서는 기능 사용 시나리오 집합을(다시 말해 이름에서 '+1'에 해당하는 부분인 유스케이스를) 활용해 여러 뷰가 맞물려 돌아가는 모습을 설명하는 방안을 제안한다. 이 책에서도 마찬가지로 시나리오를 설명과 평가에 활용하는 방안에 적극 동의한다(적어도 기능 사용 시나리오에 들이는 만큼은 품질 속성 시나리오에도 시간을 들이라는 제안과 함께 말이다).

이 책에서 소개한 접근법은 표 A-1에 개략해놓은 시점 집합을 확장하고 규정한 데 더해, 맥락, 정보, 운영이라는 3개의 시점을 더 집어넣었다.

1. 맥락 시점은 시스템을 설계할 때 언제나 시스템의 맥락, 범위, 경계, 인터페이스를 명확하게 정의할 필요가 있다는 사실을 발견하게 되어 추가했다. 이들 정보 중 상당 부분은 다른 뷰에 담아도 되겠지만, 시스템에 대해 이런 측면을 전담하는 뷰를 만들어서 모아놓으면 한결 더 효과적이라는 사실을 알아냈다.

2. 정보 시점은 대규모 정보 시스템에서 기저를 이루는 정보 구조는 기대하는 기능적 구조와 상당히 다를 가능성이 있는 데다 이 구조를 활용하는 처리 요소보다 훨씬 더 오래 남는 경향이 있기 때문에 추가했다. 정보 시점에서는 데이터에 특화된 고려사항인 지연시간, 소유권, 분산, 복제 등도 다뤄야 한다.

3. 운영 시점은 상용 환경에서 설치, 이전, 감시, 통제, 관리할 방안을 거의 또는 전혀 세워두지 않은 채 개발된 정보 시스템을 경험하고 나서 추가했다. 이 영

역에는 시스템 수명주기상 초기 시점부터 아키텍트가 심각하게 여겨야 할 중요한 제약사항, 이해관계자, 관심사항이 있을 때가 많다. 운영 시점은 이 과정에 구조와 지침 역할을 한다.

크루첸^{Kruchten}[KRUC95]을 보면 이 시점을 더 잘 이해할 수 있다.

▌ RM-ODP

RM-ODP^{Reference Model for Open Distributed Processing}(개방형 분산 처리 참조 모델)는 분산 시스템 기술을 기술하고 논의하기 위한 용도로 만들어진 ISO 표준 프레임워크다. 이 프레임워크는 표 A-2에 나오는 다섯 가지 시점 집합을 활용해 정의된다.

표 A-2 RM-ODP 시점 목록

시점	정의
전사 시점	시스템의 맥락을 정의하고 요건 수집 및 구조화를 가능케 한다.
정보 시점	정적, 불변적, 동적 스키마를 사용하는 시스템에서 필요로 하는 정보를 기술한다.
연산 시점	시스템의 기능 구조에 대한 객체지향 모델을 담는다.
공학 시점	시스템 요소를 원하는 대로 분산해서 구현하는 데 필요한 시스템 기반구조를 설명한다. 이런 설명은 특정 참조 모델을 사용해 이뤄진다.
기술 시점	시스템을 구축하는 데 사용할 특정한 기술을 정의한다.

RM-ODP 접근법이 AD를 분할하는 흥미로운 방법이 될 수는 있지만, 원래는 분산 시스템 기술을 표준화하려는 시도 끝에 나온 데다 (이름에도 써 있듯이) 설명하고자 하는 시스템에 참조 모델을 세우는 의미가 크다.

RM-ODP 접근법 사용 안내는 풋맨^{Putman}[PUTM00]에 잘 나와 있다.

지멘스(호프마이스터, 노드, 소니)

크리스틴 호프마이스터^{Christine Hofmeister}, 로버트 노드^{Robert Nord}, 딜립 소니^{Dilip Soni}는 지멘스 연구소^{Siemens Research}에서 근무하면서 지멘스 소프트웨어 개발 팀이 소프트웨어 아키텍처를 접근하는 방식에 기초해 네 가지 아키텍처 시점 집합을 개발했다. 표 A-3을 보면 지멘스 시점 집합이 나온다.

표 A-3 지멘스 시점 목록

시점	정의
개념적 시점	커넥터를 통해 연결된 개념적인 컴포넌트들을 정의한 시스템의 개념적 기능 구조다.
모듈 시점	시스템에 실현될 하위 시스템과 모듈에 대한 구체적인 구조, 모듈에서 노출하는 인터페이스, 모듈 간 의존관계, 구조에서 계층화할 때 존재하는 제약 조건을 말한다.
실행 시점	시스템의 실행시간 구조를 프로세스, 스레드, 프로세스 간 통신 요소 등의 측면에서 나타낸 것으로, 모듈과 실행시간 요소 사이의 대응도 포함된다.
코드 시점	시스템에 대한 소스 코드 형태의 설계 시점 배치와 그로부터 만들어진 중간 단계 및 출시 단계의 이진 요소를 나타낸다.

이 분류법은 시점을 (그저 담아야 할 정보의 유형을 정리해놓은 데 그치지 않고) 철저히 활용 가능한 형태로 시점을 제시한다는 데 장점이 있다. 하지만 아쉽게도 이 독특한 시점 집합은 내장형 및 실시간 소프트웨어 개발에 필요한 사항에 특화돼서 정보 시스템에서는 통하지 않는다는 사실이 드러났다.

지멘스 시점 집합은 호프마이스터 외[HOFM00]에 더 잘 정의돼 있다.

SEI '뷰와 그 이상' 뷰

아키텍처 뷰를 바라보는 약간은 특이한 접근으로 구성원 중에서 상당수는 SEI와 인연이 있는 저명한 소프트웨어 아키텍처 연구자 모임이 정의해서 [CLEM10]에 문서화한 '뷰와 그 이상^{Views and Beyond}' 접근법이 있다. 이 접근법에서는 아키텍트가 직면한 설계 문제를 풀기에 적합한 아키텍처 스타일을 찾아내고 나서 찾아낸 스타일을 해당 문제에 적용해 아키텍처 뷰가 하나씩 도출되는 방식을 쓴다. 이 접근법에서는 표 A-4에 나오듯이, 아키텍처 스타일을 (시점 대신) 뷰타입^{viewtype}이라 부르는 세 가지 큰 범주로 나눈 후, 각 범주마다 몇 가지 하위 타입을 정의한다. 스타일에는 해당 뷰타입이 정의한 기본적인 접근 방식의 틀 안에서 특정 유형의 아키텍처 구조를 담아낼 방법이 정의돼 있다.

표 A-4 SEI 뷰타입 목록

스타일 범주	정의
컴포넌트와 커넥터 뷰타입	컴포넌트와 커넥터 스타일에서는 시스템의 실행시간 기능 요소와 그 요소의 행위 및 상호작용에 대해 고려한다. 이 범주에 정의된 다음과 같은 스타일은 모두 일반적으로 나타나는 실행시간 시스템 구조와 관련이 있다. • 파이프와 필터 • 클라이언트 서버 • 피어 투 피어 • 서비스 지향 아키텍처 • 발행 구독 • 공유 데이터 • 다중 티어
모듈 뷰타입	모듈 스타일에서는 시스템을 구성하는 소프트웨어를 구현 (코드) 단위 집합으로 구조화하는 방식에 대해 고려한다. 모듈 뷰타입에는 다음과 같은 스타일이 정의돼 있다. • 분할: 간단한 요소를 조직화해 모듈을 구성하는 방식을 명세함 • 사용: 모듈 간 사용 의존성을 기록함 • 일반화: 모듈 사이에 존재하는 공통성과 가변성(상속) 관계를 기록함 • 계층화: 모듈을 추상화 수준에 따라 적합한 계층에 배치하는 방식을 명세함 • 측면: 교차 관심사를 담당하는 코드 모듈을 분리함 • 데이터 모듈: 데이터 모델 및 시스템에 저장할 데이터 모델의 관계를 설명함
할당 뷰타입	할당 뷰타입에서는 시스템의 여러 부분 사이의 관계와 그 부분들이 처한 환경의 여러 측면을 기록하는 방식에 대해 고려한다. 이 뷰타입에는 다음과 같은 스타일이 정의돼 있다. • 배치: 소프트웨어 요소와 배치 환경 요소 사이의 대응 방식을 명세함 • 설치: '컴포넌트와 커넥터' 스타일에 나오는 컴포넌트를 상용 환경의 파일 시스템에 대응하는 방식을 명세함 • 작업 할당: 소프트웨어 모듈과 그 모듈의 생성, 시험, 배치를 담당할 사람 사이의 대응

여기서 정의한 아키텍처 스타일 집합은 이 책에서 소개한 시점 집합과는 사뭇 달라서, 주로 아키텍처를 만들어내는 작업보다는 문서화하는 작업과 관련된 조언이 담겨 있다. 스타일 정의에 다른 접근법보다 소프트웨어 아키텍처 수립 과정에 대해 담겨 있는 정보가 적지만, 아키텍처를 문서화할 때 엄청난 도움이 되는 조언

이 담겨 있기 때문에, 다른 시점 집합에 바탕을 둔 경우에도 관련성이 높은 정보임에 틀림없다.

▍갈런드와 앤서니

제프 갈런드^{Jeff Garland}와 리처드 앤서니^{Richard Anthony}는 현업 소프트웨어 아키텍트로서, 정보 시스템용 소프트웨어 아키텍처를 수립하기 위한 실무 지향적인 지침서를 한 권 냈다. 또한 시점 집합도 정의했는데, 표 A-5에 나오듯이 이 책에서 소개한 것과는 사뭇 다르다.

표 A-5 갈런드와 앤서니 시점 목록

시점	정의
분석 중심 시점	시스템 요소들이 기능 사용 시나리오에 반응해 서로 맞물려 돌아가는 방식을 보여준다.
분석 상호작용 시점	문제 분석 중에 사용된 상호작용 다이어그램을 제시한다.
분석 개괄 시점	분석 중심 뷰에 담긴 내용을 하나의 모델로 종합한다.
컴포넌트 시점	시스템에서 아키텍처적으로 중요한 컴포넌트와 그 사이의 연결을 정의한다.
컴포넌트 상호작용 시점	시스템이 작동하기 위해 컴포넌트들이 상호작용하는 방식을 보여준다.
컴포넌트 상태 시점	단일 컴포넌트나 밀접한 관련이 있는 컴포넌트들로 이뤄진 집합의 상태 모델을 제시한다.
맥락 시점	시스템이 존재하는 곳의 맥락을 외부 행위자와 그 행위자가 시스템과 하는 상호작용이라는 측면에서 정의한다.
배치 시점	소프트웨어 컴포넌트와 그 컴포넌트가 실행될 하드웨어 개체가 대응되는 방식을 보여준다.
계층화된 하위 시스템 시점	소프트웨어 설계 구조 내에 존재하는 구현 대상 하위 시스템과 계층을 보여준다.
논리적 데이터 시점	아키텍처적으로 중요한 데이터 구조에 대한 논리적 뷰를 제시한다.
물리적 데이터 시점	아키텍처적으로 중요한 데이터 구조에 대한 물리적 뷰를 제시한다.
프로세스 시점	(시스템의 컴포넌트를 묶어 넣을 운영체제 프로세스와 그런 운영체제 프로세스 간에 통신할 프로세스 간 통신 방식을 담은) 실행시간 동시성 구조를 정의한다.

(이어짐)

시점	정의
프로세스 상태 시점	시스템의 프로세스에 대한 상태 전이 모델을 제시한다.
하위 시스템 인터페이스 의존관계 시점	하위 시스템과 다른 하위 시스템의 인터페이스 사이에 존재하는 의존관계를 정의한다.

이 시점 집합은 다른 것에 비해 크기가 크지만, 개별 시점의 범위는 상대적으로 좁다. 이렇게 하면 개별 뷰의 초점이 명확해지고, 크기가 감당할 수 있는 정도로 유지되며, 역할이 명확하다는 장점이 있다. 단점이라면 AD의 파편화 문제와 뷰 간 일관성 문제를 관리하기가 좀 더 어렵다는 점이다.

이 시점들에 대한 정의는 갈런드와 앤서니[GARL03]에 나온다.

IAF

IAF[Integrated Architecture Framework](통합 아키텍처 프레임워크)는 1990년대에 프랑스 정보기술 서비스 회사인 캡제미니[Capgemini]에서 개발한 전속 아키텍처 프레임워크다. 초기에는 시스템 아키텍처에 초점을 맞춰 나왔지만, 최근 버전에서는 전사적 아키텍처 관심사항도 다룬다. 여기에는 아키텍처 문서화 프레임워크뿐 아니라 아키텍처 정의 방법론도 들어 있다.

IAF에서는 맥락적(왜), 개념적(무엇을), 논리적(어떻게), 물리적(무엇으로) 수준에서 네 가지 추상화 단계를 정해놓았다. 이와 교차되는 축으로, 업무 아키텍처, 정보 아키텍처, 정보 시스템 아키텍처, 기술 기반구조라는 네 가지 측면의 영역도 정의해놓았다. 메타모델에는 세 번째 차원도 있어서, 보안[Security]과 통제[Governance]라는 두 가지 공통 영역이 들어간다.

[WOUT10]에 더 많은 정보가 나온다.

전사적 아키텍처 프레임워크

전사적 아키텍처 프레임워크는 조직 내부의 몇몇 시스템이 아니라 (때에 따라 '애플리케이션 풍광'이라 불리는) 조직 전체의 아키텍처를 대상으로 한다. 하지만 이런 종류의 프레임워크도 시스템 아키텍처 프레임워크와 공유하는 개념이 많은데, 특히나 중심에 뷰에 대한 개념이 존재한다는 점에서 그렇다.

자크만 프레임워크

자크만 프레임워크Zachman Framework는 애초에 존 자크만John Zachman이 정보 시스템 아키텍처용 프레임워크로 개발을 시작했다가, 나중에 1980년대에 IBM으로 가서 완성했다. 자크만은 이 프레임워크를 고치고 넓혀서 몇 년 후에는 전사적 아키텍처를 다룰 수 있게 했고, 이를 바탕으로 오늘날 잘 알려진 자크만 프레임워크로 거듭났다.

자크만은 아키텍처 산출물을 이차원 격자를 사용해 구성했다. 격자의 열에는 (데이터 설명인) '무엇을?', (기능 설명인) '어떻게?', (네트워크 설명인) '어디서?', (인물 설명인) '누가?', (시간 설명인) '언제?', (동기 설명인) '왜?'라는 여섯 가지 근본적인 질문을 나타냈다. 격자의 행에는 표 A-6에 나오는 다양한 이해관계자의 관점에서 아키텍처를 바라보는 시각이 나온다.

표 A-6 자크만 프레임워크의 행

뷰	설명
맥락	계획자의 뷰(범위)
개념	소유자의 뷰(전사적 모델 또는 사업 모델)
논리적	설계자의 뷰(정보 시스템 모델)
물리적	구축자의 뷰(기술 모델)
세부	계약 업체의 뷰(세부 명세)

격자를 구성하는 개별 칸은 해당 행의 이해관계자가 해당 열에 관한 의문에 대한 답을 기록하기 위해 만들어낸 모델을 정의한다. 예를 들어 '어떻게?' 열과 논리적 (정보 시스템) 뷰가 교차하는 지점에서 아키텍처에 대한 논리적 프로세스 모델이 정의된다.

http://zachmaninternational.com/에 가면 더 많은 정보가 있다.

토가프(TOGAF)

토가프TOGAF, The Open Group Architecture Framework는 오픈그룹Open Group의 아키텍처 연석회의에서 1995년 처음 발표된 전사적 아키텍처용 프레임워크다. 그 이후 지금까지 일정한 기간을 두고 계속 새로운 버전의 프레임워크가 발표되고 있다. 부록 A에서 소개한 다른 대부분의 분류체계와 달리, 토가프에는 ADMArchitecture Development Method라는 아키텍처 방법론이 함께 들어 있다. 이 프레임워크와 방법론은 개인이든 기관이든 무료로 사용 가능하다.

토가프에서는 표 A-7에서 보듯이 네 가지 아키텍처 영역이 정의돼 있다.

표 A-7 토가프 영역

영역	설명
업무 영역	업무 전략, 장악력, 조직, 핵심 업무 아키텍처 절차
애플리케이션 영역	조직의 애플리케이션 시스템에 대한 청사진, 시스템 사이의 아키텍처 간 동작, 업무 절차에 대한 관계
데이터 아키텍처 영역	조직의 논리적 및 물리적 데이터 자산과 관련 데이터 관리 자원의 구조
기술적 아키텍처 영역	중심적이고 핵심적인 업무 애플리케이션 배치를 뒷받침하는 데 필요한 하드웨어, 소프트웨어, 네트워크 기반구조

www.opengroup.org/togaf/나 [TOGA09]를 보면 더 많은 정보를 얻을 수 있다.

▌ 그 밖의 전사적 아키텍처 프레임워크

존 자크만이 처음에 전사적 아키텍처 프레임워크라는 개념을 개발한 이래, 정부, 학술 연구기관, 영리 조직에서 이와 경쟁하는 개념을 수없이 개발했다. IAF 같은 일부 프레임워크는 시스템 아키텍처에서 기원해서 전사적 아키텍처 관심사항을 해소할 수 있게 확장 또는 다시 자리매김했다. 인터넷을 찾아보면 이런 여러 프레임워크에 대해 상세한 내용을 얻을 수 있다.

참고문헌

[AIEL10]   Aiello, Robert, and Leslie Sachs. *Configuration Management Best Practices: Practical Methods That Work in the Real World*. Boston, MA: Addison-Wesley, 2010.

[ALLS10]   Allspaw, John, and Jesse Robbins. *Web Operations: Keeping the Data on Time*. Sebastopol, CA: O'Reilly, 2010.

[ALUR03]   Alur, Deepak, John Crupi, and Dan Malks. *Core J2EE Patterns: Best Practices and Design Strategies*, 2nd ed. Upper Saddle River, NJ: Prentice Hall, 2003.

[AMBL02]   Ambler, Scott. *Agile Modeling: Effective Practices for eXtreme Programming and the Unified Process*. New York: Wiley, 2002.

[AMBL06]   Ambler, Scott, and Pramod Sadalage. *Database Refactoring: Evolutionary Database Design*. Boston, MA: Addison-Wesley, 2006.

[ANDE08]   Anderson, Ross. *Security Engineering: A Guide to Building Dependable Distributed Systems*, 2nd ed. New York: Wiley, 2008.

[BABA04]   Babar, M. A., and Ian Gorton. "Comparison of Scenario-Based Software Architecture Evaluation Methods." In *11th Asia-Pacific Software Engineering Conference, APSEC 2004, Busan, Korea, 30 November-3 December 2004*, Proceedings. Piscataway, NJ: IEEE Computer Society Press, 2004.

[BACH03]   Bachmann, F., Len Bass, and Mark Klein. *Deriving Architectural Tactics: A Step toward Methodical Architectural Design*. Technical Report CMU/SEI-2003-TR-004. Pittsburgh, PA: Software Engineering Institute, Carnegie Mellon University, March 2003.

[BARN01]   Barnes, James. *A Guide to Business Continuity Planning*. New York: Wiley, 2001.

[BASS01]   Bass, Len, and Bonnie John. "Supporting Usability through Software Architecture." *Computer*, 34(10): 113-115, October 2001.

[BASS03]   Bass, Len, Paul Clements, and Rick Kazman. *Software Architecture in Practice*, 2nd ed. Boston, MA: Addison-Wesley, 2003.

[BECK00]   Beck, Kent. *Extreme Programming Explained*. Boston, MA: Addison-Wesley, 2000.

[BEED02]   Beedle, Mike, and Ken Schwaber. *Agile Software Development with Scrum*. Upper Saddle River, NJ: Prentice Hall, 2002.

[BEHR05]   Behr, Kevin, Gene Kim, and George Spafford. *The Visible Ops Handbook: Implementing ITIL in 4 Practical and Auditable Steps*. Eugene, OR: Information Technology Process Institute, 2005.

[BON07]   van Bon, Jan. *ITIL V3: A Pocket Guide*. Zaltbommel, The Netherlands: Van Haren Publishing, 2007.

[BERC03]   Berczuk, Stephen P., and Brad Appleton. *Software Configuration Management Patterns: Effective Teamwork, Practical Integration*. Boston, MA: Addison-Wesley, 2003.

[BLOC08]   Bloch, Josh. *Effective Java*, 2nd ed. Boston, MA: Addison-Wesley, 2001.

[BOEH03]   Boehm, Barry, and Richard Turner. *Balancing Agility and Discipline: A Guide for the Perplexed*. Boston, MA: Addison-Wesley, 2003.

[BOSC00]   Bosch, J. *Design and Use of Software Architectures*. Boston, MA: Addison-Wesley, 2000.

[BREN10]   Brent, Mike, and Fiona Dent. *A Leader's Guide to Influence: How to Use Soft Skills to Get Hard Results*. London: Financial Times/Prentice Hall, 2010.

[BRES09]   Breshears, Clay. *The Art of Concurrency*. Sebastopol, CA: O'Reilly, 2009.

[BREW00]   Brewer, Eric A. "Towards Robust Distributed Systems." Invited talk at Principles of Distributed Computing, Portland, OR, July 2000. www.cs.berkeley.edu/~brewer/cs262b-2004/PODC-keynote.pdf.

[BROO95]   Brooks, Fred. *The Mythical Man-Month*, 2nd ed. Boston, MA: Addison-Wesley, 1995.

[BUSC96]   Buschmann, Frank, et al. *Pattern-Oriented Software Architecture: A System of Patterns*. New York: Wiley, 1996.

[BUSC07a]   Buschmann, Frank, Kevlin Henney, and Douglas C. Schmidt. *Pattern-Oriented Software Architecture, Volume 4: A Pattern Language for Distributed Computing*. New York: Wiley, 2007.

[BUSC07b]   Buschmann, Frank, Kevlin Henney, and Douglas C. Schmidt. *Pattern-Oriented Software Architecture, Volume 5: On Patterns and Pattern Languages*. New York: Wiley, 2007.

[BUTL93]   Butler, Ricky, and George Finelli. "The Infeasibility of Quantifying the Reliability of Life-Critical Real-Time Software." *IEEE Transactions on Software Engineering*, 19(1): 3-12, January 1993.

[CHEC99]   Checkland, Peter. *Systems Thinking, Systems Practice*. New York: Wiley, 1999.

[CHEE01]   Cheesman, John, and John Daniels. *UML Components*. Boston, MA: Addison-Wesley, 2001.

[CLEM02]   Clements, Paul, Rick Kazman, and Mark Klein. *Evaluating Software Architectures*. Boston,

MA: Addison-Wesley, 2002.

[CLEM10]   Clements, Paul, Felix Bachmann, Len Bass, David Garlan, James Ivers, Reed Little, Paulo Merson, Robert Nord, and Judith Stafford. *Documenting Software Architectures: Views and Beyond. Boston*, MA: Addison-Wesley, 2010.

[COCK00]   Cockburn, Alistair. *Writing Effective Use Cases*. Boston, MA: Addison-Wesley, 2000.

[COHN09]   Cohn, Mike. *Succeeding with Agile: Software Development Using Scrum*. Boston, MA: Addison-Wesley, 2009.

[COOK94]   Cook, Steve, and John Daniels. *Designing Object Systems*. Upper Saddle River, NJ: Prentice Hall, 1994.

[COOP07]   Cooper, Alan, Robert Reimann, and David Cronin. *About Face 3: The Essentials of Interaction Design*. New York: Wiley, 2007.

[COPL91]   Coplien, James O. *Advanced C++ Programming Styles and Idioms*. Reading, MA: Addison-Wesley, 1991.

[DATE03]   Date, C. J. *An Introduction to Database Systems*. Boston, MA: Addison-Wesley, 2003.

[DOBR02]   Dobrica, Liliana, and Elia Niemela. "A Survey on Software Architecture Analysis Methods." *IEEE Transactions on Software Engineering*, 28(7): 638-653, July 2002.

[DSOU99]   D'Sousa, Desmond, and Alan Wills. *Objects, Components, and Frameworks with UML: The Catalysis Approach*. Reading, MA: Addison-Wesley, 1999.

[DUVA07]   Duvall, Paul M., Steve Matyas, and Andrew Glover. *Continuous Integration: Improving Software Quality and Reducing Risk*. Boston, MA: Addison-Wesley, 2007.

[DYSO04]   Dyson, Paul, and Andrew Longshaw. *Architecting Enterprise Solutions: Patterns for High-Capability Internet-Based Systems*. New York: Wiley, 2004.

[EELE09]   Eeles, Peter, and Peter Cripps. *The Process of Software Architecting*. Upper Saddle River, NJ: Addison-Wesley, 2009.

[ELMA99]   Elmasri, Ramez E., and Shamkant B. Navathe. *Fundamentals of Database Systems*. Reading, MA: Addison-Wesley, 1999.

[ESPO08]   Esposito, Dino, and Andrea Saltarello. *Microsoft .NET: Architecting Applications for the Enterprise*. Redmond, WA: Microsoft Press, 2008.

[FAIR10]   Fairbanks, G. *Just Enough Software Architecture*. Boulder, CO: Marshall and Brainerd, 2010.

[FERG10]   Ferguson, Niels, Bruce Schneier, and Tadayoshi Kohno. *Cryptography Engineering: Design Principles and Practical Applications*. New York: Wiley, 2010.

[FISH03]   Fisher, Roger, and William Ury. *Getting to Yes: Negotiating an Agreement Without Giving In*. New York: Random House, 2003.

[FOWL97]   Fowler, Martin. *Analysis Patterns*. Reading, MA: Addison-Wesley, 1997.

[FOWL99]   Fowler, Martin, Kent Beck, John Brant, William Opdyke, and Don Roberts. *Refactoring*. Reading, MA: Addison-Wesley, 1999.

[FOWL03a]   Fowler, Martin, and Kendall Scott. *UML Distilled*, 3rd ed. Boston, MA: Addison-Wesley, 2003.

[FOWL03b]   Fowler, Martin. *Patterns of Enterprise Application Architecture*. Boston, MA: Addison-Wesley, 2003.

[FOWL04]   Fowler, Martin. "Inversion of Control Containers and the Dependency Injection Pattern." http://martinfowler.com/articles/injection.html.

[FOWL10]   Fowler, Martin, with Rebecca Parsons. *Domain Specific Languages*. Upper Saddle River, NJ: Prentice Hall, 2010.

[FREE09]   Freeman, Steve, and Nat Pryce. *Growing Object-Oriented Software, Guided by Tests*. Boston, MA: Addison-Wesley, 2009.

[GAMM95]   Gamma, Erich, Richard Helm, Ralph Johnson, and John Vlissides. *Design Patterns*. Reading: MA: Addison-Wesley, 1995.

[GARL03]   Garland, Jeff, and Richard Anthony. *Large Scale Software Architecture*. New York: Wiley, 2003.

[GHOS10]   Ghosh, Debasish. *DSLs in Action*. Greenwich, CT: Manning, 2010.

[GILB93]   Gilb, Tom, and Dorothy Graham. *Software Inspection*. Reading, MA: Addison-Wesley, 1993.

[GILB02]   Gilbert, Seth, and Nancy Lynch. "Brewer's Conjecture and the Feasibility of Consistent, Available, Partition-Tolerant Web Services." *ACM SIGACT News*, 33(2): 51-59, 2002.

[GIRA02]   Girauld, Claude, and Rudiger Valk. *Petri Nets for Systems Engineering*. Berlin: Springer-Verlag, 2002.

[GORT06]   Gorton, I. *Essential Software Architecture*. Berlin: Springer, 2006.

[HALL98]   Hall, Elaine. *Managing Risk*. Reading, MA: Addison-Wesley, 1998.

[HANM07]   Hanmer, Robert. *Patterns for Fault Tolerant Software*. Chichester, UK: John Wiley & Sons, December 2007.

[HARE87]   Harel, David. "Statecharts: A Visual Formalism for Complex Systems." *Science of Computer Programming*, 8(3): 231-274, June 1987.

[HELL07]   Helland, Pat. "Life beyond Distributed Transactions: An Apostate's Opinion." Conference on Innovative Data Systems Research, Pacific Grove, CA, January 2007.

[HENN07]   Henning, Michi. "API Design Matters." *ACM Queue*, 5(4), May-June 2007.

[HOFM00]   Hofmeister, Christine, Robert Nord, and Dilip Soni. *Applied Software Architecture*. Boston, MA: Addison-Wesley, 2000.

[HOWA04]   Howard, Michael, and David LeBlanc. *Writing Secure Code: Practical Strategies and Proven Techniques for Building Secure Applications in a Networked World*, 2nd ed. Redmond, WA: Microsoft Press, 2004.

[HUMB10]   Humble, Jes, and David Farley. *Continuous Delivery: Reliable Software Releases through Build, Test, and Deployment Automation*. Boston, MA: Addison-Wesley, 2010.

[IEEE00]   IEEE Computer Society. *Recommended Practice for Architectural Description*. IEEE Std-1471-2000, October 9, 2000. Available at http://standards.ieee.org/reading/ieee/std_public/description/se/1471-2000_desc.html.

[INMO05]   Inmon, W. H. *Building the Data Warehouse*. New York: Wiley, 2005.

[INTE02]   Dr. International. *Developing International Software*, 2nd ed. Redmond, WA: Microsoft Press, 2002.

[ISO96]   International Organization for Standardization. ISO Standard 11197-3, "Information Technology—Metadata Registries (MDR)—Part 3: Registry Metamodel and Basic Attributes." Available at www. metadata-standards.org/11179/.

[ISO11]   International Organization for Standardization. ISO Standard ISO/IEC 42010:2007, "Systems and Software Engineering—Recommended Practice for Architectural Description of Software-Intensive Systems."

[JACO92]   Jacobson, Ivar. *Object-Oriented Software Engineering: A Use Case Driven Approach*. Boston, MA: Addison-Wesley, 1992.

[JAIN91]   Jain, Raj. *The Art of Computer Systems Performance Analysis*. New York: Wiley, 1991.

[JAYA05]   Jayaswal, Kailash. *Administering Data Centers: Servers, Storage, and Voice over IP*. New York: Wiley, 2005.

[KERN04]   Kern, Harris, Rich Schiesser, and Mayra Muniz. *IT Production Services*. Upper Saddle River, NJ: Prentice Hall, 2004.

[KIMB02]   Kimball, Ralph, and Margy Ross. *The Data Warehouse Toolkit: The Complete Guide to Dimensional Modeling*. New York: Wiley, 2002.

[KIMW99]   Kim, Won (ed.). *Modern Database Management: Object-Oriented and Extended Relational Database Systems*. New York: ACM Press, 1999.

[KIRC04]   Kircher, Michael, and Prashant Jain. *Pattern-Oriented Software Architecture, Volume 3: Patterns for Resource Management (POSA3)*. New York: Wiley, 2004.

[KROE02]   Kroenke, David. *Database Processing: Fundamentals of Design*. Upper Saddle River, NJ: Prentice Hall, 2002.

[KRUC95]   Kruchten, Philippe. "Architectural Blueprints—The 4+1 View Model of Software Architecture." *IEEE Software*, 12(6): 42-50, November 1995.

[KRUC03]   Kruchten, Philippe. *The Rational Unified Process: An Introduction*, 3rd ed. Boston, MA: Addison-Wesley, 2003.

[LAMP04]   Lampson, Butler. "Computer Security in the Real World." *Computer*, 37(6): 37-46, June 2004.

[LEVE95]   Leveson, Nancy. *Safeware: System Safety and Computers*. Reading, MA: Addison-Wesley, 1995.

[LINT03]   Linthicum, David S. *Next Generation Application Integration: From Simple Information to Web Services*. Boston, MA: Addison-Wesley, 2003.

[LUND09]   Lund, Ken. *CKJV Information Processing*, 2nd ed. Sebastopol, CA: O'Reilly, 1998.

[LUON95]   Luong, Tuoc, James Lok, and Kevin Driscoll. *Internationalization: Developing Software for Global Markets*. New York: Wiley, 1995.

[MAGE06]   Magee, Jeff, and Jeff Kramer. *Concurrency: State Models and Java Programs*. New York: Wiley, 2006.

[MAIE09]   Maier, Mark, and Eberhardt Rechtin. *The Art of Systems Architecting*, 3rd ed. Boca Raton, FL: CRC Press, 2009.

[MARC00]   Marco, David. *Building and Managing the Meta Data Repository: A Full Lifecycle Guide*. New York: Wiley, 2000.

[MARC03]   Marcus, Evan, and Hal Stern. *Blueprints for High Availability*, 2nd ed. New York: Wiley, 2003.

[MCCO97]   McConnell, Steve. *Software Project Survival Guide*. Redmond, WA: Microsoft Press, 1997.

[MCGO04]   McGovern, James, et al. *The Practical Guide to Enterprise Architecture*. Upper Saddle River, NJ: Prentice Hall, 2004.

[MCGR06]   McGraw, Gary. *Software Security: Building Security In*. Boston, MA: Addison-Wesley, 2006.

[MEYE00]   Meyer, Bertrand. *Object-Oriented Software Construction*, 2nd ed. Upper Saddle River, NJ:

Prentice Hall, 2000.

[MILE06] Miles, Russ, and Kim Hamilton. *Learning UML 2*. Sebastopol, CA: O'Reilly, 2006.

[MILN89] Milner, Robin. *Communication and Concurrency*. Upper Saddle River, NJ: Prentice Hall, 1989.

[MITC02] Mitchell, Richard, and Jim McKim. *Design by Contract by Example*. Boston, MA: Addison-Wesley, 2002.

[NEUF92] Neufelder, Ann Marie. *Ensuring Software Reliability*. New York: Marcel Dekker, 1992.

[NIEL94] Nielsen, Jakob. *Usability Engineering*. San Diego, CA: Academic Press, 1994.

[NORD09] Nord, Robert, Paul Clements, David Emery, and Rich Hilliard. *A Structured Approach to Reviewing Architecture Documentation*. Technical Report CMU/SEI-2009-TN-030. Pittsburgh, PA: Software Engineering Institute, Carnegie Mellon University, December 2009.

[NUSE01] Nuseibeh, Bashar. "Weaving Together Requirements and Architectures." *IEEE Computer*, 34(3): 115-117, March 2001.

[NYGA07] Nygard, Michael. *Release It!* Raleigh, NC: Pragmatic Bookshelf, 2007.

[OMG10a] Object Management Group. *OMG Unified Modelling Language Infrastructure*, version 2.3. Available from www.omg.org/spec/UML/2.3/Infrastructure.

[OMG10b] Object Management Group. *OMG Unified Modelling Language Superstructure*, version 2.3. Available from www.omg.org/spec/UML/2.3/Superstructure.

[PALM02] Palmer, Steven, and Mac Felsing. *A Practical Guide to Feature Driven Development*. Upper Saddle River, NJ: Prentice Hall, 2002.

[PELL09] Pellerin, Charles J. *How NASA Builds Teams: Mission Critical Soft Skills for Scientists, Engineers, and Project Teams*. Hoboken, NJ: Wiley, 2009.

[PERK03] Perks, Col, and Tony Beveridge. *Guide to Enterprise IT Architecture*. Berlin: Springer-Verlag, 2003.

[PERR92] Perry, Dewayne, and Alexander Wolf. "Foundations for the Study of Software Architecture." *ACM SIGSOFT Software Engineering Notes*, 17(4): 40-52, October 1992.

[PFIS98] Pfister, Greg. *In Search of Clusters*, 2nd ed. Upper Saddle River, NJ: Prentice Hall, 1998.

[PICH10] Pichler, Roman. *Agile Product Management with Scrum: Creating Products That Customers Love*. Boston, MA: Addison-Wesley, 2010.

[PLOP95–99] Coplien, James, et al. *Pattern Languages of Program Design 1-4*. Reading, MA: Addison-Wesley, 1995-1999.

[PLOP06]   Manolescu, Dragos, Markus Voelter, and James Noble. *Pattern Languages of Program Design 5 (Software Patterns)*. Boston, MA: Addison-Wesley, 2006.

[POPP03]   Poppendieck, Mary, and Tom Poppendieck. *Lean Software Development: An Agile Toolkit*. Boston, MA: Addison-Wesley, 2003.

[PRIT08]   Pritchett, Dan. "BASE: An ACID Alternative." *ACM Queue*, 6(3), May/June 2008.

[PULL01]   Pullum, Laura. *Software Fault Tolerance Techniques and Implementation*. Norwood, MA: Artech House, 2001.

[PUTM00]   Putman, J. *Architecting with RM-ODP*. Upper Saddle River, NJ: Prentice Hall, 2000.

[REDM97]   Redman, Thomas C. *Data Quality for the Information Age*. Norwood, MA: Artech House, 1997.

[ROSC97]   Roscoe, A. W. *The Theory and Practice of Concurrency*. Upper Saddle River, NJ: Prentice Hall, 1997.

[RUHW00]   Ruh, William A., Francis X. Maginnis, and William J. Brown. *Enterprise Application Integration: A Wiley Tech Brief*. New York: Wiley, 2000.

[RUMB99]   Rumbaugh, James, Ivar Jacobson, and Grady Booch. *The Unified Modeling Language Reference Manual*. Reading, MA: Addison-Wesley, 1999.

[SARA02]   SARA Working Group. "Software Architecture Review and Assessment (SARA) Report," v1.0.

[SCHM00]   Schmidt, Douglas, Michael Stal, Hans Rohnert, and Frank Buschmann. *Pattern Oriented Software Architecture, Volume 2: Patterns for Concurrent and Networked Objects*. New York: Wiley, 2000.

[SCHM06]   Schmidt, Klaus. *High Availability and Disaster Recovery: Concepts, Design, Implementation*. Berlin: Springer, 2006.

[SCHN01]   Schneier, Bruce. *Secrets and Lies*. New York: Wiley, 2001.

[SCHR06]   Schroeder, Bianca, and Garth Gibson. *Disk Failures in the Real World*. Technical Report CMU-PDL-06-111. Pittsburgh, PA: Parallel Data Laboratory, Carnegie Mellon University, September 2006.

[SCHW01]   Schwaber, Ken, and Mike Beedle. *Agile Software Development with Scrum*. Upper Saddle River, NJ: Prentice Hall, 2001.

[SDL02]   The SDL Forum Society Web site, www.sdl-forum.org.

[SEAC03]   Seacord, Robert, Daniel Plakosh, and Grace A. Lewis. *Modernizing Legacy Systems*. Boston, MA: Addison-Wesley, 2003.

[SHAR08]   Sharp, Alec, and Patrick McDermott. *Workflow Modeling: Tools for Process Improvement and Application Development*. Norwood, MA: Artech House, 2008.

[SHAW94]   Shaw, Mary. "Procedure Calls Are the Assembly Language of Software Interconnection: Connectors Deserve First-Class Status." Technical Report CMU-CS-94-107, CMU/SEI, 1994.

[SHAW96]   Shaw, Mary, and David Garlan. *Software Architecture—Perspectives on an Emerging Discipline*. Upper Saddle River, NJ: Prentice Hall, 1996.

[SHNE09]   Shneiderman, Ben, Catherine Plaisant, Maxine Cohen, and Steve Jacobs. *Designing the User Interface: Strategies for Effective Human-Computer Interaction*, 5th ed. Boston, MA: Addison-Wesley, 2009.

[SMIT02]   Smith, Connie, and Lloyd Williams. *Performance Solutions: A Practical Guide to Creating Responsive, Scalable Software*. Boston, MA: Addison-Wesley, 2002.

[SNED07]   Snedaker, Susan. *Business Continuity and Disaster Recovery Planning for IT Professionals*. Waltham, MA: Syngress, 2007.

[SOMM97]   Sommerville, Ian, and Pete Sawyer. *Requirements Engineering: A Good Practice Guide*. New York: Wiley, 1997.

[SWID04]   Swiderski, Frank, and Window Snyder. *Threat Modelling*. Redmond, WA: Microsoft Press, 2004.

[TAYL09]   Taylor, R. N., N. Medvidovic, and E. M. Dashofy. *Software Architecture: Foundations, Theory, and Practice*. New York: Wiley, 2009.

[TOGA09]   TOGAF Version 9. Reading, UK: The Open Group, 2009.

[TOIG02]   Toigo, Jon William, Margaret Toigo, and Jon Toigo. *Disaster Recovery Planning: Preparing for the Unthinkable*, 3rd ed. Upper Saddle River, NJ: Prentice Hall, 2002.

[TUCK65]   Tuckman, Bruce W. "Developmental Sequence in Small Groups." *Psychological Bulletin*, 63, 384-399, reprinted in *Group Facilitation: A Research and Applications Journal*, Number 3, Spring 2001.

[TULA08]   Tulach, Jaroslav. *Practical API Design*. New York: Apress, July 2008.

[TYRE05]   Tyree, Jeff, and Art Akerman. "Architecture Decisions: Demystifying Architecture." *IEEE Software*, March/April 2005.

[VIEG02]   Viega, Gary, and John McGraw. *Building Secure Software*. Boston, MA: Addison-Wesley, 2002.

[VOGE08]   Vogels, Werner. "Eventually Consistent." *ACM Queue*, 6(6), October 2008.

[WAGN10]   Wagner, Bill. *Effective C#: 50 Specific Ways to Improve Your C#*. Reading, MA: Addison-Wesley, 2010.

[WALL10]   Wallace, Michael, and Lawrence Webber. *The Disaster Recovery Handbook*. New York: AMACOM, 2010.

[WHIT00]   Whittaker, James, and Jeffrey Voas. "Toward a More Reliable Theory of Software Reliability." *IEEE Computer*, 33(12): 36-42, December 2000.

[WIRF90]   Wirfs-Brock, Rebecca, Brian Wilkerson, and Lauren Weiner. *Designing Object-Oriented Software*. Upper Saddle River, NJ: Prentice Hall, 1990.

[WIRF02]   Wirfs-Brock, Rebecca, and Alan McKean. *Object Design: Roles, Responsibilities, and Collaborations*. Boston, MA: Addison-Wesley, 2002.

[WOOD04]   Woods, Eoin. "Experiences Using Viewpoints for Information Systems Architecture: An Industrial Experience Report." In F. Oquendo et al. (eds.), *Software Architecture: First European Workshop, EWSA 2004, St. Andrews, UK, May 21-22, 2004, Proceedings*. Springer Lecture Notes in Computer Science 3047, pp. 182-193. Berlin: Springer-Verlag, 2004.

[WOOD11]   Woods, Eoin. "Industrial Architectural Assessment Using TARA." In *9th Working IEEE Conference on Software Architecture, WICSA 2011, Colorado, USA, 20-24 June 2011, Proceedings*. Piscataway, NJ: IEEE Computer Society Press, 2010.

[WOUT10]   Van't Wout, Jack, Maarten Waage, Herman Hartman, Max Stahlecker, and Aaldert Hofman. *The Integrated Architecture Framework Explained: Why, What, How*. Berlin: Springer-Verlag, 2010.

찾아보기

에이콘출판의 기틀을 마련하신 故 정완재 선생님 (1935-2004)

SOA: 서비스 지향 아키텍처 개념에서 설계, 구현까지

Thomas Erl 지음 | 장세영, 황상철, 이현정, 조문옥 | 8989975379 | 780쪽 | 2006-10-31 | 정가 35,000원

SOA, 서비스 지향 아키텍처라는 용어가 IT 산업에 있어 중요한 이슈로 부각되기 시작했으나, 아직도 제대로 이해하고 있는 사람은 많지 않다. SOA, 서비스 지향, 웹서비스에 대한 전반적인 설명과 웹서비스로 SOA를 구축하는 방법 등을 중심으로 SOA에 대한 이해를 높이는 데 중점을 뒀다.

소프트웨어 아키텍처: 이론과 실제

렌 베스, 폴 클레멘츠, 릭 캐즈먼 지음 | 김정호, 송재하, 이석준, 박미율, 방정욱, 노구율, 송창선 옮김
9788960770089 | 560쪽 | 2007-05-09 | 정가 40,000원

소프트웨어 아키텍트는 물론, 아키텍트를 꿈꾸는 개발자, 대학생도 꼭 읽어야 할 아키텍처 바이블!
소프트웨어 엔지니어링의 패러다임을 바꾸고 있는 소프트웨어 아키텍처의 이론과 개념, 풍부한 베스트 프랙티스가 담겨 있다.

소프트웨어 아키텍처 문서화

폴 클레멘츠, 데이비드 갈란, 로버트 노드, 리드 리틀, 펠릭스 바흐만, 렌 베스, 쥬디스 스태포드, 제임스 이버스 지음
송재하, 박미율, 이진희, 김정호 옮김 | 9788960770737 | 560쪽 | 2009-02-10 | 정가 40,000원

소프트웨어 아키텍처를 다루는 실무자들이 꼭 읽어야 할 책. 소프트웨어 아키텍트로서 저자들의 폭넓은 경험을 바탕으로 어떤 정보를 문서에 기록해야 하는지 결정하고, 그런 다음에 필요한 지침들과 UML 등 다양한 표기법으로 작성한 예제들을 가지고 누구나 이해할 수 있는 형태로 아키텍처를 표현하는 방법을 보여준다.

소프트웨어 아키텍처 평가

폴 클레멘츠, 릭 캐즈먼, 마크 클라인 지음 | 이석준, 백창현, 박인수 옮김
9788960770782 | 344쪽 | 2009-05-21 | 정가 35,000원

올바른 아키텍처를 선택하거나 수립했는지를 평가하는 데 활용할 수 있는 ATAM 등 평가 기법을 소개하고 이를 기반으로 아키텍처 평가를 수행하는 데 실질적인 절차와 지침을 제공하는 소프트웨어 아키텍트의 필독서.

소프트웨어 아키텍처 2.0
성공하는 솔루션을 위한 비즈니스와 아키텍처의 만남 Beyond Software Architecture

루크 호만 지음 | 김인기 옮김 | 9788960771154 | 416쪽 | 2009-12-28일 펴냄 | 정가 35,000원

소프트웨어 조직의 생산성을 높이고 성공하는 제품 솔루션을 만들기 위해 아키텍처와 마케팅 정보를 어떻게 통합해야 하는지를 기술과 비즈니스 관점에서 날카롭게 지적하고 상세히 설명한다.

엔터프라이즈 아키텍처를 고려한

SOA 구축

폴 브라운 지음 | 공상휘, 최종일, 이주영 옮김 | 9788960771789 | 700쪽 | 2011-01-31 | 정가 40,000원

이제 SOA는 기업에서 보편적으로 고려할 아키텍처 사상이다. 최근 가트너에 따르면 SOA는 기술의 라이프사이클에서 검증 단계를 지나 점차 IT 시스템에 적용되는 단계에 이르렀다. 이 책은 보편화된 서비스 중심의 아키텍처(SOA)를 엔터프라이즈 아키텍처를 고려해 구현할 수 있는 실천적 방법론을 제공한다. IT 프로젝트 및 기업에서 업무분석과 설계, 프로젝트 관리 역할을 하는 IT 담당자나, 기업의 IT 기획과 전략을 고민하는 독자들에게 좋은 지침서가 될 것이다.

소프트웨어 시스템 아키텍처 Software Systems Architecture Second Edition

닉 로잔스키, 오언 우즈 지음 | 송재하, 금창섭, 박미율 옮김
9788960776555 | 784쪽 | 2015-01-30 | 정가 50,000원

이 책은 주로 신참 소프트웨어 아키텍트와 장차 아키텍트의 길을 가고자 하는 개발자들에게 소프트웨어 아키텍처의 본질은 무엇이며 소프트웨어를 디자인하는 종합예술가인 아키텍트가 어떻게 실무를 수행하는지에 대해, 우리가 쉽게 접할 수 있는 정보 시스템을 기반으로 풍부한 예제와 깊이 있는 내용을 제공한다. 이전에 출간된 아키텍처 서적에서 언제나 갈구하던 '실용성'을 갖추기 위한 저자들의 노력이 매우 돋보이는 책이다. 책을 읽다 보면 '아키텍트가 할 업무를 이렇게 명확하게 알려주는 책이 또 있을까?'라는 생각이 들 것이다.

소프트웨어 시스템 아키텍처 SOFTWARE SYSTEMS ARCHITECTURE SECOND EDITION

인 쇄 | 2015년 1월 23일
발 행 | 2015년 1월 30일

지은이 | 닉 로잔스키 • 오언 우즈
옮긴이 | 송 재 하 • 금 창 섭 • 박 미 율

펴낸이 | 권 성 준
엮은이 | 김 희 정
　　　　김 경 희
　　　　전 진 태
표지 디자인 | 한국어판_김도영
본문 디자인 | 공 종 욱

인 쇄 | (주)갑우문화사
용 지 | 신승지류유통(주)

에이콘출판주식회사
경기도 의왕시 계원대학로 38 (내손동 757-3) (437-836)
전화 02-2653-7600, 팩스 02-2653-0433
www.acornpub.co.kr / editor@acornpub.co.kr

Copyright ⓒ 에이콘출판주식회사, 2015, Printed in Korea.
ISBN 978-89-6077-655-5
ISBN 978-89-6077-114-7 (세트)
http://www.acornpub.co.kr/book/software-systems-architecture-2e

이 도서의 국립중앙도서관 출판시도서목록(CIP)은 서지정보유통지원시스템 홈페이지(http://seoji.nl.go.kr)와
국가자료공동목록시스템(http://www.nl.go.kr/kolisnet)에서 이용하실 수 있습니다.(CIP제어번호: CIP2015002238)

책값은 뒤표지에 있습니다.